*A Deus,
fiel companheiro de todas as horas*

*À memória da minha avó materna,
minha mãe na fé*

Acordos de Aceitação e de Não-Aceitação de OPA

Acordos de Aceitação e de Não-Aceitação de OPA

2015

Manuel Requicha Ferreira
Advogado/Mestre em Direito

**ACORDOS DE ACEITAÇÃO
E DE NÃO-ACEITAÇÃO DE OPA**
AUTOR
Manuel Requicha Ferreira
EDITOR
EDIÇÕES ALMEDINA, S.A.
Rua Fernandes Tomás, nºs 76, 78, 80
3000-167 Coimbra
Tel.: 239 851 904 · Fax: 239 851 901
www.almedina.net · editora@almedina.net
DESIGN DE CAPA
FBA.
PRÉ-IMPRESSÃO
EDIÇÕES ALMEDINA, S.A.
IMPRESSÃO E ACABAMENTO
PENTAEDRO, LDA.

Agosto, 2015
DEPÓSITO LEGAL
396948/15

Apesar do cuidado e rigor colocados na elaboração da presente obra, devem os diplomas legais dela constantes ser sempre objecto de confirmação com as publicações oficiais.
Toda a reprodução desta obra, por fotocópia ou outro qualquer processo, sem prévia autorização escrita do Editor, é ilícita e passível de procedimento judicial contra o infractor.

BIBLIOTECA NACIONAL DE PORTUGAL – CATALOGAÇÃO NA PUBLICAÇÃO
FERREIRA, Manuel Requicha
Acordos de aceitação e de não-aceitação
de OPA. - (Monografias)
ISBN 978-972-40-5873-3
CDU 347

"χαλεπὰ τὰ καλά"
"As coisas belas são difíceis"
Antigo provérbio
Crátilo (384a-b) / A República (4, 435c), Platão

PREFÁCIO

1. O estudo agora publicado ocupa-se de um tema da maior relevância e, até ao momento, só incidentalmente trabalhado pela doutrina nacional. A pergunta de que o Autor parte é a seguinte: podem admitir-se como juridicamente bons acordos que visem regular antecipadamente a conduta de quem possa vir a encontrar-se em condições que lhe permitam alienar valores mobiliários em oferta pública de aquisição, seja esta voluntária – pacífica ou hostil – ou obrigatória? Dito de outra forma, pode aceitar-se como ato autónomo juridicamente relevante e vinculante aquele que provoca a constituição quer da obrigação de vender quer da obrigação de não vender valores mobiliários que venham a ser objeto de oferta pública de aquisição?

A resposta não é de descoberta imediata, estando nela implicados tantos problemas quanto aqueles que o Autor identifica e sobre os quais vai tomando posição à medida que o texto evolui. O resultado pode ser diretamente apreendido pela leitura da síntese final: não obstante serem estes acordos tendencialmente admissíveis, quer criem obrigações positivas, quer imponham abstenções, como qualquer ato de autonomia privada estão sujeitos a limites.

Com a presente publicação, saem da penumbra um conjunto de dúvidas que ainda gravitavam em torno das operações de aquisição de valores mobiliários em massa. E, com os passos que o Autor vai dando, percebemos como os acordos que se propôs analisar concorrem, efetivamente e ao lado de tantos outros, alguns ainda por explorar, para consolidar ou adquirir posições de domínio nas estruturas societárias económica e financeiramente mais relevantes. Neste contexto, e talvez porque determinados por razões do nosso interesse científico particular, não podemos deixar de sublinhar o feliz cruzamento a que o Autor procede entre a celebração de acordos de aceitação ou de não aceitação de propostas de aquisição de valores mobiliários em oferta pública e o regime de imputação de direitos de voto.

As conclusões centrais, que poderiam ser enunciadas como teses, vão adquirindo solidez através de uma análise completa e segura dos diversos pontos do regime que concorre para as comprovar. Se bem percebemos quanto está em causa nesta particular espécie de instrumento ordenado a consolidar ou adquirir domínio, supomos poder afirmar que nada ficou de fora. O Autor vai estabelecendo, permanentemente, pontes com a Teoria Geral do Direito Comum, ao qual o Direito dos Instrumentos Financeiros não poderá deixar de se reconduzir. Adquire, deste modo, fortes apoios numa dogmática por vezes escondida sob um jargão inexpressivo.

2. O texto que agora ganha vida própria tem a sua própria história. Tendo sido originariamente elaborado como tese de mestrado, foi submetido a discussão em provas públicas na Faculdade de Direito da Universidade de Lisboa. A arguição, brilhantemente levada a cabo pela Doutora Ana Perestrelo de Oliveira, permitiu demonstrar que as teses principais do então candidato e aqui Autor eram pertinentes e encontravam apoio no Sistema jurídico.

A partir deste momento, o texto será submetido a mais intenso escrutínio. Mas, deste, só pode advir ainda maior ganho para a comunidade que já muito deve ao Autor pela investigação que realizou e que com ela quis partilhar os resultados alcançados.

É tempo de dar a voz ao texto.

Lisboa, 21 de Janeiro de 2015
PAULA COSTA E SILVA

NOTA PRÉVIA

I. O trabalho que agora se publica corresponde, com algumas alterações e actualizações, à dissertação que foi apresentada no Curso de Mestrado Científico em Ciências Jurídico-Bancárias na Faculdade de Direito da Universidade de Lisboa e defendida em provas públicas em 22 de Dezembro 2012, perante um júri constituído pelos Senhores Professores Doutores Pedro Pais de Vasconcelos (presidente), Paula Costa e Silva (orientadora) e Ana Perestrelo de Oliveira (arguente).

Optou-se por introduzir algumas alterações e actualizações resultantes das sugestões e comentários críticos formulados pelos membros do júri, que foram extremamente proveitosos e permitiram aprofundar pontos de reflexão para a presente publicação.

II. A publicação desta dissertação representa o culminar de um longo caminho iniciado em Outubro de 2008 com a parte escolar do mestrado, a que se seguiu o período de estudo e elaboração da tese entregue em Maio de 2011 e defendida em Dezembro de 2012. Ao longo desse caminho, difícil e em que, muitas vezes, o cansaço físico se sobrepunha à vontade ardente de mergulhar mais fundo no pensamento jurídico, a tese foi-se construindo e moldando por entre certezas rapidamente desconstruídas por insanáveis dúvidas metódicas e em pensamentos finos que esbarravam na necessária estruturação jurídica. O tema inicial do trabalho resultou do encontro ocasional com vários mecanismos contratuais, alguns frequentemente utilizados na prática jus-comercial e societária portuguesa e outros mais comumente usados nos países anglo-saxónicos e na Alemanha, e cujo objectivo primordial é o de facilitar a cessão do controlo de sociedades, em particular sociedades cotadas em que o capital se encontra disperso pelo público. As intricadas questões jurídicas e económicas associadas aos mesmos despertaram o interesse em aprofundar a sua validade e mecânica à luz dos princípios estruturantes do nosso ordenamento jurídico. Daí para o início da tese, foi um impulso generoso do momento que levou à escolha do tema inicial (e final) da dissertação: "Mecanismos Facilitadores da Cessão de Controlo das Sociedades Cotadas". Como quase sempre me tem acontecido, a vontade do conhecimento era incomensuravelmente maior do que a realidade de vida permite e o do que o âmbito de uma tese autoriza. Assim, o estudo teve de se centrar em dois mecanismos contratuais – os acordos de aceitação e os acordos de não-aceitação de OPA – sob pena de se reduzir a enunciações e proposições genéricas de temas. Não obstante, o estudo manteve essa "viagem", ainda que meramente de passagem, por figuras jurídico-contratuais, às quais espero um dia voltar com mais tempo e a mesma vontade, para dar uma visão global do universo de mecanismos contratuais com a finalidade de cessão do controlo societário, enquadrando melhor aqueles que serão objecto de análise mais detida. Para efeitos de publicação, o título tinha de se centrar mais no tema de estudo abandonando a generosa nomenclatura inicial.

III. Ao longo deste caminho, foram numerosos os apoios que tive e que não posso deixar de agradecer.

O primeiro agradecimento à Professora Doutora Paula Costa e Silva. Sobram palavras para transmitir a gratidão pela orientação da minha tese através das suas sugestões brilhantes, incentivos tenazes, alertas importantes e novas perspectivas de pensamento que só a sua sageza de raciocínio permitia abrir. Um outro agradecimento à Cuatrecasas, Gonçalves Pereira & Associados, em especial à Maria João Ricou, pelo incentivo a este trabalho, por todo o conhecimento transmitido e por conceder o tempo sabático fundamental para a elaboração da tese. Um agradecimento também ao Francisco e à Marta, pela disponibilidade e paciência que tiveram para rever, a "desoras", o texto em bruto antes de ser entregue para defesa pública. Um agradecimento especial aos meus pais pela compreensão e fleuma durante todo o período de elaboração da tese, sobretudo na fase mais "eremita" de construção de ideias em que o isolamento necessário ao pensamento era reconfortado pela proximidade familiar. Um agradecimento também especial aos meus amigos de sempre e para sempre, Mauro e Vítor, pela presença constante amiga em todas as etapas do mestrado, nas boas e nas más, no princípio, no fim e no "pós". Finalmente, mas não menos forte e sentido, um agradecimento à Joana por toda a força, apoio e paciência na preparação da discussão das provas públicas da tese e por todos os fins-de-semana de presença "ausente" na preparação desta publicação.

Lisboa, 31 de Janeiro de 2015
MANUEL REQUICHA FERREIRA

RESUMO

O presente estudo versa sobre os acordos de aceitação e de não-aceitação de OPA. Este tipo de acordos insere-se numa categoria mais ampla designada de mecanismos "facilitadores" da cessão de controlo (*deal protection devices*) das sociedades cotadas, os quais visam, conforme o próprio nome indica, facilitar a transmissão do controlo de uma sociedade cotada. De entre os vários mecanismos «facilitadores» da cessão do controlo, elegemos como objecto principal deste estudo, pela sua relevância prática nos mercados de capitais dos países europeus, sobretudo no Reino Unido e na Alemanha: os acordos irrevogáveis de aceitação de OPA e os acordos irrevogáveis de não-aceitação de OPA.

Analisar-se-á a anatomia jurídica dos acordos de aceitação e de não-aceitação de OPA bem como a sua admissibilidade à luz do ordenamento jurídico português. Clarificar-se-á a sua eficácia e os deveres de informação que resultam da celebração dos mesmos.

Uma vez analisado o enquadramento jurídico dos acordos de aceitação e de não-aceitação de OPA, proceder-se-á à sua recondução ao quadro geral da alteração do controlo, isto é, à análise dos efeitos que a atribuição daqueles mecanismos pode ter no instituto que pressupõe a existência de uma cessão de controlo: a OPA obrigatória.

ABREVIATURAS

AAVV	Autores Vários
AdC	Autoridade da Concorrência
AG	Die Aktiengesellschaft
AktG	Aktiengesetz
Al.(s.)	alínea(s)
BaFin	Bundesanstalt für Finanzdienstleistungsaufsicht
BB	Der Betriebs-Berater
BBTC	Banca Borsa i Titoli di Credito
BGB	Bügerliches Gesezbuch
BMJ	Boletim do Ministério da Justiça
CA	Cour d'appel
Cad.MVM	Cadernos do Mercado dos Valores Mobiliários
CBV	Conseil des bourses des valeurs
CC	Código Civil
Cf.	Confrontar
CJ	Colectânea de Jurisprudência
Cód.MVM	Código do Mercado dos Valores Mobiliários
Cód.VM	Código dos Valores Mobiliários
CONSOB	Commissione Nazionale per le Società e la Borsa
City Code	City Code on Take-overs and Mergers
CMVM	Comissão do Mercado de Valores Mobiliários
CMNV	Comisión Nacional de Mercado de Valores
Coord.(s.)	Coordenação ou coordenador(es)
CRP	Constituição da República Portuguesa
CSC	Código das Sociedades Comerciais
DB	Der Betrieb

Directiva das OPAs	Directiva 2004/25/CE do Parlamento Europeu e do Conselho, de 21 de Abril de 2004 relativa a ofertas públicas de aquisição
Dir.(s)	Direcção ou director(es)
DL 219/2006	Decreto-Lei nº 219/2006, de 2 de Novembro
DStR	Deutsche Steuerrecht
GmbHG	Gesetz betreffend die Gesellschaften mit beschränkter Haftung
Grupo de Peritos	Juristas responsáveis pela elaboração do Relatório Winter
HGB	Handelsgesetzbuch
JCP	JurisClasseur Periodique
Lei da Concorrência	Lei nº 18/2003, de 11 de Junho, alterada pelos Decretos-Lei nºs 219/2006, de 2 de Novembro e 18/2008, de 29 de Janeiro
Nº(s)	Número(s)
NZG	Neue Zeitschrift für Gesellschaftsrecht
OPA(s)	Oferta(s) Pública(s) de Aquisição
p.	Página
pp.	Páginas
Règlement de l'AMF	Règlement Générale de l'Autorité des Marchés Financiers
Regolamento degli Emittenti	Regolamento di attuazione del decreto legislativo 24 febbraio 1998, nº 58, concernente a la disciplina degli emittenti (com as alterações posteriores de que foi objecto)
RD 1066/2007	Real Decreto 1066/2007, de 27 de julio, sobre el régimen de las ofertas públicas de adquisición
RD 1197/1991	Real Decreto 1197/1991, de 26 de julio, sobre el régimen de las ofertas públicas de adquisición
Regulamento 3/2006	Regulamento da CMVM nº 10/2000 sobre ofertas e emitentes, de 11 de Maio de 2006
Regulamento 10/2000	Regulamento da CMVM nº 10/2000 sobre ofertas e emitentes (entretanto revogado pelo Regulamento 3/2006)
Regulamento 4064/1989	Regulamento (CEE) nº 4064/1989 do Conselho, de 21 de Dezembro de 1989 relativo ao controlo das concentrações entre empresas (entretanto revogado pelo Regulamento 139/2004)
Regulamento 139/2004	Regulamento (CE) nº 139/2004 do Conselho, de 20 de Janeiro de 2004 relativo ao controlo das concentrações entre empresas

Relatório Winter	Relatório elaborado por um grupo de sete juristas especializados em direitos das sociedades, José Maria Garrido García, Jan Schans Christensen, Klaus J. Hopt, Jonathan Rickford, Guido Rossi e Joëlle Simon, e presidido por Jaap Winter, também jurista
ROA	Revista da Ordem dos Advogados
RTD com.	Revue trimestrielle de droit commercial et de droit économique
s.	Seguinte
ss.	Seguintes
STJ	Supremo Tribunal de Justiça
STS	Sentencia del Tribunal Supremo
TFUE	Tratado sobre o Funcionamento da União Europeia
TUE	Tratado da União Europeia
TUF	Texto Unico Finanziario
UmwG	Umwandlungsgesetz
Vol.	Volume
Vols.	Volumes
WM	Wertpapier-Mitteilungen
WpÜG	Wertpapiererwerbs- und Übernahmegesetz
WpHG	Wertpapierhandelsgesetz
ZBB	Zeitschrift für Bankrecht und Bankwirtschaft
ZGR	Zeitschrift für Unternehmers und Gesellschaftrecht
ZIP	Zeitschrift für Wirtschaftsrecht

Capítulo I
Sociedades Cotadas, Mercado de Controlo Societário e Mecanismos «Facilitadores» da Cessão de Controlo nas Sociedades Cotadas

1. Sociedades Cotadas

I. Os acordos de aceitação e não-aceitação de OPA, tema objecto do presente estudo, incluem-se numa categoria mais vasta de mecanismos contratuais que se destinam a facilitar a transmissão do controlo de sociedades, sobretudo de sociedades com capital disperso pelo público, entre as quais se destacam, naturalmente, as sociedades cotadas. Estes mecanismos contratuais são referidos, na literatura estadunidense, como *deal protection devices* mas designá-los-ei de "mecanismos «facilitadores» da cessão do controlo de sociedades cotadas" que era, aliás, o tema inicial do presente estudo quando foi apresentado para as provas finais de mestrado. O elenco e análise destes mecanismos, bem como a justificação da opção pela nomenclatura adoptada, serão apresentados neste capítulo em 3. *supra*.

Os "mecanismos «facilitadores» da cessão do controlo de sociedades cotadas" estão, como a própria nomenclatura indica, relacionados com a cessão do controlo de um determinado "tipo" de sociedades, as sociedades cotadas, visando "facilitar" a sua transferência. Para perceber o funcionamento destes mecanismos e, em particular, dos acordos de aceitação e não-aceitação de OPA, como é que eles podem contribuir para a cessão do controlo das sociedades cotadas e em que medida são lícitos à luz do nosso ordenamento jurídico, é fundamental que se clarifique, previamente, alguns conceitos fundamentais que estarão omnipresentes ao longo deste estudo e que interagem com interesses diversos, nalguns casos contrapostos, a que se terá de atender no momento de analisar o funcionamento, a bondade e a licitude de tais mecanismos e acordos.

Neste sentido, é necessário delimitar o objecto do "controlo" que estará em causa no presente estudo, isto é, temos de perceber o que é uma sociedade cotada e o que a diferencia das demais sociedades para justificar um estatuto jurídico próprio com incidências na transferência do controlo.

1.1 A origem da sociedade cotada: o fenómeno da separação entre a grande sociedade anónima e a pequena sociedade anónima

I. O tipo societário "sociedade anónima" foi, na sua génese, sobretudo nos países continentais, a estrutura societária utilizada quer para as empresas de natureza familiar, quer para as grandes empresas, aplicando-se o mesmo regime societário a empresas com graus de dimensão e sofisticação bem distintos[1]. O grau de flexibilidade do tipo societário da sociedade anónima, sendo um verdadeiro tipo aberto, permitia uma conformação da mesma, seja através de normas estatutárias seja através de normas parassociais, às necessidades da dimensão da actividade prosseguida pela sociedade em concreto[2].

No entanto, durante o séc. XX, assistiu-se a um acentuar das diferenças normativas entre, de um lado, as grandes sociedades anónimas e, de outro, as pequenas sociedades anónimas. Enquanto estas sociedades justificavam uma maior autonomia estatutária na conformação da sua organização e funcionamento[3], as primeiras exigiam regras mais apertadas nesse domínio e um controlo da respectiva actividade social quer pelos sócios quer pelos órgãos de fiscalização, aumentando a tutela dos accionistas minoritários dispersos. Assiste-se, por um lado, a um desenvolvimento das regras sobre as pequenas sociedades anónimas (*kleine Aktiensegesellschaften*) com a flexibilização na convocação e realização das assembleias gerais, da distribuição de dividendos e admissibilidade da constituição de sociedades unipessoais[4], e, por outro lado, relativamente às sociedades anónimas

---

[1] Cf. PAULO CÂMARA, *Manual de Direito dos Valores Mobiliários*, Almedina, Coimbra, 2009, pp. 523--524.
[2] Cf. KARSTEN SCHMIDT, *Gesellschaftsrecht*, 4. Auflage, Heymmans, Köln/Berlin/Bonn/München, 2002, pp. 770-775; CARIELLO, *"Controllo congiunto" e accordi parasociali*, Giuffré, Milano, 1997, pp. 41--43.
[3] Cf. GAMBINO, *Verso la riforma della società per azioni non quotata*, in *Rivista delle Società*, 1998, pp. 1581--1590.
[4] Cf. HOMMELHOFF, *Kleine Aktiengesellschaften*, in *System des deutschen Rechts*, in *AG*, 12, 1995, pp. 529--538. Na Alemanha, devido à criação da figura das *kleine Aktiengesellschaft*, aumentou significativamente o número de sociedades anónimas que, no início dos anos 90 do século passado, era claramente inferior a 3 mil e, em 2009, já se aproximava das 15 mil (para mais desenvolvimentos, *vide* HABERSACK, *Wandlungen des Aktienrechts*, in *AG*, 1, 2009, p. 4).

com grande dispersão accionista e na sequência dos estudos de BERLE e MEANS, que identificaram o problema da separação entre a titularidade accionista e o controlo societário[5] e do fenómeno crescente do absentismo[6], à criação de um conjunto de regras sobre deveres de registo e de informação relativos às sociedades cotadas, aos seus administradores e aos seus accionistas qualificados com o intuito de proteger os accionistas difusos e combater o *agency problem*.

II. Não é, portanto, de estranhar que se comece a operar uma distinção jurídico-conceptual entre as grandes sociedades, cujo capital se encontra disperso pelo público (em particular, as sociedades cotadas), e as pequenas sociedades. Emergem dois sub-tipos de sociedades anónimas, cujo estatuto jurídico dos seus sócios apresenta vincadas diferenças: as sociedades com uma dispersão reduzida de capital; as sociedades com dispersão de capital exponencial, fundamentalmente compostas pelas sociedades cotadas.

---

[5] Cf. BERLE/MEANS, *The modern corporation and private property*, Transaction Publishers, New Brunswick/ /London, reed. 1991, p. 5. Estes autores chamaram a atenção para a perda progressiva do poder decisório dos accionistas em benefício dos administradores e dos efeitos nefastos decorrentes da mesma. Reconhecendo também este fenómeno, *vide* CARY/EISENBERG, *Corporation – cases and materials*, Westbury, 1995, p. 242. Também RIPERT, dando nota deste fenómeno, afirmava, ilustrativamente, que "os accionistas sabem que o seu poder é mais teórico do que real: mas eles ficam satisfeitos por o verem reconhecido. A democracia enche os eleitores de ilusões" (cf. *Aspects juridiques du capitalisme moderne*, Paris, 1951, pp. 58; 98-109). CHAMPAUD afirmava que "a administração da sociedade anónima repousa sobre uma ficção democrática" (cf. *Le pouvoir de concentration de la société par actions*, Sirey, Paris, 1962, p. 107). Em sentido similar, no ordenamento jurídico espanhol, PAZ-ARES RODRÍGUEZ considerava que, na sociedade anónima, há duas fontes geradoras de poder decisório: o domínio e a gestão (cf. *Reflexiones sobre la distribución de poderes en la moderna sociedad anónima (teoria crítica de M.A. Eisenberg)*, in *Revista de Derecho Mercantil*, 146, Outubro-Dezembro, 1977, p. 566). Mais recentemente, referindo-se a este fenómeno e aos seus contornos, *vide* HARRISON, *Law and Economics in a Nutshell*, 3rd edition, West Group, St. Paul Minn., 2003, pp. 55 e ss.; HANSMANN, *The ownership of entreprise*, Cambridge, Mass. London, 1996; VISCONTI, *Proprietà diffusa e concentrazione azionaria*, in *Impresa commerciale e industriale*, nº 3, Março, 2000, p. 376.

[6] Um dos primeiros autores a reconhecer este fenómeno foi VEBLEN, *Absent ownership and business enterprise in recent time. The case of America*, 1ª edição, 1923 (2nd edition, 1954). Dando nota do mesmo, RODRÍGUEZ ARTIGAS salientava que "tornaram-se quase tópicos as conclusões em torno do absentismo dos accionistas, a concentração do poder nas mãos de poucos, a separação, cada vez mais profunda, que existe entre o poder – radicado no órgão de administração – e a propriedade representada pela assembleia geral. Estas conclusões exigem uma discussão sobre a reorganização das sociedades anónimas" (cf. *Reflexiones en torno a la transmisión por televisión de la J.G. de la SA*, in *Revista de Derecho Mercantil*, 121, 1971, p. 353). Referindo-se ao absentismo accionista nas sociedades cotadas, *vide* GALGANO, *El desplazamiento del poder en las sociedades anónimas europeas*, in AAVV, *Estudios jurídicos sobre la SA*, Madrid, Civitas, 1995, pp. 61-85.

O direito inglês é o primeiro a operar a distinção entre as *public limited companies* e as *private limited companies* no *Companies Act* de 1900, definindo-se estas últimas, por contraposição às primeiras, pela existência de um número máximo de sócios, pela existência de restrições à transmissibilidade de acções representativas do seu capital social e pela interdição de captação de aforro público, nomeadamente através de ofertas públicas. A distinção foi posteriormente retomada pelo *Companies Act* de 1907, o qual já previa alguns efeitos decorrentes da qualificação da sociedade como *public* ou *private*, e foi mantida no *Companies (Consolidation) Act* de 1908. As *private companies* distinguiam-se das *public companies* pela existência de número mínimo (2) e máximo (50) de sócios, pela existência de restrições à transmissibilidade de acções representativas do seu capital social, pela interdição de captação de aforro público, nomeadamente através de ofertas públicas[7], e pela desnecessidade de apresentação de documento anual de prestação de contas[8]. Apenas as *public companies* poderiam ter as suas acções admiti-

---

[7] Sobre estas sociedades, *vide* GOWER, *Principles of modern company law*, 6th edition, Sweet & Maxwell, London, 1997, pp. 49 e ss.; FARRAR/HANNIGAN, *Company Law*, 4th edition, Butterworths Law, London/Dublin/Edinburgh, 1998, p. 62; TUNC, *Le droit anglais des sociétés anonymes*, 1ere édition, Dalloz, Paris, 1978, pp. 38-39.

[8] A desnecessidade de prestação de contas gerou situações de abuso, permitindo a ocultação do estado económico-financeiro de empresas relevantes para a economia britânica. Isso levou à reformulação, no *Companies Act* de 1948, das *private companies* que passaram a designar de *exempt private companies*, tendo entretanto sido suprimida em 1967 e readoptada a designação como *private companies* (cf. FARRAR/HANNIGAN, *Company Law* cit., pp. 44-46; MAYSON/FRENCH/RYAN, *Company Law*, London, 1997, pp. 40-42). Porém, a verdadeira autonomização normativa do conceito de *public company* face ao de *private company* veio com a aprovação do *Companies Act* de 1980 e foi mantida com o *Companies Act* de 1985. Este definia *public company* como a sociedade anónima que contenha a menção específica nos estatutos a essa qualidade e que tenha sido constituída segundo as regras definidas para as mesmas, por contraposição à *private company* cujo conceito engloba todas as sociedades que não sejam *public*. A qualificação como *public company* espoleta a aplicação de regras absolutamente distintas das que regem as *private companies* nomeadamente em matéria de eleição de administradores, regras contabilísticas, possibilidade de negociação pública de títulos, aquisição e oneração de acções próprias (para mais desenvolvimentos sobre as diferenças entre estes dois tipos de sociedades no *Companies Act* de 1985, *vide* STAMP, *Private Company Law*, Longman, Londres, 1991, pp. 9-10). A restrição mais relevante radica na proibição das *private companies* de oferecerem ao público quaisquer valores mobiliários da sociedade ou de juntar e ceder tais valores mobiliários a uma pessoa com a intenção de que eles sejam oferecidos ao público (artigos s.81 (1) e s.58 (3) do *Companies Act* de 1985). As diferenças são de tal ordem que podemos falar verdadeiramente na existência de dois tipos societários distintos: as *public* e as *private companies*. Neste sentido, J.H. FARRAR afirma que a classificação dos tipos societários, no direito inglês, efectua-se não só em função da responsabilidade dos sócios mas também em função da distinção entre *public* e *private companies* (cf. FARRAR, *Company Law* cit., p. 28). O recente *Companies Act* de 2006 não alterou de forma substancial os conceitos de *public companies*

das à negociação, restrição que ainda subsiste actualmente (section 143 (3) *FSA Listing Rules*)[9].

O segundo ordenamento jurídico a operar a distinção entre sociedades abertas e sociedades fechadas foi o norte-americano.

A distinção, que começou por surgir no direito federal e que depois estendeu-se ao direito estadual, é entre *closely-held corporations* e *public-held corporations*[10]. A distinção mantém-se actualmente e, pese embora a diferença entre a legislação estadual, os critérios de qualificação mais comumente utilizados são o número de sócios, a inexistência de um mercado para negociação de acções e a influência dos sócios na administração[11].

A diferenciação entre *closely-held corporations* e *public-held corporations* resultou de uma influência do direito britânico[12] e sobretudo dos contributos da análise económica do direito de BERLE e MEANS, que chamaram a atenção para o problema da separação entre a titularidade accionista e o controlo societário[13]. Os alertas daqueles autores, associados ao *crash* de 1929, conduziram à consagração, no âmbito do *Securities Act* de 1933 e do *Securities Exchange Act* de 1934, de um conjunto de deveres de informação relativos às sociedades cotadas, aos seus administradores e aos seus accionistas qualificados[14].

III. A necessidade de consagração de um conjunto de normas para as grandes sociedades anónimas, que reforcem os direitos dos accionistas face à sociedade,

---

e *private companies* constante do *Companies Act* de 1985 (cf. PALMER, *Palmer's Company Law: Annotated Guide*, Sweet & Maxwell, 2006, p. 611). Mantiveram-se as proibições das *private companies* oferecerem ao público os seus valores mobiliários ou de juntarem os mesmos com a intenção de que eles sejam oferecidos ao público por terceiros (artigo 755 (1) do *Companies Act* de 2006), ainda que com algumas alterações de redacção. Ao contrário do previsto no *Companies Act* de 1985, não haverá, contudo, uma violação destas proibições caso a sociedade actue de boa-fé obrigando-se a "re-registar-se" como *public company* (artigo 755 (3) do *Companies Act* de 2006) (cf. PALMER, *Palmer's* cit., p. 579).

[9] Cf. THOMAS/ESTEVE, *Application procedure and publication of prospectuses*, in AAVV, *A Practitioner's guide to the FSA Listing Regime 2009/2010*, City & Financial Publishing, 2009, p. 95; GUIDER, *Guide to financial services regulation*, Oxfordshire, 1989, pp. 808-809.

[10] Cf. CARY/EISENBERG, *Corporation – cases and materials*, Westbury, 1995, p. 389-403.

[11] Cf. HENN/ALEXANDER, *Law of corporations*, 3rd edition, West Group, London, 1991, pp. 694-705.

[12] A exigência de prospecto de oferta pública, entretanto prevista no *Securities Act* de 1933, resulta igualmente da influência do direito inglês que já a consagrara no *Companies Act* de 1844 (cf. BLOOMENTHAL/WOLFF, *Emerging trends in securities law*, West Group, London, 1998-1999; LOSS, *Fundamentals of securities regulation*, Aspen Publishers, Boston/Toronto, 1983, pp. 1-7).

[13] Cf. BERLE/MEANS, *The modern corporation* cit., p. 5. No mesmo sentido, *vide* CARY/EISENBERG, *Corporation* cit., p. 242.

[14] Sobre estes deveres, *vide* RATNER, *Securities regulation*, West Publishing, St. Paul, 1996, pp. 106-109.

os direitos dos minoritários face aos accionistas maioritários, e o controlo pelos órgãos de fiscalização, explica-se por três grandes ordens de razões.

A primeira já referida está relacionada com a separação entre a titularidade accionista e o controlo societário[15], associada ao absentismo dos accionistas aforradores[16]. Aquela separação gera o chamado *principal-agent problem*[17], nos termos do qual os agentes (administradores) procurarão prosseguir os seus interesses e maximizar o seu bem-estar (satisfação, felicidade, etc) mais do que prosseguir os interesses e bem-estar do principal (os accionistas)[18]. Para além da divergência dos interesses dos administradores e dos accionistas (característica ainda actual das sociedades norte-americanas e do Reino Unido), é possível verificar, nos países da Europa continental, um outro conflito de interesses mais agudo entre os interesses do grupo de accionistas de controlo e os minoritários[19]. Ora, as normas especiais do regime jurídico das grandes sociedades anónimas visam, precisamente, a resolução de alguns destes conflitos de interesses, procurando dar a informação necessária aos accionistas sobre a vida societária e proteger os minoritários face aos maioritários (*e.g.* através de regras especiais de eleição de administradores). A dispersão accionista exige uma protecção mais adequada dos interesses dos accionistas face aos abusos dos administradores ou dos accionistas maioritários, criando as condições necessárias para que aqueles possam participar na gestão e controlo das sociedades[20].

---

[15] Cf. nota 5 *supra*.

[16] Cf. nota 6 *supra*.

[17] JENSEN e MECKLING definiam a relação de *principal-agent* como uma "relação de agência, entendida como um contrato nos termos do qual uma ou mais pessoas (principais) mandatam um terceiro (o agente) para a realização de determinado serviço em seu nome, o que envolve a delegação de poderes decisórios no agente" (cf. *Theory of the firm: Managerial behavior, agency costs, and ownership structure*, in *Journal of Financial Economics*, 3, 1976, p. 305).

[18] JENSEN e MECKLING foram os autores que identificaram o *principal-agent problem* das modernas sociedades norte-americanas, no seu estudo *Theory of the firm: Managerial behavior, agency costs, and ownership structure*, in *Journal of Financial Economics*, 3, 1976, pp. 305-360. Analisar-se-á este tema mais em detalhe em I., 2. *infra*.

[19] Cf. HOPT, *Estudios de derecho de sociedades y del mercado de valores*, Marcial Pons, Madrid, 2010, p. 61; ARMOUR/HANSMANN/KRAAKMAN, *Agency problems and legal strategies*, in AAVV, *The anatomy of Corporate Law. A comparative and functional approach*, 2ª edição, Oxford University Press, Oxford, 2009, p. 36; VIVES RUIZ, *Las operaciones de «public to private» en el derecho de OPAs español*, Civitas/Thomson, 2008, pp. 43 e ss.; PAZ-ARES, *La responsabilidad de los administradores como instrumento de gobierno corporativo*, in *Revista de Derecho de Sociedades*, 20, 2003/I, pp. 67-109.

[20] Neste sentido, *vide* HOPT, *Estudios* cit., p. 61; CANDELARIO MACÍAS, *Las sociedades cotizadas: elementos específicos*, in BENEYTO/LARGO (dirs.), *Régimen jurídico de las ofertas públicas de adquisición (OPAs)*, Bosch,

A segunda razão prende-se com a necessidade de defender a captação de aforro público. Ripert, reconhecendo as virtualidades das *sociétés faisant appel à l'epargne*, chamava a atenção para a necessidade de regular a *collecte de l'épargne*[21]. A confiança dos investidores é fundamental para o funcionamento do mercado de capitais e, em concreto, para a captação de aforro público para a subscrição de acções de sociedades. Essa confiança só se obtém se o investidor dispuser de uma protecção legal adequada que lhe assegure uma salvaguarda dos seus interesses perante potenciais situações de abuso[22], caso contrário o seu interesse em investir em acções das sociedades desvanecer-se-á. Exige-se, por conseguinte, normas que assegurem uma informação adequada aos accionistas, que previnam eventuais abusos quer dos administradores quer dos accionistas maioritários, e a fixação de um princípio de tratamento igualitário de todos os accionistas com a eventual partilha do prémio de controlo[23].

A terceira razão é a mudança de controlo societário. As grandes sociedades são mais propensas a mudanças de controlo devido à dispersão de capital resultante da negociação em mercado das suas acções. Elas gravitam naquilo que a doutrina costuma designar como mercado de controlo societário (*market for corporate control*) e cujo conceito se analisará melhor adiante[24]. Para já, limitamo-nos a referir que o controlo societário consiste na faculdade de determinar a orientação da administração da empresa e que, por isso mesmo, confere um valor acrescentado ao accionista que pode rentabilizar o seu investimento intervindo na gestão da sociedade[25]. O controlo societário é assim um bem susceptível de ser transmitido, em virtude do princípio da liberdade de transmissão

---

Barcelona, 2010, p. 102; Tapia Hermida, *Los accionistas y el gobierno de las sociedades cotizadas*, in *Estudios jurídicos en homenaje al Profesor Aurelio Menéndez*, Civitas, Madrid, 1996, p. 2545; Germain, *Le contrôle du commissariat aux comptes*, in *Le contrôle du Gouvernement des sociétes cotées dans l'espace européen*, Les Petites Affiches, 123, Outubro 1998, p. 9.

[21] Cf. Ripert, *Aspects juridiques du capitalisme moderne*, Paris, 1951, pp. 109 e 118.

[22] Neste sentido, vide Grupp, *Going private Transaktionen aus Sicht eines Finanzinvestors. Spannungsfeld zwischen gesamtwirtschaftlichen Nutzen und Minderheitensutz*, Augsburg, 2006, pp. 66-67; Rühland, *Der Ausschluss von Minderheitsaktionären aus der Aktiengesellschaft (Squeeze-out)*, Baden-Baden, 2004, p. 175; Mühle, *Das Wertpapiererwerbs-und Übernahmegesetz – WpÜG im Schnittfeld zwischen Gesellschafts-und Kapitalmarktrecht under besonderer Berücksichtigung des ökonomischen Rahmenbezugs*, Baden-Baden, 2002, pp. 117, 142, 465 e 467.

[23] Cf. Grupp, *Going private Transaktionen* cit., pp. 66-68.

[24] Cf. I., 2. *supra*.

[25] Cf. García de Enterría, *Mercado de control, medidas defensivas y ofertas competidoras. Estudios sobre OPAs*, Civitas, Madrid, 1999, p. 25.

de acções[26], e que suscita o interesse dos grandes investidores que o procuram adquirir através de mecanismos como a OPA[27]. A abertura do capital ao público e, em particular, a admissão à negociação se, por um lado permitem o financiamento da actividade prosseguida pela sociedade, por outro lado, tornam-na mais permeável a mudanças de controlo resultantes frequentemente de ofertas públicas de aquisição[28].

Estas mudanças de controlo societário requerem uma adequada regulação dos mecanismos de concentração accionista que as mesmas envolvem (*e.g.* oferta pública de aquisição), devido às necessidades acrescidas de protecção dos accionistas minoritários[29]. A premência desta protecção é de tal ordem que nalguns ordenamentos jurídicos consagra-se um dever de lançamento de OPA geral com preço mínimo caso um accionista adquira o controlo da sociedade[30].

1.2 O fenómeno da separação entre a grande sociedade anónima e a pequena sociedade anónima em Portugal: a sociedade aberta

I. Em Portugal, o fenómeno de bipartição entre a grande sociedade anónima e a pequena sociedade anónima verificou-se mais tardiamente, tendo para isso contribuído, seguramente, a conjuntura política do nosso país.

---

[26] Cf. García de Enterría, *Mercado de control* cit., p. 25.

[27] As OPAs são, na maioria dos casos, um mecanismo de criação de valor e uma forma de assegurar a eficiência da gestão societária, na medida em que as sociedades competem entre si para detectar eventuais deficiências ao nível da gestão, analisar a oportunidade de lançamento de OPA e adquirirem uma sociedade por um valor mais reduzido fruto da ineficiência da sua gestão. Neste sentido, e afirmando a função de vigilância da gestão societária desempenhada pelas OPAs, *vide* Sáez Lacave, *Una aproximación al derecho de opas competidoras* in *Revista de Derecho Bancário y Bursátil*, Octubre-diciembre 2003, p. 8; Manne, *Mergers and the market for corporate control*, 73 j. Pol. Econ., 1965, pp. 110 e ss.. Jensen e Ruback chegam mesmo a comparar o mercado de controlo societário a um campo em que as equipas de gestão competem entre si (cf. *The market for corporate control: the scientific evidence*, in *Journal of Financial Economics*, 11, 1983, pp. 6 e 44-45).

[28] Cf. Paulo Câmara, *Manual* cit., pp. 538-539.

[29] *Vide* Schmidt, *Les droits de minoritaires et les offres publiques*, in AAVV, *Les offres publiques d'achat*, dir. Canivet/Martin/Molfessis, Litec, Paris, 2009, pp. 657-659.

[30] Sobre os fundamentos concretos desse dever de lançamento, *vide* a obra de García de Enterría, *La Opa Obligatoria*, Civitas, Madrid, 1996; e ainda Paulo Câmara, *O Dever de Lançamento de Oferta Pública de Aquisição no Novo Código dos Valores Mobiliários*, in *Cadernos da Comissão do Mercado de Valores Mobiliários*, nº 7, Lisboa, Abril 2000, pp. 235 e ss.; Ribeiro Mendonça, *A Tomada de Sociedade através de oferta pública de aquisição*, in Revista da Faculdade de Direito da Universidade de Lisboa, Vol. XLV, nºs 1 e 2, 2004, pp. 75 e ss.; Menezes Falcão, *A OPA Obrigatória*, in *Direito dos Valores Mobiliários*, vol. III, Coimbra Editora, 2001, pp. 188-199.

No período do Estado Novo, a não abertura do país ao exterior impediu o desenvolvimento dos mercados de capitais em Portugal, pelo que a dispersão do capital das sociedades anónimas era um fenómeno inexistente. Com a revolução de 1974 e o início do período do PREC, iniciou-se um movimento de nacionalização e estatização nos mais diversos sectores da economia e não havia, naturalmente, espaço para a dispersão do capital e a criação das grandes sociedades anónimas. A ordem era precisamente a inversa: o fim do grande capital e a instituição de um dirigismo económico estatal.

II. Não é pois de estranhar que apenas em 1986 surja a primeira verdadeira distinção entre a "grande sociedade anónima" e a "pequena sociedade anónima". Com a entrada em vigor do Decreto-Lei nº 262/86, de 2 de Setembro, que aprovou o CSC, são criadas as "sociedades com subscrição pública"[31], considerando, nos termos da redacção inicial do art. 284º do CSC, como sociedades com subscrição pública:

(i) As que foram "constituídas com apelo à subscrição pública";

---

[31] A primeira referência à subscrição pública de valores mobiliários representativos de capital, em particular acções, surge no Código Comercial de Veiga Beirão aprovado por Carta de Lei de 28 de Junho de 1988. Nos termos do art. 164º deste código, sob a epígrafe "constituição da sociedade com apelo à subscrição pública", admitia-se a constituição de uma sociedade anónima por recurso à *subscrição pública*, devendo os "fundadores constituir provisoriamente a sociedade, outorgando a respectiva escritura" e cumprindo com determinados requisitos legalmente estabelecidos. Uma vez satisfeitos esses requisitos, era formulado um programa relativo à subscrição das acções que continha os diversos elementos, entre eles, o valor e espécie das entradas, as condições da sua realização, convocação para a assembleia que aprovará a constituição definitiva da sociedade (art. 164º § 2 do Código de Veiga Beirão). Em seguida, procedia-se à "recolha" do "produto da subscrição e os "fundadores apresentavam à assembleia geral os "documentos justificativos de haverem satisfeito as condições exigidas pelo artigo 162º" relativo aos requisitos da constituição definitiva. No entanto, a subscrição pública não implicava qualquer qualificação da sociedade anónima nem despoletava quaisquer efeitos jurídicos específicos, era apenas utilizada para definir o tipo de *processo de subscrição* por contraposição ao de subscrição privada. Apesar de a sociedade se designar, doutrinal e legalmente, como sociedade com subscrição pública, tal não determinava a aplicação de normas específicas previstas para esse tipo de sociedades distintas das aplicáveis às sociedades anónimas em geral; as únicas diferenças diziam respeito ao processo de constituição. Assim, a primeira referência ao conceito de subscrição pública "como instrumento de qualificação de uma sociedade" surge apenas no CSC (cf. BRITO PEREIRA, *A OPA Obrigatória*, Almedina, Coimbra, 1998, p. 120; OSÓRIO DE CASTRO, *Os Casos de Obrigatoriedade de Lançamento de uma Oferta Pública de Aquisição*, in *Problemas Societários e Fiscais do Mercado dos Valores Mobiliários*, Edifisco, Lisboa, 1992, pp. 22-23).

(ii) As que, "num aumento de capital, tivessem recorrido à subscrição pública"; ou
(iii) Aquelas cujas "acções estejam cotadas em bolsa".

As "sociedades com subscrição pública" foram assim a primeira expressão da grande sociedade anónima, isto é, da sociedade que tem o seu capital disperso pelo público e que, por isso, está sujeita a um conjunto de disposições legais diversas das que regem as sociedades anónimas em geral, nomeadamente em matéria de transferência do controlo com a imposição do dever de lançamento de OPA. A qualificação como "sociedade com subscrição pública" implicava a sua sujeição a um regime específico no que toca à publicidade dos seus actos sociais, à eleição dos membros do conselho de administração, à proibição da dispensa da caução dos administradores e, mais importante, à obrigatoriedade de lançamento de OPA em caso de transferência de controlo[32].

III. O Cód.MVM não alterou a distinção entre a grande sociedade anónima e a pequena sociedade anónima.

Esta codificação, na sua versão inicial aprovada pelo Decreto-Lei nº 142-A//91, de 10 de Abril, equiparou às sociedades com subscrição pública previsto no artigo 284º do CSC (cujo conceito e efeitos, designadamente lançamento de OPA obrigatória, se mantiveram intocados) aquelas que tenham "dispersado o seu capital pelo público por qualquer outra forma" não prevista naquele preceito, "nomeadamente através de oferta ou ofertas públicas de venda ou de troca lançadas pela própria sociedade ou pelos seus accionistas" (art. 527º, nº 1 alínea b) do Cód.MVM).

Em 1995, o Decreto-Lei nº 261/95, de 3 de Outubro, que introduziu importantes alterações no Cód.MVM, criou um novo conceito – o de sociedades "de subscrição pública", mantendo-se, contudo, a noção de "sociedades com subscrição pública". A nova alínea j) do nº 1 do art. 3º do Cód.MVM definia estas como as sociedades "que tenham parte ou a totalidade do seu capital disperso pelo público em virtude de se haverem constituído com apelo a subscrição pública, de, num aumento de capital, terem recorrido a subscrição pública, ou de as suas acções estarem cotadas em bolsa ou terem sido objecto de oferta pública de venda ou de troca, ou de venda em bolsa, nos termos do artigo 366º".

---

[32] No entanto, o artigo 313º, nº 1 alínea b) do CSC dispunha, em relação à obrigação de lançamento de OPA, que a mesma não existiria no caso de "o contrato de sociedade não estipular direito de preferência nas compras ou trocas de acções".

A distinção entre a grande e a pequena sociedade anónima mantinha-se, portanto, como um ponto fulcral da legislação com tendência para alargar o âmbito da primeira, abarcando outros fenómenos de dispersão do capital.

IV. O actual Cód.VM não abandonou a bipartição entre a grande e a pequena sociedade anónima, mas sentiu necessidade de pôr "cobro à assistematicidade patente nas divergências de *nomen iuris* e de disciplina entre o CSC e o Cód.MVM" (nº 8 do Decreto-Lei nº 486/99, de 13 de Novembro que aprovou o Cód.VM). Com esse intuito, o Cód.VM revogou os conceitos de sociedade com subscrição pública e de subscrição pública constantes do CSC e do Cód.VM e, em sua substituição, criou o conceito de sociedade aberta (art. 7º do Decreto-Lei nº 486/99, de 13 de Novembro)[33].

O art. 13º, nº 1 do Cód.VM define sociedade aberta como a "sociedade com o capital aberto ao investimento do público" e, em seguida, elenca os casos em que o legislador considera que o capital de uma sociedade está aberto ao investimento público[34]. Os casos previstos nas diversas alíneas daquele preceito procuram abranger diversas situações em que, através de um determinado instituto jurídico (*e.g.* oferta pública de subscrição, de venda, de troca, constituição de sociedades por subscrição pública, ou admissão à negociação em mercado), se procede à dispersão do capital[35] de uma sociedade pelo público[36], em princípio, residente ou com estabelecimento em Portugal[37].

---

[33] A doutrina considera que o actual conceito de sociedade aberta prevista no art. 13º Cód.VM corresponde, *grosso modo*, às "sociedades de subscrição pública" e "sociedades com subscrição pública" mencionadas no CSC e Cód.VM (cf. Menezes Cordeiro, *Manual de direito* cit., II, p. 611; Pereira de Almeida, *Sociedades Abertas*, in *Direito dos Valores Mobiliários*, vol. VI, Coimbra Editora, Coimbra, 2006, p. 10).

[34] O Cód.VM não esgota o leque de situações em que há lugar à referida qualificação, pois desde 2004 o CIRE prevê a atribuição dessa qualidade no âmbito da execução de plano da insolvência (sobre o plano da insolvência, vide Santos Júnior, *O plano da insolvência: algumas notas*, in *Estudos em memória do Professor Doutor José Dias Marques*, Coimbra Editora, 2007, pp. 121 e ss.). O art. 204º do CIRE considera sociedade com o capital aberto ao investimento do público a sociedade emitente de acções em que sejam convertidos créditos sobre a insolvência independentemente do consentimento dos respectivos titulares nos termos do art. 203º do Cód.VM. Carvalho Fernandes e João Labareda defendem que este preceito procura antes "fortalecer a posição dos accionistas", com especial relevância para os minoritários (...) visto que, exactamente, se pretende uma tutela a mais ampla possível, daqueles que viram os seus créditos convertidos em capital" (cf. *Código da Insolvência e da Recuperação de Empresas Anotado*, 2ª Edição, Lisboa, Quid Iuris, 2008, p. 680).

[35] A expressão capital abrange desde logo as acções mas também, nalguns casos, os valores mobiliários que confiram direito à sua subscrição ou aquisição (art. 13º, nº 1 alíneas b) e c) do Cód.VM).

A sociedade aberta é, portanto, polifórmica, no sentido de que não apresenta um único factor aglutinador do seu sub-tipo, antes recorreu a diversos elementos extrínsecos cuja unidade resultaria da repercussão que os mesmos teriam na estrutura do seu capital: a dispersão accionista[38]. A escolha deste conceito é de duvidosa utilidade face à tendência crescente nos demais ordenamentos jurídicos para uma distinção simples entre sociedades cotadas e sociedades não cotadas[39] e à insipidez do nosso mercado de capitais.

IV. As sociedades abertas têm um regime jurídico específico, de tal modo que se pode afirmar que os accionistas de uma sociedade aberta têm um estatuto próprio quando comparados com os accionistas de uma sociedade anónima fechada.

Numa análise do conjunto disperso das normas que regulam as sociedades abertas, verifica-se que estas estão sujeitas, entre outros, a diversos deveres de informação (*e.g.* arts. 17º, 19º, 244º e ss. do Cód.VM), os quais se estendem aliás aos seus accionistas (art. 16º do Cód.VM), ao princípio da igualdade de tratamento (art. 14º do Cód.VM), à menção nos actos externos elencados no artigo

---

[36] No entanto, há que reconhecer que, nalguns casos, a dispersão alcançada por alguns desses institutos jurídicos é relativamente reduzida ou nula, basta pensar nos casos de conversão de créditos previstos no CIRE.

[37] Dizemos em princípio, uma vez que, nos casos de admissão à negociação em mercado, a dispersão do capital pode ser feita ao público não residente ou sem estabelecimento em Portugal (art. 13º, nº 1 alínea c) do Cód.VM).

[38] Prova disso é que a doutrina tem apresentado diferentes noções de sociedade aberta, mas enfocando-se sempre na dispersão do capital pelo público. PAULA COSTA E SILVA define sociedade aberta como a sociedade cujo capital pode ser subscrito ou adquirido pelo público, directa ou indirectamente, e desde que esse público seja constituído por pessoas residentes ou com estabelecimento em Portugal (cf. *Domínio de sociedade aberrta e respectivos efeitos*, in *Direito dos Valores Mobiliários*, V, Coimbra Editora, 2004, p. 332). Já MENEZES CORDEIRO apresenta a seguinte noção "tendencial" de sociedade aberta: é uma sociedade anónima cujas "acções se *encontram* dispersas pelo público" (cf. *Manual de direito* cit., II, p. 611).

[39] É esse o caso do ordenamento jurídico alemão, em que as sociedades cujas acções não estão admitidas à negociação deixaram, desde 1994, de equiparar-se às sociedades com capital aberto ao público; actualmente a distinção é apenas entre as sociedades não cotadas e as cotadas (cf. KARSTEN SCHMIDT, *La reforma alemana: Las KontraG y TransPuG de 1998 y 2002, y el Código Cromme*, in *Revista de Derecho de Sociedades*, 2004-1, 22, pp. 21-22). Defendendo também uma distinção simples entre sociedades anónimas cotadas e sociedades anónimas não cotadas, no contexto do direito comunitário europeu, *vide* LUTTER, *Concepciones, éxitos y tareas futuras de la armonización europea del Derecho de sociedades*, in *Notícias de la Unión Europea*, 210, 2002, p. 52. No mesmo sentido, no direito espanhol, *vide* CANDELARIO MACÍAS, *Las sociedades cotizadas* cit., p. 99; Ib., *La tutela* cit., p. 29.

171º do CSC da qualidade de sociedade aberta (art. 14º do Cód.VM)[40], ao instituto da OPA obrigatória (arts. 187º e ss. do Cód.VM), à exigência de independência de metade dos membros dos órgãos de fiscalização (arts. 414º, nºs 4 e 6, 423º-B, nºs 4 e 5, 444º, nºs 2 e 6 CSC), à designação obrigatória de secretário e suplente (arts. 446º-A e 446º-F CSC), à dispensa da prestação de caução ou da existência de seguro de responsabilidade civil dos administradores (art. 396º, nºs 1 e 3 do CSC), à proibição do modelo clássico simplificado de governação (art. 413º, nº 2 alínea a) do CSC)[41]. Alguns destes deveres são apenas aplicáveis a sociedades abertas que tenham as suas acções admitidas à negociação em mercado regulamentado (as chamadas sociedades cotadas), sendo que, nestas, são ainda mais intensos os deveres de informação e as exigências de organização societária[42].

Há, assim, um reforço da posição jurídica dos accionistas, em particular dos accionistas minoritários, que vêem a sua panóplia de direitos alargada, quando comparada com o elenco de direitos dos accionistas de uma sociedade anónima fechada. Esses direitos "adicionais" têm como sujeito passivo quer a sociedade, quer os accionistas maioritários, quer os accionistas "qualificados" segundo as normas do direito dos valores mobiliários. É então correcto afirmar que os accionistas de uma sociedade aberta têm um estatuto próprio que lhes confere um conjunto mais alargado de direitos, em particular se forem accionistas minoritários, mas que também lhes impõe um conjunto de deveres, no caso particular de serem accionistas qualificados ou maioritários.

O "estatuto jurídico" de um accionista de uma sociedade aberta é um estatuto reforçado e a atribuição dos direitos *supra* referidos justifica-se pela mencionada necessidade de acautelar os riscos de separação da titularidade accionista do controlo societário, de salvaguardar a confiança dos investidores no mercado de capitais, em particular no mercado de acções, e de assegurar a adequada protecção nas mudanças de controlo societário características das sociedades abertas. Este estatuto específico das sociedades abertas leva a doutrina a questionar se não se pode mesmo falar de um novo tipo societário: as sociedades abertas[43].

---

[40] MENEZES CORDEIRO afirma que às sociedades abertas é aplicável o princípio da publicidade (cf. *Manual de direito* cit., II, p. 619).
[41] Para mais desenvolvimentos sobre o estatuto jurídico das sociedades abertas, *vide* MENEZES CORDEIRO, *Manual de direito* cit., II, pp. 619-631; PEREIRA DE ALMEIDA, *Sociedades abertas* cit., pp. 15 e ss.; PAULO CÂMARA, *Manual* cit., pp. 544 e ss..
[42] *Vide* I. 1.4 *infra*.
[43] Sobre a questão, *vide* PAULO CÂMARA, *Manual* cit., pp. 569-572.

1.3 Conceito de "Sociedade Cotada"

I. A palavra cotação tem, na esfera do comércio, o sentido de "indicação de preços de mercadorias ou de valores"[44]. Ora, quando nos reportamos à cotação de uma sociedade, estamos a referir-nos à "indicação do preço" do "substrato patrimonial" que as representa, o que, no caso das sociedades anónimas, são as acções. Com efeito, uma das características das acções é a patrimonialidade, isto é, elas traduzem uma realidade económica susceptível de avaliação pecuniária[45]: o *status* do accionista com o complexo de direitos, deveres e encargos que o mesmo comporta[46].

O valor económico das acções é a principal expressão do valor de uma sociedade, mas, para que ele assuma uma expressão visível e apreensível pelo comércio, é necessário que ele se dê a conhecer publicamente, ou seja, que haja a tal "indicação do preço" de referência das acções. A forma mais visível de expressão da cotação das acções[47] resulta do encontro entre a sua oferta e procura num mercado com regras pré-definidas para os seus intervenientes. No caso das acções, as diferentes formas de negociação destas foram evoluindo ao longo dos tempos e das tradicionais "bolsas" evoluímos para o conceito geral de mercado regulamentado e para os chamados sistemas alternativos de negociação, como a internalização sistemática[48].

---

[44] Cf. MORAIS DA SILVA, *Novo dicionário compacto da língua portuguesa*, vol. II, Editorial Confluência, 1988, p. 161.

[45] Cf. MENEZES CORDEIRO, *Manual de direito* cit., II, p. 662.

[46] Cf. MENEZES CORDEIRO, *Manual de direito* cit., II, p. 661; OLAVO CUNHA, *Direito das sociedades comerciais*, 3ª edição, Almedina, Coimbra, 2007, p. 317. O "estatuto jurídico" do accionista decorrente da participação social leva a doutrina a qualificar esta como um "estado", o "estado do accionista" (neste sentido, *vide* PAIS DE VASCONCELOS, *A participação social nas sociedades comerciais*, 2ª edição, Almedina, Coimbra, 2006, pp. 389 e ss.; MENEZES CORDEIRO, *Manual de direito* cit., I, p. 569).

[47] Há outras formas económicas de avaliação das acções, como os leilões ou as avaliações por empresas de investimentos, que permitem igualmente obter uma "indicação do preço" das acções.

[48] Para mais desenvolvimentos sobre o conceito de mercado regulamentado e de sistemas alternativos de negociação, *vide* ANTÓNIO SOARES, *Mercados regulamentados e não regulamentados*, in Cad.MVM, 7, 2000, pp. 273 e ss.; PAULO CÂMARA, *Manual* cit., pp. 503-504; Ib., *Internalização sistemática. Subsídios para o estudo de uma nova forma de organizada de negociação*, in Cad.MVM, nº 27, 2007, pp. 149 e ss.; BOTELHO DA SILVA, *Os sistemas alternativos de negociação ou a bolsa como instrumento do princípio da igualdade*, in Direito dos Valores Mobiliários, V, Almedina, Coimbra, 2004, pp. 309 e ss.; ISABEL VIDAL/DUARTE SOUSA/NASCIMENTO RODRIGUES, *Aspectos jurídicos dos sistemas alternativos de negociação*, in Cad.MVM, 12, 2001, pp. 187 e ss.; TORRES MAGALHÃES, *A participação de intermediários financeiros portugueses em mercados financeiros transnacionais*, in Cad.MVM, 12, 2001, pp. 215 e ss..

II. E qual o significado jurídico da expressão "sociedade cotada"?

Os significados etimológicos da palavra "cotação" e da expressão "sociedade cotada" estão próximos do seu significado jurídico, mas, ao contrário de outros ordenamentos jurídicos[49], o ordenamento jurídico português não consagrou um

---

[49] É esse o caso do ordenamento jurídico italiano que, no art. 119º do T.U.F., define as *società com azioni quotate* (também conhecidas como *società quotata*) como as sociedades com acções cotadas em mercado regulamentado italiano ou de outros países da união europeia. No direito italiano, há, portanto, duas situações que conduzem à qualificação da sociedade como cotada: (i) as sociedades com acções cotadas em mercados regulamentados italianos; e (ii) as sociedades italianas com acções cotadas exclusivamente em mercados regulamentados de outros Estados da União Europeia, sendo que alguns autores equiparam a estes também os Estados aderentes ao Tratado sobre o Espaço Económico Europeu (*e.g.* Noruega) e que tenham acolhido no seu ordenamento jurídico a Directiva sobre serviços de investimento (neste sentido, *vide* MONTALENTI, *La società quotata*, in COTTINO (dir.), *Trattato di diritto commerciale*, vol. IV, Cedam, Pádua, 2004, p. 54; contra, *vide* NOTARI, *Art. 119*, in AAVV, *La disciplina delle società quotate nel Testo Unico della Finanza, D.lgs. 24 febbraio 1998, n. 58. Commentario*, a cura di Marchetti/Bianchi, t. I, Milano, Giuffrè Editore, 1999, p. 763). Porém, não se aplicam a esta segunda categoria de sociedades cotadas algumas normas do T.U.F. (*e.g.* arts. 149, nº 4; 152º, nº 3 e 157, nº 3 do T.U.F.). Cumpre referir que este conceito de sociedade cotada é o conceito legal para efeitos da aplicação do Capítulo II do Título III do T.U.F., sob a epígrafe *disciplina delle società con azioni quotate*, é um conceito também relevante para o art. 206 do T.U.F. que se refere à aplicação das normas sobre sociedades cotadas previstas no *Codice Civile*. Há, contudo, um elemento perturbador no conceito de sociedade cotada que reside no facto de o próprio *Codice Civile* ter adoptado, posteriormente e através das alterações introduzidas pelo d.lgs. 6/2003, um conceito mais amplo de sociedade cotada que inclui as sociedades estrangeiras com acções admitidas à negociação em mercado regulamentado italiano e as sociedades italianas com acções cotadas em mercados extra-comunitários. A doutrina considera que o art. 206º do T.U.F. não pode pretender solidificar um conceito de sociedade cotada para efeitos da aplicação do *Codice Civile* e que as alterações introduzidas posteriormente nesta codificação acabaram por alargar o campo de aplicação das normas relativas às sociedades cotadas (cf. MINERVINI, *Art. 2325-bis – Art. 111-bis disp. Att. Trans.*, in *La riforma delle società*, a cura di M. Sandulli/V. Santoro, t. I, Torino, 2003, p. 17). Face a esta disparidade conceptual, a doutrina apresenta um conceito unitário que tem como base fundamental o conceito do art. 109º do T.U.F. e que se amplia às sociedades estrangeiras com acções admitidas à negociação em mercado regulamentado italiano e às sociedades italianas com acções cotadas em mercados extra-comunitários (cf. MONTALENTI, *La società* cit., pp. 56-57).
O ordenamento jurídico alemão também consagra um conceito legal de sociedade cotada. Nos termos do § 2 do art. 3 da KontraG, considera-se sociedade cotada para efeitos deste diploma as "sociedades cujas acções se negoceiam regularmente num mercado regulado e supervisionado por entidades reconhecidas e que são directa ou indirectamente acessíveis ao público". Apesar de a KontraG ser um diploma legal de 1998, o conceito de sociedade cotada já se encontrava consagrado no direito alemão desde 1994 no §3(2) da AktG que continha uma definição similar ao da KontraG (cf. KARSTEN SCHMIDT, *La reforma* cit., p. 21). Com efeito, a *Gesetz für Kleine Aktiengesellschaften und zur Deregulierung des Aktienrechts* de 1994 (cf. BGBl. I, 1994, p. 1961) veio estabelecer um conjunto de regras especiais

conceito de "sociedade cotada", apesar de dar vários pontos de apoio para a elaboração de um conceito.

A palavra cotação tem acolhimento, por exemplo, no art. 222º do Cód.VM, o qual, sob a epígrafe "cotação", dispõe que sempre que a lei ou o contrato se refira a cotação numa certa data, considera-se como tal o preço de referência definido pela entidade gestora do mercado regulamentado a contado". A cotação é, portanto, o "preço de referência" que se obtém num determinado mercado regulamentado.

(*e.g.* convocação da assembleia geral; acta da assembleia geral) aplicáveis às sociedades com um único accionista ou cujas acções não estão admitidas à negociação em mercado regulamentado e as sociedades cujas acções estejam admitidas à negociação em mercado regulamentado (para mais desenvolvimentos sobre as alterações previstas naquele acto legislativo, *vide* SEIBERT/KEIM, *Handbuch der kleinen AG*, Aufl. 4, Köln, 2000). As sociedades cujas acções não estão admitidas à negociação deixaram desde 1994 de equiparar-se às sociedades com capital aberto ao público; actualmente a distinção é apenas entre as sociedades não cotadas e as cotadas (cf. KARSTEN SCHMIDT, *La reforma* cit., pp. 21-22).
O ordenamento jurídico espanhol prevê igualmente um conceito legal de sociedade cotada. Nos termos do artigo 1º, nº 1 do RD 1066/2007, consideram-se sociedades cotadas, para efeitos da aplicação do regime daquele diploma, as sociedades cujas acções estejam admitidas, no todo ou em parte, à negociação num mercado secundário espanhol, independentemente de terem ou não domicílio em Espanha, apesar de, neste último caso, não se aplicarem todas as normas daquele diploma (cf. para mais desenvolvimentos sobre o conceito de sociedade cotada e o âmbito de aplicação subjectiva do RD 1066/2007, *vide* GARCIMARTÍN ALFÉREZ, *Âmbito de aplicación subjetivo*, in GARCÍA DE ENTERRÍA/SÁENZ DE NAVARRETE (dirs.), *La regulación de las OPAs. Comentario Sistemático del RD 1066/2007, de 27 de Julio*, Thomson Reuters/Civitas, Madrid, 2009, pp. 61 e ss.). Este conceito é similar a um conceito mais antigo previsto no art. 111º da LVM (que foi introduzido pelo art. 1º da Lei 23/2003, de 17 de Julho, diploma que adicionou um novo Título X à LVM sob a epígrafe *Das sociedades cotadas*), segundo o qual se consideram sociedades cotadas, para efeitos da aplicação daquele Título X, as "sociedades anónimas cujas acções estejam admitidas à negociação em mercado oficial de valores" (cf. CANDELARIO MACÍAS, *La tutela de la minoría en la sociedad cotizada en bolsa*, Atelier Libros Jurídicos, Barcelona, 2007, p. 70). Antes da consagração legal destes conceitos, a doutrina espanhola dividia-se quanto à terminologia a utilizar na definição destas sociedades. Alguns autores identificavam a sociedade cotada com as "sociedades abertas que apelam ao aforro público" (cf. ALONSO UREBA, *El gobierno de la sociedad anónima cotizada (reforma legal versus Códigos de Conducta)*, in AAVV, *Instituciones del Mercado Financiero*, 1999, p. 3257; FERNÁNDEZ-ARMESTO/HERNÁNDEZ, *El gobierno de las sociedades cotizadas: situación actual y reformas pendientes*, 56, *Papeles de la Fundación*, 2000, p. 9; ESTEBAN VELASCO, *Propuesta de reforma del Derecho alemán de sociedades anónimas (el referenten-entwurf de 1996 sobre controlo e transparencia*, in *Revista de Derecho de Sociedades*, 8, 1997, p. 536), enquanto outros a identificavam com as "sociedades *bursátiles*" (cf. SÁNCHEZ-CALERO, *Las sociedades cotizadas o bursátiles en el derecho español*, in *RDBB*, 77, 2000, p. 909; ALBELLA, *El estatuto de las sociedades cotizadas*, in La Ley, 3415, 1993, p. 1; LORING, *Sociedades Cotizadas*, in *Manuales de la reforma mercantil en España. T.I. Derecho, tipología y estructura de las sociedades*, Expansión, Madrid, 1999, p. 64).

No entanto, o principal ponto de apoio normativo reside no art. 13º do Cód.VM relativo à qualificação como sociedade aberta. A dispersão pelo público é, conforme se referiu *supra*, o fundamento principal da qualificação de uma sociedade como aberta e a negociação em mercado é o meio principal e contínuo de dispersão do capital pelo público que o legislador não podia deixar de considerar. O art. 13º, nº 1 alínea c) do Cód.VM qualifica como sociedades abertas as sociedades emitentes de acções ou de outros valores mobiliários que confiram direito à subscrição ou aquisição de acções, que estejam ou tenham estado admitidas à negociação em mercado regulamentado situado ou a funcionar em Portugal. Com efeito, estando ou tendo estado as acções admitidas à negociação em mercado regulamentado situado ou a funcionar em Portugal, elas puderam ser adquiridas por qualquer pessoa que pudesse aceder a esse mercado, tendo a sociedade emitente potencialmente disperso as suas acções pelo público, ainda que não tenha realizado oferta pública[50].

O legislador aplica o mesmo raciocínio aos valores mobiliários que confiram direito à subscrição ou aquisição de acções (*e.g.* obrigações convertíveis em acções; valores mobiliários obrigatoriamente convertíveis em acções), sendo que, neste caso, a qualificação resulta da admissão à negociação em mercado regulamentado dos próprios valores mobiliários (ainda que as acções que os seus titulares possam subscrever ou adquirir não estejam nem nunca o tenham estado). Apesar de o adjectivo "admitidas"[51] parecer transmitir a ideia que a admissão à negociação é exclusivamente relativa às acções e não aos valores mobiliários que confiram direito à sua subscrição ou aquisição, essa interpretação não é a mais correcta. Se os valores que dão direito à subscrição ou aquisição de acções estão admitidos à negociação em mercado situado ou a funcionar em Portugal, o capital será potencialmente disperso pelo público, uma vez que qualquer pessoa pode aceder a esse mercado, adquirir esses valores mobiliários e convertê-los em capital[52]. Caso a interpretação contrária fosse procedente, a

---

[50] A admissão à negociação pode não implicar a realização de uma oferta pública, apesar de exigir quase sempre a elaboração de um prospecto, sendo esta uma das normais (há excepções!) exigências da qualificação da oferta como pública (artigo 236º do Cód.VM).

[51] É de notar que o art. 187º, nº 4 do Cód.VM já não contém esta imprecisão. O preceito apenas permite que se suprima 1/3 dos direitos de voto como limiar constitutivo do dever de lançamento de OPA nos estatutos das sociedades abertas que não tenham acções ou valores mobiliários que confiram direito à sua subscrição ou aquisição "<u>admitidos</u>" à negociação em mercado regulamentado. O mesmo se pode constatar nas diversas alíneas do art. 16º, nº 2, a) do Cód.VM.

[52] Este tipo de valores mobiliários conduz igualmente à qualificação como sociedade aberta se os mesmos tiverem sido objecto de oferta pública de subscrição (art. 13º, nº 1 alínea c) do Cód.VM). Nova-

referência a "valores mobiliários que dêem direito à subscrição ou aquisição de acções" não teria sentido útil na qualificação como sociedade aberta, uma vez que, se as acções já estivessem admitidas à negociação em mercado regulamentado, a qualificação como sociedade aberta já adviria deste facto e não da existência de valores mobiliários que dessem direito à subscrição ou aquisição de acções já "cotadas"[53]. Aliás, um dos efeitos da perda da qualidade de sociedade aberta é a imediata exclusão da negociação em mercado regulamentado das acções da sociedade, mas também dos valores mobiliários que confiram direito à sua subscrição ou aquisição, ficando vedada a sua readmissão no prazo de um ano (art. 29º, nº 2 do Cód.VM). Se o elemento relevante da qualificação da sociedade como aberta fosse a admissão à negociação das acções e não dos valores mobiliários que dessem direito à sua subscrição ou aquisição, então não seria necessária a sua exclusão de negociação tal como prevista neste preceito.

Pode-se discordar da opção do legislador que associou a qualificação da sociedade aberta a uma situação que apenas, em potência, conduz à dispersão do capital de uma sociedade, pois os titulares dos valores mobiliários podem não subscrever ou adquirir as acções e o emitente pode recomprar em mercado, antes do seu prazo de vencimento, os referidos valores mobiliários, extinguindo os mesmos. Contudo, as críticas resumir-se-ão a considerações *de iure constituendo* e não *de iure constituto*.

IV. O conceito de sociedade cotada que se assumirá no presente estudo corresponde ao consagrado no art. 13º, nº 1 alínea c) do Cód.VM?

Não plenamente.

---

mente o legislador considerou que aqueles valores permitem potencialmente, no futuro, aos seus titulares passar a ser detentores de acções de uma sociedade. Não acompanho, neste particular, a dificuldade interpretativa referida por PAULA COSTA E SILVA que se questiona como pode um "valor conferir direito à subscrição de um valor que já foi objecto de uma oferta pública de subscrição?" (cf. *Domínio* cit., p. 330). Com o devido respeito, que é muito, julgo que a ilustre professora reporta incorrectamente (pelo facto de a expressão "que tenham sido objecto de oferta pública de subscrição" surgir logo após a palavra "acções") o objecto da oferta pública de subscrição às acções a que os valores mobiliários dão direito a subscrever ou adquirir, mas não é este o objecto das ofertas. O objecto das ofertas públicas de subscrição referidas no preceito são as "acções" (neste caso, só as subscritas no contexto de aumento de capital atendendo ao disposto no art. 13º, nº 1 alínea a)) ou os valores mobiliários que conferem direito à subscrição ou aquisição de acções (não estas!).

[53] Discorda-se assim da interpretação de PAULA COSTA E SILVA quando a ilustre professora restringe a admissão à negociação, como motivo qualificador da sociedade como aberta, aos casos em que as acções estejam ou já tenham estado admitidas à negociação (cf. *Domínio* cit., p. 331).

O conceito de "sociedade cotada" não abrangerá desde logo os casos em que a sociedade não tenha acções admitidas à negociação em mercado regulamentado mas apenas "valores mobiliários que confiram direito à subscrição ou aquisição de acções". Com efeito, as acções que o titular daqueles valores mobiliários venha a subscrever ou adquirir podem não estar admitidas à negociação, pelo que não faz sentido falar em "sociedade cotada" quando não há "cotação" das acções, que é, conforme se referiu, a "indicação do preço" do substrato patrimonial que representa a sociedade. Este facto não foi ignorado, quer pelo legislador nacional na elaboração de outras disposições legais (cuja estatuição normativa atendeu apenas aos casos de admissão à negociação de acções em mercado regulamentado situado ou a funcionar em Portugal, ignorando aqueles outros valores mobiliários[54]), quer pelos ordenamentos jurídicos estrangeiros[55] que não incluem, na noção de sociedade cotada, as sociedades que não têm acções admitidas à negociação e somente valores mobiliários que confiram direito à sua subs-

---

[54] O art. 245º-A do Cód.VM exige a elaboração de um relatório anual sobre o governo das sociedades (vulgarmente denominado por relatório de *corporate governance*) aos emitentes de acções admitidas à negociação em mercado regulamentado. A elaboração deste importante documento informativo para o mercado restringe-se às sociedades que tenham acções admitidas à negociação em mercado regulamentado.

[55] Na Alemanha, o § 2 do art. 3 da KontraG limita o conceito de sociedade cotada, para efeitos deste diploma, às "sociedades cujas acções se negoceiam regularmente num mercado regulado", não fazendo qualquer referência a valores mobiliários que confiram direito à subscrição ou aquisição de acções (cf. KARSTEN SCHMIDT, *La reforma* cit., p. 22). O mesmo sucede em Itália, onde quer os arts. 119º e 202º do T.U.F quer a definição de sociedade cotada do *Codice Civile* se reportam exclusivamente à cotação de acções de sociedades italianas ou estrangeiras (cf. MONTALENTI, *La società* cit., pp. 54-57). Por fim, no ordenamento jurídico espanhol, o artigo 1º, nº 1 do RD 1066/2007 limita o conceito de sociedade cotada às sociedades cujas acções estejam admitidas à negociação em mercado regulamentado espanhol, não abrangendo as que apenas tenham valores mobiliários que confiram direito à subscrição ou aquisição de acções. Apesar disso, aquele diploma aplica-se também às ofertas que tenham por objecto valores mobiliários que confiram direito à subscrição ou aquisição de acções de sociedade cotada, mas, conforme salienta a doutrina, o importante não é a admissão à negociação daqueles valores, é antes a admissão à negociação das acções (cf. GARCIMARTÍN ALFÉREZ, *Ámbito* cit., p. 64). O outro conceito de sociedade cotada previsto na legislação espanhola, mais concretamente no art. 111º da LVM, nem sequer faz referência a outros valores mobiliários para além das acções (cf. CANDELARIO MACÍAS, *La tutela* cit., p. 71).
Nos ordenamentos jurídicos em que não existe um conceito legal de sociedade cotada, como é o caso do francês, a doutrina considera que o elemento relevante é que as acções da sociedade estejam admitidas à negociação (cf. ROBERT, *Les sociétes sous controle des autorités de marché*, in *Le controle du Gouvernment des sociétes cotées dans l'espace européen*, nº 123, Les petites Affiches, 1998, p. 5).

crição ou aquisição. Por fim, a análise dos mecanismos facilitadores da cessão do controlo da sociedade cotada e em particular dos acordos de aceitação e não-aceitação de OPA – objecto do presente estudo – tem como pano de fundo a mudança do controlo da sociedade, o qual não advém da detenção de valores mobiliários que confiram direito à subscrição de acções, mas antes da detenção, directa ou indirecta, de uma determinada percentagem de direitos de voto conforme se constatará *infra*[56]. Os principais problemas jurídicos relativos ao controlo societário e aos mecanismos facilitadores da sua cessão estão associados à negociação em mercado das acções da sociedade.

V. Não estarão também abrangidas as sociedades cujas acções, tendo estado, no passado, admitidas à negociação em mercado regulamentado, já o deixaram de estar.

Não se pode falar em "sociedade cotada" sem que haja uma "cotação actual" das acções. O facto de ter existido uma "cotação" num dado momento não pode eternizar o estatuto dessa sociedade como cotada. A grande maioria das normas que integram o estatuto jurídico das sociedades "cotadas" pressupõe a admissão à negociação em mercado. Veja-se, a título exemplificativo, os arts. 16º, nº 2, 245º-A, 248º, 248º-A, 248º-B e 248º-C do Cód.VM. O mesmo se sucede no direito estrangeiro, em que o conceito legal de sociedade "cotada" exige uma admissão actual à negociação em mercado, não se bastando com uma mera negociação pretérita[57]. Por fim, e conforme se referiu *supra*, a análise dos mecanismos de cessão de controlo e, em particular, dos acordos de aceitação e não-aceitação de OPA será efectuada tendo sempre, como pano de fundo, a negociação em mercado regulamentado das acções, uma vez que é essa nego-

---

[56] Vide I., 1.2.1 *infra*.
[57] Na Alemanha, o § 2 do art. 3 da KontraG vai mais longe e exige que as acções da sociedade cotada sejam negociadas "regularmente" num mercado regulado. Contudo, a ideia de negociação regular está implícita no conceito de mercado regulamentado na maioria dos ordenamentos jurídicos, nomeadamente o português (art. 199º do Cód.VM). No ordenamento jurídico italiano, quer os arts. 119º e 202º do T.U.F quer a definição de sociedade cotada do *Codice Civile* exigem uma negociação actual em mercado regulamentado das acções da sociedade em causa (cf. MONTALENTI, *La società* cit., pp. 54-57). No ordenamento jurídico espanhol, um dos elementos integrantes dos conceitos de sociedade cotada previstos no artigo 1º, nº 1 do RD 1066/2007 e no art. 111 da LVM é a negociação em mercado regulamentado das acções da sociedade (cf. GARCIMARTÍN ALFÉREZ, *Ámbito* cit., pp. 62 e 64; CANDELARIO MACÍAS, *Las sociedades cotizadas* cit., p. 112; Ib, *La tutela* cit., p. 71). Por fim, o conceito de sociedade cotada elaborado pela doutrina francesa pressupõe a existência de uma negociação em mercado das acções da sociedade e não a mera negociação pretérita (cf. ROBERT, *Les sociétés* cit., p. 5).

ciação que suscita alguns dos principais problemas daqueles mecanismos e acordos.

VI. Feitas estas correcções, é possível apresentar o seguinte conceito de sociedade cotada: *sociedade, com sede em Portugal ou no estrangeiro, cujas acções estejam admitidas à negociação em mercado regulamentado situado ou a funcionar em Portugal.*
Este conceito apresenta três elementos fundamentais.
O primeiro é que tem de ser uma sociedade emitente de acções, ficando excluídas todas as sociedades cujo capital não seja representado por acções (*e.g.* sociedades por quotas). Esta restrição às sociedades emitentes de acções percebe-se, uma vez que as acções são a única a forma de representação do capital social que apresenta as características necessárias para a sua negociação em mercado: a fungibilidade e a transmissibilidade[58]. Claro que as acções têm ainda de cumprir os requisitos previstos no art. 204º, nº 1, al. a) do Cód.VM, isto é, estar integralmente liberadas e não sujeitas a penhor ou qualquer outra situação jurídica que os onere[59]. Porém, aquelas são as principais características das acções que levam o legislador a considerar que só as sociedades emitentes de acções integram o tipo de "sociedade cotada" por serem a forma de representação de capital apta à negociação em mercado regulamentado.
O segundo elemento (também relativo às acções) é que estas têm de estar admitidas à negociação. Não basta uma negociação pretérita nem uma simples solicitação da admissão à negociação[60]. A admissão à negociação das acções depende de um acto de "admissão" decidido pela entidade gestora do mercado a requerimento do respectivo emitente ou, caso a sociedade já seja uma sociedade aberta, dos titulares de acções pertencentes à mesma categoria das que pretende admitir à negociação (art. 233º, nº 1, als. a) e b) do Cód.VM)[61].

---

[58] As acções são, em princípio, livremente transmissíveis e essa transmissibilidade emerge da própria Constituição (art. 62º, nº 1 2ª parte) (cf. MENEZES CORDEIRO, *Manual de direito* cit., II, p. 662), embora se possam estabelecer limitações à livre transmissibilidade das acções nos termos dos arts. 328º e 329º do CSC. Sobre este tema, *vide*, desenvolvidamente, a interessante tese de SOVERAL MARTINS, *Cláusulas do contrato que limitam a transmissibilidade das acções. Sobre os arts. 328º e 329º do CSC*, Almedina, Coimbra, 2006.
[59] Admitem-se derrogações destas exigências se forem respeitados os requisitos dos arts. 35º e 36º do Regulamento (CE) nº 1287/2006, da Comissão, de 10 de Agosto.
[60] Cf. GARCIMARTÍN ALFÉREZ, *Âmbito* cit., p. 62.
[61] A *ratio* deste regime, que restringe, regra geral, a legitimidade para requer a admissão à negociação ao emitente, reside no facto de se pretender evitar que, por acto unilateral dos accionistas minoritários, a sociedade adquira o estatuto de sociedade aberta com as consequências daí decorrentes (neste sentido, *vide* PAULO CÂMARA, *Manual* cit., p. 506).

Quanto ao órgão competente para decidir sobre a admissão à negociação, a "orientação prática", que tem sido seguida pelas entidades gestoras de mercados regulamentados e a CMVM e que tem eco nalguma doutrina[62], tem sido a de não exigir a respectiva aprovação em sede de assembleia geral. Contudo, não me parece que essa interpretação seja a mais correcta[63]. A admissão à negociação em mercado regulamentado implica, por norma, uma mudança no "estatuto" dos accionistas, isto é, nos direitos e deveres que emergem da sua participação social[64]. O legislador reconhece a mudança estrutural inerente à aquisição da qualidade de sociedade aberta, quando, no art. 13º, nº 2 do Cód.VM, admite que se preveja, nos estatutos da sociedade emitente, a sujeição a prévia aprovação da assembleia geral desta sociedade da decisão de lançamento de ofertas públicas de venda ou de troca de mais de 10% do capital social de uma sociedade

---

[62] Neste sentido PAULO CÂMARA, *Manual* cit., p. 504, nota 1230. O autor defende que, como a lei não especifica qual o órgão competente, deve concluir-se que, no caso das "sociedades anónimas, o órgão de administração terá poderes bastantes para o efeito".

[63] É esse o caso do ordenamento jurídico espanhol em que se prevê no artigo 27 do Regulamento das Bolsas que a aprovação dos designados "acordos de admissão à negociação" é da competência da assembleia geral, sendo esse também o entendimento maioritário da doutrina (cf. CACHÓN BLANCO, *Derecho del mercado de valores*, Ed. Dykinson, 1993, p. 451; VIVES RUIZ, *Las operaciones* cit., p. 277; não obstante, alguns autores salientam ser igualmente necessária uma deliberação favorável do conselho de administração (*vide* JAVIER YBÁNEZ, *Processo de admisión a cotización en los mercados en los mercados bursátiles y ofertas públicas de venta o subscripción*, in VIVES RUIZ/PÉREZ-ARDÁ (coord.), *La sociedad cotizada*, Marcial Pons, Madrid/Barcelona, 2006, p. 422)). Esta solução constava da proposta de código das *sociedades mercantiles de 2002* elaborada por um grupo composto pelos Professores SÁNCHEZ CALERO, BERCOVITZ e FERNÁNDEZ-RÍO. A mesma solução é adoptada no ordenamento jurídico italiano, em que a doutrina entende que o artigo 2.4.1, comma 1º do Regulamento Borsa, ao determinar que a admissão à negociação depende de deliberação do órgão competente, se reporta à assembleia geral da sociedade emitente (cf. NICOLA DE LUCA, *Sul "diritto" alla quotazione in borsa*, in BBTC, LXII, 2009, p. 27, nota 17). O entendimento da doutrina baseia-se também no artigo 133 do T.U.F., segundo o qual é possível reagir contra a admissão a um mercado secundário por iniciativa da bolsa, operadores ou dos accionistas. Ora, se se consagra este direito, a sociedade emitente terá de ter a possibilidade de impedir a admissão à negociação por falta de aprovação da mesma por deliberação da assembleia geral (cf. NICOLA DE LUCA, *Sul "diritto" alla quotazione in borsa*, in BBTC, LXII, Gennaio--Febbraio, 2009, p. 27, nota 17; FERRARINI, *Ammissione alla quotazione e ammissione alle negoziazioni: significato e utilità di una distinzione*, in BBTC, I, 2002, p. 16).

[64] Essa mudança resulta da aquisição da qualidade de sociedade aberta e sujeição ao respectivo regime se o mercado regulamentado estiver a funcionar em Portugal (art. 13º, 1 al. c) do Cód.VM) ou, no caso de a sociedade estar sujeita a lei pessoal portuguesa e o mercado regulamentado estiver a funcionar noutro país da União Europeia, da aplicação de algumas normas protectoras dos accionistas minoritários (*e.g.* OPA obrigatória) (arts. 108º, nº 2 al. b) e 145º-A do Cód.VM).

fechada⁶⁵. As diferenças de regime são de tal ordem que a doutrina levanta a questão de saber se não se estará perante um novo tipo societário: as sociedades abertas⁶⁶ ou as "sociedades cotadas"⁶⁷. A decisão de admissão à negociação comporta uma mudança estrutural na sociedade não menos relevante (embora não se confunda com nenhum destes actos societários) do que muitas outras mudanças legais e doutrinalmente reconhecidas como estruturais (*e.g.* transformações, cisões ou fusões). A competência primária e principal do conselho de administração é gerir as actividades da sociedade (art. 405º nº 1 do CSC); gerir as decisões sobre mudanças estruturais na vida da sociedade, com reflexos a nível patrimonial nos accionistas da sociedade, extravasa o seu âmbito de competências⁶⁸, entrando na esfera decisória do órgão representativo da vontade dos accionistas. Aliás, se se analisar o elenco particular de competências do conselho de administração previsto no art. 406º do CSC, verificamos que não contém qualquer matéria estrutural da sociedade ou, *rectius*, as matérias estruturais aí referidas, como o aumento de capital, projectos de fusão, cisão ou transformação, dependem de previsão estatutária ou de subsequente aprovação pela assembleia geral⁶⁹.

Todavia, há que reconhecer que, se a sociedade já for uma sociedade aberta, os efeitos da admissão à negociação no estatuto jurídico societário dos accionistas será menor, o que é implicitamente reconhecido pelo art. 233º, nº 1 al. b) do Cód.VM. Será que, nestes casos, a competência deve ser atribuída ao conselho de administração? Não obstante o teor daquela disposição e a menor amplitude das alteração no complexo jurídico dos direitos e deveres dos accionistas, considero que a admissão à negociação deve continuar sujeita a deliberação prévia da assembleia geral, pois, para além do efeito (ainda que menor) sobre o estatuto jurídico

---

⁶⁵ A evidência de que a aquisição da qualidade de sociedade aberta é uma mudança estrutural está também na obrigatoriedade da menção dessa qualidade nos actos externos da sociedade (art. 14º do Cód.VM). O legislador sentiu ser fundamental para o comércio jurídico saber que a sociedade é uma sociedade aberta e não uma simples sociedade anónima, o que revela bem das profundas alterações que a aquisição daquela qualidade implica.
⁶⁶ Sobre o tema, *vide* PAULO CÂMARA, *Manual* cit., pp. 569 e ss.. Qualificando-as como uma categoria de sociedades anónimas, *vide* MENEZES CORDEIRO, *Manual* cit., II, p. 609.
⁶⁷ *Vide* I., 1.1.4 *infra*.
⁶⁸ Neste sentido, *vide* CACHÓN BLANCO, *Derecho del mercado de valores*, Ed. Dykinson, 1993, p. 451; VIVES RUIZ, *Las operaciones* cit., p. 277.
⁶⁹ Entendo, contudo, que seria válida a previsão estatutária que conferisse poderes ao órgão de administração para decidir sobre a admissão à negociação, atento o disposto no art. 405º, nº 1 do CSC e no art. 13º, nº 2 do Cód.VM.

dos accionistas, a decisão tem um efeito patrimonial não despiciendo sobre as próprias acções, na medida em que a existência, em princípio, de uma "cotação" afectará sempre, para o bem e para o mal, o valor de uma acção no futuro quando o seu titular a pretenda negociar com terceiros ou outros accionistas.

O terceiro e último elemento constitutivo do conceito de "sociedade cotada" é relativo ao local de negociação das acções, o qual tem de ser um "mercado regulamentado situado ou a funcionar em Portugal". O art. 199º, nº 1 do Cód.VM define mercados regulamentados como "sistemas que, tendo sido autorizados como tal por qualquer Estado membro da União Europeia, são multilaterais e funcionam regularmente a fim de possibilitar o encontro de interesses relativos a instrumentos financeiros com vista à celebração de contratos sobre tais instrumentos". Os mercados regulamentados são a estrutura de negociação de valores mobiliários mais importante e que se encontra regulada de forma mais exigente, requerendo a elaboração de um prospecto para a admissão à negociação de valores mobiliários (art. 236º, nº 1 do Cód.VM) e fixando requisitos mais apertados de acesso (art. 227º do Cód.VM). Os mercados regulamentados têm subcategorias, destacando-se entre elas os mercados de cotações oficiais que consagram regras mais exigentes de acesso[70] e nos quais se negoceiam as acções das sociedades cotadas (*e.g.* entre nós, *Euronext*).

1.4 O "estatuto especial" das Sociedades Cotadas

I. A sociedade cotada exige uma regulação própria que vai para além do conjunto de regras especiais reclamado pelas sociedades abertas não cotadas.

---

[70] O emitente tem de ter um determinado *track-record* de actividade social que permita aos investidores avaliar a sustentabilidade económica e financeira da sociedade, exigindo-se que o emitente desenvolva a sua actividade há mais de três anos e que tenha divulgado os seus relatórios de gestão e contas anuais relativos aos três anos anteriores aquele em que a emissão é solicitada (art. 228º, nº 1 do Cód.VM). Estas exigências podem ser derrogadas por decisão da CMVM. No caso de ser um emitente de acções, a lei exige um determinado grau de dispersão pelo público (art. 229º, nº 1 al. a) do Cód.VM), presumindo existir um grau adequado de dispersão quando as acções objecto do pedido de admissão à negociação se encontram dispersas pelo público numa proporção de, pelo menos, 25% do capital social subscrito representado por essa categoria de acções, ou, quando, devido ao elevado número de acções da mesma categoria e à amplitude da sua dispersão entre o público, esteja assegurado um funcionamento regular do mercado com uma percentagem mais baixa (art. 229º, nº 2 do Cód.VM). A lei exige ainda uma capitalização bolsista mínima estimada, a qual deverá ser de, pelo menos, um milhão de euros, ou, quando esta não puder ser determinada, os capitais próprios da sociedade, incluindo os do último exercício, deverão ser de, pelo menos, um milhão de euros (art. 229º, nº 1 al. b) do Cód.VM).

Nas sociedades cotadas, o capital encontra-se disperso por um número exponencialmente maior de investidores por força da negociação contínua das suas acções em mercado, que permite a sua fácil aquisição e alienação, alargando, automaticamente, o leque de accionistas da sociedade[71]. Esta característica agudiza as necessidades de protecção dos accionistas, em particular dos minoritários. Com efeito, os accionistas que possuem participações não significativas dão como adquirido a incapacidade de influir minimamente nos destinos da sociedade. Reflexo disso é que a assembleia geral deixa de ser um fórum de debate e de expressão dos votos de todos os sócios[72] para se converter numa confirmação da decisão pré-estabelecida pela maioria. Há uma progressiva concentração dos sujeitos e a formação de uma massa – cada vez mais numerosa – de accionistas que tendem a desinteressar-se[73] ou a fugir da sociedade, preocupados unicamente com a rentabilidade económica de curto prazo do seu investimento[74]. Os inte-

---

[71] Cf. CANDELARIO MACÍAS, *Las sociedades cotizadas* cit., p. 112. Recorde-se, aliás, que a admissão à negociação de acções de uma sociedade só é admissível se se cumprirem determinados requisitos de dispersão do capital (art. 229º, nºs 1 e 2 do Cód.VM).

[72] Sobre este ponto, são interessantes as palavras de COZIAN, VIANDIER e DEBOISSY: "no imaginário de *Épinal*, as sociedades anónimas vivem sobre o regime de uma democracia, os cidadãos–accionistas constituem o povo soberano, elegem (e destituem) os seus representantes no governo da sociedade. A verdade é totalmente diferente... Neste caso, o poder é exercido, sem partilha, pelos dirigentes, os quais se apoiam numa parte relativamente reduzida do capital social, são também capazes de conduzir facilmente a sociedade tal como um empresário individual com a sua empresa" (cf. *Droit des Société*, 14ª edição, Litec, Paris, 2001, p. 289).

[73] Neste sentido, TAPIA HERMIDA afirma que "o absentismo dos accionistas de aforro provoca um abandono do exercício dos direitos políticos ou administrativos que lhes correspondem, uma existência vazia de tais direitos e um risco de utilização disfuncional dos mesmos... Estes riscos são visíveis, de forma evidente, no funcionamento das grandes sociedades anónimas. Dado que é precisamente nestas que se manifestou um interesse público notório, urge a necessidade de oferecer soluções desde um ponto de vista jurídico-normativo para evitar os fenómenos de «magnetização» das sociedades desactivadas da sua carga política e pertencentes aos denominados «sócios demissionários»" (cf. *Las acciones sin voto*, in *Revista de Derecho Bancario y Bursátil*, 40, 1990, p. 754). No mesmo sentido, *vide* RECALDE CASTELLS, *La reforma de las sociedades cotizadas*, in *Revista de Derecho de Sociedades*, 13, 1999-2, p. 173; ALONSO LEDESMA, *El papel de la junta general en el gobierno corporativo de las sociedades de capital*, in AAVV., *El gobierno de las sociedades cotizadas*, Marcial Pons, Madrid, 1999, p. 616. O mesmo fenómeno é visível na Alemanha (cf. MERTENS, *Der Aktionärs als Wahzer des Rechts?*, in AG, 1990, pp. 52 e ss.). Em Itália, MARCHETTI também afirma que a "realidade da sociedade cotada encarrega-se de pôr em evidência o progressivo absentismo dos sócios" (cf. *Il ruolo dell'Assemblea nel TUE nella Corporate Governance*, in AAVV, *Assemblea degli azionisti e nuove regole del governo societario*, Cedam, Pádua, 1999, p. 8).

[74] CACHÓN BLANCO afirma que "as sociedades anónimas cotadas em bolsa apresentam, como característica factual, o desinteresse dos accionistas minoritários, que, sabendo do seu escasso poder

resses desta minoria (maioritária) exigem que se assegurem condições que permitam à mesma participar na gestão e controlo da sociedade, atribuindo-lhe, por exemplo, direitos especiais e reforçando as maiorias deliberativas. Sempre que estes não sejam suficientes para dar um papel interventivo à minoria, será necessário, segundo alguns, modelar estruturas de auto-tutela que sejam referentes para a defesa dos accionistas difusos, de modo a que, através delas, se combata a originária fragmentação accionista e se crie um *corpus* de accionistas minoritários capazes de aglutinar e coordenar os comportamentos singulares dos pequenos accionistas, participando de forma activa na administração da sociedade[75]. Recorde-se que os accionistas minoritários são um importante moderador de forças dentro da sociedade anónima, ou, por outras palavras, "são os guardiães das fronteiras relativas ao poder de actuação da maioria"[76].

Além da necessidade de maior protecção dos accionistas minoritários (e dos aforradores em geral) resultante da dispersão accionista, a premência de um regime diferenciado para as sociedades cotadas face às demais sociedades abertas resulta igualmente, e de forma directa, da característica distintiva destas sociedades: a cotação das acções[77].

A cotação das acções exige, para a sua correcta formação, a disponibilização de toda a informação relevante sobre a sociedade cotada, porque, segundo as modernas teorias económicas sobre a eficiência dos mercados de capitais, a fixação dos preços dos valores mobiliários é uma consequência da progressiva incorporação nos mesmos da informação que vai estando disponível no mercado e da sua valoração pelos agentes que nele operam[78]. A cotação das acções exige

---

nas votações e decisões, optam por renunciar ao exercício dos seus direitos, excepto os económicos (dividendo e direito preferente de subscrição)" (cf. *El principio jurídico de protección al inversor en valores mobiliários: aspectos teóricos y prácticos*, in *Revista de Derecho Bancario y Bursátil*, 55, 1994, p. 656).

[75] Neste sentido, vide HIRSCH, *La protection des actionnaires minoritaires de lege ferenda*, SAG, 1978, pp. 68 e ss.; RECALDE CASTELLS, *Organización y «buen» gobierno de las sociedades anónimas cotizadas*, in *Noticias de la Unión Europea*, 10, 2002, p. 79.

[76] Cf. CANDELARIO MACÍAS, *Las sociedades cotizadas* cit., p. 102; BUSTILLO SAIZ, *La subsanación de acuerdos sociales por la junta general de la sociedad anónima*, in *Revista de Derecho de Sociedades*, 13, 1999, p. 283.

[77] COTTINO e WEIGMAN afirmam que "a sociedade cotada é a sociedade anónima cuja disciplina se aproxima da comum, diferenciando-se desta por um dado não definitivo e muito mais mutável, como é a cotação, que pode existir, permanecer ou cessar" (cf. *Primeras impresiones sobre el nuevo texto único italiano de las disposiciones en materia de mercados financieros*, in *Revista de Derecho de Sociedades*, 10, 1999, p. 187).

[78] Cf. MANNE, *Mergers* cit., p. 111. Para uma descrição das teorias económicas sobre a eficiência dos mercados de capitais, vide GARCÍA DE ENTERRÍA, *Sobre la eficiencia del mercado de capitales. Una aproxi-*

igualmente que as acções da sociedade cumpram determinados requisitos que possibilitem a sua livre negociação, e reforça as exigências de protecção do aforro público[79], porque, podendo as acções ser adquiridas com relativa facilidade pelo público em geral, elas serão um dos destinos de canalização do aforro público e, nessa medida, convém que seja dada toda a informação necessária para que os aforradores efectuem um investimento consciente, conferindo-lhes toda a protecção contra potenciais abusos da sociedade cotada e dos seus accionistas de controlo, os quais beneficiam, mais directamente, das poupanças investidas por aqueles para o desenvolvimento do negócio da sociedade. Para além disso, a cotação das acções permite *per se* ao accionista beneficiar do valor de mercado das acções e da possibilidade de realizar, a qualquer momento, o valor económico das mesmas através da venda em mercado (*valor da liquidez*), o qual é um valor digno de tutela jurídica específica[80]. Resumindo, a admissão a negociação das

---

mación al *"securities law"* de los Estados Unidos, in *Revista de Derecho Mercantil*, 1989, pp. 653 e ss.. A consequência principal desta tese é a de que não há mais valor intrínseco do que o valor representado pelo seu preço efectivo. Apesar da *efficient capital market hypothesis* ter sido adoptada de forma quase unânime na doutrina jurídica dos Estados Unidos da América, tendo em conta as profundas implicações que tem nalgumas figuras do direito das sociedade e do mercado de valores, há alguns autores que põe em causa a sua validade, porque, entre outras razões, é incapaz de explicar o *crack* bolsista de 1987 (neste sentido, *vide* SHILLER, *Fashions, fads, and bubbles in financial markets*, in COFFEE/ /LOWENSTEIN/ROSE-ACKERMAN, *Knights, raiders and targets. The impact of hostile takeover*, New York, 1988, pp. 56 e ss.; WOLFSON, *Efficient markets, hubris, chaos, legal scholarship and takeovers*, in *St. John's Law Review*, 63, 1989, pp. 511 e ss.; LANGEVOORT, *Theories, assumptions and securities regulation: market efficiency revisited*, in *University of Pennsylvania Law Review*, 140, 1992, pp. 851 e ss.). Ainda assim, e conforme referem BREALE e MYERS, "poucos conceitos económicos tiveram tanto respaldo empírico como a teoria do mercado eficiente" e os seus fundamentos foram aceites mesmo por aqueles que lhe apontaram algumas inconsistências (cf. *Principles of corporate finance*, 3ª edição, New York, 1988, p. 288).

[79] Neste sentido, *vide* PAULA COSTA E SILVA, *Domínio* cit., pp. 332-333; ALONSO UREBA, *El gobierno de la sociedad anónima cotizada (reforma legal versus códigos de conducta)*, in AAVV, *Instituciones del Mercado Financiero*, Madrid, 1999, pp. 3216 e 3249-3250.

[80] No caso Macrotron, o BGH considerou que o artigo 14º, nº 1 da *Grundgesetz* (Constituição Alemã), que consagra a garantia constitucional do direito de propriedade, não cobre unicamente a propriedade das acções enquanto tal, abrange ainda o valor de mercado das acções e a possibilidade de realizar o valor económico das mesmas a qualquer momento através da respectiva venda em mercado (cf. BGH, ZIP, 2003, 387, p. 390; LÖBBE, *Corporate groups: competence of the shareholders' meeting and minority protection – the German Federal Court of Justice's recent Gelatine and Macrotron cases redefine the Holzmüller doctrine*, in German Law Journal, vol. 5, nr. 9, 2004, p. 1070). Porém, a maioria da doutrina tem negado que a garantia constitucional da protecção da propriedade do artigo 14º da *Grundgesetz* se estenda à admissão à negociação em mercado das acções. Esta sustenta que o cerne da propriedade das acções é a participação na empresa e não a possibilidade de alienação de acções (enquanto partes

acções e a inerente cotação, por interagirem directamente com o mercado de capitais (como fonte de financiamento externo)[81], fazem com que a sociedade (e o direito societário) entre em contacto permanente com outro ramo do direito, no qual a protecção dos investidores e do aforro público é o eixo central: o direito dos valores mobiliários[82].

II. Face ao exposto, não é de estranhar que haja um conjunto de normas específicas que sejam exclusivamente aplicáveis às sociedades cotadas, de tal modo que se pode afirmar existir um regime jurídico próprio destas sociedades.

Há um conjunto de normas relativo aos valores mobiliários admitidos à negociação, em particular à sua transmissão e modo de representação (arts. 62º, 80º, nº 2, 204º, 227º, nºs 1 e 2 do Cód.VM)[83].

Há também regras próprias sobre os deveres de transparência da sociedade, expresso no maior número e intensidade dos deveres de informação que impende sobre a sociedade, accionistas e outros actores que gravitam na sua esfera de actuação (arts. 16º, nº 2, 245º, 245º-A, 246º, 246º-A e 248º e ss. do Cód.VM). A maior transparência societária, financeira e política fixada para as sociedades cotadas resulta do facto de a formação correcta da cotação exigir, conforme se referiu, uma informação completa dos agentes de mercados e da necessária confiança e protecção dos investidores, pois estes precisam de estar seguros que lhes são fornecidos todos os factos relevantes da vida da

---

da empresa) em mercado regulamentado. O ataque à propriedade do accionista só se verifica quando o accionista é forçado, contra a sua vontade, a sair da sociedade, alienando as suas acções, nesse caso tem que haver lugar a uma compensação relativa ao valor das suas acções. Esse foi aliás o entendimento jurisprudencial no caso Moto-Meter. Neste sentido, *vide* GERHARD WIRTH/MICHAEL ARNOLD, *Anlegerschutz beim Delisting von Aktiengesellschaften*, in ZIP 2000, 111, p. 114; PETER O. MÜLBERT, *GroßkommAktG*, (Fn. 33), Vor §§ 118-147, p. 204; PETER O. MÜLBERT, *Rechtsprobleme des Delisting*, in ZHR, April, 2001, p. 114.

[81] Cf. TAPIA HERMIDA, *Las sociedades cotizadas: noción y estatuto jurídico*, Documentos de Trabajo del Departamento de Derecho Mercantil, Facultad de Derecho. Universidad Complutense, 2010/26, 2010, p. 7.

[82] Sobre esta inclusão das sociedades cotadas no desenvolvimento do direito dos valores mobiliários, *vide* HOPT, *Estudios* cit., pp. 60-61; Ib., *Von Aktien- und Börsenrecht zum Kapitalmarktrecht*, in ZHR, 141, 1977, pp. 389 e ss.; FLEISCHER, *Das Aktiengesetz von 1965 und das neue Kapitalmarktrecht*, in AAVV, *40 Jahre Aktiengesetz. Festsymposion zu Ehren von Bruno Kropff aus Anlass seines 80 Geburtstags*, Bonn, Zentrum für europäisches Wirtschaftsrecht, 2005, pp. 26 e ss..

[83] No mesmo sentido, no direito espanhol, *vide* CACHÓN BLANCO, *El régimen jurídico de la sociedad anónima cotizada en Bolsa de Valores*, in Actualidad Civil, nº 42, Novembro, 1994, p. 2632; CANDELARIO MACÍAS, *Las sociedades cotizadas* cit., p. 99.

sociedade para que eles possam tomar a sua decisão de investimento de forma informada[84].

Para assegurar um poder relativo à minoria accionistas moderadora de forças dentro da sociedade cotada e de forma a proteger o aforro público em geral, fixam-se um conjunto de regras protectoras dos accionistas minoritários com reflexos na estrutura de organização da sociedade e na sua própria composição. Nesse sentido, impõe-se uma segregação entre as funções de fiscalização e de revisão de contas nos modelos básicos legalmente previstos (arts. 414º, nº 4, 423º-B, nº 4, e 44º, nºs 2 a 5 do CSC), exige-se uma maior independência de membros de órgãos que desempenham funções de escrutínio da actuação da administração (*e.g.* maioria dos membros dos órgãos de fiscalização tem de ser independente – arts. 423º-B, nº 5, 444º, nº 6 e 446º-A do CSC) ou de membros de "órgãos" que são um bastião da legalidade (*e.g.* membros da mesa da assembleia geral – art. 374º-A do CSC – regra à qual não é alheia a maior propensão para as mudanças de controlo referida em 1.1 *supra*), e exige-se a designação de determinadas figuras societárias[85], como é o caso do secretário (art. 446º-A do CSC), com funções de garantia de legalidade e de apoio ao funcionamento societário. No mesmo sentido, reduzem-se as exigências legais relativas à propositura de acções de responsabilidade contra os administradores (art. 77º, nº 1 do CSC), estabelecem exigências acrescidas quanto à caução de responsabilidade dos administradores (art. 396º, nº 3 do CSC) e quanto à fixação e divulgação da remuneração dos administradores. A coroar esta maior protecção dos minoritários (e, em certa medida, dos aforradores públicos), estão as regras de *governance*, as quais, mesmo sendo maioritariamente numa base de *comply or explain* (art. 245º-A do Cód.VM), permitem combater o *principal-agent problem*[86] e expor as debilidades do *governance* da sociedade, iluminando as vias de potenciais abusos que podem advir do não cumprimento das mesmas.

---

[84] No mesmo sentido, *vide* PAULA COSTA E SILVA, *Domínio* cit., p. 333. TAPIA HERMIDA afirma que o regime jurídico das sociedades cotadas exige uma transparência societária, financeira e política, procura-se, no fundo, "que as sociedades cotadas sejam casas de cristal através das quais os investidores possam formular livremente um juízo fundado de investimento ou desinvestimento" (cf. *Las sociedades* cit., p. 13). A sujeição a uma maior panóplia de deveres informativos também tem vantagens para a sociedade cotada, nomeadamente a possibilidade de emitir obrigações sem a sujeição aos limites do art. 349º CSC (cf. art. 349º, nº 4 al. a) do CSC).

[85] Recusando a qualificação do secretário como órgão da sociedade, *vide* MENEZES CORDEIRO, *Comentário ao art. 446º-B do CSC*, in MENEZES CORDEIRO (coord.), *Código das Sociedades Comerciais Anotado*, Almedina, Coimbra, 2009, p. 1056.

[86] Cf. HOPT, *Corporate governance: Vergleichende privatrechtliche Forschung im Aktien- und Kapitalmarktrecht*, in *Jahresbericht der Max-Plank-Gesellschaft*, 2007, p. 20.

III. Em suma, os accionistas de uma sociedade cotada têm um estatuto especial, com direitos mais reforçados quando comparado com o do de uma sociedade aberta.

Não querendo entrar na discussão sobre a existência de um novo tipo de sociedade – a sociedade cotada[87], julgo ser importante salientar que as sociedades cotadas exigem, por vezes, uma interpretação "específica/adaptada" das normas jurídicas, em particular aquelas que foram previstas para se aplicarem em geral a todas as sociedades anónimas e a todas as sociedades abertas.

1.5 Motivos da escolha do conceito "Sociedade Cotada"

I. Existindo um conceito legal como o de sociedade aberta, a pergunta que legitimamente se colocará é: porquê escolher, para este estudo, um conceito sem consagração legal expressa como o de sociedade cotada quando se podia utilizar um conceito legal como o de "sociedade aberta" previsto no art. 13º do Cód.VM?

Há várias razões para esta escolha.

II. Actualmente, o conceito de sociedade cotada é, na maioria dos ordenamentos jurídicos, o conceito central em matéria de sociedades com o capital disperso pelo público. Mais do que ganhar uma autonomia conceptual e dogmática, a sociedade cotada tornou-se o centro de um regime jurídico autónomo, que exige soluções diversas das fixadas pelo regime societário geral e das requeridas pelas meras sociedades com capital aberto ao público mas não "cotado". A distinção actual não é, portanto, entre sociedades com capital disperso pelo público e sociedades "fechadas", é antes entre sociedade cotada e não cotada.

Nalguns países, como Itália, esta distinção assumiu sempre um papel preponderante[88] e, mesmo naqueles em que a introdução da noção de sociedade cotada

---

[87] Sobre o tema, *vide* MONTALENTI, *La società* cit., pp. 57-64. Classificando-a como um sub-tipo ou classe de sociedade anónima, *vide* MAURIZIO SCIUTO, *Commentario sul art. 2325-bis*, in AAVV, *I Codici Ipertestuali. Codice Commentato delle Società*, a cura di Abriani e Richter, vol. I, Utet Giuridica, Torino, 2010, pp. 454-455.

[88] No ordenamento jurídico italiano, a distinção entre sociedade cotada e não cotada foi sempre a linha diferenciadora entre as sociedades com o capital disperso pelo público e as demais sociedades. O conceito de sociedade cotada encontra-se previsto no *Codice Civile* e no TUF e sujeita estas sociedades a um regime específico, por oposição ao regime das sociedades não cotadas. É visível nos diversos estudos sobre sociedades de capital que há uma preocupação legal e doutrinal em erigir dois regimes jurídicos distintos: o das sociedades cotadas e o das sociedades não cotadas (cf. MONTALENTI, *La società* cit., pp. 57-64).

foi mais tardia, ela impôs-se rapidamente como conceito central, libertando-se do conceito originário de sociedade com o capital aberto ao público. O caso da Alemanha é paradigmático. Neste país, o conceito de sociedade cotada foi apenas introduzido na legislação em 1994 (no § 3 (2) do AktG, sendo posteriormente incorporado na KontraG (§ 1 c)), mas marcou o início da separação legal sistemática entre sociedades cotadas e não cotadas, acabando por se abandonar o conceito de sociedades abertas ao público[89]. Actualmente, no ordenamento jurídico alemão, são as sociedades cotadas que colocam as grandes questões relacionadas com a transferência de controlo e prova disso é que as normas da WpÜG sobre OPAs só se aplicam a sociedades cotadas[90].

Entre nós, também é visível a centralidade do conceito de sociedade cotada. Apesar de as sociedades abertas terem um regime jurídico próprio, o seu estatuto não é, conforme se constatou *supra*, tão vincadamente distinto do das sociedades fechadas como o é o das sociedades cotadas.

Assim, não faria sentido utilizar, como ponto base do nosso estudo, um conceito – sociedade aberta – que deixou de ser o eixo em torno do qual se constrói um regime jurídico autónomo com pontos de afastamento mais pronunciados do regime societário geral.

II. A justificação da proeminência do conceito de sociedade cotada está no facto de estas sociedades apresentarem maior dispersão do capital do que as demais sociedades abertas não cotadas.

As sociedades cotadas têm o seu capital disperso por um número muito maior de investidores por força da negociação contínua das suas acções em mercado, a qual permite a sua fácil aquisição, alargando, automaticamente, o leque de accionistas da sociedade. Nas sociedades cotadas, a dispersão de capital não se cristaliza num dado momento, pois um investidor, pessoa singular ou colectiva, institucional ou não institucional, pode adquirir as acções da sociedade a qualquer momento no mercado. A dispersão de capital nas sociedades cotadas é contínua e variável, em função do interesse demonstrado pelos investidores na aquisição das acções em mercado. Diferentemente, nas sociedades abertas

---

[89] Cf. KARSTEN SCHMIDT, *La reforma* cit., pp. 21-22.
[90] O § 2 (2) da WpÜG inclui na noção de *wertpapiere* (o objecto das *angebote*) as acções, valores mobiliários comparáveis a acções, certificados representativos de acções e outros valores mobiliários cujo objecto seja a aquisição de acções, de valores mobiliários comparáveis a acções ou de certificados representativos de acções. Ora, os *wertpapiere* têm de estar, regra geral, admitidos à negociação em mercado regulamentado (§ 1 (2) da WpÜG).

não cotadas, é muito mais difícil adquirir acções representativas do capital da sociedade e a dispersão do seu capital cristaliza-se num momento concreto, que corresponde, por norma, ao da realização da oferta pública de subscrição, de venda ou de troca[91].

Esta dispersão do capital está na origem da separação da propriedade e da gestão da sociedade, do *principal-agent problem* e dos respectivos *agency costs*, da emergência das OPAs como mecanismo adequado de controlo externo das sociedades, dos problemas da transferência de controlo, dos deveres de comportamento dos membros dos órgãos de administração face à luta pela aquisição do controlo da sociedade, ou ainda da igualdade informativa dos accionistas, dos oferentes e do mercado. Todos estes temas surgem no domínio das sociedades cotadas e não das simples sociedades abertas não cotadas, e serão pontos fundamentais na análise do tema dos mecanismos facilitadores da cessão de controlo e dos acordos de aceitação e não-aceitação de OPA, na medida em que, nalguns casos, poderão depor a favor da sua admissibilidade e, noutros, justificar a sua limitação ou exclusão.

IV. Outro motivo para a preferência pela expressão "sociedade cotada" prende-se com o facto de as sociedades cotadas apresentarem especificidades na cessão do controlo societário, estando sujeitas a um regime especial nessa matéria.

Na maioria dos ordenamentos jurídicos, o dever de lançamento de OPA só existe nas sociedades cotadas. Entre nós, as normas sobre o dever de lançamento aplicam-se às sociedades abertas, cotadas ou não cotadas, mas com uma diferença muito importante: nas sociedades cotadas é proibida a supressão estatutária da percentagem de 1/3 dos direitos de voto como limiar constitutivo do dever de lançamento (art. 187º, nº 4 do Cód.VM). Dado que nas sociedades cotadas há maior dispersão de capital, a probabilidade de aquisição efectiva do controlo com a detenção de mais de 1/3 dos direitos de voto é maior do que numa sociedade aberta não cotada, em que a estrutura de capital é mais concentrada, sendo, em princípio, necessária uma participação mais elevada para a aquisição do controlo. Ciente deste dado fáctico, o legislador português cingiu a estas sociedades a possibilidade de eliminação da percentagem de 1/3 dos direitos de voto como constitutiva do dever de lançamento.

---

[91] São ilustrativas as palavras de Karsten Schmidt que, a este propósito, refere que, enquanto as sociedades não estiverem "cotadas em bolsa, o número de accionistas é inferior ao dos dedos de uma mão" (cf. *La reforma* cit., p. 22).

Não faria, por isso, sentido optar pelo conceito de sociedade aberta quando este permite o afastamento estatutário do dever de lançamento de OPA na situação *supra* referida. A análise dos mecanismos da cessão de controlo e dos acordos de aceitação e não-aceitação de OPA justifica-se num quadro em que é aplicável o principal ónus que recai sobre o sujeito que adquire o controlo de uma sociedade com o capital disperso: o dever de lançamento. É neste domínio que se enquadrará a nossa análise.

V. Para finalizar, notar que a escolha do conceito de "sociedade cotada" está em linha com os estudos efectuados noutros países sobre o tema dos mecanismos facilitadores da cessão do controlo.

A problemática dos mecanismos facilitadores da cessão do controlo, que foi inicialmente estudada nos Estados Unidos da América, foi sempre analisada na perspectiva das sociedades cotadas e os casos sobre os quais a jurisprudência se teve de pronunciar sobre a admissibilidade dos mesmos envolviam, quase sempre, sociedades cotadas[92]. Os países que decidiram regular legalmente alguns daqueles mecanismos fizeram-no exclusivamente para as sociedades cotadas[93].

Bem se percebe que assim seja. É que a análise dos mecanismos facilitadores da cessão do controlo deve ser efectuada no contexto do regime mais restritivo da cessão de controlo, pois aqueles mecanismos não assumem relevância em sociedades que não têm o capital disperso. Nestas, não é necessário facilitar a cessão do controlo através daqueles mecanismos uma vez que a cessão do controlo alcança-se normalmente através de estruturas de controlo accionista mais simples e eficientes.

2. Mercado de Controlo Societário
2.1 Conceito e origem

I. O mercado de controlo societário é um dos temas mais debatidos na literatura financeira anglo-saxónica e europeia dos últimos vinte anos, tendo influenciado algumas decisões tomadas no domínio legislativo[94] e tendo-se tornado no

---

[92] *Vide* I., 2. *supra*.
[93] É esse o caso do ordenamento jurídico espanhol que aborda os temas da *break-up fees* e da disponibilização de informação sobre a sociedade visada no RD 1066/2007.
[94] Uma grande parte das medidas do Relatório Winter apresenta como fundamento o funcionamento do mercado de controlo societário. Entre nós, o DL 219/2006 refere, no seu preâmbulo, que a escolha da solução daquele diploma pelos novos critérios fixados para a contrapartida da OPA obrigatória, em particular a admissibilidade de contrapartida em espécie, procura incentivar o funcionamento do mercado de controlo societário.

foco de atenções do moderno debate sobre a estrutura e funcionamento dos mercados de valores[95].

O mercado de controlo societário tem por objecto o controlo das sociedades[96]. Mas como é que o controlo societário pode ser visto como um bem?

Partindo do arquétipo das sociedades anónimas cotadas, em que há uma separação entre os que aportam o capital e os que administram o capital, e tendo em conta a atomização dos accionistas, é possível adquirir o controlo da sociedade por meio da aquisição de uma participação social significativa (ainda que não maioritária), obtendo o poder de determinar os centros de decisão societários, em particular a eleição dos membros dos órgãos de administração, e consequentemente, influenciar a forma de gestão da sociedade. O controlo societário, como elemento que incorpora a faculdade de administração da sociedade e, como tal, a possibilidade de rentabilizar o valor do investimento, converte-se, deste modo, num bem susceptível de ser adquirido e transmitido, em virtude da livre transmissibilidade das acções que caracteriza as sociedades cotadas e da correlativa possibilidade de qualquer interessado deter uma participação de controlo através da "agregação" das acções dispersas em mercado[97].

II. A descoberta do controlo societário como um bem susceptível de ser transaccionado deve-se aos estudos de HENRY MANNE, em particular o artigo: *Mergers and the Market for Corporate Control*[98].

---

[95] Cf. FERNÁNDEZ DE LA GÁNDARA, *Cambios de control y obligación de OPA*, in AAVV, *Derecho de sociedades cotizadas*, T. II, Thomson/Aranzadi, Navarra, 2006, pp. 1345-1346.

[96] O mercado de controlo societário é algo de distinto, mas conexo, com o mercado bolsista, e pode ser definido como "o abstracto ponto de confluência entre demandantes e oferentes desse controlo" (cf. SÁNCHEZ ANDRÉS, *Teología y tipología de las ofertas públicas de adquisición en la nueva regulación española*, in AAVV, *La lucha por el control de las grandes sociedades. Las ofertas públicas de adquisición*, Ed. Deusto, Bilbao, 1992, p. 7).

[97] Cf. FERNÁNDEZ DE LA GÁNDARA, *Cambios de control* cit., p. 1347; GARCÍA DE ENTERRÍA, *Mercado de control* cit., p. 25.

[98] Cf. *Journal of Political Economy*, 73, 1965, pp. 110 e ss.. O conceito de *market for corporate control* de MANNE é actualmente utilizado pela literatura jurídica e económica e a sua validade aceite de forma quase geral (cf. FISCHEL, *Efficient capital market theory, the market for corporate control and the regulation of cash tender offers*, in *Texas Law Review*, 57, 1978, pp. 1 e ss.; GILSON, *A structural approach to corporations: The case against defensive tactics in tender offers*, in *Stanford Law Review*, 33, 1981, p. 834; EASTERBROOK/FISCHEL, *The proper role of a target's management in responding to a tender offer*, in *Harvard Law Review*, 94, 1981, pp. 1170-1171; COFFEE, *Regulating the market for corporate control: a critical assessment of the tender offer's role in corporate governance*, in *Columbia Law Review*, 84, 1984, pp. 1146 e ss.).

A análise de HENRY MANNE partia de um fenómeno – já aqui referido e cuja descoberta se deve aos estudos de BERLE e MEANS[99] – a separação entre a titularidade accionista e o controlo societário. Em contraste com a concepção democrática inspiradora dos textos clássicos, que edificaram o equilíbrio de poderes em torno do princípio da soberania da assembleia de accionistas, foi-se afirmando, sobretudo nas sociedade anónimas e, dentro destas, nas sociedades cotadas (em virtude da maior dispersão de capital), um regime de natureza oligárquica, em que o órgão de administração concentra, nas suas mãos, o controlo sobre os destinos da sociedade. A vinculação tradicional entre a gestão e a propriedade da empresa quebra-se a partir do momento em que aquela passa a residir em participações sociais que são insuficientes para assegurar a maioria deliberativa nas assembleias de accionistas[100]. Este fenómeno tem as suas raízes na multidão de pequenos accionistas com capital reduzido, que não têm qualquer *affectio societatis* e para quem o importante é rentabilizar o seu investimento através de dividendos e mais-valias[101].

A separação entre a propriedade e controlo, característica das sociedades cotadas, gera o que os economistas designam de *agency problems* ou *principal-agent problem*[102]. Este jargão económico identifica os problemas que resultam dos casos em que o bem-estar de uma parte, designada de principal, depende da actuação

---

[99] Cf. BERLE/MEANS, *The modern corporation* cit..
[100] Cf. MENÉNDEZ, *Ensayo sobre la evolución actual de la sociedad anónima*, Madrid, 1974, pp. 11 e ss.; ESTEBAN VELASCO, *El poder de decisión en las sociedades anónimas*, Madrid, 1982, pp. 521 e ss..
[101] A resposta a esta situação foi a de criar mecanismos de incentivo aos accionistas para participar nas assembleias gerais, mas, como bem destacaram BERLE e MEANS, é "precisamente a separação entre controlo e propriedade que torna possíveis as grandes agregações de propriedade", é graças a ela que se obtém os capitais necessários para determinados investimentos avultados.
[102] Os *agency problems* foram identificados pela primeira vez por JENSEN e MECKLING no seu estudo *Theory of the firm: Managerial behaviour, Agency Cost and Ownership Structure*, in *Journal of Financial Economics*, 3, 1976, pp. 305-360. Sobre o tema, *vide* ainda EASTERBROOK/FISCHEL, *The economic structure of corporate law*, Cambridge, London, 1991, pp. 9 e ss.; ARMOUR/HANSMANN/KRAAKMAN, *Agency problems* cit., pp. 35 e ss.; ROBERTA ROMANO, *Foundations of Corporate Law*, 2ª edição, Thomson Reuters//Foundation Press, New York, 2010, pp. 2 e ss.. O conceito de *agency problem* tem origem no sector segurador e refere os problemas do "principal" que resultam do facto das actuações do agente poderem afectar determinados eventos com reflexos na esfera do principal. Vejamos o seguinte exemplo: quem adquire um seguro automóvel pode assumir maior risco na condução porque sabe que, se houver um acidente ou roubo do seu automóvel, a pessoa será compensada da perda pela empresa de seguros. O problema para a empresa de seguros é que, quando o pedido de cobertura dos danos é efectuado, ela não sabe se o segurado tomou as medidas que devia (cf. ROBERTA ROMANO, *Foundations of Corporate Law*, 2ª edição, Thomson Reuters/Foundation Press, New York, 2010, p. 33).

de outra, designada de agente. O problema reside na motivação do principal em actuar de acordo com os interesses do agente e não de acordo com os seus próprios interesses. O cerne da dificuldade reside no facto de o agente ter, por norma, mais informação do que o principal sobre os factos relevantes, pelo que o principal não pode assegurar *per se* que a performance do agente foi exactamente aquela que ele prometeu[103]. Consequentemente, o agente tem um incentivo a actuar de forma oportunista para gerir com uma qualidade inferior à performance devida e para inclusive "desviar" para ele parte do que fora prometido ao principal[104].

No caso das sociedades cotadas, e fruto da separação entre propriedade e controlo, o maior *agency problem* reside na potencial divergência entre os interesses dos accionistas, que são o principal, e o dos administradores, que são os agentes[105], na medida em que os lucros da sociedade e o respectivo retorno financeiro do accionista dependerão do trabalho e empenho do gestor, havendo o risco real de o administrador actuar mais na prossecução do seu interesse pessoal do que no do accionista. Como salientam JENSEN e MECKLING, os administradores "procuram a maximização do seu bem-estar" (satisfação, felicidade, prazer) que não corresponde à maximização dos lucros da sociedade, na medida em que os administradores obtêm benefícios não pecuniários, tais como a "manutenção do posto de trabalho ou a compra de material de escritório sumptuário, que não são susceptíveis de conversão em dinheiro nem estão disponíveis para os accionistas que não sejam administradores"[106]. É, portanto, necessário estabelecer mecanismos

---

[103] Cf. ARMOUR/HANSMANN/KRAAKMAN, *Agency problems* cit., p. 35; MARTÍN-LABORDA, *Sindicación de acciones y mercado de control societario*, Thomson/Aranzadi, Navarra, 2006, p. 19.

[104] Cf. ARMOUR/HANSMANN/KRAAKMAN, *Agency problems* cit., p. 35.

[105] Outros *agency problems* típicos nas sociedades comerciais são os que resultam da divergência entre os interesses do grupo de accionistas de controlo e os accionistas minoritários (cf. ARMOUR//HANSMANN/KRAAKMAN, *Agency problems* cit., p. 36; VIVES RUIZ, *Las operaciones* cit., p. 43; PAZ-ARES, *La responsabilidad de los administradores como instrumento de gobierno corporativo*, in *Revista de Derecho de Sociedades*, 20, 2003, I, pp. 67-109) ou da divergência entre o interesse da própria sociedade – incluindo os dos seus accionistas – e os interesses de terceiros com quem a sociedade estabelece relações, nomeadamente credores, trabalhadores e clientes (cf. ARMOUR/HANSMANN/KRAAKMAN, *Agency problems* cit., p. 36).

[106] Cf. JENSEN/MECKLING, *Theory of the firm* cit., pp. 305-306. Para maiores desenvolvimentos sobre o tema, *vide* ROBERTA ROMANO, *Foundations* cit., pp. 2 e 33 e ss.. Tome-se o seguinte exemplo dado por esta autora com base nos estudos de JENSEN e MECKLING: "quando existe 100% de detenção do capital, há uma troca de dólar por dólar entre benefícios pecuniários e não pecuniários, de modo que o proprietário/gestor incorpora toda a perda financeira de receber benefícios de natureza não económica"; contudo, " se vender uma parte da sua participação, suponhamos 50%, por todo o dólar convertido

de controlo ou monitorização para que aquele se abstenha de actuar de forma oportunista e persiga o interesse do principal em vez do seu próprio interesse[107]. Os *agency costs* correspondem ao custo dos investimentos necessários para assegurar que os agentes ajustem a sua conduta contratual em função dos interesses do principal[108], sendo certo que, quanto maior a complexidade das tarefas a desempenhar pelo agente ou quanto maior discricionariedade lhe for dada, maiores serão os *agency costs*[109].

III. Os mecanismos que visam mitigar o *agency problem* nas relações entre accionistas e administradores podem ser de natureza interna ou externa[110].

Os mecanismos de cariz interno operam sobretudo ao nível do chamado *corporate governance*, como, por exemplo, o estabelecimento de incentivos na remuneração dos administradores, procurando alinhar o seu interesse com o dos accionistas (*e.g.* remuneração em espécie – acções da sociedade (*stock options*), ou a nomeação de administradores independentes[111].

Entre os mecanismos de natureza externa, estão os investidores institucionais[112], os bancos[113], mas sobretudo, segundo HENRY MANNE, o mercado de con-

---

de benefício pecuniário para não pecuniário, perderá 50 cêntimos de dólar (a perda financeira é partilhada de forma igual com os outros accionistas), mas mantém um dólar de benefício não pecuniário para si próprio" (cf. ROBERTA ROMANO, *Foundations* cit., pp. 2 e 33 e ss.). JENSEN e MECKLING salientam que os investidores têm em consideração a existência destes benefícios não pecuniários, pelo que, quando o proprietário da sociedade pretende vender as suas acções, o valor das acções é descontado do valor que os investidores acreditam que será gasto em benefícios de natureza não pecuniária, acabando o proprietário por suportar os *agency costs* da venda das suas acções ao público (cf. *Theory of the firm* cit., p. 307).

[107] Cf. JENSEN/MECKLING, *Theory of the firm* cit., p. 306; MARTÍN-LABORDA, *Sindicación* cit., p. 19.

[108] Cf. JENSEN/MECKLING, *Theory of the firm* cit., p. 306; MARTÍN-LABORDA, *Sindicación* cit., p. 19; PAZ-ARES, *La infracapitalización. Una aproximación contractual*, in Revista de Derecho de Sociedades, 1994, p. 253.

[109] Neste sentido, vide STEVEN ROSS, *The economic theory of agency: The principal's problem*, in American Economic Review, 63, 1973, p. 134; ARMOUR/HANSMANN/KRAAKMAN, *Agency problems* cit., p. 36.

[110] Cf. BRÄNDLE/NOLL, *The power of monitoring*, in German Law Journal, 11. Vol. 5, 2004, p. 1349.

[111] Para mais exemplos sobre estes mecanismos de controlo e de redução dos *agency costs*, vide ARMOUR/HANSMANN/KRAAKMAN, *Agency problems* cit., pp. 42-44; MARTÍN-LABORDA, *Sindicación* cit., p. 20.

[112] A maioria dos autores classifica os investidores institucionais como um mecanismo de controlo externo (cf. BRÄNDLE/NOLL, *The power* cit., pp. 1367-1368; contra, classificando-o como mecanismo interno, vide GARRIDO, *La distribución y el control del poder en las sociedades cotizadas y los inversores institucionales*, in AAVV, Derecho de sociedades. Libro Homenaje al profesor Fernando Sánchez Calero, vol. III, Madrid, 2002, pp. 2719 e ss.). Sobre o papel dos investidores institucionais como meca-

trolo societário que dava aos "accionistas poder e protecção adequadas aos seus interesses nos assuntos da sociedade"[114]. Vejamos como.

De acordo com as hodiernas teorias económicas sobre a eficiência dos mercados de capitais, a fixação dos preços dos valores mobiliários é uma mera consequência da progressiva incorporação nos mesmos da informação que vai estando disponível no mercado e da sua valoração pelos agentes que nele operam[115]. A qualidade da gestão da sociedade é um dos componentes essenciais do preço das acções por ser um dos factores condicionantes do valor actual de uma empresa. Perante empresas mal geridas – no sentido de que não proporcionam um retorno para os accionistas tão grande quanto poderia ser alcançado por outro tipo de gestão perfeitamente plausível, o preço das acções desce face ao preço de acções de outras sociedades do mesmo sector ou em relação ao preço de mercado em geral. Com efeito, perante a má gestão, os accionistas, defrontados com a dificuldade em substituir os membros dos órgãos de administração através dos outros órgãos societários competentes, escolhem a via mais fácil para este problema: alienam as acções. Deste modo, se essa avaliação da gestão é compartida pelos demais *players* de mercado, isso tem reflexo na cotação das acções, que ficam abaixo do seu valor potencial[116]. O preço das acções, ou a parte que reflecte

---

nismo de controlo externo, *vide* os estudos empíricos de HANSEN/HILL, *Are institutional investors myopic? A time-series study for four technology-driven industries*, in *Strategic Management Journal*, 12, 1991, pp. 1-16; MCCONNELL/SERVAES, *Additional evidence on equity ownership and corporate value*, in *Journal of Financial Economy*, 27, 1990, pp. 595-612.

[113] Sobre o papel dos bancos como mecanismo de controlo, *vide* BRÄNDLE/NOLL, *The power* cit., pp. 1368-1369; MOERLAND, *Alternative disciplinary mechanisms in different corporate systems*, in *Journal of Economic Behaviour and Organization*, 26, 1995, pp. 17-34.

[114] Cf. MANNE, *Mergers* cit., p. 111.

[115] Cf. MANNE, *Mergers* cit., p. 111. Para uma descrição das teorias económicas sobre a eficiência dos mercados de capitais, *vide* GARCÍA DE ENTERRÍA, *Sobre la eficiencia* cit., pp. 653 e ss.. A consequência principal desta tese é a de que não há mais valor intrínseco do que o valor representado pelo seu preço efectivo. Apesar da *efficient capital market hypothesis* ter sido adoptada de forma quase unânime na doutrina jurídica dos Estados Unidos da América, há alguns autores que põe em causa a sua validade, porque, entre outras razões, é incapaz de explicar o *crack* bolsista de 1987 (neste sentido, SHILLER, *Fashions* cit., pp. 56 e ss.; WOLFSON, *Efficient markets* cit., pp. 511 e ss.; LANGEVOORT, *Theories* cit., pp. 851 e ss.). Ainda assim, e conforme referem BREALE e MYERS, "poucos conceitos económicos tiveram tanto respaldo empírico como a teoria do mercado eficiente" e os seus fundamentos foram aceites mesmo por aqueles que lhe apontaram algumas inconsistências (cf. *Principles* cit., p. 288).

[116] Tem-se aliás afirmado que "o mercado de capitais, através dos ajustes de preço das acções, proporciona o único standard objectivo da eficiência da gestão. Uma capacidade de gestão superior, quando seja reconhecida, reflectir-se-á no aumento do preço de cotação" (cf. ELLERT, *Mergers, anti-*

a ineficiência da gestão da sociedade, reflecte o ganho potencial inerente à acção. Quanto mais baixo o preço da acção face ao que poderia ser caso a gestão fosse eficiente e competente, mais atractiva se torna a aquisição para quem acredita poder gerir a sociedade de forma mais eficiente e competente[117]. Nas palavras de ROBERTA ROMANO, quando os "investidores se apercebem que o valor actual de uma empresa está abaixo do seu valor potencial, tratarão de utilizar todos os meios para ficar com os seus activos e capturar o valor excedente"[118]. Os diferentes agentes de mercado, que confiam na sua melhor capacidade de gestão, vão competir entre si para se apropriarem do potencial valor das acções das sociedades mal geridas, criando um mercado em que se disputa a aquisição do controlo societário[119].

Com base nesta fundamentação, HENRY MANNE concluía que mercado de controlo societário funciona como um mecanismo de controlo, pois o receio dos administradores de serem afastados da gestão, por força de uma aquisição por parte de um terceiro que identificou o valor potencial das acções de uma sociedade mal gerida, funciona como um incentivo à boa gestão da sociedade. É uma função preventiva disciplinadora da actuação dos administradores[120]. HENRY MANNE salientava que a eficácia do mercado de controlo societário é muito maior quando comparada com os resultados dos "esforços da SEC e dos tribunais em proteger os accionistas através do desenvolvimento de um conceito de dever fiduciário e da acção de responsabilidade intentada pelo accionista". Apesar de reconhecer que "as vendas realizadas por accionistas descontentes com a gestão é necessária para espoletar o mecanismo e que estes accionistas podem sofrer perdas consideráveis", o autor considerava que a existência de um mercado de controlo societário activo "evita perdas ainda maiores"[121].

---

trust law enforcement and stockholder returns, in *Journal of Finance*, 31, 1976, p. 723; no mesmo sentido, vide ARRUÑADA, *Control y regulación de la sociedad anónima*, Madrid, 1990, p. 18).

[117] Cf. MANNE, *Mergers* cit., p. 113. No mesmo sentido, vide FISCHEL, *Efficient capital market theory, the market for corporate control and the regulation of cash tender offers*, in *Texas Law Review*, 57, 1978, pp. 1 e ss.; EASTERBROOK/FISCHEL, *Corporate control transactions*, in *Yale Law Journal*, 91, 1982, pp. 689 e ss..

[118] Cf. ROBERTA ROMANO, *A guide to takeovers and mergers: theory, evidence and regulations*, in HOPT//WYMEERSCH (dirs.), *European takeovers: Law and Practice*, Oxford University Press, Oxford, 1992, p. 3.

[119] Cf. ATHANASIOS KOULORIDAS, *The law and economics of takeovers. An acquirer's perspective*, Hart Publishing, Oxford/Portland, 2008, p. 35.

[120] Cf. GARCÍA DE ENTERRÍA, *Mercado de control* cit., pp. 26-27; MARTÍN-LABORDA, *Sindicación* cit., p. 17.

[121] Cf. MANNE, *Mergers* cit., p. 160.

IV. O mercado de controlo societário desempenha assim duas funções.

Em primeiro lugar, e como qualquer outro mercado, o mercado de controlo societário procura permitir que o seu objecto – o controlo das sociedades cotadas e, com ele, a gestão dos recursos e activos destas – se atribua a quem está disposto a pagar mais por ele, isto é, que o valore em maior medida[122]. É a função económica mais relevante do mercado de controlo societário: permitir a realização de operações de reorganização das estruturas societárias e a progressiva adaptação destas a formas e dimensões mais rentáveis e eficientes. As aquisições de controlo acompanhadas de liquidação ou desmembramento da sociedade adquirida, frequentes sobretudo nos Estados Unidos da América, são exemplos do dinamismo e versatilidade do sistema económico através da qual se impôs um redimensionamento e maior especialização de empresas que aglutinavam, sem qualquer lógica, actividades heterogéneas e sem ligação entre si[123].

A segunda função do mercado de controlo societário é de natureza preventiva e tem um efeito disciplinador. Conforme se constatou *supra*, os administradores irão esforçar-se por gerir bem a sociedade de modo a manter a cotação das acções elevadas e evitar operações de aquisição do controlo da sociedade que implicariam, potencialmente, a sua saída do cargo de administradores[124]. Sem um mercado de controlo societário activo, isto é, sem um mercado em que os vários agentes procuram identificar quais as sociedades mal geridas e no qual têm a liberdade e enquadramento jurídico e económico para poder adquirir o controlo dessas sociedades, reduzir-se-ão de sobremaneira os incentivos à boa gestão da sociedade. Para este mercado funcionar de forma activa, há um mecanismo essencial que tem de estar à disposição dos agentes de mercado: a oferta pública de aquisição.

2.2 A OPA como mecanismo fundamental do mercado de controlo societário

I. No seu estudo pioneiro, HENRY MANNE identificou a OPA como mecanismo fundamental para o funcionamento do mercado de controlo societário. E porquê perguntar-se-á?

---

[122] Cf. FERNÁNDEZ DE LA GÁNDARA, *Cambios de control* cit., p. 1346; GARCÍA DE ENTERRÍA, *Mercado de control* cit., pp. 25-26; Ib., *OPA y mercado de control*, in *Una década de transformaciones en los mercados de valores españoles. Libro conmemorativo del X aniversario de la CNMV*, s.l., 1999, pp. 159 e ss.; MARTÍN-LABORDA, *Sindicación* cit., p. 17.

[123] Para mais desenvolvimentos sobre esta questão, *vide* GARCÍA DE ENTERRÍA, *OPA obligatoria* cit., pp. 171 e ss..

[124] Cf. GARCÍA DE ENTERRÍA, *Mercado de control* cit., pp. 26-27; MARTÍN-LABORDA, *Sindicación* cit., p. 17.

A OPA distingue-se de outros meios de concentração empresarial, como a fusão, cisão (quando a parte cindida é incorporada numa sociedade existente) ou a transmissão de activos sociais. Enquanto nestas operações de concentração os mecanismos societários de integração são impulsionados e dirigidos pelos administradores no uso dos seus poderes discricionários de gestão e administração, na OPA a aquisição ou transmissão do controlo é determinada e gerida pelo interessado (accionista ou um terceiro) no controlo, o qual dirige a operação de concentração aos accionistas que têm a decisão sobre a sua aceitação ou rejeição sem necessidade de intervenção do órgão de administração[125]. Em contraste com o carácter orgânico e interno de mecanismos como a fusão, que envolve a sujeição a um conjunto de procedimentos societários, distintos órgãos sociais e em que se manifesta a tradicional divisão de funções (de iniciativa e gestão, por um lado, e de aprovação formal, por outro), a OPA caracteriza precisamente pelo facto de operar, de forma directa, entre o adquirente e os accionistas da sociedade, dirigindo-se directamente aos accionistas como únicos legitimados para autorizar a cessão do controlo da sociedade e dispensando a aprovação dos administradores[126].

Ora, o conceito de mercado de controlo societário requer um mecanismo que permita ao adquirente interessado no controlo dirigir-se, directamente, aos accionistas sem necessidade de passar pelo crivo decisório dos administradores, porque estes quererão evitar, a todo o custo, a alteração do controlo na medida em que sabem que serão substituídos por gestores mais competentes que procurarão retirar o valor potencial "escondido" (*hidden value*) da sociedade identificado pelo interessado na aquisição do controlo[127]. Sem este mecanismo, não poderia existir uma verdadeira luta pela aquisição do controlo das sociedades.

II. No conceito de OPAs, há que distinguir entre aquelas que são hostis, isto é, as que são realizadas contra o parecer e vontade dos administradores, e as OPAs amigáveis, em que a opção pelo mecanismo da OPA resulta de um acordo entre as sociedades envolvidas. Nos mercados mais desenvolvidos, constata-se que a

---

[125] Cf. DAVIES/HOPT, *Control transactions*, in AAVV, *The anatomy of Corporate Law. A comparative and functional approach*, 2ª edição, Oxford University Press, Oxford, 2009, p. 226; GARCÍA DE ENTERRÍA, *Mercado de control* cit., p. 28; MARTÍN-LABORDA, *Sindicación* cit., p. 21.
[126] Cf. FERNÁNDEZ DE LA GÁNDARA, *Cambios de control* cit., p. 1346; ROBERTA ROMANO, *Foundations* cit., p. 488.
[127] Cf. MANNE, *Mergers* cit., p. 160.

"hostilidade" é característica das operações em que o oferente procura rentabilizar o seu investimento através da substituição dos administradores e da alteração radical da política de gestão, enquanto, nas OPAs amigáveis, prevalece a procura das sinergias e dos benefícios que habitualmente acompanham a integração de duas empresas[128].

A explicação para este fenómeno é clara e resulta do acima exposto: se as OPAs que procuram uma alteração radical da gestão da sociedade visada dificilmente poderão contar com a colaboração dos administradores cuja substituição é um imperativo; as OPAs, que procuram mutuamente as sinergias resultantes da integração de empresas, exigem uma profunda troca de informação e uma colaboração leal e estreita entre os respectivos administradores, o que só é possível com processo amigável e concertado. Na mesma linha de raciocínio, enquanto (que) o valor resultante da integração das empresas será normalmente repartido entre os membros dos órgãos de administração de ambas, já os benefícios inerentes a uma alteração da gestão da sociedade visada dificilmente podem obter a aprovação dos administradores que geriam mal a sociedade e cuja destituição ocorrerá logo após a aquisição do controlo[129].

Claro que haverá OPAs cujos fundamentos e princípios são diversos ou contrários aos que acima se referiram, como, por exemplo, o objectivo do oferente entrar, através da aquisição, num mercado em que não opera, ou o simples objectivo de crescimento de uma empresa que, nalguns casos, pode levar a aquisições

---

[128] No mercado norte-americano, diversos estudos demonstraram que as OPAs hostis costumam incidir sobre sociedades com um rendimento substancialmente inferior ao do mercado, enquanto que, nas operações amigáveis, a sociedade visada apresenta, por norma, uma rentabilidade equivalente e inclusive superior à média de mercado (cf. MORCK/SCHLEIFER/VISHNY, *Characteristics of targets of hostile and friendly takeovers*, in AUERBACH (org.), *Corporate takeovers: causes and consequences*, Chicago, 1988, pp. 101 e ss.; MARTIN/MCCONNEL, *Corporate performance, corporate takeovers, and management turnover*, in *Journal of Finance*, 46, 1991, pp. 671 e ss.; GILSON, *The law and finance of corporate acquisitions*, New York, 1990, pp. 46 e ss.; em relação ao mercado inglês, vide os estudos de MARSH, *Short-termism: Are myopic markets and Money men to blame?*, in *Actas del Congreso Takeovers, the stock market and corporate performance*, London, 1991, pp. 14 e ss.).

[129] Neste sentido, vide SALTER/WEINHOLD, *Corporate takeovers: Financial boom or organizational bust?*, in COFFEE/LOWENSTEIN/ROSE-ACKERMAN, *Knights, raiders and targets. The impact of hostile takeover*, New York, 1988, pp. 146 e ss.. Os autores salientam que a hostilidade produz, frequentemente, uma maior riqueza económica, uma vez que o adquirente estará, por norma, mais capacitado que os actuais administradores para levar a cabo as alterações e reestruturações que sejam necessárias na sociedade visada. Diferentemente, as sinergias são prejudicadas pelo carácter hostil da operação (cf. no mesmo sentido, REFAIT, *Le rôle économique des offres publiques*, Paris, 1991, pp. 99 e ss.).

cuja racionalidade económica é muito discutível[130]. Há também situações em que sociedades mal geridas e com dificuldades de adaptação decidem renovar--se mediante a aquisição de empresas normalmente mais pequenas e de capacidade inovadora[131]. No entanto, o facto de estes objectivos poderem ser alcançados por outros mecanismos não tão conflituosos e menos onerosos para o oferente revela como a OPA está intimamente relacionada com a função de controlo da gestão dos órgãos de administração, daí que o legislador tenha permitido que a OPA se dirija directamente aos accionistas dispensando a colaboração dos administradores.

Assim, é possível concluir que a principal característica da OPA, que lhe permite funcionar como verdadeiro mecanismo de controlo, é, não tanto o seu potencial carácter hostil (embora este seja importante), mas o facto de ser um instituto que permite ao potencial adquirente dirigir-se, directamente, aos accionistas[132].

III. A OPA proporciona benefícios importantes, por um lado, para os accionistas da sociedade visada e (nalguns casos) para o oferente, e, por outro lado, para os accionistas de outras sociedades.

Para os accionistas da sociedade visada, uma vez que estes obtêm o prémio sobre o valor de mercado da acção "incluído" no preço oferecido na OPA pelo oferente. Com efeito, todos os estudos empíricos realizados em diferentes épocas revelam que as OPAs geram, para os seus destinatários, ganhos muito substanciais[133], o que coloca uma questão muito pertinente quanto à admissibilidade das medidas defensivas de resposta à OPA tomadas pelo órgão de administração da sociedade visada. Quanto ao oferente, não são tão claros os ganhos que este obtém, sendo que os estudos empíricos revelam que aqueles dependem do tempo e do tipo de empresas analisadas. Contudo, é notório que os ganhos obtidos pelo oferente são muito inferiores aos ganhos dos accionistas da sociedade visada.

Para os accionistas de outras sociedades, a OPA desempenha uma função preventiva e disciplinadora que é uma das principais funções do mercado de controlo societário. Os administradores das sociedades, no desejo de evitar a descida da

---

[130] Para mais desenvolvimentos sobre as principais razões que conduzem ao lançamento de OPA, vide WEINBERG/BLANK, *Takeovers and Mergers*, 2ª edição, Sweet & Maxwell, London, 1989, pp. 1025 e ss.; ROLL, *Empirical evidence on takeover activity and shareholder wealth*, in COFFEE/LOWENSTEIN/ROSE--ACKERMAN, *Knights, raiders and targets. The impact of hostile takeover*, New York, 1988, pp. 241 e ss..
[131] Cf. LOWENSTEIN, *What's wrong with Wall Street, Short-term gain and the absentee shareholder*, New York, 1988, pp. 134 e ss..
[132] Cf. GARCÍA DE ENTERRÍA, *Mercado de control* cit., p. 63.
[133] Cf. ROBERTA ROMANO, *Foundations* cit., p. 489.

cotação das acções que podem atrair OPAs hostis, irão gerir a sociedade no melhor interesse dos accionistas e evitarão condutas e investimentos que possam servir interesses alheios aos da simples rentabilidade da empresa[134]. Esta ideia que pode parecer, sobretudo a juristas, absolutamente teórica, tem exemplos práticos. Um desses exemplos foi o movimento de reorganização empresarial a que se assistiu nos Estados Unidos da América durante os anos 80 e inícios dos anos 90 do século passado, em que as empresas se procuraram desfazer de divisões de negócio com fraco rendimento e obter uma estrutura mais rentável que proporcionasse aos accionistas um maior retorno[135]. Este movimento de reestruturação, consequência do funcionamento do mercado de controlo societário, surge após o malogro dos conglomerados dos anos 60 e 70 do século passado que deram lugar a este processo de especialização[136] e há alguns autores que estabelecem mesmo uma correlação entre o nível de diversificação do negócio da sociedade e a probabilidade de esta ser adquirida[137].

---

[134] Neste sentido, *vide* MANNE, *Mergers* cit., p. 160; JENSEN, *Takeovers: their causes and consequences*, in *Journal of Economic Perspectives*, 2, 1988, 21, pp. 21 e ss.; EASTERBROOK/FISCHEL, *The proper role* cit., p. 1174; DODD, *The market for corporate control: A review of the evidence*, in STERN/CHEW (dirs.), *The revolution in corporate finance*, Oxford, 1986, pp. 343 e ss.. Contra, questionando mesmo a eficácia do mercado de controlo societário, *vide* BRADLEY, *Corporate control: Markets and rules*, in *Modern Law Review*, 53, 1990, p. 170. Alguns autores afirmam mesmo que as OPAs hostis podem influenciar de forma negativa a actuação dos administradores (cf. STEIN, *Efficient capital markets, inefficient firms: A model of yopic corporate behaviour*, in *Quarterly Journal of Economics*, 1989, pp. 661 e ss.; PROXMIRE, *Introduction: What's right and wrong about hostile takeovers?*, in *Wiscousin Law Review*, 1988, pp. 354 e ss.). Para um resumo dos argumentos contra a teoria do mercado de controlo societário, *vide* LIEB/LAMANDINI, *Nueva propuesta de directiva relativa a las ofertas públicas de adquisición y el establecimiento de unas reglas de juego uniformes*, Parlamento Europeo. Dirección General de Estudios, Luxemburgo, 2002, p. 15.

[135] Neste sentido, identificando este movimento de reestruturação empresarial como uma consequência do funcionamento do mercado de controlo societário, *vide* COFFEE, *Shareholders versus managers: the strain in the Corporate Web*, in *Michigan Law Review*, 85, 1986, pp. 52 e ss.; GILSON, *The Law* cit., pp. 34 e ss..

[136] Cf. SHLEIFER/VISHNY, *Takeovers in the '60s and the '80s: Evidence and implications*, in *Actas del congresso Takeovers, the stock market and corporate performance*, London, 1991, pp. 1 e ss..

[137] DAVIS, DIEKMAN e TINSLEY afirmam que empresas com 75% de grau de diversificação tinham 2/3 mais de probabilidade de ser adquiridas do que empresas exclusivamente focadas num sector da indústria (cf. *The decline and fall of the conglomerate Firm in the 1980s: The Desinstitutionalization of an organizational form*, in *American Sociological Review*, 59 (4), 1994, p. 547; estabelecendo também aquela correlação entre nível de diversificação e probabilidade de OPA, *vide* KAPLAN/WEISBACH, *The success of acquisitions: evidence from divestitures*, in *Journal of Finance*, 47, 1992, p. 107; BHAGAT/SHLEIFER/VISHNY, *Hostile takeovers in the 1980s: The return to corporate specialization*, in *Brookings papers on economic activity*,

O mercado de controlo societário e a OPA como seu mecanismo fundamental são portanto bens a preservar face aos benefícios que lhe são inerentes[138]. Porém, não se deve "endeusar" o mercado de controlo societário e achar que ele é a panaceia de todos os *agency problems*, da má gestão societária e da protecção dos accionistas minoritários. O mercado de controlo societário tem limitações que não devem ser desconsideradas, nomeadamente o carácter hostil da OPA ou as limitações da informação disponível no mercado para avaliar o valor potencial da empresa[139], as quais põem a descoberto a necessidade de mecanismos adicionais de controlo externo da sociedade para mitigar determinados *agency problems* que o mero funcionamento do mercado de controlo societário não consegue prevenir.

1, 1990; PORTER, *From competitive advantages to corporate strategy*, in *Harvard Business Review*, 1987, p. 43). Outros autores salientam que quanto maior destruição de valor for causada por aquisições em sectores diversificados maior é a probabilidade de o conglomerado ser objecto de uma *bust-up takeover*, isto é, OPAs em que parte dos activos da sociedade são alienados logo após a aquisição para pagar parte da dívida contraída para a aquisição (cf. BERGER/OFEK, *Bust-up takeovers of value-destroying diversified firms*, in *Journal of Finance*, 51 (4), 1996, p. 1175).

[138] JENSEN quantificava em 500 milhões de dólares os benefícios resultantes do funcionamento do mercado de controlo societário para o conjunto dos accionistas entre 1977 e 1988, o que representava mais de 50% do total de dividendos distribuídos pelas sociedades no mesmo período (cf. *Eclipse of the public corporation*, in *Harvard Business Review*, Setembro/Outubro, 1989, p. 65). HERMAN afirma também que, nos Estados Unidos da América, os "standards de conduta e atenção social ao bem-estar dos accionistas são substancialmente maiores hoje em dia do que há alguns anos atrás", em grande medida devido ao funcionamento do mercado de controlo societário (cf. *The limits of the market as a discipline in corporate governance*, in *Delaware Journal of Corporate Law*, 9, 1984, p. 538). Estas conclusões justificam o tratamento de favor que o regime das OPAs sempre teve por parte do poder político nos Estados Unidos da América. No Reino Unido, em que as opiniões sobre a bondade económica são mais díspares, costuma reconhecer-se também a função primordial que as mesmas apresentam no processo de controlo da gestão e na protecção dos accionistas (cf. LITTLECHILD, *Myths and merger policy*, in Fairburn/Kay, *Mergers and merger policy*, Oxford, 1989, pp. 306 e ss.; MARSH, *Short-termism* cit., p. 1 e ss.; FRANKS/HARRIS, *Shareholder wealth effects of corporate takeovers; the UK experience 1955-1985*, in *Journal of Finance*, 23, 1989, pp. 225 e ss.). Todavia, há alguns estudos que apresentam conclusões diversas, no sentido de que o mercado de controlo societário não desempenharia qualquer função disciplinadora seja porque as OPAs hostis não se dirigiam às empresas mal geridas (cf. FRANKS/MAYER, *Hostile takeovers and the correction of managerial failure*, in *Journal of Financial Economics*, 40, 1996, p. 163) seja porque as grandes motivações para o lançamento de OPAs hostis eram outras, em particular o endividamento e dimensão das sociedades (cf. HOLLAND/HODGKINSON, *The pre-announcement share price behaviour of the UK takeover targets*, in *Journal of Business Finance and Accounting*, 21 (4), 1994, p. 467; LEVIVE/AARONOVITCH, *The financial characteristics of firms and theories of merger activity*, in *Journal of Finance*, 30, 1981, p. 149).

[139] Para uma identificação das limitações do mercado de controlo societário, *vide* ATHANASIOS KOULORIDAS, *The law* cit., pp. 38-39.

Por isso, a doutrina tem salientado que a OPA é um mecanismo de controlo externo que actua quando os controlos internos se revelam insuficientes[140].

IV. Estas conclusões sobre a bondade e limitações do mercado de controlo societário e da OPA como seu mecanismo fundamental têm consequências importantes de um ponto de vista das opções jurídicas. O legislador deve desde logo procurar criar as condições necessárias para o funcionamento adequado do mercado de controlo societário de modo a assegurar o dinamismo daquele mecanismo de controlo externo. Uma das questões que mais controvérsia gerou ao longo dos tempos quanto aos efeitos sobre o funcionamento daquele mercado foi a admissibilidade da tomada de medidas defensivas pelo órgão de administração da sociedade visada[141]. A adopção de medidas defensivas por este órgão

---

[140] Cf. GARCÍA DE ENTERRÍA, *Mercado de control* cit., p. 58. O Grupo de Peritos salientou que as "OPAs eram um mecanismo de criação de riqueza através da exploração de sinergias e da disciplina da gestão das sociedades cotadas com capital disperso, que, no longo prazo, deve ser efectuada no interesse de todos os accionistas e da sociedade em geral. Isto não significa, contudo, que as OPAs sejam sempre benéficas para todas (ou alguma) das partes envolvidas" (cf. REPORT OF THE HIGH LEVEL GROUP OF COMPANY LAW EXPERTS on issues related to takeovers bids, Bruxelas, 2002). Sobre a criação de valor das OPAs, *vide* JENSEN/RUBACK, *The market for corporate control. The scientific evidence*, in *Journal of Financial Economy*, 11, 1983, pp. 5 e ss.; EASTERBROOK/FISCHEL, *The economic structure of corporate law*, Harvard University Press, Cambridge/Mass., 1991, pp. 163-209; L. RENNEBOOG/M. GOERGEN, *Shareholder wealth effects of European domestic and cross-border takeover bids*, in *European Management Journal*, 10 (1), 2004, pp. 9 e ss.; GARCÍA DE ENTERRÍA/LORENZO-VELÁZQUEZ, *El control del poder societario en la gran empresa y la función disciplinar de las OPAs*, in *Revista de Derecho Bancario y Bursátil*, 47, 1992, pp. 666 e ss.; B. ARRUÑADA, *Crítica a la regulación de las OPAs*, in *Revista de Derecho Mercantil*, 203/204, 1992, pp. 29 e ss.; FERNÁNDEZ ARMESTO, *Las OPAs y el mercado del control empresarial: un balance de diez años de experiencia*, in *Revista de Derecho Mercantil*, 227, 1998, pp. 37-40.

[141] Sobre o tema *vide* ROBERTA ROMANO, *Foundations* cit., pp. 582 e ss.; EASTERBROOK/FISCHEL, *The proper role* cit., pp. 1161 e ss.. Recorde-se que esta questão foi um dos temas fracturantes entre os países europeus no moroso processo de aprovação da Directiva das OPAs, tendo existido uma enorme relutância na consagração do dever de passividade por parte de alguns países, em particular da Alemanha. A Directiva das OPAs, apesar de ter consagrado a *passivity rule* (art. 9º), acabou por permitir uma dupla opção aos Estados-membros (art. 12º): por um lado, podem não impor essa regra às sociedades nacionais (*opt-out*), caso em que estas devem ter a opção reversível de submeter-se a esse dever de passividade de forma voluntária (*opt-in*), e, por outro lado, os Estados-membros têm a opção de eximir a sua aplicação às sociedades sujeitas a essa regra caso estas sejam objecto de uma OPA lançada por um oferente que não se encontra sujeito às mesmas regras (para uma exposição detalhada do processo de elaboração da Directiva das OPAs, com especial enfoque para a resistência de alguns Estados-membros, *vide* EDWARDS, *The Directive on takeover bids – Not worth the paper it's written on?*, ECFR, 2004, 4, pp. 416 e ss.; BENEYTO/PUENTE, *Las ofertas públicas de adquisición de títulos desde la perspectiva comunitaria en la Unión Europea. Los mercados de valores*, Madrid,

visa, fundamentalmente, um de dois objectivos: a manutenção dos administradores no seu cargo ou o aumento do valor das acções da sociedade visada[142]. Uma parte da doutrina tem considerado que a adopção de medidas defensivas por parte do órgão de administração da sociedade visada após o anúncio de OPA deve ser proibida[143], apontando, como principal fundamento desta posição, a necessidade de evitar que os "maus" administradores possam interferir e condicionar, posteriormente, o seu normal desenvolvimento, obstaculizando a obtenção do prémio pelos accionistas da sociedade visada. Há uma situação clara de conflito de interesses, sobretudo nos casos em que a OPA tenha por objectivo proceder a uma alteração da gestão que permita realizar o verdadeiro valor da empresa, sendo de supor que será maior a resistência dos administradores à OPA quanto mais ineficiente tiver sido a gestão da sociedade[144]. Este dever de passividade não conduziria, contudo, à proibição da procura de oferentes concorrentes[145], nem à adopção de um sistema de leilão caso haja várias ofertas em concorrência[146].

2005, pp. 527 e ss.; GARRIDO, *La oferta pública de adquisición de acciones en el derecho europeo*, in *Noticias UE*, 252, 2006, pp. 75 e ss.).

[142] Cf. ROBERTA ROMANO, *Foundations* cit., p. 490.

[143] Neste sentido, *vide* EASTERBROOK/FISCHEL, *The proper role* cit., p. 1174; BEBCHUCK, *The case against board veto in corporate takeovers*, in *University of Chicago Law Review*, 69, 2002, pp. 973 e ss.; DAVIES, *Shareholder value, Company law, and securities markets law: a British View*, in Hopt/Wymeersch, *Capital Markets and Company Law*, Oxford University Press, Oxford, 2003, pp. 280 e ss.; GARCÍA DE ENTERRÍA, *Mercado de control* cit., p. 66; Ib., *Defensas frente a las ofertas públicas de adquisición*, in GARCÍA DE ENTERRÍA/SÁENZ DE NAVARRETE (dirs.), *La regulación de las OPAs. Comentario Sistemático del RD 1066/2007, de 27 de Julio*, Thomson Reuters/Civitas, Madrid, 2009, pp. 615 e ss.. Contra, *vide* LIPTON, *Takeover bids in the target's boardroom: a response to Professors Easterbrook and Fischel*, in *New York Law University Law Review*, 55, 1980, pp. 1231 e ss.; LOWENSTEIN, *Pruning deadwood in hostile takeovers: a proposal for legislation*, in *Columbia Law Review*, 83, 1983, pp. 249 e ss..

[144] Neste sentido, *vide* EASTERBROOK/FISCHEL, *The proper role* cit., p. 1174; HAHN, *Takeover rules in the European Community: An economic analysis of proposed takeover guidelines and already issued disclosure rules*, in *International Review of Law and Economics*, 10, 1990, p. 146.

[145] Neste sentido, *vide* GILSON, *A structural* cit., pp. 882 e ss.; BEBCHUCK, *The case for facilitating competing tender offers*, in *Harvard Law review*, 95, 1982, pp. 1054 e ss..

[146] Sobre este intrincado tema, *vide*, a favor da adopção de um sistema de leilão, GILSON, *A structural* cit., pp. 882 e ss.; BEBCHUCK, *The case* cit., p. 1048; ROBERTA ROMANO, *Guide* cit., p. 30; COFFEE, *Regulating* cit., pp. 1176-1178; REQUICHA FERREIRA, *OPA concorrente*, in *Direito dos Valores Mobiliários*, X, Coimbra Editora, Coimbra, 2010, pp. 293 e ss.; contra a adopção de um sistema de leilão, *vide* EASTERBROOK//FISCHEL, *Auctions* cit., pp. 1178-1179 e SCHWARTZ, *Search theory and tender offer auctions*, in *Journal of Law, Economics and Organization*, II-2, 1986, pp. 232-240; SÁEZ LACAVE, *Una aproximación al derecho de opas competidoras* in *Revista de Derecho Bancário y Bursátil*, Outubro/Dezembro, 2003, pp. 44 e ss..

Quanto ao tema do nosso estudo, é preciso, em primeiro lugar, afirmar que a admissibilidade dos mecanismos de "facilitadores" da cessão de controlo em geral, e dos acordos de aceitação e não-aceitação de OPA em particular, não depende exclusivamente da maior ou menor dinâmica que confiram ao funcionamento do mercado de controlo societário. A análise que aqui se fará será fundamentalmente jurídica, mobilizando todos os elementos relevantes do nosso ordenamento jurídico para o efeito. Feita esta clarificação, é de notar que as repercussões dos mecanismos de controlo no funcionamento do mercado de controlo societário não podem ser descuradas atenta a importância deste. Nesta medida, a análise da admissibilidade de tais mecanismos e acordos terá em consideração os seus efeitos sobre o funcionamento daquele mercado.

Numa primeira abordagem, dir-se-ia que, se um mecanismo permite facilitar a cessão do controlo de uma sociedade, então estará a dinamizar o funcionamento do mercado de controlo societário, pelo que as opções legislativas deveriam ir no sentido da admissibilidade da utilização deste tipo de mecanismos. No entanto, a resposta não é tão evidente quanto possa parecer. De facto, se em determinado tipo de mecanismos, como as *break-up fees*, parece haver um incentivo ao lançamento de OPAs que permite dinamizar aquele mercado[147], já no caso de outros mecanismos, como o acordo irrevogável de rejeição de OPA ou as cláusulas de *no-shop/no-talk*, não é tão claro o incentivo ao lançamento de OPAs, parecendo, ao invés, dificultar o lançamento de OPAs. Face à diversidade de mecanismos "facilitadores" da cessão de controlo, não é possível formular uma solução geral e teremos de verificar, mecanismo a mecanismo, qual o seu impacto sobre o funcionamento do mercado de controlo societário e a relevância que esse ponto poderá ter no quadro de admissibilidade jurídica desse mecanismo.

3. Mecanismos "facilitadores" da cessão de controlo das Sociedades Cotadas
3.1 Objectivos dos mecanismos «facilitadores» da cessão de controlo das sociedades cotadas

I. O mercado das fusões e aquisições de sociedades, designado na literatura jurídica e financeira anglo-saxónica de *M&A market* (*mergers and acquisitions*

---

[147] Neste sentido, *vide* os estudos empíricos de BATES/LEMMON, *Breaking up is hard to do? An analysis of termination fee provisions and merger outcomes*, in *Journal of Financial Economy*, 69, 2003, pp. 469 e ss.; ANDRÉ/KHALIL/MAGNAN, *Termination in mergers and acquisitions: protecting investors or managers?*, in *Journal of Business Financial and Acct.*, 34, 2007, pp. 541 e ss.; OFFICER, *Termination fees in mergers and acquisitions*, in *Journal of Financial Economy*, 69, 2003, pp. 431 e ss..

market)[148], foi um dos mercados mais activos nas últimas décadas, apesar do "arrefecimento" provocado pela crise financeira mundial, tendo ressurgido recentemente. O fulgor do mercado das fusões e aquisições exigiu dos juristas desta área do direito uma enorme capacidade de inovação para acompanhar as crescentes exigências do mercado em termos de flexibilidade e de segurança jurídicas, valores por vezes difíceis de conciliar. Os Estados Unidos da América e o Reino Unido lideraram o desenvolvimento do "direito das fusões e aquisições" (vulgarmente também designado de *M&A law*) para responder àquelas crescentes exigências[149]. O papel importantíssimo do *M&A market*, na reestruturação e nos avanços e recuos da economia mundial, exigiu da doutrina jurídica a procura constante de novas soluções mais adequadas, em particular no regime das OPAs e na regulação dos mercados financeiros. O auge da investigação jurídica no âmbito das fusões e aquisições verificou-se nos anos de 1980 e 1990, na sequência de um período florescente de OPAs hostis sem precedente na história do *M&A market*.

Perante a controvérsia criada pelas OPAs hostis em ambos os lados do Atlântico, as preocupações do mundo jurídico centraram-se na bondade do lançamento de OPAs hostis, na admissibilidade da tomada de medidas defensivas pelo órgão de administração da sociedade visada e na regulação do regime das ofertas concorrentes. No entanto, e não obstante a importância que era atribuída às OPAs hostis, a verdade é que a maioria das transacções do *M&A market* são operações de fusões e aquisições amigáveis, em que as sociedades envolvidas no processo de concentração acordam os termos da mesma (*business combination*). Ao contrário das OPAs hostis, as operações de concentração de cariz amigável foram durante muito tempo relativamente desconsideradas pelo mundo jurídico, o que bem se compreende, porque a procura de respostas do *M&A market* versavam mais sobre as OPAs hostis em que a luta pelo controlo da sociedade visada apelava à utilização de todos os mecanismos legalmente admissíveis, suscitando intrincadas discussões doutrinais e jurisprudenciais. A parca análise jurídica dos mecanismos "facilitadores" da cessão de controlo limitava-se a equipará-los, de forma sim-

---

[148] Cf. TARBERT, *Merger break-up fees: a critical challenge to Anglo-American corporate law*, in *Law & Political International Business*, 34, 2003, p. 629; KUHN, *Exclusivvereinbarungen bei Unternehmenszusammenschlüssen*, JWV, Berlín, 2007, p. 19.

[149] As primeiras respostas destes ordenamentos jurídicos aos desafios colocados pelo *M&A market* foram relativamente diversas mas a prática, em particular o crescimento de operações de fusões e aquisições transfronteiriças entre Estados Unidos da América e Reino Unido, foi forçando a consagração de regras uniformes (cf. TARBERT, *Merger break-up fees* cit., p. 629).

plista, das medidas de defesa contra OPAs hostis, sobretudo quando os primeiros se aproximavam destas[150].

A partir dos finais dos anos 80 e durante os anos 90 do século passado, o desinteresse da doutrina e jurisprudência norte-americana pelas questões levantadas pelas fusões e aquisições amigáveis começou a dar lugar a uma preocupação crescente pela utilização de determinados mecanismos que procuravam assegurar, *ex ante*, o sucesso daquelas operações, em particular quando estas envolviam sociedades cotadas (caso em que o sucesso da operação é, por norma, mais incerto). Era o advento dos chamados *deal protection devices* que, se inicialmente eram tidos como válidos na prática jurídica por estarem, na maioria dos casos, associados a operações de concentração amigáveis, rapidamente começaram a concitar atenções fruto de algumas decisões dos tribunais de Delaware que puseram em causa a sua validade jurídica até então acriticamente assumida pelos juristas[151]. Face à incerteza gerada pelas decisões jurisprudenciais, os agentes de mercado reagiram e começaram a utilizar, de forma menos frequente, alguns *deal protection devices* ou, em português, mecanismos "facilitadores" da cessão de controlo (nomenclatura que iremos adoptar[152]). Foi o "acordar" para uma problemática candente que há muito ansiava pela atenção dos juristas e economistas.

II. A concretização de uma operação de concentração societária é um processo dinâmico que se inicia com a decisão interna do adquirente de procurar uma potencial sociedade alvo e que culmina com a integração desta no adquirente[153]. Os custos são muito elevados e surgem logo na fase inicial, em que é necessário procurar a sociedade alvo de aquisição, o que envolve custos de investigação como os custos de consultoria, de contabilidade, de estruturação jurídica e financeira da operação, auditorias jurídicas (comummente designadas de *due diligences*) e as conhecidas *fairness opinions* dos bancos de investimento[154]. A estes custos iniciais, acrescem outros que surgem já durante o processo de

---

[150] Foi esta a primeira abordagem a alguns mecanismos "facilitadores" da cessão de controlo (cf. 3.3 *infra*).

[151] Sobre as controversas decisões dos tribunais de Delaware, *vide* 3.2.5, 3.2.6 e 3.2.7 *infra*.

[152] Sobre as razões da utilização preferencial desta expressão, *vide* 3.4 *infra*.

[153] Cf. KUHN, *Exclusivvereinbarungen* cit., p. 19.

[154] Cf. HATCH, *Clearly defining preclusive corporate lock-ups: A brightline test for lock-up provisions in Delaware*, in *Washington Law Review*, 75, p. 1270; TARBERT, *Merger break-up fees* cit., p. 632; KUHN, *Exclusivvereinbarungen* cit., p. 22.

concentração como o das autorizações de entidades reguladoras, como a autoridade da concorrência, o regulador do mercado (*e.g.* CMVM), reguladores sectoriais (*e.g.* Banco de Portugal; ANACOM; ERSE), cujo valor pode não ser despiciendo. Caso a operação de concentração não tenha sucesso, aqueles custos serão custos escondidos (*sunk costs* ou *hidden costs*)[155], pois não são reutilizáveis, são específicos da operação em questão e podem até ser utilizados por outros concorrentes, particularmente quando o meio de concentração utilizado é a OPA[156]. Os potenciais adquirentes têm a capacidade de determinar de antemão os custos associados a este processo e, por isso, têm motivos para procurar blindar o negócio com mecanismos que assegurem previamente o seu sucesso[157].

Para além destes custos, há outros que são talvez mais decisivos na opção pela utilização de mecanismos de cessão de controlo: o custo de oportunidade e o custo reputacional. O oferente suporta um custo de oportunidade, na medida em que o tempo gasto na preparação da operação de concentração podia ter sido utilizado noutros objectivos com melhor retorno, desperdiçando oportunidades de negócio que normalmente não se repetem[158]. Ao escolher uma sociedade alvo, o adquirente descarta a possibilidade de concentração com outras sociedades. Se a sociedade alvo decide abandonar a operação de concentração, deixando o adquirente sem o parceiro da fusão, poderá ser demasiado tarde para aquele se virar para outras oportunidades de concentração que inicialmente tinha[159]. O ofe-

---

[155] Cf. Gómez-Acebo, *Comentario a los artículos 40º* cit., p. 881.
[156] Cf. Tarbert, *Merger break-up fees* cit., p. 632; Kuhn, *Exclusivvereinbarungen* cit., p. 20.
[157] Neste sentido, vide Tarbert, *Merger break-up fees* cit., p. 632.
[158] Neste sentido, vide Tarbert, *Merger break-up fees* cit., p. 633; Kuhn, *Exclusivvereinbarungen* cit., p. 22. Para mais desenvolvimentos sobre o valor e impacto deste custo, vide Easterbrook/Fischel, *The proper role* cit., p. 1161; Block, *Public Company M&A: Recent developments in corporate control, protective mechanisms and other deal protection techniques*, 1462 Practising Law Institute, Corporate Law and Practice Handbook Series, 2005, p. 55; Griffith, *Deal protection provisions in the last period of play*, in *Fordham Law Review*, 71, 2003, p. 1990; Hanewicz, *When silence is golden: Why the business judgment rule should apply to non-shops in stock-for-stock merger agreements*, in *Journal of Corporation Law*, 28, 2003, p. 208; Sparks/Nachbar/Vella, *Corporate deal protection Corporate deal protection – the lay of the land in Delaware*, 1351 Practising Law Institute, Corporate Law and Practice Handbook Series, 2003, p. 403 e ss.; Banerjea, *Der Schutz von Übernahme- und Fusionsplänen – Überlegungen zur Zulässigkeit und Gestaltung sog. Deal-Protection-Abreden –*, in *DB*, 2003, p. 1489; Geyrhalter/Zirngibl/Strehle, *Haftungsrisikenaus dem Scheitern von Vertragsverhandlungen bei M&ATransaktionen*, in *DStR*, 2006, p. 1559; Kapp, *Der geplatzte Unternehmenskauf: Schadensersatz aus culpa in contrahendo bei formbedürftigen Verträgen (§ 15 Abs. 4 GmbHG)?*, in *DB*, 1989, p. 1224.

rente suporta igualmente um custo reputacional pois, se o oferente perder a OPA para um terceiro, é a sua capacidade de liderança e de estratégia que é posta em causa. O potencial adquirente pode ser objecto de publicidade negativa fruto da operação falhada e surgir no mercado com uma posição mais fragilizada, sobretudo se, num momento inicial, a proposta de concentração tinha sido bem recebida pelo mercado. Citando as palavras ilustrativas de SUDARSANAM: "the smell of defeat lingers on"[160].

Intimamente relacionada com estes custos, está a possibilidade de a sociedade alvo acabar por ser adquirida por um concorrente de mercado do adquirente. A operação de concentração suscita inevitavelmente as atenções para o negócio em causa e pode incentivar outros interessados a entrar na luta pela aquisição da sociedade alvo. Sempre que um oferente avança com a sua oferta pela sociedade visada, sabe que corre o risco de surgir um concorrente nessa aquisição que ofereça um preço superior e adquira o controlo da sociedade alvo[161]. Um famoso estudo da *Harvard Business School* revelou que, nos negócios que envolvem uma luta pela aquisição da sociedade alvo, os segundos oferentes saem vitoriosos na maioria das situações[162].

---

[159] Este problema é mais visível em sectores da indústria monopolistas ou dinâmicos, como por exemplo as telecomunicações, ou em sectores qualificados como oligopólios, em que há um reduzido número de parceiros para uma fusão (cf. TARBERT, *Merger break-up fees* cit., p. 633).

[160] Cf. SUDARSANAM, *Essence of mergers and acquisitions*, 1995, p. 127. Outros autores afirmam, "em relação aos maus oferentes, que a prática demonstra que é muito mais provável que se tornem nos próximos candidatos a OPA" (cf. MITCHELL/LEHN, *Do bad bidders become good targets?*, in *Readings in mergers and acquisitions*, Patrick Gaughan Ed., 1994, p. 74).

[161] Cf. KUHN, *Exclusivvereinbarungen* cit., p. 20; DRYGALA, *Deal Protection in Verschmelzungs- und Unternehmenskaufverträgen – eine amerikanische Vertragsgestaltung auf dem Weg ins deutsche Recht – Teil I –*, in *WM*, 2004, p. 1413; LIEKEFETT/GREWE, *Die Untreue von Fusionspartnern kann teuer werden, Abwehr gegen unerwünschte feindliche Offerten Dritter birgt rechtliche Tücken – Gerichtliche Klärung wünschenswert*, in *Börsen-Zeitung vom 03.05.2006*, Nummer 84, p. 2.

[162] Cf. TARBERT, *Merger break-up fees* cit., p. 633. É o problema do *free rider*. Os estudos realizados por RUBACK demonstraram que, nos casos em que existe uma concorrência pela aquisição da sociedade visada, raramente sai vitorioso o oferente inicial (cf. *Assessing competition in the market for corporat acquisitions*, in *Journal of Financial Economy*, 11, 1983, p. 147). Mais recentemente vários autores salientaram a mesma ideia, afirmando que há "dados empíricos que revelam que o primeiro oferente perde frequentemente quando surge um concorrente e que, nessas situações, a pesquisa e outros custos suportados pelo primeiro oferente serão desperdiçados. Isto desencorajará, de uma forma geral, os oferentes iniciais, reduzindo o número de ofertas e diluindo o efeito disciplinador da "ameaça" de OPA sobre a gestão da sociedade (cf. DAVIES/HOPT, *Control transactions* cit., p. 237).

Para evitar os *hidden* e *sunk costs* resultantes do falhanço da operação de concentração e para não ficar relegado ao papel de mero *stalking horse*[163], o oferente recorre a mecanismos de protecção da sua oferta que lhe assegura *ex ante* que os custos e riscos em que vai incorrer não são em vão[164].

III. Não são só os oferentes/adquirentes que têm interesse na utilização de mecanismos de protecção da oferta, também a própria sociedade, em muitos casos e ainda que por motivos diferentes, quer ter a possibilidade de recorrer a eles.

Em primeiro lugar, se a sociedade alvo pretende encontrar um parceiro maior para a fusão, terá de atribuir a esse parceiro mecanismos de protecção do negócio para o conseguir atrair[165].

Em segundo lugar, aquele tipo de mecanismos permite à sociedade visada obter um preço melhor do que o que obteria sem os mesmos. Um adquirente, quando apresenta uma proposta de aquisição e sabe que pode aumentar o valor da sua proposta, nunca oferece, na primeira proposta, o valor máximo que pode pagar para adquirir a sociedade, porque quer pagar o valor mais baixo possível para adquirir a sociedade e porque quer ter margem de manobra para subir o

---

[163] Cf. TARBERT, *Merger break-up fees* cit., p. 634; KUHN, *Exclusivvereinbarungen* cit., p. 23; BLOCK, *Public Company* cit., p. 55; FRANKLE, *Fiduciary duties in consideration deal lockups: What's a board to do?*, 1167 Practising Law Institute, Corporate Law and Practice Handbook Series, 2000, p. 595; SWETT, *Merger terminations after Bell Atlantic: Applying liquidated damages analysis to termination fee provisions*, in *University of Colorado Law Review*, 70, 1999, p. 351. Sobre o conceito de *stalking horse*, veja-se o caso *Omnicare*, em que o primeiro oferente – a empresa Genesis – para defender a utilização de *break-up fees*, afirmava o seguinte: "A Genesis não quis ser o *stalking horse*. Nós não quisemos ser aquele que estabelece um valor para a NCS para que este apenas seja divulgado ao público e, nessa medida, criar as condições para que a Omnicare percebesse que, para manter a sua posição monopolista, teria de igualar ou exceder esse valor. Por isso, a Genesis quis ter um grau de certeza e estava disposta a prosseguir um acordo de fusão de modo a executar uma operação que tinha negociado e celebrado. Nós íamos incorrer, e já tínhamos incorrido, em despesas significativas, mas estávamos dispostos a suportar mais custos, quer internos quer externos, para poder concluir a operação" (cf. *Omnicare vs. NCS Healthcare/, Inc.*, 818 A.2d, (Delaware 2003), p. 922).

[164] Cf. KUHN, *Exclusivvereinbarungen* cit., p. 22; GUINOMET, *Break-fee-Vereinbarungen, Eine Untersuchung von Vereinbarungen für den Fall des Scheiterns einer M&A Transaktion*, Berlin, 2003, p. 65; JENKINS, *What's the big deal?*, in *Business Law Today*, 10 de Dezembro 2000, p. 33; FLEISCHER/SUSSMAN, *Directors' fiduciary duties in takeovers and mergers*, 1388 Practising Law Institute, Corporate Law and Practice Handbook Series, 2003, p. 949.

[165] Cf. TARBERT, *Merger break-up fees* cit., p. 634.

preço caso surja um oferente concorrente. A atribuição de mecanismos de protecção do negócio dá ao oferente a segurança necessária para oferecer logo na primeira proposta um valor mais elevado, aqueles são um incentivo à apresentação de uma proposta que se aproxime do valor máximo que o adquirente está disposto a pagar pela sociedade[166]. Isto confirma aliás uma ideia chave do pensamento económico: "a segurança/certeza tem valor"[167].

Por fim, os mecanismos de protecção da oferta permitem concretizar e cristalizar os termos da fusão, o que para a sociedade alvo é um factor positivo, pois afasta a incerteza da realização da transacção e assegura que esta seja realizada a um determinado preço, eliminando ou mitigando o risco do adquirente poder retirar ou baixar a oferta inicial. Tal como o oferente inicial, também a sociedade alvo pode ser "abandonada" no processo de fusão ou aquisição pelo outro parceiro – o adquirente, correndo o risco de ficar *"in play"* no mercado sem conseguir encontrar um comprador adequado[168]. Esta incerteza tem repercussões indesejadas nas relações laborais e nas relações com clientes, fornecedores e credores. Face à incerteza na concretização do negócio, os trabalhadores podem pretender sair da empresa no intuito de encontrar um trabalho mais seguro, o que enfraquece, naturalmente, a capacidade produtora da empresa, sobretudo

---

[166] Cf. SPARKS/NACHBAR/VELLA, *Corporate deal* cit., p. 407; MOCERI, *M&A lockups: Broadly applying the Omnicare decision to require fiduciary outs in all merger agreements*, in *Michigan State Law Review*, 2004, 2004, p. 1167; AYRES, *Analyzing stock lock-ups: Do target treasury sales foreclosure or facilitate takeover auctions?*, in *Columbia Law Review*, 90, 1990, p. 713; SKEEL, *A reliance damages approach to corporate lockups*, in *Northwestern University Law Review*, 90, 1996, p. 572; KUHN, *Exclusivvereinbarungen* cit., p. 25.

[167] Neste sentido, afirmou-se, no caso *Omnicare*, que o *"lock-up* permite que uma sociedade visada e um oferente troquem certezas/seguranças. A segurança/certeza tem *per se* valor. Um adquirente pode pagar um preço mais elevado pela sociedade alvo se o adquirente assegurar a concretização do negócio" (cf. *Omnicare vs. NCS Healthcare/, Inc.*, 818 A.2d, (Delaware 2003), p. 942). No mesmo sentido, STANCHFIELD, *Fiduciary duties in negotiated acquisitions: Questioning the legal requirement for "outs"*, in *William Mitchell Law Review*, 27, 2001, p. 2287. A expressão prática do ora exposto pode encontrar-se na oferta lançada em 2006 pela ThyssenKrupp AG sobre a Dofasco Inc., em que a ThyssenKrupp, ao mesmo tempo que aumentou o valor da sua oferta de CAD 63,00 para CAD 68,00 por acção, acordou com a Dofasco um aumento dos *breakup fees* de CAD 100 milhões para CAD 215 milhões (cf. KUHN, *Exclusivvereinbarungen* cit., p. 25, nota 30).

[168] Cf. LEBOVITCH/MORRISON, *Calling a duck a duck: Determining the validity of deal protection provisions*, in *Merger of equals transactions*, in *Columbia Business Law Review*, 2001, 2001, p. 30; GRIFFITH, *Deal protection* cit., p. 1900; BALZ, *No-Shop-Vereinbarungen nach amerikanischem und deutschem Recht*, Peter Lang, Frankfurt, 2008, p. 16; KUHN, *Exclusivvereinbarungen* cit., p. 24; FLEISCHER/SUSSMAN, *Directors' fiduciary* cit., p. 949.

se os seus trabalhadores tiverem sido um dos motivos que levou o oferente a interessar-se pela empresa[169]. Por seu lado, clientes, fornecedores e credores tenderão a não concretizar quaisquer contratos de longo prazo face à indefinição sobre o futuro da sociedade[170].

No fundo, e parafraseando ALLEN, "o motivo decisivo que leva uma sociedade alvo a aceitar cláusulas deste tipo – que restringem o seu funcionamento futuro nalgumas matérias – é o de que, ao não fazê-lo, incorrerem num inaceitável risco de perda de um negócio muitíssimo desejado"[171].

3.2 Elenco dos mecanismos «facilitadores» da cessão de controlo nas sociedades cotadas

I. A ausência de regras expressas sobre os mecanismos "facilitadores" da cessão de controlo abriu campo à criatividade dos juristas, na modelação dos mesmos, sobretudo nos Estados Unidos da América e no Reino Unido. Apesar de existir uma enorme variedade de mecanismos e de alguns apresentarem diferenças substanciais, a doutrina tem procurado aglutiná-los em grandes grupos.

TARBERT efectua a seguinte classificação: cláusulas de confidencialidade, opções de compra de acções (*stock options*), cláusulas de *no-talk/no-shop* e as *breakup fees*[172].

Por sua vez, BRANTLEY coloca o enfoque dos mecanismos "facilitadores" da cessão de controlo na grande categoria do *lockups* e subdivide este em três tipos: *stock lockups*, *asset lockups* e cláusulas de compensação dos custos de OPA (*break-up fees* ou, na expressão do autor, *termination fees*)[173].

Já WAN distingue entre as cláusulas de compensação dos custos de OPA (que designa de *termination fees*), os *lock-ups*, as cláusulas de exclusividade (*e.g. no-talk/no-shop*) e as cláusulas de recomendação obrigatória da oferta (*mandatory recommendation provisions*)[174].

---

[169] Cf. BALZ, *No-shop clauses*, in *Delaware Journal of Corporate Law*, 28, 2003, p. 517; Ib., *No-Shop--Vereinbarungen* cit., p. 16; HANEWICZ, *When silence* cit., p. 232; BRANTLEY, *Deal protection or deal preclusion? A business judgement rule approach to M&A lockups*, in *Texas Law Review*, 81, 2002/2003, pp. 352 e 368.

[170] Cf. SPARKS/NACHBAR/VELLA, *Corporate deal* cit., p. 405; KUHN, *Exclusivvereinbarungen* cit., p. 24.

[171] Cf. ALLEN, *Understanding fiduciary outs: The what and the why of an anomalous concept*, in *Business Law Review*, 55, 2000, p. 654.

[172] Cf. TARBERT, *Merger break-up fees* cit., p. 635.

[173] Cf. BRANTLEY, *Deal protection* cit., p. 346.

[174] Cf. WAN, *The validity of deal protection devices under Anglo-American Law*, in *Journal of Corporate Law Studies*, 55, 2009, p. 654.

II. Dada a diversidade de mecanismos, e atentas as especificidades do ordenamento jurídico português no que diz respeito ao enquadramento de cada um destes mecanismos, entendo que não se deve efectuar uma categorização dos mesmos, sendo preferível elencar os que considero mais relevantes, salientando as suas características fundamentais e mencionando o estado do debate da admissibilidade dos mesmos no ordenamento jurídico que mais se tem debruçado sobre os mesmos: o estadunidense.

Assim, analisaremos, de forma breve, os seguintes mecanismos: (i) acordos de disponibilização de informação e *due diligence*; (ii) acordos ou cláusulas de compensação dos custos de OPA (*break-up fees*); (iii) acordos irrevogáveis de aceitação de OPA; (iv) acordos irrevogáveis de não-aceitação de OPA; (v) acordos ou cláusulas de *no-shop* ou *no-talk*; (vi) a *sotck option* ou *stock lock-ups*; ou (v) o *lock-ups* ou *asset lock-ups*.

3.2.1 Disponibilização da informação e *due diligence*

I. Um dos mecanismos mais frequentemente utilizados no âmbito da cessão de controlo é a celebração de acordos, sujeitos a apertadas cláusulas de confidencialidade[175], para a disponibilização de informação da sociedade alvo que será utilizada na preparação da oferta ou proposta de aquisição pelo oferente/adquirente. A informação disponibilizada é muito diversa, pode ter carácter financeiro, comercial, jurídico, contabilístico e fiscal, e, na maioria dos casos, a sua disponibilização é efectuada no contexto da realização de uma auditoria à sociedade (*due diligence*), em que se criam os chamados *data rooms* ou, mais recentemente, os *virtual rooms*[176].

A análise desta informação é fundamental para o oferente poder avaliar de forma mais correcta e completa o valor da sociedade alvo e oferecer um valor mais aproximado do valor real da sociedade e potencialmente mais alto do que ofereceria se não obtivesse esta informação, atento o risco da existência de contingências financeiras, comerciais, contabilísticas, legais ou fiscais da sociedade. A disponibilização desta informação coloca o oferente, não só numa posição mais

---

[175] Cf. TARBERT, *Merger break-up fees* cit., p. 635.

[176] Os *data rooms* ou *virtual rooms* são, respectivamente, salas físicas ou *online* em que se concentra a informação confidencial a que, mediante determinados termos, o oferente e os seus assessores podem aceder. Sobre os *data rooms* e os problemas que eles podem gerar, bem como sob a recomendação da antiga COB (*Commission des opérations de bourse*) nº 2003-01, *vide* PHILIPPE PORTIER/RAPHAËLE NAVELET-NOUALHIER, *La libre compétition dans les offres publiques d'acquisition*, in *Revue de droit bancaire et financier*, 3º ano, nº 4, Julho/Agosto, 2002, JurisClasseur LexisNexis, pp. 237-238.

confortável e segura, mas também numa posição de vantagem face a potenciais interessados na aquisição da sociedade.

II. A posição de vantagem do oferente gera questões complexas sobretudo se existir outro interessado em lançar uma oferta sobre a sociedade visada que exija, para o efeito, a disponibilização da informação prestada ao outro oferente. Estas questões tornam-se particularmente sensíveis se pensarmos que a informação prestada tem, por norma, um carácter estratégico e sensível de um ponto de vista comercial e que a sociedade visada não quer que um concorrente de mercado possa ter acesso à mesma.

Há um confronto entre o princípio da igualdade entre oferentes na vertente informativa, um dos princípios estruturantes das OPAs (artigo 185º, nº 7 do Cód.VM), e o direito (quando não mesmo dever) a manter a confidencialidade de informação de natureza comercial e concorrencial que pode afectar a sã concorrência de mercado.

Noutra sede, já se teve a oportunidade de analisar qual a melhor solução para estas situações de conflito de normas e qual o alcance e limites do princípio da igualdade entre oferentes na vertente informativa, em particular face à experiência e regras consagradas noutros ordenamentos jurídicos. Limitar-me-ei a referir aqui que, no meu entender, um oferente ou potencial oferente tem o direito de exigir à sociedade visada a disponibilização da mesma informação não pública sobre a sociedade que tenha sido entregue a outro oferente. Porém, tendo em conta que estamos perante informação de natureza sensível e concorrencial, têm de se estabelecer requisitos para a disponibilização da informação relativos (i) à capacidade do oferente[177], (ii) à sua boa fé[178], (iii) à garantia da confidencialidade da informação[179], (iv) à necessidade da informação[180] e (v) à

---

[177] Para efeitos da análise da capacidade do oferente, serão relevantes dados relativos à sua solvência, prova da disponibilidade de meios de financiamento externos necessários, o seu prestígio e credibilidade empresarial ou o prestígio e credibilidade da equipa de gestão proposta, bem como a própria contrapartida da OPA. A análise conjunta destes dados objectivos pode permitir à sociedade visada negar a disponibilização da informação.

[178] A análise da boa fé do oferente deverá atender a dados objectivos, mas o facto de o potencial oferente ser um concorrente de mercado justificará uma conduta mais restritiva do órgão de administração na disponibilização da informação (cf. ALEJANDRO GÓMEZ-ACEBO, *Comentario a los artículos 40º* cit., p. 941).

[179] A confidencialidade da informação deverá ser assegurada através da assinatura de acordos de confidencialidade, em que se deverá garantir também que a informação é utilizada exclusivamente para a preparação da OPA, fixando cláusulas penais elevadas para o incumprimento dessas obrigações

finalidade com que a mesma será utilizada. O presente entendimento não é prejudicado pelo facto de a informação ter sido prestada no contexto de negociação privada e amigável, nem pelo facto de o oferente ser um accionista[181]. O mesmo se diga dos casos em que a *due diligence* é efectuada por um potencial oferente concorrente, no contexto da procura de um oferente concorrente pela sociedade visada ao abrigo do artigo 182º, nº 3, alínea c) do Cód.VM[182]. A informação a que o oferente concorrente teve acesso deverá ser disponibilizada ao oferente inicial (se este a requerer[183]) ou a outros oferentes concorrentes interessados.

3.2.2 Acordos e cláusulas de compensação de custos de OPA ou de operação de concentração – *Break-up fees*

I. Outro mecanismo "facilitador" da cessão de controlo são os acordos ou cláusulas de compensação dos custos de OPA. Estes apresentam, na prática, uma nomenclatura diversa, sendo as locuções mais frequentes *break-up fees*,

---

(neste sentido, *vide* DAVID PUDGE, *Conduct during the offer* cit., p. 244; FERNANDO VIVES RUIZ, *Las operaciones* cit., pp. 119-120). Deste modo, os membros do órgão de administração respeitam o cumprimento dos deveres de diligência e de lealdade, evitando que um concorrente tenha acesso a informação sensível sobre a sociedade e assegurando um controlo/registo da informação (*accurate record*) disponibilizada a um oferente.

[180] A verificação da necessidade da informação para efeitos da preparação da OPA exigirá a apresentação, por parte do oferente, de um requerimento dirigido à sociedade visada, indicando qual a informação concreta que necessita para a preparação da OPA (não se podendo limitar a requerer toda a informação que foi disponibilizada aos demais oferentes) e a indicação dos motivos subjacentes (cf. DAVID PUDGE, *Conduct during the offer* cit., p. 244; FERNANDO VIVES RUIZ, *Las operaciones* cit., pp. 113-114; ALEJANDRO GÓMEZ-ACEBO, *Comentario a los artículos 40º* cit., p. 946). A identidade, as características do oferente, a forma de financiamento da OPA ou o facto de o oferente já ser accionista são dados que a sociedade visada terá em conta para aferir da necessidade desta informação (cf. FERNANDO VIVES RUIZ, *Las operaciones* cit., p. 116.).

[181] Neste sentido, *vide* DAVID PUDGE, *Conduct during the offer* cit., pp. 244-245; ALEJANDRO GÓMEZ-ACEBO, *Comentario a los artículos 40º* cit., pp. 945-946; GUUS KEMPERINK/JULES STUYCK, *The thirteenth company law directive and competing bids*, in *Common market law review*, vol. 45, 1, Fevereiro, 2008, Wolters Kluwer, pp. 123-125.

[182] Cf. GUUS KEMPERINK/JULES STUYCK, *The thirteenth company* cit., pp. 123-124.

[183] Foi este o caso da OPA da empresa tecnológica Getronics NV sobre a PinkRoccade NV (uma empresa tecnológica anteriormente detida pelo Estado Holandês), que, no momento em que decidiu alienar a sua participação, concedeu à Getronics o estatuto de oferente privilegiado. Neste contexto, o órgão de administração permitiu à Getronics a realização de uma *due diligence* legal e financeira à sociedade visada e negou esse direito aos demais oferentes (cf. GUUS KEMPERINK/JULES STUYCK, *The thirteenth company* cit., p. 124, nota 79).

break fees, termination fees, cancellation fees, inducement fees, bust-up fees and *drop--dead fees*[184].

As *break-up fees* são acordos ou cláusulas constantes de um acordo, nos termos das quais um potencial oferente/adquirente e a sociedade visada acordam que a segunda pagará ao primeiro um determinado montante caso a OPA, a fusão ou outra operação de concentração não tenham sucesso em virtude da verificação de determinados factos[185]. Por vezes, ainda que tal seja menos frequente, os acordos são celebrados entre o potencial oferente/adquirente e um ou mais accionistas da sociedade visada[186].

O valor da compensação (*fee*) é fixado por referência ao valor da transacção ou é simplesmente uma quantia fixa em dinheiro[187].

Os factos que espoletam o pagamento da compensação podem ser muito diversos. Na prática, os mais frequentes são os seguintes: (i) abandono da sociedade visada da operação de concentração e negociação com outro oferente//adquirente que oferece melhor contrapartida[188] (*fiduciary outs*[189]), procedendo

---

[184] Cf. BAINBRIDGE, *Mergers and acquisitions*, 2ª Edição, Foundation Press/Thomson West, 2011, pp. 76-77; TARBERT, *Merger break-up fees* cit., p. 637; BIRKNER/THALER, *Verhaltensmaßstäbe für die Zielgesellschaft im hostile takeover*, in POLSTER-GRÜLL/GOTTWALL (Org.), *Handbuch Mergers and Acquisitions*, Linde, 2008, p. 702.

[185] Apresentando uma definição similar nos ordenamentos jurídicos anglo-saxónicos, *vide* GOLDBERG/MOORE, *Negotiating the purchase agreement*, 1461 Practising Law Institute, Corporate Law and Practice Handbook Series, 2005, p. 465; TARBERT, *Merger break-up fees* cit., p. 637; SWETT, *Merger terminations* cit., p. 355; VARALLO/RAJU, *A process based model for analyzing deal protection measures*, in *Business Lawyer*, 55, 2000, p. 1612. Para uma definição do conceito de *break-up fees* pela doutrina alemã, *vide* BALZ, *No-Shop-Vereinbarungen* cit., p. 12; KUHN, *Exclusivvereinbarungen* cit., pp. 53--54; GEYRHALTER/ZIRNGIBL/STREHLE, *Haftungsrisikenaus dem Scheitern von Vertragsverhandlungen bei M&A Transaktionen*, in *DStR*, 2006, p. 1559; BANERJEA, *Der Schutz* cit., p. 1492; HOPT, *Übernahmen, Geheimhaltung und Interessenkonflikte: Probleme für Vorstände, Aufsichtsräte und Banken*, in ZGR, 2002, pp. 362-363.

[186] Cf. BIRKNER/THALER, *Verhaltensmaßstäbe* cit., p. 702; GÓMEZ-ACEBO, *Comentario a los artículos 40º* cit., p. 880.

[187] Cf. TARBERT, *Merger break-up fees* cit., p. 638; VARALLO/RAJU, *A process* cit., p. 1612; KUHN, *Exclusivvereinbarungen* cit., p. 54.

[188] Cf. ALLEN, *Understanding fiduciary outs* cit., p. 653; TARBERT, *Merger break-up fees* cit., p. 638; MOCERI, *M&A lockups* cit., p. 1183. Na doutrina alemã, *vide* KUHN, *Exclusivvereinbarungen* cit., p. 54.

[189] Sobre o conceito de *fiduciary outs*, *vide* 3.2.2 *infra*. Por ora, limitamo-nos a referir que a expressão *fiduciary out* resulta do facto de se entender que, se uma oferta concorrente oferecer uma melhor contrapartida, os deveres fiduciários dos administradores exigem que estes recomendem a oferta concorrente e não a oferta inicial que se tinham obrigado a recomendar, porque estão obrigados,

à retirada da recomendação do conselho de administração para a aceitação da OPA ou operação de concentração, caso esta já tenha sido efectuada[190]; (ii) lançamento de OPA concorrente[191]; (iii) incumprimento de "garantias" (*warranties*) ou obrigações (*covenants*) assumidas[192]; (iv) não aprovação da operação de concentração ou da "desblindagem estatutária" pelos accionistas da sociedade visada[193].

Entretanto, tem-se verificado uma utilização crescente de *breakup fees* recíprocas, isto é, *break-up fees* em que o pagamento da *fee* pode ser efectuado, quer pela sociedade visada, quer pelo potencial oferente/adquirente, consoante quem seja "responsável" pelo facto que determina o insucesso da OPA ou operação de concentração[194].

III. As *break-up fees* têm uma importância acrescida no âmbito das OPAs.

O oferente inicial tem, regra geral, de empreender um processo demorado e dispendioso para identificar a sociedade visada como uma oportunidade de negócio e o preço oferecido na OPA (corolário daquele processo) torna-se preço de referência para os demais oferentes. O oferente acaba, portanto, por atrair e motivar o lançamento de OPAs concorrentes, identificando uma oportunidade

---

por força dos seus deveres fiduciários, a actuar sempre no melhor interesse dos accionistas (cf. ALLEN, *Understanding fiduciary outs* cit., p. 658). No direito americano e em particular no estado de Delaware, após a alteração da *section 251(c)* do *Delaware General Corporation Law*, o conselho de administração pode agora submeter uma transacção aos accionistas sem que o conselho de administração tenha que apresentar uma recomendação da oferta. Nestes casos, será possível submeter a transacção aos accionistas sem prever uma cláusula de *fiduciary out* (cf. ALLEN, *Understanding fiduciary outs* cit., p. 658, nota 9).

[190] Cf. TARBERT, *Merger break-up fees* cit., p. 639; WAN, *The validity* cit., p. 664; BIRKNER/THALER, *Verhaltensmaßstäbe* cit., p. 702.

[191] Cf. KUHN, *Exclusivvereinbarungen* cit., p. 54; BIRKNER/THALER, *Verhaltensmaßstäbe* cit., p. 702.

[192] Cf. TARBERT, *Merger break-up fees* cit., p. 638.

[193] Cf. WAN, *The validity* cit., p. 664; BLOCK, *Public Company* cit., p. 66; VARALLO/RAJU, *A process* cit., p. 1612; TARBERT, *Merger break-up fees* cit., p. 639. Na doutrina alemã, vide KUHN, *Exclusivvereinbarungen* cit., p. 54.

[194] Neste sentido, TARBERT, *Merger break-up fees* cit., p. 639. Na doutrina alemã, vide KUHN, *Exclusivvereinbarungen* cit., p. 54. As *break-up* recíprocas são muito frequentes nas operações de concentração conhecidas como *"mergers of equals"*, em que as sociedades participantes da operação de concentração apresentam valores de mercado similares e têm estratégias de longo prazo, pretendendo concretizar a união de interesses. Por este motivo, a operação de concentração é realizada pela criação de uma nova sociedade que incorporará seja por fusão ou por OPA às duas sociedades (cf. caso da *Daimler-Benz* e *Chrysler*) e em que não há pagamento de prémio no âmbito da mesma (cf. KUHN, *Exclusivvereinbarungen* cit., p. 55, nota 176).

de negócio para os seus concorrentes e divulgando publicamente o valor e conteúdo informativo inerente à respectiva oferta[195].

Para compensar aqueles custos mais elevados e incentivar o lançamento de OPAs, aumentando, consequentemente, a eficácia do mercado de controlo societário, a maioria dos ordenamentos jurídicos passou a admitir (nalguns casos expressamente) que a sociedade visada, ou um dos seus accionistas, acordassem com o oferente mecanismos de compensação destes gastos, no caso de a sua OPA não vir a ter sucesso. As *break-up fees* permitem precisamente uma compensação dos riscos e custos mais relevantes que o oferente inicial suporta e, segundo os seus defensores, não provocam qualquer desincentivo ao lançamento de OPAs[196].

3.2.3 Acordos irrevogáveis de aceitação de OPA ou de voto favorável a operação de fusão

I. Outro mecanismo "facilitador" da cessão de controlo são os compromissos irrevogáveis de aceitação de OPA futura assumidos, perante um actual ou putativo oferente, por accionistas da sociedade ou acordos de votos celebrados entre ambos para a votação favorável de operação de fusão.

Este mecanismo é designado, nos países anglo-saxónicos, como *irrevocable undertakings* ou *irrevocable commitments* (Reino Unido) e *shareholder lock-ups* (Estados Unidos da América), e, nos países de matriz continental, como *Stimmrechtsbindungsverträge* ou *unwiderrufliche Zusagen von Wertpapierinhabern, impegno ad aderire ad un'OPA* ou *compromiso irrevocable de venta en OPA*[197].

---

[195] Neste sentido, *vide* JAVIER GARCÍA DE ENTERRÍA, *Limitación del voto* cit., pp. 140-145; ARRUÑADA, *Crítica* cit., pp. 29 e ss.; SÁNCHEZ-CALERO GUILARTE, *Comentario a los artículos 31 a 36 del Real Decreto 1197/1991*, in SÁNCHEZ-CALERO (dir.), *Régimen Jurídico de las Ofertas Públicas de Adquisición (OPAs) – Comentario sistemático del Real Decreto 1187/1991*, vol. II, Centro de Documentación Bancária y Bursátil, Madrid, 1993, p. 656.

[196] A análise económica do direito tem demonstrado que a existência destas cláusulas não prejudica, antes favorece o lançamento de OPAs. Neste sentido, *vide* A. L. BOONE/J. HAROLD, *Do termination provisions truncate the takeover bidding process?*, p. 27, disponível em *http://ssrn.com/abstract=902488*; P. POVEL/R. SINGH, *Takeover contests with asymmetric bidders*, in *Review of Financial Studies*, 19, 2006, p. 1399. Contra, *vide* J. BULOW/P. KLEMPERER, *Auctions versus negotiations*, in *American Economic Review*, 86, 1996, pp. 180-194.

[197] Para uma definição destes acordos e respectiva terminologia, no direito inglês, *vide* ATHANASIOS KOULORIDAS, *The law* cit., pp. 195-196; no direito estadunidense, *vide* GORDON/DAVIS/UHRYNUK, *Deal protection after Omnicare*, in *International Company and Commercial Law Review*, 14(10), 2003, p. 312; no direito alemão, KUHN, *Exclusivvereinbarungen* cit., pp. 59-60; BIRKNER/THALER, *Verhaltensmaßstäbe* cit., p. 705; no direito italiano, *vide* QUATRARO/PICONE, *Manuale* cit., pp. 140-141; no direito espanhol, *vide* GÓMEZ-ACEBO, *Comentario a los artículos 40º* cit., p. 880; VIVES RUIZ, *Las operaciones* cit., p. 158.

Por norma, o potencial oferente, no intuito de assegurar, o sucesso da OPA ou projecto de fusão, enceta uma negociação com os principais accionistas da sociedade visada no sentido de determinar quais as condições que a OPA ou projecto de fusão teria de oferecer para ser aceite por aqueles. Determinadas essas condições, o oferente exige, como "contrapartida" do lançamento de OPA ou do projecto de fusão nas condições "pedidas" pelos principais accionistas, a apresentação de compromissos de aceitação irrevogáveis da OPA ou de acordos que assegurem o voto favorável destes à operação de fusão em sede de assembleia geral da sociedade visada[198].

O mecanismo tem sido alvo de muita controvérsia mesmo em ordenamentos jurídicos tidos como mais liberais, como o americano.

II. Ao contrário das *break-up fees*, estes acordos não pretendem compensar os custos de investigação e de identificação da sociedade alvo, mas ajudam a demover a concorrência pela aquisição da sociedade visada e a aumentar a probabilidade da OPA ou operação de fusão ter sucesso. Neste mecanismo, acentua-se a vertente da garantia do sucesso da operação e da perspectiva da segurança do negócio em detrimento da compensação dos custos suportados na preparação da mesma.

3.2.4 Acordos irrevogáveis de não-aceitação de OPA

I. Este mecanismo é utilizado com menos frequência e funciona de forma oposta ao analisado no ponto anterior.

Os acordos irrevogáveis de não-aceitação de OPA são os acordos celebrados entre um actual ou putativo oferente e os accionistas da sociedade visada, nos termos do qual estes se obrigam, de forma irrevogável, a não aceitar a actual ou potencial OPA lançada por aquele oferente[199].

Por norma, o terceiro é um potencial oferente/adquirente que pretende assegurar a viabilidade financeira da sua oferta, evitando que determinados accionistas a aceitem e assim se mantenham na sociedade visada pós-OPA. Mas há também situações em que o beneficiário destes compromissos não tem qualquer intenção de realizar uma oferta no futuro. No primeiro caso, não há dúvida que este mecanismo visa assegurar a segurança jurídica de um negócio futuro, evitando que a contraparte aliene as suas acções. No segundo caso, parece que estamos perante um mero mecanismo de limitação da transmissibilidade das acções,

---

[198] Cf. KUHN, *Exclusivvereinbarungen* cit., pp. 59-60.
[199] Cf. QUATRARO/PICONE, *Manuale* cit., p. 141.

potencialmente dirigido à manutenção de uma determinada estrutura de controlo accionista[200], sem que haja qualquer intuito de facilitar a transmissão do controlo.

3.2.5 Cláusulas de *no-shop* e de *no-talk*

I. Outro mecanismo "facilitador" da cessão de controlo são as cláusulas de *no-shop* e de *no-talk* (*Exklusivitatsvereinbarungen*).

As cláusulas de *no-shop* simples são aquelas em que um terceiro, ou mesmo um accionista, acorda com a sociedade visada que esta se absterá de solicitar ou procurar ofertas de terceiros para a aquisição da sociedade, não ficando, contudo, impedida de disponibilizar informação e negociar com um oferente concorrente "não solicitado"[201]. Nalguns casos, as cláusulas prevêem que a disponibilização da informação e início das negociações só se verifique caso a oferta seja superior (*superior offer*)[202].

As cláusulas de *no-talk* são uma modalidade mais agressiva das cláusulas de *no-shop* em que a sociedade visada assume, não só a obrigação de se abster de solicitar e procurar ofertas de terceiros para a aquisição da sociedade, como também de não negociar com terceiros que pretendam apresentar ofertas, mesmo que não "solicitadas".

Devido à incerteza da posição jurisprudencial quanto à validade destas cláusulas à luz dos deveres fiduciários dos administradores, é frequente que as mes-

---

[200] Cf. QUATRARO/PICONE, *Manuale* cit., p. 141.

[201] Para uma definição desta cláusula no direito anglo-saxónico, *vide*, entre outros, BAINBRIDGE, *Mergers* cit., p. 77; HANEWICZ, *When silence* cit., pp. 208-209; TARBERT, *Merger break-up fees* cit., pp. 636-637; STANCHFIELD, *Fiduciary duties* cit., pp. 2263-2264; VARALLO/RAJU, *A process* cit., p. 1616; no direito alemão, *vide* BALZ, *No-Shop-Vereinbarungen* cit., p. 16; KUHN, *Exclusivvereinbarungen* cit., pp. 44-46; BIRKNER/THALER, *Verhaltensmaβstäbe* cit., p. 698; RUFLE, in ASSMANN/POTZCH/SCHNEIDER, *Kommentar zum WpÜG*, Otto Verlag Schmidt, 2005, § 22, RZ 68; FLEISCHER, *Konkurrenzangebote und Due Diligence*, in ZIP, 2002, p. 655.

[202] O termo *superior offer* é normalmente definido no próprio acordo de fusão ou na cláusula de *no-shop* e, por norma, os aspectos a ter em conta para determinar se a oferta é *superior* são a contrapartida, as condições, nomeadamente as legais (caso levantem problemas de concorrência), o tempo de concretização, a sua viabilidade e o seu financiamento. Citamos o seguinte exemplo de uma destas cláusulas dado pela doutrina norte-americana: "*A superior offer will be defined as an Acquisition offer that (1) the board, in good faith, based on advice of outside legal counsel and of an investment banker, determines to be more favorable than the acquiror's offer, and (2) is already financed or readily financeable*" (cf. BIRD/BAB, *Anatomy of the no-shop provision*, 12 no. 8 Insights, 1998, p. 5; BIRD/THORPE, *Selected issues in documenting deals: Lockups, deal protection and social issues*, 1085 Practising Law Institute, Corporate Law and Practice Handbook Series, 1998, p. 251; BLOCK, *Public Company* cit., p. 60; FLEISCHER/SUSSMAN, *Directors' fiduciary* cit., p. 959).

mas incluam um mecanismo conhecido como *fiduciary out*, que permite aos administradores não cumprir com as restrições impostas por cláusulas de *no-shop* ou *no-talk* sempre que tal implique uma violação dos seus deveres fiduciários para com os accionistas. O facto que faz accionar este mecanismo (o *out*) varia muito na prática, sendo que a tendência é de que "quanto mais severo for o mecanismo, mais amplo deve ser o *out*"[203]. Num extremo de maior amplitude da cláusula, a mera recepção de uma oferta superior de um terceiro pode ser suficiente para accionar o *out*, enquanto, no extremo oposto, o *out* pode exigir apenas um parecer jurídico (*legal opinion*) que assegure que o cumprimento das obrigações assumidas nas cláusulas de *no-shop* ou *no-talk* não determina uma violação dos deveres estatutários e legais dos administradores para com os accionistas[204]. O *fiduciary out* exonera os administradores da sociedade visada (ou parceiro da fusão) do cumprimento das obrigações decorrentes daquela cláusula e não implica qualquer violação do acordo de fusão ou de lançamento de OPA amigável[205].

II. A validade deste tipo de cláusulas é muito controversa, inclusive no ordenamento jurídico norte-americano, dependendo a sua validade do tipo e intensidade das obrigações assumidas pelos administradores da sociedade visada[206]. No direito estadunidense, a aferição da validade destes mecanismos exige ainda uma distinção entre transacções que envolvam uma transferência de controlo (*change of control*) ou cisão da sociedade (*break up*) e as *stock-for-stock transactions*[207], pois, no primeiro caso, aplicar-se-á o conhecido standard de *Revlon*[208], enquanto,

---

[203] Cf. LEBOVITCH/MORRISON, *Calling a duck* cit., p. 63.
[204] Cf. TARBERT, *Merger break-up fees* cit., p. 638. Por norma, os *fiduciary outs* exigem o cumprimento de determinados requisitos formais como a notificação por escrito à parte contrária e, por vezes, a obtenção dos já referidos pareceres jurídicos (cf. KUHN, *Exclusivvereinbarungen* cit., p. 46; para mais exemplos deste tipo de mecanismos, *vide* BLOCK, *Public Company* cit., p. 61).
[205] Cf. ALLEN, *Understanding fiduciary outs* cit., p. 654.
[206] Cf. KUHN, *Exclusivvereinbarungen* cit., p. 46.
[207] Segundo a doutrina estadunidense, os casos de cessão do controlo ou cisão envolvem uma alienação de todas acções contra o pagamento de contrapartida em dinheiro (caso *Revlon*) ou acções (caso *QVC*), sendo que, em ambos os casos, da transacção resultará uma sociedade, *combined company* (pois é uma combinação da sociedade adquirente e da adquirida), que terá um accionista maioritário. Diferentemente, nos *stock-for-stock deals*, a sociedade resultante da transacção (*combined company*) o capital estará disperso pelos accionistas, sem que haja um accionista de controlo (sobre esta distinção, *vide* GRIFFITH, *The costs and benefits of precommitment: An appraisal of Omnicare v. NCS Healthcare*, in *The Journal of Corporation Law*, 29, 2003/2004, p. 583).
[208] Este standard ter sido elaborado pelo Supremo Tribunal de Delaware num pleito que opôs *Revlon, Inc.* contra a *MacAndrews & Forbes Holdings, Inc.* (cf. 506 A.2d, pp. 173 e ss. (Del. 1985). O denominado

no segundo, não se aplica o standard de *Revlon* e discute-se a aplicação do standard de *Unocal* relativo à adopção de medidas de defesa de OPA[209].

Caso haja uma transferência de controlo e se aplique o standard de *Revlon*, os tribunais irão verificar se os administradores efectuaram a venda da sociedade em cumprimento do dever de maximizar o valor para os accionistas. A ideia central do standard de *Revlon* é a de que, quando os administradores decidem ceder o controlo da sociedade, "o dever fundamental do administrador passa a ser o de um leiloeiro responsável por alienar a sociedade ao oferente que ofereça a contrapartida mais elevada". Apesar de não existir um tratamento jurisprudencial absolutamente consistente das cláusulas de *no-shop* e *no-talk* à luz do standard de *Revlon*[210], é possível concluir da análise jurisprudencial que as mesmas não

---

Revlon test é um das formas de escrutínio mais apertado dos deveres fiduciários dos administradores ("enhanced scrutiny standard of review") e que vai para além da mera *business judgement* que é o *standard of review* mais comummente utilizado na análise da legalidade das decisões tomadas pelos administradores. Em geral, e de acordo com o *Revlon test*, o conselho de administração de uma sociedade visada tem de actuar, de forma razoável, de modo a assegurar o melhor valor razoável disponível/possível para os accionistas (cf. HANEWICZ, *When silence* cit., p. 211).

[209] Defendendo uma distinção dos standards de análise da conduta dos administradores (*Revlon* e *Unocal*) em função do tipo de transacção (*change of control transactions* e *break up vs stock-for-stock deals*), vide REGAN, *Great expectations? A contract law analysis of preclusive corporate lockups*, in Cardozo Law Review, 21, 1999, pp. 98-99. O autor considera que, nas *change of control transactions*, os accionistas da sociedade dificilmente terão, no futuro, a possibilidade de beneficiarem do prémio de controlo, pelo que o tribunal deve assegurar um desfecho razoável para os accionistas (neste sentido, vide também KAHAN, *Paramount or Paradox: The Delaware Supreme Court's Takeover Jurisprudence*, in Journal of Corporation Law, 19, 1994, p. 595; na jurisprudência, vide caso *Paramount*, 637 A.2d, pp. 43-45). Diferentemente, nas *stock-for-stock transactions*, o critério de aferição da conduta dos administradores é mais amplo, porque (i) "o valor intrínseco da sociedade permanece disponível para uma futura oportunidade de transferência do prémio de controlo" e (ii) "há um mecanismo de válvula de segurança que permite aos accionistas utilizar a maquinaria das *proxys* para «turn the board out»" (cf. REGAN, *Great expectations?* cit., pp. 98-99). Contra, defendendo uma unificação dos standards de aferição da conduta dos administradores (*Revlon* e *Unocal* – sendo que este último absorveria o primeiro), e sustentando ter respaldo na jurisprudência no caso *Paramount*, vide CUNNINGHAM/YABLON, *Delaware Fiduciary Duty Law after QVC and Technicolor: A unified standard (and the end of Revlon Duties?)*, in Business Law Review, 49, 1994, p. 1593; LIPTON/MIRVIS, *Enhanced srutiny and corporate perfrmance: The new frontier for corporate directors*, in Delaware Journal of Corporate Law, 120, 1995, p. 125.

[210] No caso *sub iudice*, a cláusula de *no-shop*, bem como a *lock up option* e a *termination fee*, foram declaradas ilegais precisamente por serem consideradas como uma forma ilegal de excluir outras ofertas e "parte de um plano global que visava impedir os esforços do «Pantry Pride's»" (que era o oferente concorrente) (cf. *Revlon*, 506 A.2d, p. 175).

Porém, apenas três anos mais tarde, no caso *Barkan vs Amsted Industries, Inc.*, o Supremo Tribunal de Delaware considerou válida uma cláusula *no-shop* porque os administradores tinham razões fundadas

são *per se* ilegais[211]. No entanto, estas cláusulas serão ilegais se puserem em causa aquele dever fundamental dos administradores de analisar futuras *superior offers*, isto é, ofertas que oferecem aos accionistas um valor mais elevado pelas suas acções[212]. Estas cláusulas devem aumentar a criação de valor para os accionistas no processo de venda[213]. A questão de saber se a cláusula concreta alcança este

para acreditar que nenhum oferte concorrente estaria em condições de oferecer uma contrapartida superior à do oferente que beneficiava da dita cláusula (cf. *Barkan*, 567 A.2d, pp. 1279 e ss. (Del. 1989). Ou seja, o tribunal admitiu que os administradores pudessem concluir de boa-fé que tinham aprovado o melhor negócio possível para os accionistas. Os factos que fundaram este entendimento foram os seguintes: (i) uma avaliação de um banco de investimento que situado o preço oferecido "no nível superior do que era justo/devido"; (ii) a sociedade estava no mercado à procura de comprador (*in play*) há 10 meses e não surgiu nenhuma oferta nesse período; e (iii) a transacção permitia ao comprador "obter vantagens fiscais significativas que poderiam ser reflectidas no preço oferecido aos accionistas" (cf. *Barkan*, 567 A.2d, p. 1287).

A incerteza regressou no caso *Paramount Communications, Inc. vs QVC Network, Inc.*, em que o tribunal de Delaware considerou inválida uma cláusula de *no-talk* apesar de estar acompanhada de um mecanismo de *fiduciary out*. O tribunal considerou que os administradores da *Paramount* não actuaram de uma forma informada, ficaram agarrados à percepção não fundada de que a oferta da *QVC* era ilusória, pelo que a *stock option* e a cláusula de *no-talk* estavam a "impedir a realização do melhor valor razoável disponível para os accionistas da *Paramount*" (cf. 637 A.2d 34, p. 50 (Del. 1993).

Em 1995, no caso *Rand vs Western Airlines, Inc.*, o tribunal considerou válido um acordo de *lock-up* e uma cláusula de *no-talk* sem *fiduciary out*. O tribunal afirmou que este "tipo de cláusulas tendem potencialmente a impedir futuras ofertas, pelo que devem ser cuidadosamente escrutinadas" e a sua validade depende de saber se elas "coadjuvam os administradores na sua obrigação de procurar o melhor valor razoável disponível para accionistas (cf. *Rand*, 659 A.2d p. 228 (Del. 1995). No caso *sub iudice*, o tribunal considerou que aquelas cláusulas ajudaram o conselho de administração a obter um valor mais elevado para os accionistas. A *Western Airlines* tinha contactado mais de nove companhias aéreas e apenas a *Delta Airlines* tinha demonstrado interesse, pelo que a atribuição daquelas cláusulas justificava-se. Acresce que a *Western* acabou por fazer uma troca entre o acordo de *lock-up* e cláusula de *no-talk* por uma cláusula de *material adverse change* (MAC *clause*) mais fechada e vinculante do que a que a *Delta* tinha exigido inicialmente. No fundo, provou-se que o conselho de administração "tinha actuado de uma forma informada".

Para mais desenvolvimentos, quanto à validade destas cláusulas à luz do *standard* de *Revlon*, vide REGAN, *Great expectations?* cit., pp. 1-119.

[211] Neste sentido, vide LIPTON/STEINBERG, *Takeovers and freezeouts*, 2002, §§ 5A.03[1], 5A.03[3]; BAINBRIDGE, *Exclusive merger* cit., pp. 301-302; VARALLO/RAJU, *A process* cit., pp. 1616-1617; BALZ, *No-shop* cit., p. 551. Contra, considerando categoricamente as cláusulas de *no-talk* como inadmissíveis, vide BURGESS, *Note: Gaining perspective: Director's duties in the context of "no-shop" and "no-talk" provisions in merger agreements*, in *Columbia Business Law Review*, 431, 2001, pp. 469-471.

[212] Cf. *McMillan*, 559 A.2d, p. 1287; *QVC*, 637 A.2d 34, p. 49 nota 20. Na doutrina, vide KUHN, *Exclusivvereinbarungen* cit., p. 47.

[213] Cf. *Rand*, 659 A.2d p. 228 (Del. 1995).

desiderato é algo que só se pode responder pela análise da decisão dos administradores sujeita à *business judgement rule*, exigindo-se, por isso, uma decisão intensamente informada neste particular[214].

A análise jurisprudencial permite também concluir que as cláusulas de *no-talk* sem mecanismo de *fiduciary out*, apesar de se afirmar serem, em princípio, admissíveis, apenas foram consideradas válidas em circunstâncias excepcionais, nomeadamente quando se perspectiva que existirá um único oferente ou quando a parte contrária assume obrigações igualmente exigentes[215]. Acresce que, perante cláusulas de *no-shop*, os tribunais exigem que o conselho de administração "sonde" todo o mercado e avalie, de forma profunda, a possibilidade de existirem outras ofertas antes de assumir uma obrigação de *no--shop*[216].

Da análise jurisprudencial, é ainda possível concluir que as cláusulas de *no--shop* são mais facilmente aceites pela jurisprudência de Delaware, o que bem se compreende, pois estabelecem um grau de intensidade da proibição consideravelmente menor. Não obstante se enfatizar a necessidade de uma decisão informada dos administradores, as cláusulas simples de *no-shop* são geralmente consideradas válidas[217], em particular as que são acompanhadas de um mecanismo de *fiduciary out*[218], o que revela que o "sacrifício do direito de solicitar activamente ofertas concorrentes não é considerado um facto grave"[219]. A avaliação da conduta dos administradores quanto à aceitação de cláusulas de *no-shop* tem apenas em

---

[214] Nos casos *Barkan*, *QVC* e *Rand* há uma clara correlação entre a capacidade de o conselho de administração actuar de boa-fé e numa base absolutamente informada e a relutância jurisprudencial em invalidar determinadas obrigações assumidas em negociações complexas de transacções de aquisição (cf. BALZ, *No-shop* cit., p. 551).

[215] Cf. *Rand*, 659 A.2d p. 228 (Del. 1995).

[216] Cf. *QVC*, 637 A.2d 34, p. 49. Os requisitos apertados para admissibilidade das cláusulas de *no--shop* fixados nos casos *Rand vs Western Airlines* e *QVC* estão em linha com as decisões dos tribunais de Delaware sobre a admissibilidade destas cláusulas nos casos de *stock-for-stock transactions* (cf. *ACE Ltd. Vs Capital Re Corp*, 747 A.2d, pp. 95 e ss. (Del. Ch. 1999); *Phelps Dodge Corp. vs Cyprus Amax Minerals Co.*, Del. Ch. 1999, Lexis 202, p. 83.

[217] Cf. *Pennaco Energy, Inc. S'holder Litig.*, 787 A.2d, p. 705-706 (Del. Ch. 2001); *McMillan vs Intercargo Corp.*, 768 A.2d 492, p. 506 (Ch. 2000).

[218] Recorde-se que se consideram válidas as cláusulas de *no-talk* com *fiduciary outs* (cf. *Matador Capital Mgmt. Corp. vs BCR Holdings Inc.*, 729 A.2d, p. 291 (Del. Ch. 1998); *Golden Cycle, LLC vs Allan*, no. 16,301, p. 51 (Del. CH. 1998).

[219] Cf. BALZ, *No-shop* cit., p. 553. Contudo, é importante que o negócio se torne público e que os oferentes concorrentes tenham oportunidades idênticas de entrar e ter sucesso num leilão para a aquisição da sociedade visada.

conta os factos e a informação que os mesmos tinham no momento da assinatura do respectivo acordo[220].

III. Nas *stock-for-stock transactions*, discute-se se deveria ser exclusivamente aplicável o critério da *business judgement rule*[221] ou o standard mais apertado de *Unocal*[222]. A jurisprudência de Delaware tem acolhido esta última posição[223]. Na base deste entendimento, está o facto dos *deal protection devices* serem, por natureza, defensivos e, por isso, deverem ser tratados como medidas de defesa de OPA, mesmo que não surja uma oferta concorrente[224].

Apesar de serem mecanismos de defesa, as cláusulas de *no-shop*, ao contrário de outros *deal protection devices*, não são coercivas ou preclusivas, superando sempre o *Unocal test*, pois "não coagem ou precludem os accionistas de votar",

---

[220] Neste sentido, *vide* LASTER, *Exposing a false dichotomy: The implications of the no-talk cases for Time//Revlon double standard*, in *Delaware Law Review*, 3:2, 2000, pp. 212-213, 217; Cf. LEBOVITCH/MORRISON, *Calling a duck* cit., p. 5; BALZ, *No-shop* cit., p. 553. Contra, *vide* BALOTTI/SPARKS, *Deal protection and the merger recommendation*, in *Northwestern University Law Review*, 96, 2002, p. 486.

[221] Neste sentido, *vide* HANEWICZ, *When silence* cit., pp. 215 e ss..

[222] Neste sentido, *vide* LEBOVITCH/MORRISON, *Calling a duck* cit., p. 1 e ss.; STRINE, *Categorical confusion: Deal protection measures in stock-for-stock merger agreements*, in *Business Law*, 56, 2001, pp. 919 e ss.; VARALLO/RAJU, *A process* cit., p. 1630; BALZ, *No-shop* cit., pp. 537 e ss.. O standard de *Unocal* foi conceptualizado no famoso caso decidido pelo Supremo Tribunal de Delaware que opôs a *Unocal Corp.* à *Mesa Petroleum Co.* (cf. *Unocal Corp. vs Mesa Petroleum Co.*, 493 A.2d 946 (Del. 1985). A ideia central é a de que, como as OPAs hostis implicam, quase sempre, uma destituição dos membros do conselho de administração, estes tendem a ter um incentivo pessoal forte para frustrar actuais ofertas e desencorajar potencias ofertas, adoptando medidas defensivas (cf. BAINBRIDGE, *Exclusive merger* cit., pp. 272-273), sendo necessário um controlo mais apertado da actuação dos administradores. O *Unocal test* exige que os administradores demonstrem que "tinham razões razoáveis para acreditar que existe um risco para a política da sociedade e que o mesmo pode consumar-se" (*reasonableness test*) e que as medidas defensivas adoptadas "eram razoáveis em relação à ameaça existente" (*proportionality test*), antes de se avançar para a aplicação da *business judgement rule* (cf. *Unocal*, 493 A.2d, p. 955). Para este efeito, os tribunais de Delaware têm em consideração vários aspectos como a contrapartida oferecida, a viabilidade da transacção, o seu financiamento, demonstração de boa-fé dos administradores e razoável investigação. Porém, desde o caso *Unitrin* (cf. *Unitrin vs American Gen. Corp.*, 651 A.2d, pp. 1361 e ss. (Del. 1995), só se têm considerado desproporcionais as medidas que sejam preclusivas ou que coajam o accionista a votar (isto é, que impedem o accionista de, livremente, aceitar ou rejeitar o negócio proposto seja através do exercício do seu direito voto ou da aceitação de OPA) (cf. LIPTON/STEINBERG, *Takeovers* cit., §§ 5A.01[2]b), o que diluiu substancialmente o escrutínio exigido pelo *Unocal test* (cf. *Unitrin*, 651 A.2d, pp. 1387-1388).

[223] Cf. *ACE Ltd. Vs Capital Re. Corp.*, 747 A.2d, p. 108 (Del. Ch. 1999); *McMilan vs Intercargo Corp.*, 768 A.2d 492, p. 506 (Del. Ch. 2000).

[224] Neste sentido, *vide* LEBOVITCH/MORRISON, *Calling a duck* cit., pp. 28-29; BALZ, *No-shop* cit., p. 538.

eles são "livres de aceitar ou rejeitar a oferta" e, desse modo, preenchem o teste de proporcionalidade conforme resulta do caso *Unitrin*[225]. Este standard não submete aquelas cláusulas a um escrutínio mais apertado, limita-se a "actuar como intermediário que, automaticamente, as remete para uma análise nos termos da *business judgement rule*"[226]. É, por isso, importante saber a forma como a jurisprudência aplica este *"standard residual"* às cláusulas de *no-shop*.

A análise das decisões jurisprudenciais do Estado de Delaware, em casos em que a cláusula de *no-shop* foi exclusivamente avaliada à luz da *business judgement rule*, revela entendimentos muito diversos quanto à admissibilidade das mesmas[227]. Ainda assim, é possível concluir que há, pelo menos, um requisito essen-

---

[225] Cf. *Unitrin*, 651 A.2d, pp. 1387-1388. A doutrina estadunidense defende que a presente conclusão é igualmente válida mesmo para os que sustentam a "Franchise approach" (cf. STRINE, *Categorical confusion* cit., pp. 941-942; VARALLO/RAJU, *A process* cit., pp. 1681-1682; ALEXANDER, *Reining in good intentions: Common law protections of voting rights*, in *Delaware Journal of Corporate Law*, 26, 2001, p. 907). Segundo a "Franchise approach", as *deal protection measures* "podem ter o efeito de eliminar ou reduzir drasticamente a livre escolha dos accionistas" (cf. ALEXANDER, *Reining* cit., p. 902) e, tendo esta preocupação em pano de fundo, verifica-se se aqueles mecanismos são preclusivos e se os accionistas mantêm o seu "direito de votar sim ou não [à transacção] sem serem, em substância, compelidos ou coagidos" (cf. STRINE, *Categorical confusion* cit., p. 942; VARALLO//RAJU, *A process* cit., p. 1681). Assim, não obstante a tentativa exacerbada de distinção por parte dos seus defensores, a "Franchise approach" funciona do mesmo modo que o *Unocal/Unitrin test* e está, por isso, no que toca às cláusulas de *no-shop*, sujeito à mesma crítica (cf. BALZ, *No-shop* cit., p. 544).

[226] Cf. BALZ, *No-shop* cit., p. 543.

[227] No caso *Phelps Dodge Corp. vs Cyprus Amax Minerals Co.* (cf. no. 17.398, Del. Ch. 1999), o tribunal analisou a validade de uma *termination fee* e uma cláusula de *no-talk* sem *fiduciary out* e, apesar de ter considerado não procedente a acção por razões processuais (*injunctive relief*), aproveitou a oportunidade para se pronunciar sobre a validade desses mecanismos. Em relação à cláusula de *no-talk*, considerou que ela poderia ter implicado uma violação do "dever de cuidado dos administradores, em particular o dever de cuidado de obter todo o razoável manacial informativo disponível". As *no-talk* são problemáticas porque impedem o conselho de administração de "cumprir com o seu dever de fazer um juízo informado sem sequer considerar a possibilidade de negociar com um terceiro", era o "equivalente jurídico à cegueira desejada" (cf. *Phelps Dodge*, no. 17398).
No caso *IXC Communications, Inc. Shareholders Litigation*, no. 17324 & 17334, Del. Ch. 1999 Lexis 210, o tribunal rejeitou o pedido dos accionistas da *IXC Communications* de que a cláusula de *no-talk* com *fiduciary out* assumida no contrato de fusão entre aquela sociedade e a *Cincinnati Bell Inc*. O tribunal afirmou que os "accionistas não demonstraram que o conselho de administração da IXC se tivesse informado, de forma inadequada, sobre (...) potenciais interessados em ser um parceiro estratégico" e que as cláusulas de *no-talk* "são comuns em acordos de fusão e não implicam automaticamente a violação dos deveres fiduciários". Além disso, a ideia da "cegueira desejada" foi considerada não procedente, pois a "cláusula só foi aceite no respectivo processo num período tardio" e o "conselho

cial para que as cláusulas se considerem válidas: a decisão do conselho de administração em aceitá-las tem de ser plenamente informada, inclusivamente quanto "à decisão de negociar ou não com um terceiro"[228]. Os administradores terão de "sondar todo o mercado, negociar com potenciais oferentes num contexto de concorrência e concluir que o fecho da transacção exige que o leilão de venda termine"[229].

IV. Apesar da dicotomia entre *sale of control* e *stock-for-stock transactions*, um número crescente de autores tem vindo a concluir que, na prática, essa dicotomia dilui-se consideravelmente por duas razões fundamentais. Por um lado, mesmo segundo o standard de *Revlon*, os administradores têm sempre o refúgio da *business judgement rule*, o que permite considerar a sua escolha por uma estratégia que julgavam produzir o melhor preço para a sociedade[230]. Por outro lado, a *business judgement rule* não dispensa os administradores de procurar uma oferta que apresente maior valor para os accionistas, mas permite-lhes não avaliar a transacção apenas de acordo com o valor actual para os accionistas, podendo atender a objectivos estratégicos e de longo-prazo que podem não ter retorno imediato[231]. A consequência prática do esbater daquela dicotomia é que os administradores, em qualquer tipo de transacção (*sale of control* ou *stock-for-stock*), têm de actuar de boa-fé e plenamente informados sobre todos os factos materiais importantes quanto à operação de concentração. Assim, não obstante os diferentes standards de aferição da conduta, o critério decisivo foi, em ambos os tipos de transacções, "não o standard de aferição utilizado pelo tribunal, mas

---

cumpriu o seu dever de informar-se durante cerca de seis meses" (cf. *IXC Communications*, 1999 Del. Ch. Lexis 201, pp. 16-17.
Por fim, no caso *State if Wisconsin Investment Board vs. Bartlett* (S.W.I.B.) (cf. *No. 17.727*, in *Delaware Journal of Corporate Law*, 26, 2001, pp. 469 e ss.), o Supremo Tribunal de Delaware considerou que os accionistas da *Medco Research, Inc.* não provaram que o conselho de administração da *MedCo* "não se tinha informado de todos os factos relevantes em relação à fusão com a *King*". Ao invés, o conselho procurou, com a ajuda de um banco de investimento "e de forma agressiva, outros compradores" e fez um "esforço de pôr à venda a sociedade" e de "sondar o mercado na procura de uma concentração societária economicamente mais viável". Na ausência de outro parceiro possível para a concentração, o tribunal considerou que parecia "viável e preferível a opção de fazê-lo sozinho" (leia--se só com a *King*, aceitando a cláusula de *no-talk*) (cf. *Delaware Journal of Corporate Law*, 26, 2001, pp. 479-481).
[228] Cf. *Phelps Dodge*, Del. Ch, p. 4.
[229] Cf. *ACE Ltd*, 747 A.2d, p. 107.
[230] Cf. BALZ, *No-shop* cit., p. 563.
[231] Cf. BALZ, *No-shop* cit., p. 563.

sim o processo observado pelo conselho antes do mecanismo de protecção em causa ter sido aprovado"[232].

Da análise das decisões jurisprudenciais em ambos os tipos de transacção, é possível identificar três tendências gerais. A primeira é a de que quanto maior a intensidade das obrigações emergentes da cláusula de *no-shop*, maior a probabilidade do tribunal a considerar inválida. A segunda é a de a jurisprudência apresentar uma enorme relutância em pôr em causa decisões de negócio altamente ponderadas e tomadas de uma forma informada (o que é uma clara influência do entendimento subjacente à *business judgement rule*). Os administradores podem justificar uma cláusula de *no-shop* severa se demonstrarem que actuaram de boa-fé e que adoptaram as medidas necessárias para se informarem exaustivamente antes de aceitarem a respectiva cláusula. Por fim, a terceira tendência é a de que os *fiduciary outs* podem mitigar a severidade da cláusula de tal forma que o tribunal elimine as suas preocupações quanto à mesma.

Na prática, cláusulas de *no-talk* sem *fiduciary outs* levantam enormes dúvidas ao tribunal quanto à sua validade e apenas são consideradas válidas quando sejam um meio indispensável no esforço de segurar a transacção que gere maior valor para os accionistas. Exige-se que o conselho de administração esteja excepcionalmente bem informado e, por isso, tais cláusulas só são admissíveis após uma activa e extensiva pesquisa do mercado. Exige-se também que a outra parte assuma obrigações igualmente intensas e vinculantes, ou que seja oferecido um preço extraordinariamente elevado que leve o conselho de administração a julgar que o mesmo não será superado. Por seu lado, as cláusulas de *no-shop* são analisadas de forma mais branda e com critério mais largo. Apesar de, em teoria, estarem sujeitas aos mesmos princípios das de *no-talk*, aquelas exigem uma menor justificação e prova factual. Os tribunais aceitam a sua utilização como meio de negociação e não procuram ser eles a provocar a ruptura em negociações complexas. Por fim, *fiduciary outs* "sinceros e generosos constituem um porto de abrigo para as cláusulas de *no-shop* e *no-talk*", sendo que, para além de afastarem parcialmente os efeitos das daquelas cláusulas, estão "sujeitos a uma interpretação ampla" dos tribunais[233].

3.2.6 *Stock option* ou *lock-up options*

I. Outro mecanismo facilitador da cessão de controlo são as *stock options* também commumente designadas de *lock-up options* ou *stock option lock-up* (*stock option lock-up-Vereinbarungen*).

---

[232] Cf. VARALLO/RAJU, *A process* cit., p. 1636.
[233] Cf. BALZ, *No-shop* cit., p. 564.

A *stock option* atribui ao potencial adquirente/oferente o direito de adquirir um determinado número de acções da sociedade visada a um preço acordado caso se verifiquem certas circunstâncias[234]. Dependendo do número de acções objecto da *option*[235], o oferente pode tornar-se num accionista de controlo ou, pelo menos, num accionista com participação qualificada relevante. Em fusões entre iguais (*merger of equals transactions*), as *stock options* são, por norma, recíprocas[236]. O evento que acciona a *stock option* pode ser o pagamento de uma *termination fee*[237], a aquisição de um certo número de acções da sociedade visada por um oferente concorrente, a recusa da transacção pelos accionistas da sociedade visada, a aquisição da sociedade visada, planeada com o beneficiário da *option*, por um oferente concorrente ou declaração de recomendação de outra oferta por parte do conselho de administração da sociedade visada[238]. É muito frequente a fixação de um limite máximo ao "retorno" resultante de uma *stock option*[239].

Inicialmente, as *stock options* visavam a protecção do investimento efectuado por um oferente na preparação e lançamento da sua oferta. Com efeito, se um oferente concorrente tivesse grande probabilidade de adquirir a sociedade visada por ter oferecido um preço superior, o beneficiário da *stock option* tinha a possibilidade de exercê-la e vender as acções a esse oferente por um preço superior, realizando uma mais-valia que atenuava os custos referidos. Garantia-se que o

---

[234] Para uma definição de *stock options*, no direito anglo-saxónico, *vide*, entre outros, TARBERT, *Merger break-up fees* cit., p. 635; STANCHFIELD, *Fiduciary duties* cit., pp. 2263-2264; VARALLO/RAJU, *A process* cit., p. 1615; no direito alemão, *vide* KRÜGER/KAUFMANN, *Exclusivität und deal protection beim Unternehmenskauf vom Insolvenzverwalter*, in ZIP, 23/2009, p. 1101; BALZ, *No-Shop-Vereinbarungen* cit., pp. 13-14; KUHN, *Exclusivvereinbarungen* cit., pp. 51-52; DRYGALA, *Break-up fees and corporate lock-ups in M&A Vereinbarungen*, in STROHMER (org.), *International mergers and acquisitions*, Peter Lang, Frankfurt, 2005, pp. 166-167.

[235] Em muitos casos, as operações de fusão prevêem *stock options* sobre 19,9% do total das acções da sociedade visada que é o limiar imediatamente abaixo dos 20%, percentagem a partir da qual, segundo as regras de mercado da *NYSE* e do *Nasdaq*, se requer uma aprovação dos accionistas (cf. VARALLO/RAJU, *A process* cit., p. 1615, nota 18; BIRD/THORPE, *Selected issues* cit., p. 256; COATES//SUBRAMANIAN, *A buy-side model of lockups: theory and evidence*, in *Stanford Law Review*, 53, 1996, p. 344; KUHN, *Exclusivvereinbarungen* cit., pp. 50-51).

[236] Cf. VARALLO/RAJU, *A process* cit., p. 1615.

[237] Cf. VARALLO/RAJU, *A process* cit., p. 1615.

[238] Cf. KUHN, *Exclusivvereinbarungen* cit., pp. 50-51.

[239] Cf. COATES/SUBRAMANIAN, *A buy-side* cit., p. 328; VARALLO/RAJU, *A process* cit., p. 1615. Vejam-se os casos do *NCNB/C6S-Sovran* e o *Manufacturers Hanover Chemical*, do *NationsBank*, Form S-4 (1 de Outubro 1991), do *Price Company*, schedule 14A (21 de Outubro de 1993), do *Yanow vs Scientific Leasing Inc.* (cf. *Delaware Journal of Corporate Law*, 13, 1988, p. 1281).

oferente "lucrava" em caso de insucesso da sua oferta e consequente improdutividade do investimento dispendido na mesma[240]. Para além deste objectivo, a *stock option* pode ser um mecanismo de defesa de OPA, na medida em que aumenta os custos suportados por um oferente concorrente que se vê forçado a adquirir as acções "adicionais" resultantes do exercício da *option* para obter o controlo da sociedade[241]. As *stock options* apresentam também um valor económico próprio resultante do facto de inviabilizarem o aproveitamento do método contabilístico do *pooling of interests accounting treatment* para concorrentes interessados na aquisição da sociedade visada[242]. Porém, em 2001, o *Financial Accounting Standard Board* baniu o uso do método do *pooling of interests* como método contabilístico para aquisições societárias[243], o que acabou por retirar grande parte da utilidade deste mecanismo[244].

II. À semelhança das cláusulas de *no-shop* e *no-talk*, a doutrina e jurisprudência estadunidense entende que a *stock option* não é *per se* inválida[245].

A análise da jurisprudência do Estado de Delaware revela que, se os administradores observarem um processo apropriado na tomada de decisão sobre se uma *stock option* deve ou não ser atribuída e caso o âmbito da mesma seja razoável, esta será válida[246].

---

[240] Cf. KUHN, *Exclusivvereinbarungen* cit., p. 52; VARALLO/RAJU, *A process* cit., p. 1615.
[241] Cf. BLOCK, *Public Company* cit., p. 66; SWETT, *Merger terminations* cit., p. 354; TARBERT, *Merger break-up fees* cit., p. 635; BAINBRIDGE, *Exclusive merger* cit., pp. 250-251; KUHN, *Exclusivvereinbarungen* cit., p. 52.
[242] A *pooling of interest accounting* era um método contabilístico nos termos do qual os activos e passivos do oferente/adquirente e da sociedade visada/adquirida são "combinados" como se ambas tivessem sido sempre uma só empresa. Este método permite às sociedades envolvidas efectuar a concentração, manter o valor histórico dos activos e evitar que seja criado um *Goodwill*, o que levaria a um aumento dos lucros e consequente carga fiscal (cf. HATCH, *Clearly defining* cit., p. 1270, nota 54; KUHN, *Exclusivvereinbarungen* cit., p. 53, nota 164). Se a *option* for superior a 10%, a operação corre o risco de não beneficiar do *pooling of interest accounting treatment* (cf. VARALLO/RAJU, *A process* cit., p. 1615).
[243] Cf. *Statement of Financial Accounting Standards no. 141: Business Combinations*, in *Financial Accounting Series*, 2001, nr. 221-B; VOLK/LEICHER/KOLOSKI, *Negotiating business combination agreements – the "seller's" point of view*, in *San Diego Law Review*, 75, 1996, p. 1118; BALZ, *No-Shop-Vereinbarungen* cit., p. 14.
[244] Cf. LIPTON/STEINBERGER, *Takeovers* cit., §§ 5A.03[1], 5A.03[2]; WAN, *The validity* cit., p. 15.
[245] Cf. TARBERT, *Merger break-up fees* cit., p. 635; *ACE Ltd.*, 747 A.2d, p. 102; *IXC Communications*, no. 17334, p. 24.
[246] Cf. VARALLO/RAJU, *A process* cit., p. 1615. No caso *Rand vs Western Airlines*, o tribunal considerou válida uma *stock option* sobre aproximadamente 30% das acções da *Western* cujo preço seria o preço do dia anterior ao da assinatura do acordo de fusão, que era cerca de 90% inferior ao do acordo de

Por outro lado, se a *stock option* tiver um efeito "draconiano", será considerada inválida[247]. A este propósito é interessante mencionar o caso *Paramount vs QVC*. Neste pleito, a *stock option* conferida pela *Paramount* à *Viacom* atribuía a esta o direito de adquirir, aproximadamente, 19,19% das acções ordinárias da *Paramount* ao preço unitário de $69.14 por acção[248]. Apesar dos oráculos do então CEO da *Viacom*, Summer RedStone, que afirmou que apenas um"ataque nuclear" podia impedir o negócio[249], o "ataque nuclear" concretizou-se quando a *QVC* lançou uma OPA hostil sobre 51% das acções da Paramount, oferecendo $80 por acção como contrapartida, sujeitando a mesma à condição da invalidação do *stock option*. Em resposta, a *Viacom* aumentou a contrapartida da sua oferta para $80 por acção e, posteriormente, para $85 e não eliminou a *stock option*. A QVC respondeu, aumentando a contrapartida para $90 por acção e intentou uma acção para a declaração da invalidade do acordo entre a *Paramount* e a *Viacom*. Chamado a pronunciar-se sobre o tema, o Supremo Tribunal de Delaware considerou que a *stock option* tinha duas características pouco usuais e altamente vantajosas para a *Viacom*. A primeira é que a *stock option* podia ser exercida através do pagamento em espécie de uma obrigação de valor de mercado duvidoso (em vez de numerário). A segunda é que a *stock option* consagrava uma *put* que permitia à *Viacom*, se quisesse, vender "de volta" as acções à *Paramount* por um valor correspondente à diferença entre $69.14 por acção e o valor de cotação das acções da *Paramount*, sendo que não se fixou um tecto máximo para o valor da *put*. Na data de decisão do tribunal, o valor da *stock option* era de $500 milhões, aproximadamente 4.31% do valor corrente estimado da operação proposta pela *QVC*. O Supremo Tribunal de Delaware considerou que aquelas duas características da *stock option* eram pouco usuais e potencialmente "draconianas" e que, associadas à ausência de um tecto máximo para o retorno resultante da *stock option* (o que, conforme se referiu, era uma prática muito comum[250]), determinavam a invalidade da cláusula[251].

---

fusão. O tribunal considerou que a *stock option* era um "benefício substancial para...os accionistas ao deixar em cima da mesa a única parte que poderia ter algum interesse..." (cf. *Rand*, no. 8632, p. 15).

[247] Cf. VARALLO/RAJU, *A process* cit., p. 1615.

[248] A *Viacom* beneficiava ainda de uma *break-up fee* de $100 milhões, que foi considerada válida pelo *Delaware Chancery Court*, mas criticada pelo Supremo Tribunal de Delaware que só não a considerou inválida porque não era objecto do recurso (cf. COATES/SUBRAMANIAN, *A buy-side* cit., p. 328, nota 56).

[249] Cf. *Paramount*, 637 A.2d, p. 39.

[250] Cf. COATES/SUBRAMANIAN, *A buy-side* cit., p. 328.

[251] Cf. *Paramount*, 637 A.2d, p. 51. O tribunal não opinou sobre uma *"stock option* desta magnitude, que incluísse um limite razoável... [e omitisse] as características da *Note* [pagamento em espécie] e da *put*, seria válida ou inválida" (cf. *Paramount*, 637 A.2d, p. 49).

O tribunal declarou a invalidade da *stock option* por ser "draconiana" e irrazoável, salientando que ela permitiria à *Viacom* lucrar $200 milhões caso fosse exercida e que o conselho de administração da *Paramount* seguiu um processo "deficiente" na consideração da oferta de valor mais elevado apresentada pela *QVC*[252].

Assim, é possível concluir que a validade de uma *stock option* depende dos seus efeitos e das circunstâncias concretas em que os mesmos se produzem. Ela estará tipicamente assegurada nos casos em que permita ao conselho de administração obter uma transacção mais favorável para os accionistas[253], mas será importante estabelecer um tecto máximo para a mesma e evitar que ela apresente características excessivamente pouco usuais.

O impacto do caso *Paramount vs QVC* foi de tal ordem que a *stock option* passou a ser menos utilizada na prática (segundo alguns autores, cerca de 41%!)[254] e o seu âmbito foi reduzido, passando a estar, por norma, sujeitas a um tecto máximo[255]. Os tribunais também passaram a considerar incluído no "lucro" da *stock option* o valor da *break-up fee* que tivesse de ser paga, caso esta tenha sido prevista[256]. A prática actual revela que as *stock options* são raramente utilizadas e a sua função económica principal é, por norma, assegurada pelas *break-up fees*[257].

3.2.7 *Lock-ups* ou *asset lock-ups*

I. O *lock-ups*, também designado por *lock-up* ou *asset lock-ups* ou *asset option lock-ups* (*asset option lock-ups-Vereinbarungen*), é outro mecanismo facilitador da cessão de controlo utilizado sobretudo em acordos de fusão.

O *lock-ups* é um acordo nos termos do qual uma parte tem, ou é-lhe atribuída, uma opção para adquirir o direito de votar um bloco de acções ou o direito de adquirir activos importantes da sociedade visada[258].

---

[252] Cf. *Parmount*, 637 A.2d, p. 51.
[253] Cf. Varallo/Raju, *A process* cit., p. 1616.
[254] Cf. Coates/Subramanian, *A buy-side* cit., p. 329.
[255] Cf. Coates/Subramanian, *A buy-side* cit., p. 329.
[256] Cf. Kuhn, *Exclusivvereinbarungen* cit., p. 53.
[257] Neste sentido, vide Fleischer/Sussman, *Directors fiduciary* cit., p. 1420; Mirvis, *Takeover law and practice 2005*, 1486 Practising Law Institute, Corporate Law and Practice Handbook Series, 2005, p. 1420; Nathan/Perkins/Rothschild, *Current developments in public company M&A: Providing certainty in the uncertain world of deal making*, 1319 Practice Law Institute, Corporate Law and Practice Course Handbook Series, 2002, p. 579; Kuhn, *Exclusivvereinbarungen* cit., p. 53; Drygala, *Deal Protection* cit., p. 1413.
[258] Para uma definição de *lock-up* no direito anglo-saxónico, vide Wan, *The validity* cit., p. 14; Brantley, *Deal protection* cit., p. 346; Varallo/Raju, *A process* cit., p. 1617; Tarbert, *Merger break-up fees* cit.,

O que torna o *lock-ups* atractivo é o baixo preço de aquisição e a importância dos activos, os quais são, regra geral, essenciais à operação e rentabilidade da sociedade e levam a que este mecanismo seja também designado de *crown jewel defense* ou *crown jewel option*[259]. O *lock-ups* torna o "*deal-jumping* extremamente prejudicial para a sociedade alvo" e retira grande parte do interesse dos oferentes concorrentes na aquisição da sociedade alvo, na medida em que "não podem adquirir o activo verdadeiramente vital da sociedade"[260]. O evento que legitima o exercício desse direito pode ser o insucesso do negócio[261] ou uma das circunstâncias já referidas *supra* em relação à *stock option* (*vide* 2.6 *supra*)[262].

II. À semelhança da *stock option* e das cláusulas de *no-shop* e de *no-talk*, a doutrina e jurisprudência estadunidense entendem que o *lock-ups* não é *per se* ilegal. É necessário verificar as circunstâncias concretas que rodearam a atribuição do *lock-ups*[263].

A admissibilidade dos *lock-ups* foi muito debatida no caso *Revlon*[264]. Em 1986, *Ronald Perelman* lançou uma oferta hostil sobre a *Revlon*, tendo esta encontrado um "cavaleiro branco" (*white knight*) para combater aquela oferta: *Forstmann Little*. Após vários lanços do leilão para a aquisição da sociedade, *Forstmann* con-

---

pp. 635-636; BAINBRIDGE, *Exclusive merger* cit., p. 251; no direito alemão, BALZ, *No-Shop-Vereinbarungen* cit., p. 13; KUHN, *Exclusivvereinbarungen* cit., p. 50.

[259] Cf. VARALLO/RAJU, *A process* cit., p. 1617; TARBERT, *Merger break-up fees* cit., pp. 635-636; BALZ, *No-Shop-Vereinbarungen* cit., p. 13. Vide os casos Hanson Trust, 781 F.2d, p. 267; Mobil, 699 F.2d, p. 367.

[260] Cf. HATCH, *Clearly defining* cit., p. 1274. No mesmo sentido, *vide* WAN, *The validity* cit., p. 14; TARBERT, *Merger break-up fees* cit., p. 636.

[261] Cf. WAN, *The validity* cit., p. 14; TARBERT, *Merger break-up fees* cit., pp. 635-636.

[262] Cf. KUHN, *Exclusivvereinbarungen* cit., p. 50.

[263] Cf. VARALLO/RAJU, *A process* cit., p. 1617. No caso *Thompson vs ENSTAR Corp.* (cf. 509 A.2d (Del. Ch. 1984), pp. 578 e ss.), o tribunal teve de analisar a validade da decisão dos administradores da ENSTAR, na pendência de um leilão para a aquisição desta sociedade, de criar um *voting trust* atribuindo a um oferente o controlo dos votos sobre uma *joint venture* indonésia que era o mais valioso activo da ENSTAR. A única contrapartida obtida pela atribuição do *lock-ups* foi o acordo com o oferente para a realização de uma oferta sobre a ENSTAR. Apesar de o tribunal ter considerado o *lock-ups* problemático, não o invalidou tendo em conta as circunstâncias do caso (cf. 509 A.2d, pp. 583-584). O tribunal entendeu que o conselho de administração da ENSTAR tinha actuado de forma razoável, tendo em conta que apenas tinha sido efectuada uma oferta firme pela sociedade, que tinham sido empreendidos todos os esforços para encontrar outros oferentes e que o oferente ameaçava retirar a sua oferta caso o *lock-ups* não fosse aceite de imediato (cf. 509 A.2d, p. 583).

[264] Cf. *Revlon vs MacAndrews*, 506 A.2d (Del 1986), p. 178.

dicionou a sua oferta final à atribuição de uma opção de compra de duas divisões de negócio da *Revlon* (*vision care* e *health laboratories divisions*) caso outro oferente adquirisse mais de 40% das acções da *Revlon*[265]. O preço da opção de compra foi fixado em $525 milhões, o que seria alegadamente 20% abaixo do valor de mercado daquelas divisões de negócio. O conselho de administração da *Revlon* aprovou, por unanimidade, a proposta de *Forstmann*, mas o Supremo Tribunal de Delaware declarou inválido o *lock-ups*, argumentando que os administradores da *Revlon* tinham violado os seus deveres de lealdade e de cuidado porque, em parte, "o resultado do *lock-ups* não era promover o leilão mas destrui-lo"[266]. O Supremo Tribunal de Delaware considerou que "se há *lock-ups* que trazem oferentes para a batalha e assim beneficiam os accionistas, as medidas similares que ponham termo a um leilão ou que excluam futuros lanços são prejudiciais para os accionistas"[267]. O tribunal concluiu que o acordo para a atribuição do *lock-ups* pôs fim à concorrência entre a *Pantry Pride* e *Forstman Little* pela aquisição da *Revlon*, em favor de *Forstman Little*. A oferta final deste era insignificantemente mais favorável e os benefícios do *lock-ups* foram só para os administradores da *Revlon*, pois excluíam a responsabilidade pessoal resultante da adopção de medidas defensivas prévias. Por isso, o Supremo Tribunal de Delaware considerou que a atribuição do *lock-ups* não passava pelo escrutínio

---

[265] Cf. *Revlon*, 506 A.2d, p. 178.

[266] É verdade que o tribunal também elaborou, conforme se referiu *supra*, um novo standard de aferição da conduta dos administradores nas *sale of control transactions* – o standard de *Revlon* – mas "ficou claro que o *lock-ups* integra a base factual do tribunal para concluir que a venda a *Forstmann Little* não respeitou o novo standard" (cf. COATES/SUBRAMANIAN, *A buy-side* cit., p. 326).

[267] Cf. *Revlon*, 506 A.2d, p. 183. Na doutrina, *vide* HERZEL/COLLING/CARLSON, *Misunderstanding lockups*, in *Securities Regulation Law Journal*, 14, 1986, p. 117; KUHN, *Exclusivvereinbarungen* cit., p. 50. No mesmo sentido, veja-se o caso *Hanson Trust Plc vs ML SCM Acquisitions, Inc.* (cf. 781 F.2d (2ª Cir. 1984), p. 272. Neste caso, o tribunal também considerou inválido um *asset lock-ups* depois de uma batalha pela aquisição da SCM entre a *Hanson* e o conselho de administração da *SCM* (que fez um *leveraged buyout* financiado pela *Merril Lynch*). A oferta final da *Merril* tinha sido condicionada à atribuição de uma opção de compra de duas divisões de negócio da SCM (tendo ficado com o nome de *crown jewel lock-ups*) cujo preço de exercício era de $430 milhões caso um terceiro adquirisse mais de 1/3 das acções da SCM (refira-se que qualquer fusão da SCM exigia, de acordo com a legislação de então do Estado de Nova Iorque, 2/3 dos votos). O tribunal considerou que este *lock-ups* não se encontrava protegido pela *business judgement rule*, na medida em que o conselho de administração não tinha tomado uma decisão informada. Apesar dos esforços da *Hanson* que procurou empenhar-se em demonstrar a correcção do processo seguido pelo conselho para aprovar a oferta e não tanto na análise dos efeitos substantivos do *lock-ups* sobre o leilão, o tribunal invalidou o *lock-ups* (cf. COATES/SUBRAMANIAN, *A buy-side* cit., p. 326, nota 46).

mais apertado dos standards de aferição da conduta dos administradores, nomeadamente pelo standard de *Unocal*[268].

Outra decisão jurisprudencial importante sobre a validade do *lock-ups* foi a proferida, em 1989, no caso *Mills Acquisition Co. vs Macmillan, Inc.*. Neste caso, havia dois oferentes interessados, a *KKR* e a *Robert Maxwell's*, na aquisição da *Macmillan*, tendo sido iniciado um leilão para a compra da mesma. A oferta da *KKR* era ligeiramente superior à da *Maxwell's*, mas estava sujeita a diversas condições, entre as quais uma *lock-ups option* para a aquisição de sete sociedades participadas pela *Macmillan* cujo valor de exercício era de $865 milhões[269]. O conselho de administração aceitou a oferta ligeiramente superior da *Macmillan* e o *lock-ups* proposto. Em resposta, a *Maxwell* propôs superar qualquer oferta que a *KKR* viesse a apresentar pela *Macmillan* e a adquirir as mesmas participadas por um preço superior ($900 milhões). Contudo, o conselho de administração recusou revogar o *lock-ups* atribuído à KKR apesar da constante abertura demonstrada pela *Maxwell's*. O Supremo Tribunal de Delaware entendeu que o *lock-ups* era inválido porque (i) tinha sido concebido para pôr termo ao leilão, não obstante os vários pedidos da *Maxwell* para a continuação da negociação das ofertas, e (ii) a oferta da *KKR*, apesar de nominalmente mais elevada, "apresentava uma justificação *de minimis* para o *lock-ups*"[270]. Para o tribunal, o standard de *Revlon* exige que se atribua um "benefício substancial para os accionistas de modo a superar o escrutínio efectuado pelos tribunais" e, no caso *sub iudice*, o *lock-ups* "não aumentou substancialmente os interesses gerais dos accionistas" e "pretendia aliás ter o efeito directo oposto"[271].

---

[268] O tribunal afirmou que "quando um conselho de administração põe termo a uma intensa batalha sem fundamentos substanciais e quando uma parte significante dos efeitos dessa acção é proteger os administradores contra a possível ameaça de responsabilidade pessoal pelos danos resultantes da adopção de medidas prévias defensivas, a acção não consegue ultrapassar o escrutínio mais apertado que *Unocal* estabelece quanto à conduta dos administradores" (cf. *Revlon*, 506 A.2d, p. 184).

[269] O tribunal descreveu os activos em questão como "alguns dos activos mais valiosos da *Macmillan*" (cf. *Macmillan*, 559 A.2d, p. 1286). Apesar de não se conhecer o valor de mercado dos activos, sabia-se que a *Maxwell* oferecera $900 milhões pelos mesmos.

[270] Cf. *Macmillan*, 559 A.2d, p. 1286; VARALLO/RAJU, *A process* cit., p. 1617.

[271] Cf. *Macmillan*, 559 A.2d, pp. 11284 e 1286. O curioso neste processo é que o CEO da *Macmillan* tinha, secretamente, dito qual era a sua oferta favorita. Chegado a tribunal o CEO procurou cobrir a sua "preferência", acabando por destruir a sua credibilidade (cf. Cf. *Macmillan*, 559 A.2d, p. 1284). Acresce que o conselho de administração da *Macmillan* tinha efectuado um *buyout* logo após uma reestruturação complexa que tinha sido "paralisada" judicialmente por decisão da Delaware Chancery Court, em parte com base no argumento de que o conselho tinha actuado de forma desleal. Não obstante, a crença na validade do *lock-ups* resultava da decisão favorável proferida no caso *Robert*

Assim, é possível concluir que o *lock-ups*, quando atribuído no contexto de uma *sale of control transaction* e estando, como tal, na *Revlon-land*, só será admissível se beneficiar os accionistas e, se estiver fora do âmbito da *Revlon-land*, terá de contribuir adequadamente para o desenvolvimento de uma estratégia de concentração e permitir aumentar o preço[272]. Sempre que o activo, objecto do *lock--ups*, seja de importância fundamental para a sociedade (um *crow jewel lock-ups*), o seu efeito será, quase inevitavelmente, a exclusão do oferente concorrente com o inerente prejuízo para os accionistas, porque a sociedade que aquele pretendia adquirir não pode continuar a operar ou não terá rentabilidade sem esse activo[273].

À semelhança do caso *Paramount* em relação à *stock option*, o impacto na prática jurídico-negocial das decisões de *Revlon* e *Macmillan* foi tremendo. Num estudo empreendido por COATES e SUBRAMANIAN nos anos 2000 e 2001, os autores concluíram que, nos finais dos anos 80 do século passado, a utilização do *lock-ups* era rara e, no final da década de 90, estavam "extintos"[274]. Após o caso *Macmillan*, apenas sete operações de concentração amigáveis acima de $50 milhões previram a atribuição de *lock-ups*[275]. Apesar de em ambos os casos os tribunais não terem considerado o *lock-ups per se* ilegal[276], os juristas assumiram que os mesmos difi-

---

M. Bass Group, Inc. vs Evans (cf. 552 A.2d (Del. Ch. 1988), pp. 1227 e ss.), na qual o tribunal considerou válido um *lock-ups* atribuído no contexto de batalha de OPAs para a aquisição de uma sociedade visada.
[272] Cf. VOLK/LEICHER/KOLOSKI, *Negotiating business* cit., p. 1122; VARALLO/RAJU, *A process* cit., p. 1618; KUHN, *Exclusivvereinbarungen* cit., p. 51.
[273] Cf. *Revlon*, 506 A.2d, p. 183; *Hanson Trust*, 781 F.2d, p. 277; BLOCK, *Public company* cit., p. 72; KUHN, *Exclusivvereinbarungen* cit., p. 51.
[274] Cf. *A buy-side* cit., p. 327.
[275] Foram elas: a aquisição, em Setembro de 1988, da *Wilson Foods* pela *International Fish & Meat's*, em que aquela atribui a esta um *lock-ups* para a aquisição da *Wilson's Fischer Packing Unit* por $35 milhões; aquisição, em Novembro de 1988, da *Consagra's* pela *Holly Farms*, em que se atribuiu ao oferente o direito de adquirir determinados negócios; a aquisição, em Maio de 1989, da *Fairchild* pela *Banner's*, que tinha uma opção de compra da *Fairchild's Voi-Shan aerospace fasteners unit* por $150 milhões; a aquisição, em Julho de 1989, da *Minnetonka* pela *Cheseborough-Pond's*, com a atribuição a esta de opção de um *lock-ups* para aquisição de activos da *Minnetonka's Calvin Klein Corp.* por $80 milhões; a aquisição, em Janeiro de 1991, da *Harcourt Brace Jovanovich* pela *General Cinema*, em que se atribuiu a esta um *lock-ups* para adquirir a divisão de negócio *HBJ's Academic Press* por $390 milhões; a aquisição, em Maio de 1993, da *Lifetime* pela *Olsten*, com a atribuição de um *lock-ups* para adquirir duas divisões da *Lifetime* por $36 milhões; a aquisição, em Maio de 1995, da *Mechem Products* pela *CR's Bard*, em que esta beneficiava de um *lock-ups* para a aquisição da divisão *Gesco* da *MCP* (fonte: COATES/SUBRAMANIAN, *A buy-side* cit., p. 327, nota 52).
[276] Cf. *Revlon*, 506 A.2d (Del 1986), p. 183; *Macmillan*, 559 A.2d, pp. 1285-1286.

cilmente passariam no crivo judicial[277]. Isso talvez se justifique pelo facto das decisões judiciais terem observado a actuação dos administradores como um todo para efeitos da análise da validade do *lockups*, o que "torna difícil traçar quaisquer conclusões certas e gerais quanto ao *lock-ups*"[278].

3.3 O debate da *análise económica do direito* sobre os mecanismos «facilitadores» da cessão de controlo

I. A análise económica do direito tem sido uma das disciplinas que mais se tem debruçado sobre a problemática dos mecanismos "facilitadores" da cessão de controlo e as conclusões por si apresentadas não são uniformes, existindo metodologias/perspectivas diferentes na abordagem a estes mecanismos.

Há uma perspectiva *ex ante* e uma *ex post* e, dentro destas perspectivas, surgem diferentes teorias.

II. Na perspectiva *ex ante*, o tribunal verifica se o mecanismo, no momento imediatamente anterior à sua atribuição, melhorou a situação dos accionistas. O objectivo era o de, numa perspectiva *ex ante*, determinar se os administradores, ao atribuir um mecanismo facilitador da cessão do controlo, não estavam a "gastar mais do que os accionistas ganham com a oferta que será lançada em troca[279]". De acordo com esta perspectiva, o mecanismo pode ser compensatório ou leal se, pelo menos, deixar os accionistas tão bem como quando estavam sem a atribuição do mesmo, ou supra-compensatório se garantir uma compensação excessiva e colocar os accionistas numa situação pior *ex ante*. Esta era a perspectiva inicial adoptada pela jurisprudência durante os anos 80 do século passado.

Na perspectiva *ex post*, os tribunais devem analisar o mecanismo "facilitador" à luz do efeito que produz, posteriormente, no valor que recebe o oferente que beneficia do mesmo e no valor atribuído à sociedade por oferentes concorrentes[280].

---

[277] Robert Spatt, sócio da sociedade de advogados, *Simpson, Tacher & Bartlett*, que assessorou a KKR no caso *Macmillan*, fez estas curiosas afirmações em entrevista: "If you're talking about lock-ups, early 80s, it was the wild west. We were doing preclusive crown jewel options and all sorts of stuff, and I just think the law now does not let you do that". Já Stephen Volk, sócio da *Shearman & Stearling*, afirmava que "I'm not saying that there are no situations where you can do an asset lock-up, but the courts seem to frown on that generally, though they could be lawful under some circumstances" (fonte: COATES/SUBRAMANIAN, *A buy-side* cit., p. 327, nota 42).
[278] Cf. COATES/SUBRAMANIAN, *A buy-side* cit., p. 328.
[279] Cf. FRAIDIN/HANSON, *Towards unlocking* cit., p. 1745.
[280] Neste sentido, *vide* AYRES, *Analysing stock* cit., pp. 682 e ss.; BAINBRIDGE, *Exclusive merger* cit., pp. 239 e ss. A análise económica do direito tinha procurado assimilar estes mecanismos aos que

Esta perspectiva *ex post* visa "tornar desnecessária a intervenção judicial expondo os administradores desleais à disciplina do mercado de controlo societário"[281]. A ideia central é a de que mecanismos, que permitam o lançamento de ofertas de valor superior (denominados de *nonforeclosing lockups*), não conseguem proteger acordos desleais entre o conselho de administração e o oferente[282]. Num mercado de controlo societário, os administradores só conseguem blindar um acordo desleal da disciplina do mercado se o mecanismo atribuído impedir o lançamento de ofertas de valor superior sobre a sociedade visada. Nesta perspectiva, há dois tipos de mecanismos: *nonforeclosing*, que são os que não têm qualquer efeito sobre quem vence o leilão pela sociedade visada; e os *foreclosing*, que podem precludir ofertas de valor superior. Por isso, este último tipo de mecanismos deveria ser proibido[283]. BAINBRIDGE, inicialmente, e AYRES, depois, eram defensores desta metodologia *ex post*, ainda que com propostas absolutamente distintas, sobretudo no momento de distinguir entre os mecanismos *nonforeclosing* ou *precluding* e os *nonforeclosing* ou *nonprecluding*. O primeiro propunha uma solução que, a final, era mais restrita na admissibilidade daqueles mecanismos do que o segundo[284]. A perspectiva *ex post* de AYRES foi posteriormente estendida

---

foram criados na década de 80 no contexto do *boom* do mercado de *M&A* e das OPAs hostis (cf. ROMANO, *A guide* cit., p. 121; HERZEL/COLLING/CARLSON, *Misunderstanding* cit., p. 177; NACHBAR, *Revlon, Inc vs MacAndrews & Forbes Holdings Inc – The requirement of a level playing field in contested mergers, and its effect on lokc-ups and other bidding deterrents*, in Delaware Journal of Corporate Law, 12, 1987, pp. 437 e ss.).

[281] Cf. FRAIDIN/HANSON, *Towards unlocking* cit., p. 1746.

[282] Neste sentido, vide BAINBRIDGE, *Exclusive merger* cit., p. 251; AYRES, *Analysing stock* cit., p. 707.

[283] Cf. FRAIDIN/HANSON, *Towards unlocking* cit., p. 1747.

[284] BAINBRIDGE propunha estabelecer um limiar fixo para efeitos de traçar a linha divisória entre mecanismos com e sem efeito preclusivo. Para o autor, o limiar correcto seria 10% do valor da transacção que beneficia desses mecanismos, sendo considerados com efeito preclusivo os que superem esse limite e, como tal, inválidos. O autor justifica este limiar de 10% com os seguintes argumentos: (i) os tribunais considerarem que os *lock-ups* avaliados em aproximadamente 17% impedem a existência de um leilão; (ii) 10% é o limiar que, nos termos da lei federal de valores mobiliários, faz presumir que o accionista é uma *controlling person*; (iii) aproxima-se do número de acções que um oferente pode razoavelmente esperar adquirir nas situações normais alternativas de um *stock lock-ups*, nomeadamente uma programa de aquisição de acções antes do adquirente revelar as suas intenções (cf. *Exclusive merger* cit., pp. 323-324). Porém, posteriormente, BAINBRIDGE parece ter implicitamente abandonado a sua *bright-line approach*, ao defender que os tribunais deveriam aceitar as decisões de administradores neutrais em relação a *managements buyouts* (cf. *Independent directors and the ALI corporate governance Project*, in George Washington law Review, 61, 1993, pp. 1068-1081).

Diferentemente, analisando a *stock option* (ou *stock lock-ups*) mas aplicando o mesmo raciocínio para as *break-up fees* e os *asset lock-ups*, AYRES defende que, por norma, estes não têm um efeito preclusivo,

ou alargada por FRAIDIN e HANSON que defendiam que nunca, ou quase nunca, existirão *foreclosing lockups*, uma vez que os administradores quererão sempre alienar ao oferente que apresente a melhor oferta[285] e, mesmo quando sejam *foreclosing*, não afectarão, por força da regra básica do teorema de COASE[286], os resultados do leilão pela sociedade visada nem a eficácia alocativa[287]. Consequentemente, sustentavam que estes mecanismos deviam ser considerados válidos pelos tribunais[288].

Em resposta a esta perspectiva *ex post* mais liberal[289], surgiram as críticas de SKEEL e de KAHAN e KLAUSNER que procuraram reintroduzir a perspectiva *ex*

---

na medida em que não afectam os resultados de um leilão pela sociedade visada, não alteram a ordem final do leilão, produzindo apenas efeitos sobre os chamados *reservations prices* dos oferentes (isto é, os valores de avaliação de cada um dos oferentes) que se reduzem de forma proporcional sem afectar as suas valorizações relativas (isto é, quando comparadas um com o outro). O oferente que beneficia da *stock option* suporta "um risco de oportunidade em igualar ofertas correntes" para tentar adquirir a sociedade visada. Aquele apenas poderá lucrar com a *stock option* se perder o leilão e alienar as acções ao oferente concorrente. Porém, a venda destas acções "fará descer o preço final que terceiros estarão dispostos a oferecer pela sociedade visada, o que reduz também o montante que o oferente titular da *stock option* pode lucrar". A um dado momento, "este preferirá os lucros crescentes de sair do leilão do que lucros decrescentes de igualar ofertas concorrentes" e ganhar o leilão. É que a diluição do custo imposto a oferentes concorrentes é igual à oportunidade de custo imposta sobre o oferente inicial. Como os *reservation prices* de todos os oferentes se reduzem proporcionalmente, a *stock option* não preclude o lançamento de ofertas de terceiros. Pelo contrário, o autor defende que estes incentivarão o leilão e "um leilão com reservation prices reduzidos pode produzir uma oferta mais elevada para os accionistas do que a inexistência de leilão". Contudo, o autor admitia que há um caso em que a *stock option* pode excluir ofertas concorrentes superiores: quando a sociedade visada atribui ao oferente um mecanismo que lhe garanta lucro acima do valor da sua avaliação da sociedade visada (cf *Analysing stock* cit., p. 715; *vide* o exemplo ilustrativo de ROOSEVELT, *Understanding lockups: Effects in bankruptcy and the market for corporate control*, in Yale Journal of Regulation, 17, 2000, p. 104).

[285] Cf. FRAIDIN/HANSON, *Towards unlocking* cit., p. 1745.

[286] Nos termos deste teorema, desde que os custos contratuais não sejam proibitivos, as partes afectarão o mesmo nível de recursos independentemente das regras legais e da sua alocação inicial (cf. COASE, *The problem of social cost*, in Journal of Law and Economics, 3, 1960, pp. 1 e ss.).

[287] Cf. FRAIDIN/HANSON, *Towards unlocking* cit., p. 1789.

[288] FRAIDIN e HANSON apresentam uma visão mais liberal e consideram legais todos os *deal protection devices*, na medida em que, por norma, não têm um efeito preclusivo e, mesmo quando têm esse efeito, ele é insignificante. O pensamento destes autores está bem expresso nesta sugestiva frase: "...because lockups, like chicken soup, can't hurt but may help, courts should move forward toward unlocking lockups" (cf. *Towards unlocking* cit., p. 1745).

[289] Sobretudo a FRAIDIN e HANSON, que, em conjunto com Ayres, são denominados de *Revisionist* (cf. ROOSEVELT, *Understanding* cit., pp. 103-107).

ante[290]. Skeel afirma que os custos da transacção podem inibir pré-vendas ou revendas em diversas situação e a dimensão e efeito dos custos da transacção não podem ser resolvidos ao nível do teorema de Coase[291]. Kahan e Klausner salientavam que os custos de transacção inerentes a qualquer leilão são relevantes e têm relevância na eficiência alocativa do leilão. Apesar de concordarem com alguns pontos do pensamento de Ayres[292], estes autores defendem uma distinção entre, por um lado, os *lock-ups* atribuídos ao oferente inicial (*nonanticipatory first-bidder lockups*), os quais, em princípio, não impediriam a entrada de oferentes com valorizações mais elevadas da sociedade visada[293] e que, como tal, devem ser analisados nos termos da *business judgment rule*, e, por outro lado, os que são atribuídos a um segundo oferente (*second-bidder lockups*) ou a um oferente inicial que se antecipou a outro que iria lançar uma OPA hostil (*anticipatory lockups*), que deveriam ser objecto de um escrutínio mais apertados, nos termos das medidas defensivas de OPA[294]. Esta teoria foi posteriormente acolhida por outros autores, como Roosevelt[295], que, não obstante criticar alguns dos fundamentos da mesma, acaba por chegar a conclusões similares. Outros autores, embora reconheçam mérito de alguns pontos daquela teoria, apontam-lhe algumas fragilidades e sugerem uma nova visão[296].

II. Em vez de dissecar cada uma destas teorias, parece-me ser mais útil elencar, ainda que de forma sucinta, as principais vantagens e desvantagens apresentadas no debate da análise económica do direito sobre os mecanismos "facilitadores" da cessão de controlo, em particular das perspectivas e teorias que se acabaram

---

[290] Estes autores ficaram conhecidos como os *reactionaries* (cf. Roosevelt, *Understanding* cit., p. 108).
[291] Cf. Skeel, *A reliance* cit., pp. 581-584.
[292] Kahan e Klausner concordavam que um mecanismo de *lockup* ou similar não afecta quem adquire o controlo entre oferentes que já estejam envolvidos num leilão para a aquisição da sociedade visada, mas os autores salientam que os oferentes apenas entram num leilão se o retorno da oferta for superior aos custos do leilão. Ao compensar os custos de um leilão no caso de o oferente o perder, o mecanismo de *lockup* pode induzir o lançamento de uma OPA que de outro modo não seria lançada (cf. *Lockups and the market for corporate control*, in *Stanford Law Review*, 48, 1996, pp. 1563-1564).
[293] Com efeito, estes permitirão premiar o oferente inicial pelos custos de pesquisa da sociedade visada e a externalidade de informação que a oferta cria (na medida em que pode ser aproveitada por outros oferentes que *free ride* na informação que o oferente inicial utilizou valorizam a sociedade visada em termos superiores ao da primeira oferta), melhorando o funcionamento do mercado de controlo societário e a eficácia alocativa (cf. Kahan/Klausner, *Lockups* cit., pp. 1564-1565).
[294] Cf. Kahan/Klausner, *Lockups* cit., pp. 1564-1565; Roosevelt, *Understanding* cit., pp. 107-108.
[295] Cf. Roosevelt, *Understanding* cit., pp. 93 e ss.
[296] Neste sentido, *vide* a proposta de Coates/Subramanian, *A buy-side* cit., pp. 352-358.

de referir. Entendo que este elencar dos pontos a favor e contra a adopção destes mecanismos está de acordo com o papel que a análise económica do direito desempenha nos diferentes níveis de juridicidade.

Conforme se teve a oportunidade de defender noutra sede[297], a análise económica do direito não é uma ciência do direito *tout court*, não é uma teoria geral do direito, ela é uma ciência auxiliar que deve ser tida em consideração nos diferentes níveis da juridicidade, seja ao nível da produção legislativa, seja ao nível metodológico, seja como "ferramenta" acessória de interpretação jurídica[298]. O mesmo raciocínio é válido para o universo do direito dos valores mobiliários. Porém, a maior conexão deste ramo do direito com a realidade económica exigirá uma maior ponderação dos resultados aportados pela análise económica do direito. Ela apresenta-se aqui como uma ciência auxiliar do direito preciosa na compreensão correcta dos mercados, na antecipação do comportamento dos seus agentes, na prevenção de condutas incorrectas e na criação dos desincentivos adequados às mesmas. O direito não pode almejar entrar no âmago da complexidade do funcionamento do mercado sem o contributo que advém da economia, pelo que não reconhecer o *input* da análise económica do direito equivale a uma cegueira de autonomia científica, cujo único resultado será a negação do próprio direito ao dificultar a realização da justiça. Isso não faz com que a análise económica do direito se erija neste campo como uma ciência do direito *stricto sensu*, mas ganha maior importância como ciência auxiliar, sendo um instrumento relevante de que o jurista se deve "socorrer" na procura da solução mais justa sem nunca perder a noção dos limites impostos pelo reduto axiológico inviolável do direito, que lhe confere a sua autonomia[299].

---

[297] Cf. REQUICHA FERREIRA, *A análise económica do direito e Direito dos valores mobiliários*, Relatório da Disciplina de Teoria do Direito Público e Privado sob a regência do Professor Doutor Barbas Homem, FDUL, Lisboa, 2009, p. 41. Acompanha-se assim a posição de SINDE MONTEIRO, *A análise económica do direito*, in Boletim da Faculdade de Direito da Universidade de Coimbra, vol. LVII, 1981, p. 249.

[298] A análise económica do direito nunca poderá ambicionar à redução da realidade à imagem do indivíduo reduzido a *homo oeconomicus*, ao que se acrescentaria a redução da sociedade a um vasto mercado em que a política e o direito são racionalizados sobre a base dessa realidade, para convertê-los em "meta-mercados institucionais" que reproduzem a lógica da racionalidade maximizante, sem espaço para o exterior ao mercado ou ao mercantilizável. Ainda não chegou o tempo da eliminação da alegada "roupagem" das categorias jurídicas e da sua reformulação nos termos da nova retórica jurídica das externalidades, dos custos de transacção e da análise do custo-benefício (no mesmo sentido, *vide* MERCADO PACHECO, *El analisis economico del derecho*, Centro de Estudios Costitucionales, Madrid, 1994, p. 249).

[299] Cf. REQUICHA FERREIRA, *A análise* cit., p. 44. No direito dos valores mobiliários, há uma maior intensidade da tensão dialéctica entre dois valores fundamentais – a justiça e a eficiência económica –

Transpondo estas conclusões para a temática em análise, julgo ser importante elencar, ainda que de forma sucinta, os principais argumentos a favor e contra apresentados no debate da análise económica do direito sobre os mecanismos. Serão argumentos que se irão mobilizar quando procurarmos a resposta à questão da admissibilidade daqueles mecanismos "facilitadores" da cessão de controlo. Isso não significa que tais argumentos sejam preponderantes nas soluções finais a que se tentará chegar no presente estudo, pois, conforme se constatará *infra*, o jurídico prevalecerá. De todo modo, serão um auxiliar importante no "caminho" que se envidará para as tentar alcançar.

3.3.1 Desvantagens

I. A primeira e principal desvantagem reside no facto deste tipo de acordos, ao atribuírem ao oferente inicial as vantagens e "garantias" que se referiram em 3.1 e 3.2 *supra*, acabarem por "violar" a igualdade formal no universo dos potenciais oferentes (*bidder asymmetry*). A violação desta igualdade formal pode provocar a redução, de forma substancial, do número de OPAs concorrentes e o processo de leilão inerente às mesmas, redundando numa violação dos deveres fiduciários dos administradores[300]. Produz-se um efeito de preclusão (*foreclosing* ou *preclusive lock-ups*), que pode ter como resultado uma má eficácia alocativa e uma redução do valor obtido pelos accionistas da sociedade visada[301].

Porém, e conforme já constatámos *supra*, nem todos os mecanismos "facilitadores" da cessão de controlo apresentam aquele efeito preclusivo e alguns autores distinguem entre os que produzem, ou não, esse efeito[302]. Todavia, a linha divisória é difícil de traçar e os autores apresentam diferentes propostas a este respeito.

---

na concretização do direito, em que, apesar da inegável superioridade do primeiro (como objectivo e fundamento último do direito) há lugar a uma maior consideração, naquela tensão, ao valor da eficiência económica.

[300] Afirmando que este tipo de acordos provoca uma redução do número de ofertas, *vide* BULOW//KLEMPERER, *Auctions versus* cit., pp. 180-194.

[301] Neste sentido, *vide* SKEEL, *A reliance* cit., pp. 579-580; KAHAN/KLAUSNER, *Lockups* cit., pp. 1539 e ss.; REGAN, *Great expectations?* cit., p. 114; na doutrina alemã, aparentemente também neste sentido, *vide* KUHN, *Exclusivvereinbarungen* cit., pp. 78-79. Contra, afirmando que aqueles mecanismos não provocam uma redução do número de OPAs concorrentes, *vide* FRAIDIN/HANSON, *Towards unlocking* cit., pp. 1739 e ss.; AYRES, *Analysing stock* cit., pp. 682 e ss.; BAINBRIDGE, *Exclusive merger* cit., pp. 239 e ss.

[302] Neste sentido, *vide* AYRES, *Analysing stock* cit., p. 707; BAINBRIDGE, *Exclusive merger* cit., pp. 283--319.

II. A segunda crítica é a de que os mecanismos "facilitadores" da cessão de controlo reduzem o preço que os accionistas da sociedade visada recebem[303].

Apesar de se tentar sustentar que aqueles mecanismos estão elaborados de uma forma que não reduz a possibilidade de lançamento de OPAs concorrentes nem têm o efeito de preclusão, a verdade é que, para alguns autores, há sempre uma fracção de preço que um terceiro poderia pagar aos accionistas e que, devido àqueles mecanismos, não é paga, sobretudo porque, sendo despesas da sociedade, são descontados no valor da própria sociedade[304].

III. A terceira crítica é a de que os *deal protection devices* geram uma situação de interesses conflituantes entre os accionistas e os administradores[305].

Os autores salientam que, na prática, o oferente (que beneficia daqueles mecanismos) atribui bónus extraordinários ou compensações aos administradores da sociedade visada. Mesmo que tais compensações constituam uma pequena percentagem do valor da oferta e não afectem o valor desta, a atribuição dessas quantias pode levar os administradores a preferir uma oferta que não é necessariamente a que melhor serve os interesses dos accionistas[306].

Porém, nem toda a doutrina considera existir um interesse conflituante entre administradores e accionistas na atribuição de *deal protection devices*. Com efeito, a maioria dos autores não considera que, em abstracto e à partida, se verifiquem interesses conflituantes nestas situações, afirmando ser necessário analisar os termos concretos do mecanismo para determinar se estamos perante interesses conflituantes[307]. Alguns autores entendem até que os interesses dos administradores e accionistas coincidem, uma vez que, nas OPAs ou fusões amigáveis (ao contrário das OPAs hostis), os administradores "não lutam contra a perda do cargo", antes "acordam uma transacção nos termos da qual, por norma, não perderão o seu cargo[308] e o controlo da sociedade"[309]. Por isso, concluem "que parece

---

[303] Neste sentido, *vide* KAHAN/KLAUSNER, *Lockups* cit., pp. 1545-1546.
[304] Cf. GÓMEZ-ACEBO, *Ofertas competidoras* cit., p. 886. Contra, *vide* FRAIDIN/HANSON, *Towards unlocking* cit., pp. 1804-1831.
[305] Cf. FRAIDIN/HANSON, *Towards unlocking* cit., pp. 1742-1743; BAINBRIDGE, *Exclusive merger* cit., pp. 272-275.
[306] Neste sentido, *vide* KAHAN/KLAUSNER, *Lockups* cit., p. 1558; BAINBRIDGE, *Exclusive merger* cit., p. 249; HATCH, *Clearly defining* cit., p. 1276.
[307] Cf. KUHN, *Exclusivvereinbarungen* cit., p. 74.
[308] Neste sentido, *vide* BLACK/KRAAKMAN, *Delaware's Takeover Law: The uncertain search for hidden value*, in *Northwestern University Law Review*, 96, 2002, p. 536.
[309] Cf. HANEWICZ, *When silence* cit., p. 205.

difícil equacionar que os administradores da sociedade visada estejam a aprovar estes negócios com um interesse em mente diferente do dos accionistas"[310].

IV. Estes mecanismos podem ainda gerar uma situação de conflito de interesses entre os accionistas de controlo e os administradores, em particular quando os mecanismos são concedidos num contexto de acordo entre accionista de controlo, conselho de administração da sociedade visada e oferente. É difícil acreditar que um accionista, assumindo obrigações que os demais não assumirão (*e.g.* aceitação de OPA), receba o mesmo tipo de remuneração que os outros accionistas da sociedade visada[311].

Embora seja difícil de provar, na prática, o tratamento de favor, a verdade é que, na maioria dos casos, há compensações de diversa índole (como tratamentos preferenciais) para a assunção daquelas obrigações. A prática tem revelado que, nestes contratos, o accionista de controlo se reserva determinados direitos cuja admissibilidade é duvidosa face ao princípio da igualdade de tratamento[312].

V. Por fim, os mecanismos "facilitadores" da cessão de controlo são criticados pelo facto de gerarem ineficiências alocativas[313], no sentido de que a sociedade não é atribuída ao oferente que melhor a valora.

Os autores chamam a atenção para as distorções na eficiência alocativa do lado do oferente, em particular custos de agência, fiscais, aspectos informativos, *switching costs*, aspectos reputacionais e distorções geradas pela autolegitimação de decisões (*endowment effects*)[314]. Com efeito, a atribuição de um "*lock-ups*"

---

[310] Cf. COATES, *Measuring the domain of mediating hierarchy: How contestable are U.S. public corporations?*, in *Journal of Corporation Law*, 24, 1999, p. 859. No mesmo sentido, *vide* HANEWICZ, *When silence* cit., p. 205; GRIFFITH, *The costs* cit., p. 586; ANDRÉ/KHALIL/MAGNAN, *Termination* cit., pp. 541 e ss.; RIECKERS, *Treuepflichten versus Vertragsfreiheit, Neues zur Wirksamkeit von Deal-Protection-Klauseln in der Rechtsprechung Delawares*, in RIW, 2003, p. 675.

[311] Cf. GÓMEZ-ACEBO, *Ofertas competidoras* cit., p. 886.

[312] Em Espanha, no acordo subscrito entre a Reyal, S.A e o Banesto que precedeu a OPA sobre a Urbis em 2006, o Banesto reservou-se o direito de prestar serviços à Urbis durante o prazo de 5 anos com um volume equivalente ao que até então vinha prestando. Em 2007, nos acordos subscritos entre Martinsa/Huson Big com D. Manuel Jove que precederam a OPA sobre a Fadesa, aquele reservou-se o direito de adquirir determinados activos imobiliários da Fadesa, bem como outros activos (*e.g.* veículos, aviões) e a participação accionista presente e futura no Parque Warner (cf. GÓMEZ-ACEBO, *Ofertas competidoras* cit., p. 886, nota 35).

[313] Neste sentido, *vide* KAHAN/KLAUSNER, *Lockups* cit., p. 1563; SKEEL, *A reliance* cit., pp. 581-584.

[314] Cf. KAHAN/KLAUSNER, *Lockups* cit., p. 1563. Para uma descrição detalhada de cada um destes custos e dos seus efeitos, *vide* COATES/SUBRAMANIAN, *A buy-side model* cit., pp. 352-375.

(ou mecanismo similar) a um segundo oferente poderá determinar o lançamento de uma OPA que, de outro modo, não seria lançada. Se o valor do *lock-ups* corresponder ao valor dos custos de lançar a oferta, então o lançamento da mesma não apresenta quaisquer riscos, o que induz este oferente a lançar a OPA com uma maior probabilidade de sucesso[315]. Por isso, alguns autores defendem uma distinção entre, por um lado, os *lock-ups* atribuídos ao oferente inicial, que, em princípio, não impediriam a entrada de oferentes com valorizações mais elevadas da sociedade visada e que, como tal, devem ser analisados nos termos da *business judgment rule*, e, por outro lado, os que são atribuídos a um segundo oferente, que deveriam ser objecto de um escrutínio mais apertado, nos termos das medidas defensivas de OPA[316].

No entanto, esta visão não é unânime. Socorrendo-se do teorema de Coase[317], há quem saliente que mesmo os *lock-ups* (ou mecanismo similar) com efeito preclusivo não afectam o resultado do leilão, nem a eficácia alocativa[318].

3.3.2 Vantagens

I. A primeira vantagem deste tipo de acordos está relacionada com a compensação dos investimentos e gastos da OPA ou da fusão[319].

Tal como mencionado anteriormente, as OPAs e fusões implicam o dispêndio de muito tempo na sua análise financeira, legal e económica (e o tempo é um bem escasso!) e custos elevados de assessoria financeira, legal e de auditoria. Se a OPA não tiver sucesso, estes custos serão custos escondidos (*sunk costs*), pois não são reutilizáveis, são específicos da OPA e podem ser utilizados por outros concorrentes[320].

Para além disso, o oferente tem um custo de oportunidade e reputacional[321]: de oportunidade, na medida em que o tempo gasto na preparação da OPA pode-

---

[315] Cf. KAHAN/KLAUSNER, *Lockups* cit., p. 1548-1549; ROOSEVELT, *Understanding* cit., pp. 107-108.
[316] Cf. KAHAN/KLAUSNER, *Lockups* cit., p. 1564-1565; ROOSEVELT, *Understanding* cit., pp. 107-108.
[317] Nos termos deste teorema, desde que os custos contratuais não sejam proibitivos, as partes afectarão o mesmo nível de recursos independentemente das regras legais e da sua alocação inicial (cf. COASE, *The problem of social cost*, in *Journal of Law and Economics*, 3, 1960, pp. 1 e ss.).
[318] Cf. FRAIDIN/HANSON, *Towards unlocking* cit., pp. 1790-1794.
[319] Cf. BAINBRIDGE, *Exclusive merger* cit., p. 242; SKEEL, *A reliance* cit., pp. 567-568.
[320] É o problema do *free rider*.
[321] Para mais desenvolvimentos sobre o valor e impacto do custo reputacional, *vide* EASTERBROOK//FISCHEL, *The proper role* cit., p. 1161; BLOCK, *Public Company* cit., p. 55; GRIFFITH, *Deal protection* cit., p. 1990; HANEWICZ, *When silence* cit., p. 208; SPARKS/NACHBAR/VELLA, *Corporate deal* cit., pp. 403 e ss.;

ria ter sido utilizado noutros objectivos com melhor retorno; de reputação, uma vez que, se o oferente perder a OPA para um terceiro, é a sua capacidade de liderança e de estratégia que é posta em causa. Os acordos em análise seriam uma forma de incentivar o oferente a assumir os riscos e custos[322] do lançamento da OPA (*bidder inducement*), riscos e custos esses que, de outro modo, não estaria disposto a suportar[323].

II. A segunda vantagem dos mecanismos "facilitadores" da cessão de controlo é a de promover o lançamento de OPAs e, como tal, dinamizar o mercado de controlo societário e a gestão das sociedades visadas, atento efeito disciplinador que as OPAs produzem sobre esta[324].

A OPA é um instituto dinamizador do mercado de controlo societário e é, em conjunto com este, um mecanismo eficiente de exploração de sinergias empresariais e de disciplina dos administradores pouco leais e competentes[325]. Quanto maior o número de potenciais oferentes, maior o incentivo à gestão leal e diligente das sociedades cotadas[326]. Este tipo de acordos, ao incentivarem o lançamento de OPAs, permitiriam, implicitamente, dinamizar o mercado de controlo societário e promover a gestão diligente e leal das sociedades cotadas.

BANERJEA, *Der Schutz* cit., p. 1489; GEYRHALTER/ZIRNGIBL/STREHLE, *Haftungsrisikenaus* cit., p. 1559; KAPP, *Der geplatzte* cit., p. 1224.

[322] Para além destes riscos, os autores falam ainda no risco empresarial, isto é, de degradação da situação económica da sociedade visada no período de pendência da OPA.

[323] Neste sentido, *vide* COATES/SUBRAMANIAN, *A buy-side* cit., pp. 353 e ss.; KAHAN/KLAUSNER, *Lockups* cit., p. 1563; FRAIDIN/HANSON, *Towards unlocking* cit., pp. 1814 e ss..

[324] Neste sentido, *vide* os estudos empíricos de BATES/LEMMON, *Breaking up* cit., pp. 469 e ss.; ANDRÉ/KHALIL/MAGNAN, *Termination* cit., pp. 541 e ss.; OFFICER, *Termination fees* cit., pp. 431 e ss. Contra, *vide* KAHAN/KLAUSNER, *Lockups* cit., pp. 1559-1562.

[325] Neste sentido, *vide* o relatório do Grupo de Peritos (cf. REPORT OF THE HIGH LEVEL GROUP OF COMPANY LAW EXPERTS on issues related to takeovers bids, Bruxelas, 2002) e, na doutrina, JENSEN//RUBACK, *The market* cit., pp. 5 e ss.; EASTERBROOK/FISCHEL, *The economic structure* cit., pp. 163-209; FRANKS/MAYER/RENNEBOOG, *Who disciplines management in poorly performing companies?*, in *Journal of Financial Intermediation*, 10, 2001, pp. 209 e ss.; FRANKS/MAYER, *Hostile takeovers and the correction of management failure*, in *Journal of Financial Economy*, 40, 1996, pp. 163 e ss.; SCHARFSTEIN, *The disciplinary role of takeovers*, in *Review of Economic Studies*, 55, 1988, p. 185; RENNEBOOG/GOERGEN, *Shareholder wealth* cit., pp. 9 e ss.; GARCÍA DE ENTERRÍA/LORENZO-VELÁZQUEZ, *El control* cit., pp. 666 e ss.; ARRUÑADA, *Crítica* cit., pp. 29 e ss.; FERNÁNDEZ ARMESTO, *Las OPAs* cit., pp. 37-40.

[326] Para o accionista da sociedade visada, o ideal é que haja um leilão entre os vários oferentes para potenciar o valor real da sua participação, enquanto para os potenciais oferentes são preferíveis os acordos ora em análise (neste sentido, *vide* KAHAN/KLAUSNER, *Lockups* cit., p. 1556; FRAIDIN/HANSON, *Towards unlocking* cit., pp. 1826-1828).

III. A terceira vantagem é a de permitirem uma alocação eficiente do risco entre as partes envolvidas[327].

Num processo de alienação de uma participação de controlo, estamos perante um jogo entre as partes (vendedor e comprador), em que ambas correm riscos. O accionista (vendedor) quer evitar, ao máximo, mecanismos contratuais que o impeçam de, no futuro, perder um valor mais elevado pela alienação a outro oferente. Diferentemente, o comprador quer "atar" ao máximo a sua operação de modo a evitar quaisquer riscos para a mesma, seja encarecendo o custo do bem, seja perdendo a oportunidade de negócio. Ora, segundo a doutrina económica, estes mecanismos permitem distribuir de forma eficiente os riscos, alocando, como mínimo, para o accionista (vendedor), o preço de reserva e, para o oferente (comprador), a indemnização esperada[328].

IV. Foram elaborados estudos empíricos sobre os efeitos das *break-up fees* e do *lock-ups* nas operações de concentração realizadas no mercado norte-americano[329] que revelam dados interessantes.

Por um lado, estes estudos concluíram que as transacções com *break-up fees* ou *lock-ups* apresentavam maiores taxas de sucesso e, nalguns casos, menor probabilidade de existir concorrência por parte de um terceiro[330]. Por outro lado, os mesmos estudos verificaram que as *break-up fees* têm um efeito positivo ou neutral sobre o prémio de OPA[331].

---

[327] Os acordos em causa, sendo mecanismos contratuais, teriam também a vantagem (comum a todos os contratos) de poder fixar desde já as indemnizações devidas em caso de incumprimento, através de cláusula penais, o que reduziria a litigiosidade (cf. TARBERT, *Merger break-up fees* cit., p. 708; FRAIDIN/HANSON, *Towards unlocking* cit., p. 1822).

[328] Neste sentido, vide KAHAN/KLAUSNER, *Lockups* cit., p. 1556; FRAIDIN/HANSON, *Towards unlocking* cit., pp. 1823-1826; AYRES, *Analysing stock* cit., p. 698.

[329] Recentemente foram também realizados estudos no mercado canadiano (cf. ANDRÉ/KHALIL//MAGNAN, *Termination* cit., pp. 541 e ss.) e no mercado australiano (cf. CHAPPLE/CHRISTENSEN/CLARKSON, *Termination fees in a "Bright Line" jurisdiction*, in *Accouting and Finance*, 47, 2007, pp. 643 e ss.).

[330] Cf. WAN, *The validity* cit., p. 77. BATES e LEMMON concluíram, num estudo realizado em 2007, que os negócios com *break-up fees* apresentavam uma maior taxa de sucesso (cf. *Breaking up* cit., pp. 469 e ss.) e já anteriormente COATES e SUBRAMANIAN tinham chegado à mesma conclusão (cf. *A buy-side* cit., pp. 347-353). BURCH refere que as transacções com *lock-ups options* desencorajam a concorrência e apresentam taxas de sucesso mais elevadas (cf. *Locking out rivakl bidders: The use of lockup options in corporate mergers*, in *Journal of Financial Economics*, 60, 2001, pp. 109-110) Em sentido contrário, OFFICER defende que não há evidência suficiente de que as *break-up fees* impeçam a concorrência e aumentem a probabilidade de sucesso da OPA em 20% (cf. *Termination fees* cit., pp. 431 e ss.).

[331] Cf. WAN, *The validity* cit., p. 77. Neste sentido, vide os estudos de BATES/LEMMON, *Breaking up* cit., pp. 469 e ss. OFFICER conclui que as *break-up fees* não prejudicam os accionistas da sociedade visada,

3.4 Delimitação dos mecanismos "facilitadores" de controlo objecto de análise no presente estudo

I. Elencados os mecanismos "facilitadores" da cessão de controlo, é agora necessário delimitar quais serão objecto de análise no presente estudo e quais objectivos que pretendo alcançar nessa análise.

O estudo não irá abordar todos os mecanismos "facilitadores" da cessão de controlo em sociedades cotadas. O âmbito mais limitado de uma tese de mestrado não se coaduna com a análise de todos os mecanismos que se elencaram, sob pena de se ceder à tentação de realizar uma análise que, sendo mais abrangente, pecaria por ser menos profunda e não se debruçar sobre os vários problemas que os mesmos suscitam, ficando-se por meras referências superficiais. Acresce que o presente estudo não irá versar apenas sobre a admissibilidade daqueles mecanismos à luz do ordenamento jurídico português, irá analisar as repercussões que os mesmos apresentam ao nível da alteração do controlo das sociedades cotadas.

Com efeito, parece estranho que se tenha adoptado a denominação – "mecanismos «facilitadores» da cessão de controlo de sociedades cotadas" – quando a designação corrente dos mesmos na literatura estadunidense, à qual se deve a sua origem, é a de *deal protection devices* ou *lock-ups*. Aparentemente, faria mais sentido designá-los de "mecanismos de protecção do negócio" ou "mecanismos de blindagem do negócio".

Porém, semelhante nomenclatura obnubilaria uma dimensão extremamente importante destes mecanismos: a sua repercussão na alteração do controlo das sociedades. De facto, alguns dos mecanismos referidos *supra* podem coadjuvar (e esse é aliás o objectivo declarado de alguns deles) a alteração do controlo de uma sociedade, pelo que a sua atribuição pode interferir com importantes institutos associados à mudança do controlo societário (como é o caso da OPA obrigatória). É preciso verificar se os mecanismos em análise geram uma imputação de direitos de voto, nos termos do art. 20º do Cód.VM, e se essa imputação é relevante para efeitos do cômputo da participação que, nos termos do art. 187º do Cód.VM, determina a constituição do dever de lançamento de OPA. Recorde-se que esta dimensão dos *deal protection devices* não é relevante no ordenamento jurídico norte-americano, porque nem a legislação federal, nem a grande maioria das legisla-

---

antes geram valorizações médias superiores a 4% (cf. *Termination fees* cit., pp. 431 e ss.). Diferentemente, COATES e SUBRAMANIAN consideram que os *foreclosing lockups* são mais utilizados na prática do que o que a doutrina dominante sugere e afirmam que os *stock lockups* geram prémios de OPA mais elevados do que as *break-up fees* (cf. *A buy-side* cit., pp. 347-353).

ções estaduais, consagra o dever de lançamento. É, portanto, compreensível que se acentue o carácter mais protector dos mecanismos e não tanto a sua influência sobre a alteração do controlo que lhes é inerente. Acresce que, nos Estados Unidos da América, as já referidas *stock-for-stock transactions* (que não envolvem uma alteração de controlo) são muito mais frequentes do que no nosso mercado de capitais, dada a incomensuravelmente maior dispersão accionista das sociedades norte-americanas.

Face ao exposto, optou-se pela denominação "mecanismos «facilitadores» da cessão de controlo", acentuando a importância dos mesmos para a alteração do controlo e as consequências que daí podem advir[332].

II. O presente estudo aborda dois mecanismos "facilitadores" da cessão de controlo das sociedades cotadas: os acordos irrevogáveis de aceitação de OPA e os acordos irrevogáveis de não-aceitação de OPA.

Porquê estes e não outros?

São os mecanismos mais intrinsecamente relacionados com as mudanças de controlo societário. Os acordos de aceitação ou de não aceitação de OPA têm tido uma utilização crescente, sobretudo nos países de matriz continental, em que, por força da menor concentração accionista, adquirem uma maior relevância pois permitem assegurar, à partida, o sucesso da oferta. A sua relação com a mudança de controlo accionista é extremamente intensa, na medida em que são acordos que envolvem os actuais accionistas e o potencial oferente, futuro accionista controlador da sociedade cotada. Mais do que uma vertente compensatória, estes mecanismos visam garantir *a priori* o sucesso da cessão do controlo.

---

[332] Nos países de matriz continental, para além dos aforismos americanos (*e.g. deal protection* ou *corporate lock-ups* (cf. HEINRICH, *Der Weiße Ritter als Maßnahme zur Abwehr eines feindlichen Übernahmeangebotes*, JWV, Berlín, 2009, pp. 61 e ss.; BALZ, *No-Shop-Vereinbarungen* cit., pp. 15-16; DRYGALA, *Deal Protection* cit., p. 1413; Ib., *Break-up* cit., pp. 163-164)), os estudos jurídicos que versam sobre este tema apresentam uma nomenclatura muito diversificada, salientando, nalguns casos, o carácter de exclusividade dos acordos (*Exklusivereibarungen* ou *exclusivität und deal protection*) (cf. KUHN, *Exclusivvereinbarungen* cit., p. 25; KRÜGER/KAUFMANN, *Exclusivität* cit., pp. 1095-1096). Sem prejuízo de considerar relevante esta dimensão da exclusividade dos acordos, julgo que, atenta a importância da análise das repercussões destes mecanismos na cessão do controlo (que será objecto deste estudo), a tónica do título do tema deveria residir nesta outra dimensão. No mesmo sentido, *vide* GÓMEZ-ACEBO, *Ofertas competidoras* cit., p. 880; Ib., *Los mecanismos contractuales de facilitación y garantía en las operaciones de cesión de control de la sociedad cotizada*, in *Revista de Derecho de Sociedades*, 29, 2007, pp. 91 e ss.

III. Após o presente capítulo introdutório (I), irei analisar, no capítulo II, os acordos irrevogáveis de aceitação de OPA, no capítulo III, os acordos irrevogáveis de não-aceitação de OPA, e, por fim, no capítulo IV, debruçar-me-ei sobre a sua repercussão no quadro geral de cessão do controlo.

No capítulo II., procurar-se-á perceber a anatomia dos acordos irrevogáveis de aceitação de OPA, verificar se os mesmos são admissíveis e quais os deveres de informação que geram. Analisar-se-á igualmente a eficácia destes acordos, os mecanismos a que as partes poderão recorrer em caso de incumprimento e a natureza jurídica que assumem. No capítulo III, empreenderemos um estudo similar em relação aos acordos irrevogáveis de não-aceitação de OPA, que apresentam uma estrutura muito distinta dos acordos de aceitação.

Por fim, no capítulo IV, reconduzir-se-ão os acordos analisados nos Capítulos II e III ao quadro da alteração do controlo de sociedades cotadas. Neste âmbito, procurar-se-á alcançar um conceito de controlo das sociedades cotadas e analisar-se-ão os efeitos que a atribuição daqueles mecanismos pode ter na alteração deste controlo. Em particular, verificar-se-á se os mesmos são susceptíveis de gerar uma imputação de direitos de voto, bem como os termos concretos em que essa imputação se deve, ou não, efectuar e averiguar se essa imputação de direitos de voto será tida em conta no cômputo da participação que, nos termos do artigo 187º do Cód.VM, determina o dever de lançamento.

Capítulo II
Acordos Irrevogáveis de Aceitação de OPA

1. Anatomia dos acordos irrevogáveis de aceitação de OPA
1.1 Conceito e origem

I. O acordo irrevogável de aceitação de OPA é o acordo celebrado entre um actual ou putativo oferente e os accionistas de uma sociedade visada, nos termos do qual estes se obrigam, de forma irrevogável, a aceitar uma actual ou potencial OPA lançada por aquele oferente em determinados termos e condições[333].

Estes acordos são comummente designados, nos países anglo-saxónicos, como *irrevocable undertakings*, *irrevocable commitments* ou, simplesmente, *irrevocables* (no Reino Unido) e *shareholder lock-ups* (nos Estados Unidos da América), enquanto, nos países de matriz continental, as expressões mais comuns são, para além daqueles anglicismos, *Rechtsverbindliche Zusagen zur Annahme von Übernahmeangeboten*, *impegno ad aderire ad un'OPA* ou *compromiso irrevocable de venta en OPA*[334].

II. As primeiras referências aos acordos irrevogáveis de aceitação de OPA surgiram no Reino Unido, tendo a sua utilização crescido exponencialmente[335] o que

---

[333] Neste sentido, RIEGEN, *Rechtsverbindliche Zusagen zur Annahme von Übernahmeangeboten (sog. "irrevocable undertakings")*, in ZHR, 167, 2003, p. 703.
[334] Para uma definição destes acordos e respectiva terminologia, no direito inglês, *vide* ATHANASIOS KOULORIDAS, *The law* cit., pp. 195-196; no direito estadunidense, *vide* GORDON/DAVIS/UHRYNUK, *Deal protection* cit., p. 312; no direito alemão, KUHN, *Exclusivvereinbarungen* cit., pp. 59-60; BIRKNER/THALER, *Verhaltensmaßstäbe* cit., pp. 699-670; no direito italiano, *vide* QUATRARO/PICONE, *Manuale* cit., pp. 140-141; no direito espanhol, *vide* GÓMEZ-ACEBO, *Comentario a los artículos 40º* cit., p. 880; VIVES RUIZ, *Las operaciones* cit., p. 158.
[335] Cf. Declaração de aceitação da família Spear da OPA da *Hasbro UK Limited* sobre a sociedade visada *Spear plc* (cf. documento da oferta de 28/5/1994, pp. 4 e 28); declaração de aceitação da *Wellcome*

levou a que os mesmos passassem a estar expressamente regulados[336]. O pioneirismo britânico não é de estranhar, atento o maior desenvolvimento do seu mercado de capitais quando comparado com os seus congéneres europeus. Recorde-se que o Reino Unido já tinha sido o precursor na criação das *public companies*[337].

Nos Estados Unidos da América, e ao contrário do que se poderia esperar, aqueles acordos são menos frequentes do que no Reino Unido[338]. O fenómeno

---

Trust da OPA da *Glaxo plc* sobre a sociedade *Wellcome plc* (cf. documento da oferta de 7/2/1995, pp. 17 e 49 f. e anexo II 5 (D)); declarações de aceitação de vários accionistas da sociedade *Beales Hunter plc* relativa à OPA lançada pela *Stages Group* lançada sobre aquela sociedade (cf. documento da oferta 6/07/1998, pp. 10 e 76); declarações de aceitação de vários accionistas da sociedade *Primsight plc* quanto à OPA da *Scottish Media Group plc* lançada sobre aquela sociedade (cf. documento da oferta de 9/02/1999, pp. 4, 10 e 101); declarações de aceitação de vários accionistas da sociedade *Century Inns plc* quanto à OPA da *Enterprise plc* lançada sobre aquela sociedade (cf. documento da oferta 29/03/1999, pp. 8 e 43); declarações de aceitação de vários accionistas da sociedade *First Choice Holidays plc* relativas à OPA da *Airtours* lançada sobre aquela sociedade (cf. documento da oferta 30/04/1999, pp. 8 e 46); declarações de aceitação de vários accionistas da sociedade *Morland PLC* relativas à OPA da *Greene King* sobre aquela sociedade (cf. documento da oferta 21/07/1999, pp. 6 e 28); Declaração da *Hutchison* de aceitação da OPA da *Mannesmann AG* sobre a *Orange plc* (cf. documento da oferta datado de 1/11/1999, pp. 6 e 143); declarações de aceitação de vários accionistas da sociedade *News Communications & Media plc* relativas à OPA da *Gannett U.K. Limited* lançada sobre aquela sociedade (cf. documento da oferta 12/05/2000, pp. 7 e 124); Declaração da *John Mowlem & Company plc* de aceitação da OPA da *Harsco Corporation* sobre a *SGB Group plc* (cf. documento da oferta 20/05/2000, pp. 4 e 88); declarações de aceitação de vários accionistas (que eram, simultaneamente, administradores) da sociedade *Prowting plc* da OPA da *Westbury plc* sobre a *Prowting plc* (cf. documento da oferta 24/05/2002, pp. 6 e 46).

[336] Os acordos irrevogáveis de aceitação encontram-se regulados no *Takeover Code* o qual (i) inclui, actualmente, uma definição dos mesmos (*Definition C13*), (ii) determina a obrigatoriedade da sua divulgação nos documentos da oferta (*Rule 2.5 (b) (iii)* e *(c)*), (iii) regula a relevância que os mesmos assumem em matéria de imputação de direitos de voto e de OPA obrigatória (nomeadamente no conceito de *interest in shares*) (*Rule 5.1*) e (iv) fixa alguns limites para a sua celebração (*Rule 5*) (cf. RYDE/TURNILL, *Share dealings – restrictions and disclosure requirements*, in BUTTON, *A practitioner's guide to The City Code on Takeovers and Mergers 2009/2010*, City & Financial Publishing, Londres, 2009, p. 83). Mais discutível é saber se estes acordos determinam uma imputação de direitos de voto fora do contexto de OPA, nomeadamente em matéria de comunicação de participações qualificadas ao abrigo da secção do 89A do *Financial Services and Markets Act 2000* (cf. igualmente *rule* 5.3.1 *Disclosure and Transparency Rules Instrument 2006*).

[337] Cf. I., 1.1.1 *supra*.

[338] Sobre a prática do mercado de capitais norte-americano neste domínio, *vide* WACHTELL/LIPTON/ /ROSEN/KATZ, *Takeover law and practice*, New York, 2009, pp. 69-72. São mais frequentes os acordos irrevogáveis de voto favorável à aprovação de uma fusão do que as declarações de aceitação de OPA (cf. caso *Omnicare, Inc. vs NCS Healthcare, Inc.*, 818 A.2d (Del. 2003), pp. 914 e ss.; caso *Orman vs. Cullman*, Del. Ch., no. Civ. A. 18039, 2004).

pode explicar-se desde logo pela maior dispersão accionista das sociedades cotadas norte-americanas. Com efeito, numa sociedade com maior dispersão accionistas, o número de declarações de aceitação necessário para alcançar um certo grau de confiança quanto ao sucesso da oferta é muito mais elevado do que numa sociedade com o capital mais concentrado. Outro dos motivos terá sido o impacto que a decisão do caso *Omnicare* teve na prática norte-americana.

Nos ordenamentos jurídicos continentais, o advento dos acordos de aceitação de OPA verificou-se mais tardiamente, mas a sua utilização prática tem crescido de forma muito considerável[339]. Exemplo paradigmático é o ordenamento jurídico alemão. Antes da entrada em vigor da WpÜG, e na ausência de normas sobre as OPAs, os oferentes procuravam salvaguardar o sucesso da sua OPA através de mecanismos como o acordo de aquisição de participações significativas (*Kaufverträge*[340]) ou as opções (*Optionen*[341]). Após a entrada em vigor da WpÜG no ano de 2002, a obtenção de declarações de aceitação de OPA por parte do oferente tornou-se uma realidade[342] e a sua utilização prática aumentou significativamente.

---

[339] Sobre a importância dos acordos de aceitação de OPA no mercado de capitais italiano, *vide* QUATRARO/PICONE, *Manuale* cit., pp. 140-141; no mercado de capitais espanhol, *vide* GÓMEZ-ACEBO, *Comentario a los artículos 40º* cit., p. 880; VIVES RUIZ, *Las operaciones* cit., p. 158; no mercado de capitais francês, *vide* ALAIN VIANDIER, *OPA, OPE et autres offres publiques*, 4ª edição, Editions Francis Lefebvre, Paris, 2010, pp. 129 e ss..

[340] *Vide* a aquisição de participação maioritária na sociedade alemã *Telegate AG* pela sociedade italiana *Seat Pagine Gialle S.p.A.*, efectuada fora da OPA que esta tinha lançado sobre aquela (cf. *Börsen-Zeitung* de 7/06/2000); a aquisição de participação maioritária na sociedade alemã *MSH Internationally Service AG* pela também sociedade alemã Systematics AG, efectuada fora da OPA que esta tinha lançado sobre aquela (cf. *Bundesanzeiger* 30/06/2000).

[341] *Vide* a opção de compra da *Tech Data Corporation* sobre 14,55% das acções ordinárias da Macro Tone AG, no contexto da OPA obrigatória da *Tech Data Acquisition GmbH* sobre a sociedade *Macro Tone AG* (cf. *Bundesanzeiger* de 5/07/1997); opção de compra do *ConSors Discount Broker AG* sobre as acções detidas pelo accionista maioritário da *Berliner Effektengesellschaft AG*, no contexto da OPA obrigatória da *ConSors Discount Broker AG* sobre a *Berliner Effektengesellschaft AG* (cf. *Frankfurter Allgemeine Zeitung* 10/07/2000).

[342] Cf. CARSTEN PAUL, *Pflichtangebot nach §35 WpÜG – Ein nicht verzichtbares Recht der Minderheitsaktionäre*, in DB, 2008, 39, p. 2127; RIEGEN, *Rechtsverbindliche* cit., p. 703. *Vide* declarações de aceitação de vários accionistas da *Concept! AG* relativamente à OPA lançada pela *OgilvyOne worldwilde GmbH & Co. KG* sobre aquela (cf. documento da oferta 21/02/2002, p. 8); declaração de aceitação da *United Internet AG* e da *Private Bridge Finance* relativamente à OPA da *Adecco S.A.* sobre a sociedade *jobpilot AG* (cf. documento da oferta 15/03/2002, p. 7); declarações de aceitação de vários accionistas da *Kamps AG* relativamente à OPA lançada pela *Finba Bakery Europe AG* sobre aquela sociedade (cf. documento da oferta 23/05/2002, p. 11); declarações de aceitação de vários accionistas da *tecis Holding*

1.2 Modalidades

I. É possível distinguir entre diferentes modalidades de acordos irrevogáveis de aceitação de OPA em função dos seguintes critérios: o sujeito (*critério subjectivo*), o vínculo (*critério do vínculo*), o momento em que a declaração é emitida (*critério temporal*) e o número e modo de articulação das declarações negociais (*critério da declaração negocial*).

Se atendermos ao critério subjectivo, isto é, ao sujeito que emite a declaração de aceitação de OPA a favor do putativo oferente, podemos distinguir entre as declarações de aceitação emitidas por accionistas de controlo, as emitidas por accionistas sem participação de controlo e as emitidas por membros dos órgãos de administração da sociedade visada.

Os acordos de aceitação de OPA celebrados com accionistas de controlo da sociedade são indispensáveis quando a participação do accionista de controlo é superior a metade dos direitos de voto[343]. Nenhum oferente ousará lançar uma OPA sem saber de antemão se o accionista de controlo aceita a mesma, uma vez que o sucesso da sua oferta (se dirigida à obtenção de controlo) depende inevitavelmente da aceitação daquele[344]. Neste caso, os acordos de aceitação de OPA

AG quanto à OPA da AWD Holding AG lançada sobre aquela (cf. documento da oferta 5/06/2002, p. 10); declaração de aceitação da *E. ON AG* relativamente à OPA da *RAG Projektgesellschaft mbH* sobre a *Degussa AG* (cf. documento da oferta 19/06/2002, p. 14); declaração de aceitação da OPA da *E. ON AG* relativamente à OPA da *DB Sechste Vermögensverwaltungsgesellschaft mbH* sobre a *Stinnes AG* (cf. documento da oferta 6/08/2002, p. 9); declaração de aceitação dos accionistas da *Phoenix AG* em relação à OPA lançada pela *Continental AG* (cf. documento da oferta 26/04/2004); declaração de aceitação de accionistas da *Eichborn AG* relativamente à OPA da *Ludwig Fresenius* (cf. documento da oferta de 24/01/2005); declaração de aceitação da OPA de vários accionistas da *VEM Aktienbank AG* em relação à OPA da *Computer Beteiligungs GmbH & Co. KG* (cf. documento da oferta de 19/12/2007).

[343] *Vide*, no Reino Unido, a OPA da *Harsco* sobre a *SGB*, em que o accionista de controlo – a *Mowlem & Company PLC* – celebrou um acordo irrevogável de aceitação de OPA relativo às acções da *SGB* que detinha e que representavam 50,96% do capital social desta. *Vide*, na Alemanha, a OPA da *RAG* sobre a *Degussa AG*, em que o accionista de controlo – a *E. ON AG* – celebrou um acordo irrevogável de aceitação de OPA que abrangia acções representativas de 64,5% do capital social da *Degussa AG*; OPA da *DB Sechste Vermögensverwaltungsgesellschaft mbH* sobre a *Stinnes*, em que o accionista de controlo – a *E. ON AG* – celebrou um acordo de aceitação de OPA que abrangia acções representativas de 65,4% do capital social da *Stinnes*.

[344] Cf. Riegen, *Rechtsverbindliche* cit., pp. 704-705. Já se a participação de controlo for inferior a metade dos direitos de voto mas superior a 1/3, o oferente ainda poderá alcançar o domínio da sociedade mesmo sem a aceitação do actual accionista de controlo, desde que a percentagem de aceitação da OPA lhe permita adquirir um número de acções superior às detidas por este.

acabam por substituir os acordos de compra de uma participação de controlo (*Paketkaufvertrag*)[345].

Diferentes dos anteriores, são os acordos celebrados com accionistas que detêm participações qualificadas, mas não de controlo[346]. Estes protegem o interesse do oferente, que procura assegurar *ex ante* uma determinada percentagem de aceitação da OPA para facilitar a aquisição do controlo, e do accionista que, através do acordo, irá fixar com o oferente o prémio inerente à sua participação, o qual poderá ser igual ao prémio de controlo. Estes accionistas são, na maioria dos casos, accionistas institucionais (*e.g.* fundos de investimento; fundos de pensões; *hedge funds*; fundos soberanos)[347].

Os acordos irrevogáveis de aceitação de OPA podem ainda ser celebrados com membros dos órgãos de administração da sociedade visada que são simultaneamente accionista desta[348]. Esta modalidade de acordos, mais do que assegurar a aceitação de um número significativo de accionistas, permite "amarrar" o órgão de administração à OPA a ser lançada, de tal modo que este actue sempre no sen-

---

[345] Cf. RIEGEN, *Rechtsverbindliche* cit., p. 704.

[346] *Vide*, no Reino Unido, os acordos irrevogáveis de aceitação de OPA celebrados entre três investidores institucionais e o oferente, a *Stadium Group plc*, relativo a 29,9% das acções da *Beales Hunter plc* (sociedade visada); o acordo irrevogável de aceitação de OPA celebrado entre a *Hutchison* e a *Mannesmann AG*, relativo a acções representativas de 29,9% do capital da *Orange plc* (sociedade visada); acordo irrevogável de aceitação de OPA celebrado entre a *Wellcome Trusts* e a *Glaxo* relativo a acções representativas de 44,8% do capital social da *Wellcome plc* (sociedade visada); acordos irrevogáveis de aceitação de OPA celebrados entre vários accionistas institucionais e a *Gannet U.K. Limited* (oferente) relativos, no total, a 13,69% do capital social da *News Communications & Media plc.* (sociedade visada); acordos irrevogáveis de aceitação de OPA celebrados entre, por um lado, Thomas Cook e o banco West LB, e, por outro lado, a *Airtours plc* (oferente) relativos a 9,99% do capital social da *First Choice Holidays plc.* (sociedade visada). *Vide*, na Alemanha, os acordos irrevogáveis de aceitação de OPA celebrados entre, por um lado, a United Internet AG e a *Private Bridge*, e, por outro lado, a *Adecco S.A.* (oferente) relativos a acções representativas, respectivamente, de 39,5% e 2,69% do capital social da *jobpilot AG* (sociedade visada); acordos de aceitação de OPA celebrados entre seis accionistas da *Concept! AG* e a *OgilvyOne worldwilde GmbH & Co. KG* (oferente) relativos a 6,5% do capital social da *Concept! AG* (sociedade visada).

[347] Cf. exemplos referidos na nota anterior; RIEGEN, *Rechtsverbindliche* cit., p. 705.

[348] *Vide*, no Reino Unido, os acordos de aceitação da OPAs celebrados com o órgão de administração nas OPAs da *Westbury plc.* sobre a *Prowting plc.*, da *Greene King plc.* sobre a *Morland plc.* e da *Scottish Media Group plc.* sobre a *Primsight plc. Vide*, na Alemanha, os acordos de aceitação de OPA celebrados com o órgão de administração ou conselho geral e de supervisão (recorde-se que, nos termos dos §§ 34 i. e 27(1) nr. 1 da WpÜG, estes dois órgãos têm de apresentar um relatório sobre a oportunidade da oferta) nas OPAs da *OgilvyOne worldwide GmbH & Co. KG* sobre a *Concept! AG* e da *Finba Bakery Europe AG* sobre a *Kamps AG*.

tido de recomendar a mesma e de praticar os actos necessários aos objectivos visados (*e.g.* não distribuição de dividendos, não apresentar propostas para a realização de operações extraordinárias ou estratégicas)[349]. O oferente assegura que, no relatório sobre a oportunidade e condições da oferta (art. 181º, nº 1 do Cód.VM), o órgão de administração recomendará favoravelmente a sua OPA. Este tipo de acordos levanta questões específicas[350], as quais não iremos abordar, e são muitas vezes vistos como um *deal protection device* autónomo, que tanto surge associado a declarações de aceitação de OPA de administradores que são simultaneamente accionistas como surge de forma independente, como uma mera obrigação de recomendação favorável da OPA ou de uma operação de fusão.

II. Se se atender ao critério do vínculo, isto é, ao grau do vínculo assumido, é possível distinguir entre as chamadas *soft irrevocables* e as *hard irrevocables*.

As *soft irrevocables* são acordos de aceitação de OPA em que o accionista que se obriga a aceitar a OPA do putativo ou actual oferente, reserva-se o direito de revogar a aceitação da mesma caso surja uma oferta concorrente que ofereça um valor superior[351]. Ou seja, os accionistas, apesar de aceitarem previamente a OPA actual ou futura do actual ou putativo oferente, não renunciam ao seu direito de revogação (o *Rücktrittsrecht*) da declaração de aceitação de OPA no caso de lançamento de oferta concorrente, sendo que, neste caso, aquele direito pode ser exercido até ao último dia do período de aceitações (art. 185º-A, nº 6 do Cód.VM). O grau de vinculação do accionista à aceitação da oferta é, portanto, menor (*soft*), o que confere, correspectivamente, uma menor segurança ao oferente no que diz respeito ao sucesso da sua oferta, porque corre o risco do lançamento de uma oferta concorrente retirar-lhe as aceitações prévias que tinha obtido[352]. Porém,

---

[349] Sobre o conteúdo destas obrigações e seus objectivos, *vide* VIVES RUIZ, *Las operaciones* cit., p. 168; RIEGEN, *Rechtsverbindliche* cit., p. 705.

[350] Sobre estes temas, *vide* KUHN, *Exclusivvereinbarungen* cit., pp. 229-231.

[351] Cf. KUHN, *Exclusivvereinbarungen* cit., p. 318; RIEGEN, *Rechtsverbindliche* cit., p. 713; VIVES RUIZ, *Las operaciones* cit., p. 168. *Vide*, no Reino Unido, a declaração de aceitação da família *Spear* da OPA da *Hasbro UK Limited* sobre a sociedade visada *Spear plc* (cf. documento da oferta de 28/5/1994, pp. 4 e 28); acordos de aceitação de OPA celebrados entre vários accionistas da *Fiscal Properties plc.* relativos à OPA da *Quintain Estates and Development plc.* sobre a *Fiscal Properties plc.* (cf. documento da oferta de 21/03/1997, pp. 16 e 41).

[352] Estas declarações permitem, por um lado, ao oferente saber qual o valor mínimo para que a sua OPA tenha sucesso, e, por outro lado, assegura-lhe, previamente (ainda que com aquela limitação/risco), uma determinada percentagem de aceitação da oferta que pode, quando conhecida pelos demais concorrentes, desmotivar o lançamento de OPAs concorrentes (cf. BIRKNER/THALER, *Verhaltensmaßstäbe* cit., p. 700).

há uma renúncia ao direito geral de revogação da declaração de aceitação previsto no art. 126º, nº 2 do Cód.VM.

Ao invés, nas *hard irrevocables*, o accionista obriga-se a aceitar a OPA, mesmo que seja lançada uma oferta concorrente que ofereça um valor superior[353]. Nestes casos, há uma renúncia do destinatário da oferta ao seu direito de revogação da declaração de aceitação (o *Rücktrittsrecht*)[354]. O actual ou putativo oferente assegura, *a priori* e de forma irrevogável, um determinado grau de aceitação da OPA que, ou lhe garante desde já o sucesso da mesma, ou lhe dá alguma garantia nesse sentido, desincentivando potenciais oferentes concorrentes.

Na prática, também nos deparamos com acordos irrevogáveis de aceitação de OPA cujo grau do vínculo assumido se situa entre as *soft* e as *hard irrevocables*. É o caso dos acordos em que o accionista se obriga a aceitar a OPA e não revogar a sua aceitação mesmo que uma oferta concorrente seja lançada, excepto se a contrapartida oferecida for superior em determinada percentagem à da oferta inicial[355] (*e.g.* 10% acima da contrapartida oferecida[356]). É igualmente frequente estabelecer-se que, no caso de ser lançada uma oferta concorrente, o accionista

---

[353] *Vide*, no Reino Unido, os *hard irrevocables* de accionistas da *Century Inns plc*. quanto à OPA da *Enterprise plc*; o *hard irrevocable* da *John Mowlem & Company plc* relativo à OPA da *Harsco Corporation* sobre a *SGB Group plc*; *hard irrevocable* da *Wellcome Trusts* a favor da *Glaxo* relativo à OPA lançada por esta sobre a *Wellcome plc*; *hard irrevocable* da *Hutchison* relativo à OPA da *Mannesmann AG* sobre a *Orange plc*; *hard irrevocables* de vários accionistas (que eram, simultaneamente, administradores) da sociedade *Prowting plc* relativos à OPA da *Westbury plc* sobre a *Prowting plc*; *hard irrevocables* de vários accionistas da sociedade *Primsight plc* (excepto do accionista *Phillips & Drew*) quanto à OPA da *Scottish Media Group plc*; *hard irrevocables* de vários accionistas da *Esprit Telecom Group* relativas à OPA da Global TeleSystems Group, Inc. (cf. documento da oferta 2/02/1999, pp. 70 e 86 e Anexos E ao N); *hard irrevocable* de vários accionistas da *Savoy Hotel plc*. relativamente à OPA *Blackstone Hotel Acquisitions Company* (cf. documento da oferta 5/01/1998, pp. 2 e 49).

[354] Cf. KUHN, *Exclusivvereinbarungen* cit., p. 318; RIEGEN, *Rechtsverbindliche* cit., p. 713.

[355] Cf. KUHN, *Exclusivvereinbarungen* cit., p. 318; RIEGEN, *Rechtsverbindliche* cit., p. 713; VIVES RUIZ, *Las operaciones* cit., p. 168.

[356] Foi esse o caso das *irrevocables* emitidas por vários accionistas da sociedade *First Choice Holidays plc* relativas à OPA da *Airtours*; *irrevocables* emitidas por vários investidores institucionais da *News Communications & Media plc* relativas à OPA da *Gannett U.K. Limited*; *irrevocable* da *Phillips & Drew Find Management Limited* na OPA da *Schawk, Inc.* sobre a *Wace Group plc* (cf. documento da oferta 20/03/1999, p. 5); *irrevocable* da *Phillips & Drew Fund Management Limited* em relação à OPA da *App songs Graphics Technologies, Inc.* sobre a *Wace Group plc* (cf. documento modificativo da oferta de 1/04/1999, pp. 5 e 15); *irrevocable* emitidas por vários accionistas da *Inn Business Group plc* relativas à OPA da *Punch plc* sobre aquela sociedade (cf. documento da oferta de 22/06/1999, pp. 4 e 59).

só tem o direito de revogação da aceitação se o oferente não modificar os termos da sua OPA, subindo a contrapartida da mesma para um valor similar ao da oferta concorrente[357].

III. Se se considerar o critério temporal, isto é, o momento em que o acordo é celebrado, é possível distinguir entre os acordos que são celebrados antes do anúncio preliminar da OPA e os que são celebrados após esse anúncio.

Os primeiros acordos são mais frequentes na prática[358] e permitem ao oferente beneficiar de todas as vantagens dos acordos de aceitação de OPA. O oferente sabe de antemão qual a contrapartida que deve oferecer e assegura, também previamente, o sucesso da sua oferta ou, pelo menos, uma determinada percentagem de aceitação que poderá ser decisiva para o sucesso da OPA, funcionando simultaneamente como desincentivo para oferentes concorrentes[359]. O oferente evita o lançamento de uma OPA destinada ao fracasso, pois aqueles acordos permitem auscultar a abertura dos accionistas a uma OPA e determinar os termos e condições que a mesma deve apresentar.

Os acordos de aceitação de OPA celebrados no decurso de uma OPA já anunciada, embora sejam menos frequentes[360], têm um interesse para o oferente, porque, ao assegurar-lhe um determinado grau de aceitação antes do termo da OPA, dá-lhe a segurança necessária para arriscar uma subida da contrapartida

---

[357] Cf. KUHN, *Exclusivvereinbarungen* cit., p. 318; RIEGEN, *Rechtsverbindliche* cit., p. 713; VIVES RUIZ, *Las operaciones* cit., p. 158. Veja-se, por exemplo, as *irrevocables* emitidas por vários accionistas da *Beales Hunter plc* relativas à OPA da *Stages Group*; *irrevocables* emitidas por vários accionistas da *Morland plc* relativas à OPA da *Greene King*; *irrevocable* de *Phillips & Drew Find Management Limited* e da *Active Value Fund Manager Limited* relativas à OPA da *John Mansfield Group plc* sobre a *Marley plc* (cf. documento da oferta de 1/12/1998, p. 37); *irrevocable* de *Phillips & Drew Fund Management Limited* relativo à OPA da *ISPG plc* sobre a *Albright & Wilson plc* (cf. documento da oferta de 13/05/1999, pp. 4 e 138).

[358] Cf. KUHN, *Exclusivvereinbarungen* cit., p. 318; RIEGEN, *Rechtsverbindliche* cit., pp. 711-712.

[359] Cf. KUHN, *Exclusivvereinbarungen* cit., p. 319; BIRKNER/THALER, *Verhaltensmaβstäbe* cit., p. 700.

[360] Cf. ATHANASIOS KOULORIDAS, *The law* cit., p. 198. Nestes casos, a *Rule 4.3* do City Code exige que o *Panel* seja consultado previamente se o oferente pretender contactar um número de pequenos accionistas pessoas singulares e accionistas que sejam pequenas sociedades comerciais. O *Panel* pretende assegurar que esses acordos disponibilizam informação adequada a estes accionistas em relação às obrigações que vão assumir e que lhes seja concedida a possibilidade real de aceitar ou não a assunção dessas obrigações e obter aconselhamento independente se tal for necessário. O assessor financeiro será responsável por assegurar o cumprimento das normas legais e regulamentares aplicáveis nos contactos havidos (cf. ATHANASIOS KOULORIDAS, *The law* cit., p. 198).

e produz um efeito "positivo" sobre os demais destinatários, os quais, perante aquele grau de aceitação, tenderão a acreditar no sucesso da oferta e a optar pela aceitação da mesma com receio da desvalorização das suas acções pós--OPA[361].

IV. Se se atender ao critério da declaração negocial, isto é, ao número e modo de articulação das declarações integradoras do negócio de aceitação de OPA, podemos distinguir entre as meras declarações unilaterais de aceitação de OPA, os contratos unilaterais de aceitação de OPA e os contratos bilaterais de aceitação de OPA.

As primeiras são declarações públicas emitidas pelos accionistas da sociedade visada, nas quais declaram aceitar a OPA actual ou futura do presente ou potencial oferente[362], sem que este, em contrapartida, emita qualquer declaração pública ou privada[363]. São pouco utilizadas na prática e, quando o são, são-no num momento em que a OPA já foi anunciada e através de comunicados dirigidos ao público, anunciando a posição do accionista quanto à oferta. A validade e vinculatividade destas declarações são muito discutíveis, sobretudo para quem sustente o princípio da tipicidade dos negócios jurídicos unilaterais[364].

Os contratos unilaterais de aceitação são aqueles em que o accionista se obriga perante um actual ou potencial oferente a aceitar uma OPA presente ou futura desde que apresente determinados termos e condições. O oferente aceita a declaração negocial emitida pelo accionista, ficando aquele obrigado perante este, mas o contrato gera apenas obrigações para o accionista e não para o oferente.

---

[361] Diferentes destes acordos de aceitação de OPA, são os contratos-promessa de compra e venda das acções celebrados antes ou no decurso da OPA, cujos efeitos, em particular a transmissão das acções, apenas se operará após a liquidação da OPA (e, consequentemente, fora do contexto de OPA) (cf. ALAIN VIANDIER, *OPA* cit., p. 129. Cf. OPA sobre Jean-Claude Aubry, decisão da CMF nº 202C0410, de 11 de Abril de 2002).
[362] Cf. ALAIN VIANDIER, *OPA* cit., p. 130.
[363] Recorde-se que, entre nós, vigora a doutrina da recepção do negócio jurídico (cf. art. 224º do CC), nos termos da qual o contrato só está perfeito quando o destinatário da declaração expediu, por qualquer meio, a sua aceitação, embora com uma ligeira nuance: não é necessário que a declaração chegue ao poder do destinatário ou à esfera de acção do proponente, "se, por qualquer meio, foi dele conhecida" (cf. MOTA PINTO, *Teoria geral do direito civil*, 4ª edição, por ANTÓNIO PINTO MONTEIRO/PAULO MOTA PINTO, 2ª reimpressão, Coimbra Editora, Coimbra, 2012, p. 440).
[364] Defendendo não ter o carácter contratual de uma promessa, *vide* ALAIN VIANDIER, *OPA* cit., p. 103.

O potencial oferente não fica, caso a oferta não tenha sido anunciada preliminarmente, obrigado a lançar a mesma[365]. Esta é a modalidade mais frequente de acordos de aceitação de OPA que surgem normalmente sob a veste jurídica de promessas unilaterais[366].

Por fim, há ainda os contratos bilaterais de aceitação de OPA. Nestes, o accionista declara aceitar uma oferta actual ou futura de um determinado oferente com determinadas condições e termos e o actual ou potencial oferente assume algumas obrigações relativas, regra geral, ao destino dos activos da sociedade visada caso a sua OPA tenha sucesso[367]. Nalguns casos, o oferente pode mesmo assumir a obrigação de lançamento de OPA, juntando, como anexo ao contrato, a minuta do anúncio preliminar e do prospecto[368].

1.3 Motivos

I. Já se teve a oportunidade de salientar quais os motivos que geralmente estão na base da utilização dos mecanismos «facilitadores» da cessão do controlo das sociedades cotadas e que justificam a celebração dos acordos irrevogáveis de aceitação de OPA. Entre aqueles motivos gerais, há uns que são mais determinantes na utilização destes acordos e que têm uma especificidade própria.

De um ponto de vista do potencial oferente, o motivo principal para a celebração de acordos irrevogáveis de aceitação de OPA é o aumentar as probabilidades de sucesso da sua OPA[369].

Os elevados custos de investigação, preparação e lançamento de OPA já referidos, a par dos perigosos riscos reputacionais em caso de insucesso da OPA, levam o oferente a procurar utilizar todos os mecanismos que aumentem a pro-

---

[365] Neste sentido, vide RIEGEN, *Rechtsverbindliche* cit., p. 709.
[366] Cf. RIEGEN, *Rechtsverbindliche* cit., pp. 709-710; ALAIN VIANDIER, *OPA* cit., pp. 102-103.
[367] Cf. GÓMEZ-ACEBO, *Comentario a los artículos 40º* cit., p. 887. Em Espanha, no acordo subscrito entre a Reyal, S.A. e o Banesto que precedeu a OPA sobre a Urbis em 2006, o Banesto reservou-se o direito de prestar serviços à Urbis durante o prazo de 5 anos com um volume equivalente ao que até então vinha prestando. Também em Espanha, nos acordos subscritos entre Martinsa/Huson Big com D. Manuel Jove em 2007 e que precederam a OPA sobre a Fadesa, aquele reservou-se o direito de adquirir alguns activos imobiliários da Fadesa, e outros activos, como veículos e aviões, e ainda a participação accionista presente e futura no Parque Warner.
[368] Neste sentido, afirmando ser prática habitual em Espanha, vide VIVES RUIZ, *Las operaciones* cit., pp. 167-168. Contra, afirmando ser prática pouco frequente na Alemanha, vide RIEGEN, *Rechtsverbindliche* cit., p. 709.
[369] Cf. SANTELMANN/STEINHARDT, in STEINMEYER/HÄGER (hrsg.), *WpÜG Wertpapiererwerbs- und Übernahmegesetz Kommentare*, 2. Auflage, Erich Schmidt Verlag, Berlin, 2007, § 10 Rdn. 10, nota 11; RIEGEN, *Rechtsverbindliche* cit., p. 706.

babilidade de sucesso da sua oferta. Embora a obtenção de declarações irrevogáveis de aceitação de OPA não permita, ao contrário das *break-up fees*, compensar aqueles custos, assegura, à partida, ao oferente uma determinada percentagem de sucesso da OPA, reduzindo, substancialmente, o risco de insucesso da OPA e, consequentemente, o risco de ter incorrido naqueles custos em vão e de ver a sua reputabilidade posta em causa. É o mecanismo que aumenta, de forma mais directa e imediata, a probabilidade de sucesso da oferta.

A obtenção destas declarações produz igualmente um efeito externo no mercado de capitais. Se um dos principais accionistas da sociedade visada aceitar irrevogavelmente a OPA que for lançada pelo oferente, isso jogará em favor da estratégia subjacente à oferta e sustentará a justeza da contrapartida oferecida na mesma[370]. Elas têm também um efeito positivo na recepção da oferta pelos seus destinatários e pelo mercado[371]. Este efeito externo aumenta, portanto, a probabilidade de sucesso da OPA.

II. Ainda de um ponto de vista do oferente, os acordos de aceitação apresentam um efeito indirecto bastante relevante e co-relacionado com o aumento da probabilidade de sucesso da OPA: a redução do número de potenciais oferentes concorrentes[372].

Os concorrentes, sabendo que o oferente inicial já tem assegurada uma determinada percentagem de aceitação da sua OPA, tenderão a não apresentar uma oferta concorrente porque, ou esta está votada ao fracasso, ou as suas probabilidades de sucesso são muito reduzidas não valendo a pena correr os riscos e custos inerentes ao insucesso de uma OPA.

Porém, este efeito indirecto só tem maior relevância quando os acordos de aceitação são *hard irrevocables*, isto é, quando o acordo impede os accionistas de aceitar outra oferta, mesmo que esta ofereça uma contrapartida superior. Nos demais casos, os concorrentes sabem que, se apresentarem uma oferta superior à inicial (*soft irrevocables*) ou com uma contrapartida superior em determinada percentagem face à da OPA inicial (*irrevocables* médias), a "vantagem" do oferente inicial desaparecerá.

---

[370] Neste sentido, *vide* RIEGEN, *Rechtsverbindliche* cit., p. 706.
[371] Cf. RIEGEN, *Rechtsverbindliche* cit., p. 706. Em relação aos destinatários, há inclusive uma certa pressão vendedora, pois, após a OPA, o valor de mercado da sociedade visada pode descer consideravelmente e o accionista pode já não ter a possibilidade de realizar o valor das suas acções com o prémio de controlo inerente à OPA.
[372] Neste sentido, *vide* KUHN, *Exclusivvereinbarungen* cit., p. 318; RIEGEN, *Rechtsverbindliche* cit., p. 706.

A mera celebração do acordo de aceitação não é, por isso, um seguro de sucesso da OPA e de exclusão de oferentes concorrentes. Tal dependerá de muitos factores, entre eles o número de acções abrangido pelos acordos, o conteúdo e grau de vinculação do acordo, a estrutura accionista[373], número e agressividade dos oferentes concorrentes.

III. Para o oferente, os acordos de aceitação de OPA podem ainda revelar-se um instrumento útil no contexto de uma OPA hostil, na medida em que são um bom mecanismo para lutar contra ou superar a resistência do órgão de administração quanto à recomendação da oferta[374].

Se o oferente celebrar acordos de aceitação da oferta com accionistas que, em conjunto, detenham uma parte significativa do capital social, então os membros do órgão de administração, que foram eleitos por aqueles accionistas, dificilmente terão margem de manobra para não recomendar a oferta e aceitar a sua mais que provável saída do órgão de administração[375].

IV. Por fim, os acordos de aceitação de OPA funcionam para o oferente como um instrumento importante para assegurar a obtenção da percentagem necessá-

---

[373] Não é o mesmo ter um acordo de aceitação que abranja 20% das acções representativas do capital social numa sociedade cotada que tenha 20% do seu capital em *free float* do que numa sociedade cujo *free float* é de 60%. Numa sociedade com esta estrutura accionista, a efectividade de uma *irrevocable* é muito maior do que na primeira, porque, na primeira, um oferente concorrente pode ainda convencer outros accionistas importantes a aceitar a sua OPA e o oferente inicial perde a vantagem aparente que tinha enquanto, na segunda, a percentagem de 20% de aceitação é algo que dificilmente um oferente concorrente poderá igualar atenta a dispersão accionista, pelo que é uma vantagem substancial do oferente inicial sobre o concorrente.
[374] Cf. RIEGEN, *Rechtsverbindliche* cit., pp. 706-707.
[375] *Vide* os casos das OPAs sobre a *Centruy Inns* e sobre a *SGB Group*. Na OPA sobre a *Century Inns*, a *Enterprise plc* obteve, pouco tempo após o anúncio da OPA, declarações de aceitação de vários accionistas da sociedade *Century Inns plc*, que, em conjunto, detinham acções representativas de 50% do capital social, o que levou o órgão de administração a, no seu relatório sobre a oportunidade da OPA, declarar que não conseguiriam encontrar oferentes concorrentes ou obter uma contrapartida mais elevada (embora implicitamente o desejassem) e, como tal, recomendaram a aceitação da OPA da *Enterprise plc* (cf. documento da oferta de 29/03/1999, p. 8; contudo, alguns dos "acordos de aceitação" obtidos pela *Enterprise plc* eram meras intenções de emitir declarações irrevogáveis ou de aceitar a OPA). Já na OPA sobre o *SGB Group*, o órgão de administração desta sociedade não recomendou, num primeiro momento, a OPA, tendo-a considerado hostil. Porém, quando o oferente obteve a declaração de aceitação do accionista maioritário – *John Mowlem Company* –, abrangendo a declaração mais de 50% do capital social da sociedade visada (cf. documento da oferta de 20/05/2000, pp. 4 e 88), o órgão de administração passou a recomendar a OPA.

ria que lhe permita beneficiar do instituto da aquisição potestativa previsto no art. 194º do Cód.VM[376].

Para mobilizar o instituto da aquisição potestativa e adquirir todas as acções da sociedade cotada retirando-lhe a natureza de sociedade aberta e excluindo as suas acções da negociação em mercado regulamentado, é necessário que ele detenha pelo menos, directa ou indirectamente, 90% dos direitos de voto da sociedade visada, na sequência da liquidação de OPA lançada sobre esta, e que obtenha, nesta oferta, uma percentagem de, pelo menos, 90% de aceitação dos destinatários da oferta. Um número tão elevado de aceitações exige da parte do oferente um papel muito activo no sentido de assegurar aceitação do maior número de accionistas. Os acordos de aceitação de OPA são um auxiliar indispensável nesta árdua tarefa do oferente.

V. Os accionistas da sociedade visada também têm interesse na celebração de acordos irrevogáveis de aceitação de OPA.

Este tipo de acordos permite aos accionistas obter um preço melhor do que aquele que obteriam. Quando um oferente lança uma OPA geralmente não oferece, na primeira oferta, o valor máximo que pode pagar para adquirir a sociedade porque quer pagar o valor mais baixo possível para adquirir a sociedade e porque quer ter uma margem de manobra para subir o preço caso surja um oferente concorrente. A celebração de acordos irrevogáveis, ao aumentar as probabilidades de sucesso da OPA (senão mesmo garantir o sucesso da mesma), dá ao oferente a segurança necessária para oferecer um valor mais elevado e aproxima a contrapartida da OPA do valor máximo que o oferente está disposto a pagar pela sociedade[377]. Isto confirma novamente a ideia chave do pensamento económico: "a segurança/certeza têm valor"[378].

Para além disso, os acordos irrevogáveis estão muitas vezes associados a "privilégios" dificilmente quantificáveis em termos monetários e que são, por vezes, ocultados do público pelas partes do acordo. Estes privilégios são normalmente relativos ao destino de activos da sociedade visada caso a sua OPA tenha su-

---

[376] Neste sentido, *vide* RIEGEN, *Rechtsverbindliche* cit., p. 707.
[377] Cf. SPARKS/NACHBAR/VELLA, *Corporate deal* cit., p. 407; MOCERI, *M&A lockups* cit., p. 1167; AYRES, *Analyzing stock* cit., p. 713; SKEEL, *A reliance* cit., p. 572; KUHN, *Exclusivvereinbarungen* cit., p. 25.
[378] Neste sentido, afirma-se no caso *Omnicare* que o *"lock-up* permite que uma sociedade visada e um oferente trocassem certezas/seguranças. A segurança/certeza em si tem valor. Um adquirente pode pagar um preço mais elevado pela sociedade alvo se o adquirente assegurar a concretização do negócio" (cf. *Omnicare vs. NCS Healthcare/, Inc.*, 818 A.2d, (Delaware 2003), p. 942). No mesmo sentido, STANCHFIELD, *Fiduciary duties* cit., p. 2287.

cesso[379]. A compatibilidade destes "privilégios" com o princípio da igualdade de tratamento dos accionistas e dos destinatários da OPA é duvidosa e será a seu tempo analisada.

Mesmo quando não há a atribuição daqueles "privilégios", o accionista da sociedade visada pode ter interesse na celebração do acordo pois ele permite concretizar e cristalizar os termos da oferta a lançar, o que é vantajoso porque afasta a incerteza da realização da transacção e assegura que esta seja realizada a um determinado preço. O oferente pode inclusive assumir a obrigação de lançamento de OPA, juntando, como anexo ao contrato, minuta do anúncio preliminar e do prospecto[380], o que afasta o risco do oferente poder retirar ou baixar a oferta inicial.

1.4 Estrutura contratual típica, deveres principais de prestação, renúncia ao direito de aceitação e deveres acessórios de conduta

1.4.1 Estrutura contratual típica

I. As declarações irrevogáveis surgem, por norma, sob a forma de contrato-promessa (*vorvertrag*; *contratto preliminare*)[381].

Esta é a estrutura contratual típica de um acordo irrevogável de aceitação de OPA: o accionista da sociedade visada promete celebrar um contrato de compra e venda das acções nos termos e condições da OPA que vier a ser lançada. A obrigação principal é a de celebrar este contrato prometido[382], isto é, a obrigação principal traduz-se numa prestação de facto positivo[383] consistente na emissão de uma declaração negocial: a declaração de vontade correspondente a um outro negócio cuja futura realização se pretende assegurar, o negócio prometido ou definitivo. É a designada obrigação de contratar[384].

O cumprimento da obrigação do accionista depende naturalmente da decisão do oferente de lançar uma OPA e de a lançar, nos termos e condições que tiverem

---

[379] Cf. GÓMEZ-ACEBO, *Comentario a los artículos 40º* cit., p. 887. Veja-se, em Espanha, o já referido acordo subscrito entre a Reyal, S.A. e o Banesto que precedeu a OPA sobre a Urbis em 2006.
[380] Cf. VIVES RUIZ, *Las operaciones* cit., pp. 167-168.
[381] Neste sentido, *vide*, no direito alemão, RIEGEN, *Rechtsverbindliche* cit., p. 711; no direito italiano, QUATRARO/PICONE, *Manuale* cit., p. 141. Aparentemente neste sentido, designando-as de "promesses de présentation" (embora refira que estas surgem, muitas vezes, denominadas de "intention d'apport"), *vide*, no direito francês, ALAIN VIANDIER, *OPA* cit., p. 129.
[382] Cf. QUATRARO/PICONE, *Manuale* cit., p. 141.
[383] Neste sentido, *vide* CALVÃO DA SILVA, *Sinal* cit., p. 14; ANTUNES VARELA, *Das obrigações em geral*, vol. I, 10 ed., Almedina, Coimbra, p. 309; RUI ALARCÃO, *Direito* cit., p. 37.
[384] Cf. CALVÃO DA SILVA, *Sinal* cit., p. 15; ANTUNES VARELA, *Das obrigações* cit., I, p. 309. Nas palavras de CARNELUTTI, o contrato-promessa *qua tale* é a génese de um "acto devido".

estado na base da aceitação irrevogável da futura OPA. Por isso, estes acordos unilaterais são, por norma, contratos-promessa unilaterais, na medida em que não existe, em princípio e da parte do oferente, uma obrigação de lançar uma OPA, nos termos acordados para efeitos da aceitação irrevogável do accionista[385].

Tratando-se de um acordo que assume a estrutura típica de um contrato-promessa, devem estar presentes os "requisitos (de substância) do contrato definitivo, com um conteúdo preciso tal, nos seus termos essenciais, que não torne necessárias ulteriores negociações", ou seja, o contrato promessa deve "definir ou fixar os pontos sem os quais o contrato definitivo, se imediatamente concluído, seria inválido por indeterminidade ou indeterminabilidade do objecto, só podendo ficar em branco os elementos susceptíveis de serem subsequentemente preenchidos por acordo das partes ou pelo tribunal, mediante recurso às regras da integração"[386]. Isto não significa que as partes tenham de acordar todos os termos e condições da OPA futura que o accionista declara aceitar, sendo suficiente que as partes se entendam quanto aos pontos essenciais do contrato prometido (*essentialia negotii*). São as bases que hão-de formar o contrato definitivo[387]. Quanto aos demais pontos do contrato (neste caso, a proposta de contrato vertida nos documentos da OPA lançada), se estes se tornarem controversos, será necessário recorrer à interpretação jurídica para suprir essas dificuldades[388].

E quais são os *essentialia negotii* de um acordo de aceitação de OPA?

Segundo a doutrina alemã, os *essentialia negotii* de um acordo de aceitação de OPA são, à semelhança de um normal contrato promessa de compra e venda, o preço (neste caso, a contrapartida) e o objecto (neste caso, número das acções abrangidas)[389]. No entanto, a mesma doutrina admite que, apesar de o preço ser um *essentialia negotii*, o contrato definitivo pode ser celebrado mesmo que aquele não seja indicado, se e na medida em que haja uma forma alternativa de o fixar de acordo com as regras da equidade. Esta posição aproxima-se do entendimento da doutrina portuguesa que considera que a não fixação do preço num contrato promessa de venda não o torna inválido, uma vez que, se este não estiver fixado e na falta de acordo ou renitência de uma das partes, valem as regras do art. 883º,

---

[385] Cf. SANTELMANN/STEINHARDT, in STEINMEYER/HÄGER (org.), *WpÜG* cit., nota 11; RIEGEN, *Recht sverbindliche* cit., p. 711.

[386] Cf. CALVÃO DA SILVA, *Sinal e contrato-promessa*, 13ª edição revista e actualizada, Almedina, Coimbra, 2010, p. 30. No mesmo sentido, *vide* ALMEIDA COSTA, *Direito das obrigações*, 12ª edição revista e actualizada, 3ª reimpressão, 2014, p. 382.

[387] Cf. RUI ALARCÃO, *Direito* cit., p. 110.

[388] Neste sentido, *vide* RIEGEN, *Rechtsverbindliche* cit., p. 711.

[389] Neste sentido, *vide* RIEGEN, *Rechtsverbindliche* cit., p. 711.

nº 1 do CC relativas à determinação de preço no contrato de compra e venda, pelo que há sempre uma forma de determinação do preço[390]. De acordo com este preceito, se o preço não estiver fixado por entidade pública e se as partes não determinarem nem convencionarem o modo de ele ser determinado, vale como preço contratual o que o vendedor normalmente praticar à data de conclusão do contrato ou, na falta dele, o do mercado ou bolsa no momento do contrato e no lugar em que o comprador deva cumprir. Na insuficiência destas regras, o preço é determinado pelo tribunal, segundo juízos de equidade. Será o art. 883º, nº 1 do CC aplicável à determinação do preço nos acordos de aceitação de OPA?

Nalguns ordenamentos jurídicos[391], há regras específicas para a fixação da contrapartida de uma OPA voluntária, nomeadamente a fixação de uma contrapartida mínima, o que permite a determinação da contrapartida mesmo quando as partes não a tenham definido e que prevalece sobre os critérios gerais de fixação do preço aplicável aos contratos de compra e venda[392]. Num ordenamento jurídico como o português, em que as regras de fixação da contrapartida mínima só existem para as OPAs obrigatórias, entendo que o critério de fixação do preço resulta, em primeiro lugar, da aplicação das regras do art. 883º, nº 1 do CC, segundo as quais, como não é possível determinar "um preço contratual" que o vendedor costume praticar[393], será o "valor de mercado ou bolsa das acções no momento do contrato". No caso dos acordos de aceitação de OPA, este valor será o valor de cotação das acções abrangidas pelo acordo no momento da celebração do mesmo. No entanto, tratando-se de uma OPA, não é crível que as partes tenham apenas atendido ao valor de cotação do momento da conclusão do acordo pois este é um valor excessivamente circunstancial num mercado de negociação contínuo de acções, podendo aquele ser desequilibradamente afectado por uma fraca liquidez do dia de negociação em causa ou por acontecimentos circunstanciais com reper-

---

[390] Cf. CALVÃO DA SILVA, Sinal cit., p. 30; ALMEIDA COSTA, Direito cit., p. 382.
[391] E.g. Alemanha (§ 31 WpÜG e §§ 3 e ss. AngeVO), Espanha.
[392] Neste sentido, vide RIEGEN, Rechtsverbindliche cit., p. 712.
[393] Mesmo que o accionista tenha alienado acções da sociedade visada há pouco tempo, o valor de alienação das acções não deve ser considerado para este efeito como preço do vendedor, na medida em que é necessário que o accionista vendesse "habitualmente coisas do género" (ou seja, acções da sociedade visada) pois só assim "se poderá falar do preço normalmente praticado por ele" (cf. PIRES DE LIMA/ANTUNES VARELA, Código Civil Anotado, vol. II, 4ª edição revista e actualizada, Coimbra, 1997, p. 175). Ora, esse não será, em princípio, o caso de um normal accionista da sociedade visada. Acresce que o preço subjacente à alienação de acções a um oferente não será, por norma, um preço similar a uma venda normal de acções.

cussão imediata mas transitória e, nessa medida, ficar desajustado do valor correcto atribuído pelas partes às acções. Para além disso, as partes poderiam ainda nem saber qual é o preço se a sessão de mercado regulamentado não tivesse terminado no momento do acordo, o que introduziria um elemento de álea que não se coaduna com os objectivos de um acordo de aceitação de OPA. O mais correcto seria procurar determinar o prémio de controlo mas, sendo este muito complexo de determinar na medida em que assume contornos subjectivos dependentes das sinergias que o oferente obtenha com a concentração resultante da OPA, o intérprete deverá atender ao valor de mercado conforme refere o art. 883º, nº 1 do CC mas completá-lo com os critérios de aferição do preço de mercado fixados para as OPAs obrigatórias, em particular o art. 188º, nº 1 al. b) do Cód.VM. Nos termos desse preceito, o critério relevante para a fixação da contrapartida é o preço médio ponderado desses valores mobiliários apurado em mercado regulamentado durante o período de seis meses imediatamente anteriores à data da publicação do anúncio preliminar. Assim, seria possível atender a um lapso temporal mais alargado, o que obviaria aos inconvenientes do circunstancialismo excessivo *supra* referido, e consideraríamos a liquidez de cada uma das sessões de negociação, ao atendermos ao preço médio ponderado. O art. 883º, nº 1 do CC fixaria *prima-facie* o critério de determinação do preço dos acordos de aceitação de OPA – o preço de mercado – e o art. 188º, nº 1 al. b) do Cód.VM apuraria esse critério, permitindo apurar um preço mais conforme a uma alienação em sede de OPA. Recorde-se que o preceito civil é anterior à criação do instituto da OPA no ordenamento jurídico português e, por isso, justifica-se uma interpretação mais actualista e adequada à realidade daquele instituto e, para esse efeito, sem descurar o critério fulcral supletivo civilístico (o preço de mercado[394]), refina-se o mesmo com alguns matizes próprios previstos para um instituto mais moderno com exigências e idiossincrasias próprias e que é o pano de fundo do acordo *sub iudice*.

II. Esta é a estrutura típica de um acordo irrevogável de aceitação de OPA mas ele pode assumir feições diferentes.

O oferente pode obrigar-se a oferecer determinada contrapartida e, neste caso, estamos perante um contrato-promessa bilateral, em que o accionista se

---

[394] O art. 883º, nº 2 do CC não obsta a esta interpretação. Com efeito, mesmo que as partes tenham indicado que o preço de aquisição das acções será o preço justo e que segundo aquele preceito este preço é o que resulta sempre da aplicação dos critérios do nº 1 do art. 883º do CC, continua a justificar-se um aperfeiçoamento do critério desta disposição à luz do instituto das OPAs que está omnipresente no acordo de aceitação de OPA.

obriga a celebrar um contrato de compra e venda de acções, emitindo a sua declaração de aceitação da OPA (enquanto proposta contratual que lhe será dirigida), e o oferente se obriga a lançar uma OPA[395], oferecendo determinada contrapartida[396]. Neste caso, estamos muito próximos de um contrato de compra e venda de acções[397], mas há ainda uma diferença substancial: é que o contrato não opera a transmissão da propriedade das acções pois essa só se verificará no final da oferta com a emissão da declaração de aceitação e posterior liquidação[398] que consubstanciam o acordo de transmissão das acções.

Neste tipo de estrutura de acordos de aceitação de OPA, o oferente passa a estar, com a celebração do acordo, obrigado a efectuar, de imediato, o anúncio preliminar do lançamento de OPA (art. 175.º, n.º 1 do Cód.VM). Esta obrigação não existirá se o anúncio da OPA estiver sujeito a certas condições, nomeadamente a aprovação por determinados órgãos societários competentes do oferente (*e.g.* conselho de administração ou conselho geral e de supervisão[399]).

1.4.2 Deveres principais de prestação

I. A relação obrigacional que se estabelece nos acordos de aceitação é uma relação obrigacional complexa[400], na medida em que há um conjunto de vín-

---

[395] Cf. ALAIN VIANDIER, *OPA* cit., p. 130.

[396] *Vide*, na Alemanha, o acordo entre a E. ON AG e a RAG em relação à OPA desta sobre a *Degussa AG*, bem como o acordo entre a E. ON AG e a DB Sechste Vermögensverwaltungsgesellschaft mbH na OPA lançada por esta sobre a *Stinnes*.

[397] Cf. RIEGEN, *Rechtsverbindliche* cit., p. 712. ALAIN VIANDIER utiliza a expressão "ventes" mas, aparentemente, não no sentido de contrato de compra e venda de acções, uma vez que, ao referir-se ao incumprimento contratual, qualifica o contrato como contrato-promessa (cf. *OPA* cit., pp. 130 e 138-139).

[398] Cf. ATHANASIOS KOULORIDAS, *The law* cit., p. 199.

[399] Neste sentido, no ordenamento jurídico alemão à luz do preceito similar da WpÜG (§ 10, Abs. 1 Satz 1) e em relação ao *Aufsichtsrat*, *vide* HIRTE, in HIRTE/BÜLOW (hrsg.), *Kölner Kommentare zum WpÜG*, 2. Auflage, Carl Heymmans, Köln, 2010, § 10 Rdn. 35 e ss.; SANTELMANN/STEINHARDT, in STEINMEYER/HÄGER (orgs.), *WpÜG* cit., § 10 Rdn. 16. Os autores consideram que, caso seja necessário, por força dos estatutos ou de preceito legal, que aquele órgão aprove a OPA, a obrigação de divulgação da decisão de lançamento de OPA só deve ser realizada depois de obtida a mesma. Há, no entanto, situações excepcionais, em que, estando a aprovação daquele órgão garantida, o anúncio da decisão de lançamento de OPA deve ser imediatamente realizado (neste sentido, *vide* SANTELMANN/STEINHARDT, in STEINMEYER/HÄGER (orgs.), *WpÜG* cit., § 10 Rdn. 16; LIEBSCHER, *Das Übernahmeverfahren nach dem neuen Übernahmegesetz*, in ZIP, 2001, p. 860).

[400] A relação obrigacional é complexa ou múltipla quando "abrange o conjunto de direitos e de deveres ou estado de sujeição nascidos do mesmo facto jurídico" e distingue-se da relação una ou

culos emergentes do acordo de aceitação de OPA. Estes acordos exigem a prática de um conjunto de actos por parte do accionista da sociedade visada e do oferente[401] que se encontram logicamente encadeados entre si e orientados para um fim: o adimplemento, a satisfação do interesse do credor[402]. Há uma panóplia de deveres principais e deveres acessórios de conduta[403] que integram a estrutura da obrigação e que emergem do contrato de aceitação de OPA. Vejamos quais.

II. Nos acordos de aceitação de OPA, o dever de prestação principal é a celebração o contrato definitivo.

Este dever impende sempre, pelo menos, sobre o accionista da sociedade visada que se vinculou naquele acordo. Este terá de, no prazo da oferta (art. 125º do Cód.VM), emitir a sua declaração de aceitação de OPA através de ordem dirigida ao intermediário financeiro (art. 126º, nº 1 do Cód.VM). Contudo, para que

---

simples que compreende "o direito subjectivo atribuído a uma pessoa e o dever jurídico ou estado de sujeição correspondente" (cf. MANUEL ANDRADE, *Teoria geral da relação jurídica*, nº 2, Coimbra, 19, p. 860; ANTUNES VARELA, *Das obrigações* cit., pp. 64-65; MOTA PINTO, *Cessão da posição contratual*, reimpresão, Almedina, Coimbra, 1982, pp. 281 e ss.; ALMEIDA COSTA, *Direito* cit., p. 73). Esta concepção da relação obrigacional como complexa ou múltipla está hoje difundida na literatura alemã onde foi criada e entre nós. Na literatura alemã, ESSER salienta que, apesar de a noção de obrigação (§ 241 do BGB) ter directamente em vista as obrigações simples, a verdade é que as relações elementares em que uma pessoa deve à outra uma prestação são raras e, na grande maioria das relações contratuais, cada um dos sujeitos é simultaneamente credor e devedor, titular de um ou mais poderes e sujeito passivo de um ou vários direitos (cf. *Schuldrecht*, 7ª edição, I, *Allg. Teil*, 1992/1993, § 3, I, II e III).

[401] Este pode ou não estar obrigado a praticá-los consoante tenha, ou não, assumido a obrigação de lançar OPA, mas tal não altera a meu ver a natureza de relação obrigacional complexa.

[402] Cf. ANTUNES VARELA, *Das obrigações* cit., vol. I, p. 67; ALMEIDA COSTA, *Direito* cit., p. 64.

[403] Seguimos a distinção terminológica proposta por MOTA PINTO, ANTUNES VARELA e ALMEIDA COSTA que distinguem entre (i) os deveres principais de prestação (que são os que definem o "tipo ou o módulo da relação", "a alma da relação obrigacional"), (ii) os deveres secundários//acessórios da prestação (que incluem os deveres acessórios da prestação principal, *destinados a preparar o cumprimento ou a assegurar a perfeita execução da prestação*, os deveres relativos às prestações *substitutivas* ou *complementares* e os deveres compreendidos nas operações de liquidação das relações obrigacionais duradouras), e (iii) os deveres acessórios de conduta/deveres laterais (*Nebenpflichten*) (que, "não interessando directamente à prestação principal, nem dando origem a qualquer acção autónoma de incumprimento, são todavia essenciais ao correcto processamento da relação obrigacional em que a prestação se integra") (cf. MOTA PINTO, *Cessão* cit., pp. 281 e ss.; ANTUNES VARELA, *Das obrigações* cit., vol. I, pp. 122-123; ALMEIDA COSTA, *Direito* cit., pp. 74-80).

o accionista possa emitir a sua declaração e celebrar o contrato definitivo com o oferente, será necessário que este tenha previamente efectuado o anúncio preliminar da sua OPA, nos termos acordados com o accionista da sociedade visada, e realize todos os demais actos necessários ao lançamento e posterior liquidação da oferta.

Nos contratos promessa unilaterais de aceitação de OPA, o oferente não está obrigado a realizar todos os actos necessários ao anúncio, lançamento e liquidação da oferta mas, se não o fizer, também não poderá naturalmente exigir que o accionista celebre o contrato definitivo. Neste caso, faltará a sua declaração negocial: a proposta contratual que a oferta pública de aquisição consubstancia perante todos os seus destinatários (accionistas da sociedade visada)[404]. Porém, se estivermos perante um contrato bilateral de aceitação de OPA (em que o oferente se tenha obrigado a lançar a mesma), este fica igualmente obrigado a celebrar o contrato definitivo, devendo, para o efeito, anunciar e lançar a respectiva OPA, nos termos acordados, realizar todos os actos necessários à concretização da OPA e pagar ao accionista da sociedade visada, na data de liquidação, a respectiva contrapartida pela aquisição das acções.

III. Os termos do contrato definitivo podem estar mais ou menos definidos no acordo de aceitação de OPA, pelo que a intensidade do dever de celebração do contrato definitivo pode ser, correspectivamente, maior ou menor[405]. Tudo dependerá da capacidade e poder negocial do accionista da sociedade visada. O acordo abrangerá, por norma, todas acções detidas pelo accionista no momento do anúncio preliminar da OPA, embora, em casos excepcionais, já se tenham limitado o número de acções abrangidas[406]. O accionista procurará fixar o mais possível os termos da OPA a que se reporta a declaração de aceitação, o que abrangerá o valor mínimo da contrapartida da OPA, a percentagem de sucesso da OPA[407], as condições da OPA[408] (*e.g.* autorizações das autoridades da concorrência ou outras entidades reguladoras; aprovação pelos órgãos competentes do oferente).

---

[404] Qualificando-a como proposta contratual, *vide* PAULO CÂMARA, *Direito* cit., p. 604.
[405] Cf. RIEGEN, *Rechtsverbindliche* cit., p. 715.
[406] Cf. Declaração de aceitação da OPA da E. ON AG relativamente à OPA da *DB Sechste Vermögensverwaltungsgesellschaft mbH* sobre a *Stinnes AG* (cf. documento da oferta de 6/08/2002, p. 9).
[407] Cf. RIEGEN, *Rechtsverbindliche* cit., p. 715.
[408] Caso interessante (mas diferente) é o da OPA da Angostura Holdings Limited (controlada pela CL Financial) sobre a Belvédère em França. Nesta OPA, o oferente acordou com os accionistas da

A celebração do contrato prometido pode estar sujeita a condições resolutivas cuja verificação favorece o accionista da sociedade visada ou o oferente. As condições resolutivas a favor do accionista da sociedade visada estão, por exemplo, consagradas nas *soft irrevocables* ou nas *irrevocables* intermédias, em que, respectivamente, o lançamento de oferta concorrente ou o lançamento de oferta concorrente que ofereça uma contrapartida superior em determinada percentagem (*e.g.* 10%) à do oferente inicial implicam a destruição automática e retroactiva dos efeitos do contrato-promessa anteriormente celebrado (art. 276º do CC)[409], podendo o accionista aceitar a oferta concorrente[410]. Esta condição resolutiva pode estar dependente da verificação de um facto condicionante adicional: o oferente não alterar a contrapartida da sua oferta para um valor pelo menos igual ao oferecido pelo oferente concorrente[411].

1.4.3 Renúncia ao direito de revogação da declaração de aceitação da OPA

I. Para além os deveres já referidos, a celebração de um acordo de aceitação de OPA implica uma renúncia do accionista da sociedade visada ao direito legal de revogar a sua declaração de aceitação (o *Rücktrittsrecht*[412]).

O destinatário da oferta tem o direito de revogar a sua declaração de aceitação da OPA através de comunicação ao intermediário financeiro que a receba até cinco dias antes de findar o prazo da oferta ou em prazo inferior constante dos documentos da oferta (art. 126º, nº 2 do Cód.VM). O Cód.VM consagrou, como

---

sociedade visada o direito de lhes adquirir as suas acções em sede de OPA, desde que os próprios não aceitassem em determinada percentagem a oferta e desde que o oferente não adquirisse em sede de OPA mais de 51% do capital social e direitos de voto da sociedade visada (cf. decisão da AMF nº 206C1528 de 26 de Julho de 2006; ALAIN VIANDIER, *OPA* cit., p. 130).

[409] O acordo de aceitação é, nestes casos, um contrato *pendente conditione*, isto é, "o negócio produz os seus efeitos normais, mas está suspensa sobre a sua eficácia a possibilidade de verificação do evento condicionante" (cf. MOTA PINTO, *Teoria* cit., p. 575).

[410] Cf. RIEGEN, *Rechtsverbindliche* cit., p. 713.

[411] Cf. RIEGEN, *Rechtsverbindliche* cit., p. 713.

[412] O direito de revogação das aceitações é um direito potestativo cujo titular são os destinatários que aceitaram uma determinada oferta e cujo exercício não carece, portanto, de fundamento nem está sujeito a condição. Neste sentido, *vide* HASSELBACH, in HIRTE/BÜLOW (hrsg.), *Kölner* cit., § 21 Rdn. 46 e 47; SCHRÖDER, in HAARMANN/SCHÜPPEN (hrsg.), *Frankfurter Kommentar zum WpÜG. Öffentliche Übernahmeangebote (WpÜG) und Ausschluss von Minderheitsaktionären (§§ 327a- AktG)*, 3. Auflage, Verlag Rect. und Wirtschaft, Frankfurt am Main, 2008, § 21 Rdn. 29; SANTELMANN, in STEINMEYER//HÄGER (orgs.), *WpÜG* cit., § 21 Rdn. 40-42; VARA DE PAZ, *La modificación de la oferta pública de adquisición de valores*, in Revista de Derecho del Mercado de Valores, 4/2008, p. 77.

regra, a revogabilidade da declaração de aceitação da oferta[413], é o princípio geral da revogabilidade da aceitação[414].

No caso de lançamento de oferta concorrente, o período de exercício do direito de revogação das declarações de aceitação é alargado até ao último dia do período de aceitações (art. 185º-A, nº 6 do Cód.VM). Ou seja, quando se inicia, no âmbito do processo, a concorrência, ou melhor, o leilão pela aquisição da sociedade visada, o legislador permite aos destinatários revogar as suas declarações até ao cair do pano.

II. A celebração de um acordo de aceitação de OPA tem implícita uma renúncia ao direito geral de revogação da aceitação de OPA (art. 126º, nº 2 do Cód.VM), porque este é contraditório com o objectivo prosseguido pelo acordo de aceitação: vincular previamente o accionista a aceitar a OPA que for lançada ou que já tiver sido lançada[415]. A renúncia é uma renúncia antecipada a um direito potestativo[416] legal – o de revogar a aceitação da oferta – na medida em que o direito ainda não existe no momento em que o accionista renuncia ao mesmo, é um direito futuro[417] que apenas surgirá durante o prazo da oferta[418]. Esta renún-

---

[413] A Directiva das OPAs tinha dado total liberdade aos Estados-Membros para regular este ponto (cf. CANDELARIO MACÍAS, *Los sujetos de una OPA y otros intervenientes*, in BENEYTO/LARGO (dirs.), *Régimen jurídico de las ofertas públicas de adquisición (OPAs)*, Bosch, Barcelona, 2010, p. 365). O Cód.VM adoptou uma regra similar à já prevista no direito francês e, mais recentemente, no direito espanhol, mas diferente da fixada no ordenamento jurídico alemão e italiano.

[414] Cf. GÓMEZ-SANCHA TRUEBA, *Aceptación de oferta y liquidación de operaciones*, in GARCÍA DE ENTERRÍA//SÁENZ DE NAVARRETE (dirs.), *La regulación de las OPAs. Comentario Sistemático del RD 1066/2007, de 27 de Julio*, Thomson Reuters/Civitas, Madrid, 2009, p. 772.

[415] Cf. RIEGEN, *Rechtsverbindliche* cit., p. 713.

[416] É um direito potestativo, na medida em que o oferente se encontra num "estado de sujeição". No mesmo sentido, em relação aos casos em que a WpÜG prevê o exercício do *Rucktrittsrecht*, vide HASSELBACH, in HIRTE/BÜLOW (hrsg.), *Kölner* cit., § 21 Rdn. 47 e 48; SCHRÖDER, in HAARMANN//SCHÜPPEN (Hrsg.), *Frankfurter* cit., § 21 Rdn. 29; SANTELMANN, in STEINMEYER/HÄGER, *WpÜG* cit., § 21 Rdn. 41. Aliás, este entendimento é conforme ao entendimento doutrinal dominante de que, por norma, o autor de uma proposta – proponente (e o oferente não é mais do que o autor de uma proposta vertida na oferta pública de aquisição) – se encontra num estado de sujeição e que o direito de aceitar ou recusar uma proposta é um direito potestativo (cf. PEREIRA COELHO, *A renúncia abdicativa no direito civil (Algumas notas tendentes à definição do seu regime)*, in BFDUC, Studia Iuridica 8, Coimbra Editora, Coimbra, 1995, p. 85). No mesmo sentido, vide FERRI, que, apesar de os começar por qualificar como "poderes", acaba por reconhecer que os mesmos são direitos potestativos em relação ao autor da proposta ou delação (cf. *Rinunzia e rifuti nel diritto privato*, Milano, 1960, p. 43).

[417] Direitos futuros são desde logo aqueles que não se encontram ainda na esfera jurídica do titular. O conceito é consentâneo com a noção legal de coisa futura (art. 211º do CC), sendo que a renúncia

cia não é, porém, genérica ou indiscriminada[419]; o accionista renúncia a esse direito de revogação em função de uma determinada OPA cujo lançamento pretende assegurar. Ele pretende vincular-se irrevogavelmente a esta oferta e, nessa medida, renuncia ao direito de revogar a sua aceitação durante o período da oferta[420].

A renúncia mantém-se mesmo que haja lugar a uma alteração dos termos da OPA, desde que os termos da oferta sejam melhorados ou não sejam piores do que os acordados com o oferente no âmbito do acordo de aceitação de OPA[421], sendo que o accionista da sociedade visada (que se vinculou a aceitar a OPA) tem

---

opera "uma coisificação instantânea do direito renunciado (cf. PEREIRA COELHO, *A renúncia* cit., p. 149).

[418] A admissibilidade da renúncia antecipada depende, segundo PEREIRA COELHO, do tipo de renúncia que esteja em causa. Na renúncia causal (*hoc sensu*) que tenha causa abdicativa, a renúncia antecipada deve ter-se por inadmissível em virtude da regra da proibição da doação de bens futuros (art. 942º do CC): "vigora aí genericamente, e com carácter imperativo, essa regra de que não se pode dispor gratuitamente (e portanto também a título meramente abdicativo) de um direito futuro – e isto pelo simples facto de esse direito ser futuro, independentemente pois da natureza imperativa ou dispositiva da norma que atribui ou reconhece o direito em causa". Diferentemente, nas renúncias abstractas (que são fundamentalmente as renúncias a direitos potestativos) em que "é indiferente que essas renúncias se dêem a título donativo ou a qualquer outro", a admissibilidade da renúncia dependerá da imperatividade da norma que confere o direito a que se renuncia. A renúncia a estes direitos pode contender com a natureza imperativa da norma que conferia esse direito (cf. *A renúncia* cit., pp. 145-146). Analisaremos a admissibilidade desta renúncia antecipada *infra* em II. 2.2.3.

[419] A renúncia genérica ou indiscriminada é, por exemplo, a renúncia de uma das partes ao direito de anulação por vícios da vontade ou divergências entre a vontade e a declaração (quaisquer que sejam tais vícios ou divergências), ou à resolução por incumprimento (qualquer que seja a forma em que se manifeste este incumprimento) (cf. PEREIRA COELHO, *A renúncia* cit., p. 148).

[420] Já seria uma renúncia genérica ou indiscriminada se o accionista renunciasse ao direito de revogação da sua declaração de aceitação seja qual for a contrapartida, objecto, oferente, condições ou outros termos da oferta que viesse a ser lançada. Nestes casos, a renúncia deve ter-se por inválida por ser contrária ao interesse público ou ordem pública que esteve na base da atribuição de tais direitos (cf. PEREIRA COELHO, *A renúncia* cit., p. 148, nota 411). Neste sentido, ANTUNES VARELA considera inadmissível a "renúncia global, definitiva e indiscriminada" ao direito legal de preferência – ou seja nos casos em que o preferente declare não querer preferir na venda que o dono venha a fazer, seja qual for o preço, seja quem for o comprador e quaisquer que forem as condições de pagamento (cf. *Anotação ao acórdão do STJ de 26 de Novembro de 1981*, in RLJ, ano 117º, pp. 215 e ss.).

[421] Neste sentido, RIEGEN considera que há uma renúncia ao direito de revogação no caso de terem existido alterações aos termos da oferta (§ 21 Abs. 4 da WpÜG) desde que essas alterações determinem uma subida da contrapartida (§ 21 Abs. 1 Nr. 1 da WpÜG) ou a eliminação de condições da OPA (§ 21 Abs. 1 Nr. 4 da WpÜG) (cf. *Rechtsverbindliche* cit., p. 713).

direito a receber a contrapartida mais elevada mesmo que o acordo de aceitação tivesse fixado uma contrapartida diversa (art. 129º, nº 2 do Cód.VM)[422]. No caso das *hard irrevocables*, o accionista renuncia também ao direito especial de revogação da declaração de aceitação em caso de lançamento de OPA concorrente (art. 185º-A, nº 6 do Cód.VM)[423].

A admissibilidade desta renúncia ao direito de revogação das declarações de aceitação de OPA levanta algumas dúvidas que se analisarão *infra* em II. 2.2.3, em que se aprofundará igualmente o fundamento e contornos deste direito.

1.4.4 Deveres secundários e deveres acessórios de conduta

I. Conforme se referiu *supra*, os acordos de aceitação de OPA compreendem, para além do dever de prestação principal, deveres secundários e deveres acessórios de conduta. Analisaremos, em seguida, pela sua importância prática, alguns desses deveres.

No contexto dos acordos de aceitação de OPA, os accionistas da sociedade visada assumem frequentemente, e de forma expressa, um dever de não negociar com potenciais oferentes concorrentes ou outras contrapartes e um dever de não alienar[424] as suas acções antes da liquidação da OPA[425]. São os chamados *lock-in* ou *standstill agreements* (*stillhalteabkommen*)[426]. Neste caso, o incumprimento

---

[422] No mesmo sentido, *vide* RIEGEN, *Rechtsverbindliche* cit., p. 713.

[423] Neste sentido, no direito alemão e em relação ao § 22 Abs. 3 da WpÜG, *vide* KUHN, *Exclusivvereinbarungen* cit., p. 318.

[424] Consagra-se também frequentemente a obrigação de não onerar as acções (cf. VIVES RUIZ, *Las operaciones* cit., p. 168).

[425] Cf. RIEGEN, *Rechtsverbindliche* cit., p. 716; VIVES RUIZ, *Las operaciones* cit., p. 168. Veja-se as declarações de aceitação de vários da *Esprit Telecom Group plc* em relação à OPA da *Global Telesystems Group Inc.* (cf. documento da oferta de 2 de Fevereiro de 1999).

[426] Os *standstill ou lock-in agreements* podem abranger a proibição de estabelecer negociações paralelas com oferentes concorrentes ou com outras potenciais contrapartes e a obrigação de não alienação ou parqueamento das participações (cf. RUBINO-SAMMARTANO, *Garanzie nella compravendita di pachetti azionari e di imprese*, Giuffrè, Milano, 2006, pp. 8 e 94; BÜLOW, in HIRTE/BÜLOW (hrsg.), *Kölner* cit., § 30 Rdn. 277 e 282). Os *standstill agreements* podem ainda designar uma outra modalidade contratos em que o accionista-vendedor e, regra geral, os membros do seu órgão de administração se obrigam, no contexto da alienação do controlo a um terceiro adquirente, a gerir a sociedade sem praticar qualquer acto que possa prejudicar o valor da sociedade alienada e praticar os actos estritamente necessários à gestão corrente da sociedade (sobre estes e os problemas que os mesmo levantam, *vide* KNIEHASE, *Standstill Agreements in Deutschland und den USA*, Peter Lang, Frankfurt/Main u. a. 2003; WAGNER, *Standstill Agreements bei feindlichen Übernahmen nach US-amerikanischem und deutschem Recht*, Frankfurt/Main, 1999). Nno caso do accionista (promitente-vendedor) ser o accionista controlador

daquelas obrigações pode dar lugar à acção judicial de cumprimento (art. 817º do CC) porque são deveres de prestação emergentes do contrato[427].

E se o contrato não fixar expressamente a obrigação de *standstill* ou *lock-in*, poderá o accionista negociar com outros oferentes ou contrapartes ou alienar as suas acções?

Julgo que não.

II. Em relação ao dever de não alienação das acções objecto do contrato prometido, este é um dever secundário que emerge dos contratos-promessa de compra e venda[428]. Como a alienação do objecto do contrato-prometido pode inviabilizar a celebração deste, há consequentemente um dever secundário de manutenção da propriedade do objecto do contrato prometido e não um mero dever acessório de conduta[429]. Acresce que os acordos de aceitação de OPA têm um "efeito externo" sobre os demais accionistas e mercado (i.e., a ideia de sucesso da OPA dada pelos acordos gera um efeito de adesão à mesma), o qual ficaria absolutamente posto em causa com a alienação das acções. Porém, sendo as acções de sociedades cotadas bens fungíveis[430], poderá afirmar-se que o accionista tem a possibilidade de adquirir novas acções em quantidade suficiente para cumprir a sua promessa de alienação através de aquisição em mercado ou de uma opção de compra (*call option*) que entretanto tenha contratado, não ficando a celebração do contrato definitivo inviabilizada[431]. O argumento só é procedente

---

da sociedade, o acordo de aceitação de OPA pode envolver também um *standstill agreement* deste tipo (cf. VIVES RUIZ, *Las operaciones* cit., p. 168; RIEGEN, *Rechtsverbindliche* cit., p. 716).

[427] Cf. ANTUNES VARELA, *Das obrigações* cit., vol. I, p. 127, nota 2.

[428] Diferente é a solução nos contratos de opção de compra, em que o direito de propriedade do concedente sobre a coisa ou objecto de um contrato de opção permanece indemne até ao momento do exercício do direito de opção, já que o efeito translativo da propriedade apenas se verifica se e quando tal direito vier a ser exercido pelo optante (art. 879º al. a) do CC). Isso significa que, até esse momento, ele persiste como "dominus" dessa coisa ou direito, no pleno gozo do conjunto de faculdades que são próprias daquele direito absoluto (*ius utendi, fruendi et abutendi*).

[429] Neste sentido, vide ALMEIDA COSTA, *Direito* cit., p. 77. Aparentemente contra, qualificando-o como um dever acessório de conduta, vide ANTUNES VARELA, *Das obrigações* cit., vol. I, p. 124.

[430] Sê-lo-ão obrigatoriamente se as acções objecto estiverem admitidas à negociação por força do art. 204º, nº 1 al. a) do Cód.VM. No entanto, pode dar-se o caso de as acções objecto do acordo de aceitação serem acções de categoria especial emitidas pela sociedade cotada e não estarem admitidas à negociação ou, sendo de categoria ordinária, não ter sido requerida a sua admissão à negociação.

[431] Num acórdão do STJ de 30 de Novembro de 1994, o Supremo, analisando um caso em que o promitente-vendedor alienara a terceiro um prédio, objecto do contrato prometido, vinculando-se este,

se estiver efectivamente assegurada a recompra das acções necessárias para cumprir o contrato definitivo (*e.g. call option*; opção de recompra) e desde que seja dada devida publicidade deste facto para que o referido "efeito externo" não seja prejudicado.

Quanto ao dever de não negociar com potenciais oferentes concorrentes ou contrapartes, este não será um dever secundário de prestação emergente do acordo de aceitação mas é, sem dúvida, um dever acessório de conduta[432]. O princípio da boa-fé no cumprimento do contrato (art. 762º do CC) exige que o accionista não entre em negociações com terceiros, pois tal pode transmitir a ideia de que o acordo celebrado não é vinculativo ou que o accionista se prepara para o incumprir, pondo em causa o desejado "efeito externo".

III. Para além da obrigação de *lock-in* ou *standstill*, os accionistas assumem frequentemente, e de forma expressa, um dever de cooperação com o oferente ao longo do processo de OPA[433].

A extensão deste dever de cooperação é muito variada e pode abranger simples deveres de conteúdo negativo (*e.g.* a obrigação de não lançamento de OPA concorrente[434]) ou deveres de conteúdo positivo mais complexos, os quais vão desde a manifestação explícita de apoio à OPA (*e.g.* participação numa conferência pública comum relativa ao anúncio da OPA; participação em *road-shows*; publicação de declarações individuais de apoio à OPA[435]) aos acordos de voto ou à obrigação de manutenção de uma determinada estratégia de gestão até à conclusão da oferta[436]. Sem querer entrar nas implicações que os acordos de aceitação de

---

todavia, a transmiti-lo, nos mesmos termos da promessa originária, ao promitente-comprador e procedendo, da sua parte, em conformidade, considerou que o negócio definitivo não ficava inviabilizado (cf. in CJ, ano II, t. III, p. 167 e ss.).

[432] É do princípio da boa-fé (*Treu und Glauben* – § 242 do BGB) que a moderna literatura germânica extraiu grande parte da vasta gama de deveres acessórios de conduta.

[433] Cf. RIEGEN, *Rechtsverbindliche* cit., p. 716; VIVES RUIZ, *Las operaciones* cit., p. 168.

[434] Nos acordos irrevogáveis de aceitação de OPA celebrados entre *Thomas Cook*, *West LB* e *Preussag AG*, accionistas da *First Choice Holidays plc*, e a *Airtours* (oferente), aqueles obrigaram-se a não lançar oferta concorrente sobre a sociedade visada (cf. documento da oferta 30/04/1999, p. 8).

[435] Cf. RIEGEN, *Rechtsverbindliche* cit., p. 716.

[436] Cf. VIVES RUIZ, *Las operaciones* cit., p. 168; RIEGEN, *Rechtsverbindliche* cit., p. 716. Este acordo de gestão pode consistir num *standstill agreement* e envolver os membros do órgão de administração da sociedade visada. Estes acordos são mais frequentes nos casos em que o accionista (promitente-vendedor) é o accionista controlador e em que oferente pretende evitar que aquele, tendo assegurado a alienação das suas acções, possa praticar actos mais arriscados de gestão ou beneficiar-se antes de deixar a gestão da sociedade e, desse modo, reduzir o valor das acções da sociedade visada.

OPA têm ao nível da imputação de direitos de voto e da cessão de controlo para efeitos da OPA obrigatória, limitar-me-ei, por ora, a referir que os acordos de voto são os que, potencialmente, podem levantar problemas mais complexos, pelo que se exige um cuidado extremo na fixação das obrigações contratuais do accionista[437].

Se o contrato não fixar expressamente estes deveres, o accionista está vinculado aos mesmos?

Tudo dependerá do dever que estiver em causa e das circunstâncias que rodearam a celebração do acordo.

IV. No caso dos acordos de voto, é necessário que as partes tenham assumido a intenção de vinculação quanto ao modo de exercício do direito de voto[438], pelo que dir-se-á que, na ausência de estipulação expressa, o mesmo, em princípio, não existirá[439]. No entanto, essa intenção pode decorrer da interpretação dos termos do acordo e mais especificamente das regras da boa-fé. Com efeito, tendo o accionista assumido a obrigação de aceitar a OPA, poderá ser-lhe exigível que pondere os interesses do oferente no exercício dos direitos de voto inerentes às acções que prometeu alienar ao oferente no âmbito da OPA. Não é de excluir que

---

Sobre estes acordos e os problemas que os mesmos levantam, *vide* KNIEHASE, *Standstill* cit.; WAGNER, *Standstill* cit.

[437] Neste sentido, *vide* RIEGEN, *Rechtsverbindliche* cit., p. 715.

[438] Conforme refere PAULA COSTA E SILVA, "esta conclusão decorre directamente do art. 17º, nº 1 do CSC, nos termos do qual acordos parassociais, entre eles se integrando o acordo de voto, são os actos de autonomia da vontade através dos quais os sócios assumem a obrigação de adoptarem uma determinada conduta (cf. *A imputação* cit., p. 423). No mesmo sentido, o *Panel* considerou que, quando não se fixem obrigações quanto ao exercício dos direitos de voto, não existirá, em princípio, um *voting undertaking* (cf. *Practice statement no. 22. Irrevocable commitments, concert parties and related matters*, 2008, p. 1, disponível em www.thetakeoverpanel.org.uk). No entanto, na prática, é usual que os *irrevocable undertakings* contenham um *voting undertaking* que procura assegurar que o accionista (promitente) exerça os direitos de voto inerentes às acções abrangidas pelo acordo segundo as instruções do oferente no que diz respeito às deliberações necessárias para implementar a oferta e às deliberações que, sendo aprovadas, podem determinar a não verificação de uma condição da oferta ou que possam, de qualquer forma, impedir ou frustrar a oferta (*e.g.* aprovação de um *scheme of arrangement* concorrente) (cf. *Practice statement no. 22* cit., p. 3, disponível em www.thetakeoverpanel.org.uk). O *Panel* considera que a assunção deste *voting undertaking* é logicamente consistente com o *irrevocable undertaking* de aceitação da OPA, pois assume-se a obrigação de votar num sentido que é consonante com a sua decisão de aceitação da OPA (cf. ATHANASIOS KOULORIDAS, *The law* cit., p. 196).

[439] Excepto se existirem outros dados factuais que, de acordo com as regras de interpretação e integração do negócio, permitam concluir que houve uma intenção de vinculação do accionista.

o accionista tenha de alinhar a sua conduta de voto de acordo com o interesse do oferente como dever acessório de conduta do promitente vendedor imposto pelo princípio da boa-fé no cumprimento das obrigações.

Os acordos de aceitação de OPA não implicam a transferência da propriedade das acções objecto do mesmo (ao contrário dos normais contratos de compra e venda de participações sociais (*Paketkaufvertrag*)), pelo que não há uma transferência do risco de perecimento ou deterioração da coisa do alienante para o adquirente (art. 796º do CC). Apesar disso, é preciso reconhecer que, uma vez celebrado o acordo e tomada a decisão de lançamento de OPA, o risco económico das acções (*wirtschaftliche Risiko*) passa, na prática, a ser, total ou parcialmente, suportado pelo oferente, uma vez que, por força do princípio da irrevogabilidade da oferta, o oferente estará obrigado, em circunstâncias normais, a adquirir as acções da sociedade visada[440]. Por isso, as partes procuram salvaguardar que o accionista (promitente-vendedor) exerça os seus direitos (incluindo o direito de voto) e a sua capacidade de influência (enquanto accionista da sociedade visada) tendo em consideração os interesses do oferente[441]. O oferente pretenderá evitar alterações desfavoráveis ao nível da sociedade visada que reduzam o seu valor até à liquidação da OPA e terá também interesse em que não sejam tomadas quaisquer medidas que alterem o capital da sociedade, para não aumentar o esforço financeiro do oferente e não alargar o círculo accionista da sociedade visada[442]. Um dos objectivos do acordo é que o accionista (promitente-vendedor) alinhe a sua conduta em relação à sociedade visada no interesse económico do oferente e que o cumprimento das obrigações do acordo atenda à protecção do objecto do mesmo[443]. É assim duvidoso que o dever de conduta do accionista (promitente-vendedor) de atender ao interesse do oferente no exercício dos seus direitos (sobretudo o direito de voto) e do seu poder de influência (enquanto accionista da sociedade visada) seja suficiente para afirmar *per se* a existência de um acordo de voto relevante para efeitos do art. 20º, nº 1 al. c) do Cód.VM[444].

---

[440] Cf. Bülow, in Hirte/Bülow (Hrsg.), *Kölner* cit., § 30 Rdn. 291.
[441] Neste sentido, *vide* Bülow, in Hirte/Bülow (Hrsg.), *Kölner* cit., § 30 Rdn. 291.
[442] Cf. Bülow, in Hirte/Bülow (Hrsg.), *Kölner* cit., § 30 Rdn. 291; Krause/Pötzsch, in Assmann//Pötzsch/Schneider (Hrsg.), *Wertpapiererwerbs-* cit., § 33 Rdn. 88 e ss.
[443] Cf. Weidenkaff, in Palandt, *Bürgerliches Gesetzbuch*, 69 Auflage, München, 2010, § 433 BGB Rdn. 33; Bülow, in Hirte/Bülow (Hrsg.), *Kölner* cit., § 30 Rdn. 292.
[444] No ordenamento jurídico alemão, Bülow levanta esta questão face ao § 30 Abs. 2 da WpÜG, isto é, o autor considera duvidoso que o acordo de aceitação de OPA seja susceptível *per se* de cons-

Julgo que uma resposta definitiva só poderá ser dada depois de analisada a redacção concreta do acordo de aceitação de OPA. Além disso, a existência de uma obrigação de votar de acordo com os interesses do oferente também dependerá de uma ponderação efectuada à luz do tema objecto de deliberação da assembleia geral da sociedade visada que esteja em causa.

V. Em relação às declarações de apoio à OPA, considero igualmente não ser possível afirmar, em abstracto, a existência de um dever de realizar essa declaração. Porém, em função dos elementos que rodearam a celebração do acordo, do tipo de promessa em causa e da circunstância em que a mesma seja dada, poderá ser exigível, à luz do princípio da boa-fé, que o accionista tenha o dever de apresentar publicamente o seu apoio à OPA que se obrigou irrevogavelmente a aceitar (dever acessório de conduta).

Por fim, quanto ao dever de conteúdo negativo de não lançamento de OPA concorrente, parece-me que este dever, quando não expressamente fixado, decorre directamente do princípio da boa-fé, pois não se pode considerar agir de boa-fé um accionista que, tendo aceite vender as suas acções em sede de OPA

---

tituir uma actuação concertada para efeitos daquele preceito e não apresenta uma resposta definitiva sobre o tema, parecendo remeter a questão para os termos concretos do acordo de aceitação de OPA (cf. in HIRTE/BÜLOW (Hrsg.), *Kölner* cit., § 30 Rdn. 292). RIEGEN defende que, na ausência de estipulação sobre o exercício de direito de voto no acordo de aceitação, não estaremos perante uma situação de actuação em concertação para efeitos do § 30 Abs. 2 da WpÜG porque as partes não se vincularam a exercer os seus direitos de voto de uma determinada forma (cf. *Rechtsverbindliche* cit., pp. 716 e 731). No mesmo sentido, mas apresentando argumentos diferentes, *vide* DIEKMANN, in BAUMS/THOMA (Hrsg.), *Kömmentar* cit., § 30 Rdn. 86.
No Reino Unido, o *Panel* considerou que, quando não se fixem obrigações quanto ao exercício dos direitos de voto, não existirá, em princípio, um *voting undertaking* (cf. *Practice statement no. 22. Irrevocable commitments, concert parties and related matters*, 2008, p. 1, disponível em www.thetakeoverpanel.org.uk; neste sentido, vide, na doutrina, ATHANASIOS KOULORIDAS, *The law* cit., p. 196). No entanto, na prática, é usual que os *irrevocable undertakings* incluam um *voting undertaking* nos termos do qual o accionista (promitente) se obrigue a exercer os direitos de voto inerentes às acções abrangidas pelo acordo segundo as instruções do oferente relativamente às deliberações necessárias para implementar a oferta e às deliberações que, sendo aprovadas, podem determinar a não verificação de uma condição da oferta ou que possam, de qualquer forma, impedir ou frustrar a oferta (*e.g.* aprovação de um *scheme of arrangement* concorrente) (cf. *Practice statement no. 22* cit., p. 3, disponível em www.thetakeoverpanel.org.uk). O *Panel* considera que a assunção deste *voting undertaking* é logicamente consistente com o *irrevocable undertaking* de aceitação da OPA, na medida em que assume a obrigação de votar num sentido que é consonante com a sua decisão de aceitação da OPA.

e sabendo que este acordo visa alcançar o sucesso daquela oferta, decida lançar uma OPA concorrente inviabilizando o motivo fundamental que levou o oferente a celebrar o acordo de aceitação de OPA: aumentar a certeza do sucesso da sua OPA, assegurando um nível mínimo de aceitação. Esta actuação é ainda mais chocante de um ponto de vista da boa-fé se o accionista tiver tido acesso a dados do oferente e da preparação da OPA, os quais poderá utilizar na preparação da sua oferta e que serão decisivos na estratégia adoptada para "vencer" o oferente inicial.

1.4.5 Duração dos acordos de aceitação de OPA

I. A duração dos acordos de aceitação de OPA é outro dos pontos centrais destes acordos.

Quanto mais longa for a duração do mesmo, menor será a liberdade do accionista; ao invés, quanto menor for a duração do acordo, maior será a pressão sobre o oferente para lançar a OPA e assim emitir a sua declaração negocial relativa ao contrato definitivo de modo a poder beneficiar do acordo vinculativo de aceitação até à liquidação da oferta[445]. A prática revela que estes acordos têm uma duração relativamente alargada que coincide normalmente com a verificação do sucesso ou insucesso da OPA, sendo que, nalguns casos, ultrapassa mesmo este momento[446].

1.5 Figuras afins e/ou alternativas
1.5.1 *Letters of intent*

I. Os acordos irrevogáveis de aceitação de OPA não se confundem com os acordos ou cartas de intenções, vulgarmente identificados pela expressão anglo-saxónica *letters of intent*[447].

---

[445] Cf. RIEGEN, *Rechtsverbindliche* cit., p. 715.
[446] Veja-se o caso da OPA da *British Sky Broadcasting Group plc* sobre o *Manchester United plc*, em que as declarações de aceitação dos accionistas desta última, emitidas em favor daquele oferente, caducavam se a primeira OPA não tivesse sucesso e se não fosse lançada nova oferta num determinado período de tempo (cf. documento da oferta de 15 de Outubro de 1999, pp. 13 e 99).
[447] As *letters of intent* são uma figura geral da prática contratual que expressa a intenção das partes de celebrar um contrato futuro, sem, todavia, assumir uma obrigação nesse sentido (cf. MENEZES LEITÃO, *Direito das obrigações*, vol. I, 6ª edição, Almedina, Coimbra, 2007, p. 216). Elas inserem-se num fenómeno mais geral, característico das fases de negociações em que não há uma efectiva vinculação a uma obrigação, embora as partes assumam certos compromissos. MENEZES CORDEIRO designa este fenómeno por contratação mitigada (cf. *Tratado de Direito Civil Português*, I – Parte Geral, t. I, Almedina, Coimbra, 1999, p. 315).

As *letters of intent* (*Absichtserklärung*) são meras declarações dos accionistas de uma sociedade visada acerca da bondade de uma determinada OPA e da sua intenção de actuação em relação à mesma, sem que impliquem qualquer vinculação do accionista em relação à aceitação da OPA[448].

II. A diferença das *letters of intent* para os acordos irrevogáveis de aceitação de OPA é que estes têm uma natureza vinculativa e as primeiras são meras declarações de intenção que não envolvem a assunção de quaisquer obrigações por parte do declaratário[449].

A linha de fronteira entre estas duas figuras poderá ser difícil de traçar, mas expressões como – o "accionista tem interesse em aceitar a OPA que venha ser lançada" – não são suficientes para que se possa falar na existência de um acordo de aceitação de OPA. Nos demais casos, será necessário recorrer às regras gerais da interpretação jurídica e verificar qual foi a vontade das partes[450].

1.5.2 Contratos de compra e venda de um "bloco" de acções (*Paketkaufvertrag*)

I. Um instrumento contratual alternativo aos acordos de aceitação de OPA são os contratos de compra e venda de grandes "blocos" de acções, isto é, de participações qualificadas de determinados accionistas que permitem ao oferente garantir a aquisição de determinada percentagem de capital mesmo antes do fim da OPA[451].

A diferença deste instrumento contratual face aos acordos irrevogáveis de aceitação de OPA é clara: através daquele o oferente adquire as acções objecto do contrato e fá-lo fora de mercado e do contexto de OPA, enquanto o acordo de aceitação só confere ao oferente o direito de exigir que o accionista celebre o contrato definitivo de compra e venda das acções, sendo este realizado em mercado e no âmbito de uma OPA.

---

[448] Veja-se o caso das declarações de aceitação de três accionistas institucionais da sociedade *Beales Hunter plc* relativas à OPA lançada pela *Stages Group* sobre aquela sociedade (cf. documento da oferta 6/07/1998, pp. 10 e 76); declarações de aceitação de vários accionistas da sociedade *Century Inns plc* quanto à OPA da *Enterprise plc* lançada sobre aquela sociedade, as quais, nalguns casos, eram meras *letters of intent* e, noutros, eram verdadeiros *irrevocable undertakings* (cf. documento da oferta 29/03/1999, pp. 8 e 43).

[449] Cf. GEORGIOS PSAROUDAKIS, *Acting in Concert in börsennotierten Gesellschaften*, Carl Heymanns, Köln, 2009, p. 234; RIEGEN, *Rechtsverbindliche* cit., pp. 714-715.

[450] Cf. RIEGEN, *Rechtsverbindliche* cit., p. 715.

[451] Cf. HASSELBACH, in HIRTE/BÜLOW (hrsg.), *Kölner* cit., § 35 Rdn. 256; RIEGEN, *Rechtsverbindliche* cit., p. 717.

II. A desvantagem do *Paketkaufvertrag* face aos acordos irrevogáveis de aceitação de OPA é que o oferente suporta o risco económico do bloco de acções sem ter a certeza que a sua oferta alcançará o sucesso pretendido (*e.g.* 50% ou 75% dos direitos de voto). Esta desvantagem não existe se o bloco de acções adquirido permitir alcançar, de imediato, a percentagem de sucesso da OPA[452]. Nos demais casos, aquela desvantagem pode ser evitada através da fixação de uma condição no contrato de aquisição das acções, esquema contratual que se analisará em 1.5.3 *infra*.

II. Os *Paketkaufvertrag* que abrangem uma participação de controlo implicam a constituição do dever de lançamento de OPA (art. 187º do Cód.VM)[453].

O lançamento de OPA obrigatória não apresenta desvantagens significativas face ao lançamento de OPA voluntária. As principais são a impossibilidade de controlar o *timing* do processo de OPA e a não sujeição da OPA a condições[454]. Nestes contratos, há também risco de subida do preço das acções da sociedade no caso de mediar algum tempo entre a data da divulgação da aquisição ou do conhecimento público dessa intenção de aquisição e a data de realização do anúncio preliminar. Com efeito, um dos critérios de determinação da contrapartida

---

[452] Veja-se os seguintes casos, em que o oferente alcançou o controlo da sociedade com a aquisição do bloco de acções ficando, de imediato, sujeito ao dever de lançamento de OPA: aquisição de 50,58% dos direitos de voto do *Baden-Württembergischen Bank* pelo *Landesbank Baden-Württember* e respectiva OPA obrigatória subsequente (cf. documento da oferta de 11/02/2002, p. 2); aquisição de 92,3% dos direitos de voto do *Monachia Grundstücks-Aktiengesellschaft* pelo *Bayerische Städte- und Wohnungsbau GmbH* e respectiva OPA obrigatória subsequente (cf. documento da oferta de 25/02/2002, p. 5); aquisição de 50% dos direitos de voto da *ZEAG Zementwerk Lauffen – Elektrizititäswerk AG* pela *Ernergie Baden-Württemberg AG*, passando esta a deter 62,2% dos direitos de voto daquela e, como tal, sujeita ao dever de lançamento de OPA (cf. documento da oferta de 12/09/2002, p. 9); aquisição pela Ongoing da participação de [40%] detida pela Vertix (do Grupo Prisa) na Media Capital sujeita à condição suspensiva da obtenção da autorização da AdC, que deu lugar ao dever de lançamento de OPA sujeita àquela condição suspensiva que não se chegou a verificar devido à oposição da AdC à realização da operação de concentração.

[453] Foi esse o caso dos contratos de aquisição de blocos de acções referidos na nota anterior.

[454] Cf. HASSELBACH, in HIRTE/BÜLOW (hrsg.), *Kölner* cit., § 35 Rdn. 256. A proibição da aposição de condições só não se aplica às autorizações legalmente exigidas para a concretização da oferta, sejam elas administrativas (*e.g.* não oposição da autoridade da concorrência) ou societárias (*e.g.* deliberação da assembleia geral que aprove a desblindagem dos estatutos da sociedade ou que aprova aumento de capital) (neste sentido, no direito português, *vide* PAULO CÂMARA, *O dever de lançamento* cit., p. 205; Ib, *Manual* cit., p. 651; com um elenco detalhado das várias situações de excepção ao princípio da incondicionalidade nas OPAs obrigatórias, *vide*, no direito alemão, BÜLOW, in HIRTE/BÜLOW (hrsg.), *Kölner* cit., § 39 Rdn. 48 e ss.).

mínima da OPA obrigatória é o preço médio ponderado das acções apurado em mercado regulamentado nos seis meses imediatamente anteriores à data da realização do anúncio preliminar da oferta. Assim, se houver algum lapso temporal entre a divulgação da aquisição e o anúncio preliminar, é normal que a cotação das acções suba afectando a contrapartida mínima da OPA obrigatória, sendo que o risco do lapso temporal é maior nos casos em que é necessário obter determinadas autorizações administrativas para a realização da aquisição das acções[455].

III. O art. 189º, a) do Cód.VM derroga a obrigação de lançamento de OPA quando a ultrapassagem dos limiares constitutivos do dever de lançamento resulta de aquisição efectuada por efeito OPA voluntária universal. Será que a celebração de *Paketkaufvertrag* impede o oferente de beneficiar desta derrogação ao dever de lançamento?

Na Alemanha, a questão não se encontrava expressamente esclarecida, o que gerou algumas divergências doutrinais[456], mas entretanto o BaFin veio clarificar que a derrogação do dever de lançamento nos casos de OPA voluntária prévia (§ 35 Abs. 3 da WpÜG) não se limita às aquisições efectuadas no contexto da OPA, abrangendo igualmente as aquisições fora da oferta desde que efectuadas no período de duração temporal da OPA[457]. Não é relevante se a aquisição do

---

[455] Cf. HASSELBACH, in HIRTE/BÜLOW (hrsg.), *Kölner* cit., § 35 Rdn. 256. Todavia, entre nós, o entendimento da CMVM tem sido o de que a sujeição da aquisição a condições não afasta a imputação de direitos de voto e consequente ultrapassagem das fasquias constitutivas do dever de lançamento, pelo que, celebrado o negócio de aquisição da participação, o oferente está obrigado a lançar a OPA de imediato (cf. OPA da Ongoing sobre a Media Capital).

[456] Contra, vide HOMELHOFF/WITT, in HAARMANN/RIEHMER/SCHÜPPEN (Hrsg.), *Öffentliche Übernahmeangebote: Kommentar zum Wertpapiererwerbs- und Übernahmegesetz*, 1. Auflage, Heidelberg, 2002, § 35 Rdn. 54; HARBARTH, *Kontrollerlangung und Pflichtangebot*, in ZIP, 2002, p. 327; e a favor desta possibilidade, vide BÜLOW, in HIRTE/BÜLOW (hrsg.), *Kölner Kommentar zum WpÜG*, 1. Auflage, Carl Heymanns, Köln, 2002, § 35 Rdn. 185; MEYER, in GEIBEL/SÜSSMANN (Hrsg.), *Wertpapiererwerbs- und Übernahmegesetz*, 1. Auflage, C.H. Beck, München, 2002, § 35 Rdn. 52.

[457] O entendimento do BaFin sobre o § 35 Abs. 3 está disponível no site *www.bafin.de*. No mesmo sentido, na doutrina alemã, vide HASSELBACH, in HIRTE/BÜLOW (hrsg.), *Kölner* cit., § 35 Rdn. 247--248; MEYER, in GEIBEL/SÜSSMANN (Hrsg.), *Wertpapiererwerbs- und Übernahmegesetz*, 2. Auflage, C.H. Beck, München, 2008, § 35 Rdn. 52. No mesmo sentido, vide a decisão do OLG de Düsseldorf de 11/08/2006, in ZIP, 2007, p. 380. Vejam-se ainda os seguintes casos em que o BaFin permitiu ao oferente beneficiar da derrogação: na OPA da *EdCar Beteiligungs GmbH & Co. KG* sobre a *Edsche AG*, o oferente celebrou um *Paketkaufvertrag* com condição suspensiva que se verificou ainda antes do fim do período de aceitação da oferta (cf. documento da oferta de 6/12/2002, pp. 14 e 25); o mesmo se verificou na OPA da *Procter & Gamble Germany Management GmbH* sobre a *Wella AG*, em

controlo decorreu das aceitações da oferta ou do *Paketkaufvertrag*, uma vez que as regras aplicáveis na pendência de OPA permitem proteger os accionistas contra potenciais abusos do oferente, em particular a violação do princípio da igualdade de tratamento[458]. O BaFin entendia que o espaço temporal para a admissibilidade da celebração dos *Paketkaufvertrag*, sem que se ponha em causa a derrogação do dever de lançamento, vai desde a publicação da decisão de lançamento da OPA[459] até à sua liquidação[460]. Em 12 de Julho de 2007, o BaFin emitiu um entendimento que procurou sistematizar a sua orientação prática quanto aos termos da aplicação do § 35 Abs. 3 da WpÜG, considerando que o espaço temporal relevante se estende até à liquidação da oferta e, nalguns casos, até alguns dias após essa liquidação[461].

Em Portugal, apesar de a letra da lei do art. 189º, nº 1 al. a) do Cód.VM (que utiliza a expressão "resultar da aquisição de valores mobiliários por efeito da oferta pública de aquisição"), entendo que a aquisição de "blocos" de acções na pendência da OPA não impede o oferente de beneficiar desta excepção, ainda que o número de acções adquiridas fora da oferta seja superior ao número de acções adquiridas na oferta e mesmo que haja, no decurso da OPA voluntária, uma ultrapassagem daqueles limiares constitutivos do dever de lançamento por força da aquisição efectuada fora de mercado[462]. A *ratio* da norma é a de permitir aos accionistas alienar as suas acções perante a mudança de controlo obtido o

---

que o *Paketkaufvertrag* entre os accionistas familiares do oferente e da sociedade visada estava também sujeito a condição suspensiva que se verificou antes do termo do prazo de aceitação da oferta (cf. documento da oferta 24/05/2003, p. 7); na OPA da *Scholz & Friends Holdings GmbH* sobre a *Scholz & Friends AG*, os *Paketkaufvertrages* entre o oferente e dois accionistas (*Electra European Fudn LP* e a *BATES Germany Deutschland GmbH*) foram celebrados entre a data de anúncio da oferta e a publicação do documento da oferta (cf. documento da oferta de 14/07/2003, p. 10). Este era também o entendimento da *Übernahmekommission* à luz do *Übernahmekodex* (cf. Übernahmekommission, Drei Jahre ÜbernahmeKodex, 1999, p. 27).

[458] Cf. HASSELBACH, in HIRTE/BÜLOW (hrsg.), *Kölner* cit., § 35 Rdn. 248.

[459] Cf. OPA da *Scholz & Friends Holdings GmbH* sobre a *Scholz & Friends AG*.

[460] Cf. OPA da *Procter & Gamble Germany Management GmbH* sobre a *Wella AG* e OPA da *EdCar Beteiligungs GmbH & Co. KG* sobre a *Edsche AG*. No mesmo sentido, *vide* HASSELBACH, in HIRTE/ /BÜLOW (hrsg.), *Kölner* cit., § 35 Rdn. 248. Considerando que o limite máximo para as aquisição fora da oferta é o termo do prazo de aceitação da oferta (*vor Ablauf der Annahmefrist*), *vide* STEINMEYER, in STEINMEYER/HÄGER, *WpÜG* cit., § 35 Rdn. 124-125. Ainda contra a possibilidade de beneficiar da derrogação do § 35 Abs. 3 nestas situações, *vide* HOMELHOFF/WITT, in HAARMANN/SCHÜPPEN (Hrsg.), *Frankfurter* cit., § 35 Rdn. 54.

[461] Cf. BaFin-Jahresbericht 2007, pp. 189-190. Mais detalhadamente, *vide* HASSELBACH, in HIRTE/ /BÜLOW (hrsg.), *Kölner* cit., § 35 Rdn. 250.

[462] Neste sentido, *vide* STEINMEYER, in STEINMEYER/HÄGER, *WpÜG* cit., § 35 Rdn. 124.

mesmo valor que o oferente pagou para adquirir o controlo[463]. Essa *ratio* não é prejudicada pelo facto de terem sido efectuadas aquisições fora da oferta. As aquisições fora de mercado na pendência de OPA estão aliás sujeitas a um controlo *ex ante* da CMVM, precisamente em nome da equidade da contrapartida oferecida e do princípio da igualdade de tratamento dos destinatários da oferta (art. 180º, nº 1 al. a) do Cód.VM)[464].

IV. Para além das desvantagens *supra* referidas, os *Paketkaufvertrag* podem levantar problemas ao nível da liquidação[465] e do respeito pelo princípio da igualdade de tratamento dos destinatários da oferta[466]. Este último aspecto é particularmente importante e determina que estas aquisições, se efectuadas na pendência de OPA, estejam sujeitas ao referido controlo *ex ante* da CMVM (art. 189º, nº 1 al. a) do Cód.VM).

1.5.3 Contratos de compra e venda de "blocos" de acções sujeitos a condição suspensiva (*Aufschiebend bedingter Paketkaufvertrag*)

I. Outro instrumento alternativo aos acordos irrevogáveis de aceitação de OPA são os contratos de compra e venda de "blocos de acções sujeitos à condição suspensiva (*Aufschiebend bedingter Paketkaufvertrag*) de que o comprador lance uma OPA e que essa OPA alcance uma determinada percentagem de sucesso.

A diferença deste instrumento contratual face aos acordos irrevogáveis de aceitação de OPA é também clara: através daquele o oferente adquirirá, quando se verificar a condição, as acções objecto do contrato e fá-lo fora de mercado e do contexto de OPA; enquanto os acordos de aceitação só conferem ao oferente o direito de exigir que o accionista celebre o contrato definitivo de compra e

---

[463] Cf. MENEZES FALCÃO, *A OPA obrigatória*, in *Direito dos Valores Mobiliários*, vol. III, Coimbra Editora, 2001, p. 219.

[464] A partir da publicação do anúncio preliminar e até ao apuramento do resultado da oferta, o oferente não pode negociar fora de mercado regulamentado valores mobiliários da categoria dos que são objecto da oferta, excepto se forem autorizados pela CMVM, com parecer prévio da sociedade visada. A prática tem sido a de permitir a realização dessas aquisições, sendo que os oferentes têm indicado como limite máximo de acções a adquirir os 10% (cf. Decisões da CMVM de 27 de Março de 2006 na OPA da Sonae sobre a Portugal Telecom e de 20 de Abril de 2006 na OPA do Banco Comercial Português sobre o Banco BPI).

[465] Nos *Paketkaufvertrag* celebrados com vários accionistas, as operações de transferência dos valores mobiliários e de pagamento do preço podem revelar-se mais complexas (cf. RIEGEN, *Rechtsverbindliche* cit., p. 721).

[466] Cf. RIEGEN, *Rechtsverbindliche* cit., p. 721.

venda das acções, sendo este realizado em mercado e no âmbito de uma OPA[467]. Por isso, estes suscitam as mesmas questões que os *Paketkaufvertrag* quanto ao dever de lançamento, à igualdade de tratamento dos destinatários e à imputação de direitos de voto[468]. Na prática, já se verificaram situações em que o oferente optou por celebrar acordos de aceitação de OPA com uns accionistas e contratos de aquisição de "blocos" de acções com outros accionistas[469].

1.5.4 Contratos de opção de compra (*Optionsvertrag*)

I. Os contratos de opção de compra (*Optionsvertrag*) são outro instrumento alternativo para alcançar o desiderato visado pelos acordos irrevogáveis de aceitação de OPA[470]. Nos contratos de opção de compra, o accionista da sociedade visada atribui ao oferente um direito potestativo de compra (*call option*) das acções da sociedade visada de que seja titular, por um preço e em (ou até) data predeterminados, contra, por norma, a obrigação de pagar um prémio[471].

A diferença destes contratos para os acordos irrevogáveis de aceitação de OPA é que, nos primeiros, o oferente é titular de um direito potestativo, que lhe permite adquirir as acções bastando a emissão de uma declaração nesse sentido; enquanto, nos segundos, é necessário que o accionista da sociedade emita a sua declaração negocial relativa ao contrato definitivo. Na prática, esta destrinça técnico-jurídica pode ser irrelevante, na medida em que, sendo as acções escriturais, é ainda necessário que o accionista dê ao seu intermediário financeiro uma ordem de transferência das acções a favor do oferente (art. 71º, nº 1 do Cód.VM)[472].

---

[467] Cf. RIEGEN, *Rechtsverbindliche* cit., p. 721.

[468] Voltaremos a este tema em IV., 1. e 2. *infra*.

[469] Foi este o caso da OPA da *Adecco S.A.* sobre a *jobpilot AG* (cf. documento da oferta 15/03/2002, p. 7) e da OPA lançada pela *RAG Projektgesellschaft mbH* sobre a *Degussa AG* (cf. documento da oferta 19/06/2002, p. 14).

[470] Cf. RIEGEN, *Rechtsverbindliche* cit., p. 722.

[471] Com uma perspectiva mais contratual, *vide* SOARES DA FONSECA, *Do contrato de opção de compra – Esboço de uma teoria geral*, Lex, Lisboa, 2001. Para mais desenvolvimentos sobre a figura dos contratos de opção de compra, em particular da vertente das opções enquanto instrumento financeiro e contratual objecto de negociação nos mercados financeiros, *vide* ENGRÁCIA ANTUNES, *Direito dos contratos comerciais*, Almedina, Coimbra, 2009, pp. 640-646; Ib., *Os instrumentos financeiros*, Almedina, Coimbra, 2009, pp. 159-167; AMADEU FERREIRA, *Operações de futuros e opções*, in AAVV, *Direito dos Valores Mobiliários*, Lex, Lisboa, 1997, pp. 121-188. No direito alemão com maiores desenvolvimentos, *vide* KÜMPEL/WITTIG, *Bank- und Kapitalmarktrecht*, 4 Auflage, Verlag Otto Schmidt, Köln, 2011, Rdn. 19.88-19.100.

[472] No mesmo sentido, no direito alemão, *vide* KÜMPEL/WITTIG, *Bank-* cit., Rdn. 11.263.

II. A celebração de contratos de opção de compra implica uma imputação de direitos de voto, nos termos das alíneas e) e h) do nº 1 do art. 20º do Cód.VM[473]. À semelhança dos *Paketkaufvertrag*, os *optionvertrag* podem levantar problemas ao nível da liquidação e do respeito pelo princípio da igualdade de tratamento dos destinatários da oferta[474].

2. Admissibilidade dos acordos de aceitação de OPA à luz do ordenamento jurídico português
2.1 Princípio base – Princípio da Liberdade Contratual

I. Analisada a anatomia dos acordos irrevogáveis de aceitação de OPA, irei agora verificar da sua admissibilidade à luz do direito português.

A primeira constatação é a de que não existe, ao contrário do que sucede noutros ordenamentos jurídicos[475], uma norma expressa que se refira ou regule este tipo de acordos. Será necessário mobilizar as normas e princípios relevantes do nosso ordenamento jurídico de modo a determinar a admissibilidade, ou não, daquele tipo de acordos.

II. O princípio geral que rege as relações contratuais é o da liberdade contratual[476] ou negocial (*Vertragsfreiheit*).

Este princípio é um corolário da autonomia privada[477] e consiste "na faculdade que as partes têm, dentro dos limites da lei, de fixar, de acordo com a sua vontade,

---

[473] Voltaremos a este tema em IV., 1. e 2. *infra*.
[474] *Vide* II., 1.5.2 *supra*.
[475] É o caso do ordenamento jurídico inglês. Os *irrevocable commitments* encontram-se regulados nas disposições sobre *minority squeeze-out* (aquisição potestativa) do *Companies Act* e no próprio City Code. A obtenção de *irrevocable commitments* por parte do oferente é admitida e não levanta dificuldades de um ponto de vista de direito societário (cf. JAMES PALMER, *United Kingdom: Deal protection measures in the UK, Supplemnt to the IFLR Guide to Mergers and Acquisitions 2005*, IFLR, 2005, p. 1). No entanto, o City Code estabelece algumas limitações no que respeita à contrapartida resultante das *irrevocables* (*Rule* 16 do City Code), ao número de *irrevocables* que o oferente pode obter após o anúncio da oferta (*Rule* 9 do City Code) e o número de pessoas que pode ser contactada devido à necessidade de assegurar o dever de segredo (*Rule* 2 do City Code) (cf. JAMES PALMER, *United Kingdom* cit., pp. 1-2; RYDE/TURNILL, *Share* cit., pp. 83-84). Ao longo deste estudo, iremos fazendo referência às restrições que o City Code impõe a propósito de cada um destes temas.
[476] O princípio da liberdade contratual é, segundo MESSINEO, o equivalente, no sector do direito, ao princípio da iniciativa privada no domínio da actividade económica (cf. *Contratto normativo e contratto-tipo*, in *Enciclopedia del diritto*, nº 1, p. 802.
[477] A liberdade contratual é uma componente da autonomia privada e a sua mais relevante forma de manifestação. Ela pode definir-se como "um processo de ordenação que faculta a livre constituição

o conteúdo dos contratos que realizarem, celebrar contratos diferentes dos prescritos no Código ou incluir nestes as cláusulas que lhes aprouver" (art. 405º do CC). Este princípio expressa a "faculdade reconhecida às pessoas de criarem entre si, guiadas pela sua própria razão, acordos destinados a regular os seus interesses"[478]. Na área dos contratos, a regra é a de os particulares poderem agir por "sua própria e autónoma vontade", sendo a fixação de limites a esta uma excepção[479]. Nas palavras ilustrativas de ANTUNES VARELA, "as partes são livres, ao contratar, na medida em que podem seguir os impulsos da sua razão, sem estarem aprisionadas pela jaula das normas legais"[480].

A liberdade de contratar compreende três núcleos essenciais[481]: (i) a liberdade de celebração (a *Abschlußfreiheit*), que consiste na faculdade de celebrar ou não o contrato, de estabelecer uma relação jurídica[482]; (ii) a liberdade de escolha do outro contraente, que consiste na faculdade de escolher, livremente, a pessoa com quem se pretende celebrar o negócio jurídico; e (iii) a liberdade de modelação do conteúdo do contrato (a *Gestaltungsfreiheit* ou *Inhaltsfreiheit*) de acordo com os seus interesses, que se desdobra, sucessivamente, na liberdade de selecção do tipo negócio jurídico previsto na lei mais adequado à satisfação dos seus interesses[483], na liberdade de estipulação ou de conformação do conteúdo contratual (que se reconduz à faculdade de os contraentes aditarem, modificarem ou suprimirem cláusulas ao contrato típico, reunirem num mesmo contrato regras de dois ou mais negócios total ou parcialmente previstos na lei)[484], e na liberdade de cele-

---

e modelação de relações jurídicas pelos sujeitos" (cf. SOUSA RIBEIRO, *O problema do contrato. As cláusulas contratuais gerais e o princípio da liberdade contratual*, Almedina, Coimbra, 1999, p. 20). Sobre os conceitos de autonomia privada e liberdade contratual, vide ainda os estudos clássicos de FERRI, *L'autonomia privata*, 1959, pp. 3 e ss.; P.S. ATIYAH, *The rise and fall of freedom of contract*, 2ª reimpressão, Oxford, 1988.

[478] Cf. ANTUNES VARELA, *Das obrigações* cit., vol. I, p. 232.

[479] Cf. ALMEIDA COSTA, *Direito* cit., p. 229.

[480] Cf. ANTUNES VARELA, *Das obrigações* cit., vol. I p. 231.

[481] VAZ SERRA inclui a liberdade de forma e a admissão declarações tácitas no quadro da liberdade de contratar (cf. *Obrigações. Ideias preliminares gerais*, in BMJ, nº 77, 1958, p. 148.

[482] A obrigação que resulta de um contrato-promessa é uma limitação, ainda que dentro da autonomia contratual, àquela liberdade de celebração do contrato (cf. ALMEIDA COSTA, *Direito* cit., p. 231).

[483] Cf. ANTUNES VARELA, *Das obrigações* cit., vol. I, p. 246; ALMEIDA COSTA, *Direito* cit., pp. 240-242; ENGRÁCIA ANTUNES, *Direito* cit., p. 179; FERREIRA DE ALMEIDA, *Contratos*, vol. II ("Conteúdo"), Almedina, Coimbra, 2008, pp. 9 e ss.; CARVALHO FERNANDES, *Teoria geral do direito civil*, vol. II, 4ª edição, UCP Editora, Lisboa, 2007, pp. 392 e ss.

[484] Cf. ANTUNES VARELA, *Das obrigações* cit., vol. I, p. 246; ALMEIDA COSTA, *Direito* cit., p. 240.

brar contratos distintos dos previstos na lei (contratos atípicos, inominados) com o conteúdo que melhor se ajustar aos seus interesses[485].

III. Porém, o princípio da liberdade contratual sofre limitações nos seus diferentes núcleos. Isso decorre desde logo do próprio art. 405º CC que utiliza a expressão "dentro dos limites da lei". O ordenamento jurídico retira aos privados os seus poderes de autonomização sempre que há o risco de aqueles conduzirem a actos negociais de conteúdo lesivo de interesses que lhe incumbe proteger. Nestes casos, o princípio da autodeterminação cede perante um outro princípio ou *policy* que com ele conflitua[486]. A extensão da subordinação do primeiro face a estes segundos princípios depende do quadro normativo do ordenamento jurídico em questão e, como tal, das decisões e opções de natureza político-legislativa e económica eivadas de factores históricos e circunstanciais inerentes à vida e ao percurso de um Estado[487].

Em relação à liberdade de modelação do conteúdo do contrato (que é o núcleo do princípio da liberdade contratual que mais interessa ao presente estudo), esta tem estado sujeita a crescentes limitações nas legislações hodiernas, principalmente em relação a contratos em que há uma parte contratual mais fraca ou ponderosos interesses colectivos ao lado dos particulares (*e.g.* contrato de trabalho, arrendamento, seguro, negócios bancários) ou em que é necessário acautelar as legítimas expectativas de terceiros (*e.g.* constituição de direitos reais; forma das sociedades comerciais)[488].

As restrições ao princípio da liberdade de modelação do contrato visam fins muito diversos que vão desde a correcção com que as partes devem agir na preparação e execução dos contratos à garantia da justiça comutativa ou à protecção da parte económica ou socialmente mais fraca[489]. Os "limites da lei" referidos no

---

[485] Com efeito, no direito das obrigações, vigora o princípio do *numerus apertus* ou da *atipicidade*, por oposição ao universo dos direitos reais, da família e sucessório, onde vigora o princípio do *numerus clausus* e da tipicidade (cf. ALMEIDA COSTA, *Direito* cit., pp. 131-132; 241). Sobre os contratos atípicos, vide, desenvolvidamente, PAIS DE VASCONCELOS, *Contratos atípicos*, Almedina, Coimbra, 1995; PINTO DUARTE, *Tipicidade e atipicidade dos contratos*, Almedina, Coimbra, 2000.

[486] Cf. SOUSA RIBEIRO, *O problema* cit., p. 234. A distinção entre aqueles conceitos foi efectuada, pela primeira vez, por DWORKIN (cf. *The model of rules*, in HUGHES (org.), *Law, Reason and Justice*, NewYork, 1965, pp. 13 e ss.; Ib., *Taking rights seriously*, 4ª edição, Oxford, 1986, pp. 20 e ss.).

[487] Por isso, LEISNER afirma que "a história da liberdade contratual é a história das suas limitações" (cf. *Grundrechte und Privatrecht*, München/Berlin, 1960, pp. 323-324).

[488] Cf. ANTUNES VARELA, *Das obrigações* cit., vol. I, pp. 247-248.

[489] Cf. ANTUNES VARELA, *Das obrigações* cit., vol. I, p. 248; ALMEIDA COSTA, *Direito* cit., p. 242.

art. 405º do CC passam pelos simples requisitos do negócio jurídico fixados no art. 280º do CC e desembocam na vasta panóplia de normas imperativas que se reflectem no conteúdo dos contratos e que são particularmente abundantes nos casos em que uma das partes do contrato é mais fraca ou em áreas do comércio jurídico mais reguladas[490].

No entanto, todos estes limites não destroem nem prejudicam "o valor do contrato como instrumento de auto-disciplina dos interesses das partes, reconhecido pela ordem jurídica"[491]. Citando novamente o sempre brilhante ANTUNES VARELA: "além de não haver liberdades que em si próprias se não limitem, para que o contrato goze da tutela que a lei lhe concede, não pode cada um dos contraentes ignorar os valores fundamentais que estão na base do sistema legislativo, nem as limitações destinadas imediatamente a salvaguardar as justificadas expectativas da outra parte e os legítimos interesses de terceiro. Tal como não pode o legislador descurar os limites da liberdade individual necessários para corrigir as profundas e frequentes *desigualdades substanciais* entre os contraentes"[492].

IV. Esta exposição muito breve em torno do princípio da liberdade contratual pretende apenas salientar que as limitações a este princípio têm de ter um fundamento, não podem ser injustificadas nem desproporcionadas. Assim, e em abstracto, os acordos de aceitação de OPA deverão, à luz deste princípio, ser admissíveis se se concluir que, por um lado, não violam qualquer norma legal ou princípio do ordenamento jurídico português[493], e que, por outro lado, não há qualquer outro fundamento do tipo *supra* referido que justifique uma limitação ao princípio da liberdade contratual. Entre as normas e princípios a considerar, avultam naturalmente as regras e princípios estruturantes do instituto das ofertas públicas de aquisição e das ofertas públicas em geral, mas também as disposições relativas às sociedades, em particular as referentes às sociedades abertas.

Impõe-se então a seguinte pergunta: que normas ou princípios do nosso ordenamento jurídico podem ser postos em causa pelos acordos irrevogáveis de aceitação de OPA, justificando a sua prevalência sobre o princípio da liberdade contratual?

---

[490] Cf. ANTUNES VARELA, *Das obrigações* cit., vol. I, p. 250; ALMEIDA COSTA, *Direito* cit., p. 242.
[491] Cf. ANTUNES VARELA, *Das obrigações* cit., vol. I, p. 230, nota 5.
[492] Cf. ANTUNES VARELA, *Das obrigações* cit., vol. I, p. 230, nota 5; BARCELONA, *Liberta contrattuale* nºs 2 e 6, in Enciclopedia del diritto.
[493] Cf. KUHN, *Exclusivvereinbarungen* cit., p. 319; RIEGEN, *Rechtsverbindliche* cit., p. 707; VIVES RUIZ, *Las operaciones* cit., pp. 159-160.

2.2 Potenciais obstáculos à admissibilidade dos acordos irrevogáveis de aceitação de OPA

2.2.1 Princípio da igualdade de tratamento dos destinatários da oferta

I. O princípio da igualdade de tratamento dos destinatários da oferta[494] (o *Gleichbehandlungsgebots*) encontra-se consagrado no art. 112º do Cód.VM[495], o qual estabelece que as ofertas públicas, incluindo naturalmente as de aquisição, "devem ser realizadas em condições que assegurem tratamento igual aos destinatários".

Este princípio é uma das vertentes do princípio da igualdade em sede de OPA e impede o oferente de oferecer preços e condições diversas aos destinatários da oferta desde que sejam titulares de valores mobiliários da mesma categoria[496], tendo afloramentos concretos em várias normas do regime das OPAs e de outros institutos[497]. Os destinatários de oferta devem ser tratados de forma igual quanto aos termos/conteúdo da oferta (*Gestaltung des Ange-*

---

[494] ENGRÁCIA ANTUNES designa este princípio de *princípio da igualdade de tratamento dos accionistas em OPA* (cf. *A igualdade de tratamento dos accionistas na OPA*, in *Direito das Sociedades em Revista*, Ano 2, vol. 3, 2010, p. 93, nota 19).

[495] Este princípio já tinha consagração expressa no predecessor Cód.MVM, mais concretamente no art. 532º, nº 1, e a doutrina considerava-o um dos princípios estruturantes das OPAs (cf. NUNES PEREIRA, *Novo regime jurídico das ofertas públicas de aquisição*, in *Revista da Banca*, nº 18, Abril/Junho, 1991, pp. 80-82; MENEZES CORDEIRO, *Ofertas públicas* cit., p. 274; TEIXEIRA GARCIA, *OPA. Da oferta pública de aquisição e seu regime jurídico*, Boletim da Faculdade de Direito, Studia Iuridica, 11, Coimbra Editora, Coimbra, 1995, p. 238).

[496] O art. 124º, nº 2 do Cód.VM permite que o oferente fixe preços diversos da oferta consoante as categorias de valores mobiliários, o que não está em contradição com o art. 112º, nº 1 pois limita-se a permitir que, quando a oferta abranja diferentes categorias de valores mobiliários, se ofereçam preços diferentes, uma vez que o oferente está a adquirir objectos distintos que representam realidades económicas diversas com valor monetário distinto (cf. VERSTEEGEN, in HIRTE/BÜLOW (hrsg.), *Kölner* cit., § 3 Rdn. 17; STEINHARDT, in STEINMEYER/HÄGER, *WpÜG* cit., § 3 Rdn. 6; CARDINALE, sub. art. 103, in AAVV, *I Codici* cit., p. 3153; PICONE, *Le offerte pubbliche di acquisto*, in *Quaderni di Giurisprudenza Commerciale*, Giuffrè Editore, Milano, 1999, p. 79; ALAIN VIANDIER, *OPA* cit., p. 303; PELTIER, *Les principes directeurs des offres publiques*, in CANIVET/MARTIN/MOLFESSIS (dirs.), *Les offres publiques d'achat*, LexisNexis Litec, Paris 2009, p. 471).

[497] Nomeadamente nas situações de rateio (art. 112º, nº 2 do Cód.VM), na contrapartida mínima da OPA obrigatória (art. 188º, nº 1 do Cód.VM) (cf. PAULO CÂMARA, *Manual* cit., p. 586; RIBEIRO MENDONÇA, *A tomada de sociedade através de oferta pública de aquisição*, in *Revista da Faculdade de Direito da Universidade de Lisboa*, vol. XLV, nºs 1 e 2, Lisboa, p. 57; ASSMANN, in ASSMANN/PÖTZSCH/SCHNEIDER (Hrsg.), *Wertpapiererwerbs- und Übernahmegesetz*, Verlag Otto Schmidt, Köln, 2005, § 3 Rdn. 12-13) ou na fixação da contrapartida nas aquisições tendentes ao domínio total (cf. ENGRÁCIA ANTUNES, *A igualdade* cit., p. 93, nota 19).

bots)⁴⁹⁸, ao seu processo (*Verfahren*)⁴⁹⁹ e à sua liquidação⁵⁰⁰ de um ponto de vista material e formal⁵⁰¹. Não são, portanto, admissíveis tratamentos diferenciados ou discriminatórios⁵⁰² subjectivos ou em função do tipo de accionista, nomeadamente por ser accionista controlador, institucional ou por ser uma entidade pública nacional ou estrangeira⁵⁰³, mas apenas em função do objecto da oferta,

---

⁴⁹⁸ Em particular quanto à natureza ou ao montante da contrapartida (cf. STEINHARDT, in STEINMEYER/HÄGER, *WpÜG* cit., § 3 Rdn. 4; ENGRÁCIA ANTUNES, *A igualdade* cit., pp. 102-103).

⁴⁹⁹ Não se admitem, portanto, prazos de aceitação distintos em função do tipo de accionistas (cf. VERSTEEGEN, in HIRTE/BÜLOW (hrsg.), *Kölner* cit., § 1 Rdn. 13; ENGRÁCIA ANTUNES, *A igualdade* cit., p. 102). Em relação aos *road-shows* do oferente pelos vários accionistas institucionais da sociedade visada, estes são permitidos desde que a informação seja igualmente disponibilizada aos demais destinatários da oferta imediatamente após as reuniões com aqueles investidores institucionais (neste sentido, *vide* VERSTEEGEN, in HIRTE/BÜLOW (hrsg.), *Kölner* cit., § 1 Rdn. 13; STEINHARDT, in STEINMEYER/HÄGER, *WpÜG* cit., § 3 Rdn. 7).

⁵⁰⁰ Cf. VERSTEEGEN, in HIRTE/BÜLOW (Hrsg.), *Kölner* cit., § 3 Rdn. 13 e 24; BAUMS/HECKER, in BAUMS//THOMA (Hrsg.), *Kömmentar zum Wertpapiererwerbs- und Übernahmegesetz*, 2. Auflage, RWS Verlag, Köln, 2008, § 3 Rdn. 16.

⁵⁰¹ Neste sentido, *vide* VERSTEEGEN, in HIRTE/BÜLOW (hrsg.), *Kölner* cit., § 3 Rdn. 13; ASSMANN, in ASSMANN/PÖTZSCH/SCHNEIDER (Hrsg.), *Wertpapiererwerbs-* cit., § 3 Rdn. 9; PELTIER, *Les principes* cit., p. 471.

⁵⁰² A doutrina rejeita quaisquer tratamentos discriminatórios arbitrários (cf. ASSMANN, in ASSMANN//PÖTZSCH/SCHNEIDER (Hrsg.), *Wertpapiererwerbs-* cit., § 3 Rdn. 10; SCHÜPPEN, in HAARMANN/SCHÜPPEN (Hrsg.), *Frankfurter* cit., § 3 Rdn. 3).

⁵⁰³ A oferta é única (por cada categoria de valores mobiliários abrangidos pela mesma) e proposta ao público independentemente das características de alguns destinatários: as condições subjectivas nas quais se possam encontrar alguns destinatários da oferta não se repercutem sobre a mesma (cf. CARDINALE, *sub. art. 103*, in AAVV, *I Codici* cit., p. 3153; PICONE, *Le offerte pubbliche* cit., p. 80). Nas palavras de RIGHINI, "a oferta ao público pode definir-se tal como se fosse dirigida a um grupo muito amplo de sujeitos, porque indeterminados, na medida em que a oferta se apresenta aos mesmos como indiferenciada, no sentido de privada de qualquer conotação individualizante que a qualifique como oferta *ad personam*" (cf. *sub. art. 9*, in AAVV, *Disciplina delle offerte pubbliche di vendita, sottoscrizione, acquisto e scambio di titoli*, Commentario a cura di Costi, 1997, p. 225). Assim, ainda que o oferente conheça alguma situação particular do accionista, não se encontra legitimado a modificar as características da oferta para permitir que os diferentes destinatários se encontrem materialmente na mesma condição no momento de adesão (neste sentido, *vide* PICONE, *Le offerte* cit., p. 273; no mesmo sentido, *vide* VERSTEEGEN, in HIRTE/BÜLOW (hrsg.), *Kölner* cit., § 3 Rdn. 13; ASSMANN, in ASSMANN/PÖTZSCH/SCHNEIDER (Hrsg.), *Wertpapiererwerbs-* cit., § 3 Rdn. 10-11; STEINHARDT, in STEINMEYER/HÄGER, *WpÜG* cit., § 3 Rdn. 6; ALAIN VIANDIER, *OPA* cit., p. 303). Interessante foi o caso da OPA da Olivetti e Tecnost sobre a Telecom Italia S.p.A. Nesta oferta, a contrapartida era mista (parte em dinheiro e parte em acções e obrigações) e um dos accionistas, o Ministério do Tesouro Italiano (que detinha uma participação de 3,43% do capital ordinário da Telecom Italia), estava proi-

isto é, da categoria de valores mobiliários de que o destinatário é titular. De um ponto de vista subjectivo, este princípio tem, como sujeito activo, os destinatários da oferta[504] e, como sujeito passivo, o oferente[505]. Segundo alguns autores,

---

bido de aceitar a oferta, na medida em que o art. 9º, nº 3 do Decreto Legislativo 20.5.93 n. 149 não permite que o Estado adquira obrigações e acções de sociedades privadas. Num comunicado da Telecom Itália, esta considerou que a oferta não era totalitária, porque, face àquela proibição legal (que o oferente não pode ignorar), a OPA não pode ser dirigida ao Ministério do Tesouro. No entanto, a doutrina e a CONSOB não foram deste entendimento precisamente porque o que caracteriza uma OPA é o facto de ser dirigida indistintamente ao público, oferecendo as mesmas condições, não podendo o oferente considerar a situação particular dos destinatários e oferecer condições diversas aos sujeitos que se encontrem em situação distinta. A OPA era totalitária porque tinha como objecto todas as acções da Telecom Italia em circulação, independentemente da situação subjectiva de cada accionista. Acresce que o Ministério do Tesouro podia sempre alienar entretanto as suas acções em mercado e o novo accionista poderia então aceitar livremente a OPA (cf. PICONE, *Le offerte pubbliche* cit., p. 80, nota 199).

[504] Isto é, todos os accionistas titulares de valores mobiliários objecto da oferta (cf. ENGRÁCIA ANTUNES, *A igualdade* cit., p. 97; VERSTEEGEN, in HIRTE/BÜLOW (hrsg.), *Kölner* cit., § 3 Rdn. 14; STEINHARDT, in STEINMEYER/HÄGER, *WpÜG* cit., § 3 Rdn. 3).

[505] Neste sentido, *vide* VERSTEEGEN, in HIRTE/BÜLOW (hrsg.), *Kölner* cit., § 3 Rdn. 16; ASSMANN, in ASSMANN/PÖTZSCH/SCHNEIDER (Hrsg.), *Wertpapiererwerbs-* cit., § 3 Rdn. 8. No mesmo sentido, defendendo que o obrigado é, em primeira linha, o oferente, *vide* SCHÜPPEN, in HAARMANN/SCHÜPPEN (Hrsg.), *Frankfurter* cit., § 21 Rdn. 29; STEINHARDT, in STEINMEYER/HÄGER, *WpÜG* cit., § 3 Rdn. 3). Contra, *vide* SCHWENNICKE, que defende que o órgão de administração da sociedade visada também se encontra abrangido por este princípio (cf. in GEIBEL/SÜSSMANN (hrsg.), *Wertpapiererwerbs-* cit., § 3 Rdn. 4); WACKERBARTH, que defende que os órgãos da sociedade visada e o BaFin também se encontram vinculados por aquele princípio (cf. in *Münchener Kommentar zum Aktiengesetz*, 3. Auflage, C.H. Beck, München, 2008, § 3 WpÜG, Rdn. 5). Entre nós, julgo poder afirmar-se que o oferente é o único vinculado ao princípio da igualdade de tratamento dos destinatários da oferta, na medida em que ele é o único sujeito às sanções decorrentes da violação do referido princípio (art. 180º, nº 1, al. a) do Cód.VM), ainda que a actuação de determinadas pessoas com ele relacionadas (*e.g.* aqueles que estejam com ele em situação de imputação de direitos de voto – proémio do art. 180º, nº 1 do Cód.VM), possa ter determinadas consequências para o oferente (*e.g.* subida da contrapartida) por violação do princípio da igualdade de tratamento (*vide*, em sentido ligeiramente diferente, defendendo que aquele comando se estende, para determinados efeitos, "àquelas pessoas singulares ou colectivas que pertencem ao círculo de controlo do oferente", ENGRÁCIA ANTUNES, *A igualdade* cit., p. 100). Em relação à sociedade visada, a obrigação de tratar de forma igual os accionistas (também destinatários da oferta) decorre, para as sociedades cotadas, do art. 15º do Cód.VM e não do art. 112º do Cód.VM. Num plano distinto, este princípio vincula naturalmente as entidades reguladoras que estão legalmente obrigadas à fiscalização da sua aplicação (art. 353º, nº 1 al. a) do Cód.VM) (cf. ENGRÁCIA ANTUNES, *A igualdade* cit., p. 100; VERSTEEGEN, in HIRTE/BÜLOW (hrsg.), *Kölner* cit., § 3 Rdn. 16; STEINHARDT, in STEINMEYER/HÄGER, *WpÜG* cit., § 3 Rdn. 3).

este princípio é, a par do princípio da informação necessária aos destinatários e o da sua livre decisão, a "Magna Carta do Direito das OPAs"[506].

II. Será que a celebração de acordos irrevogáveis entre o oferente e determinados accionistas da sociedade visada põe em causa o princípio da igualdade de tratamento[507]?

Numa primeira análise, poderia dizer-se que sim, uma vez que há um tratamento diverso dos accionistas no que diz respeito, não aos termos da oferta, mas ao processo da oferta. Enquanto os accionistas em geral vão ter a possibilidade de analisar e considerar, na decisão sobre a aceitação ou rejeição da OPA, o anúncio de lançamento e o prospecto da oferta (arts. 179º a) e 183º-A do Cód.VM), bem como o relatório da sociedade visada sobre a oportunidade e condições da OPA e, eventualmente, o dos trabalhadores quanto à repercussão daquela sobre o emprego (art. 181º, nº 1 a 5 do Cód.VM), os accionistas que se tiverem vinculado através de acordos irrevogáveis de aceitação de OPA podem analisar essa documentação mas estão obrigados a aceitar a OPA[508].

Não posso concordar com esta posição, não porque não considere o princípio da igualdade de tratamento dos destinatários da oferta aplicável aos acordos celebrados antes e fora da oferta[509], mas porque não existe qualquer violação do referido princípio[510].

É verdade que há uma diferenciação entre os accionistas que celebraram acordos de aceitação de OPA e os demais, tendo os primeiros ficado numa situação pior face aos segundos, sobretudo de um ponto de vista do processo de OPA e da informação a que terão acesso para a tomada da sua decisão. Contudo, esta dis-

---

[506] Cf. SCHWENNICKE, in GEIBEL/SÜSSMANN (hrsg.), *Wertpapiererwerbs-* cit., § 3 Rdn. 3; VERSTEEGEN, in HIRTE/BÜLOW (Hrsg.), *Kölner* cit., § 3 Rdn. 11.

[507] Cf. VERSTEEGEN, in HIRTE/BÜLOW (Hrsg.), *Kölner* cit., § 3 Rdn. 26; STEINHARDT, in STEINMEYER/ /HÄGER, *WpÜG* cit., § 3 Rdn. 4; KUHN, *Exclusivvereinbarungen* cit., p. 319; RIEGEN, *Rechtsverbindliche* cit., p. 708.

[508] Levantando a questão, vide KUHN, *Exclusivvereinbarungen* cit., p. 319.

[509] Defendendo a sua não aplicação nestes casos, vide RIEGEN, *Rechtsverbindliche* cit., p. 708. A sua aplicação aos negócios efectuados fora de OPA é clara (art. 180º, nº 1 do Cód.VM) e, quanto aos realizados no período anterior à oferta, ele aplica-se na medida em que os efeitos do negócio se produzem na própria oferta que o accionista se comprometeu a aceitar.

[510] Neste sentido, vide VERSTEEGEN, in HIRTE/BÜLOW (Hrsg.), *Kölner* cit., § 3 Rdn. 26; SCHWENNICKE, in GEIBEL/SÜSSMANN (hrsg.), *Wertpapiererwerbs-* cit., § 3 Rdn. 7; BAUMS/HECKER, in BAUMS/THOMA (Hrsg.), *Kömmentar* cit., § 3 Rdn. 17; STEINHARDT, in STEINMEYER/HÄGER, *WpÜG* cit., § 3 Rdn. 4; KUHN, *Exclusivvereinbarungen* cit., p. 320.

criminação negativa foi desejada e provocada pelos próprios destinatários e não por acto do oferente; foram aqueles que livremente celebraram os acordos de aceitação de OPA. A discriminação resultou de um acto próprio e livre e *volenti non fit iniuria*[511]. Caso não tivessem celebrado aqueles acordos, não estariam numa situação de desigualdade.

Acresce que, nos contratos de aceitação de OPA bilaterais, a discriminação do accionista é acompanhada de uma vantagem para o mesmo: o oferente fica, regra geral, obrigado a lançar OPA nos termos acordados com o accionista. Esta vantagem não viola o princípio da igualdade de tratamento, uma vez que, quando a oferta é anunciada preliminarmente, o oferente fica igualmente, por força do princípio da irrevogabilidade da oferta, obrigado a lançar OPA[512].

III. No entanto, as situações nem sempre são tão claras na prática. Por vezes, o oferente assume perante o destinatário determinadas obrigações que, não sendo monetárias, têm valor económico[513]. A situação torna-se mais complexa, porque, na maioria dos casos, aquelas obrigações assumidas pelo oferente não são susceptíveis de ser estendidas aos demais accionistas. Noutros casos, o oferente e o accionista celebram, simultaneamente, negócios relativos ao destino futuro de alguns activos da sociedade visada, fixando um preço de aquisição a pagar pelo accionista ao oferente e que se encontra autonomizado do valor da contrapartida da oferta[514].

---

[511] Vide VERSTEEGEN, in HIRTE/BÜLOW (Hrsg.), *Kölner* cit., § 3 Rdn. 26; KUHN, *Exclusivvereinbarungen* cit., p. 320.

[512] Ou seja, quando o princípio passa a ser aplicável (anúncio da OPA), a vantagem do accionista que celebrou o acordo de aceitação estende-se aos demais.

[513] Foi este o caso da alegada concertação informal entre a Sonaecom e a Telefónica para a alienação dos 50% que a Portugal Telecom detinha na operadora de telecomunicações brasileira Vivo caso a oferta lançada sobre a aquela tivesse sucesso. Em Espanha, no acordo subscrito entre a Royal, S.A: e o Banesto que precedeu a OPA sobre a Urbis em 2006, o Banesto reservou-se o direito de prestar serviços à Urbis durante o prazo de 5 anos com um volume equivalente ao que até então vinha prestando. Em 2007, nos acordos subscritos entre Martinsa/Huson Big com D. Manuel Jove que precederam a OPA sobre a Fadesa, aquele reservou-se o direito de adquirir determinados activos imobiliários da Fadesa, bem como outros activos (*e.g.* veículos, aviões) e a participação accionista presente e futura no Parque Warner (cf. GÓMEZ-ACEBO, *Comentario a los artículos 40º* cit., p. 887).

[514] Cf. MARK GEARING, *Provisions applicable to all offers, partial offers and redemption or purchase by companies of its own securities*, in MAURICE BUTTON (ed.), *A practitioner's guide to the City Code on Takeovers and Mergers 2009/2010*, City & Financial Publishing, 2009, pp. 170-171; KENYON-SLADE, *Mergers and takeovers in the US and UK: Law and Practice*, Oxford University Press, New York, 2004, pp. 629-631.

Quid iuris nestas situações? Proíbe-se a celebração do acordo por violação do art. 112º do Cód.VM[515]? Sobe-se o valor da contrapartida ao abrigo do art. 180º, nº 1 al. a) do Cod.VM, dando expressão monetária ao valor económico das obrigações do oferente assumidas perante o accionista da sociedade visada[516]?

A resposta não deve ser automática e generalizada.

Quanto à assunção de obrigações pelo oferente perante o accionista da sociedade visada e que sejam insusceptíveis de expressão monetária e de serem estendidas aos demais destinatários da oferta, entendo que este tipo de acordos deve, em princípio, ser proibido por violação do art. 112º do Cód.VM desde que aquelas obrigações tenham um valor económico, ainda que este se traduza na exclusão de um risco económico ou financeiro. Devem, portanto, ser proibidos os chamados *top-ups*[517], isto é, os acordos irrevogáveis de aceitação de OPA com *put option* susceptível de ser exercida caso a oferta não tenha sucesso[518]. Diferentemente, são admissíveis os acordos irrevogáveis de aceitação de OPA com uma *put option* susceptível de ser exercida caso a OPA não seja lançada[519] ou um *top up* no caso de lançamento de oferta concorrente que ofereça contrapartida superior conquanto o valor superior seja estendido aos demais accionistas[520]. Caso o oferente e accionista insistam na celebração destes acordos, o regulador deverá recusar o registo da oferta com base na violação do princípio da igualdade de tratamento dos destinatários (art. 119º, nº 1 al. b) do Cód.VM)[521].

---

[515] Esta é a solução prevista no City Code. A *Rule 16* do City Code proíbe um oferente (ou pessoas que estejam concertadas com este) de celebrar acordos com accionistas ou negócios sobre as acções da sociedade visada ou celebrar acordos que envolvam a aceitação da oferta, durante a OPA ou quando o lançamento desta tiver sido razoavelmente contemplado, caso estes negócios envolvam condições favoráveis que não foram estendidas aos demais accionistas (cf. MARK GEARING, *Provisions* cit., p. 169; KENYON-SLADE, *Mergers* cit., p. 629). São os chamados *special deals with favourable conditions*.

[516] Neste sentido, considerando ser apenas um problema de contrapartida, *vide* RIEGEN, *Rechtsverbindliche* cit., p. 708.

[517] Acordos em que o oferente se obriga nos casos em que decida lançar, subsequentemente, nova oferta e ofereça contrapartida superior, a pagar a diferença entre a contrapartida da primeira oferta, que o accionista se obrigou a aceitar, e a contrapartida da segunda oferta (cf. MARK GEARING, *Provisions* cit., p. 169; KENYON-SLADE, *Mergers* cit., p. 629). Proibindo estes acordos, *vide note 1* à *Rule 16* do City Code.

[518] Neste sentido, *note 1* à *Rule 16* do City Code (cf. MARK GEARING, *Provisions* cit., pp. 169-170; KENYON-SLADE, *Mergers* cit., p. 629).

[519] Neste caso, a oferta não foi lançada e, como tal, o princípio não chegou a aplicar-se. Neste sentido, *vide* MARK GEARING, *Provisions* cit., p. 170.

[520] Neste sentido, *vide* MARK GEARING, *Provisions* cit., p. 170.

[521] No mesmo sentido, no direito alemão, defendendo a recusa da aceitação da oferta com base no § 15 Abs. 2 Nr. 1 da WpÜG, *vide* ASSMANN, in ASSMANN/PÖTZSCH/SCHNEIDER (Hrsg.), *Wertpapiererwerbs-* cit., § 3 Rdn. 18.

Em relação à celebração de negócios paralelos relativos à alienação futura de activos da sociedade visada em caso de sucesso da OPA, é fundamental assegurar que o preço pago por esses activos não representa parte do valor pago pelas acções da sociedade visada que acresceria à contrapartida da OPA. Neste sentido, a entidade reguladora de mercado (CMVM) deverá exigir um relatório de um avaliador independente (*e.g.* revisor oficial de contas sem interesses no oferente) que comprove a justeza e razoabilidade do preço pago pela aquisição dos activos[522] e assim avaliar do respeito pelo art. 112º do Cód.VM. O facto de aquela exigência não estar legalmente prevista não impede o regulador de a fazer de modo a poder apreciar o cumprimento do art. 112º do Cód.VM; caso contrário estará habilitado a considerar que a oferta viola o disposto no art. 112º do Cód.VM. A questão torna-se mais complexa se não houver uma venda de activos ou um pagamento de qualquer preço mas somente a atribuição unilateral ao accionista de direitos sem expressão monetária relativos aos referidos activos, nomeadamente direito preferencial de aquisição ou de apresentação de última oferta em caso de venda de activos[523]. Este direito pode não ter qualquer valor para os

---

[522] A *note 2* à *Rule 16* do City Code determina que, caso o acordo seja celebrado antes de a oferta ser incondicional, será necessário que um assessor independente do oferente declare publicamente que os termos da oferta são justos e razoáveis e que os accionistas da sociedade visada aprovem o mesmo por deliberação da assembleia geral da sociedade visada, na qual apenas podem votar os accionistas independentes. A celebração deste tipo de acordos antes de a oferta ser incondicional "só é possível numa situação de oferta amigável" (cf. MARK GEARING, *Provisions* cit., p. 170). Veja-se o exemplo da fusão entre a *Guinness* e a GrandMet em 1997 através de um *scheme of arrangement*. A LVMH, accionista significativa da GrandMet, celebrou alguns acordos com a *Guinness* que incluíam uma extensão das marcas distribuídas através da sua rede distribuição conjunta de modo a incluir algumas marcas da *GrandMet* bem como o pagamento de uma quantia significativa à LVMH. Os administradores da *GrandMet* tiveram de declarar no prospecto que, tendo obtido aconselhamento do seu assessor financeiro independente, os referidos acordos eram justos e razoáveis. A LVMH foi ainda impedida de votar na assembleia geral de accionistas da *GrandMet* que aprovou a fusão (cf. MARK GEARING, *Provisions* cit., pp. 170-171).

Porém, o requisito da aprovação pela assembleia geral pode ser dispensado se os activos não assumirem um valor relevante no contexto da oferta (*e.g.* representarem 1% do valor da OPA), tendo o *Panel* que ser consultado em qualquer caso. Caso a oferta já seja incondicional, o *Panel* terá de analisar o acordo para verificar se não houve um *pre-arrangement*, nomeadamente se foram celebrados *trading arrangements* mais favoráveis (cf. MARK GEARING, *Provisions* cit., p. 171; KENYON-SLADE, *Mergers* cit., p. 630).

[523] Foi esse o caso da aquisição da participação do Santander no BPI pelo BCP, no contexto da OPA do BCP sobre o BPI, apesar de não estar em causa um acordo de aceitação de OPA mas um contrato de compra e venda de acções fora de mercado na pendência de OPA. Para adquirir fora de bolsa a participação qualificada do Santander Totta no capital social do BPI, o BCP teve de conceder ao Santander Totta um direito de atribuição preferencial (105% do valor mais alto oferecido para a

demais accionistas mas terá seguramente valor para o accionista da sociedade visada e, potencialmente, no sector de mercado de actuação deste. Julgo que, nestes casos, a apresentação do relatório *supra* referido pode justificar-se, devendo o regulador atender à dimensão do valor económico dessa atribuição. Se for um valor reduzido no contexto da oferta, torna-se "imaterial" e não é possível afirmar a existência de um tratamento desigual, caso contrário deve negar-se a possibilidade de celebração do acordo[524].

O mesmo raciocínio é aplicável em relação à celebração de negócios paralelos relativos à alienação de activos do próprio oferente[525].

2.2.2 Direito de livre aceitação da OPA e princípio da informação e tempo necessários à ponderação da aceitação de OPA

I. Os destinatários da oferta têm o direito de aceitar ou rejeitar a OPA, é a liberdade de aceitação da OPA (o *freier Entscheidung*; *liberté de la réponse à l'offre*[526]). Este direito é uma mera decorrência do princípio da liberdade contratual na sua vertente de princípio da liberdade de celebração do negócio jurídico[527]. Ele encontra-se implicitamente consagrado no art. 126º, nº 1 do Cód.VM, o qual regula a forma de aceitação da oferta e determina que, caso queira aceitar a

---

aquisição), no âmbito da alienação dos balcões e da carteira de clientes do BCP resultante dos compromissos assumidos com a AdC, obrigando-se o Santander Totta, em contrapartida, a apresentar uma oferta concreta sempre que houvesse lugar à alienação daqueles activos pelo BCP.

[524] A experiência do *Panel* e as regras práticas do City Code podem servir de bom ponto de apoio neste domínio.

[525] A *note 2* à *Rule 16* considera as regras relativas aos negócios sobre activos da sociedade visada celebrados entre o oferente e um accionista aplicáveis aos acordos celebrados entre aqueles quanto aos activos do próprio oferente (cf. MARK GEARING, *Provisions* cit., p. 171; KENYON-SLADE, *Mergers* cit., p. 630). Na OPA da *NTL* sobre a *Virgin Mobile* em 2006, a Virgin Enterprises (sociedade do *Virgin Group* que detinha, aproximadamente, 71% do capital da *Virgin Mobile*) celebrou um acordo com o *NTL Group* nos termos do qual ficou autorizado a utilizar a marca *Virgin*. Como os membros do *Virgin Group* eram simultaneamente parte daquele acordo e accionistas, o *Panel* exigiu que o acordo fosse aprovado em assembleia geral da *Virgin Mobilie* por deliberação aprovada por maioria simples dos accionistas independentes. Por outro lado, os administradores da *Virgin Mobile* tiveram de declarar no prospecto que o acordo de utilização de marca era *"an arm's length, commercially negotiated agreement and, therefore, fair and reasonable"* e tiveram de contratar um assessor financeiro independente para apresentar uma declaração similar (cf. MARK GEARING, *Provisions* cit., p. 171).

[526] Cf. VERSTEEGEN, in HIRTE/BÜLOW (Hrsg.), *Kölner* cit., § 3 Rdn. 11; SCHWENNICKE, in GEIBEL//SÜSSMANN (hrsg.), *Wertpapiererwerbs-* cit., § 3 Rdn. 3; BAUMS/HECKER, in BAUMS/THOMA (Hrsg.), *Kömmentar* cit., § 3 Rdn. 4; RIEGEN, *Rechtsverbindliche* cit., p. 707; ALAIN VIANDIER, *OPA* cit., p. 310.

[527] Cf. II. 2.1 *supra*. Este princípio, embora possa parecer uma evidência, encontra-se limitado noutros institutos como a aquisição potestativa prevista no art. 194º e ss. do Cód.VM.

oferta, o destinatário terá de emitir uma declaração nesse sentido, constante de uma ordem dirigida ao intermediário financeiro[528]. Para reforçar esta liberdade, o destinatário tem o direito de revogar a sua aceitação até ao 5º dia útil antes do termo do prazo da oferta[529].

Será que a celebração de acordos de aceitação de OPA é contrária ao direito de aceitação de OPA?

Numa primeira análise, dir-se-ia que não porque aqueles acordos não coarctam a liberdade de aceitação de OPA do destinatário. Este limita-se a antecipar, em parte[530], o exercício daquele direito de aceitação ou rejeição, ao comprometer-se perante o oferente a aceitar uma OPA futura em determinadas condições. A antecipação do exercício daquele direito justifica-se pois o oferente também "antecipa", em certa medida, os termos de uma oferta futura. Será o exercício antecipado daquela liberdade inadmissível?

Segundo alguns autores, para a aceitação de uma OPA ser eficaz, é necessário que haja uma oferta "prévia" que possa ser aceite e esta apenas existirá no momento da publicação do anúncio de lançamento e do prospecto. A aceitação "antecipada", por intempestiva, não terá eficácia[531].

---

[528] Na ausência norma legal que determine qual o intermediário financeiro a quem deve ser dirigida a declaração de aceitação, os oferentes têm referido, nos respectivos prospectos, que a mesma pode ser dirigida a qualquer intermediário financeiro, nomeadamente sociedade corretora, sociedade financeira de corretagem e ao balcão de qualquer intermediário financeiro habilitado a prestar o serviço de registo e depósito de valores mobiliários (cf. prospecto das OPAs do BCP sobre o BPI e da CSN sobre a Cimpor). Nalguns casos, limitou-se o círculo de intermediários financeiros àqueles que sejam membros do mercado regulamentado no qual se encontram admitidas à negociação as acções ou junto dos quais os destinatários tenham as suas contas de registo individualizado (cf. prospecto da OPA da Sonae sobre a PT). No ordenamento jurídico alemão, a WpÜG não fixa qualquer regra quanto ao destinatário da declaração, pelo que a declaração deve ser dirigida ao oferente ou à entidade que esteja expressamente indicada nos documentos da oferta para o efeito, sendo a declaração enviada, por norma, através do banco depositário (cf. HASSELBACH, in HIRTE/BÜLOW (hrsg.), *Kölner* cit., § 22 Rdn. 37; SANTELMANN, in STEINMEYER/HÄGER, *WpÜG* cit., § 21 Rdn. 41). Em Itália, o TUF não fixa qualquer regra mas o art. 40º, nº 6 do Regolamento degli Emittenti estabelece que a aceitação da oferta deve ser feita junto do "oferente e dos respectivos intermediários financeiros ou depositários autorizados a prestar serviços de investimento que tenham sido indicados e através do documento de aceitação" (cf. PICONE, *Le offerte pubbliche* cit., p. 88; FALCONE, *Le offerte* cit., p. 99).
[529] Analisaremos este direito de forma mais profunda em 2.2.3 *infra*.
[530] Em parte porque o accionista ainda terá de emitir a sua declaração de aceitação de OPA durante o prazo de aceitação da oferta.
[531] Neste sentido, vide CANDELARIO MACÍAS, *Los sujetos de una OPA y otros intervinientes*, in BENEYTO/ /LARGO (dirs.), *Régimen jurídico de las ofertas públicas de adquisición (OPAs)*, Bosch, Barcelona, 2010, p. 364.

Esta afirmação está correcta em relação à declaração de aceitação da OPA *stricto sensu* cujas formalidades relativas ao tempo, forma e destinatário estão fixadas nos arts. 125º e 126º do Cód.VM. Porém, nada impede a celebração de uma promessa de aceitação de OPA, esta é perfeitamente tempestiva. A questão que se coloca é saber se o accionista da sociedade visada está em condições de assumir aquele compromisso antecipado, isto é, se dispõe de informação suficiente e teve o tempo necessário para ponderar a aceitação ou rejeição da OPA? Esta questão reconduz-nos a um princípio indissociável do direito de liberdade de aceitação de OPA: o princípio da informação e tempo necessários à aceitação de OPA (*Informierter Entscheidung*[532]).

II. O princípio da informação e tempo necessários à aceitação de OPA é um instrumento fundamental do exercício pleno da liberdade de aceitação e procura assegurar dois princípios estruturantes do direito dos valores mobiliários e, dentro deste, do direito das ofertas públicas: a informação e a transparência[533].

Aquele princípio é um dos princípios basilares da Directiva das OPAs e está consagrado no seu art. 3º, nº 1 al. b) *parte inicial*, o qual estabelece que "os titulares de valores mobiliários da sociedade visada devem dispor de tempo e informações suficientes para poderem tomar uma decisão sobre a oferta com pleno conhecimento de causa"[534]. O princípio da informação e tempo necessários à aceitação da OPA não tem consagração expressa no direito interno português, mas enforma diversas normas do Cód.VM[535] e disposições regulamentares da CMVM[536].

---

[532] Cf. Versteegen, in Hirte/Bülow (Hrsg.), *Kölner* cit., § 3 Rdn. 27. Alguns autores designam, em conjunto, os princípios consagrados no § 3 Abs. 1 e 2 da WpÜG como *Transparenzgebot* (cf. Steinhardt, in Steinmeyer/Häger, *WpÜG* cit., § 3 Rdn. 8; Schwennicke, in Geibel/Süssmann (hrsg.), *Wertpapiererwerbs-* cit., § 3 Rdn. 3).

[533] Cf. Versteegen, in Hirte/Bülow (Hrsg.), *Kölner* cit., § 3 Rdn. 27. Acentuando a nota da transparência, *vide* Steinhardt, in Steinmeyer/Häger, *WpÜG* cit., § 3 Rdn. 8.

[534] Cf. Versteegen, in Hirte/Bülow (Hrsg.), *Kölner* cit., § 3 Rdn. 5.

[535] *Vide* os arts. 138º, 175º, nº 1, 176º, 179º, 180º, 183º, 183º-A, 185º-A, nºs 3 e 6 do Cód.VM, bem como os arts. 126º, nº 2, 127º, 129º, nº 1, 140º, 141º, 142º previstos para as ofertas públicas em geral e também aplicáveis às OPAs. No caso de estarmos perante uma OPT, aplicar-se-ão ainda todas as normas sobre informação e transparências relativas às ofertas públicas de distribuição ou de venda.

[536] Vejam-se as diversas normas do Regulamento 3/2006, em particular as que fixam a informação que deve constar do prospecto de OPA e as que fixam deveres de comunicação na pendência da oferta. No direito alemão, identificando os §§ 10 (*Veröffentlichung der Entscheidung zur Abgabe eines Angebots*), 11 (*Angebotsunterlage*) e 14 (*Übermittlung und Veröffentlichung der Angebotsunterlage*), 23 (*Veröffentlichungspflichten des Bieters nach Abgabe des Angebots*) e 27 (*Stellungnahme des Vorstand und Aufsichtsrats*

De acordo com este princípio, é necessário que os accionistas disponham de toda a informação necessária para que possam estar em condições de poder aferir do mérito e justeza (*fairness*) da oferta[537]. Ao contrário do princípio da igualdade de tratamento, e segundo a maioria da doutrina, este princípio não é de aplicação directa a situações concretas[538], limita-se a expressar uma preocupação do legislador e esgota-se nas diversas normas concretas que fixam deveres de informação e concedem ao destinatário tempo suficiente para a tomada de decisão sobre a oferta[539]. Esta asserção parece-me correcta ainda que careça de uma clarificação: o princípio é susceptível de servir de trave interpretativa na resolução de questões relativas à inclusão, ou não, de determinada informação na documentação da oferta, na obrigação de realização de comunicações ao mercado ou na decisão sobre a extensão do prazo da oferta[540].

III. Voltando à nossa questão: será que a celebração de acordos de aceitação de OPA e consequente exercício "antecipado parcial" do seu direito de aceitação de OPA põe em causa o princípio da informação necessária e tempo suficiente para a tomada decisão sobre a OPA pelo facto de o destinatário não dispor de toda a informação que a documentação da oferta contém nem do tempo que o processo de OPA e prazo de aceitação da oferta lhe conferem[541]?

Entendo que não.

---

der Zielgesellschaft) da WpÜG como decorrências do princípio da *Transparenzangebot*, vide STEINHARDT, in STEINMEYER/HÄGER, *WpÜG* cit., § 3 Rdn. 9. VERSTEEGEN considera ainda como decorrências daquele princípio o § 16 Abs. 1 e 2 (que fixa o prazo mínimo de aceitação da OPA e determina a sua extensão em caso de alteração da oferta) e algumas normas de supervisão e sancionadoras em caso de violação daquelas disposições, nomeadamente os §§ 12, 15 e 28 da WpÜG (cf. in HIRTE/BÜLOW (Hrsg.), *Kölner* cit., § 3 Rdn. 28 e 29).

[537] Neste sentido, *vide* VERSTEEGEN, in HIRTE/BÜLOW (Hrsg.), *Kölner* cit., § 3 Rdn. 27. SCHÜPPEN afirma mesmo que o *Grundsätze* do § 3 Abs. 2 da WpÜG é a *fairness* (cf. in HAARMANN/SCHÜPPEN (Hrsg.), *Frankfurter* cit., § 3 Rdn. 15 e ss.). De forma mais genérica, defendendo que o propósito do princípio é a protecção dos destinatários, *vide* WACKERBARTH, in *Münchener* cit., § 3 WpÜG, Rdn. 14.

[538] Neste sentido, *vide* VERSTEEGEN, in HIRTE/BÜLOW (Hrsg.), *Kölner* cit., § 3 Rdn. 30; SCHÜPPEN, in HAARMANN/SCHÜPPEN (Hrsg.), *Frankfurter* cit., § 3 Rdn. 15 a 20; SCHWENNICKE, in GEIBEL/SÜSSMANN (hrsg.), *Wertpapiererwerbs-* cit., § 3 Rdn. 18; BAUMS/HECKER, in BAUMS/THOMA (Hrsg.), *Kömmentar* cit., § 3 Rdn. 25; ASSMANN, in ASSMANN/PÖTZSCH/SCHNEIDER (Hrsg.), *Wertpapiererwerbs-* cit., § 3 Rdn. 20 e ss.. Contra, *vide* STEINHARDT, in STEINMEYER/HÄGER, *WpÜG* cit., § 3 Rdn. 10.

[539] Neste sentido, *vide* VERSTEEGEN, in HIRTE/BÜLOW (Hrsg.), *Kölner* cit., § 3 Rdn. 30; BAUMS/HECKER, in BAUMS/THOMA (Hrsg.), *Kömmentar* cit., § 3 Rdn. 27.

[540] Quanto à possibilidade de mobilização do § 3 Abs. 2 para efeitos da extensão do prazo da oferta, *vide* WACKERBARTH, in *Münchener* cit., § 3 WpÜG, Rdn. 15.

[541] Levantando a questão, *vide* KUHN, *Exclusivvereinbarungen* cit., p. 319.

Em primeiro lugar, o accionista tem, em princípio, um direito de propriedade pleno sobre as suas acções, sendo livre de as alienar fora de mercado a um terceiro através de um contrato de compra e venda de acções. Este terceiro pode ser um potencial oferente, pode vir a adquirir o controlo da sociedade visada e depois lançar OPA obrigatória, e nenhum desses factos impede a celebração do negócio jurídico ou, de outro modo, determina a sua "invalidade superveniente". Se o accionista tem o poder de alienar as suas acções nestas situações, por que motivo não pode prometer vender as suas acções em sede de OPA caso esta oferça determinada contrapartida? A informação que lhe será disponibilizada e o tempo concedido não serão muito diversos dos que teria em sede de negociação de um simples contrato de compra e venda de acções. Acresce que não é possível estender a aplicação das normas concretizadoras do princípio da informação e tempo necessários à aceitação de OPA ao período anterior ao anúncio da oferta pública e, consequentemente, aos actos negociais praticados nesse período. O próprio princípio da informação e tempo necessários à aceitação de OPA não impedirá *per se* a celebração dos acordos de aceitação de OPA, uma vez que, conforme se referiu, não é um princípio de aplicação directa.

Em segundo lugar, os accionistas têm a liberdade de aceitar a OPA e formam a sua decisão com base no prospecto da oferta e na demais documentação que lhes é fornecida, nomeadamente o relatório sobre a OPA elaborado pela sociedade visada. A declaração de aceitação é normalmente emitida após a elaboração daqueles documentos (art. 126º do Cód.VM). No entanto, estes não são uma condição de validade da emissão das declarações de aceitação, são antes um ponto de apoio na tomada de decisão do accionista[542]. Se os accionistas decidirem aceitar a oferta antes de receberem a informação que devem receber para a formação adequada da sua decisão, são livres de o fazerem[543]. O accionista recebeu a informação que resultou das negociações com o oferente para a celebração do acordo de aceitação de OPA e considerou a mesma e o tempo de negociação suficientes para a sua decisão de comprometer-se com a aceitação de uma futura OPA a lançar em determinados termos.

Por fim, e mais especificamente em relação ao prazo de aceitação, o accionista continua, pelo menos teoricamente, a beneficiar do mesmo, pois ele terá de, nesse prazo, emitir a sua declaração de aceitação. Como ele apenas se obrigou a celebrar

---

[542] Neste sentido, *vide* HIRTE, in HIRTE/BÜLOW (Hrsg.), *Kölner* cit., § 27 Rdn. 2; SCHWENNICKE, in GEIBEL/SÜSSMANN (hrsg.), *Wertpapiererwerbs-* cit., § 27 Rdn. 2; KUHN, *Exclusivvereinbarungen* cit., p. 320.

[543] Neste sentido, *vide* KUHN, *Exclusivvereinbarungen* cit., p. 320; RIEGEN, *Rechtsverbindliche* cit., p. 708.

o contrato definitivo, será necessário que este seja celebrado, emitindo o destinatário a sua declaração de aceitação através de ordem dirigida ao intermediário financeiro. Não há qualquer violação do prazo de aceitação da OPA, nem do tempo necessário para o accionista decidir[544]. Aliás, se surgir informação adicional durante o prazo de aceitação da oferta e o destinatário já a tiver aceite, também não há qualquer dúvida que a aceitação foi correctamente realizada se entretanto o mesmo a não tiver revogado.

IV. Num plano diferente de argumentação (mas relacionado com este problema), OESCHLER entende que os acordos de aceitação de OPA são inválidos porque não existe uma oferta nem a informação e documentação relativa à mesma, pelo que qualquer acordo entre o oferente e o accionista da sociedade visada é nulo por força do § 15 Abs. 3 Satz. 2 da WpÜG e do § 134 do BGB[545]. O autor acrescenta ainda que este tipo de acordos seriam uma forma de contornar as normas protectoras dos interesses dos accionistas como é o caso dos §§ 31 (relativo às regras de fixação da contrapartida), 32 (relativo à proibição de ofertas parciais) e 35 (relativo à OPA obrigatória) da WpÜG.

Este entendimento não me parece correcto.

Os §§ da WpÜG citados por OESCHLER, que têm paralelo no nosso Cód.VM[546], não se aplicam a acordos individuais com accionistas, excepto quando existe uma oferta ao público e aqueles acordos não são qualificáveis como oferta ao público[547]. Não estamos perante uma oferta dirigida, no todo ou em parte, a destinatários indeterminados (art. 109º, nº 1 do Cód.VM), o potencial oferente não publicita a sua intenção de obter declarações prévias de aceitação nem coloca

---

[544] Neste sentido, *vide* HASSELBACH, in HIRTE/BÜLOW (Hrsg.), *Kölner* cit., § 16 Rdn. 18; SEILER, in ASSMANN/PÖTZSCH/SCHNEIDER (Hrsg.), *Wertpapiererwerbs-* cit., § 16 Rdn. 12; KUHN, *Exclusivvereinbarungen* cit., p. 320; RIEGEN, *Rechtsverbindliche* cit., p. 708.

[545] Cf. OESCHLER, in ZIP 2003, p. 1332; OESCHLER, in EHRICKE/EKKEUGA/OECHSLER, *WpÜG. Wertpapiererwerbs- und Übernahmegesetz. Kommentar*, München, 2003, § 31 Rdn. 57.

[546] O § 15 Abs. 3 da WpÜG não tem paralelo no Cód.VM, embora se possa chegar a conclusão idêntica pela aplicação das normas gerais, nomeadamente o art. 292º do CC relativo à nulidade de contratos que violem normas imperativas. Mas, mesmo em relação ao § 15 Abs. 2 da WpÜG, a doutrina considera-o apenas aplicável no contexto de OPAs e não a acordos individuais (cf. RIEGEN, *Rechtsverbindliche* cit., p. 710).

[547] Neste sentido, à luz do § 2 Abs. 1 da WpÜG em que se encontra definida a noção de oferta pública e OPA, *vide* VERSTEEGEN, in HIRTE/BÜLOW (Hrsg.), *Kölner* cit., § 2 Rdn. 58 e ss. Para mais desenvolvimentos sobre o conceito de oferta pública, *vide*, na Alemanha, FLEISCHER, *Zum Begriff des öffentliche Angebots im Wertpapiererwerbs- und Übernahmegesetz*, in ZIP, 2001, pp. 1654 e ss.. Entre nós, *vide* PAULO CÂMARA, *Manual* cit., pp. 576-583.

anúncios em jornais ou agências noticiosas financeiras (*e.g. Bloomberg*) (art. 109º, nº 3 al. b) do Cód.VM)[548]. Ao invés, o oferente contacta, individualmente, determinados accionistas, por norma detentores de participações qualificadas ou investidores institucionais, para aferir, em privado e de forma sigilosa, a sua abertura para aceitarem uma OPA lançada por aquele.

2.2.3 Direito de revogação das declarações de aceitação da OPA

I. O destinatário da oferta tem o direito de revogar a sua declaração de aceitação da oferta, é o chamado *Rücktrittsrecht*.

O Cód.VM consagrou, como regra geral, a revogabilidade da declaração de aceitação da oferta[549]. É o princípio geral da revogabilidade da aceitação[550]. Nos termos do art. 126º, nº 2 do Cód.VM, o destinatário da oferta tem o direito de revogar a sua declaração de aceitação da OPA através de comunicação ao intermediário financeiro que a receba até cinco dias antes de findar o prazo da oferta ou em prazo inferior constante dos documentos da oferta[551]. O princípio

---

[548] Neste sentido, no direito alemão e criticando a posição de OECHSLER, *vide* RIEGEN, *Rechtsverbindliche* cit., pp. 709-710.

[549] A Directiva das OPAs tinha deixado total liberdade aos Estados-Membros para regularem este ponto (cf. CANDELARIO MACÍAS, *Los sujetos* cit., p. 365). O Cód.VM adoptou uma regra similar à que já se encontrava prevista no direito francês (cf. ALAIN VIANDIER, *OPA* cit., p. 314) e, mais recentemente, no direito espanhol (cf. CANDELARIO MACÍAS, *Los sujetos* cit., p. 365; CAÑO PALOP, *Aceptación y liquidación de la OPA*, in JUSTE MENCÍA/RECALDE CASTELLS (coord.), *Derecho de OPAS. Estudio sistemático del régimen de las ofertas públicas de adquisición en el derecho español*, Tirant lo Blanch, Valência, 2010, p. 412). O legislador nacional afastou-se assim dos ordenamentos jurídicos que consagram o princípio da irrevogabilidade das declarações de aceitação, nomeadamente o alemão (neste sentido, *vide* HASSELBACH, in HIRTE/BÜLOW (hrsg.), *Kölner* cit., § 16 Rdn. 37; STEINMEYER, in STEINMEYER//HÄGER, *WpÜG* cit., § 16 Rdn. 2) e o italiano, neste caso com base (i) num argumento *a contrario* art. 44º, nº 8 Regolamento degli Emittenti e (ii) na ideia de que o prospecto é uma proposta contratual e a aceitação da OPA uma aceitação daquela proposta contratual, pelo que, no momento da aceitação, torna-se perfeito o contrato de compra e venda entre o oferente e o accionista no sentido do art. 1328º, nº 2 do *Codice Civile* (neste sentido, *vide* PICONE, *Le offerte pubbliche* cit., p. 88; FALCONE, *Le offerte pubbliche di acquisto: la disciplina generale*, in FALCONE/ROTONDO/SCIPIONE, *Le offerte pubbliche di acquisto, Il diritto Privato Oggi*, a cura di Paolo Cendon, Giuffré Editore, 2001, p. 100; neste sentido, *vide* entendimento da CONSOB expresso na Assonime, Circolare 13/1999).

[550] Cf. GÓMEZ-SANCHA TRUEBA, *Aceptación* cit., p. 772.

[551] O prazo de revogação das declarações de aceitação fixado pelo Cód.VM é, portanto, potencialmente menor do que o fixado pela legislação francesa, que permite uma revogação até ao último dia da oferta (art. 232-2 do Réglement de l'AMF), e pela legislação espanhola, que permite a revogação das declarações de aceitação em qualquer momento antes do último dia do prazo de aceitação art. 34º, nº 3 do RD 1066/2007. Noutros ramos do direito também se consagram excepções à irre-

da revogabilidade das aceitações estabelece uma regra diferente da que resultaria da aplicação das regras gerais do direito civil[552], nos termos das quais o contrato se torna perfeito quando a resposta, contendo a declaração, chega à esfera de acção do proponente (art. 224º do CC) e, consequentemente, irrevogável[553]. A *ratio* do princípio da revogabilidade da aceitação é a de conceder um período de reflexão ao accionista da sociedade que lhe permita "sopesar" as vantagens e desvantagens da aceitação da OPA ou, nas palavras de VIANDIER, que lhe permita "desenvolver um debate interior que deve poder continuar no período de aceitação da oferta ainda que aquele já tenha emitido a sua declaração de aceitação de OPA"[554].

O direito de revogação das aceitações é um direito potestativo[555] cujo titular são os destinatários que aceitaram uma determinada oferta e cujo exercício não carece, portanto, de fundamento nem está sujeito a condição[556]. A forma

---

vogabilidade da declaração de aceitação após a chegada da mesma à esfera de acção do proponente, nomeadamente no domínio do direito ao consumidor, do comércio electrónico ou dos contratos celebrados à distância.

[552] Considerando também o princípio da revogabilidade das declarações de aceitação da oferta como uma excepção às normas gerais do direito civil dos respectivos países (que também consagram a doutrina da recepção), *vide*, no direito francês, ALAIN VIANDIER, *OPA* cit., p. 314; e, no direito espanhol, CANDELARIO MACÍAS, *Los sujetos* cit., p. 366; CAÑO PALOP, *Aceptación* cit., pp. 410-412.

[553] O nosso CC consagrou a doutrina da recepção segundo a qual a recepção ou conhecimento da declaração negocial torna esta eficaz e, consequentemente, irrevogável. Contudo, a revogação da declaração de aceitação terá lugar se tiver chegado ao poder da outra parte ao mesmo tempo ou antes da declaração de aceitação (art. 235º, nº 2 do CC). Segue-se a doutrina aplicável à retracção da proposta (art. 230º, nº 2 do CC) (cf. MOTA PINTO, *Teoria* cit., p. 440; ANTUNES VARELA/PIRES DE LIMA, *Código Civil Anotado*, vol. I, 4ª edição revista e actualizada, Coimbra Editora, Coimbra, 1987, pp. 214; 219 e 222).

[554] Cf. ALAIN VIANDIER, *OPA* cit., p. 314.

[555] É um direito potestativo, na medida em que o oferente se encontra num "estado de sujeição". Aliás, este entendimento é conforme o entendimento doutrinal dominante de que, por norma, o autor de uma proposta – proponente (e o oferente não é mais do que o autor de uma proposta vertida na oferta pública de aquisição) – se encontra num estado de sujeição e que o direito de aceitar ou recusar uma proposta é um direito potestativo (cf. PEREIRA COELHO, *A renúncia* cit., p. 85; no mesmo sentido, *vide* FERRI, que, apesar de os começar por qualificar como "poderes", acaba por reconhecer que os mesmos são direitos potestativos em relação ao autor da proposta ou delação (cf. *Rinunzia e rifiuti nel diritto privato*, Milano, 1960, p. 43)).

[556] No mesmo sentido, em relação aos casos em que a WpÜG prevê o exercício do *Rucktrittsrecht*, *vide* HASSELBACH, in HIRTE/BÜLOW (hrsg.), *Kölner* cit., § 21 Rdn. 47 e 48; SCHRÖDER, in HAARMANN//SCHÜPPEN (Hrsg.), *Frankfurter* cit., § 21 Rdn. 29; SANTELMANN, in STEINMEYER/HÄGER, *WpÜG* cit., § 21 Rdn. 41.

de exercício do direito de revogação é através de comunicação[557] dirigida ao intermediário financeiro que terá de a receber[558] até cinco dias antes de findar o prazo da oferta, sendo, por isso, a revogação uma declaração receptícia que segue a regra geral do art. 224º do CC[559]. O direito de revogação pode ser exer-

---

[557] No direito alemão, a WpÜG não fixa qualquer regra, pelo que vigora o princípio da liberdade de forma ainda que, na prática, os actos bancários e de liquidação sejam efectuados por escrito (cf. HASSELBACH, in HIRTE/BÜLOW (hrsg.), *Kölner* cit., § 23 Rdn. 37). O documento da oferta pode, todavia, fixar regras para o efeito, exigindo uma declaração por escrito e a forma de comunicação (*e.g.* fax) desde que não se fixem barreiras irrazoáveis ao exercício do direito de revogação (nomeadamente a exigência de que a declaração seja efectuada por e-mail) (cf. HASSELBACH, in HIRTE/BÜLOW (hrsg.), *Kölner* cit., § 22 Rdn. 37). A doutrina propõe que, pelo menos, se adopte a mesma forma e meio de comunicação que foi fixado para a declaração de aceitação (neste sentido, *vide* HASSELBACH, in HIRTE/BÜLOW (hrsg.), *Kölner* cit., § 23 Rdn. 37; THUN, in GEIBEL/SÜSSMANN (hrsg.), *Wertpapiererwerbs-* cit., § 22 Rdn. 43). Em Itália, o TUF e o Regolamento degli Emittenti não fixam uma regra específica sobre a forma da declaração de aceitação nem da revogação desta, pelo que, segundo alguns autores, vigora o princípio da liberdade de forma (cf. PICONE, *Le offerte pubbliche* cit., p. 93; contra, defendendo que a Assonime, Circolare 13/1999 tipifica a forma da declaração de aceitação e de revogação, *vide* FALCONE, *Le offerte* cit., p. 101). No entanto, deve ser respeitada a forma de declaração fixada no documento da oferta, considerando a doutrina que as aceitações efectuadas de forma diversa não constituíram uma aceitação da proposta contratual nos termos do art. 1326º, nº 4 do *Codice Civile* (neste sentido *vide* QUATRARO/PICONE, *Manuale* cit., p. 20; FALCONE, *Le offerte* cit., pp. 101-102) e o mesmo raciocínio é aplicável à revogação das aceitações (cf. PICONE, *Le offerte pubbliche* cit., p. 92).

[558] Ao contrário das declarações de aceitação, em que o art. 126º, nº 1 do Cód.VM se limita a referir que a declaração de aceitação tem de ser dirigida a intermediário financeiro, o nº 2 do mesmo preceito estabelece que a revogação das declarações de aceitação deve ser dirigida ao intermediário financeiro que recebeu a declaração de aceitação. Diferentemente, no ordenamento jurídico alemão, a WpÜG não fixa qualquer regra quanto ao destinatário da revogação da declaração de aceitação (nos casos em que se admite a mesma – *e.g.* lançamento de OPA concorrente) e a revogação deve ser dirigida à entidade que se encontre referida no prospecto como competente para o efeito e, na ausência de regras fixadas no prospecto, poderá ser dirigida à entidade que recebeu a declaração de aceitação ou ao próprio oferente, sendo o envio efectuado, por norma, através do banco depositário (cf. HASSELBACH, in HIRTE/BÜLOW (hrsg.), *Kölner* cit., § 22 Rdn. 37; STEINHARDT, in STEINMEYER//HÄGER, *WpÜG* cit., § 22 Rdn. 15). Em Itália, nem o TUF nem o Regolamento degli Emittenti estabelecem quaisquer regras quanto à revogação das declarações de aceitação no caso em que a mesma seja admitida (*e.g.* lançamento de OPA concorrente). Na ausência de normas sobre o tema, a doutrina tem entendido que se deverá atender às regras fixadas nos documentos da oferta, defendendo, porém, que terá de existir uma declaração expressa que observe uma forma similar ao acto de aceitação de modo a que, de um ponto de vista prático, o oferente e o seu intermediário possam determinar o número concreto de aceitações da oferta (cf. PICONE, *Le offerte pubbliche* cit., p. 92).

[559] No mesmo sentido, considerando que as declarações de revogação emitidas ao abrigo do § 21 Abs. 3 e do § 22 Abs. 3 da WpÜG são declarações receptícias que seguem a regra geral do § 130

cido de forma[560] parcial ou total e o oferente não pode exigir (*e.g.* através dos documentos da oferta) que o exercício daquele direito se reporte a todos os valores mobiliários abrangidos pela declaração de aceitação[561].

II. No caso de lançamento de oferta concorrente, o período de exercício do direito de revogação das declarações de aceitação é alargado até ao último dia do período de aceitações (art. 185º-A, nº 6 do Cód.VM)[562]. Ou seja, quando se inicia, no âmbito do processo, a concorrência (*rectius* o leilão) pela aquisição da sociedade visada, o legislador permite aos destinatários revogar as suas declarações até ao "cair do pano".

Abs. 1 Satz 1 do BGB, *vide* HASSELBACH, in HIRTE/BÜLOW (hrsg.), *Kölner* cit., § 22 Rdn. 37; THUN, in GEIBEL/SÜSSMANN (hrsg.), *Wertpapiererwerbs-* cit., § 22 Rdn. 37; SANTELMANN, in STEINMEYER/HÄGER, *WpÜG* cit., § 21 Rdn. 45; PALM, in ERMAN, *Bürgerliches Gesetzbuch*, 12. Auflage, Münster, 2008, § 130 Rdn. 6 e ss.; EINSELE, in *Münchener Kommentar zum Bürgerlichen Gesetzbuch*, 5. Auflage, München, 2006, § 130 Rdn. 16; HEFERMEHL, in SOERGEL, *Bürgerliches Gesetzbuch*, 13 Auflage, Sttugart, 1999, § 130 Rdn. 8 e ss..

[560] Apesar de a letra da lei utilizar a expressão "a aceitação pode ser revogada", entendo que tal não impede a revogação parcial da declaração de aceitação. No mesmo sentido, face ao § 21 Abs. 3 da WpÜG, *vide* THUN, in GEIBEL/SÜSSMANN (hrsg.), *Wertpapiererwerbs-* cit., § 21 Rdn. 53; SANTELMANN, in STEINMEYER/HÄGER, *WpÜG* cit., § 21 Rdn. 45; DIECKMANN, in BAUMS/THOMA (Hrsg.), *Kömmentar* cit., § 21 Rdn. 64; SEILER, in ASSMANN/PÖTZSCH/SCHNEIDER (Hrsg.), *Wertpapiererwerbs-* cit., § 21 Rdn. 47. Contra, *vide* WACKERBARTH, in *Münchener* cit., § 21 WpÜG, Rdn. 48; NOACK, in SCHWARK, *Kapitalmarktrechts-Kommentar*, 3. Auflage, München, 2004, § 21 Rdn. 42. HASSELBACH adopta uma posição "intermédia", negando, em geral, o exercício parcial do direito de revogação mas permitindo-o caso o destinatário tenha emitido várias declarações de aceitação, podendo, nesta situação, revogar uma ou mais declarações de aceitação e não revogar as demais (cf. in HIRTE/BÜLOW (hrsg.), *Kölner* cit., § 21 Rdn. 47).

[561] Neste sentido, *vide* autores e obras referidos na nota anterior. Contra, *vide* KRAUSE, in ASSMANN//PÖTZSCH/SCHNEIDER (Hrsg.), *Wertpapiererwerbs-* cit., § 22 Rdn. 47.

[562] Por consagrar o princípio da irrevogabilidade das declarações de aceitação de OPA, a WpÜG estabelece, no seu § 22 Abs. 3, que os destinatários que aceitaram a oferta inicial têm o direito de revogar as suas declarações de aceitação, a qualquer momento, até ao termo do período de aceitação da oferta, desde que a aceitação da oferta inicial tenha ocorrido antes da publicação do documento da oferta concorrente (cf. HASSELBACH, in HIRTE/BÜLOW (hrsg.), *Kölner* cit., § 22 Rdn. 34; STEINHARDT, in STEINMEYER/HÄGER, *WpÜG* cit., § 22 Rdn. 14; SCHRÖDER, in HAARMANN/SCHÜPPEN (Hrsg.), *Frankfurter* cit., § 22 Rdn. 21; KRAUSE, in ASSMANN/PÖTZSCH/SCHNEIDER (Hrsg.), *Wertpapiererwerbs-* cit., § 22 Rdn. 49). Este direito de revogação existe sempre que é lançada uma oferta concorrente, pelo que, sendo lançadas sucessivamente várias ofertas concorrentes, podem existir revogações sucessivas das declarações de aceitação (cf. HASSELBACH, in HIRTE/BÜLOW (hrsg.), *Kölner* cit., § 22 Rdn. 36; STEINHARDT, in STEINMEYER/HÄGER, *WpÜG* cit., § 22 Rdn. 17; KRAUSE, in ASSMANN//PÖTZSCH/SCHNEIDER (Hrsg.), *Wertpapiererwerbs-* cit., § 22 Rdn. 51).

A *ratio* desta extensão é a de permitir que os destinatários tenham a oportunidade de escolher livremente qual a oferta que melhor serve os seus interesses (quaisquer que eles sejam), no contexto de um leilão pela aquisição da sociedade visada[563]. Neste sentido, os destinatários podem revogar a sua declaração até ao último momento e mudar a decisão que entretanto tenham tomado perante uma revisão das ofertas em concorrência ou o lançamento de nova oferta concorrente ou porque se "arrependeram" da decisão anterior que tinham tomado[564].

A extensão do prazo para o exercício do direito de revogação verifica-se com a publicação do anúncio de lançamento e do prospecto da oferta concorrente[565].

---

[563] Neste sentido, *vide* HASSELBACH, in HIRTE/BÜLOW (hrsg.), *Kölner* cit., § 23 Rdn. 34 e 35; STEINHARDT, in STEINMEYER/HÄGER, *WpÜG* cit., § 22 Rdn. 17. Por isso, caso a oferta inicial seja revista face ao lançamento de OPA concorrente ou caso alguma das ofertas concorrentes seja revista (*e.g.* face à revisão da oferta inicial ou outra oferta concorrente), independentemente do destinatário ter ou não exercido o seu direito de revogação anteriormente, a maioria da doutrina alemã tem entendido que estamos perante uma lacuna susceptível de ser suprida através da aplicação analógica do § 22 Abs. 3 da WpÜG, pelo que aos destinatários da oferta deve ser igualmente atribuído o direito de revogação das declarações de aceitação (neste sentido, *vide* STRUNK/SALOMON//HOLST, in VEIL, *Übernahmerecht in Praxis und Wirtschaft*, Köln, 2009, p. 18; THUN, in GEIBEL/SÜSSMANN (hrsg.), *Wertpapiererwerbs-* cit., § 22 Rdn. 48; DIECKMANN, in BAUMS/THOMA (Hrsg.), *Kömmentar* cit., § 22 Rdn. 59 e ss.; STEINHARDT, in STEINMEYER/HÄGER, *WpÜG* cit., § 22 Rdn. 41; KRAUSE, in ASSMANN//PÖTZSCH/SCHNEIDER (Hrsg.), *Wertpapiererwerbs-* cit., § 22 Rdn. 52 e ss.; OESCHLER, *Der Rege zum Wertpapiererwerbs- und Übernahmegesetz – Regelungsbedarf auf der Zielgraden*, in NZG, 2001, p. 825; contra, *vide* HASSELBACH, in HIRTE/BÜLOW (hrsg.), *Kölner* cit., § 22 Rdn. 40). Entretanto, o BaFin veio, em 2007 na OPA sobre a *Techem AG*, corroborar o entendimento maioritário da doutrina alemã (cf. BaFin Jahresbericht 2007, p. 192). Nalguns casos, o próprio documento da oferta prevê a atribuição daqueles direitos, resolvendo desse modo a questão (cf. HASSELBACH, in HIRTE/BÜLOW (hrsg.), *Kölner* cit., § 22 Rdn. 40).

[564] Recorde-se que esta possibilidade não existe nos ordenamentos jurídicos que não consagram o princípio da revogabilidade das declarações de aceitação de OPA. Na Alemanha, o § 22 Abs. 3 da WpÜG restringe o exercício do direito de revogação no caso de lançamento de ofertas concorrentes ao facto de o destinatário ter emitido a sua declaração antes da publicação do prospecto da oferta concorrente, nos termos dos §§ 11 Abs. 1 e 14 Abs. 3 (cf. HASSELBACH, in HIRTE/BÜLOW (hrsg.), *Kölner* cit., § 22 Rdn. 34). Caso contrário, os destinatários já tinham a possibilidade de escolher entre a oferta inicial e a concorrente, por isso, não carecem de qualquer protecção adicional e não lhes deve ser atribuído o direito de revogação (cf. HASSELBACH, in HIRTE/BÜLOW (hrsg.), *Kölner* cit., § 22 Rdn. 34; STEINHARDT, in STEINMEYER/HÄGER, *WpÜG* cit., § 22 Rdn. 14; SCHRÖDER, in HAARMANN//SCHÜPPEN (Hrsg.), *Frankfurter* cit., § 22 Rdn. 21; KRAUSE, in ASSMANN/PÖTZSCH/SCHNEIDER (Hrsg.), *Wertpapiererwerbs-* cit., § 22 Rdn. 49).

[565] Esta solução está em consonância com o art. 185º-A, nº 3 do Cód.VM, o qual determina que os prazos das ofertas inicial e concorrente devem ser coincidentes quando se verificar o lançamento

É necessária uma declaração expressa de revogação da aceitação da oferta dirigida ao intermediário financeiro (art. 126º, nº 2 do Cód.VM) para que o destinatário possa, em seguida, aderir à oferta concorrente entretanto lançada ou a qualquer outra oferta em concorrência. Isto significa que a declaração de aceitação de oferta concorrente (ou mesmo inicial) não envolve uma revogação tácita da declaração de aceitação anteriormente emitida em relação a outra oferta (seja inicial ou concorrente)[566]. Por outro lado, o exercício do direito de revogação não obriga os destinatários da oferta a aceitar a oferta concorrente que tenha sido lançada[567]. Eles são livres de aceitar a oferta concorrente, de não aceitar qualquer oferta ou voltar a aceitar a oferta inicial. Por fim, cumpre ainda salientar que o alargamento do prazo para o exercício do direito de revogação só existe se for lançada uma oferta concorrente e já não se for anunciada a intenção de lançamento de uma OPA logo que a actual OPA pendente termine[568] ou se o destinatário receber uma oferta privada (portanto, não pública) para a aquisição das suas acções[569].

III. E se houver uma revisão ou modificação da oferta ao abrigo, respectivamente, do art. 184º do Cód.VM ou do art. 128º do Cód.VM sem que estejamos numa situação de concorrência entre ofertas, o destinatário da oferta deve ter o direito de revogar a sua declaração de aceitação caso tenha entretanto terminado o prazo para o exercício desse direito previsto no art. 126º, nº 2 do Cód.VM?

---

tempestivo de oferta concorrente, e com o art. 185º-B, nº 1 e 3 do Cód.VM, o qual confere ao oferente inicial o direito de revisão ou revogação da sua oferta no momento de lançamento de oferta concorrente. O legislador escolheu o lançamento da oferta concorrente como o critério relevante para a fixação do prazo da oferta concorrente e para o início da produção dos efeitos de oferta concorrente na esfera dos demais oferentes e do próprio processo de OPA. Não faria sentido que fosse fixada uma solução diferente para a produção de efeitos na esfera dos destinatários da oferta. No direito alemão, consagra-se uma solução similar, o direito de revogação das ofertas anteriores surge apenas no momento da publicação do documento da oferta concorrente (cf. HASSELBACH, in HIRTE/BÜLOW (hrsg.), *Kölner* cit., § 22 Rdn. 34; STEINHARDT, in STEINMEYER/HÄGER, *WpÜG* cit., § 22 Rdn. 14; SCHRÖDER, in HAARMANN/SCHÜPPEN (Hrsg.), *Frankfurter* cit., § 22 Rdn. 21; KRAUSE, in ASSMANN//PÖTZSCH/SCHNEIDER (Hrsg.), *Wertpapiererwerbs-* cit., § 22 Rdn. 49).

[566] Neste sentido, no direito alemão, *vide* HASSELBACH, in HIRTE/BÜLOW (hrsg.), *Kölner* cit., § 22 Rdn. 37; no direito italiano, *vide* PICONE, *Le offerte pubbliche* cit., p. 92; FALCONE, *Le offerte* cit., p. 100; e o entendimento da CONSOB expresso na Assonime, Circolare 13/1999.
[567] Cf. HASSELBACH, in HIRTE/BÜLOW (hrsg.), *Kölner* cit., § 22 Rdn. 34.
[568] Neste sentido, *vide* STEINHARDT, in STEINMEYER/HÄGER, *WpÜG* cit., § 22 Rdn. 18. Contudo, este direito não é prejudicado se a oferta preliminarmente anunciada vier a ser
[569] Neste sentido, *vide* STEINHARDT, in STEINMEYER/HÄGER, *WpÜG* cit., § 22 Rdn. 12.

Ou deve ser estendido o prazo para o exercício do direito de revogação das declarações de aceitação da oferta ao abrigo do art. 185º-A, nº 6 do Cód.VM?

O art. 129º, nº 1 do Cód.VM, aplicável directamente aos casos de modificação da oferta e também aos de revisão (*ex vi* art. 184º, nº 3 do Cód.VM), confere à CMVM poder de, por sua iniciativa ou a requerimento do oferente, prorrogar o prazo da oferta e desse modo estender potencialmente o prazo para o exercício do direito de revogação, o qual, numa situação normal, termina no 5º dia antes de findar o prazo da oferta (art. 126º, nº 2 do Cód.VM). As revisões ao abrigo do art. 184º do Cód.VM devem ser efectuadas até ao 5º dia antes do termo do prazo da oferta, pelo que, em teoria, os destinatários poderiam revogar a sua declaração de aceitação mesmo que a CMVM não prorrogasse o prazo. Já se a revisão fosse efectuada ao abrigo do art. 128º do Cód.VM, a mesma pode ocorrer depois do 5º dia antes do termo do prazo da oferta e, se a CMVM não prorrogar o prazo da oferta, os destinatários não teriam a possibilidade de revogar as suas declarações de aceitação pois, nos termos do art. 129º, nº 2 do Cód.VM, as declarações de aceitação da oferta anteriores à modificação consideram-se eficazes para a oferta modificada.

Entendo, por conseguinte, que, caso haja uma revisão ou modificação da oferta nos termos dos arts. 184º ou 128º do Cód.VM e os destinatários não tenham a possibilidade de exercer o seu direito de revogação das declarações de aceitação ou o espaço temporal que tenham para o efeito seja manifestamente insuficiente para a tomada de uma decisão informada e ponderada, deve-lhes ser atribuído o direito de revogação das declarações de aceitação da oferta previsto no art. 126º do Cód.VM, sendo irrelevante para o efeito o facto de o oferente ter, ou não, melhorado os termos da sua oferta[570]. A *ratio* da atribuição do direito de revogação das declarações de aceitação previsto no art. 126º, nº 2 do Cód.VM é a de permitir ao destinatário ter o tempo suficiente para formar a sua decisão em relação à oferta[571] e essa necessidade de protecção verifica-se nas situações

---

[570] Com efeito, podem ter existido melhorias na performance da sociedade visada que levaram o oferente a subir a contrapartida e que podem levar o destinatário a considerar que agora, mesmo após a subida da contrapartida, não pretende aceitar a oferta. No mesmo sentido, face ao § 21 Abs. 4 da WpÜG que atribui aos destinatários, nos casos de modificação da oferta, um direito de revogação aos destinatários da oferta que pode ser exercido até ao último dia do período de aceitação, *vide* HASSELBACH, in HIRTE/BÜLOW (hrsg.), *Kölner* cit., § 21 Rdn. 47; SANTELMANN, in STEINMEYER/HÄGER, *WpÜG* cit., § 21 Rdn. 41.

[571] Como não consagra o princípio da revogabilidade das declarações de aceitação, o § 21 Abs. 4 WpÜG atribui, nos casos de modificação da oferta, um direito de revogação aos destinatários da oferta que pode ser exercido até ao último dia do período de aceitação. A *ratio* desta norma é a de

supra referidas[572]. O período de exercício do direito de revogação dos destinatários da oferta não pode ser inferior ao que um oferente teria face ao lançamento de oferta concorrente ou revisão de oferta, inicial ou concorrente (art. 185º-B, nº 2 do Cód.VM), isto é, 4 dias úteis após, no caso em análise, a revisão ou modificação da oferta. Se o legislador reconhece que o oferente deve ter este período de tempo para analisar adequadamente os termos da nova oferta ou da oferta revista, entendemos que os destinatários (que podem ser investidores não qualificados) devem ter um período de reflexão pelo menos similar para analisar os novos termos da oferta e tomarem a sua decisão. O exercício do direito de revogação não impede os destinatários de aceitarem novamente a oferta agora revista ou modificada[573].

IV. Conforme referido em 1.4.3 *supra*, a celebração de um acordo de aceitação de OPA implica uma renúncia, mesmo que implícita, ao direito de revogação da aceitação de OPA previsto no art. 126º, nº 2 do Cód.VM, porque este é contraditório com o objectivo prosseguido pelo acordo de aceitação: vincular previamente o accionista a aceitar a OPA que for lançada ou que já tiver sido lançada[574]. É uma

---

que, sendo a aceitação uma manifestação de vontade face à proposta contratual constante da OPA lançada pelo oferente, o destinatário não pode ser forçado pela lei a ter de aceitar a nova proposta resultante da modificação, tendo o direito de revogar a declaração de aceitação (cf. Hasselbach, in Hirte/Bülow (hrsg.), *Kölner* cit., § 21 Rdn. 46). Se aquele direito não for exercido, as declarações de aceitação permanecem eficazes (cf. Hasselbach, in Hirte/Bülow (hrsg.), *Kölner* cit., § 21 Rdn. 51). Este direito é um direito potestativo que não carece de qualquer fundamento para o seu exercício, pois o seu fundamento é a modificação da oferta (cf. Santelmann, in Steinmeyer/Häger, *WpÜG* cit., § 21 Rdn. 41). Mais discutível é saber se esse direito existe mesmo nos casos em que a modificação da oferta venha a ser posteriormente declarada inválida por violação de uma norma legal (a favor da existência do direito, *vide* Santelmann, in Steinmeyer/Häger, *WpÜG* cit., § 21 Rdn. 42; Dieckmann, in Baums/Thoma (Hrsg.), *Kömmentar* cit., § 21 Rdn. 51 e 54; contra, *vide* Oeschler, in Ehricke/Ekkeuga/Oechsler, *WpÜG* cit., § 21 Rdn. 19; Wackerbarth, in *Münchener* cit., § 21 WpÜG, Rdn. 47).

[572] O art. 185º-A, nº 6 do Cód.VM é insusceptível de aplicação analógica a estas situações na medida em que a *ratio* da referida norma é a de permitir que o destinatário opte livremente por qualquer uma das ofertas em concorrência e, no caso em análise, essa concorrência entre ofertas não existe.

[573] No mesmo sentido, face ao direito de revogação previsto no § 21 Abs. 4 da WpÜG, considerando que tal não pode ser qualificado como uma situação de abuso de direito sendo o destinatário absolutamente livre na forma de exercício do seu direito, *vide* Hasselbach, in Hirte/Bülow (hrsg.), *Kölner* cit., § 21 Rdn. 48; Thun, in Geibel/Süssmann (hrsg.), *Wertpapiererwerbs-* cit., § 21 Rdn. 52 e ss.; Seiler, in Assmann/Pötzsch/Schneider (Hrsg.), *Wertpapiererwerbs-* cit., § 21 Rdn. 47.

[574] Cf. Riegen, *Rechtsverbindliche* cit., p. 713.

renúncia antecipada a um direito potestativo legal – o de revogar a aceitação da oferta – mas não uma renúncia genérica ou indiscriminada. Esta renúncia mantém-se mesmo que haja lugar a uma alteração dos termos da OPA conquanto estes sejam melhorados ou não sejam piores do que os acordados com o oferente no âmbito do acordo de aceitação de OPA[575].

No caso de acordos de aceitação de OPA qualificáveis como *hard irrevocables*, o accionista renuncia também ao seu direito de revogação da declaração de aceitação caso seja lançada oferta concorrente, não podendo utilizar o período alargado para o exercício daquele direito previsto no art. 185º-A, nº 6 do Cód.VM[576].

Será que estas renúncias antecipadas são válidas? Dito de outro modo, poderá um destinatário da oferta renunciar antecipadamente ao direito de revogação da declaração de aceitação previsto no art. 126º, nº 2 do Cód.VM, inclusive no caso de lançamento de oferta concorrente, renunciando àquele direito e alargamento do prazo de exercício do seu direito consagrado no art. 185º-A do Cód.VM?

V. Em relação ao direito de revogação da aceitação da oferta inicial previsto no art. 126º, nº 2 do Cód.VM, não se vislumbram quaisquer motivos para que o seu titular, destinatário da oferta, não possa renunciar antecipadamente ao mesmo, vinculando-se à aceitação da OPA.

O titular de um direito é livre de dispor do mesmo, conservando-o, exercendo-o, não o exercendo ou declarando renunciar a ele[577]. A vontade do titular do direito de renunciar ao mesmo é uma das formas de manifestação dos seus poderes enquanto titular do direito e o efeito negocial imediato, a que se dirige a vontade do renunciante e que se traduz na extinção do direito a que se renuncia, é objecto de tutela do ordenamento jurídico porque justamente foi querido pelo seu titular[578]. A admissibilidade da renúncia antecipada a direitos (como é o caso

---

[575] Neste sentido, RIEGEN considera que há uma renúncia ao direito de revogação no caso de terem existido alterações aos termos da oferta (§ 21 Abs. 4 da WpÜG) desde que essas alterações determinem uma subida da contrapartida (§ 21 Abs. 1 Nr. 1 da WpÜG) ou a eliminação de condições da OPA (§ 21 Abs. 1 Nr. 4 da WpÜG) (cf. *Rechtsverbindliche* cit., p. 713). Por outro lado, o accionista da sociedade visada (que se vinculou a aceitar a OPA) tem o direito de receber a contrapartida mais elevada mesmo que o acordo de aceitação tivesse fixado uma contrapartida diversa (art. 129º, nº 2 do Cód.VM) (no mesmo sentido, vide RIEGEN, *Rechtsverbindliche* cit., p. 713).

[576] Neste sentido, no direito alemão e em relação ao § 22 Abs. 3 da WpÜG, vide KUHN, *Exclusivvereinbarungen* cit., p. 318.

[577] Cf. PEREIRA COELHO, *A renúncia* cit., p. 13.

[578] Cf. PEREIRA COELHO, *A renúncia* cit., p. 14.

da renúncia ao direito de revogação da declaração de aceitação[579]) depende do tipo de renúncia em questão, do direito a que se renuncia e da forma como se renuncia ao mesmo.

Sendo aquele direito de revogação um direito potestativo, a renúncia ao mesmo deve ser qualificável como uma renúncia abstracta[580]. A validade das renúncias antecipadas abstractas depende da imperatividade da norma que confere o direito a que se renuncia. Isto é, se a norma que atribui o direito tiver uma natureza imperativa, a renúncia antecipada "pode contender – por implicar o afastamento de um regime legal – com a natureza imperativa da norma que conferia esse direito"[581]. Conforme se referiu *supra* no contexto da análise das limitações ao princípio da liberdade contratual, há diversas normas jurídicas que atribuem direitos individuais e que, pelo seu carácter imperativo, são insusceptíveis de serem afastadas mesmo com a vontade do respectivo titular. Essas normas visam, na maioria dos casos, a protecção do respectivo titular, parte mais fraca numa determinada relação jurídica potencialmente de natureza contratual. Ora, será esse o caso do direito de revogação das declarações de aceitação da oferta previsto no art. 126º, nº 2 do Cód.VM?

Julgo que não.

Em primeiro lugar, a *ratio* da atribuição daquele direito é a de conceder um período de reflexão ao accionista da sociedade que lhe permita "sopesar" as vantagens e desvantagens da aceitação da OPA. Nos acordos de aceitação de OPA, esse período de reflexão é antecipado, o "debate interior" que o accionista terá de realizar quanto à bondade da futura oferta realiza-se num momento prévio e com base nos elementos resultantes da negociação com o potencial oferente.

---

[579] Com efeito, o direito de revogação das declarações de aceitação ainda não existe na esfera do seu titular (accionista destinatário da oferta futura), pelo que estamos perante um direito futuro, sendo a renúncia ao mesmo qualificada como uma renúncia antecipada.

[580] Neste sentido, *vide* PEREIRA COELHO, *A renúncia* cit., p. 146. As renúncias abstractas são aquelas em que "é indiferente que essas renúncias se dêem a título donativo ou a qualquer outro" e isso verifica-se fundamentalmente nas renúncias a direitos potestativos (cf. PEREIRA COELHO, *A renúncia* cit., p. 146).

[581] Cf. PEREIRA COELHO, *A renúncia* cit., p. 146. Diferentemente, na renúncia causal (*hoc sensu*) que tenha causa abdicativa, a renúncia antecipada deve ter-se por inadmissível em virtude da regra da proibição da doação de bens futuros (art. 942º do CC): "vigora aí genericamente, e com carácter imperativo, essa regra de que não se pode dispor gratuitamente (e portanto também a título meramente abdicativo) de um direito futuro – e isto pelo simples facto de esse direito ser futuro, independentemente pois da natureza imperativa ou dispositiva da norma que atribui ou reconhece o direito em causa" (cf. PEREIRA COELHO, *A renúncia* cit., p. 145).

Em segundo lugar, as regras do Cód.VM sobre OPAs visam, não apenas estabelecer quais são os direitos individuais dos destinatários, do oferente, da sociedade visada e de oferentes concorrentes no âmbito de uma oferta pública, mas também fixar as regras básicas para que possa haver lugar à concentração empresarial via OPA permitindo o lançamento das diferentes modalidades de OPAs e assegurando que estas se processam em termos adequados às exigências dos mercados financeiros internacionais e do mercado de controlo societário[582]. O desiderato da protecção dos destinatários da oferta e do funcionamento adequado do mercado visado não exige uma irrenunciabilidade aos direitos individuais concedidos pelo Cód.VM[583]. A protecção dos investidores visada em sede de OPAs estará adequadamente assegurada pelo dever de lançamento de OPA, pelo princípio da igualdade de tratamento e pelos deveres de informação do oferente e da sociedade visada, não se exigindo a irrenunciabilidade aos direitos individuais dos destinatários[584].

Por fim, o accionista da sociedade visada prossegue, através dos acordos de aceitação de OPA, interesses legítimos que não assumem uma relevância inferior aos interesses tutelados pelo direito de revogação das declarações de aceitação, sobretudo no caso em que o accionista consegue vincular o oferente ao lançamento de OPA com determinadas condições. Por um lado, a celebração destes acordos pode desde logo permitir ao accionista obter um valor mais elevado do que o que obteria caso o acordo não fosse celebrado, uma vez que o oferente, perante a incerteza do sucesso do negócio, reduz sempre o valor da contrapartida a pagar[585]. É a expressão de uma das ideias chave do pensamento económico

---

[582] É este o objectivo confesso da WpÜG: fixar os direitos individuais, mas também "Rahmenbedingungen bei Unternehmensübernahmen und anderen öffentlichen Angeboten zum Erwerb von Wertpapieren in Deutschland zu schaffen, die den Anforderungen der Globalisierung und der Finanzmärkte angemessen Rechnung tragen, und hierdurch den Wirtschaftsstandort und Finanzplatz Deutschland auch im internationalen Wettbewerb weiter stärken" (cf. Begr. RegE BT--Drucks. 14/7034, Allgemeiner Teil, p. 28).

[583] Neste sentido, vide RIEGEN, *Rechtsverbindliche* cit., p. 708.

[584] Neste sentido, vide RIEGEN, *Rechtsverbindliche* cit., p. 708.

[585] Quando um adquirente apresenta uma proposta de aquisição, nunca oferece, na primeira proposta, o valor máximo que pode pagar para adquirir a sociedade só porque quer pagar o valor mais baixo possível para adquirir a sociedade e porque quer ter uma margem de manobra para subir o preço caso surja um oferente concorrente. A atribuição de mecanismos de protecção do negócio dá ao oferente a segurança necessária para oferecer logo na primeira proposta um valor mais elevado, é um incentivo à apresentação de uma proposta que se aproxima do valor máximo que o adquirente está disposto a pagar pela sociedade (neste sentido, vide SPARKS/NACHBAR//VELLA, *Corporate deal* cit., p. 407; MOCERI, *M&A lockups* cit., p. 1167; AYRES, *Analyzing* cit., p. 713;

"a segurança/certeza tem valor"[586]. Por outro lado, a própria segurança que o acordo dá ao accionista da sociedade visada, seja quanto ao lançamento de OPA ou quanto ao valor da contrapartida a oferecer, tem um valor próprio[587]. Recorde-se as palavras de ALLEN quanto aos motivos da aceitação de *deal protection devices* pela sociedade alvo: "o motivo decisivo que leva uma sociedade alvo a aceitar cláusulas deste tipo – que restringem o seu funcionamento futuro nalgumas matérias – é o de que, ao não fazê-lo, incorre num inaceitável risco de perda de um negócio muitíssimo desejado"[588]. No caso dos acordos de aceitação de OPA, este risco inaceitável é suportado pelo accionista da sociedade visada e potencialmente mitigado pela celebração daquele acordo. Assim, os benefícios resultantes da celebração deste acordo podem ser maiores do que a potencial lesão do seu interesse resultante da renúncia ao direito de revogação de OPA, pelo que não se justifica uma preponderância da tutela dos interesses que estão na base deste direito sobre os interesses prosseguidos pelo accionista com os acordos de aceitação de OPA ao abrigo da liberdade contratual. O princípio da liberdade contratual prevalece sobre a protecção daqueles interesses.

A forma de renúncia ao direito de revogação das declarações de aceitação de OPA não prejudica o presente entendimento. Tal como se referiu em II. 1.4.3 *supra*, esta não é, em princípio, uma renúncia genérica ou indiscriminada, porque o accionista renuncia a esse direito de revogação em função de uma determinada OPA cujo lançamento pretende assegurar. Ele pretende vincular-se irrevogavelmente a esta oferta e, nessa medida, renuncia ao direito de revogar a sua aceitação durante o período da oferta[589].

SKEEL, *A reliance* cit., p. 572; KUHN, *Exclusivvereinbarunge*n cit., p. 25). *Vide* com maior detalhe I. 3.1 *supra*.

[586] Neste sentido, afirma-se no caso *Omnicare* que o "*lock-up* permite que uma sociedade visada e um oferente trocassem certezas/seguranças. A segurança/certeza em si tem valor. Um adquirente pode pagar um preço mais elevado pela sociedade alvo se o adquirente assegurar a concretização do negócio" (cf. *Omnicare vs. NCS Healthcare/, Inc.*, 818 A.2d, (Delaware 2003), p. 942). No mesmo sentido, STANCHFIELD, *Fiduciary* cit., p. 2287; KUHN, *Exclusivvereinbarunge*n cit., p. 25).

[587] *Vide* com maior detalhe I. 3.1 *supra*.

[588] Cf. ALLEN, *Understanding* cit., p. 654.

[589] Já seria uma renúncia genérica ou indiscriminada se o accionista renunciasse ao direito de revogação da sua declaração de aceitação seja qual for a contrapartida, objecto, oferente, condições ou outros termos da oferta que viesse a ser lançada. Nestes casos, a renúncia deve ter-se por inválida por ser contrária ao interesse público ou ordem pública que esteve na base da atribuição de tais direitos (cf. PEREIRA COELHO, *A renúncia* cit., p. 148, nota 411). Neste sentido, ANTUNES VARELA considera inadmissível a "renúncia global, definitiva e indiscriminada" ao direito legal de preferência – ou seja nos casos em que o preferente declare não querer preferir na venda que o dono venha a

VI. Será o mesmo entendimento válido para o direito de revogação das declarações de aceitação de OPA no caso de lançamento de oferta concorrente e o seu prazo alargado de exercício resultante do art. 185º-A, nº 6 do Cód.VM? Ou seja, são admissíveis as *hard irrevocables*?

Numa primeira análise, diríamos que se aplica o raciocínio já expendido. Continuamos perante um direito potestativo individual e privado, o qual pode, ou não, ser exercido pelo destinatário da oferta e, mesmo que este o exerça, pode decidir não aceitar a oferta concorrente. Permanecendo o direito de revogação na disponibilidade do seu titular, ele é livre de renunciar ao mesmo[590] e a renúncia antecipada deve ter-se por admissível pois a norma que o confere não parece apresentar natureza imperativa.

Em sentido contrário, poderá defender-se que, ao invés das situações *supra* referidas, a *ratio* do direito de revogação fica, neste caso, irremediavelmente afectada porque o accionista, ao não poder exercê-lo, não tem a liberdade de aceitação de outras ofertas superiores à inicial[591]. Para além disso, o direito de revogação conferido ao destinatário nesta situação visa salvaguardar a concorrência pela aquisição da sociedade e o reforço do mercado de controlo societário[592]. Ele cria as condições para que a oferta que ofereça o valor mais elevado possa sair vencedora. Nestes casos, aquele direito tutela, não apenas os interesses dos destinatários da oferta, mas também os interesses dos oferentes concorrentes, permitindo-lhe lançar uma OPA concorrente dirigida aos accionistas da sociedade visada[593]. O destinatário da oferta não poderia, por isso, dispor de um direito que protege igualmente os interesses de outros sujeitos.

Qual o entendimento correcto?

VII. Julgo que nestes casos o direito de revogação também é susceptível de renúncia antecipada do seu titular e que a norma que o atribui não tem uma natureza imperativa.

---

fazer, seja qual for o preço, seja quem for o comprador e quaisquer que forem as condições de pagamento (cf. *Anotação* cit., pp. 215 e ss.).

[590] Cf. Kuhn, *Exclusivvereinbarungen* cit., p. 322.

[591] Sobre este argumento ainda que sem aderir ao mesmo, *vide* Kuhn, *Exclusivvereinbarungen* cit., p. 321.

[592] Cf. Oeschler, in Ehricke/Ekkeuga/Oechsler, *WpÜG* cit., § 22 Rdn. 13; Wackerbarth, in *Münchener* cit., § 21 WpÜG, Rdn. 47.

[593] Cf. Oeschler, in Ehricke/Ekkeuga/Oechsler, *WpÜG* cit., § 22 Rdn. 13; Wackerbarth, in *Münchener* cit., § 21 WpÜG, Rdn. 47.

É verdade que a *ratio* do direito de revogação fica irremediavelmente prejudicada e que o destinatário tem de aceitar uma oferta que lhe dá um retorno potencialmente inferior ao de outra oferta concorrente. Contudo, esse é o "reverso da medalha" do valor que um acordo de aceitação de OPA proporciona ao accionista da sociedade visada em termos de segurança e de contrapartida mais elevada da oferta inicial. O accionista tem de escolher entre este valor, resultante de um acordo de aceitação de OPA, e o valor potencial de uma oferta concorrente futura, cujo lançamento não está assegurado e cujo valor da contrapartida pode ser, no final do leilão, inferior ao da oferta inicial. Não estamos perante uma parte contratual mais fraca à qual se deva atribuir aquele direito de forma imperativa por ser incapaz de efectuar este juízo antecipado em relação à oferta, negando a renúncia antecipada. Não há razões de ordem pública ou de outra natureza[594] que justifiquem impor ao accionista qual a melhor conformação dos seus interesses nesta situação. Ele deve ter a liberdade para decidir, avaliando os riscos em causa, qual o acordo que melhor satisfaz as suas pretensões renunciando inclusive a direitos que a lei lhe reconhece. Não há, no fundo, qualquer justificação para a coarctação da liberdade contratual.

Acresce que o accionista não está obrigado a exercer o seu direito de revogação da aceitação da oferta inicial. Ele pode considerar que a oferta inicial continua a ser melhor apesar de a oferta concorrente apresentar um valor superior. Os interesses que estão na base da tomada de decisão de aceitação de uma OPA são muito diversos e podem assumir uma natureza económica, estratégica, social, política, ética ou desportiva[595]. Nada obsta a que a valoração decisória seja efectuada de forma antecipada e que o accionista considere que a oferta que se obriga a aceitar é a que melhor satisfaz os seus interesses, mesmo que seja lançada, no futuro, uma oferta de valor superior.

Considero também não ser procedente o argumento de que o direito de revogação em caso de lançamento de OPA concorrente visa tutelar os interesses dos oferentes concorrentes, não podendo, por isso, o destinatário dispor daquele direito livremente. A tutela dos interesses dos oferentes concorrentes, a existir, é meramente reflexa e indirecta, pois está dependente do exercício do direito pelo respectivo titular; se este não o exercer, nunca poderá aceitar a oferta concorrente e, mesmo que o exerça, pode não a aceitar. O titular do direito é o destinatário da oferta e são os seus interesses que a norma visa, em primeira linha, proteger, pelo que não se pode justificar a limitação da disponibilidade desse

---

[594] Cf. Pereira Coelho, *A renúncia* cit., pp. 146-147.
[595] Sobre estes interesses, *vide* Requicha Ferreira, *OPA* cit., pp. 247-248.

direito para proteger interesses terceiros cuja tutela é indirecta e depende da vontade daquele. Os direitos dos oferentes concorrentes são protegidos directamente por outras normas e princípios que se analisarão *infra*[596].

Por fim, não considero procedente o argumento de que o direito de revogação em caso de lançamento de OPA concorrente fomenta o mercado de controlo societário. Conforme se referiu em I. 3.3.2 *supra*, uma das vantagens dos *deal protection devices*, em particular dos acordos de aceitação de OPA, é a de promover o lançamento de OPAs[597]. A OPA é um instituto dinamizador do mercado de controlo societário e que, em conjunto com este, consubstancia um mecanismo eficiente de exploração de sinergias empresariais e de disciplina dos administradores pouco leais e competentes. Ao incentivar o lançamento de OPAs, este tipo de acordos permitiria, implicitamente, dinamizar o mercado de controlo societário e promover a gestão diligente e leal das sociedades cotadas, atento o efeito disciplinador que aquelas têm sobre estes[598].

Em suma, os acordos de aceitação de OPA são um mecanismo facilitador e promotor da cessão de controlo das sociedades cotadas através do lançamento de OPAs e a inclusão, nalguns desses acordos, da renúncia ao direito de revogação das declarações de aceitação, em caso de lançamento de ofertas concorrentes, não deve ser perspectivada como um factor de frustração do lançamento de OPAs[599].

VIII. Noutro plano de argumentação, WACKERBARTH sustenta que a renúncia ao direito de revogação em caso de lançamento de oferta concorrente é susceptível de violar o princípio da igualdade de tratamento, pois permite ao accionista maioritário concertar-se com o oferente através de acordos irrevogáveis de aceitação de OPA, recebendo uma contrapartida superior em detrimento dos demais

---

[596] *Vide* II., 2.2.4 *infra*.

[597] Neste sentido, *vide* I. 2. *supra* e o relatório do Grupo de Peritos (cf. REPORT OF THE HIGH LEVEL GROUP OF COMPANY LAW EXPERTS on issues related to takeovers bids, Bruxelas, 2002) e, na doutrina, JENSEN/RUBACK, *The market* cit., pp. 5 e ss.; EASTERBROOK/FISCHEL, *The economic structure* cit., pp. 163--209; FRANKS/MAYER/RENNEBOOG, *Who disciplines* cit., pp. 209 e ss.; FRANKS/MAYER, *Hostile takeovers* cit., pp. 163 e ss.; SCHARFSTEIN, *The disciplinary* cit., p. 185; RENNEBOOG/GOERGEN, *Shareholder wealth* cit., pp. 9 e ss.; GARCÍA DE ENTERRÍA/LORENZO-VELÁZQUEZ, *El control* cit., pp. 666 e ss.; ARRUÑADA, *Crítica* cit., pp. 29 e ss.; FERNÁNDEZ ARMESTO, *Las OPAs* cit., pp. 37-40.

[598] Neste sentido, *vide* os estudos empíricos de BATES/LEMMON, *Breaking up* cit., pp. 469 e ss.; ANDRÉ/KHALIL/MAGNAN, *Termination* cit., pp. 541 e ss.; OFFICER, *Termination fees* cit., pp. 431 e ss. Contra, *vide* KAHAN/KLAUSNER, *Lockups* cit., pp. 1559-1562.

[599] Neste sentido, *vide* KRAUSE, in ASSMANN/PÖTZSCH/SCHNEIDER (Hrsg.), *Wertpapiererwerbs-* cit., § 22 Rdn. 92.

accionistas[600]. Utilizaremos o exemplo dado por WACKERBARTH para explicar a sua argumentação[601].

O accionista maioritário detém uma participação que representa 70% do capital social e direitos de voto da sociedade visada. O oferente pretende adquirir esta participação e acorda com o accionista pagar € 150 por acção mas fazem o seguinte acordo. O oferente compra, de imediato, uma participação representativa de 29,9%[602] do capital social e direitos de voto ao accionista da sociedade visada. Em simultâneo, o accionista maioritário celebra um acordo de aceitação de OPA com o oferente, nos termos do qual se obriga a aceitar uma OPA futura lançada por aquele. Decorridos sete meses desde a aquisição da participação de 29,9%, o oferente anuncia o lançamento de uma OPA sobre a sociedade visada, oferecendo como contrapartida € 100 por acção. Como o accionista maioritário está obrigado a aceitar a OPA relativamente à sua participação remanescente (40,1%), está afastada a possibilidade de algum outro oferente arriscar o lançamento de OPA concorrente. O oferente tinha, no fundo, pago € 150 por acção ao accionista maioritário mas só pagará € 100 por acção aos demais accionistas. A contrapartida paga pela aquisição da participação de 29,9% não poderá ser tida em conta no cálculo da contrapartida equitativa que deverá ser paga na OPA voluntária, na medida em que, para este efeito, o § 31 Abs. 1 da WpÜG, nos termos do § 4 da AngeVO, determina que a contrapartida tem de ser, pelo menos, equivalente, ao preço mais alto pago pelo oferente nos últimos seis meses antes da publicação do documento da oferta e, como este foi publicado sete meses após a aquisição da participação de 29,9%, não se encontra abrangido por aquela norma. Assim, o oferente adquiriu ao accionista maioritário parte das suas acções por € 300 cada e sete meses mais tarde lança uma OPA oferecendo € 100 por acção e tal não contraria o regime da fixação da contrapartida do § 31 Abs. 1 da WpÜG. No entanto, a aquisição do controlo estava planeada desde o momento inicial, pois a aquisição da participação de 29,9% foi efectuada em simultâneo com a celebração de um acordo irrevogável de aceitação de OPA. Para prevenir estas situações de manipulação e evitar que se contorne a aplicação da norma sobre contrapartida equitativa, a renúncia ao direito de revogação em caso de lançamento de oferta concorrente deveria ter-se por inadmissível[603]. Segundo WACKERBARTH,

---

[600] Cf. WACKERBARTH, in *Münchener* cit., § 22 WpÜG, Rdn. 27.
[601] Cf. WACKERBARTH, in *Münchener* cit., § 22 WpÜG, Rdn. 27.
[602] Na Alemanha, o limiar constitutivo do dever de lançamento de OPA são os 30% dos direitos de voto.
[603] Cf. WACKERBARTH, in *Münchener* cit., § 22 WpÜG, Rdn. 27.

a manipulação/fraude estaria na combinação de um contrato de compra e venda de uma participação de 29,9% e a simultânea celebração de um acordo de aceitação de OPA.

Que dizer da argumentação expendida por WACKERBARTH?

A situação exposta por WACKERBARTH está relacionada com uma potencial violação do princípio da igualdade de tratamento dos destinatários da oferta ao nível da contrapartida da OPA, pelo que é nessa sede que deve ser discutida qual a sanção a aplicar ao acordo de aceitação de OPA: a revisão da contrapartida da oferta (art. 180º, nº 1 al. a) do Cód.VM) ou, quando tal não seja possível[604], o acordo deve ser considerado inválido por violação daquele princípio. Não considero correcto que a violação do princípio da igualdade determine a proibição da renúncia ao direito de revogação das declarações de aceitação, porque não é esta renúncia que gera a violação daquele princípio.

Como reconhece WACKERBARTH, a questão está mais relacionada com uma outra problemática dos acordos de aceitação de OPA: a imputação de direitos de voto e a sua relevância para efeitos do dever de lançamento. Esta problemática é mais complexa quando são celebrados, simultaneamente, outros acordos de compra e venda de acções, os quais podem conduzir a situações de manipulação//fraude como as referidas por WACKERBARTH. Novamente, é nessa sede que a questão deve ser abordada e resolvida e não através de uma proibição da renúncia ao direito de revogação das declarações de aceitação de OPA em caso de lançamento de oferta concorrente, que não é a causa directa dessas situações de manipulação/fraude[605].

IX. É assim possível concluir que a renúncia ao direito de revogação das declarações de aceitação da oferta é válida, mesmo em caso de lançamento de oferta concorrente.

A conclusão deve, contudo, ser objecto de uma limitação.

Se o accionista da sociedade visada for um investidor não qualificado[606], a sua capacidade para a tomada de decisão nesta matéria é inferior fruto da sua menor preparação económica, financeira e jurídica, pelo que se faz sentir, de forma mais intensa, a *ratio* do referido direito de revogação e do alargamento do prazo para o seu exercício (artigo 185º-A, nº 6) que é a de permitir que os

---

[604] *Vide* II., 2.2.1 *supra*.
[605] Neste sentido, *vide* KUHN, *Exclusivvereinbarungen* cit., p. 322; RIEGEN, *Rechtsverbindliche* cit., p. 713.
[606] Estes casos são muito pouco frequentes, uma vez que o oferente pretenderá sempre vincular os accionistas com participações qualificadas que são, por norma, investidores qualificados.

destinatários tenham a oportunidade de escolher livremente qual a oferta que melhor serve os seus interesses (quaisquer que eles sejam), no contexto de um leilão para aquisição da sociedade visada[607]. Perante um acordo de aceitação de OPA celebrado com um accionista investidor não qualificado, não deverá a tutela concedida pelo art. 185º-A, nº 6 do Cód.VM impor-se sobre a liberdade contratual, atento o elevado risco do exercício dessa liberdade se traduzir num acto negocial de conteúdo lesivo por força do carácter não qualificado do investidor?

Entendo que sim. A falta de conhecimento do mercado e capacidade de análise dos vários dados económicos e estratégicos das ofertas, aliada à provável falta de meios económicos para que um terceiro possa realizar essa análise, potencia a possibilidade de tomada de uma decisão negocial errada. Se for lançada uma oferta concorrente, essa decisão de renúncia traduz-se num dano directo e imediato que é a diferença do valor da contrapartida da oferta inicial para uma oferta concorrente. Atento o risco elevado de o exercício dessa liberdade se traduzir num acto negocial de conteúdo lesivo expresso naquele dano directo de natureza financeira, o ordenamento jurídico deve impor a tutela do investidor ínsita no art. 185º-A, nº 6 do Cód.VM sobre o princípio da liberdade contratual. O contrato não deve servir como "instrumento de exercício irrefreado de uma das partes sobre a outra", o ordenamento jurídico deve restringir o "poder de conformação do contraente em superioridade (oferente), obstando à validade de estipulações que o favoreceriam injustificadamente": neste caso, à exigência da renúncia da outra parte a um direito que o ordenamento jurídico lhe confere precisamente para evitar potenciais danos financeiros que o mesmo possa sofrer[608]. A assimetria de conhecimentos, poder económico, informação, entre outros desníveis, conduziriam uma das partes, o accionistas (investidor não qualificado), a submeter-se ao *Diktat* contratual do outro e, no caso de lançamento de oferta concorrente, esse *Diktat* provocar-lhe-ia um dano directo e imediato. Justifica-se a intervenção tuteladora do ordenamento, é a chamada *ordem pública de protecção*[609].

Assim, a norma que consagra o direito de revogação da aceitação da oferta, em caso de lançamento de OPA concorrente, deve ser qualificada como uma norma imperativa quando esteja em causa um investidor não qualificado. É,

---

[607] Neste sentido, *vide* HASSELBACH, in HIRTE/BÜLOW (hrsg.), *Kölner* cit., § 23 Rdn. 34 e 35; STEINHARDT, in STEINMEYER/HÄGER, *WpÜG* cit., § 22 Rdn. 17.
[608] Cf. SOUSA RIBEIRO, *O problema* cit., p. 263.
[609] Cf. LARENZ, *Richtiges Recht*, München, 1979, p. 64.

por isso, nula, por violação do artigo 185º-A, nº 6 do Cód.VM (enquanto norma imperativa cuja *ratio* é a defesa dos interesses dos pequenos investidores), a renúncia feita por estes investidores ao direito de revogação da aceitação em caso de lançamento de oferta concorrente (característica das *hard irrevocables*).

2.2.4 O princípio da igualdade de tratamento dos oferentes e o princípio da concorrência e jogo livre entre as ofertas

I. O princípio da igualdade de tratamento dos oferentes é uma decorrência de um dos princípios base de todo o processo de OPA e da Directiva das OPAs: o *level playing field*[610]. Com efeito, o princípio do *level playing field*, aplicado no contexto da concorrência pela aquisição da sociedade visada, exige que os oferentes, inicial ou concorrentes, sejam tratados de forma igual e que disponham das mesmas hipóteses de sucesso na sua iniciativa[611]. Apesar da liberdade concedida pela Directiva das OPAs aos legisladores nacionais para regularem o tema das ofertas concorrentes (artigo 13º da Directiva das OPAs), a doutrina considera que as normas de direito interno sobre esta matéria não poderão criar, sob pena de prejudicarem irremediavelmente o *level playing field*, situações de desigualdade entre

---

[610] A Directiva das OPAs procurou, na sequência do Relatório Winter, alcançar um *level playing field* nas ofertas públicas de aquisição, sendo que este deveria ser orientado por dois princípios fundamentais: *shareholders decision-making* ("poder decisório dos accionistas") e *proportionality between risk bearing and control* ("proporcionalidade entre risco efectivo e controlo") (cf. REPORT OF THE HIGH LEVEL GROUP OF COMPANY LAW EXPERTS on issues related to takeovers bids, Bruxelas, 2002, p. 21). A criação de um *level playing field* na União Europeia pretende dar às empresas europeias e investidores a possibilidade de se estabelecerem noutro Estado-membro através da aquisição de sociedades cotadas (cf. KEMPERINK/STUYCK, *The thirteenth company law directive and competing bids*, in *Common market law review*, vol. 45, 1, Fevereiro, 2008, Wolters Kluwer, pp. 97-99; 129; KRAINER, *Binnenmarktrechtliche Grenzen des Übernahmerechts*, in ZHR, 2004, pp. 542 e ss.; 553; ANDENAS//GÜTT/PANNIER, *Free movement of capital and national company Law*, EBLR, 2005, pp. 757 e ss.; 782). De acordo com o preâmbulo da Directiva das OPAs, a sua base legal é, aliás, o antigo artigo 44º, nºs 1 e 2, alínea g) do TUE (actual artigo 50º do TFUE) relativo ao direito de estabelecimento. Neste sentido, a Directiva das OPAs veio também fixar regras quanto à *passivity rule* ou à *breakthrough rule*, as quais procuram evitar que a adopção de medidas defensivas possa resultar no insucesso das OPAs.

[611] Cf. PORTIER/NAVELET-NOUALHIER, *La libre compétition dans les offres publiques d'acquisition*, in *Revue de droit bancaire et financier*, 3º ano, nº 4, Julho/Agosto, 2002, JurisClasseur LexisNexis, p. 228. O *level playing field* só será verdadeiramente implementado se se acautelar a igualdade de tratamento dos compradores e se assegurar, a todos os potenciais interessados, "condições equivalentes para a aquisição de valores mobiliários emitidos pela sociedade visada, em condições justas e equitativas" (cf. PAULO CÂMARA, *Manual de direito* cit., p. 635).

o oferente inicial e concorrente e deverão impor sanções ao órgão de administração da sociedade visada se este beneficiar um oferente em detrimento de outro[612].

---

[612] Caso tal não se suceda, podemos estar perante uma violação do direito comunitário (cf. KEMPERINK//STUYCK, *The thirteenth* cit., p. 129). Por vezes, aquela discriminação resulta da interpretação ou da actuação das autoridades reguladoras. Segundo KEMPERINK e STUYCK, caso a autoridade reguladora aplique regras contrárias ao direito comunitário, os sujeitos prejudicados poderiam invocar as disposições de direito comunitário (*e.g.* Directiva das OPAs) desde que as condições para a produção de efeitos directos (aplicação directa) estejam verificadas. Neste sentido, se uma oferta concorrente fosse rejeitada pela autoridade reguladora, o oferente poderia alegar a validade da sua oferta à luz do direito comunitário, sobretudo quando estas procuram adoptar decisões proteccionistas no intuito de manter o centro de decisão da sociedade visada em território nacional (cf. *The thirteenth* cit., p. 128). Veja-se, por exemplo, o caso da OPA de 2005 do antigo ABN AMRO sobre o banco italiano Banca Antonveneta. Em Março de 2005, o ABN AMRO anunciou o lançamento de uma OPA sobre a Banca Antonveneta e, em seguida, a Banca Popolare Italiana anunciou uma oferta concorrente sobre o mesmo banco. O Banco Central Italiano, através do governador Antonio Fazio, impediu o ABN AMRO de reforçar a sua participação qualificada no Antonveneta, ao contrário do Banca Popolare Italiana que foi autorizado a reforçar a sua participação qualificada, apesar de a sua participação ser inferior à do ABN AMRO. Alguns meses mais tarde, foi revelado o conteúdo de escutas telefónicas em que o governador do Banco Central Italiano informava, informalmente, o Banca Popolare Italiana das suas decisões no âmbito do processo de luta pela aquisição da sociedade visada. Após as críticas severas da Comissão Europeia e do Banco Central Europeu e das investigações do ministério público italiano, Antonio Fazio renunciou ao cargo (cf. KEMPERINK/STUYCK, *The thirteenth* cit., p. 124, nota 81).
Outro caso emblemático foi a OPA sobre a Endesa. Em Setembro de 2005, a sociedade espanhola Gas Natural anunciou uma OPA sobre a Endesa, que foi rejeitada pelo órgão de administração da Endesa. Em Fevereiro de 2006, a sociedade alemã Eon anunciou uma oferta concorrente sobre a Endesa, oferecendo uma contrapartida superior em 30% à contrapartida oferecida pela Gas Natural. Após o anúncio desta OPA, o Governo Espanhol aprovou um conjunto de diplomas legais e regulamentares que procuravam gerar obstáculos à OPA da Eon sobre a Endesa. Um destes diplomas limitava os direitos de voto da Eon na Endesa a 5% e outro concedia à *Comisión Nacional de Energía* o poder de proibir uma OPA se os interesses nacionais na energia passassem para o controlo de um estrangeiro, na sequência dessa OPA. Depois das críticas da Comissão Europeia sobre estas medidas proteccionistas, a *Comisión Nacional de Energía* decidiu, em Julho de 2006, autorizar a OPA da Eon sobre a Endesa, mas sujeita ao preenchimento de 19 condições... Face a novas pressões da Comissão Europeia, o regulador do sector energético aligeirou aquelas condições em Novembro de 2006. Porém, quando finalmente a Eon foi autorizada a avançar com a sua OPA, a Acciona (sociedade espanhola) e a ENEL (sociedade italiana do sector energético) anunciaram a sua intenção de virem a lançar uma OPA, a qual ofereceria uma contrapartida ligeiramente superior à OPA da Eon, tendo, por isso, levado ao insucesso da OPA da Eon. Esta optou por acordar com a ENEL/Acciona a aquisição de alguns activos da Endesa. Passados 6 meses e verificado o insucesso da OPA da Eon, a CNMV autorizou a OPA da Acciona/ENEL, decisão contestada pela Eon, que, no entanto, se ficou por aquele acordo alcançado com a Acciona/ENEL.

Este princípio tem consagração expressa nalguns ordenamentos jurídicos[613] enquanto noutros, apesar de não estar previsto de forma geral, encontra-se consagrado numa das suas mais importantes vertentes: a igualdade da informação[614].

---

[613] É esse o caso do ordenamento jurídico francês que, no art. 231-3 do Règlement de l'AMF, estabelece que, "tendo em vista um desenvolvimento ordenado das operações e os melhores interesses dos investidores e do mercado, todas as pessoas envolvidas numa oferta devem respeitar o livre jogo entre ofertas e os seus respectivos lanços (...) e a lealdade nas transacções e na concorrência" (cf. VIANDIER, *OPA* cit., p. 317). A doutrina salienta que o princípio da igualdade sempre foi um dos princípios basilares do direito bolsista francês (cf. BIARD/MATTOUT, *Les offres publiques d'acquisition: l'émergence de principes directeurs du droit boursier*, in *Banque et droit*, n.º 28, Março/Abril, 1993, p. 3) e que, quando aplicável à concorrência no âmbito das OPAs, "ele impõe que os concorrentes, actuais ou não, sejam postos em pé de igualdade e disponham cada qual das mesmas hipóteses de sucesso na sua iniciativa" (cf. PORTIER/NAVELET-NOUALHIER, *La libre* cit., p. 228). Segundo DOMPÉ, o seu fundamento é "o princípio da lealdade que aparece como o princípio federador dos demais" (cf. *La transposition de la directive OPA et les principes directeurs des offres*, in *Doirt des Sociétés*, Novembro 2006, pp. 5 e ss.; no mesmo sentido, *vide* PELTIER, *Les principes* cit., p. 472). Assim, a doutrina e a jurisprudência referem-se ao princípio do livre jogo entre ofertas (*libre jeu des offres et des surenchères*) (*vide* a decisão da AMF no caso da OPA sobre *Compagnie Européene de Casinos*, em que o regulador afirmou que o *principe du libre jeu des offres et des surenchères* é um dos princípios a ter em conta no regime das ofertas concorrentes; este princípio constava, expressamente, do artigo 3.º do antigo regulamento n.º 89-03 da COB.). O *libre jeu des offres et des surenchères* apresenta dois corolários fundamentais: o princípio da lealdade na concorrência, o qual exige um comportamento leal dos vários actores de um processo de aquisição concorrencial pela sociedade visada, e o princípio da igualdade na concorrência pela aquisição da sociedade visada (*principe d'égalité dans la compétition*) (cf. MARTIN/MOLFESSIS, *Offres publiques d'acquisition. Les mesures de défense anti-OPA*, in Guy Canivet/Didier Martin/Nicolas Molfessis (dirs.), *Les offres publiques d'achat*, LexisNexis, Litec, Paris, 2009, p. 612; VIANDIER, *OPA* cit., p. 52; PORTIER/NAVELET-NOUALHIER, *La libre* cit., p. 228). O *principe d'égalité dans la compétition* impede, por exemplo, a adopção de medidas defensivas que resultem na atribuição a um oferente de uma vantagem determinante para o sucesso da sua OPA, distorcendo a livre concorrência das ofertas (neste sentido, *vide* VIANDIER, *OPA* cit., p. 52; CA Paris, 27 de Abril de 1993, JCP 93, E, 45n7). No entanto, o princípio da igualdade dos oferentes em concorrência não é absoluto e conhece limites, sendo o seu sentido último o de afastar comportamentos que impeçam o livre jogo entre ofertas, os quais impedem um concorrente de adquirir o controlo de uma sociedade visada através do lançamento de uma oferta concorrente (neste sentido, *vide* FRISE/ROCHE, *Le principe* cit., p. 720; PORTIER//NAVELET-NOUALHIER, *La libre* cit., p. 234; este é também o entendimento da jurisprudência francesa expresso nos casos das ofertas públicas da Gehe AG sobre a Office Commercial Pharmaceutique e da *A. Balland* sobre a *Sucrerie Raffinerie de Châlon-sur-Saône* (cf. CA Paris, 1re ch. Sect. CBV, 27 de Outubro de 1993, *A. Balland/Sucrerie Raffinerie de Châlon-sur-Saône*, JCP, E, 1994, I, n.º 6, p. 98).

[614] É esse o caso do ordenamento jurídico inglês. O *City Code* que consagra expressamente o princípio da igualdade entre oferentes mas apenas na sua vertente da informação, o que, contudo, não tem impedido a doutrina de afirmar que o princípio da igualdade entre os oferentes assume um carácter geral. A *Rule* 20.2 do *City Code*, sob a epígrafe "Equality of Information to Competing Bids", determina que qualquer informação, incluindo a informação particular de accionistas, fornecida a um

Mesmo nos ordenamentos jurídicos em que não goza de consagração expressa geral ou ao nível da igualdade da informação, o princípio da igualdade de trata-

oferente ou potencial oferente tem de, a requerimento, ser disponibilizada, de forma igual e imediata, aos outros oferentes ou potenciais oferentes de boa-fé mesmo que esse outro oferente seja menos desejado. Aquele requerimento apenas será admissível (i) caso tenha havido um anúncio público da existência desse oferente ou potencial oferente, identificado ou não, a quem tinha sido disponibilizada a informação ou, (ii) não tendo existido anúncio público, caso o oferente ou o potencial oferente de boa-fé, tendo requerido informação nos termos da *Rule* 20.2 foi oficialmente informado da existência do primeiro potencial oferente. A obrigação de disponibilização de informação é depois concretizada nas *notes* à *Rule* 20.2 do *City Code* e e as únicas restrições admissíveis a este direito são as resultantes da manutenção da confidencialidade da informação, do impedir a utilização da informação para recrutar trabalhadores ou entrar em contacto com clientes da sociedade visada e o de restringir o uso da informação para efeitos da preparação da OPA (cf. DAVID PUDGE, *Conduct during the offer* cit., p. 245; *vide* CONSULTATION PAPER OF THE CODE COMMITTEE OF THE PANEL ON TAKEOVERS AND MERGERS on equality of information to competing offerors, pp. 3-4 e 8).
É também o caso do ordenamento jurídico espanhol e muito por influência do City Code. Com a entrada em vigor do RD 1066/2007 e por força da experiência da batalha pelo controlo da Endesa, o princípio da igualdade de tratamento passou a estar expressamente consagrado na vertente da informação. O artigo 46º, nº do RD 1066/2007 dispõe que a sociedade visada deverá garantir "que exista igualdade informativa entre os oferentes competidores", sendo que, para este efeito e quando tal seja especificamente requerido por um oferente ou potencial oferente de boa fé, a sociedade visada deve pôr à disposição deste a informação solicitada sempre que esta tenha sido disponibilizada a outros oferentes ou potenciais oferentes (artigo 46º, nº 2 do RD 1066/2007). Porém, esta informação não é disponibilizada sem mais ao oferente ou potencial oferente, este tem que prestar algumas garantias, em especial quanto à confidencialidade da informação e ao fim a que a mesma se destina. Neste sentido, o nº 3 do artigo 46º condiciona a entrega da informação à existência de garantia da confidencialidade da informação por parte do oferente ou potencial oferente, bem como à sua utilização com o fim exclusivo de preparar o lançamento de OPA e à necessidade da informação para esse efeito. A doutrina tem elencado algumas outras excepções a este direito de obter a informação, que não se encontram expressamente consagradas na lei (para mais desenvolvimentos sobre a aplicação prática do princípio da igualdade de tratamento dos oferentes na vertente da informação, *vide* CONDE VIÑUELAS/GONZÁLES MOSQUERA, *La reforma del régimen de ofertas competidoras*, in JUSTE MENCÍA/RECALDE CASTELLS (coord.), *Derecho de OPAS. Estudio sistemático del régimen de las ofertas públicas de adquisición en el derecho español*, Tirant lo Blanch, València, 2010, pp. 572-578; ARROYO APARICIO, *Las OPAs competidoras*, in BENEYTO/LARGO (dirs.), *Régimen jurídico de las ofertas públicas de adquisición (OPAs)*, Bosch, Barcelona, 2010, p. 364; VIVES RUIZ, *Las operaciones* cit., pp. 735-740; GÓMEZ-ACEBO, *Ofertas competidoras* cit., pp. 935-946). Segundo a maioria da doutrina espanhola, o princípio da igualdade de tratamento dos oferentes na vertente da informação é a expressão de um princípio mais geral de igualdade de tratamento dos oferentes (cf. VARA DE PAZ, *La modificación* cit., p. 166; VIVES RUIZ, *Las operaciones* cit., p. 77; MEMENTO PRÁCTICO FRANCIS LEFEBRE, *Sociedades mercantiles* cit., p. 711; contra, mas identificando-o como um dos princípios a ter em conta na procura do equilíbrio de interesses contrapostos no contexto da regulação das ofertas concorrentes, *vide* GÓMEZ-ACEBO, *Comentario a los artículos 40º* cit., pp. 808 e 931-933).

mento dos oferentes é aceite pela doutrina como um dos princípios estruturantes das OPAs[615].

Diferente é o ordenamento jurídico italiano. Depois da discussão doutrinal em torno da admissibilidade da revisão da oferta pelo oferente concorrente, o TUF veio expressar claramente a ideia de igualdade entre os oferentes, ao estabelecer que a CONSOB tem o poder de, através de regulamento, regular e disciplinar "le offerte di aumento e quelle concorrenti, senza limitare il numero dei rilanci, effettuabili fino alla scadenza di un termine massimo" (sobre este princípio, no direito italiano, *vide* PICONE, *Le offerte* cit., pp. 96-97). No direito italiano, há assim uma obrigação de paridade de tratamento entre os diferentes oferentes, em benefício do mercado e dos accionistas, cuja tutela é o principal objectivo do legislador italiano (cf. PICONE, *Le offerte* cit., pp. 96-97; LERNER, *La nuova disciplina* cit., p. 242; ROMAGNOLI, *Le norme* cit., p. 1255).

[615] É o caso do ordenamento jurídico alemão. O princípio da igualdade de tratamento dos oferentes não goza de consagração expressão mas tal não obsta a que a maioria da doutrina o considere um dos princípios fundamentais do processo de OPA, dividindo-se quanto ao fundamento deste princípio.
Alguns autores afirmam que o fundamento se encontra no § 3 Abs. 1 da WpÜG que fixa o princípio da igualdade de tratamento dos destinatários da oferta e que alguns autores consideram poder ser estendido, de um ponto de vista subjectivo, do lado activo, aos oferentes e, do lado passivo, ao órgão de administração da sociedade visada (neste sentido, *vide* SCHWENNICKE, in GEIBEL/SÜSSMANN (hrsg.), *Wertpapiererwerbs-* cit., § 3 Rdn. 4 e 13; WACKERBARTH, in *Münchener* cit., § 3 WpÜG, Rdn. 5). No entanto, a maioria da doutrina rejeita este fundamento por considerar que o princípio só vincula o oferente e protege os destinatários da oferta e não os oferentes (cf. VERSTEEGEN, in HIRTE/BÜLOW (hrsg.), *Kölner* cit., § 3 Rdn. 16; KRAUSE, in ASSMANN/PÖTZSCH/SCHNEIDER (Hrsg.), *Wertpapiererwerbs-* cit., § 22 Rdn. 98; FLEISCHER, *Konkurrenzangebote und Due Diligence. Vorüberlegungen zu einer übernahmerechtlichen Gleichbehandlung der Bieter*, in ZIP 2002, p. 654; LIEKEFETT, *Due Diligence bei M&A Transaktionen*, Berlin, 2005, p. 218).
Outros autores defendem que o princípio decorre da *passivity rule* consagrada no § 33 Abs. 1 Satz 1 e/ou Satz. 2 da WpÜG, nos termos da qual o órgão de administração não pode tomar quaisquer medidas que possam obstruir o sucesso de uma oferta e que teria implícita uma proibição de discriminação dos oferentes (cf. HIRTE, in HIRTE/BÜLOW (hrsg.), *Kölner* cit., § 33 Rdn. 77 e ss.; SCHLITT, in *Münchener* cit., § 33 WpÜG Rdn. 159; RÖH, in *Frankfurter* cit., § 33 Rdn. 145). Contra este entendimento outros autores afirmam que a proibição de discriminação não é uma parte da *passivity rule* mas antes um *aliud*, porque a discriminação de um oferente pode não impedir o lançamento e aceitação de oferta concorrente e, nessa medida, ficar fora do âmbito da *passivity rule* (neste sentido, *vide* KRAUSE, in ASSMANN/PÖTZSCH/SCHNEIDER (Hrsg.), *Wertpapiererwerbs-* cit., § 22 Rdn. 98; FLEISCHER, *Konkurrenzangebote* cit., p. 654; LIEKEFETT, *Due* cit., p. 223).
Outro fundamento apontado para o princípio da igualdade de tratamento dos oferentes é o direito de revogação das declarações de aceitação em caso de lançamento de OPA concorrente, o qual, ao permitir aos destinatários revogar as suas declarações de aceitação, possibilita a aceitação da oferta concorrente, surgindo esta em plano de igualdade com a oferta inicial. Não é um direito com consagração expressa, ao invés dos princípios consagrados no § 3 da WpÜG, mas é a base de determinadas normas legais, a sua *ratio* (neste sentido, FLEISCHER, *Konkurrenzangebote* cit., p. 654; MEHRINGER, *Das allgemeine kapitalmarktrechtliche Gleichbehandlungsprinzip*, Baden-Baden, 2007, pp. 194 e ss.;

Entre nós, o princípio da igualdade de tratamento dos oferentes não tinha consagração expressa no antigo Cód.MVM[616] e na versão inicial do Cód.VM.

SCHLITT, in *Münchener* cit., § 33 WpÜG Rdn. 159). Em sentido contrário, alguns autores afirmam que aquele direito é atribuído aos accionistas e não ao oferente, pelo que do mesmo não se podem retirar quaisquer obrigações de tratamento igualitário dos oferentes nem outras obrigações, nomeadamente para o órgão de administração da sociedade visada (cf. HEMELING, *Gesellschaftsrechtliche Fragen der Due Diligence beim Unternehmenskauf*, in ZHR, 169, 2005, p. 290; LIEKEFETT, *Due* cit., p. 224; DRYGALA, *Deal protection in Verschmelzungs- und Unternehmenskaufverträgen – eine amerikanische Vertragsgestaltung auf dem Weg ins deutsche Recht – Teil II –*, in WM, 2004, p. 1463).
Outro dos fundamentos aventados para o princípio da igualdade de tratamento dos oferentes é o § 3 Abs. 3 da WpÜG. Nos termos deste preceito, o órgão de administração da sociedade visada está obrigado a prosseguir o interesse da sociedade, sendo que, no caso das OPAs, o § 33 Abs. 1 da WpÜG acaba por identificar esse interesse primariamente com os interesses dos accionistas, são estes que devem ter prioridade sobre os demais interesses que gravitam em torno de uma sociedade (*e.g.* trabalhadores e outros *stakeholders*). Ora, o interesse dos accionistas exigiria um tratamento igual entre os oferentes, uma vez que tal potenciaria uma oferta de valor superior. Para além do interesse dos accionistas, outros interesses podem ainda justificar o princípio da igualdade de tratamento dos oferentes (*e.g.* o dos trabalhadores se permitir evitar uma situação de insolvência – *vide* caso *Omnicare*) (cf. LIEKEFETT, *Due* cit., p. 225; Ib. *Bietergleichbehandlung bei öffentlichen Übernahmeangeboten – Zugleich ein Beitrag zur Konkretisierung des Gesellschaftsinteresses in Übernahmesituatione*, in AG 2005, p. 808). Contra este entendimento, os autores sustentam que o § 33 Abs. 1 da WpÜG não obriga a considerar apenas os interesses dos accionistas e que desta norma apenas resulta uma proibição de obstruir o lançamento e sucesso de uma oferta e não uma proibição de discriminação (neste sentido, *vide* KRAUSE, in ASSMANN/PÖTZSCH/SCHNEIDER (Hrsg.), *Wertpapiererwerbs-* cit., § 22 Rdn. 99; KUHN, *Exclusivvereinbarungen* cit., p. 243).
Diferentemente, uma parte da doutrina alemã sustenta que o legislador da WpÜG não consagrou conscientemente o princípio da igualdade de tratamento dos oferentes e que esse "silêncio eloquente" significa que não há uma obrigação de tratamento igualitário dos oferentes (neste sentido, *vide* KRAUSE, in ASSMANN/PÖTZSCH/SCHNEIDER (Hrsg.), *Wertpapiererwerbs-* cit., § 22 Rdn. 96 e 100; HEMELING, *Gesellschaftsrechtliche* cit., p. 290; HASSELBACH, *Die Weitergabe von Insiderinformationen bei M&A-Transaktionen mit börsennotierten Aktiengesellschaften, Unerter Berücksichtigung des Gesetzes zur Verbesserung des Anlegerschutzes vom 28.10.2004*, in NZG, 2004, p. 1094). Esse tratamento discriminatório é admitido pelo § 27 da WpÜG quando permite que o órgão de administração recomende uma oferta concorrente (cf. DRYGALA, *Deal* cit., p. 1463) e uma obrigação de tratamento igualitário seria contrária à discricionariedade do órgão de administração e não seria compatível com § 33 Abs. 2 da WpÜG que permite a este procurar um oferente concorrente (cf. KRAUSE, in ASSMANN/PÖTZSCH//SCHNEIDER (Hrsg.), *Wertpapiererwerbs-* cit., § 22 Rdn. 99; DRYGALA, *Deal* cit., p. 1464).
Como nota final cumpre referir que se o oferente for accionista da sociedade já beneficia de um tratamento igualitário enquanto accionista da sociedade por força do § 53a do AktG e, em certa medida, do § 131 Abs. 1 Satz 1 da AktG (cf. HEINRICH, *Der weiße* cit., pp. 243-249; KUHN, *Exclusivvereinbarungen* cit., pp. 246-249).

[616] AUGUSTO TEIXEIRA GARCIA apenas considerava existir, à luz do Cód.MVM, um princípio fundamental em matéria de informação em sede OPA: princípio da informação adequada. Afirmava aquele

Com a entrada em vigor do DL 219/2006, o Cód.VM passou a consagrar o princípio da igualdade de tratamento na vertente da igualdade de informação. Nos termos do artigo 185º, nº 7 do Cód.VM, "a sociedade visada deve assegurar a igualdade de tratamento entre oferentes quanto à informação que lhes seja prestada".

Este princípio ganha particular importância tendo em conta a sua inserção sistemática[617] e a introdução da nova alínea c) do artigo 182º, nº 3 do mesmo código[618]. Ao contrário de outros ordenamentos jurídicos, o legislador nacional

---

autor que "em ordem a permitir aos destinatários uma escolha esclarecida, o legislador exige que o oferente e órgão de administração da sociedade visada forneçam um verdadeiro manancial de informações nos documentos da oferta, e sujeita essas informações a um prévio controlo por parte da CMVM" (cf. *OPA* cit., p. 238).

[617] O artigo 185º tem por epígrafe "oferta concorrente", o que significa que a sociedade visada tem que tratar da mesma forma todos os oferentes (inicial ou concorrentes), sobretudo em relação à informação que lhes disponibiliza. Tal inserção sistemática demonstra a importância que a igualdade de tratamento assume no âmbito das ofertas concorrentes, sobretudo na vertente da igualdade de informação.

[618] Quanto ao artigo 182º, nº 3 alínea c) do Cód.VM, este veio estabelecer que a procura de oferentes concorrentes (designados de *white knights*) pela sociedade visada é um acto incluído nos poderes de gestão do órgão de administração desta na pendência da oferta, não sendo necessária a autorização concedida pela assembleia geral convocada exclusivamente para esse efeito. Este poder do órgão de administração podia, todavia, dar azo a um tratamento desigual entre os oferentes e o legislador procurou evitar essa potencial desigualdade pelo menos ao nível da informação, assegurando que a todos os oferentes é disponibilizada a mesma informação (artigo 185º, nº 7 do Cód.VM). A posição da CMVM, à luz da redacção inicial do Cód.VM, era de que estava proibida a procura de oferentes concorrentes pelo órgão de administração da sociedade visada (*vide* Parecer da CMVM sobre Deveres de Comportamento do Órgão de Administração da Sociedade Visada na pendência de OPA disponível em www.cmvm.pt). Não creio que esta orientação fosse a mais correcta face à legislação então vigente. Com efeito, entendia-se, à luz do direito vigente antes da reforma de Novembro de 2006, que a procura de um oferente concorrente não precisava de ser autorizada pela assembleia geral da sociedade visada. O artigo 182º, nº 1 do Cód.VM estabelecia, e ainda estabelece, que o órgão de administração não pode praticar, na pendência da oferta, actos susceptíveis de alterar de modo relevante a situação patrimonial da sociedade visada que não se reconduzam à gestão normal da sociedade e que possam afectar de modo significativo os objectivos anunciados pelo oferente. A procura pelo órgão de administração de um oferente concorrente (*white knight*), apesar de poder naturalmente prejudicar os objectivos anunciados pelo oferente (aliás o intuito da procura de um *white knight* é a frustração da oferta), não prejudica a situação patrimonial da sociedade visada, não estando, por conseguinte, preenchido um dos requisitos legais cumulativos para considerar o acto excluído do âmbito dos poderes limitados do órgão de administração na pendência de OPA (neste sentido, *vide* Calvão da Silva, *Estudos de direito comercial*, Almedina, 1999, p. 242; Vogler Guiné, *A transposição da Directiva de 2004/25/CE e a limitação dos poderes do órgão de administração da sociedade visada*, in Cad.MVM, nº 22,

decidiu não concretizar outras decorrências do princípio da igualdade de tratamento dos oferentes em sede de oferta pública de aquisição, deixando essa tarefa de densificação para o intérprete e julgador[619].

II. O princípio da igualdade de tratamento dos oferentes na vertente da informação previsto no artigo 185º, nº 7 do Cód.VM não é mais do que uma expressão de um princípio transversal e estruturante do instituto das OPAs: o princípio da igualdade de tratamento dos oferentes.

O seu fundamento reside, em última instância, no princípio da igualdade enquanto princípio cardinal do ordenamento jurídico português[620] que assume manifestações múltiplas nos vários ramos do direito positivo, em particular no direito das sociedades comerciais[621] e, em certa medida, no direito dos valores

---

Dezembro, 2005, p. 27; e BRITO PEREIRA, *A limitação dos poderes da sociedade visada durante o processo de OPA*, in Direito dos Valores Mobiliários, Vol. II, Coimbra Editora, 2000, pp. 175 e ss.). Acresce que a procura de oferente concorrentes é vantajosa para os interesses dos destinatários da oferta, na medida em que, sendo a nova oferta melhor que a antecedente, estes poderão obter maior rentabilidade da alienação dos seus valores mobiliários objecto da oferta. A solução era (e é) aliás adoptada na maioria dos ordenamentos jurídicos. A solução estava consagrada no artigo 9º, nº 2, § 1 da Directiva das OPAs e está hoje plasmada em vários ordenamentos jurídicos: alemão (§§ 33 (1) e 33a (2) 4 da WpÜG), italiano (art. 104º do TUF) e espanhol (art. 28º, nº 1 do RD 1066/2007).

[619] Sobre os vários corolários do princípio da igualdade de tratamento dos oferentes na vertente da informação, *vide* REQUICHA FERREIRA, *OPA* cit., pp. 295-300.

[620] O princípio da igualdade tem uma dimensão eminentemente pessoal e de dignidade humana, pois a sua base é, aliás, a igual dignidade social de todos os cidadãos, corolário da igual dignidade humana de todas as pessoas consagrada no artigo 1º da CRP (cf. GOMES CANOTILHO/VITAL MOREIRA, *Constituição da República Portuguesa Anotada (artigos 1º a 107º)*, Vol. I, 4ª edição revista, Coimbra Editora, 2007, p. 337). Enquanto critério vinculativo de todas as funções do Estado (legislação, administração e jurisdição), ele apresenta uma dimensão positiva, que exige uma diferenciação expressa no tratamento igual, a "igualdade justa" (cf. GOMES CANOTILHO, *Direito Constitucional e Teoria da Constituição*, 7ª edição, Almedina, Coimbra, 2003, p. 390), e uma dimensão negativa, que proíbe o arbítrio, discriminações ou privilégios arbitrários ou injustificados (cf. JORGE MIRANDA, *Manual de Direito Constitucional*, Vol. IV, Coimbra Editora, 1998, p. 202). Para mais desenvolvimentos sobre este princípio, *vide* MARIA AMARAL, *O Princípio da Igualdade na Constituição Portuguesa*, in Estudos em homenagem ao Prof. Doutor Armando Marques Guedes, Almedina, Coimbra, 2004, pp. 37-74; MARTIM ALBUQUERQUE, *Da igualdade – Introdução à Jurisprudência*, Almedina, Coimbra, 1993.

[621] É o caso do princípio da igualdade de tratamento dos accionistas. Este encontra consagração expressa no art. 321º do CSC que estabelece que "as aquisições e alienações de acções próprias devem respeitar o princípio da igualdade de tratamento dos accionistas, salvo se a tanto obstar a própria natureza do caso. Sobre este princípio, *vide*, entre nós, COUTINHO DE ABREU, *Do abuso de direito – Ensaio de um critério no Direito Civil e nas Deliberações Sociais*, Almedina, Coimbra, 1999, pp. 153 e ss;

mobiliários. No entrecruzar destes dois ramos do direito, emerge um princípio que o legislador sentiu a necessidade de consagrar de forma expressa: o princípio da igualdade de tratamento dos titulares de valores mobiliários. Nos termos do artigo 15º do Cód.VM, "a sociedade aberta deve assegurar tratamento igual aos titulares de valores mobiliários por ela emitidos que pertençam à mesma categoria"[622]. No âmbito das ofertas públicas de aquisição, aquele princípio encontra expressão no princípio da igualdade de tratamento dos destinatários da oferta (art. 112º do Cód.VM[623]) e no princípio da igualdade de tratamento dos oferentes[624], agora consagrado expressamente na sua vertente da igualdade da informação. Por se processar em mercado e por contender com os direitos dos investidores, com o mercado de controlo societário e com os interesses dos *stakeholders*, a OPA exige uma regulação transparente e paritária de todo o seu processo e, nessa medida, não admite discriminações entre os oferentes em concorrência. Só esta paridade de tratamento permitirá o surgimento de ofertas de maior valor para a aquisição da sociedade visada, protegendo o mercado de controlo societário e os interesses dos investidores (em

---

ARMANDO TRIUNFANTE, *A tutela das minorias nas sociedades anónimas. Direitos de Minoria Qualificada. Abuso do Direito*, Coimbra Editora, Coimbra, 2004, pp. 58-69; ENGRÁCIA ANTUNES, *A igualdade* cit., pp. 89-92. No direito alemão, *vide*, em relação ao § 53a da AktG, o qual exige uma paridade de tratamento paritário dos accionistas (*Gleichbehandlung*), BUNGEROTH, in *Münchener Kommentar zum Aktiengesetz*, 3. Auflage, Band 1, C.H. Beck, München, 2008, § 53a Rdn. 4 e ss.; HÜFFER, *Aktiengesetz*, 8 Auflage, C.H. Beck, München, 2008, § 53a Rdn 4 e ss..

[622] As sociedades abertas estão então obrigadas a tratar de forma paritária os titulares de valores mobiliários, concedendo-lhes os mesmos benefícios e privilégios para que todos os investidores estejam na mesma situação objectiva e possam agir exclusivamente segundo critérios objectivos de índole económica ou financeira. O princípio da igualdade entre accionistas estende-se, no âmbito das sociedades abertas e de forma expressa, a todos os titulares de valores mobiliários da mesma categoria emitidos pela sociedade aberta. Em Itália, foi consagrado um idêntico princípio no art. 92 do TUF, que estabelece que os emitentes cotados e os emitentes cotados que tenham Itália como Estado de origem asseguram o mesmo tratamento a todos os titulares de instrumentos financeiros cotados que se encontrem em idêntica situação (sobre este *vide*. BENESSIA, *sub. art. 92*, in AAVV, *I Codici* cit., pp. 3059 e ss.; NICOLÒ SALANITRO, *Società per azioni e mercati finanziari*, 3ª edição, Giuffrè, Milano, 2000, pp. 80-81).

[623] Já analisado em II. 2.2.1 *infra*.

[624] Este não resulta assim directamente do art. 112º do Cód.VM, porque, por um lado, o seu sujeito activo são os destinatários da oferta, não o oferente (que é o seu sujeito passivo), e, por outro lado, o seu sujeito activo não é a sociedade visada mas o oferente (neste sentido, face ao § 3 Abs. 1 da WpÜG, *vide* VERSTEEGEN, in HIRTE/BÜLOW (hrsg.), *Kölner* cit., § 3 Rdn. 16; KRAUSE, in ASSMANN//PÖTZSCH/SCHNEIDER (Hrsg.), *Wertpapiererwerbs-* cit., § 22 Rdn. 98; FLEISCHER, *Konkurrenzangebote* cit., p. 654; LIEKEFETT, *Due* cit., p. 218).

particular dos accionistas[625]) assegurando-lhes um retorno melhor e o sucesso da oferta que ofereça um maior valor. A proibição de discriminação expressa-se ainda na *passivity rule* a que o órgão de administração está sujeito e a qual não é contrariada pelo direito desse órgão poder procurar um oferente concorrente[626]. Ele é livre de o fazer sempre que considere que tal actuação é do interesse dos accionistas, mas não poderá atribuir a esse oferente um tratamento privilegiado não extensível aos demais.

O princípio da igualdade, quando aplicável à concorrência no âmbito das OPAs, exige que os oferentes sejam tratados de forma similar, pelo que não pode ser atribuída a última palavra a um oferente no âmbito do leilão pela aquisição da sociedade visada nem ser disponibilizada a um oferente informação que não foi disponibilizada aos demais.

III. Será que os acordos de aceitação de OPA violam o princípio da igualdade de tratamento dos oferentes pelo facto de um dos oferentes partir, por força desses acordos, numa situação de vantagem competitiva clara? Essa vantagem é ainda mais evidente no caso das *hard irrevocables* porque o destinatário da oferta não pode utilizar o seu direito de revogação para aceitar a OPA concorrente. Estará o direito de lançamento de oferta concorrente irremediavelmente afectado?

Entendo que não.

Caso se postulasse uma posição afirmativa, isso significaria que o princípio da igualdade entre os oferentes estaria a vincular os demais oferentes em concorrência ou os destinatários da oferta e nem uns nem outros estão abrangidos por aquele princípio.

Os demais oferentes não são sujeitos passivos do princípio da igualdade de tratamento dos oferentes[627], porque a concorrência livre e sã entre os oferentes baseia-se, entre outros aspectos, na estratégia que cada prossegue na sua oferta.

---

[625] Neste sentido, defendendo que o princípio da igualdade de tratamento dos oferentes prossegue os interesses dos accionistas a que a sociedade visada está obrigada nos termos do § 3 Abs. 3 da WpÜG, *vide* Liekefett, *Due* cit., p. 225; Ib. *Bietergleichbehandlung* cit., p. 808.
[626] Neste sentido, *vide* Hirte, in Hirte/Bülow (hrsg.), *Kölner* cit., § 33 Rdn. 75 e ss.; Schlitt, in *Münchener* cit., § 33 WpÜG Rdn. 159; Röh, in *Frankfurter* cit., § 33 Rdn. 145; Oeschler, in Ehricke//Ekkeuga/Oechsler, *WpÜG* cit., § 10 Rdn. 33a.
[627] Neste sentido, *vide* Steinmeyer, in Steinmeyer/Häger, *WpÜG* cit., § 3 Rdn. 13; Hirte, in Hirte//Bülow (hrsg.), *Kölner* cit., § 33 Rdn. 75 e ss.; Schlitt, in *Münchener* cit., § 33 WpÜG Rdn. 159; Röh, in *Frankfurter* cit., § 33 Rdn. 145; Oeschler, in Ehricke/Ekkeuga/Oechsler, *WpÜG* cit., § 10 Rdn. 33a.

Se um deles adoptou como estratégia falar previamente com os accionistas de referência da sociedade visada e obter, com sucesso, acordos de aceitação de OPA, não lhe pode ser exigido que agora proporcione as mesmas condições aos demais oferentes e revogue os acordos que celebrou.

Em sentido contrário, a doutrina e jurisprudência francesas consideram que o *principe d'égalité dans la compétition*, que é um dos corolários do princípio da igualdade de tratamento entre os oferentes (*libre jeu des offres et des surenchères*), impede, por exemplo, a adopção de medidas defensivas que resultem na atribuição a um oferente de uma vantagem determinante para o sucesso da sua OPA, distorcendo a livre concorrência das ofertas ao princípio do livre jogo entre ofertas[628]. Segundo a doutrina e jurisprudência francesas, os acordos irrevogáveis de aceitação de OPA, não sendo ilegais por não existir qualquer norma que os proíba, poderão contender com o princípio do *libre jeu des offres et des surenchères*, em particular na sua dimensão da *égalité dans la compétition*, se, na prática, impedirem o lançamento de oferta concorrente[629]. Tal situação verifi-

---

[628] Neste sentido, *vide* FRISON-ROCHE, *Le principe juridique d'égalité des compétiteurs sur le marche boursier*, in *Bulletin Joly Bourse*, 1993, p. 720 ; VIANDIER, *OPA* cit., p. 52; CA Paris, 27 de Abril de 1993, JCP 93, E, 45n7.

[629] Neste sentido, na doutrina, *vide* VIANDIER, *OPA* cit., p. 132 ; PELTIER, *Les principes* cit., p. 473. Neste sentido, na jurisprudência, *vide* decisão da Cour d'Appel de Paris de 27 de Outubro de 1993 (cf. CA Paris, 1ª ch., CBV, 27 de Outubro de 1993, JCP 94, E, 331, nº 14; VIANDIER/CAUSSAIN, in RJDA, p. 327). O caso era interessante, porque a autoridade reguladora de mercado (na altura a COB) recusou declarar conforme e registar uma OPA, em que o oferente beneficiava de duas promessas de aceitação de OPA que abrangiam 10,66% do capital da sociedade visada, por considerar que os mesmos violavam o princípio da *égalité dans la compétition*. Alguns accionistas da sociedade visada impugnaram a decisão do regulador e a Cour d'Appel de Paris veio considerar que (i) nenhuma disposição legal ou regulamentar bolsista impede a celebração daqueles acordos de aceitação de OPA; (ii) não põem em causa a transparência do mercado, nos termos do regulamento nº 89-03 da COB; (iii) não impossibilitam a concorrência pela aquisição da sociedade visada, nem violam o princípio do *libre jeu des offres et des surenchères*, porque apenas abrange 10,66% do capital social da sociedade visada. Mais recentemente em 21 de Dezembro de 2006, no caso *Compagnie européenne de Casinos*, a Cour d'Appel de Versailles considerou que uma promessa de aceitação de OPA, revogável em caso de lançamento de oferta concorrente, era válida e não era contrária aos princípios do *libre jeu des offres et des surenchères* e da *liberté de compétition* (cf. PELTIER, *Les principes* cit., p. 473).

Este não foi sempre o entendimento da jurisprudência. Numa decisão da Cour d'Appel de Paris de 27 de Abril de 1993, aquele tribunal anulou a decisão de recepção da OPA (isto é, de declarar conforme a OPA e registá-la) devido aos acordos de aceitação de OPA e sobretudo devido à montagem de uma estrutura defensiva baseada em sociedades em comandita por acções. O tribunal considerou que esta impedia a igualdade na concorrência (*égalité dans la compétition*) e que conferia a um oferente

car-se-ia se, por exemplo, os acordos de aceitação de OPA abrangessem uma percentagem de tal modo elevada de direitos de voto que inviabilizasse à partida o sucesso de qualquer oferta concorrente[630]. Para evitar incertezas jurídicas resultantes da determinação da percentagem máxima de direitos de voto que possam estar abrangidos por aqueles acordos[631] e para salvaguardar a validade dos mesmos, deverá ser incluída uma cláusula de caducidade em caso de lançamento de oferta concorrente[632]. Neste caso, o oferente concorrente não

uma vantagem determinante para sucesso da sua oferta pública deturpando o jogo de lanços (cf. JCP, 93, E, 457; VIANDIER, *OPA* cit., p. 131).

[630] No caso *Compagnie européenne de Casinos*, a AMF considerou, numa decisão de 15 de Setembro de 2006, que uma promessa de aceitação de OPA, em que o promitente promete alienar em sede de OPA uma participação inferior a 50%, não lhe confere uma vantagem decisiva. No entanto, a doutrina veio salientar que a apreciação da validade dessas promessas não pode ser uma mera equação matemática (cf. PELTIER, *Les principes* cit., p. 473). Salientando a complexidade e incertezas resultantes da determinação da percentagem de participação que exclui a possibilidade de lançamento de oferta concorrente, *vide* VIANDIER, *OPA* cit., p. 132.
Este não foi sempre o entendimento da entidade reguladora. A COB considerava que os acordos de aceitação prévia de OPA, que asseguram o sucesso da oferta entre os principais accionistas da sociedade visada, podem tornar impossível o lançamento de uma oferta concorrente. No caso de vendas de blocos de acções, estes acordos de promessa de venda não levantam quaisquer problemas ao contrário dos acordos celebrados no momento prévio ao lançamento de OPA, em que o oferente inicial corre o risco de se expor à concorrência de outros oferentes. Não eram, portanto, admissíveis os acordos de aceitação de OPA que não conferissem aos accionistas da sociedade visada a faculdade de aceitar uma oferta concorrente, pois afectava a sua liberdade de aceitação de OPA (cf. COB, Rapport Annuel, 1986, p. 31).
[631] Cf. VIANDIER, *OPA* cit., p. 132.
[632] Este tem sido o entendimento da doutrina (cf. VIANDIER, *OPA* cit., p. 132) e tem sido seguido na prática (*vide* OPA sobre a Ilog, em que os acordos de aceitação de OPA, que abrangiam 12,48% do capital social, caducavam caso fosse lançada OPA concorrente – cf. decisão da AMF nº 208C1670, de 12 de Setembro de 2008; OPA sobre a Wavecom, em que os acordos de aceitação de OPA caducavam caso fosse lançada oferta concorrente e o lanço para a aquisição da sociedade visada não fosse coberto pelo oferente inicial (que beneficiava da promessa de aceitação) – cf. decisão da AMF nº 209C0021, 6 de Janeiro de 2009). O mesmo entendimento tem sido também perfilhado pela jurisprudência, *vide* caso *Compagnie européenne de Casinos* (cf. decisão da *Cour d'Appel de Versailles*, de 21 de Dezembro de 2006, in *Bulletin Joly Bourse*, 2007, p. 759). Neste caso, o acordo de aceitação de OPA caducava automaticamente no caso de lançamento de oferta concorrente que fosse «recebida» pela AMF, tendo, contudo, o accionista vinculado pelo acordo (uma pessoa singular da família *Der Krikorian*) que pagar à *Accor Casinos* (oferente beneficiário da promessa) uma indemnização correspondente à diferença entre o preço por acção da oferta concorrente e € 52 (contrapartida por acção da oferta da *Accor Casinos* que aquele accionista se obrigara a aceitar), sendo que essa diferença nunca poderia ser superior a € 5 multiplicado pelo número de acções abrangidas pelo acordo (cf. AAVV, *Promesses de vente, engagements d'apport et autres accords*

poderá invocar a impossibilidade de sucesso da sua oferta, na medida em que os acordos deixam de produzir efeitos caso seja lançada uma oferta concorrente, sendo os accionistas livres de aceitar essa OPA[633].

Não acompanho o entendimento da doutrina e jurisprudência francesas. O princípio da igualdade de tratamento entre oferentes não exige qualquer tipo de lealdade dos oferentes entre si, no sentido de que não possam impedir, por qualquer forma, o lançamento de OPA concorrente. A livre concorrência abre espaço a que qualquer oferente adopte a conduta e procedimentos necessários para o sucesso da sua oferta sem ter de considerar os interesses de potenciais oferentes, desde que dentro dos limites da legalidade. Não se pode, por isso, exigir a um oferente que não celebre acordos de aceitação de OPA para permitir a concorrência pela sociedade visada. Quem está vinculado à igualdade de tratamento dos oferentes é a sociedade visada.

IV. O entendimento contrário implicaria que os destinatários da oferta estivessem abrangidos pelo princípio da igualdade de tratamento dos oferentes, o que é inadmissível pois estar-se-ia a limitar o exercício do seu direito de propriedade sobre as acções e um outro princípio fundamental do direito das OPAs: a liberdade de aceitação das OPAs pelos seus destinatários (*freier Entscheidung*). Os accionistas são livres de dispor das suas acções, alienando-as, prometendo-as alienar fora de mercado, em mercado, no contexto de OPA ou fora dela. O princípio da igualdade de tratamento dos oferentes não pode limitar qualquer um destes direitos. O legislador reforça aliás o poder dos accionistas sobre as suas acções em caso de lançamento de OPA ao atribuir-lhes o direito de revogabilidade das declarações de aceitação e ao disponibilizar-lhes um conjunto de informação sobre a oferta para uma tomada correcta de decisão. Seria, portanto, absolutamente contraditório que o legislador admitisse, em simultâneo, limitar a liberdade de aceitação de OPA para colocar os oferentes em situação de igualdade.

Além disso, o legislador admite implicitamente que os accionistas de uma sociedade cotada regulem a sua actuação no contexto de uma OPA no sentido de assegurar o êxito desta (art. 19º, nº 1 do Cód.VM), inclusivamente através de restrições à transmissão de acções (art. 182º-A, nº 1 al. a) do Cód.VM). Nos termos do art. 19º, nº 1 do Cód.VM, os acordos parassociais que visem assegurar ou frustrar o êxito de oferta pública de aquisição devem ser comunicados à CMVM por

---

susceptibles d'avoir une influence sur l'issue d'une offre, in AAVV, *Joly Bourse – Études*, L'Extension, Paris, 2010, p. 14).
[633] Neste sentido, *vide* VIANDIER, *OPA* cit., p. 132.

qualquer dos contraentes no prazo de três dias após a sua celebração[634]. Por seu lado, a alínea a) do nº 1 do art. 182º-A do Cód.VM dispõe que as sociedades sujeitas a lei pessoal portuguesa podem prever, nos seus estatutos, que "as restrições, previstas nos estatutos ou em acordos parassociais, referentes às transmissões de acções ou de valores mobiliários que dêem direito à sua aquisição ficam suspensas, não produzindo efeitos em relação à transmissão decorrente da aceitação da oferta"[635]. Se o legislador considera válidos quer os acordos que fixam a actuação dos accionistas no sentido de assegurar o êxito de uma OPA (art. 19º, nº 1 do Cód.VM) quer os acordos que fixem limitações à transmissão em caso de lançamento de OPA e determina que os mesmos continuarão a produzir efeitos na pendência desta (excepto se os estatutos estabelecerem o contrário – art. 182º-A, nº 1 a) do Cód.VM), também não se podem deixar de considerar válidos os acordos celebrados entre um accionista e um potencial oferente para a aceitação da sua OPA, impedindo, eventualmente, aquele de aceitar ofertas concorrentes. O princípio da igualdade de tratamento dos oferentes e da livre concorrência entre ofertas, princípio estruturante do direito das ofertas públicas de aquisição, acaba por ceder perante um outro princípio transversal do nosso ordenamento jurídico: o princípio da liberdade de contratual. O legislador não considerou que o primeiro assumisse uma relevância tal que justificasse uma exclusão ou limitação da liberdade contratual no sentido de impedir um accionista de uma sociedade cotada de se vincular previamente à aceitação de uma OPA a lançar no futuro ou já entretanto lançada. A liberdade na concorrência pela aquisição de uma sociedade cotada não justifica a exclusão ou limitação da liberdade contratual e a plenitude do direito de propriedade do accionista sobre as suas acções, inclusive no sentido de se vincular à sua alienação mesmo se existirem outras propostas de aquisição resultantes de outras OPAs[636].

---

[634] Para mais desenvolvimentos sobre este preceito, *vide* II. 3.3 *infra*.

[635] Esta é uma das modalidades da chamada *breakthrough rule* que o legislador nacional adoptou na sequência da transposição da Directiva das OPAs, em particular a modalidade que se encontra prevista no artigo 11º, nº 2 dessa directiva. Retomaremos a análise deste preceito em maior detalhe em III. 2.2.4 *infra*.

[636] Esta parece ter sido a posição assumida pela CMVM na OPA lançada pela Intercement Austria Holding GmbH ("Intercement") sobre a Cimpor – Cimentos de Portugal, SGPS, S.A. ("Cimpor"). De acordo com o Prospecto da OPA da Intercement sobre a Cimpor (cf. p. 6) e na sequência do anúncio preliminar, a Caixa Geral de Depósitos, S.A. ("CGD") enviou uma carta à Intercement na qual informou que "venderá a sua participação na Cimpor no âmbito da OPA, na medida em que esta siga os seus trâmites até à liquidação final, com a efectiva compra da nossa participação na Cimpor, ao preço que efectivamente venha a ser oferecido e pago pelo oferente. E ainda que o único oferente seja uma empresa integralmente detida pelo Grupo Camargo Correa. Esta tomada de deci-

2.2.5 Derrogação do direito de modificação ou revogação da oferta

I. O oferente tem, em caso de alteração imprevisível e substancial das circunstâncias que, de modo cognoscível pelos destinatários, hajam fundado a decisão de lançamento da oferta, excedendo os riscos a esta inerentes, a faculdade de, em prazo razoável e mediante autorização da CMVM, modificar ou revogar a oferta (art. 128º do Cód.VM). É uma excepção ao princípio da irrevogabilidade da oferta exclusivamente aplicável às OPAs[637]. Ele baseia-se na ideia de que, se houver uma alteração das circunstâncias[638] que fundaram a decisão de lançar a oferta no

---

são da CGD está subordinada a que a Votorantim dispense a CGD do cumprimento de todos os deveres previstos no acordo parassocial, em vigor entre as partes, em termos que a CGD considere satisfatórios". Na mesma data, a CGD fez igualmente um comunicado ao mercado a referir que "decidiu vender a participação de 9,58% na Cimpor no âmbito da OPA da Intercement", estando essa "decisão subordinada a que a Votorantim Cimentos, S.A. dispense a CGD do cumprimento de todos os deveres previstos no acordo parassocial que estava vigente entre as partes". De acordo com o prospecto, a CMVM considerou que o posicionamento da CGD face à OPA da Intercement, expresso na carta enviada à Intercement e no comunicado efectuado ao mercado, determinava uma imputação à Intercement dos direitos de voto da Cimpor detidos, directa e indirectamente, pela CGD ao abrigo da al. e) do nº 1 do art. 20º do Cód.VM (cf. p. 6 do Prospecto). Isto significa que a CMVM considerou que a carta enviada pela CGD à Intercement consubstanciava um acordo válido e eficaz para a aquisição de acções da sociedade cotada, pelo que a CMVM implicitamente considerou que essa validade não era prejudicada pelo princípio da igualdade entre oferentes e livre concorrência entre oferentes.

[637] No mesmo sentido, considerando o art. 130º do Cód.VM aplicável às OPAs, vide, entre nós, PAULO CÂMARA, *Manual* cit., pp. 588-590. O mesmo princípio encontra-se consagrado, no direito francês, no art. 231-13 do Règlement de l'AMF (cf. VIANDIER, *OPA* cit., p. 165); no direito inglês, na Rule 2.7 do City Code (cf. STEPHEN HEWES, *The approach, announcements and independent advice*, in MAURICE BUTTON (ed.), *A practitioner's guide to the City Code on Takeovers and Mergers 2009/2010*, City & Financial Publishing, 2009, p. 58); no direito alemão, no § 18 Abs. 2 da WpÜG (sobre este princípio, vide HASSELBACH, in HIRTE/BÜLOW (hrsg.), *Kölner* cit., § 18 Rdn. 96-98 ; STEINMEYER, in STEINMEYER//HÄGER, *WpÜG* cit., § 18 Rdn. 36-39) ; no direito italiano, no art. 103º, nº 1 do TUF (sobre este princípio, vide FALCONE, *Le offerte* cit., pp. 89-91; PICONE, *Le offerte pubbliche* cit., pp. 64-69); no direito espanhol no art. 30, nº 1 do RD 1066/2007 (sobre este princípio, o seu alcance, excepções e dúvidas suscitadas à luz da legislação anterior, vide FERNÁNDEZ-HONTORIA, *Modificación. Desistimiento y cessación de efectos*, in GARCÍA DE ENTERRÍA/SÁENZ DE NAVARRETE (dirs.), *La regulación de las OPAs. Comentario Sistemático del RD 1066/2007, de 27 de Julio*, Thomson Reuters/Civitas, Madrid, 2009, p. 772. cit., pp. 711-716; VIVES RUIZ, *Las operaciones* cit., pp. 234-235). Este princípio contrasta com o princípio da livre revogabilidade das declarações de aceitação de OPA já analisado (cf. MARGARIDA COSTA ANDRADE, *Algumas considerações sobre a oferta pública de aquisição de acções simples e voluntárias no regime jurídico português*, in BFDUC, 2002, pp. 718-719).

[638] A figura da alteração das circunstâncias está prevista, em termos gerais, no art. 437º do CC. Para uma confrontação desta figura com o art. 128º do Cód.VM, vide PAULA COSTA E SILVA, *Ofertas*

decurso do processo de OPA, o oferente tem de ter a possibilidade de pedir a modificação ou revogação da sua oferta sob pena de a exigência do cumprimento da proposta contratual constante da documentação da oferta pública ser atentória do princípio da boa fé[639].

No caso de lançamento de oferta concorrente, a lei concede expressamente ao oferente o direito de revogar a sua oferta, no prazo de quatro dias úteis a contar do lançamento da oferta (art. 185º-B, nº 4 do Cód.VM).

II. Será que, à semelhança do que sucede com os accionistas da sociedade visada que prometem aceitar a OPA e que implicitamente renunciam ao direito de revogação das declarações de aceitação de OPA, também o oferente renuncia tacitamente ao direito de modificação ou revogação da oferta?

A resposta é negativa.

As situações são absolutamente distintas. Enquanto o direito de revogação das declarações de aceitação de OPA contende directamente com o carácter vinculativo dos acordos de aceitação de OPA, o direito de modificação ou revogação da oferta não contende minimamente com a vinculatividade dos acordos de aceitação de OPA. Se o acordo for uma promessa unilateral do accionista, o oferente nem sequer está obrigado ao lançamento de OPA e, caso decida lançá-la, nada o impede de a modificar ou revogar nos termos legalmente admissíveis[640]. O mesmo entendimento é válido para as *hard irrevocables* e para os contratos bilaterais de aceitação de OPA. Nas *hard irrevocables*, a maior intensidade das obrigações assumidas pelo accionista da sociedade visada não implica uma correspectiva maior intensidade das obrigações assumidas pelo oferente no sentido da exclusão dos direitos *supra* referidos, Nos contratos bilaterais de aceitação de OPA, a obrigação de lançamento de OPA do oferente não exige que este renuncie aos direitos de modificação ou revogação da oferta, porque não são incompatíveis com aquela obrigação e não são mais do que a expressão do art. 437º do CC em sede de ofertas públicas.

Será, portanto, necessário que as partes prevejam expressamente a renúncia ao direito de modificação ou revogação da oferta previstos nos arts. 128º e 185º-B, nº 4 do Cód.VM.

---

públicas e alteração das circunstâncias, in *Direito dos Valores Mobiliários*, vol. IV, Coimbra Editora, 2003, p. 144.

[639] Cf. PAULA COSTA E SILVA, *Ofertas* cit., p. 133.

[640] Claro que se modificar a oferta para termos que não estejam abrangidos pelo acordo de aceitação (*e.g.* valor da contrapartida), então o accionista da sociedade visada também deixa de estar vinculado à mesma.

III. Caso o oferente tenha renunciado expressamente ao seu direito de modificação ou revogação da oferta, será essa renúncia válida?

A resposta é afirmativa. É um direito que está na disponibilidade do seu titular, este decide renunciar ao mesmo para poder beneficiar de um acordo de aceitação de OPA que lhe permitirá garantir *a priori* uma determinada percentagem de sucesso da sua oferta. O oferente assume assim um risco de forma consciente: o de que o valor da sua oferta fique muito desfasado do valor real da sociedade perante factos supervenientes que modificam o valor da sociedade visada ou quaisquer outros factos supervenientes que afastam o valor da sua oferta inicial do valor justo a oferecer.

2.2.6 Proibição da recolha de intenções de investimento em OPAs

I. Os arts. 164º a 167º do Cód.VM regulam a denominada recolha de intenções de investimento. Esta é uma fase eventual e anterior às ofertas públicas de subscrição e de venda[641] que consiste num contacto com o público no sentido de apurar as intenções de subscrição de uma determinada oferta, avaliando a sua viabilidade. É o chamado *testing the waters*[642] (art. 164º, nº 1 do Cód.VM). O intermediário financeiro encarregue do processo de recolha de intenções de investimento vai registando as mesmas, num processo que se designa de *bookbuilding*[643]. A particularidade principal[644] deste processo é a obrigação[645] do potencial oferente de elaborar um prospecto preliminar[646] (art. 164º, nº 2 do Cód.VM), o qual tem de ser aprovado pela CMVM (art. 165º, nº 1 do Cód.VM)

---

[641] Com efeito, os arts. estão previstos no Capítulo relativo às ofertas públicas de subscrição cujas normas se aplicam às ofertas públicas de venda e de subscrição (neste sentido, *vide* PAULO CÂMARA, *Manual* cit., p. 594).

[642] As regras sobre recolha de intenções de investimento são aplicáveis às ofertas públicas de venda (neste sentido, *vide* PAULO CÂMARA, *Manual* cit., p. 594).

[643] A expressão traduz a ideia de *building the book* com as intenções de investimento dos respectivos interessados (cf. GROSS, *Bookbuilding*, in ZHR, 162, 1998, pp. 318-339).

[644] Salienta-se também a sujeição de acções publicitárias ao disposto nos arts. 121º e 122º do Cód.VM relativos a ofertas públicas (art. 167º do Cód.VM).

[645] Havendo um contacto com o público, e em nome da protecção dos investidores e do aforro público, é necessário que estes tenham a informação necessária para a expressão da sua intenção de investimento que, embora não seja uma decisão, influirá, sem dúvida, numa futura decisão sobre a aceitação da oferta. O processo de maturação da decisão pode dar-se nesta fase de recolha de intenções de investimento, pelo que é fundamental que se fixem as mesmas exigências de informação das ofertas públicas (cf. PAULO CÂMARA, *Manual* cit., p. 595).

[646] A responsabilidade pelo conteúdo do prospecto preliminar rege-se pelo disposto nos arts. 149º e ss. do Cód.VM relativos à responsabilidade do prospecto (art. 166º do Cód.VM).

e tem de obedecer às regras fixadas no Regulamento (CE) nº 809/2004, da Comissão Europeia, de 29 de Abril sobre prospectos de ofertas públicas (art. 165º, nº 3 do Cód.VM).

O processo de recolha de intenções de investimento não é aplicável às ofertas públicas de aquisição[647]. O denominado *reverse bookbuilding*[648] encontra-se proibido no ordenamento jurídico português. Essa foi claramente a intenção do legislador ao incluir as disposições relativas a esse processo no Capítulo das ofertas públicas de distribuição (capítulo II) e não no Capítulo das disposições comuns relativas às ofertas públicas[649]. A recolha de intenções de investimento não é aliás compatível com diversas normas do regime das OPAs, nomeadamente, entre outras, o dever de segredo (art. 174º do Cód.VM), a obrigação de publicação

---

[647] Esta proibição existe também noutros ordenamentos jurídicos como o alemão. O § 17 da WpÜG proíbe o oferente de convidar publicamente os titulares de valores mobiliários a apresentar ofertas destinadas à aquisição dos valores mobiliários da sociedade visada de que sejam titulares. É a proibição do chamado *Invitatio-ad-Offerendum-Angebote* (sobre a figura da *invitatio ad offerendum*, vide Armbrüster, in Erman, *Bürgerliches* cit., § 145 Rdn. 35, 40 e ss.; Kramer, in *Münchener* cit., § 145 Rdn. 7, 10 e ss.). A *ratio* desta proibição, única no conspecto comunitário ainda que a mesma possa resultar da maioria das normas de direito interno de cada um dos Estados-membros (cf. Hasselbach, in Hirte/Bülow (hrsg.), *Kölner* cit., § 17 Rdn. 5), é a de que a limitação dos poderes da sociedade visada resultante de OPA só deve existir se o oferente estiver obrigado a lançar a oferta e não a puder revogar. É o equilíbrio razoável entre os interesses do oferente e da sociedade visada (cf. Hasselbach, in Hirte/Bülow (hrsg.), *Kölner* cit., § 17 Rdn. 2; Geissel, in Geibel/Süssmann (hrsg.), *Wertpapiererwerbs-* cit., § 17 Rdn. 5; Thoma, in Baums/Thoma (Hrsg.), *Kömmentar* cit., § 17 Rdn. 6 e 8; Steinmeyer, in Steinmeyer/Häger, *WpÜG* cit., § 17 Rdn. 2; Scholz, in Haarmann/Schüppen (Hrsg.), *Frankfurter* cit., § 17 Rdn. 3; contra, vide Wackerbarth, in *Münchener* cit., § 17 WpÜG, Rdn. 4). Evitam-se igualmente perturbações no mercado de capitais resultantes de uma oferta à qual o oferente não está vinculado (cf. Hasselbach, in Hirte/Bülow (hrsg.), *Kölner* cit., § 17 Rdn. 2). A proibição explica-se por razões de natureza histórica, pois as *invitation-ad-offerendum-Angebote* eram consideradas válidas pela Übernahmekommission na vigência da ÜbK, apesar de algumas vozes críticas da doutrina (cf. Hasselbach, in Hirte/Bülow (hrsg.), *Kölner* cit., § 17 Rdn. 4; Bosch/Meyer, in Assmann/Pötzsch/ /Schneider (Hrsg.), *Wertpapiererwerbs-* cit., § 17 Rdn. 1). A doutrina considera que esta proibição abrange também os casos de *reverse bookbuilding*, em que os accionistas da sociedade visada são convidados a especificar um preço ao qual venderiam as suas acções (neste sentido, vide Hasselbach, in Hirte/Bülow (hrsg.), *Kölner* cit., § 17 Rdn. 8; Geissel, in Geibel/Süssmann (hrsg.), *Wertpapiererwerbs-* cit., § 17 Rdn. 9; Thoma, in Baums/Thoma (Hrsg.), *Kömmentar* cit., § 17 Rdn. 3; Steinmeyer, in Steinmeyer/Häger, *WpÜG* cit., § 17 Rdn. 6; Scholz, in Haarmann/Schüppen (Hrsg.), *Frankfurter* cit., § 17 Rdn. 26). A recolha de intenções de investimento encontra-se, portanto, proibida no ordenamento jurídico alemão por força do § 17 da WpÜG.

[648] Sobre este conceito, vide Gross, *Bookbuilding* cit., pp. 318-339; Hasselbach, in Hirte/Bülow (hrsg.), *Kölner* cit., § 17 Rdn. 8; Steinmeyer, in Steinmeyer/Häger, *WpÜG* cit., § 17 Rdn. 6.

[649] Neste sentido, vide Paulo Câmara, *Manual* cit., p. 594.

do anúncio preliminar (art. 175º, nº 1 do Cod.VM), a *passivity rule* (art. 182º do Cód.VM).

II. Face a esta proibição, a questão que se coloca é a de saber se os acordos de aceitação de OPA não violam a proibição de recolha de intenções de investimento em sede de OPA. Não estará o potencial oferente a obter, de forma prévia, intenções de investimento numa OPA que irá lançar no futuro com a agravante de serem "intenções" vinculativas, ou seja, verdadeiras decisões de investimento?
Considero que não.
Para que se esteja perante um processo de recolha de intenções de investimento na acepção do art. 164º e ss. do Cód.VM, é necessário que haja uma indeterminação dos destinatários, ele tem de preencher um dos critérios do art. 109º do Cód.VM que fixa as regras da qualificação de uma oferta como pública[650]. O contacto com o público é um elemento essencial do processo de recolha de intenções de investimento e é esse elemento que justifica a maior necessidade de protecção, nomeadamente uma obrigação de informação, consagrada nos arts. 164º e ss. do Cód.VM[651]. Ora, no caso dos acordos de aceitação de OPA, o potencial oferente dirige-se de forma individual aos accionistas da sociedade visada de quem pretende obter as declarações de aceitação de OPA, sendo esse um grupo de accionistas muito restrito[652]. Não há qualquer processo de obtenção de declarações de aceitação dirigido a destinatários indeterminados ou, dito de outra forma, ao público[653]. Há apenas uma recolha de decisões de investimento em re-

---

[650] No mesmo sentido, considerando que o § 17 da WpÜG exige uma oferta ao público, um contacto com o público, *vide* HASSELBACH, in HIRTE/BÜLOW (hrsg.), *Kölner* cit., § 17 Rdn. 6; GEISSEL, in GEIBEL//SÜSSMANN (hrsg.), *Wertpapiererwerbs-* cit., § 17 Rdn. 7; KUHN, *Exclusivvereinbarungen* cit., p. 321; WACKERBARTH, in *Münchener* cit., § 17 WpÜG, Rdn. 9; OESCHLER, in EHRICKE/EKKEUGA/OECHSLER, *WpÜG* cit., § 17 Rdn. 9; RIEGEN, *Rechtsverbindliche* cit., p. 709. Este último autor retira mesmo um argumento *a contrario* do § 17 da WpÜG no sentido da admissibilidade dos acordos de aceitação de OPA, porque, abrangendo aquela proibição os processos de dirigidos ao público, isso significa que os que assumissem um cariz privado, como os acordos de aceitação de OPA, eram admissíveis (cf. RIEGEN, *Rechtsverbindliche* cit., p. 709).

[651] Assim, se a recolha de intenções de investimento for efectuada junto de destinatários determinados ou junto de investidores exclusivamente qualificados, mesmo que se refira que é relativa a uma potencial futura oferta pública, não estará sujeita às regras dos arts. 164º e ss. do Cód.VM e, como tal, não beneficiará do disposto no art. 164º, nº 3 do Cód.VM. Saliento também a ideia de contacto com o público como elemento do processo de recolha de intenções de investimento que fixa a necessidade de obrigações de informação específicas, *vide* PAULO CÂMARA, *Manual* cit., p. 595.

[652] Neste sentido, *vide* KUHN, *Exclusivvereinbarungen* cit., p. 321; RIEGEN, *Rechtsverbindliche* cit., p. 709.

[653] Neste sentido, *vide* KUHN, *Exclusivvereinbarungen* cit., p. 321; RIEGEN, *Rechtsverbindliche* cit., p. 709.

lação a destinatários determinados e especificados, pelo que falta o elemento essencial dos processos de recolha de intenções de investimento previstos nos arts. 164º e ss do Cód.VM e não se verifica a *ratio* da aplicação destes preceitos. Consequentemente, devem ter-se por admissíveis os processos de recolha privada de intenções de investimento e, *in casu*, os acordos de aceitação de OPA[654].

3. Deveres de informação
3.1 *Insider trading?*

I. O art. 378º do Cód.VM consagra o crime de abuso de informação privilegiada, vulgarmente designado de *insider trading*.

Após uma ampla discussão sobre o tema[655], há actualmente um largo consenso em torno da proibição da utilização de informação privilegiada e da respectiva incriminação, sendo considerada uma prática ilícita na maioria dos ordenamentos jurídicos[656]. A ilicitude da conduta radicaria no facto de o proprietário da infor-

---

[654] Neste sentido, *vide* KUHN, *Exclusivvereinbarungen* cit., p. 321; RIEGEN, *Rechtsverbindliche* cit., p. 709; HASSELBACH, in HIRTE/BÜLOW (hrsg.), *Kölner* cit., § 17 Rdn. 6; GEISSEL, in GEIBEL/SÜSSMANN (hrsg.), *Wertpapiererwerbs-* cit., § 17 Rdn. 7.

[655] As discussões resultaram sobretudo dos estudos apresentados por um determinado sector doutrinal da análise económica do direito que salientava as virtudes da utilização de informação privilegiada (cf. MANNE, *Insider trading and the stock market*, New York, 1966).

[656] Cf. HOPT, *Insider- und Ad-hoc-Publizitätsprobleme*, in SCHIMANSKY/BUNTE/LWOWSKI (Hrsg.), *Bankrechts-Handbuch*, 3 Auflage, München, C.H. Beck, 2007, § 107 Rdn. 1. O tema do abuso de informação privilegiada foi sempre um tema central na legislação comunitária sobre valores mobiliários e mercado de capitais, tendo, na maioria dos casos, os legisladores nacionais ido "a reboque" das das imposições das instituições comunitárias. O tema encontrava-se previsto, originariamente, na Directiva sobre abuso de informação privilegiada de 13 de Novembro de 1989 (sobre esta, *vide* HOPT, *Europäisches und deutsches Insiderrecht*, in ZGR, 1991, p. 17) e passou posteriormente a estar regulado na Directiva nº 2003/06/CE, de 28 de Janeiro de 2003 (a Directiva de Abuso de Mercado) (sobre esta Directiva, *vide* ROTH, in EWS, 05, p. 385). A Directiva de Abuso de Mercado foi entretanto desenvolvida através de quatro acordos europeus de execução: um Regulamento de 22 de Dezembro de 2003, o qual inclui excepções para os programas de recompra e medidas de estabilização de preços, e três Directivas, duas de 24 de Dezembro de 2003 e uma de 30 de Abril de 2004. A primeira Directiva refere-se à definição e publicação da informação privilegiada bem como à manipulação de mercado. A segunda Directiva regula a apresentação imparcial de recomendações de investimento e conflitos de interesses. A terceira Directiva diz respeito às práticas de mercado permitidas, à definição do que se entende por informação privilegiada em relação a derivados, a configuração de um índice de informação privilegiada, bem como a comunicação de negócios próprios e de transacções suspeitas, entre outras (cf. HOPT, *Insider-* cit., § 107 Rdn. 5). Para mais desenvolvimentos sobre o direito comunitário nesta matéria, *vide* GRUNDMANN, *Europäisches Gesellschaftrecht*, 2004, § 4 I 3.

mação privilegiada estar, desde o início, numa posição de vantagem face aos investidores que não dispõem dessa informação, o que seria uma violação da igualdade de oportunidades[657]. Mais recentemente, salienta-se que os negócios com base em informação privilegiada são prejudiciais para a negociação em mercado e para o mercado de capitais[658] e que, na maioria dos casos, a pessoa acede a essa informação pelo cargo que ocupa, podendo considerar-se a sua actuação desleal[659] ou ilícita[660]. As disposições legais sobre informações privilegiadas têm, por isso, duas funções diferenciadas: servem para proteger o investidor em mercados regulamentados e no mercado de capitais (*protecção individual*)[661] e, de um modo geral, protegem a boa reputação e função dos mercados regulamentados e do mercado de capitais e, nessa medida, em última instância, a economia (*protecção das funções*)[662].

Assim, qualquer pessoa referida no art. 378º, nº 1 (*e.g.* titulares de órgão de administração ou de fiscalização do emitente ou de titular de participação no respectivo capital[663]) que disponha de informação privilegiada não pode trans-

---

[657] Cf. HOPT, *Insider-* cit., § 107 Rdn. 1. Como refere este autor, "determinante não é a igualdade de oportunidades no caso concreto, querer reproduzi-la seria utópico e nem sequer desejável, mas apenas um mínimo de possibilidade de igualdade *level playing field, equal access theory*". Neste sentido, *vide* RegE 2 da Lei de promoção do mercado financeiro – BR-Drucks 793/93 de 5/11/1993, § 14 Abs. 1. Sobre estas e outras teorias, *vide* HOPT, *Europäisches* cit., pp. 25 e ss.; ASSMANN, *Das künftige deutsche Insiderrecht*, in AG, 1994, pp. 202 e ss.

[658] O risco de transacções com base em informação privilegiada assusta os investidores (perda de confiança) e induz os intermediários a exigir maiores *spreads* no intuito de se protegerem face ao perigo de tais negócios (neste sentido, *vide* HOPT, *Insider-* cit., § 107 Rdn. 1).

[659] É a teoria da obrigação de fidelidade (*fiduciary dury theory*).

[660] É a teoria da aquisição ou apropriação de fundos (*Misappropriation Theory*). No mesmo sentido, *vide* decisão do US Supreme Court, 25 de Junho de 1997 no caso U.S. vs O'Hagan (cf. Ct. 2199, 1997, pp. 117 e ss.). Sobre o tema, *vide* LANGE, in WM, XCVIII, p. 525; LENENBACH/LOHRMANN, in RIW, XCVIII, p. 115.

[661] Neste sentido, em relação aos §§ 12 da WpHG, *vide* ASSMANN, in ASSMANN/SCHNEIDER (Hrsg.), *Wertpapierhandelsgesetz Kommentar*, 5ª edição, Otto Schmidt Verlag, Köln, 2010, § 14 Rdn. 7 e 10; HOPT, *Insider-* cit., § 107 Rdn. 6; KÜMPEL, *Bank-* cit., p. 16.67.

[662] Cf. HOPT, *Insider-* cit., § 107 Rdn. 6.

[663] Ou em razão ou função do trabalho ou do serviço que preste, com carácter permanente ou ocasional, a um emitente ou a outra entidade (art. 378º, nº 1 al. b) do Cód.VM); ou em virtude de profissão ou função pública que exerça (art. 378º, nº 1 al. c) do Cód.VM); ou que, por qualquer forma, tenha sido obtida através de um facto ilícito ou que suponha a prática de um facto ilícito (art. 378º, nº 1 al. d) do Cód.VM). São os *insiders* primários (cf. PAULO CÂMARA, *Manual* cit., p. 870; no mesmo sentido, no direito alemão, *vide* KÜMPEL/WITTIG, *Bank-* cit., Rdn. 3.478; HOPT, *Insider-* cit., § 107 Rdn. 104).

miti-la a alguém fora do âmbito normal das suas funções nem, com base nessa informação, negociar ou aconselhar alguém a negociar em valores mobiliários ou outros instrumentos financeiros ou ordenar a sua subscrição, aquisição, venda ou troca, directa ou indirectamente, para si ou para outrem. Para além dos sujeitos referidos naquele preceito, qualquer outra pessoa[664] que tenha conhecimento de uma informação privilegiada encontra-se proibida de a transmitir a outrem ou de, com base nessa informação, negociar ou aconselhar alguém a negociar em valores mobiliários ou outros instrumentos financeiros ou ordenar a sua subscrição, aquisição, venda ou troca, directa ou indirectamente, para si ou para outrem (art. 378º, nº 2 do Cód.VM). Para estes efeitos, entende-se por informação privilegiada toda a informação não tornada pública que, sendo precisa e dizendo respeito, directa ou indirectamente, a qualquer emitente ou a valores mobiliários ou outros instrumentos financeiros, seria idónea, se lhe fosse dada publicidade, para influenciar de maneira sensível o seu preço no mercado (art. 378º, nº 3 do Cód.VM).

II. Os acordos de aceitação de OPA versam sobre o lançamento futuro de uma OPA que é uma das matérias mais susceptíveis de influenciar a cotação das acções de uma sociedade. Nessa medida, impõe-se a questão: será que a celebração de acordos de aceitação de OPA consubstancia um crime de abuso de informação privilegiada?

O plano ou projecto de lançar uma oferta pública é, em geral, qualificado como informação privilegiada[665]. No entanto, o uso desta informação privilegiada não constitui uma conduta proibida nos termos do art. 378º do Cód.VM, uma vez que é necessária para a implementação do referido plano. Ou seja, este preceito não proíbe as actuações que visam implementar o projecto que é em si qualificado como informação privilegiada, pois a actuação não se baseia e não é feita em vista da informação privilegiada, procura antes concretizar esta[666]. Por isso, é conside-

---

[664] São os *insiders secundários* ou *tipees* (cf. KÜMPEL/WITTIG, *Bank-* cit., Rdn. 3.479-3.480; HOPT, *Insider-* cit., § 107 Rdn. 104).
[665] Neste sentido, considerando preencher o conceito de *Insidertatsache* do §§ 13 e 14 da WpHG, *vide* ASSMANN/CRAMER, in ASSMANN/SCHNEIDER (Hrsg.), *Wertpapierhandelsgesetz* cit., § 13 Rdn. 36; HOPT, *Insider-* cit., § 107 Rdn. 60; ASSMANN, *Übernahmeangebote im Gefüge des Kapitalmarktrechts, insbesondere im Lichte des Insiderrechts, der Ad hoc-Publizität und des Manipulationsverbots*, in ZGR, 2002, p. 702; RIEGEN, *Rechtsverbindliche* cit., p. 726.
[666] Neste sentido, *vide* ASSMANN/CRAMER, in ASSMANN/SCHNEIDER (Hrsg.), *Wertpapierhandelsgesetz* cit., § 14 Rdn. 27a; HOPT, *Insider-* cit., § 107 Rdn. 60; ASSMANN, *Übernahmeangebote* cit., p. 702;

rado admissível, de forma geral, que o oferente adquira acções da sociedade visada antes de lançar a sua OPA, não preenchendo tais aquisições o tipo legal de crime do art. 378º do Cód.VM[667]. O entendimento contrário seria inclusive contraproducente para os interesses do mercado de capitais e dos investidores, que as disposições legais sobre abuso de informação privilegiada visam tutelar[668]. Deste modo, aplicando esse raciocínio aos acordos irrevogáveis de aceitação de OPA, a sua celebração não pode ser qualificada como abuso de informação privilegiada[669].

É aliás muito duvidoso que estes acordos possam ser enquadrados nalguma das condutas proibidas pelo art. 378º do Cód.VM, porque o negócio não envolve, no momento em que é celebrado, a aquisição das acções e, se se considerar esta como um elemento do tipo de crime, então não poderíamos estar perante um crime de abuso de informação privilegiada[670]. Mesmo que não se considere que a compra de acções é um elemento do tipo[671], a verdade é que, na celebração dos acordos de aceitação de OPA, falta um dos elementos fundamentais que está na base da proibição do abuso de informação privilegiada: a desigualdade ou assimetria de informação. Oferente e destinatário sabem do plano de lançamento de OPA e celebram o acordo em vista desse mesmo facto.

III. Para celebrar os acordos de aceitação de OPA, o oferente terá de transmitir o plano relativo ao lançamento de OPA, nomeadamente a potencial contrapartida

---

RIEGEN, *Rechtsverbindliche* cit., p. 727; CASPARI, in ZGR, 1994, p. 532; CAHN, *Grenzen des Markt- und Anlegerschutzes durch das WpHG*, in ZHR, 1998, 162, p. 18. Na Alemanha, *vide* a expressão da intenção do legislador Begr. RegE Zweites Finanzmarktförderungsgesetz, BT-Drucksache 12/6679, p. 47.

[667] Neste sentido, *vide* ASSMANN/CRAMER, in ASSMANN/SCHNEIDER (Hrsg.), *Wertpapierhandelsgesetz* cit., § 14 Rdn. 81a; HOPT, *Insider-* cit., § 107 Rdn. 60; RIEGEN, *Rechtsverbindliche* cit., p. 727. Este entendimento encontra-se expresso no considerando 29 da Directiva de Abuso de Mercado: "o acesso à informação privilegiada de outra empresa e o uso da mesma no contexto de uma oferta pública de aquisição com o fim de obter o controlo da referida empresa ou de propor uma fusão com a mesma não deve considerar-se em si mesmo como constitutivo de um abuso de informação privilegiada" (sobre a Directiva, *vide* HOPT, *Insider-* cit., § 107 Rdn. 6 e ss.).

[668] Neste sentido, *vide* HOPT, *Insider-* cit., § 107 Rdn. 6 e ss.

[669] Neste sentido, *vide* RIEGEN, *Rechtsverbindliche* cit., p. 727.

[670] Neste sentido, face ao § 14 Abs. 1 da WpHG, *vide* SCHÄFER, in SCHÄFER (Hrsg.), *WpHG, BörsG, VerkProspG Kommentar*, 1998, § 14 WpHG, Rdn. 5.

[671] O nosso art. 378º do Cód.VM tem uma redacção mais ampla, fala apenas em "negociação" enquanto que o § 14 Abs. 1 da WpHG fala em negócios de aquisição ou venda de valores mobiliários.

e condições da oferta. Será que essa transmissão de informação deve ser qualificada como conduta proibida nos termos do art. 378º, nº 2 do Cód.VM?

Considero que não.

O entendimento actualmente dominante é o de que a transmissão de informação privilegiada encontra-se justificada caso seja necessária ou se enquadre no âmbito das funções, deveres ou actividades normais do respectivo transmitente/ /informador[672]. É, portanto, essencial determinar quais são as actividades, funções ou deveres habituais ou standard do transmitente/informador[673]. No fundo, procura-se alcançar um equilíbrio entre, por um lado, os objectivos visados pelas disposições legais sobre informação privilegiada e, por outro lado, os interesses do transmitente/informador na disseminação da informação[674]. No caso dos acordos de aceitação de OPA, o oferente (que é o transmitente/informador) tem de transmitir a informação ao accionista da sociedade visada, pois só assim será possível celebrar os acordos de aceitação de OPA[675] e, desse modo, aumentar as probabilidades de sucesso da sua OPA ou inclusive assegurar, de imediato, esse sucesso[676]. O oferente tem, por isso, um interesse legítimo na transmissão da informação e a transmissão não envolve um risco de disseminação sem controlo da informação privilegiada, na medida em que o accionista está sujeito, nessa qualidade, às proibições resultantes do art. 378º do Cód.VM, estando desse modo limitada a transmissão subsequente da informação para terceiros[677]. Além do mais, o oferente está vinculado ao dever de segredo e uma das características e objectivos visados pelos acordos de aceitação de OPA é a sua confidencialidade no momento prévio à oferta[678]. De uma forma geral, pode dizer-se que é admitida a transmissão de informação privilegiada efectuada no contexto e para os efeitos da preparação de uma OPA[679], isto é, a transmissão de informação, seja interna ou para terceiros,

---

[672] Neste sentido, vide ASSMANN/CRAMER, in ASSMANN/SCHNEIDER (Hrsg.), *Wertpapierhandelgesetz* cit., § 14 Rdn. 48; RIEGEN, *Rechtsverbindliche* cit., p. 727; SCHÄFER, in SCHÄFER (Hrsg.), *WpHG* cit., § 14 WpHG, Rdn. 21; CASPARI, in ZGR, 1994, p. 545; SCHMIDT/DIEMITZ, in DB, 1996, p. 1810.

[673] Cf. SCHÄFER, in SCHÄFER (Hrsg.), *WpHG* cit., § 14 WpHG, Rdn. 21; RIEGEN, *Rechtsverbindliche* cit., p. 727.

[674] Neste sentido, vide ASSMANN/CRAMER, in ASSMANN/SCHNEIDER (Hrsg.), *Wertpapierhandelgesetz* cit., § 14 Rdn. 48; RIEGEN, *Rechtsverbindliche* cit., p. 727; SCHÄFER, in SCHÄFER (Hrsg.), *WpHG* cit., § 14 WpHG, Rdn. 21; SCHNEIDER/SINGHOF, *FS Kraft*, 1998, pp. 558 e ss.

[675] Neste sentido, vide RIEGEN, *Rechtsverbindliche* cit., p. 728.

[676] Vide II. 1.2 supra.

[677] No mesmo sentido, face ao § 13 Abs. 1 e § 14 Abs. 1 da WpHG, vide RIEGEN, *Rechtsverbindliche* cit., p. 728.

[678] No mesmo sentido, vide RIEGEN, *Rechtsverbindliche* cit., p. 728.

[679] Neste sentido, vide ASSMANN, *Übernahmeangebote* cit., p. 703; RIEGEN, *Rechtsverbindliche* cit., p. 727.

que seja normal para a preparação do lançamento de uma OPA não é uma conduta proibida pelo art. 378º do Cód.VM, sendo o mesmo raciocínio válido para às pessoas que actuem em concertação com o oferente[680].

3.2 Dever de divulgação ao mercado da celebração dos acordos irrevogáveis de aceitação de OPA?

I. O crime de abuso de informação privilegiada e a correspondente proibição de realizar operações com base na mesma, ou de a transmitir, são indissociáveis do dever de divulgação de informação privilegiada (*Ad hoc-Publizitätspflichten*).

A razão de ser desta ligação é fácil de intuir: a rapidez da divulgação da informação privilegiada é a melhor medida preventiva da celebração de negócios com base em informação privilegiada[681]. Aquele dever visa fixar um mesmo nível de informação entre os actores de mercado e, com isso, potenciar maiores oportunidades de igualdade entre estes através de uma rápida e homogénea difusão da informação no mercado[682]. A função principal do dever de divulgação imediata é ajudar à correcta formação dos preços no mercado[683]. Ele assegura a transparência e o funcionamento correcto do mercado de capitais. Recorde-se que, de acordo com as modernas teorias económicas sobre a eficiência dos mercados de capitais, a fixação dos preços dos valores mobiliários é uma mera consequência da progressiva incorporação nos mesmos da informação que vai estando disponível no mercado e da sua valoração pelos agentes que nele operam[684]. O preço

---

[680] Neste sentido, *vide* ASSMANN, *Übernahmeangebote* cit., p. 704; RIEGEN, *Rechtsverbindliche* cit., p. 727.

[681] Neste sentido, *vide* KÜMPEL/WITTIG, *Bank-* cit., Rdn. 14.235-14.237; ASSMANN in ASSMANN/SCHNEIDER (Hrsg.), *Wertpapierhandelsgesetz* cit., § 15 Rdn. 32; HOPT, *Insider-* cit., § 107 Rdn. 106.

[682] Neste sentido, *vide* HOPT, *Insider-* cit., § 107 Rdn. 106; BaFin *Emittentenleitfaden*, 2005, IV.1, p. 38.

[683] Neste sentido, *vide* KÜMPEL/WITTIG, *Bank-* cit., Rdn. 14.232-14.234; HOPT, *Insider-* cit., § 107 Rdn. 106.

[684] Cf. I. 2.1 *supra*; MANNE, *Mergers* cit., p. 111. Para uma descrição das teorias económicas sobre a eficiência dos mercados de capitais, *vide* GARCÍA DE ENTERRÍA, *Sobre la eficiencia* cit., pp. 653 e ss.. A consequência principal desta tese é a de que não há mais valor intrínseco do que o valor representado pelo seu preço efectivo. Apesar de *efficient capital market hypothesis* ter sido adoptada de forma quase unânime na doutrina jurídica dos Estados Unidos da América, tendo em conta as profundas implicações que tem nalgumas figuras do direito das sociedade e do mercado de valores, há alguns autores que põe em causa a sua validade, porque, entre outras razões, é incapaz de explicar o *crack* bolsista de 1987 (neste sentido, SHILLER, *Fashions* cit., pp. 56 e ss.; WOLFSON, *Efficient markets* cit., pp. 511 e ss.; LANGEVOORT, *Theories* cit., pp. 851 e ss.). Ainda assim, e conforme referem BREALE e MYERS, "poucos conceitos económicos tiveram tanto respaldo empírico como a teoria do mercado eficiente"

do valor mobiliário deve, portanto, reflectir toda a informação relativa ao emitente e aos valores mobiliários em questão[685].

Nos termos do art. 248º, nº 1 a) do Cód.VM[686], os emitentes de valores mobiliários admitidos à negociação em mercado regulamentado[687] (*e.g.* sociedades cotadas) devem divulgar imediatamente toda a informação que lhes diga directamente respeito ou aos valores mobiliários por si emitidos, que tenha carácter preciso, que não tenha sido tornada pública e que, se lhe fosse dada publicidade, seria idónea para influenciar de maneira sensível o preço[688] desses valores mobiliários ou dos instrumentos subjacentes ou derivados com estes relacionados[689]. O conceito de informação privilegiada não difere muito do previsto para o crime de abuso de informação privilegiada[690], o que comprova a natureza preventiva deste dever face àquele crime.

De um ponto de vista subjectivo, o dever impende sobre o emitente[691] de valores mobiliários[692] mas tem repercussões sobre os terceiros que tenham acesso a essa informação, na medida em que não poderão transmiti-la para além do âmbito

---

e os seus fundamentos foram aceites mesmo por aqueles que lhe apontaram algumas inconsistências (cf. *Principles* cit., p. 288).

[685] Cf. PAULO CÂMARA, *Manual* cit., p. 732.

[686] Este preceito veio transpor a Directiva nº 2003/06/CE, de 28 de Janeiro de 2003 (Directiva de Abuso de Mercado) e a Directiva nº 2003/124/CE, de 22 de Dezembro de 2003, que concretizou aquela primeira directiva.

[687] Ou os emitentes que tenham requerido a respectiva admissão a um mercado dessa natureza.

[688] É a chamada *price-sensitive information*, podendo esta ser positiva ou negativa, isto é, tanto pode gerar uma subida das cotações como uma depreciação das mesmas (cf. HOPT, *Insider-* cit., § 107 Rdn. 109). Por outro lado, a relevância é aferida *ex ante*, ou seja, é preciso verificar previamente se a informação é susceptível de influenciar os preços e não verificar *ex post* se a cotação foi efectivamente alterada (cf. PAULO CÂMARA, *Manual* cit., p. 748).

[689] É ainda necessário que seja divulgada qualquer alteração à informação privilegiada tornada pública.

[690] O art. 248º, nº 2 considera que a informação privilegiada abrange "os factos ocorridos, existentes ou razoavelmente previsíveis, independentemente do seu grau de formalização, que, por serem susceptíveis de influir na formação dos preços dos valores mobiliários ou dos instrumentos financeiros, qualquer investidor razoável poderia normalmente utilizar, se os conhecesse, para basear, no todo ou em parte, as suas decisões de investimento. Na Alemanha, o conceito consagrado no § 15 da WpHG é o mesmo que se encontra consagrado no § 13 Abs. 1 Satz 1 da WpÜG (cf. HOPT, *Insider-* cit., § 107 Rdn. 115).

[691] Cf. KÜMPEL/WITTIG, *Bank-* cit., Rdn. 14.238; HOPT, *Insider-* cit., § 107 Rdn. 115.

[692] E também de instrumentos financeiros. Há uma incongruência do art. 248º do Cód.VM, que abrange apenas valores mobiliários, com a Directiva de Abuso de Mercado, que abrange os instrumentos financeiros, devendo aquele preceito de direito interno ser interpretado à luz da Directiva (neste sentido, *vide* PAULO CÂMARA, *Manual* cit., p. 747).

normal das suas funções ou utilizá-la antes de a mesma ser tornada pública (art. 248º nº 4 do Cód.VM)[693].

II. Será que a celebração de um acordo de aceitação de OPA tem de ser imediatamente divulgada ao mercado pelo potencial oferente ou pelo accionista da sociedade visada por força do dever de divulgação de informação privilegiada, nos termos do art. 248º do Cód.VM?

Conforme referido, a celebração de acordos de aceitação de OPA é susceptível de ser qualificada como informação privilegiada[694], pelo que, em teoria, poderia exigir-se, ao abrigo do art. 248º do Cód.VM, que o potencial oferente e o accionista da sociedade visada efectuassem uma comunicação ao mercado, divulgando a celebração do acordo.

Este dever pode ser afastado se o oferente e accionista não fossem emitentes de valores mobiliários admitidos à negociação, uma vez que, neste caso, não se incluiriam no leque de sujeitos abrangidos pelo dever de divulgação[695]. Porém, a questão não se resolve de forma tão simples. Por um lado, a própria sociedade visada pode ter tido conhecimento desta informação[696], e, por outro lado, mesmo que o oferente e accionista não estejam abrangidos pelo dever de divulgação por não serem emitentes para efeitos do art. 248º do Cód.VM, estarão impedidos de transmitir a informação e de a utilizar[697].

---

[693] Neste sentido, *vide* HOPT, *Insider-* cit., § 107 Rdn. 115; LEUERING, *Die Ad-hoc-Pflicht auf Grund der Weitergabe von Insiderinformationen (§ 15 I 3 WpHG)*, in NZG, 05, p. 12.
[694] Cf. II. 3.1 *supra*. Não se pode confundir o dever de divulgação imediata de informação privilegiada com o dever de publicação imediata do anúncio preliminar de OPA. Neste sentido, e ao contrário do que afirmam alguns autores (cf. KUHN, *Exclusivvereinbarungen* cit., p. 204-205), não se pode dizer que o dever de divulgação de informação privilegiada não existe porque a oferta ainda não foi lançada e há diversos factores que podem frustrar o lançamento da oferta. A própria celebração do acordo irrevogável de aceitação de OPA é um facto consumado, preciso e susceptível de influenciar a cotação das acções da sociedade visada, do oferente e do accionista da sociedade visada (cf. RIEGEN, *Rechtsverbindliche* cit., p. 728).
[695] Neste sentido, considerando que, se o accionista da sociedade visada não for uma sociedade cotadas, não tem o dever de divulgar a celebração de acordos de aceitação de OPA, *vide* KUHN, *Exclusivvereinbarungen* cit., p. 204.
[696] *E.g.* o oferente pode ter contactado um administrador de uma sociedade accionista da sociedade visada que é simultaneamente membro do órgão de administração da sociedade visada.
[697] No entanto, a utilização desta informação privilegiada deverá ser permitida, porque, à semelhança do que se defendeu para efeitos do art. 378º do Cód.VM (cf. II. 3.1 supra), ela não constitui uma conduta proibida, na medida em que é necessária para a implementação do plano ou projecto de OPA. Os arts. 378º e 248º, n. 4 do Cód.VM não proíbem as actuações que visam implementar

A pergunta permanece: deve a celebração do acordo de aceitação de OPA ser divulgada ao abrigo do art. 248º do Cód.VM por ser qualificada como informação privilegiada?

III. A existência de um dever de divulgação da informação privilegiada nesta situação parece colidir com outro dever: o dever de segredo relativo à preparação de uma OPA.

Nos termos do art. 174º do Cód.VM, o oferente, a sociedade visada, os seus accionistas e os titulares de órgãos sociais, e bem assim os que lhes prestem serviços a título permanente ou ocasional, devem guardar segredo sobre a preparação da oferta até à publicação do anúncio preliminar.

Se o acordo de aceitação implicar uma obrigação de lançamento de OPA, o oferente está obrigado a efectuar, de imediato, o anúncio preliminar do lançamento de OPA (art. 175º, nº 1 do Cód.VM)[698], não podendo o oferente nem o accionista refugiarem-se no dever de segredo para não divulgar a informação privilegiada[699]. No entanto, esta situação é pouco habitual e, na maioria dos casos, o oferente ainda está a tratar de obter outras declarações irrevogáveis de aceitação de OPA, as autorizações societárias internas necessárias para o lançamento ou a negociar com a própria sociedade visada[700]. Há, portanto, um período entre a

---

o projecto de lançamento de OPA, pois a actuação não se baseia e não é feita em vista da informação privilegiada, procura antes concretizar esta. Neste sentido, vide Assmann/Cramer, in Assmann//Schneider (Hrsg.), *Wertpapierhandelsgesetz* cit., § 14 Rdn. 27a; Hopt, *Insider-* cit., § 107 Rdn. 60; Assmann, *Übernahmeangebote* cit., p. 702; Riegen, *Rechtsverbindliche* cit., p. 727; Caspari, in ZGR, 1994, p. 532; Cahn, *Grenzen* cit., p. 18.

[698] Esta obrigação não existirá se o anúncio da OPA estiver sujeito a certas condições, nomeadamente a aprovação por determinados órgãos societários competentes do oferente (*e.g.* conselho de administração ou conselho geral e de supervisão. Neste sentido, no ordenamento jurídico alemão à luz do preceito similar da WpÜG (§ 10, Abs. 1 Satz 1) e em relação ao *Aufsichtsrat*, vide Hirte, in Hirte/Bülow (hrsg.), *Kölner* cit., § 10 Rdn. 35 e ss.; Santelmann/Steinhardt, in Steinmeyer//Häger (orgs.), *WpÜG* cit., § 10 Rdn. 16. Os autores consideram que, caso seja necessário, por força dos estatutos ou de preceito legal, que aquele órgão aprove a OPA, a obrigação de divulgação da decisão de lançamento só deve ser realizada depois de obtida a mesma. Há, no entanto, situações excepcionais, em que, estando a aprovação daquele órgão está garantida, o anúncio da decisão de lançamento de OPA deve ser imediatamente realizado (neste sentido, vide Santelmann//Steinhardt, in Steinmeyer/Häger (orgs.), *WpÜG* cit., § 10 Rdn. 16; Liebscher, *Das Übernahmeverfahren* cit., p. 860).

[699] Neste sentido, vide Kuhn, *Exclusivvereinbarungen* cit., p. 205; Riegen, *Rechtsverbindliche* cit., p. 728.

[700] Cf. Kuhn, *Exclusivvereinbarungen* cit., p. 205; Riegen, *Rechtsverbindliche* cit., p. 728.

celebração do acordo e a decisão de lançamento de OPA, em que o dever de divulgação da informação privilegiada e o dever de segredo entram em conflito.

A confidencialidade do plano de lançamento de OPA antes da tomada de decisão é fundamental desde logo para o sucesso da OPA[701]. Se houvesse lugar à divulgação dos actos relativos à preparação da oferta antes de o oferente ter decidido lançar a mesma, tal poderia gerar uma considerável confusão no mercado com implicações na cotação das acções, potenciando o risco de especulação e de negociação com base em informação imprecisa e pouco transparente[702]. O legislador fixou um dever de segredo ao oferente, aos accionistas da sociedade visada, aos titulares dos órgãos sociais e aos que lhes prestem serviços[703], o que não invalida que o oferente e mesmo a sociedade visada não possam transmitir esta informação aos assessores contabilísticos, financeiros e jurídicos[704]. O objectivo do dever apenas poderá ser devidamente alcançado se o mesmo se sobrepuser ao dever de divulgação de informação privilegiada da sociedade visada e dos seus accionistas (quando sejam emitentes para efeitos do art. 248º do Cód.VM)[705]. Caso contrário, o dever de segredo sobre a preparação de OPA não poderia ser alcançado, frustrando a intenção da mesma[706].

Assim, a celebração do acordo de aceitação de OPA não tem de ser divulgada nos termos do art. 248º do Cód.VM, porque a mesma está sujeita ao dever de

---

[701] Cf. HOPT, *Übernahmen, Geheimhaltung und Interessenkonflikte: Probleme für Vorstande, Aufsictsräte und Banken*, in ZGR, 2002, p. 355; SCHÄFER, in SCHÄFER/DREYLING, *Insiderrecht und Ad-hoc-Publizität*, 2002, Rdn. 468.

[702] Neste sentido, *vide* RIEGEN, *Rechtsverbindliche* cit., p. 729; SCHÄFER, in SCHÄFER/DREYLING, *Insiderrecht* cit., Rdn. 468.

[703] Poderão também considerar-se abrangidos todos os que estejam numa situação de imputação de direitos de voto (neste sentido, *vide* RIEGEN, *Rechtsverbindliche* cit., p. 729; HOPT, *Übernahmen* cit., p. 355).

[704] Neste sentido, *vide* RIEGEN, *Rechtsverbindliche* cit., p. 729; HOPT, *Übernahmen* cit., p. 356.

[705] Na Alemanha, o § 10 Abs. 6 da WpÜG determina que o § 15 da WpHG relativo ao *Ad hoc-Publizitätspflichten* não é aplicável à decisão de lançamento da oferta, mas o preceito é considerado muito restritivo pois não permite abranger os factos importantes relativos à preparação da oferta e que envolvam a sociedade visada ou os seus accionistas (cf. HOPT, *Übernahmen* cit., p. 344; SCHÄFER, in SCHÄFER/DREYLING, *Insiderrecht* cit., Rdn. 468). Não obstante a doutrina considera que o § 10 Abs. 6 da WpÜG se deve também estender a esses factos, impedindo a aplicação do § 15 da WpHG, porque é a única forma de salvaguardar os objectivos por ele visados (neste sentido, *vide* HOPT, *Übernahmen* cit., p. 344; SCHÄFER, in SCHÄFER/DREYLING, *Insiderrecht* cit., Rdn. 468; RIEGEN, *Rechtsverbindliche* cit., p. 730).

[706] Neste sentido, *vide* HOPT, *Übernahmen* cit., p. 344; SCHÄFER, in SCHÄFER/DREYLING, *Insiderrecht* cit., Rdn. 468; RIEGEN, *Rechtsverbindliche* cit., p. 730.

segredo imposto no art. 174º do Cód.VM que, em caso de conflito com aquela, deve prevalecer, tendo, portanto, um efeito "bloqueador" da aplicação da mesma (*Sperrwirkung*)[707]. Esta interpretação assegura o objectivo, a *ratio*, visado pelo dever de segredo previsto no art. 174º do Cód.VM.

O efeito bloqueador (*Sperrwirkung*) mantém-se até ao momento em que o oferente efectua o anúncio preliminar da sua oferta, nos termos dos arts. 175º e 176º do Cód.VM[708]. Neste momento, surge o dever de divulgação de informação privilegiada desde que a informação privilegiada ainda o seja, isto é, se ainda não tiver sido tornado pública pelo oferente no anúncio preliminar da OPA[709], caso contrário o requisito da natureza não pública da informação não se encontra preenchido. Tal só deverá ocorrer se o oferente não estiver obrigado a divulgar essa informação no anúncio preliminar de OPA[710], questão que se abordará aquando da análise do dever de divulgação da celebração destes acordos na documentação da oferta.

3.3 Dever de comunicação da celebração de acordo parassocial?

I. Nos termos do art. 19º, nº 1 do Cód.VM, os acordos parassociais que visem adquirir, manter ou reforçar uma participação qualificada em sociedade aberta ou assegurar ou frustrar o êxito de oferta pública de aquisição devem ser comunicados à CMVM por qualquer dos contraentes no prazo de três dias após a sua celebração. Uma vez recebida esta comunicação, a CMVM determina a publicação, integral ou parcial, do acordo, na medida em que este seja relevante para o domínio sobre a sociedade (art. 19º, nº 2 do Cód.VM). A importância desta comunicação é reforçada pelo nº 3 do mesmo preceito, o qual estabelece a anulabilidade das deliberações sociais tomadas com base em votos expressos em execução dos acordos não comunicados ou não publicados nos termos dos números anteriores, salvo se se provar que a deliberação teria sido adoptada sem aqueles votos.

A obrigação de comunicação do acordo parassocial não é uma originalidade do ordenamento jurídico português, ela encontra-se consagrada noutros ordenamentos jurídicos, sendo que, nestes, há inclusive obrigações de divulgação

---

[707] Neste sentido, *vide* RIEGEN, *Rechtsverbindliche* cit., p. 730.

[708] Neste sentido, *vide* HOPT, *Übernahmen* cit., p. 345; SCHÄFER, in SCHÄFER/DREYLING, *Insiderrecht* cit., Rdn. 468; RIEGEN, *Rechtsverbindliche* cit., p. 730.

[709] Cf. KUHN, *Exclusivvereinbarungen* cit., p. 205; RIEGEN, *Rechtsverbindliche* cit., p. 730.

[710] Defendendo que o oferente não está obrigado a divulgar essa informação no anúncio preliminar de OPA, *vide* HIRTE, in HIRTE/BÜLOW (hrsg.), *Kölner* cit., § 10 Rdn. 23; ASSMANN, *Übernahmeangebote* cit., p. 712.

directa da celebração do acordo parassocial ao mercado através de diferentes meios[711]. O art. 19º, nº 1 do Cód.VM levanta, no entanto, algumas dúvidas interpretativas quanto ao tipo de acordos parassociais que se encontram abrangidos pelo mesmo.

Em primeiro lugar, esta disposição não faz referência aos acordos de voto – o tipo mais frequente de acordos parassociais e expressamente referido no art. 17º, nº 2 do CSC –, parecendo limitar os acordos parassociais aos acordos que visem os objectivos aí mencionados: (i) aquisição, manutenção ou reforço de participação qualificada em sociedade aberta; ou (ii) assegurar ou frustrar o êxito de OPA. É, por conseguinte, legítima a pergunta: será que os acordos de voto se encontram abrangidos pelo art. 19º, nº 1 do Cód.VM? A resposta não pode deixar de ser afirmativa. A referência àqueles objectivos não pretende excluir o mais típico dos acordos parassociais – o acordo de voto –, visa antes alargar o âmbito de incidência objectiva da norma aos outros tipos de acordos parassociais susceptíveis de expressar uma actuação concertada em relação à estrutura accionista da sociedade ou ao próprio controlo da sociedade. A *ratio* da norma é a de que o regulador saiba quais os acordos existentes relativos ao controlo da sociedade cotada (o que envolve naturalmente a sua estrutura accionista) de modo a que, tendo esse acordo um reflexo relevante no domínio da sociedade, o mesmo seja divulgado ao mercado por razões de transparência. Neste sentido, o art. 19º, nº 2 do Cód.VM estabelece que a CMVM determina (poder-dever) a divulgação, integral ou parcial, do acordo parassocial, na medida em que o mesmo seja relevante para o domínio da sociedade. Ora, os acordos de voto são, sem dúvida, um dos mecanismos mais frequentes de exercício de domínio sobre uma sociedade[712]. Este parece

---

[711] É o caso do ordenamento jurídico italiano, no qual o art. 122, nº 1 do TUF estabelece que os acordos parassociais, que tenham por objecto o exercício de direitos de voto nas sociedades cotadas ou nas sociedades que as controlam, devem ser comunicados, no prazo de cinco dias e na íntegra, à CONSOB, publicados num jornal diário nacional na forma de extracto que permita dar conhecimento das características essenciais do acordo, depositados junto da conservatória do registo das sociedades do lugar onde a sociedade tenha a sua sede legal e comunicados à sociedade cotada (cf. DANIELA CATERINO, *Commentario sul art. 122 TUF*, in AAVV, *I Codici* cit., p. 3268). Este preceito abrange diversos tipos de acordos parassociais (*e.g.* sindicatos de bloco; pactos de consulta), não se restringindo aos acordos de voto (*sindicati di voto*) (art. 122, comma 5 do TUF) (sobre estes vários tipos de acordos, vide DANIELA CATERINO, *Commentario sul art. 122 TUF*, in AAVV, *I Codici* cit., pp. 3263-3267; PAOLO MONTALENTI, *La società* cit., pp. 139-143; CHIAPPETTA, *Diritto del governo societario. La corporate governance delle società quotate*, Cedam, Padova, 2007, pp. 50-53).

[712] No ordenamento jurídico italiano, os *sindicati di voto* estão expressamente abrangidos pelo art. 122, comma 1 do TUF (cf. DANIELA CATERINO, *Commentario sul art. 122 TUF*, in AAVV, *I Codici* cit.,

ser igualmente o entendimento da CMVM que, na prática, tem determinado a publicação de acordos parassociais que, nalguns casos, são meros acordos de voto[713] e, noutros, incluem um acordo de voto[714].

Em segundo lugar, inserem-se, no âmbito de aplicação objectiva do art. 19º, nº 1 do Cód.VM, os sindicatos de bloqueio (*Schutzvereinigungen, sindicati di bloco, syndicats de blocage*)[715]. Estes pretendem estabelecer, através de acordos de transmissibilidade (*e.g.* preferências cruzadas), de intransmissibilidade (*e.g.* lock-in) ou de não alteração da participação social (*e.g.* limite máximo de acções a deter), uma política comum de aquisições e alienações na sociedade aberta que garanta certa estabilidade de um determinado núcleo accionista. Encontram-se também abrangidos os chamados acordos de aquisição ou reforço concertado de uma participação qualificada ou de controlo[716], podendo a aquisição ser efectuada por um ou mais contraentes.

Por fim, o dever de comunicação do art. 19º, nº 1 abrange os acordos parassociais celebrados entre accionistas, bem como os que sejam celebrados entre accionistas e terceiros. Aquele preceito não limita o seu âmbito objectivo aos primeiros e a sua *ratio* depõe a favor da aplicação aos segundos. Tanto é relevante o acordo celebrado entre actuais accionistas como entre um actual accionista e um terceiro[717]. Este entendimento é consistente com a posição maioritária da doutrina portuguesa e estrangeira de qualificar como acordos parassociais os acordos celebrados entre actuais accionistas e os celebrados entre um ou mais actuais accio-

---

p. 3263; PAOLO MONTALENTI, *La società* cit., p. 140). Sobre as modalidades dos *sindicati di voto* abrangidos pelo art. 122 comma 1 do TUF, *vide* QUATRARO/PICONE, *Manuale* cit., pp. 113-117.

[713] Cf. Acordo de voto entre a Caixa Geral de Depósitos e a Sonatrach (cf. comunicação do acordo disponível em *www.cmvm.pt*).

[714] Cf. Acordo parassocial entre a Eni, a Amorim Energia e a Caixa Geral de Depósitos, em que a CMVM determinou a publicação de um sumário onde se incluem as cláusulas relativas ao acordo de voto (disponível em *www.cmvm.pt*).

[715] Sobre o conceito de sindicatos de bloqueio, a sua admissibilidade e as suas modalidades, *vide* GRAÇA TRIGO, *Os acordos* cit., pp. 24 e ss.; QUATRARO/PICONE, *Manuale* cit., pp. 117-121; R. TORINO, *I poteri parasociali*, Giuffrè Editore, 2000, pp. 338 e ss.; JAEGER, *Le deleghe di voto*, in AAVV, *La riforma delle società quotate*, Giuffrè Editore, Milano, 2000, pp. 79 e ss.; ALAIN VIANDIER, *OPA* cit., pp. 88-93; MORIONES, *Los sindicatos de voto para la junta general de sociedades anónimas*, Blanch, 1996, pp. 72 e ss. Analisaremos estes acordos com maior detalhe em III. *infra*.

[716] Para mais desenvolvimentos sobre estes acordos, *vide* GARCÍA DE ENTERRÍA, *Oferta pública* cit., pp. 167-169; DANIELA CATERINO, *Commentario sul art. 122 TUF*, in AAVV, *I Codici* cit., p. 3263. Analisaremos estes acordos com maior detalhe em III. *infra*.

[717] A celebração do acordo parassocial pode ser aliás a condição para o terceiro adquirir uma participação na sociedade.

nistas e um ou mais terceiros[718]. É aliás teoricamente possível que o acordo parassocial seja celebrado entre pessoas, singulares ou colectivas, não accionistas, sobretudo nos casos em que se visa coordenar a aquisição de acções na sociedade visada e a sua manutenção posterior[719]. A comunicação destes acordos à CMVM tem de ser efectuada no prazo de 3 dias após a sua celebração e não após a aquisição da qualidade de accionista de algum dos contraentes[720].

II. Feita esta breve exposição sobre o dever de comunicação de acordos parassociais previsto no art. 19º do Cód.VM, vejamos agora se os acordos de aceitação de OPA estão sujeitos ao referido dever.

A letra do art. 19º do Cód.VM reporta-se a acordos parassociais que visem "assegurar o êxito de oferta pública de aquisição" e, conforme se referiu em II. 1.3 *supra*, o principal objectivo dos acordos de aceitação de OPA é precisamente o de aumentar as probabilidades, ou, se possível, assegurar previamente, o sucesso da OPA a lançar pelo oferente. Os acordos de aceitação de OPA são o instrumento mais directo e eficaz de assegurar o sucesso de uma OPA, uma vez que envolve os próprios accionistas (destinatários da oferta) e vincula-os, directamente, à aceitação da oferta que será lançada. Deixar de fora do âmbito objectivo do art. 19º

---

[718] Esta qualificação determina a aplicação aos mesmos do disposto no art. 17º do CSC. Neste sentido, vide COUTINHO DE ABREU, *Curso de direito comercial*, vol. II (*Das Sociedades*), 4ª edição, Almedina, Coimbra, 2014, p. 156; GRAÇA TRIGO, *Os acordos parassociais sobre o exercício do direito de voto*, Publicações UCP, Lisboa, 1998, p. 147. No mesmo sentido, no direito italiano, vide, na jurisprudência, acórdão da *Cassazione*, Sez. I, 18 de Julho de 2007 e, na doutrina, DANIELA CATERINO, *Commentario sul art. 122 TUF*, in AAVV, *I Codici* cit., p. 3261; COTTINO, *Le convenzioni di voto nelle società commerciali*, Milano, 1958.

[719] Neste sentido, vide DANIELA CATERINO, *Commentario sul art. 122 TUF*, in AAVV, *I Codici* cit., p. 3261; PINNARÒ, *I patti parasociali*, in GRIFFI/SANDULLI/SANTORO, *Intermediari finanziari, mercati e società quotate*, Torino, 1999, p. 791.

[720] Em sentido contrário, vide, à luz do art. 122º do TUF, COSTI, *I patti parasociali*, in AAVV, *La riforma delle società quotate*, Milano, 1998, p. 121. O autor defende que o prazo para o cumprimento da obrigação só se deve contar a partir do momento em que o acordo possa ter uma aplicação concreta, o que coincide com a aquisição da qualidade de accionista de ao menos uma das partes. Não posso concordar com este entendimento, na medida em que, sendo coerente com o mesmo, os acordos parassociais sujeitos a condição não careceriam de ser comunicados logo após a sua celebração mas apenas após a verificação da sua condição, o que seria manifestamente contrário à *ratio* de transparência que densifica o art. 19º do Cód.VM. Acresce que este preceito fixa uma mera obrigação de comunicação à CMVM, podendo o regulador optar por apenas divulgar, na íntegra ou parcialmente, o acordo após a aquisição da qualidade accionista por parte de um dos contraentes se as circunstâncias concretas do mesmo o justificarem.

do Cód.VM os acordos de aceitação de OPA parece retirar o campo de aplicação mais claro ao conceito de acordos que "visam assegurar o êxito de oferta pública de aquisição" nele referidos[721]. Para além disso, a *ratio* do art. 19º do Cód.VM, que é a de tornar transparente a estrutura accionista da sociedade e, nessa medida, a sua estrutura de controlo, parece depor igualmente a favor da sujeição dos acordos de aceitação de OPA ao dever de comunicação.

No entanto, há um elemento muito importante nesta análise que não se pode deixar de considerar: o dever de segredo previsto no art. 174º do Cód.VM. Conforme se referiu *supra*, a confidencialidade do plano de lançamento de OPA antes da tomada de decisão é fundamental desde logo para o sucesso da OPA[722]. Se houvesse lugar à divulgação dos actos relativos à preparação da oferta antes de o oferente ter decidido lançar a mesma, tal poderia gerar uma considerável confusão no mercado com implicações na cotação das acções, potenciando o risco de especulação e de negociação com base em informação imprecisa e pouco transparente[723]. O objectivo do dever de segredo apenas poderá ser devidamente alcançado se o mesmo se sobrepuser ao dever de comunicação e subsequente divulgação dos acordos parassociais, caso contrário aquele dever não seria salvaguardado, frustrando a intenção da norma[724]. O raciocínio é similar ao expendido a propósito do dever de divulgação da informação privilegiada: a celebração do acordo parassocial não tem de ser comunicada nos termos do art. 19º do Cód.VM, porque essa informação está sujeita ao dever de segredo imposto pelo art. 174º

---

[721] O art. 122, comma 5 d-bis) do TUF inclui, no conceito de acordos parassociais abrangidos pelos deveres de informação, os acordos que visam favorecer ou impedir a obtenção dos objectivos de uma oferta pública de aquisição ou troca, nomeadamente os compromissos de não aceitação de uma oferta. Esta disposição foi introduzida pelo art. 4º D.Lgs nº 229 de 19 de Novembro de 2007 que veio transpor, para o direito interno italiano, a Directiva das OPAs. A doutrina refere que a disposição se aplica aos acordos que definem o comportamento das partes em caso de lançamento de OPA (cf. DANIELA CATERINO, *Commentario sul art. 122 TUF*, in AAVV, *I Codici* cit., p. 3263).

[722] Cf. HOPT, *Übernahmen* cit., p. 355; SCHÄFER, in SCHÄFER/DREYLING, *Insiderrecht* cit., Rdn. 468.

[723] Neste sentido, *vide* RIEGEN, *Rechtsverbindliche* cit., p. 729; SCHÄFER, in SCHÄFER/DREYLING, *Insiderrecht* cit., Rdn. 468.

[724] Em sentido contrário, podia-se argumentar que a CMVM, recebendo a comunicação da celebração do acordo, não determinaria a sua publicação até à realização do anúncio preliminar (art. 19º, nº 2 do Cód.VM) e, nessa medida, era possível salvaguardar o dever de segredo e realizar a comunicação do art. 19º, nº 1 do Cód.VM. Contudo, esta solução, sendo possível, não me parece ser a melhor porque implica um alargamento do leque de pessoas que ficam a ter conhecimento da oferta que está em preparação, fragilizando o dever de segredo, e, no caso de existir uma fuga de informação quanto à preparação da OPA, torna mais difícil a imputação de responsabilidades ao oferente ou às demais pessoas que tinham conhecimento da preparação da oferta.

do Cód.VM, o qual, em caso de conflito com o dever de comunicação, deve prevalecer, tendo um efeito "bloqueador" da aplicação da mesma (*Sperrwirkung*). Esta interpretação assegura o objectivo e a *ratio* do dever de segredo previsto no art. 174º do Cód.VM. O efeito bloqueador (*Sperrwirkung*) mantém-se até ao momento em que o oferente efectua o anúncio preliminar da sua oferta, nos termos dos arts. 175º e 176º do Cód.VM[725]. Neste momento, surge o dever de comunicação do acordo de aceitação de OPA ao abrigo do art. 19º do Cód.VM, que, ao contrário do dever de divulgação de informação privilegiada, não é afastado pelo facto do acordo de aceitação de OPA ter sido tornado público pelo oferente no anúncio preliminar da OPA, pois a natureza "pública" do acordo não afasta o dever de comunicação do mesmo.

O presente entendimento não retira campo de aplicação prática ao art. 19º relativamente aos acordos parassociais "que visem assegurar o êxito de oferta pública de aquisição". Por um lado, o dever de comunicação dos acordos de aceitação de OPA ao abrigo daquele preceito não é excluído, é apenas bloqueado por um dever de relevância superior, sendo que, logo que este cesse com o anúncio preliminar da oferta, aquele dever de comunicação é, de imediato, aplicável. Por outro lado, há outros acordos susceptíveis de serem qualificados como acordos que visam "assegurar o êxito de oferta pública de aquisição", nomeadamente os acordos que fixam os comportamentos das partes em caso de lançamento de OPA de terceiros ou de alguma das partes[726].

3.4 Dever de divulgação da celebração dos acordos irrevogáveis de aceitação de OPA na documentação da oferta?

I. No âmbito de uma OPA, os seus dois principais intervenientes, o oferente e a sociedade, encontram-se sujeitos a diversos de informação, que procuram assegurar a prestação da informação adequada aos destinatários nas diferentes fases do processo de OPA.

O principal dever de informação a que a sociedade visada está sujeita é o dever de elaboração do relatório sobre a oportunidade e as condições da oferta (art. 181º do Cód.VM). Já o oferente está sujeito a diversos deveres de informação de entre os quais sobressaem quatro: o anúncio preliminar (art. 176º do Cód.VM), o anún-

---

[725] Sobre este efeito, *vide* Hopt, *Übernahmen* cit., p. 345; Schäfer, in Schäfer/Dreyling, *Insiderrecht* cit., Rdn. 468; Riegen, *Rechtsverbindliche* cit., p. 730.

[726] Neste sentido, no ordenamento jurídico italiano face ao art. 122, comma 5 d-bis) do TUF, *vide* Daniela Caterino, *Commentario sul art. 122 TUF*, in AAVV, *I Codici* cit., p. 3263. Sobre estes acordos, *vide* também Viandier, *OPA* cit., pp. 92-93.

cio de lançamento (art. 183º-A do Cód.VM), o prospecto da oferta e o dever de comunicação das transacções realizadas na pendência da oferta (art. 180º, nº 1 al. b) do Cód.VM).

É, por isso, necessário determinar em que documentos da oferta devem ser mencionados os acordos irrevogáveis de aceitação de OPA. Comecemos pelos documentos cuja elaboração é da responsabilidade do oferente.

II. O anúncio preliminar tem de conter a informação que se encontra fixada no art. 176º do Cód.VM. São as exigências mínimas informativas que não são muito extensas pois pretendeu-se que o oferente, assim que tomasse a decisão de lançar OPA, a anunciasse de imediato para evitar o risco de abuso de informação privilegiada, podendo depois, com mais tempo, preparar toda documentação e recolher toda a informação necessária para a OPA, em particular o anúncio de lançamento e o prospecto[727].

O elenco do art. 176º do Cód.VM não abrange expressamente os acordos irrevogáveis de aceitação de OPA nem quaisquer outros acordos celebrados com accionistas. Tais acordos parecem, portanto, não estar incluídos no elenco de informação constante daquele preceito.

Todavia, se os acordos celebrados entre o oferente e accionistas da sociedade visada determinarem uma imputação de direitos de voto, poderão ter de ser mencionados por força da al. f) do nº 1 do art. 176º do Cód.VM, que exige uma identificação da percentagem de direitos de voto da sociedade visada detidos pelo oferente e por pessoas que com este estejam em alguma das situações previstas no art. 20º, calculada, com as necessárias adaptações, nos termos desse preceito. Atento o disposto no art. 7º do Cód.VM que exige que a informação relativa a ofertas públicas seja, entre outros aspectos, completa e clara, o oferente deverá explicar qual o acordo que determina a imputação de direitos de voto, caso não tenha sido efectuada uma comunicação ao abrigo do art. 16º do Cód.VM (*e.g.* não foram ultrapassadas as fasquias relevantes nele previstas).

Aqui chegados, impõe-se outra pergunta: será que os acordos irrevogáveis de aceitação de OPA determinam uma imputação de direitos de voto do accionista da sociedade visada para o oferente?

O tema será analisado em IV. 3. *infra*, pelo que, por ora, não entraremos no tema. Porém, se porventura se concluir que não há imputação de direitos de voto, o acordo de aceitação de OPA tem de ser divulgado?

Entendo que sim.

---

[727] É o chamado sistema de duplo anúncio (cf. PAULO CÂMARA, *Manual* cit., p. 612).

Não se pode permitir que, caso a informação privilegiada não tivesse sido divulgada porque, por exemplo, nem o oferente nem o accionista eram emitentes para efeitos do art. 248º do Cód.VM e a sociedade visada não tinha conhecimento do acordo, a oferta fosse anunciada, abrindo todo o processo de OPA e o frenesim em torno da negociação das acções objecto da oferta com o aumento exponencial da sua liquidez, sem que os actores de mercado saibam de uma informação privilegiada tão relevante. No entanto, há que conciliar esta necessidade com o carácter taxativo, no que respeita à informação mínima, do elenco do art. 176º do Cód.VM?

Julgo que, nestes casos, é possível defender uma extensão teleológica[728] da al. f) do nº 1 do art. 176º do Cód.VM no sentido de abranger, não apenas os direitos de voto que o accionista já detém, mas também aqueles inerentes às acções que o accionista da sociedade visada se obrigou a alienar ao oferente em sede de OPA. A al. f) do nº 1 do art. 176º do Cód.VM visa revelar qual o número de acções da sociedade visada que o oferente detém, para verificar qual a base com que o oferente parte para a sua oferta, uma vez que, se já detiver um número significativo de acções, estará em melhores condições para alcançar o sucesso da oferta e isso tem repercussão na cotação das acções. Esta informação é de tal modo importante que nela se incluem os direitos de voto detidos pelas pessoas que estejam com o oferente numa situação de imputação de direitos de voto, porque, atenta a relação próxima entre o oferente e aqueles, há uma maior probabilidade de estes virem a aceitar a oferta e, além disso, as aquisições de acções da sociedade visada efectuadas por estes, no período anterior à OPA e na sua pendência, são relevantes para efeitos da determinação do preenchimento dos requisitos da derrogação do dever de lançamento previstos no art. 189º, nº 1 al. a) do Cód.VM, em particular a contrapartida mínima. Ora, apesar de a letra da lei da al. f) do nº 1 do art. 176º do Cód.VM apenas abranger os direitos de voto detidos pelo oferente, a *ratio* deste preceito justifica a sua extensão analógica, "transcendendo" o seu teor literal e alargando a sua aplicação aos direitos de voto inerentes às acções abrangidas por acordos irrevogáveis de aceitação de OPA.

---

[728] A extensão teleológica tem lugar quando o teor literal da lei, sendo demasiado estrito, alarga o seu campo de aplicação, com base na imanente teleologia da norma, a casos que não estariam abrangidos pela letra da lei (cf. SANTOS JUSTO, *Introdução ao estudo do direito*, 3ª edição, Coimbra Editora, Coimbra, 2006, p. 363). KARL LARENZ define a extensão teleológica como uma continuação da interpretação transcendendo o limite do possível sentido literal", que se justifica pelo princípio de justiça de tratar de forma igual o que é igual (cf. *Metodología de la ciencia del derecho*, tradução e revisão por Marcelino Rodríguez Molinero, Editorial Ariel, Barcelona, 1994, pp. 385 e 392).

III. Quanto ao anúncio de lançamento da oferta, o seu conteúdo mínimo informativo encontra-se fixado no art. 183º-A, nº 1 do Cód.VM. A obrigação de divulgação da celebração dos acordos de aceitação de OPA encontra-se abrangida pela al. i) do nº 1 do art. 183º-A do Cód.VM cuja redacção é igual à da al. f) do nº 1 do art. 176º do Cód.VM. As considerações expendidas relativamente a este último preceito são plenamente aplicáveis àquela outra disposição legal.

Em relação ao prospecto da oferta, a divulgação da celebração de acordos de aceitação de OPA resulta dos capítulos 3.3 e 3.5 do Anexo II ao Regulamento 3/2006. O capítulo 3.3 exige uma divulgação das quantidades de valores mobiliários emitidos pela sociedade visada, de que sejam titulares o oferente e as pessoas que com ele estejam numa situação de imputação de direitos de voto, nos termos do nº 1 do art. 20º do Cód.VM, com indicação precisa da percentagem dos direitos de voto que podem por aqueles ser exercidos. A *ratio* deste preceito regulamentar é similar à dos arts. 183º-A, nº 1, al. i) e 176º, nº 1, al. f) do Cód.VM, pelo que são válidas as considerações expendidas sobre estas normas no sentido de exigir a divulgação dos acordos de aceitação de OPA. Por sua vez, o capítulo 3.5 do Anexo II exige a divulgação de "quaisquer acordos parassociais" de que o oferente seja parte. Apesar de não se definir o conceito de acordo parassocial, a utilização do pronome indefinido – "quaisquer" – e razões de coerência sistemática e informativa exigem que os acordos parassociais referidos no art. 19º do Cód.VM sejam incluídos no conceito de acordos parassociais daquele preceito regulamentar. Como os acordos de aceitação de OPA se inserem no âmbito daquela disposição (tal como defendido em II. 3.3 *supra*), terão de ser mencionados no capítulo 3.5 do prospecto da oferta.

IV. Se o oferente celebrar acordos de aceitação de OPA na pendência da própria oferta, ele ou o accionista da sociedade visada deverão informar imediatamente o mercado por força do art. 248º do Cód.VM se um deles for qualificado como emitente para esses efeitos. Caso não o sejam e decidam não comunicar ao mercado a informação, podem fazê-lo mas não poderão transmitir a mesma a terceiros ou utilizá-la (art. 248º, nº 4 do Cód.VM). Contudo, se o prospecto da oferta já tiver sido publicado, o oferente terá de publicar uma adenda ao prospecto, comunicando desse modo ao mercado a celebração do acordo de aceitação (art. 142º, nº 1 do Cód.VM). Este preceito exige que, no caso de, entre a data de aprovação do prospecto e o fim do prazo da oferta, se verificar, entre outras situações, a ocorrência de um facto novo que seja relevante para a decisão a tomar pelos destinatários da oferta, o oferente tem de requerer imediatamente à CMVM a aprovação da adenda ou da rectificação do prospecto.

4. Eficácia do acordo

I. Conforme se analisou *supra*[729], o acordo de aceitação de OPA tem, como estrutura típica, a de um contrato-promessa bilateral ou unilateral, consoante o oferente assuma ou não a obrigação de lançamento de OPA.

O contrato-promessa gera uma obrigação de prestação de facto positivo[730], consistente na emissão de uma declaração negocial: a declaração de vontade correspondente a um outro negócio cuja futura realização se pretende assegurar, o negócio prometido ou definitivo. É a designada obrigação de contratar[731]. A esta obrigação corresponde, na esfera jurídica da outra parte, um direito de crédito que é uma verdadeira pretensão[732]. Os direitos de crédito são, segundo a doutrina portuguesa dominante[733], direitos meramente relativos, isto é, produzem efeitos *inter partes*. Os direitos de crédito apenas vinculam os sujeitos da relação e têm como correlato um dever particular ou especial do devedor e não um dever universal ou geral. O credor não poderá fazer valer o seu crédito sobre terceiros (*e.g.* se a obrigação tem por objecto a prestação de coisa, o direito do credor não procederá em relação a um terceiro adquirente da coisa), o direito do credor afirma-se só em face de certa ou certas pessoas. É um dos elementos distintivos das obrigações face aos direitos reais[734].

---

[729] Cf. II. 1.4.1 *supra*.
[730] Neste sentido, *vide* CALVÃO DA SILVA, *Sinal* cit., p. 14; ANTUNES VARELA, *Das obrigações* cit., I, p. 309.
[731] Cf. CALVÃO DA SILVA, *Sinal* cit., p. 15; ANTUNES VARELA, *Das obrigações* cit., I, p. 309.
[732] Cf. ANTUNES VARELA, *Das obrigações* cit., I, p. 309.
[733] Neste sentido, *vide* MANUEL DE ANDRADE, *Teoria geral das obrigações*, 3ª edição, Coimbra, 1966, pp. 51 e ss.; VAZ SERRA, *Responsabilidade de terceiros no não-cumprimento de obrigações*, in BMJ, 85, pp. 345 e ss.; PEREIRA COELHO, *Obrigações – Sumário das lições ao curso de 1966-1967*, ed. policopiada, Coimbra, 1967, pp. 69 e ss.; MOTA PINTO, *Direito das obrigações*, Coimbra, 1973, p. 156 e ss.; RUI ALARCÃO, *Direito das obrigações*, Coimbra, 1983, pp. 65 e ss.; ORLANDO DE CARVALHO, *Direito das coisas (Do direito das coisas em geral)*, Coimbra, 1977, pp. 145 e ss.; ANTUNES VARELA, *Das obrigações* cit., I, pp. 166 e ss.; ALMEIDA COSTA, *Direito* cit., pp. 91 e ss.. Neste sentido, na jurisprudência, *vide* acórdão do STJ de 17 de Junho de 1969 (cf. BMJ, nº 188, pp. 146 e ss.).
[734] Estes revestem-se de natureza absoluta, produzem efeitos *erga omnes*, são direitos de soberania (*Herrschaftsrechte*) sobre a coisa. Neles, há um vínculo universal geral que liga o sujeito activo a todos os outros indivíduos e, por isso, corresponde-lhes uma obrigação negativa ou passiva universal, que se traduz "no dever que impende sobre as pessoas de não perturbarem o exercício de tais direitos" (cf. ALMEIDA COSTA, *Direito* cit., p. 91). São direitos "contra toda a gente", o seu titular pode, no todo ou em parte (direitos reais limitados), "excluir outras pessoas de qualquer ingerência na coisa a que respeitam" e impedir "qualquer acto tendente a extrair dela qualquer utilidade ou a molestar-lhe ou a embaraçar-lhe o seu pleno aproveitamento, total ou parcial". São *iura excluendi omnes alios*. O carácter absoluto dos direitos reais reflecte-se na existência, como atributo de tais poderes, do direito de pre-

Em sentido contrário à doutrina clássica dominante, está a doutrina moderna do efeito externo das obrigações[735]. De acordo com esta teoria, para além do efeito interno das obrigações dirigido contra o devedor, que é o efeito primordial, existiria um efeito externo traduzido no dever imposto aos terceiros de respeitar o direito do credor caso tenha conhecimento da existência do mesmo. O pressuposto da teoria do efeito externo é o de que o terceiro tem conhecimento da existência do crédito ou do concurso do terceiro com o devedor na violação do crédito[736]. Nestes casos, segundo a teoria da eficácia externa, os terceiros podem ser responsabilizados directamente perante o credor por terem lesado o seu direito.

O nosso CC consagrou a doutrina da eficácia relativa ou obrigacional. Assim, o art. 406º nº 2 do CC determina que o contrato só produz efeitos em relação a terceiros nos casos e termos especialmente previstos na lei, é o princípio da relatividade dos contratos[737]. Sempre que o legislador quer atribuir eficácia *erga omnes* às obrigações decorrentes de um contrato fá-lo de forma expressa. Neste sentido, o art. 421º permite que o pacto de preferência possa beneficiar, em determinadas circunstâncias, de eficácia em relação a terceiros, que decorre não da pretensa eficácia externa do crédito em si mas é antes o efeito *"erga omnes* próprio de um direito real de aquisição em que, por força do contrato, e observados que sejam certos requisitos, o credor também fica investido"[738]. Há uma nítida contraposição

---

ferência e do direito de sequela (cf. RUI ALARCÃO, *Direito* cit., pp. 65-67; ANTUNES VARELA, *Das obrigações* cit., I, pp. 169-172).

[735] Entre nós, defendendo a teoria da eficácia externa, *vide* FERRER CORREIA, *Da responsabilidade do terceiro que coopera com o devedor na violação de um pacto de preferência*, in RLJ, ano 98, pp. 355 e ss. e 369 e ss.; PESSOA JORGE, *Lições de direito das obrigações*, ed. policopiada, vol. I, Lisboa, 1967, pp. 599 e ss.; PESSOA VAZ, *Do efeito externo das obrigações (Algumas perspectivas da mais recente doutrina ortuguesa e alemã)*, ed. policopiada, Coimbra, 1977; GALVÃO TELLES, *Direito das obrigações*, 7ª edição, Lisboa, 1997, p. 20; MENEZES CORDEIRO, *Direito das obrigações*, vol. I, Lisboa, 1980, pp. 252 e ss.; RITA AMARAL CABRAL, *A eficácia externa das obrigações e o nº 2 do art. 406º do Código Civil*, Braga, 1982. Neste sentido, na jurisprudência, *vide* acórdãos do STJ de 16 de Junho de 1964 (cf. BMJ, nº 138, pp. 342 e ss.) e de 25 de Outubro de 1993 (cf. in BMJ, nº 430, pp. 455 e ss.).

[736] Cf. ALMEIDA COSTA, *Direito* cit., pp. 92-93. É isso que, em qualquer caso, permite distinguir as obrigações dos direitos reais, na medida em que estes valeriam, sem mais, *erga omnes* e as primeiras só seriam oponíveis aos que conhecessem a existência de um vínculo anterior entre o devedor e o credor. Apesar da aproximação à figura do direito real, continua a existir esta diferença fundamental (cf. RUI ALARCÃO, *Direito* cit., p. 69).

[737] Cf. CALVÃO DA SILVA, *Sinal* cit., p. 15; PIRES DE LIMA/ANTUNES VARELA, *Código Civil Anotado*, vol. I, 4ª edição revista e actualizada, Coimbra Editora, Coimbra, 1987, p. 373.

[738] Cf. RUI ALARCÃO, *Direito* cit., p. 72.

entre o pacto de preferência com eficácia real e o pacto de preferência com eficácia meramente obrigacional, o que se concilia "mal com a doutrina do efeito externo, na qual todos os direitos de crédito já teriam, enquanto tais, uma espécie de eficácia real"[739]. No mesmo sentido, o art. 495º, nº 3 do CC, embora tenha uma solução que se ajusta à teoria da eficácia externa, permite inferir, por argumento *a contrario sensu*, que tal doutrina não foi consagrada com carácter geral e que é uma "solução excepcional, justificada pela natureza dos interesses do credor em jogo"[740]. Contra a doutrina da eficácia externa, depõe igualmente o art. 1306º do CC que submete ao princípio da tipicidade "as restrições ao direito de propriedade susceptíveis, pelo seu carácter real, de afectar posições jurídicas de terceiros", pelo que, admitir que restrições não especialmente previstas (que têm, por isso, eficácia obrigacional) possam impor-se a terceiros nos termos da teoria do efeito externo, esvaziaria de "sentido útil aquele princípio, frustrando em larga medida as razões que estão na base da sua consagração"[741].

Para além das considerações de *iure constituto*, a maioria da doutrina sustenta que a teoria da eficácia externa conduz a uma "extensão excessiva" da responsabilidade a terceiros, o que é agravado pelo facto de serem "múltiplos e vultuosos" os créditos susceptíveis de serem prejudicados com a conduta de terceiros. Esta excessiva extensão é potencialmente geradora de entraves à actividade negocial[742]. Além disso, e tendo em conta que se aproximariam os direitos de crédito dos direitos reais através daquele carácter absoluto, é legítimo perguntar se não deveria valer para as obrigações o princípio da tipicidade ou *numerus clausus* fixado para os direitos reais, o qual visa obviar alguns inconvenientes do carácter absoluto destes direitos[743].

---

[739] Cf. PEREIRA COELHO, *Obrigações* cit., p. 70. No mesmo sentido, *vide* ANTUNES VARELA, *Das obrigações* cit., I, pp. 176-177; ALMEIDA COSTA, *Direito* cit., p. 95; RUI ALARCÃO, *Direito* cit., pp. 72-73.

[740] Neste sentido, *vide* RUI ALARCÃO, *Direito* cit., p. 73; PEREIRA COELHO, *Obrigações* cit., p. 71; MOTA PINTO, *Direito* cit., p. 160; ; ALMEIDA COSTA, *Direito* cit., pp. 95-96. Em sentido diferente, ANTUNES VARELA defende que, no caso do art. 495º do CC, "o autor da agressão ou responde por despesas provenientes da lesão (e não pela violação das obrigações em que o lesado era devedor) ou responde apenas, a título de indemnização pelo facto ilícito que praticou, por obrigações integradas nos danos que causou" (cf. *Das obrigações* cit., I, p. 180).

[741] Cf. RUI ALARCÃO, *Direito* cit., p. 73; ANTUNES VARELA, *Das obrigações* cit., I, p. 181.

[742] Cf. ALMEIDA COSTA, *Direito* cit., p. 95; RUI ALARCÃO, *Direito* cit., p. 70.

[743] Neste sentido, *vide* RUI ALARCÃO, *Direito* cit., p. 73. A doutrina refere aliás que a forma de atenuar os inconvenientes da eficácia absoluta dos direitos reais está na limitação dos tipos de direitos reais reconhecidos pela lei (princípio da taxatividade) (cf. ANTUNES VARELA, *Das obrigações* cit., I, p. 181), bem como na publicidade desses direitos e na coincidência entre o registo público da propriedade e a situação jurídica real dos bens.

De acordo com o princípio da relatividade dos contratos (art. 406º, nº 2 do CC) expressão da consagração da teoria da eficácia interna das obrigações, o contrato-promessa goza apenas de eficácia obrigacional, *inter partes*[744].

Deste modo, se A celebra com B um contrato-promessa de venda do prédio X e o aliena depois a C, a validade do direito de C não será afectada pela promessa (embora esta seja de constituição anterior) e B não terá a possibilidade de demandar C exigindo a sua responsabilidade pelo inadimplemento do devedor. Os direitos resultantes do contrato-promessa "não valem contra terceiros, não podem ser opostos a terceiros, nem destes pode ser exigida qualquer indemnização pelo facto da sua violação"[745]. Este entendimento é avalizado pelo art. 413º do CC, que excepcionalmente, em determinados casos (promessas de alienação ou oneração de bens imóveis ou móveis sujeitos a registo) e verificados os requisitos aí fixados (promessa que conste de escritura pública ou de documento particular assinado pelo promitente ou promitentes, consoante o contrato definitivo esteja ou não submetido àquela forma, declaração expressa e inscrição no registo), permite atribuir eficácia real ao contrato-promessa, revelando que, nos demais casos, o contrato-promessa terá simples eficácia relativa (obrigacional)[746].

II. Será este entendimento plenamente aplicável aos acordos irrevogáveis de aceitação de OPA que assumam a estrutura típica de um contrato-promessa de alienação?

Numa primeira análise, dir-se-á que sim, porque, por força do princípio da relatividade dos contratos (art. 406º, nº 2 do CC), e não tendo a lei atribuído eficácia real àquele tipo de contratos, os mesmos teriam eficácia meramente obrigacional, não sendo, como tal, oponíveis a terceiros. Isto significa que, se o accionista da sociedade visada decidir alienar as suas acções a outro oferente (que não o beneficiário da promessa) ou vendê-las em mercado, esta venda não será afectada pela promessa; o direito de propriedade do outro oferente ou do adquirente em mercado prevalecerá sobre o direito do beneficiário da promessa (que tem mera natureza creditória), não podendo este exigir qualquer indemnização àquele pela violação do seu direito de crédito.

---

[744] Cf. CALVÃO DA SILVA, *Sinal* cit., p. 18; ANTUNES VARELA, *Das obrigações* cit., I, pp. 328-329; ALMEIDA COSTA, *Direito* cit., p. 409; RUI ALARCÃO, *Direito* cit., p. 72; GRAVATO MORAIS, *Contratos-promessa em geral. Contratos-promessa em especial*, Almedina, Coimbra, 2009, pp. 53-54. Ao invés, o contrato prometido, quando se trate de contrato de alienação ou oneração de coisa determinada, goza de eficácia real.
[745] Cf. ANTUNES VARELA, *Das obrigações* cit., I, p. 330.
[746] Neste sentido, *vide* CALVÃO DA SILVA, *Sinal* cit., p. 18; ANTUNES VARELA, *Das obrigações* cit., I, pp. 329-330; ALMEIDA COSTA, *Direito* cit., p. 409; RUI ALARCÃO, *Direito* cit., p. 72.

No entanto, a resposta poderá não ser tão simples se se olhar mais atentamente para todo o circunstancialismo que rodeia os acordos de aceitação de OPA desde a sua celebração até à celebração do contrato definitivo.

Em primeiro lugar, a promessa de aceitação de OPA é divulgada no anúncio preliminar de lançamento, no anúncio de lançamento, no prospecto de OPA ou numa divulgação *ad hoc* de informação privilegiada, pelo que o mercado e todos os seus agentes têm conhecimento da existência daquele acordo. Nessa medida, o adquirente das acções objecto da promessa sabe que o alienante está em violação clara da sua promessa publicamente divulgada ao mercado e que foi "incorporada" na negociação das acções da sociedade visada. Só assim não será se a venda tiver sido efectuada em mercado regulamentado e com desconhecimento da pessoa do alienante inclusive um terceiro oferente ou não oferente[747]. A este propósito cumpre referir que o facto de a liquidação da OPA só ser efectuada após o termo do prazo da oferta não impede que um terceiro oferente saiba de antemão que o accionista vinculado pela promessa optou por aceitar a sua oferta, violando a promessa de aceitação de OPA a favor de outro accionista. Por um lado, a aceitação da OPA pode ser efectuada através de acordo directo entre o outro oferente e o accionista da sociedade visada que se tinha vinculado à promessa, surgindo a declaração de aceitação como facto executório deste acordo. Por outro lado, mesmo que não haja qualquer acordo e o accionista se limite a aceitar a OPA através de declaração de aceitação dirigida ao intermediário financeiro (art. 126º, nº 1 do Cód.VM) sem nada acordar com o outro oferente, este terá de comunicar depois ao intermediário financeiro responsável pela oferta as declarações de aceitação que recebeu com a indicação da quantidade de valores mobiliários abrangidos. Perante esta informação[748], será fácil ao oferente inferir quais os maiores accionistas da sociedade visada que já aceitaram a sua oferta e determinar se o accionista vinculado à promessa violou a mesma.

---

[747] Se a venda for efectuada em mercado regulamentado, o terceiro adquirente desconhecerá, em princípio, a identidade do vendedor e, nessa medida, ignorava estar perante o destinatário da promessa (neste sentido, *vide* VIANDIER, *OPA* cit., p. 137; acórdão da *Cour d'appel de Versailles* de 29 de Junho de 2000, in RJDA 1/01, nº 44). Esta hipótese é pouco plausível caso o número de acções objecto da promessa seja considerável.

[748] Claro que o oferente pode alegar que não conhece a identidade dos aceitantes, mas, num mercado tão pequeno como o português, é relativamente fácil ao intermediário financeiro responsável pela OPA identificar, inclusive através dos sistemas de liquidação, qual ao intermediário financeiro junto do qual o accionista vinculado à promessa de aceitação tem a sua conta de valores mobiliários, na qual está registada a sua titularidade das acções da sociedade visada.

Em segundo lugar, o mercado negoceia com base na informação disponível a cada momento e, portanto, é legítimo que o mercado, perante a divulgação da existência de um acordo de aceitação de OPA, faça fé no cumprimento do mesmo. Esta informação será absorvida não só para efeitos do valor de cotação das acções objecto da oferta (e, portanto, para a negociação contínua das acções) mas também, e talvez mais importante, para as aceitações da oferta. A situação é particularmente mais grave neste último caso, porque os destinatários da oferta podem, baseados, de forma legítima, na ideia de cumprimento da promessa e ignorando que a mesma será violada, tomar a decisão de aceitar a OPA do oferente beneficiário da promessa. Ora, se o outro oferente vier a alcançar o sucesso da sua OPA (obtido também graças à violação da promessa de aceitação), isso implica um prejuízo potencial considerável para os destinatários que não alienaram as suas acções ao oferente concorrente e que agora, para saírem da sociedade visada, terão de aliená-las em mercado sujeitos à descida da cotação se não houver lugar ao lançamento de OPA obrigatória.

Face ao exposto, impõe-se a pergunta: será que a transparência de mercado e a confiança e protecção dos investidores, aliada à publicidade conferida à promessa de aceitação justificam a atribuição de uma eficácia *erga omnes* da promessa de aceitação de OPA? Não será esta oponível a terceiros ou, pelo menos, aos demais oferentes?

Julgo que não. As exigências de transparência do mercado e mesmo da manutenção da confiança dos investidores não podem levar a uma alteração das regras estruturantes do direito das obrigações e, neste caso, da eficácia relativa das obrigações. Na ausência de disposição legal que estabeleça a eficácia *erga omnes* (art. 406º, nº 2 do CC), o acordo de aceitação tem de se cingir à mera eficácia obrigacional. Contudo, isto não significa que não seja possível reagir contra a conduta do terceiro (*e.g.* oferente), mas não na área do direito civil através de um efeito externo que a obrigação de aceitação de OPA não possui. Quais são então as outras formas de reacção?

III. Conforme salientam os autores defensores da teoria da eficácia interna, há casos em que o terceiro deve ser responsabilizado perante o devedor e que abrangem as situações em que a conduta do terceiro se deve considerar, atentas as circunstâncias concretas que a rodeiam, juridicamente reprovável e, como tal, constitutiva de responsabilidade[749]. Estamos perante situações em que o terceiro,

---

[749] Neste sentido, *vide* Rui Alarcão, *Direito* cit., p. 74; Antunes Varela, *Das obrigações* cit., I, pp. 177--178; Almeida Costa, *Direito* cit., p. 83. No mesmo sentido, ainda à luz do Código Civil de Seabra, o

ao impedir ou perturbar o exercício do crédito, excede com a sua actuação a "margem de liberdade que a existência de direitos de crédito a estranhos à relação, pisando nomeadamente os terrenos interditos pelo abuso do direito"[750]. São situações de abuso do direito (art. 334º do CC). Não basta que haja um mero conhecimento da existência do direito de crédito, é necessário que, ao exercer a sua liberdade de contratar, o terceiro exceda "manifestamente" os limites impostos pela boa-fé (art. 334º do CC). A conduta tem de se revelar particularmente chocante e censurável para que se possa falar na existência de uma situação de abuso do direito, permitindo-se por esta via "alcançar resultados práticos equiparáveis aos que razoavelmente derivem da doutrina do efeito externo"[751]. A responsabilização no quadro da proibição do abuso do exercício abusivo do direito nestes casos pode revestir diversas formas: "a forma de indemnização pecuniária ou outros esquemas, como a restauração natural, que pode envolver, se for caso disso, o dever de entregar ao credor lesado o objecto da aquisição abusivamente feita por terceiro"[752].

Será a actuação de um terceiro adquirente das acções objecto da promessa de aceitação susceptível de configurar uma actuação abusiva nos termos do art. 334º do CC?

Tratando-se o abuso do direito de um instituto que visa obtemperar à rigidez das normas jurídicas, enquanto gerais e abstractas e disciplinadoras de relações-tipo que atendem ao comum dos casos, e atender às particularidades e circunstâncias que concorram numa situação concreta, não é possível formular uma resposta geral e definitiva sem analisar o caso concreto. No entanto, sempre se poderá afirmar que, no caso do adquirente ser um oferente e provando-se que este tinha conhecimento da identidade do alienante[753] (accionista vinculado à

---

sempre brilhante MANUEL DE ANDRADE afirmava que "só nalguns casos particularmente escandalosos – quando o terceiro tenha tido a intenção ou pelo menos a consciência de lesar os credores da pessoa directamente ofendida ou da pessoa com quem contrata – é que poderá ser justificado quebrar a rigidez da doutrina tradicional. Porventura servir-nos-á aqui a teoria do abuso do direito, entendida em largos termos. Ou o princípio segundo o qual toda a lesão de interesse (mesmo que não lhes corresponda um direito), quando imoral, obriga a indemnização (§ 826 do Código Civil Alemão)" (cf. *Teoria* cit., p. 53, nota 2).

[750] Cf. ANTUNES VARELA, *Das obrigações* cit., I, p. 177.

[751] Neste sentido, *vide* ALMEIDA COSTA, *Direito* cit., pp. 97 e ss. No mesmo sentido, *vide* FERRER CORREIA/LOBO XAVIER, *Efeito externo das obrigações; abuso do direito; concorrência desleal*, in *Revista de Direito e Economia*, ano V, nº 1, pp. 8 e ss.

[752] Neste sentido, *vide* RUI ALARCÃO, *Direito* cit., p. 74.

[753] Caso a venda tenha sido efectuada em mercado regulamentado, o terceiro adquirente desconhecerá, em princípio, a identidade do vendedor e, nessa medida, ignorava estar perante o destinatário

promessa), a sua conduta é susceptível de ser qualificada como manifestamente contrária aos limites impostos pela boa-fé.

Aquando da análise do princípio da igualdade entre oferentes, salientei que, ao contrário do que sustenta a doutrina francesa[754], este princípio não vinculava os oferentes em concorrência, o direito português vigente não exige qualquer tipo de lealdade dos oferentes entre si. A livre concorrência abre espaço para que qualquer oferente adopte a conduta e procedimentos necessários para o sucesso da sua oferta sem ter de considerar os interesses de potenciais oferentes. Porém, conforme também tive a oportunidade de salientar, a actuação dos oferentes tem de respeitar os limites que decorrem da lei. Se o oferente sabia da promessa de aceitação e sabia que, só quebrando aquela promessa, o accionista da sociedade visada poderia aceitar a sua oferta tendo consciência que o mercado tinha negociado com base na legítima expectativa do cumprimento da promessa, a cumplicidade ou instigação (consoante o caso) do oferente concorrente à violação da promessa de aceitação, que o accionista da sociedade visada tinha assumido perante o oferente inicial, surge como uma actuação chocante e reprovável do oferente concorrente.

A livre concorrência pressupõe uma concorrência sã, na qual os concorrentes não recorrem a todos os mecanismos e expedientes para lograr os seus fins, nomeadamente ao incumprimento de obrigações de terceiros. A confiança dos investidores e transparência do mercado exige que os seus actores actuem dentro da legalidade, para que aqueles possam tomar decisões de investimento baseadas nos factos que são do conhecimento público, sem necessidade de especular sobre o recurso a meios ilegais. Apesar de o princípio da igualdade entre os oferentes não vincular o próprio oferente, não se pode deixar de reconhecer que a actuação destes está sujeita a um escrutínio acrescido e um padrão de conduta proba mais elevado, tendo em conta que aqueles são um dos actores directos da OPA (um dos institutos que mais contende directamente com o mercado e os investidores). Concluindo, o oferente excede manifestamente os limites impostos pelo princípio da boa fé ao ser cúmplice ou instigar a aceitação

---

da promessa (neste sentido, vide VIANDIER, *OPA* cit., p. 137; acórdão da *Cour d'appel de Versailles* de 29 de Junho de 2000, in RJDA 1/01, nº 44).

[754] Recorde-se que o princípio do *libre jeu des offres et des surenchères* apresenta, segundo a doutrina, dois corolários fundamentais: o princípio da lealdade na concorrência, o qual exige um comportamento leal dos vários actores de um processo de aquisição concorrencial pela sociedade visada, e o princípio da igualdade na concorrência pela aquisição da sociedade visada (*principe d'égalité dans la compétition*) (cf. II., 2.2.4 supra).

da OPA pelo destinatário vinculado pelo acordo de aceitação de outra OPA, violando a atitude de lealdade mínima na concorrência e na transparência e verdade para com o mercado e os investidores que se exige ao oferente em concorrência[755].

5. Incumprimento do acordo de aceitação de OPA

I. Aplicam-se ao acordo de aceitação de OPA, enquanto contrato gerador de obrigações para uma ou ambas as partes do mesmo, as regras gerais relativas ao cumprimento das obrigações. Há uma violação do acordo de aceitação de OPA quando se produz o seu incumprimento por facto imputável ao outorgante que se vinculou à celebração do negócio prometido[756].

Tendo o acordo de aceitação de OPA a estrutura de um contrato-promessa, a principal obrigação nele prevista é a obrigação de contratar, mais concretamente a obrigação de emissão de uma declaração negocial: a declaração de vontade correspondente a um outro negócio cuja futura realização se pretende assegurar, o negócio prometido ou definitivo. A não celebração do contrato prometido pode resultar do facto do accionista não ter emitido a sua declaração de aceitação de OPA ou de o oferente não ter lançado a sua oferta. Ela pode também ser consequência da prática de actos "prévios" que ponham em causa o cumprimento. Pense-se na situação do promitente faltoso que não tem legitimidade para a celebração do contrato definitivo, nomeadamente por ter alienado as acções objecto da promessa de aceitação de OPA (ilegitimidade superveniente[757]). Nestes casos, há uma violação definitiva da promessa[758].

O acordo de aceitação de OPA pode ser violado pelo accionista da sociedade visada ou pelo oferente, sendo que, no caso das promessas unilaterais de aceitação de OPA, apenas poderá ser violado pelo primeiro, porque é o único outorgante que assume obrigações com a celebração do acordo.

---

[755] Na doutrina e jurisprudência francesas, alcança-se um resultado similar através da figura da *collusion frauduleuse* (cf. VIANDIER, *OPA* cit., p. 137). Analisar-se-á esta figura mais adiante quando se abordar o tema do incumprimento do acordo de aceitação de OPA resultante da venda a terceiro das acções abrangidas pelo acordo.

[756] A falta de execução da promessa pode não constituir uma violação do contrato de aceitação de OPA por parte do obrigado, nomeadamente quando resulta de uma circunstância não imputável a nenhum dos outorgantes ou de um facto imputável ao contraente que, sendo a promessa unilateral, não se obrigou (*e.g.* o oferente nas promessas unilaterais de aceitação de OPA).

[757] Neste sentido, *vide* ALMEIDA COSTA, *Direito* cit., pp. 438-439.

[758] Neste sentido, *vide* ANTUNES VARELA, *Das obrigações* cit., I, p. 373.

II. Embora se encontre submetido ao regime geral do não cumprimento das obrigações, existem particularidades relevantes a propósito da execução específica e da resolução do contrato que resultam, por um lado, do facto de estarmos perante um acordo que assume a estrutura típica de um contrato-promessa (que só por si já apresenta especificidades face ao regime geral[759]) e, por outro lado, pelo facto de ele interagir directamente com um instituto – a OPA – que tem um conjunto de normas, na maioria dos casos imperativas, e que contende directamente com o mercado e os investidores. Urge, portanto, analisar os caminhos que se abrem ao lesado, oferente ou accionista da sociedade visada, face ao incumprimento deste acordo.

5.1 Incumprimento do accionista da sociedade visada

I. Os mecanismos de reacção do oferente, beneficiário da promessa, perante o incumprimento da promessa por parte do accionista da sociedade visada variam consoante a modalidade da violação do acordo de aceitação.

Comecemos pelo caso mais simples: a recusa da emissão da declaração de aceitação de OPA, nos termos do art. 126º, nº 1 do Cód.VM. Neste caso, o oferente teria, em teoria e à semelhança de um normal contrato-promessa, duas possibilidades de reacção: a execução específica e a resolução do contrato.

A execução específica pressupõe a mora e não o incumprimento definitivo[760]. Através daquela acção o credor manifesta a vontade de ainda obter a prestação devida, o que equivale a dizer, que o credor considera como simples atraso a violação do contrato por parte do devedor e, por isso, insiste no cumprimento retardado[761]. Ela dá "satisfação *in natura* ao interesse primário do credor". Assim,

---

[759] Cf. ALMEIDA COSTA, *Direito* cit., p. 416.

[760] Neste sentido, vide HENRIQUE MESQUITA, *Obrigações e ónus reais*, Almedina, Coimbra, p. 154; CALVÃO DA SILVA, *Sinal* cit., p. 140; ALMEIDA COSTA, *Direito* cit., p. 416; MENEZES LEITÃO, *Direito* cit., p. 227; GRAVATO MORAIS, *Contratos-promessa* cit., p. 109. Esta é também a posição largamente maioritária da jurisprudência portuguesa (cf. Acórdãos do STJ de 4 de Março de 2008, disponível em www.dgsi.pt, de 5 de Março de 1996 (in CJ STJ, 1996, I, p. 115), de 4 de Fevereiro de 1992 (in BMJ, nº 414, p. 448) e de 15 de Fevereiro de 1990 (in *Actualidade Jurídica*, 1990, nº 7). Contra, vide MENEZES CORDEIRO, *O novíssimo regime do contrato-promessa*, in Estudos de Direito Civil, vol. 1, 1994 (2ª reimpressão), p. 85; JANUÁRIO GOMES, *Em tema de contrato-promessa*, Almedina, Lisboa, 1990, p. 17.

[761] Cf. CALVÃO DA SILVA, *Sinal* cit., p. 140. Aliás, a execução específica é, em última instância, no plano funcional, a mesma coisa que a acção de cumprimento, a única diferença é que esta se dirige à condenação do devedor no adimplemento da prestação, enquanto aquela produz imediatamente os efeitos da declaração negocial do faltoso (sentença constitutiva). O legislador português seguiu a solução consagrada no art. 2932º do *Codice Civile* e a doutrina de CHIOVENDA e POTHIER e não a *fictio*

se já não for possível o cumprimento da prestação ou se houve uma violação irreversível da promessa, não poderá haver lugar à execução específica. No caso dos acordos de aceitação de OPA, essa situação é muito provável, na medida em que, quando a sentença for proferida, o processo de OPA já terá, numa situação normal, terminado e o accionista não poderá emitir a sua declaração de aceitação (que é a declaração negocial do faltoso) no prazo da oferta. Como o prazo da proposta negocial inerente à OPA (e na qual se insere a declaração negocial do oferente) já terminou e a sentença de execução específica tem efeitos constitutivos, isto é, produz efeito *ex nunc*[762], o oferente não poderá recorrer ao expediente da execução específica. O cumprimento da promessa não é possível pois o prazo de duração da declaração negocial (ou mais correctamente proposta negocial) do promitente-oferente, consubstanciado na OPA, e o prazo de duração da oferta (em que os destinatários podem aceitar a proposta negocial) e respectiva liquidação já terminaram, não podendo a emissão da declaração negocial do promitente faltoso (accionista) produzir os efeitos do contrato prometido: a transmissão da propriedade das acções que se efectivaria na liquidação da OPA.

E se o oferente entretanto lançar nova OPA, prometer lançar nova OPA ou lançar uma nova oferta condicionada ao facto de o tribunal emitir uma sentença que produza os efeitos da declaração negocial do faltoso, será admissível o recurso ao mecanismo da execução específica?

Tudo dependerá da situação concreta. Antecipamos, contudo, várias dificuldades jurídicas e práticas, algumas relacionadas com a admissibilidade da promessa do oferente de lançamento de OPA ou com o registo pela CMVM de uma oferta sujeita àquela condição. Mesmo que o oferente tivesse lançado entretanto uma nova oferta, seria muito pouco provável que o trânsito em julgado da sentença viesse a coincidir com o período de aceitação da OPA e não me parece ser possível sustentar que a sentença produziria os efeitos da declaração negocial de forma diferida apenas no momento em que fosse lançada nova OPA sobre a sociedade visada. A sentença que o tribunal profere e que produz os efeitos da declaração negocial tem de se reportar a uma determinada oferta presente, não a uma oferta futura, sob pena de a declaração negocial não corresponder exacta-

---

iuris prevista no § 894 do Código de Processo Civil alemão (Z.P.O.), segundo a qual o devedor é condenado na emissão da declaração de vontade, tendo-se esta como emitida no momento do trânsito em julgado da sentença caso o devedor não cumpra.

[762] Cf. CALVÃO DA SILVA, *Sinal* cit., p. 152; GRAVATO MORAIS, *Contratos-promessa* cit., p. 127; acórdão do STJ de 1 de Março de 2007, disponível em *www.dgsi.pt*.

mente à declaração relativa ao contrato-prometido. Seria, ao invés, uma declaração de aceitação de uma OPA futura que pode ser objecto de outro acordo de aceitação de OPA[763].

II. Não obstante estas dificuldades práticas que quase inviabilizam o recurso ao mecanismo da execução específica, vejamos se os demais requisitos do mesmo se encontram verificados.

O recurso à execução específica exige que não haja convenção em contrário das partes (art. 830, n.º 1 do CC), sendo que, entende-se haver convenção em contrário, se existir sinal ou tiver sido fixada uma pena para o caso de não cumprimento da promessa (art. 830.º, n.º 2 do CC)[764]. Deste modo, se as partes tiverem expressamente afastado a possibilidade de execução específica no acordo de aceitação de OPA, não poderão recorrer à mesma. Quanto à existência de sinal, cumpre referir que, nos acordos de aceitação de OPA, não há lugar ao pagamento de sinal, na medida em que o pagamento do preço é efectuado no momento de liquidação da OPA à semelhança do que se sucede com os demais destinatários da oferta. Já em relação à fixação de uma pena para o caso de não cumprimento da promessa, é frequente que as partes fixem um determinado montante a pagar em caso de incumprimento (*e.g.* cláusula penal) e que esse montante seja elevado para desincentivar o incumprimento. Neste caso, o oferente não poderá recorrer à execução específica excepto se conseguir ilidir a presunção decorrente do art. 830.º, n.º 2 do CC[765]. Para este efeito, será relevante a existência de uma cláusula no acordo de aceitação de OPA que preveja expressamente essa possibilidade (não obstante a existência de cláusula penal)[766].

---

[763] A sentença tem de produzir as mesmas consequências/efeitos da regular emissão da declaração negocial (cf. CALVÃO DA SILVA, *Sinal* cit., p. 109; GRAVATO MORAIS, *Contratos-promessa* cit., p. 127).

[764] Nestes casos, presume-se que as partes quiseram que esse fosse o critério de reparação e a única consequência do inadimplemento (cf. ALMEIDA COSTA, *Direito* cit., p. 417; ANTUNES VARELA, *Das obrigações* cit., I, pp. 340; 342; GRAVATO MORAIS, *Contratos-promessa* cit., p. 113).

[765] Com efeito, é entendimento doutrinal e jurisprudencial pacífico que a presunção prevista no art. 830.º, n.º 2 do CC é uma presunção *iuris tantum* (art. 350.º, n.º 2 do CC) (cf. ALMEIDA COSTA, *Direito* cit., p. 417; ANTUNES VARELA, *Das obrigações* cit., I, pp. 340; 342; GRAVATO MORAIS, *Contratos-promessa* cit., p. 114; acórdão do STJ de 26 de Janeiro de 2006, disponível em *www.dgsi.pt*).

[766] Neste sentido, *vide* GRAVATO MORAIS, *Contratos-promessa* cit., p. 114; acórdão da RLx de 20 de Maio de 2008 e acórdão da RPt de 15 de Outubro de 2002, disponíveis em *www.dgsi.pt*. Os outros factos que a jurisprudência tem considerado serem susceptíveis de ilidir a presunção do art. 830.º, n.º 2 do CC não são aqui aplicáveis, nomeadamente a tradição da coisa prometida vender (cf. Acórdão da RPt de 20 de Janeiro de 2005, disponível em *www.dgsi.pt*; Acórdão da RPt de 15 de Maio de 1998

A execução específica só será admissível se a tal não se opuser a natureza da obrigação assumida (art. 830º, nº 1 do CC). O legislador pretende excluir a execução específica nas promessas que, pela natureza pessoal ou infungível da prestação prometida e os interesses em jogo (*e.g.* promessa de doação[767], de trabalho[768], de sociedade, de empreitada[769]), não se coadunam com a realização coactiva do contrato prometido (constituição *dictamine iudicis* do vínculo negocial) ou naquelas cujo carácter indisponível de determinados direitos (*e.g.* perfilhar alguém) obsta à validade do contrato promessa[770], ou ainda nas promessas em que, para a perfeição do contrato, não basta o mútuo consenso necessário um acto material de entrega da *res* (*e.g.* promessa de comodato, promessa de mútuo) existindo sempre a livre decisão das partes até à consumação do acto[771]. No caso dos acordos de aceitação de OPA, a natureza da obrigação assumida não se parece opor à execução específica. A única especificidade da declaração negocial é o facto de ser dirigida a intermediário financeiro[772] (art. 126º, nº 1 do Cód.VM).

(cf. BMJ, nº 477, 1998, p. 564; no mesmo sentido, *vide* GRAVATO MORAIS, *Contratos-promessa* cit., pp. 114-115; BRANDÃO PROENÇA, *Do incumprimento do contrato-promessa bilateral. A dualidade execução específica-resolução*, Coimbra, 1987, pp. 54-55).

[767] Cf. ALMEIDA COSTA, *Direito* cit., p. 422; GRAVATO MORAIS, *Contratos-promessa* cit., p. 113; acórdão do STJ de 21 de Novembro de 2006, disponível em www.dgsi.pt.

[768] Cf. ROMANO MARTÍNEZ, *Direito do trabalho*, 4ª edição, Coimbra, 2008, pp. 435-439; 342; ANTUNES VARELA, *Das obrigações* cit., I, p. 366; GRAVATO MORAIS, *Contratos-promessa* cit., p. 118.

[769] Cf. ANTUNES VARELA, *Das obrigações* cit., I, p. 366; GRAVATO MORAIS, *Contratos-promessa* cit., p. 119.

[770] Cf. ANTUNES VARELA, *Das obrigações* cit., I, p. 366.

[771] Cf. ALMEIDA COSTA, *Direito* cit., p. 423; ANTUNES VARELA, *Das obrigações* cit., I, p. 366; GALVÃO TELLES, *Manual dos contratos em geral*, Refundido e actualizado, 4ª edição, Coimbra, 2002, p. 223; GRAVATO MORAIS, *Contratos-promessa* cit., p. 117.

[772] Conforme referido anteriormente, na ausência de norma legal que determine qual o intermediário financeiro a quem deve ser dirigida a declaração de aceitação, os oferentes têm, nos respectivos prospectos, referido que a mesma pode ser dirigida a qualquer intermediário financeiro, nomeadamente sociedade corretora, sociedade financeira de corretagem e ao balcão de qualquer intermediário financeiro habilitado a prestar o serviço de registo e depósito de valores mobiliários (cf. prospecto das OPAs do BCP sobre o BPI e da CSN sobre a Cimpor). Nalguns casos, limitou-se o círculo de intermediários financeiros àqueles que sejam membros do mercado regulamentado no qual se encontram admitidas à negociação as acções ou junto dos quais os destinatários tenham as suas contas de registo individualizado (cf. prospecto da OPA da Sonae sobre a PT). No ordenamento jurídico alemão, a WpÜG não fixa qualquer regra quanto ao destinatário da declaração, pelo que se entende que a declaração deve ser dirigida ao oferente ou à entidade que esteja expressamente indicada nos documentos da oferta para o efeito, sendo a declaração enviada, por norma, através do banco depositário (cf. HASSELBACH, in HIRTE/BÜLOW (hrsg.), *Kölner* cit., § 22 Rdn. 37; SANTELMANN, in STEINMEYER/HÄGER, *WpÜG* cit., § 21 Rdn. 41). Em Itália, o TUF não fixa qualquer regra mas o

Uma vez recebida a declaração de aceitação pelo intermediário financeiro, este está obrigado a transmiti-la, por norma no mesmo dia, ao intermediário financeiro do oferente responsável pelos serviços de assistência na OPA, sendo esta comunicação meramente executória da declaração negocial do destinatário da oferta que aceita a proposta negocial vertida no documento da OPA. O mesmo raciocínio é válido para a própria liquidação da oferta[773].

Em conclusão, é possível que os requisitos da execução específica estejam verificados, mas, na prática, o recurso a este mecanismo de reacção face ao incumprimento do accionista da sociedade visada pode revelar-se inviável, uma vez que o cumprimento da prestação será, na maioria dos casos, impossível por o processo de OPA já ter terminado no momento em que será proferida a sentença que produz os efeitos da declaração negocial.

III. Outra forma de reacção do oferente perante o incumprimento do accionista da sociedade visada é a resolução do acordo de aceitação de OPA. Esta pressupõe o não cumprimento definitivo do contrato[774].

Como nos acordos de aceitação de OPA não existe sinal (porque o preço é pago no momento de liquidação da oferta), a indemnização apura-se de acordo com as regras gerais da responsabilidade civil e tende a cobrir os danos causados

---

art. 40º, nº 6 do Regolamento degli Emittenti estabelece que a aceitação da oferta deve ser feita junto do "oferente e dos respectivos intermediários financeiros ou depositários autorizados prestar serviços de investimento que tenham sido indicados e através do documento de aceitação" (cf. PICONE, *Le offerte pubbliche* cit., p. 88; FALCONE, *Le offerte* cit., p. 99).

[773] Esta situação não difere muito de uma promessa de cessão de quotas ou de acções, em que, após a sentença judicial que produz os efeitos da declaração negocial, ainda é necessário proceder ao registo junto da conservatória do registo comercial (cessão de quotas) ou uma comunicação à sociedade, no caso de acções tituladas nominativas, ou ao intermediário financeiro junto do qual a emissão está integrada ou junto do qual estão abertas as contas de registo individualizado, no caso de acções escriturais. A execução específica destas promessas é pacificamente admitida pela jurisprudência nacional (cf. Acórdão do STJ de 8 de Julho de 2003 e da RLx em 22 de Fevereiro de 2007, disponíveis em *www.dgsi.pt*). Em França, a jurisprudência da *Cour de Cassation* relativa à aplicação do art. 1142 do *Code Civile* tem negado, de forma quase uniforme, a execução específica de obrigações de *facere* ou *non facere* e, nessa medida, dos acordos de aceitação de OPA, restando apenas ao oferente exigir uma indemnização pelos danos/interesses (cf. acórdão da *Cour de Cassation*, 3ª civ, 27 de Março de 2008, nº 07-11721; acórdão da *Cassation Com.* de 7 de Março de 1989, in JCP 89, II, 15517; VIANDIER, *OPA* cit., p. 137). A fixação de cláusulas penais neste tipo de acordos procura limitar esta limitação do direito francês (cf. AAVV, *Promesses* cit., p. 18).

[774] Neste sentido, vide ALMEIDA COSTA, *Direito* cit., p. 416; GALVÃO TELLES, *Direito* cit., p. 223; GRAVATO MORAIS, *Contratos-promessa* cit., p. 117.

à outra parte[775]. Por norma, o contrato consagra uma cláusula resolutiva, na qual as partes definem e concretizam as circunstâncias que originam o incumprimento definitivo, revelando os moldes em que tal inadimplemento se verifica[776]. Neste particular, cumpre referir que o termo para a realização da prestação pelo promitente-vendedor (accionista), que as partes farão corresponder ao prazo de aceitação da oferta, é essencial[777] e que, não sendo esta realizada até ao respectivo termo, a prestação torna-se impossível. Para além disso, as partes tenderão a fixar um valor a pagar pela parte faltosa ao lesado em caso de incumprimento, que poderá ser elevada como forma de desincentivar ao incumprimento da promessa e atentos os graves prejuízos económicos, financeiros e reputacionais do oferente[778].

IV. Outra modalidade de violação do acordo de aceitação de OPA consiste na falta de legitimidade superveniente do accionista para o cumprimento do acordo por força da alienação das acções objecto do contrato prometido.

Como o acordo de aceitação de OPA tem mera eficácia obrigacional, o promitente não faltoso (oferente) não pode, neste caso, recorrer à execução específica pois o tribunal não pode, na sentença, substituir o terceiro estranho ao acordo de aceitação de OPA[779]. O promitente não faltoso (oferente) tem apenas

---

[775] Cf. ALMEIDA COSTA, *Direito* cit., p. 427; ANTUNES VARELA, *Das obrigações* cit., I, p. 367

[776] Nas palavras de BAPTISTA MACHADO, "a verificação do evento previsto é apenas um pressuposto da constituição do direito potestativo de, mediante declaração unilateral, operar a resolução do contrato (da relação contratual)" (cf. *Pressupostos da resolução por incumprimento*, João Baptista Machado, Obra dispersa, vol. I, Braga, 1991, p. 185).

[777] É um termo essencial absoluto na terminologia de BAPTISTA MACHADO (cf. *Pressupostos* cit., p. 191), que se verifica, conforme salienta o autor, "sobretudo quando a pontualidade seja essencial para a utilização a que o credor destina a prestação, isto é, seja essencial para os projectos do credor".

[778] No caso *Compagnie européenne de Casinos*, o acordo de aceitação de OPA caducava automaticamente no caso de lançamento de oferta concorrente que fosse «recebida» pela AMF, tendo, contudo, o accionista vinculado pelo acordo (uma pessoa singular da família *Der Krikorian*) de pagar à *Accor Casinos* (oferente beneficiário da promessa) uma indemnização correspondente à diferença entre o preço por acção da oferta concorrente e € 52 (contrapartida por acção da oferta da *Accor Casinos* que aquele accionista se obrigara a aceitar), sendo que essa diferença nunca poderia ser superior a € 5 multiplicado pelo número de acções abrangidas pelo acordo (cf. AAVV, *Promesses* cit., p. 14).

[779] Neste sentido, *vide* ALMEIDA COSTA, *Direito* cit., p. 439; GRAVATO MORAIS, *Contratos-promessa* cit., p. 120. Na jurisprudência, *vide* o acórdão do STJ de 6 de Abril de 1995 (cf. CJ, ano III, t. 2, pp. 31 e ss.).

direito a exigir do promitente faltoso (accionista) uma indemnização pelos danos sofridos, calculada nos termos gerais ou fixada previamente a título de pena convencional (art. 811º do CC). Para impedir esta venda das acções objecto do contrato a um terceiro, o oferente pode estabelecer no acordo de aceitação de OPA que haja um bloqueio[780] da conta de valores mobiliários até ao termo da oferta de modo a impedir a alienação das acções[781] (art. 72º, nº 2 al. a) e nºs 3 e 4 do Cód.VM). Caso não tenha sido celebrado este acordo de bloqueio, o oferente pode interpor uma providência cautelar não especificada se tiver um fundado receio de que o promitente (accionista) aliene as acções objecto do contrato prometido de modo a evitar a alienação das acções a um terceiro[782].

Não obstante a mera eficácia obrigacional do acordo de aceitação de OPA, há casos em que, consubstanciando a actuação do terceiro uma situação de abuso do direito, o oferente (promitente não faltoso) pode, através deste instituto, dirigir-se contra o terceiro adquirente das acções abrangidas pelo acordo de aceitação de OPA. Conforme se referiu em II. 4., nos casos em que esse terceiro é um outro oferente (concorrente), a sua actuação é susceptível de ser qualificada como uma situação de abuso do direito nos termos do art. 334º do CC, porque o oferente, ao exercer a sua liberdade de contratar, excede manifestamente os limites impostos pelo princípio da boa fé, violando a atitude de lealdade mínima na concorrência e na transparência e verdade para com o mercado e os investidores que se exige ao oferente em concorrência. A responsabilização no quadro da proibição do exercício abusivo do direito pode revestir diversas formas: a forma de indemnização pecuniária ou a restauração natural, que pode envolver, se for caso disso, o dever de entregar ao credor lesado o objecto da aquisição abusivamente

---

[780] Em França, esta operação designa-se *séquestre*. A acções são "colocadas" em *séquestre* com o objectivo de as transmitir no contexto de OPA assim que esta seja lançada pelo oferente e desde que esta preencha as condições acordadas com o accionista. O *séquestre* pode também visar impedir a execução de qualquer decisão do titular das acções que seja contrária ao acordo de aceitação de OPA celebrado pelo mesmo (cf. AAVV, *Promesses* cit., p. 18).

[781] Nos termos do art. 72º, nº 4 do Cód.VM, a entidade registadora fica proibida, durante o prazo de vigência do bloqueio, de transferir os valores mobiliários bloqueados. Este bloqueio é um bloqueio convencional e não obrigatório ao contrário das situações previstas no art. 72º, nº 1 do Cód.VM.

[782] Neste sentido, *vide* acórdão do STJ de 11 de Novembro de 1997 quanto à determinação de uma providência cautelar não especificada, visando impedir a alienação a terceiro de um prédio, objecto do contrato prometido (cf. CJ, ano V, t. 3, pp. 130 e ss.). No mesmo sentido, *vide* também o acórdão da RPt de 21 de Outubro de 2008, disponível em www.dgsi.pt e, na doutrina, ALMEIDA COSTA, *Direito* cit., p. 440, nota 1; GRAVATO MORAIS, *Contratos-promessa* cit., p. 120

feita por terceiro, o que, no caso dos acordos de aceitação de OPA, corresponde às acções do accionista (promitente faltoso) abrangidas pelo acordo[783].

5.2 Incumprimento do oferente

I. Se o oferente tiver assumido obrigações no acordo de aceitação de OPA, em particular a obrigação de lançamento de OPA nos termos acordados com o accionista da sociedade visada, poderá também haver lugar a um não cumprimento do oferente.

Os meios de reacção do accionista da sociedade visada face ao incumprimento do oferente limitam-se à indemnização pelos danos sofridos, uma vez que, sendo a obrigação em incumprimento a obrigação de lançamento de OPA, esta é insusceptível de execução específica devido à sua natureza.

II. O oferente tem de realizar o anúncio preliminar, solicitar o registo da oferta, elaborar e divulgar o anúncio de lançamento, elaborar e divulgar o prospecto da OPA, contratar o intermediário financeiro e tomar as medidas necessárias para a liquidação da oferta. Ora, este conjunto complexo de actos materiais a realizar pelo oferente não são susceptíveis de ser substituídos por uma

---

[783] Cf. RUI ALARCÃO, *Direito* cit., p. 74; ALMEIDA COSTA, *Direito* cit., pp. 96-97. No mesmo sentido, a doutrina e jurisprudência francesas, apesar de negarem a possibilidade de execução específica dos acordos de aceitação de OPA (na medida em que consideram inadmissível a execução específica de obrigações de *facere* ou de *non facere*), admitem que nos casos de *collusion frauduleuse*. A *collusion frauduleuse* verifica-se nos casos em que o beneficiário da promessa consegue provar que o terceiro adquirente tinha conhecimento do acordo de aceitação de OPA e que, aproveitando-se do facto de ser um terceiro a esse acordo, adquiriu as acções ao promitente-vendedor accionista, inviabilizando o cumprimento do acordo de aceitação de OPA. Sendo este acordo publicado, o terceiro adquirente terá, em princípio, conhecimento do mesmo e o seu comportamento deve ser considerado fraudulento pois celebra um contrato de aquisição de acções com uma parte cujo cumprimento implicará a violação das obrigações assumidas naquele acordo de aceitação de OPA (cf. VIANDIER, *OPA* cit., p. 137). Durante muito tempo, não obstante a constatação da existência de uma situação de *collusion frauduleuse* entre o promitente faltoso e o terceiro, não era possível substituir o demandado pelo 3º adquirente e, desse modo, permitir que o promitente não faltoso adquirisse o bem (cf. acórdão da *Cass. Com.* de 7 de Janeiro de 2004, in RJDA 7/04, nº 840). Mais recentemente, num acórdão da *Cour de cassation* que se debruçava sobre o pacto de preferência relativo a bens imóveis, admitiu-se a referida substituição do demandado pelo terceiro adquirente dos bens (cf. acórdão da *Cass. Ch. Mixte* de 26 de Maio de 2006, nº 240, in RJDA 8-9/06, nº 883; CHAUVIN, *Quelle sanction en cas de violation d'un pacte de préférence?*, in RJDA 8-9/06, p. 796). Defendendo a aplicação desta orientação jurisprudencial aos acordos de aceitação de OPA, *vide* VIANDIER, *OPA* cit., p. 137.

sentença, esta não pode produzir os efeitos da declaração negocial do promitente faltoso. Não me parece igualmente sustentável afirmar que a sentença pode apenas produzir os efeitos relativos à publicação do anúncio preliminar e que, após a publicação deste, todos os actos do oferente resultam de obrigações legais que visam dar execução à proposta negocial vertida no anúncio preliminar da OPA dirigida aos accionistas da sociedade visada.

Como nota final, deve referir-se que a possibilidade de incumprimento do oferente é relativamente remota, pois, quando aceita esta obrigação, o oferente terá, por norma, assegurado todos os meios para a realização da sua oferta. Conforme se referiu *supra*[784], a assunção dessa obrigação determinará, em princípio, a obrigação de realização do anúncio preliminar (art. 175º, nº 1 do Cód.VM).

6. Qualificação Jurídica

I. Tal como mencionado em II. 1.4.1 *supra*, os acordos de aceitação de OPA apresentam a estrutura contratual típica de um contrato-promessa (*vorvertrag*; *contratto preliminare*), mas não é claro se esse facto é suficiente para a qualificação do mesmo como um verdadeiro contrato-promessa.

Não se pode deixar de reconhecer que o acordo de aceitação de OPA envolve, por um lado, um conjunto importante de deveres secundários e acessórios de conduta (*e.g.* dever de não alienação das acções e o dever de cooperação com o oferente) e, por outro lado, a renúncia ao direito de revogação da declaração de aceitação da oferta, os quais, a par das especificidades do cumprimento da promessa por parte do accionista que é efectuado no contexto de OPA, mais concretamente no prazo da oferta, e através de uma declaração enviada ao intermediário financeiro, nos afastam um pouco do núcleo central caracterizante do contrato-promessa. Os primeiros aproximam-nos da figura do acordo parassocial *lato sensu*[785] e os segundos conduzem-nos a um contrato atípico que *grosso modo* seria o equivalente de um contrato de "tomada firme" na perspectiva de uma oferta pública de aquisição. Todavia, estes elementos não me parecem suficientes para descaracterizar o acordo de aceitação de OPA como um contrato promessa bilateral ou unilateral, consoante o mesmo seja constitutivo, ou não, de obrigações para o oferente. Isso não nos impede de admitir que, nalguns casos, este acordo pode apresentar-se como um contrato misto em que há uma

---

[784] Sobre esta obrigação, *vide* II., 1.4.1 *supra*.
[785] Levantando a questão, *vide* QUATRARO/PICONE, *Manuale* cit., p. 141; comunicação da CONSOB de 16 de Novembro de 2000 nº DCL/DEM/85385.

subordinação à prestação principal: aceitação da OPA (celebração do contrato definitivo)[786].

II. O dever de não alienação das acções abrangidas pelo acordo de aceitação de OPA, o dever de não negociar com outros oferentes e o dever de cooperação do accionista promitente com o oferente são meros deveres secundários ou acessórios de conduta que decorrem da obrigação principal assumida pelo accionista – a aceitação da OPA através da emissão de declaração de aceitação.

A não alienação das acções visa exclusivamente assegurar que o promitente é titular do bem objecto mediato do contrato-promessa de aceitação de OPA e objecto imediato do contrato prometido, de modo a que possa cumprir com a obrigação assumida no primeiro. Caso contrário, o accionista não poderá cumprir a promessa, estando numa situação de ilegitimidade superveniente. O mesmo se diga do dever de não negociar com potenciais oferentes concorrentes ou contrapartes, o qual é um dever acessório de conduta que, conforme referido em II. 1.4.4, resulta da aplicação do princípio da boa-fé no cumprimento do contrato (art. 762º do CC).

Em relação ao dever de cooperação, recorde-se que o seu âmbito é muito variado e pode abranger os simples deveres de conteúdo negativo (*e.g.* obrigação de não lançamento de OPA concorrente[787]) ou deveres de conteúdo positivo mais complexos, que vão desde a manifestação explícita de apoio à OPA (*e.g.* participação numa conferência pública comum relativa ao anúncio da OPA, da participação em *road-shows* ou da publicação de declarações individuais de apoio à OPA[788]) a acordos de voto ou à obrigação de manutenção de uma determinada estratégia de gestão até à conclusão da oferta[789]. Se, quanto aos primeiros, ainda é possível considerá-los como deveres acessórios de conduta decorrentes do princípio da boa-fé na execução das obrigações, já quanto aos segundos, em particular acordos de voto e os relativos à gestão da sociedade visada, eles têm de resultar de um acordo das partes e não são meras emanações do princípio da boa-fé. Neste caso, é inegável que o acordo de aceitação de OPA assume feições

---

[786] Neste sentido, *vide* QUATRARO/PICONE, *Manuale* cit., p. 141; comunicação da CONSOB de 16 de Novembro de 2000 nº DCL/DEM/85385; RIEGEN, *Rechtsverbindliche* cit., p. 716

[787] Nos acordos irrevogáveis de aceitação de OPA celebrados entre *Thomas Cook*, *West LB* e *Preussag AG*, accionistas da *First Choice Holidays plc*, e a *Airtours* (oferente), aqueles obrigaram-se a não lançar oferta concorrente sobre a sociedade visada (cf. documento da oferta 30/04/1999, p. 8).

[788] Cf. RIEGEN, *Rechtsverbindliche* cit., p. 716.

[789] Cf. VIVES RUIZ, *Las operaciones* cit., p. 168; RIEGEN, *Rechtsverbindliche* cit., p. 716.

próximas às de um acordo parassocial relativamente às obrigações do acordo de voto e de gestão da sociedade visada. Ainda assim, julgo que tal não é suficiente para se afirmar que o acordo de aceitação de OPA deve ser qualificado como um acordo parassocial. Estamos ante um contrato misto[790] (ou *rectius* um contrato combinado[791]) em que a prestação global de uma das partes (o accionista) se compõe de prestações integradoras de contratos diferentes, em particular do contrato-promessa e de um acordo parassocial, mas em que há um nexo de subordinação da segunda em relação à primeira. O que partes pretendem verdadeiramente celebrar é um contrato-promessa de alienação das acções do accionista no âmbito de uma OPA a lançar pelo oferente e, para salvaguardar o sucesso dessa oferta e o valor económico das acções detidas pelo accionista, fixam, simultaneamente como cláusulas acessórias ou secundárias, aqueles elementos próprios de uma outra espécie contratual. Há uma prestação principal nítida (aceitação da OPA) ao lado de uma ou várias prestações acessórias, pelo que o regime dos elementos acessórios ou secundários só será de observar na medida em que não colida com o regime da parte principal, fundamental ou preponderante do contrato[792].

---

[790] O contrato misto é o "contrato no qual se reúnem elementos de dois ou mais negócios, total ou parcialmente regulados na lei" (cf. Antunes Varela, *Das obrigações* cit., I, p. 279; Almeida Costa, *Direito* cit., p. 372).

[791] O contrato combinado é uma modalidade do contrato misto em que a prestação global de uma das partes compreende duas ou mais prestações principais, respeitantes a diversos tipos de contratos, e a contraparte se vincula a uma prestação unitária (cf. Almeida Costa, *Direito* cit., p. 374; Antunes Varela, *Das obrigações* cit., I, p. 286).

[792] Cf. Antunes Varela, *Das obrigações* cit., I, p. 293.

Capítulo III
Acordos Irrevogáveis de Não-Aceitação de OPA

1. Anatomia dos acordos irrevogáveis de não-aceitação de OPA
1.1 Conceito e origem

I. Como a própria nomenclatura o indicia, os acordos irrevogáveis de não--aceitação de OPA são a antinomia dos acordos de aceitação de OPA, embora os seus objectivos finais possam ser idênticos. Os acordos irrevogáveis de não--aceitação de OPA podem definir-se como acordos celebrados entre um actual ou putativo oferente e os accionistas da sociedade visada, nos termos do qual estes se obrigam, de forma irrevogável, a não aceitar a actual ou potencial OPA lançada por aquele oferente[793].

Estes acordos, embora inserindo-se no conceito de *irrevocable undertakings* ou *irrevocable commitments*, são normalmente designados de *negative irrevocables* ou *negative commitments* nos países anglo-saxónicos, enquanto, nos países de matriz continental, as expressões mais comuns são, para além daqueles anglicismos, *NichtAnnahmevereinbarung* ou *impegno a non aderire ad un'OPA* ou *compromiso irrevocable de non-venta en OPA*[794].

II. Os acordos irrevogáveis de não-aceitação de OPA são menos frequentes que os acordos de aceitação de OPA e fizeram a sua aparição na prática do mer-

---

[793] Neste sentido, *vide* RIEGEN, *Rechtsverbindliche* cit., p. 710; QUATRARO/PICONE, *Manuale* cit., p. 141.
[794] Para uma definição destes acordos e respectiva terminologia, no direito inglês, *vide* RYDE/TURNILL, *Share* cit., p. 83; no direito estadunidense, *vide* GORDON/DAVIS/UHRYNUK, *Deal protection* cit., p. 312; no direito alemão, RIEGEN, *Rechtsverbindliche* cit., p. 710; no direito italiano, *vide* QUATRARO/PICONE, *Manuale* cit., p. 141; no direito espanhol, *vide* GÓMEZ-ACEBO, *Comentario a los artículos 40º* cit., p. 880.

cado de capitais num momento posterior. As primeiras referências aos acordos irrevogáveis de não-aceitação de OPA verificaram-se, à semelhança dos acordos de aceitação, no Reino Unido[795]. Inicialmente, a *Rule* 5.1. do City Code, que fixava restrições à aquisição de acções que conduzisse à ultrapassagem do limiar de 30% de direitos de voto na sociedade visada (sistema da OPA prévia), incluía no conceito de *"rights over shares"* (relevante para efeitos da norma em apreço) quaisquer direitos adquiridos por uma pessoa em resultado de um *"irrevocable commitment to accept an offer to be made by him"*. Isto significava que a *Rule* 5.1 não abrangia os acordos irrevogáveis de não-aceitação de OPA[796]. Em 2006, a *Rule* 5.1 foi alterada e passou a estabelecer que, para efeitos dessa disposição, considera-se que o "número de acções nas quais uma pessoa tem interesse inclui quaisquer acções em relação às quais tenha recebido um *irrevocable commitment*"[797]. Simultaneamente, foi introduzida uma definição de *irrevocable commitment* no City Code que abrange quer os compromissos de aceitação de OPA quer os compromissos de não-aceitação de OPA, sendo assim ambos relevantes para efeitos da *Rule* 5.1[798].

Nos Estados Unidos da América, e à semelhança do referido a propósito dos acordos de aceitação de OPA[799], estes acordos, não tiveram a relevância que assu-

---

[795] Vide os seguintes exemplos de *negative irrevocables*: acordos irrevogáveis de não-aceitação da OPA lançada pela *SAT & Company J.S.C.* sobre a *ShalkiyaZink N.V.* relativos a diversos accionista desta sociedade que, em conjunto, detinham 13,9% do capital social (cf. comunicação do oferente de 24 de Março de 2011, p. 2); acordos irrevogáveis de não-aceitação da OPA lançada pela *Astaire Securities plc* sobre a *StockCube plc* celebrado entre o oferente e *DSF & VGF Limited*, que abrangia cerca de 13,8% do capital social (cf. comunicação do acordo de 19 de Março de 2010, p. 2), e entre o oferente e o *trustee* do *Sir Cercil Burney Will Trust*, que abrangia cerca de 20,2% do capital social (cf. comunicação do acordo de 19 de Março de 2010, p. 2); acordos irrevogáveis de não-aceitação da OPA lançada pela *FSU Investments Limited* sobre a *SDI Group* plc celebrado entre o oferente e diversos accionistas que detinham, em conjunto, cerca de 21,12% do capital social da sociedade visada (cf. documento da oferta de 16 de Julho de 2010); acordos irrevogáveis de não-aceitação da OPA lançada pela *Medipro Management SA* sobre a *Metrodome Group plc* celebrados entre o oferente e a *TVL-Loonland AG*, que detinha 11,6% do capital social da sociedade visada, e ainda entre o oferente e os administradores da sociedade visada que detinham acções desta (as quais representavam que, em conjunto, 2,7% do capital social) (cf. documento da oferta de 16 de Maio de 2008, pp. 2 e 4).
[796] Cf. RYDE/TURNILL, *Share* cit., p. 83.
[797] Cf. RYDE/TURNILL, *Share* cit., p. 83.
[798] Cf. RYDE/TURNILL, *Share* cit., p. 83.
[799] Cf. II., 1.1 *supra*.

miram no mercado de capitais britânico[800]. A explicação desse fenómeno reside, por um lado, na maior dispersão accionista das sociedades cotadas norte-americanas, pois numa sociedade com maior dispersão accionista, o número de declarações de não-aceitação que é necessário obter para que estas tenham uma relevância prática efectiva é muito mais elevado, e, por outro lado, no impacto que a decisão do caso *Omnicare* teve na prática norte-americana, em particular as incertezas que criou quanto à validade dos mesmos.

Nos ordenamentos jurídicos continentais, e à semelhança dos países anglo-saxónicos, a utilização dos acordos irrevogáveis de não-aceitação de OPA é menos frequente quando comparada com os acordos de aceitação de OPA e a sua aparição foi mais tardia do que a destes. Não obstante, é interessante verificar que a receptividade das autoridades de supervisão aos primeiros serve de argumento para sustentar a admissibilidade dos segundos[801]. A sua utilização parece ser mais usual em países como a Alemanha[802] e a Itália[803] e menos frequente em Espanha ou em França[804].

III. Entre nós, os acordos de não-aceitação de OPA não são muito frequentes, porque, nalguns casos, há o receio de imputação de direitos de voto e de questões conexas que os mesmos possam gerar.

No entanto, há um exemplo deste tipo de acordos no âmbito da OPA obrigatória lançada pela Ongoing, S.G.P.S., S.A. sobre a Media Capital, S.G.P.S., S.A., cujo dever de lançamento foi constituído na sequência da celebração de um contrato de compra e venda de acções e de um acordo parassocial entre o oferente e a Vertix, S.G.P.S., S.A., sociedade detentora de cerca de 94,69% do capital social

---

[800] Sobre a prática do mercado de capitais norte-americano neste domínio, *vide* DAVIS/BALL-DODD, *Deal protection mechanisms in the US and in the UK*, in AAVV, *Mergers and Acquisitions Handbook 2008//2009*, London, 2009, p. 17.
[801] Neste sentido, *vide* RIEGEN, *Rechtsverbindliche* cit., p. 710.
[802] *Vide* os seguintes exemplos de *negative irrevocables*: acordos irrevogáveis de não-aceitação da OPA lançada pela *WCM Beteiligungs- und Grundbesitz AG* sobre a *SER Grundbesitz und Beteiligungs AG* celebrado entre o oferente e o accionista maioritário (cf. *Bundesanzeiger* de 27 de Janeiro de 2000); acordo irrevogável de não-aceitação da OPA lançada pela *REW AG* sobre a *VEW Dortmund AG* celebrado entre o oferente e várias câmaras municipais e outras entidades públicas, que abrangia cerca de 14,1% do capital social (cf. *Bundesanzeiger* de 8 de Março de 2000, p. 2). Para mais desenvolvimentos, *vide* RIEGEN, *Rechtsverbindliche* cit., p. 710.
[803] Sobre os acordos de não-aceitação de OPA no mercado de capitais italiano, *vide* QUATRARO/PICONE, *Manuale* cit., pp. 140-141.
[804] Nestes países, há poucas ou nenhumas referências a este tipo de acordos.

da Media Capital, tendo em vista a aquisição pela primeira de até 35% do capital social desta sociedade. No âmbito destes acordos e face ao dever de lançamento de OPA decorrente dos mesmos e à intenção das partes de limitar a aquisição da Ongoing a até 35% do capital da Media Capital, a Ongoing e a Vertix acordaram que esta não iria aceitar a OPA lançada por aquela, bloqueando, para esse efeito, as suas acções[805].

1.2 Modalidades

I. À semelhança dos acordos de aceitação de OPA, é possível distinguir entre diferentes modalidades de acordos irrevogáveis de não-aceitação de OPA com base nos seguintes critério: o sujeito (que se designará de critério subjectivo), o momento em que a declaração é emitida (que se designará de critério temporal), o número e modo de articulação das declarações negociais (que se designará de critério da declaração negocial) e a finalidade (que se designará de critério finalístico).

Se atendermos ao critério subjectivo, isto é, ao sujeito que emite a declaração de não-aceitação de OPA a favor do putativo oferente, é possível distinguir entre as declarações de não-aceitação emitidas por accionistas de controlo, as emitidas por accionistas sem participação de controlo e as emitidas por membros dos órgãos de administração da sociedade visada.

Os acordos de não-aceitação de OPA celebrados com accionistas de controlo da sociedade são relativamente pouco frequentes e, ao invés dos acordos de aceitação, não são indispensáveis quando a participação do accionista de controlo é superior a metade dos direitos de voto. A intenção deste tipo de acordos é a de, operando uma transmissão do controlo da sociedade visada, efectuá-la de forma prolongada no tempo ou limitá-la a determinada percentagem de capital, reduzindo o esforço financeiro do oferente e possibilitando o lançamento de uma oferta que de outro modo não seria lançada[806]. Simultaneamente, o oferente beneficiaria da derrogação do dever de lançamento, na medida em que a sua oferta seja geral e universal embora o esforço financeiro da mesma não seja efec-

---

[805] Cf. Anúncio preliminar de lançamento de OPA, disponível em *www.cmvm.pt*.
[806] Foi o caso da OPA da Ongoing sobre a Media Capital. Como a Vertix detinha 94,69% do capital social da Media Capital, o esforço financeiro resultante da OPA obrigatória (universal e geral) era apenas de 5,31% do capital enquanto que o esforço financeiro da aquisição da participação de controlo era efectuado em paralelo mas limitado a 35% do capital. Para além disso, as opções de compra em relação à restante participação da Vertix na Media Capital atribuídas pela Vertix à Ongoing permitiam a esta adquirir o remanescente da participação de controlo.

tivamente geral e universal por força das declarações de não-aceitação de OPA entretanto obtidas.

Diferentes dos anteriores, são os acordos celebrados com accionistas que detêm participações qualificadas, mas não de controlo[807]. São o tipo de acordos de não-aceitação de OPA mais frequentes e o seu objectivo não é o de prolongar no tempo a aquisição de uma participação de controlo, é antes o de limitar o esforço financeiro do oferente e/ou assegurar a manutenção na estrutura accionista da sociedade visada de um determinado accionista que é fundamental para a actividade operacional e económica da sociedade visada[808].

Os acordos irrevogáveis de não-aceitação de OPA podem ainda ser celebrados com membros dos órgãos de administração da sociedade visada que são simultaneamente accionista[809]. Esta modalidade de acordos permite, mais do que assegurar a não-aceitação de um número significativo de accionistas e, como tal, limitar o esforço financeiro inerente à oferta, "amarrar" o órgão de administração à OPA a ser lançada, de tal modo que este actue sempre no sentido de recomendar

---

[807] *Vide*, no Reino Unido, os seguintes exemplos de *negative irrevocables*: acordos irrevogáveis de não--aceitação da OPA lançada pela *SAT & Company J.S.C.* sobre a *ShalkiyaZink N.V.* relativos a diversos accionistas desta sociedade que, em conjunto, detinham 13,9% do capital social (cf. comunicação do oferente de 24 de Março de 2011, p. 2); acordos irrevogáveis de não-aceitação da OPA lançada pela *Astaire Securities plc* sobre a *StockCube plc* celebrado entre o oferente e *DSF & VGF Limited*, que abrangia cerca de 13,8% do capital social (cf. comunicação do acordo de 19 de Março de 2010, p. 2), e entre o oferente e o *trustee* do *Sir Cercil Burney Will Trust*, que abrangia cerca de 20,2% do capital social (cf. comunicação do acordo de 19 de Março de 2010, p. 2); acordos irrevogáveis de não-aceitação da OPA lançada pela *FSU Investments Limited* sobre a *SDI Group plc* celebrado entre o oferente e diversos accionistas que detinham, em conjunto, cerca de 21,12% do capital social da sociedade visada (cf. documento da oferta de 16 de Julho de 2010). Na Alemanha, *vide* os acordos irrevogáveis de não-aceitação da OPA lançada pela *WCM Beteiligungs- und Grundbesitz AG* sobre a *SER Grundbesitz und Beteiligungs AG* celebrado entre o oferente e o accionista maioritário (cf. *Bundesanzeiger* de 27 de Janeiro de 2000); acordo irrevogável de não-aceitação da OPA lançada pela *REW AG* sobre a *VEW Dortmund AG* celebrado entre o oferente e várias câmaras municipais e outras entidades públicas, que abrangia cerca de 14,1% do capital social (cf. *Bundesanzeiger* de 8 de Março de 2000, p. 2).

[808] Neste sentido, *vide* o acordo irrevogável de não-aceitação da OPA lançada pela *Medipro Management SA* sobre a *Metrodome Group plc* celebrado entre o oferente e a *TVL-Loonland AG*, que detinha 11,6% do capital social da sociedade visada, e no qual se refere que a manutenção deste accionista na estrutura accionista da sociedade foi considerada fundamental pelo oferente para a operação económica da mesma (cf. documento da oferta de 16 de Maio de 2008, p. 4).

[809] *Vide*, no Reino Unido, o acordo irrevogável de não-aceitação da OPA lançada pela *Medipro Management SA* sobre a *Metrodome Group plc* celebrado entre o oferente e os administradores da sociedade visada que detinham acções desta (as quais representavam, em conjunto, 2,7% do capital social) (cf. documento da oferta de 16 de Maio de 2008, p. 2).

a mesma e de praticar os actos necessários aos objectivos visados (*e.g.* não distribuição de dividendos, não apresentar propostas para a realização de operações extraordinárias ou estratégicas). À semelhança dos acordos de aceitação de OPA celebrados com membros dos órgãos de administração, o oferente assegura que, no relatório sobre a oportunidade e condições da oferta (art. 181º, nº 1 do Cód.VM), o órgão de administração recomendará favoravelmente a sua OPA[810].

II. Se se considerar o critério temporal, isto é, o momento em que o acordo é celebrado, é possível distinguir, à semelhança dos acordos de aceitação de OPA, entre os acordos que são celebrados antes do anúncio preliminar da OPA e os que são celebrados após este anúncio.

Os acordos de não-aceitação de OPA são, por norma, celebrados antes do anúncio preliminar de OPA. Isso explica-se pelo facto dos objectivos visados por este acordo exigirem a sua celebração num momento prévio à tomada de decisão de lançamento, sendo aliás pressuposto da própria decisão. Se o oferente quer limitar o esforço financeiro inerente à sua oferta e se só nessa medida é que poderá lançar esta, seria, no mínimo, irresponsável lançar a OPA e depois procurar obter as declarações de não-aceitação no intuito de limitar o esforço financeiro, pois podia não consegui-lo e, nesse momento, já não seria possível revogar a oferta por força do princípio da irrevogabilidade da oferta.

Os acordos de não-aceitação celebrados já no decurso da OPA são menos frequentes[811] pelos motivos referidos *supra*. Ainda assim, há casos de celebração destes acordos durante a pendência da oferta, sobretudo quando os contactos anteriores com determinados accionistas (que não eram fundamentais para o lançamento da oferta) não puderam ser efectuados anteriormente.

---

[810] Conforme referido em II. 1.2 *supra*, este tipo de acordos levanta questões específicas que não iremos abordar e é muitas vezes analisado como um *deal protection device* autónomo, que tanto surge associado a declarações de não-aceitação de OPA de administradores que são simultaneamente accionistas como surge de forma independente como uma mera obrigação de recomendação favorável da OPA ou, frequentemente, de uma operação de fusão. Sobre estes temas, *vide* ANJA KUHN, *Exclusivvereinbarungen* cit., pp. 229-231.

[811] Cf. ATHANASIOS KOULORIDAS, *The law* cit., p. 198. Nestes casos, a *Rule 4.3* do City Code exige que o *Panel* seja consultado previamente se o oferente pretender contactar um número de pequenos accionistas pessoas singulares e accionistas que sejam pequenas sociedades comerciais. O *Panel* pretende assegurar que esses acordos disponibilizem informação adequada a estes accionistas em relação às obrigações que vão assumir e que lhes seja concedida a possibilidade real de aceitar ou não a assunção dessas obrigações e obter aconselhamento independente se tal for necessário. O assessor financeiro será responsável por assegurar o cumprimento das normas legais e regulamentares aplicáveis nos contactos havidos (cf. ATHANASIOS KOULORIDAS, *The law* cit., p. 198).

III. Se se atender ao critério da declaração negocial, isto é, ao número e modo de articulação das declarações integradoras do negócio de não-aceitação de OPA, é possível distinguir, tal como nos acordos de aceitação de OPA, entre as meras declarações unilaterais de não-aceitação de OPA, os contratos unilaterais de não-aceitação de OPA e os contratos bilaterais de não-aceitação de OPA.

As primeiras são declarações públicas emitidas pelos accionistas da sociedade visada, nas quais declaram não pretender aceitar a OPA actual ou futura do presente ou potencial oferente, sem que este emita qualquer aceitação da declaração efectuada pelo accionista. Estas declarações são ainda menos frequentes do que nos acordos de aceitação de OPA, devido à discutível validade e vinculatividade das mesmas, sobretudo para quem sustente o princípio da tipicidade dos negócios jurídicos unilaterais e devido ao facto de nos acordos de não-aceitação, atentos os objectivos subjacentes aos mesmos, ser imperativo existir uma vinculatividade clara e prévia ao lançamento de OPA.

Os contratos unilaterais de não-aceitação são aqueles em que o accionista se obriga perante um actual ou potencial oferente a não aceitar uma OPA presente ou futura. Neste caso, o oferente aceita a declaração negocial emitida pelo accionista, ficando aquele obrigado perante este, mas o contrato gera apenas obrigações para o accionista e não para o oferente. Caso a oferta não tenha sido anunciada, o potencial oferente não fica, através destes contratos, obrigado a lançar a mesma[812]. É a modalidade mais frequente de acordos de não-aceitação de OPA que surgem normalmente sob a veste jurídica de promessas unilaterais[813].

Por fim, há ainda os contratos bilaterais de aceitação de OPA, nos quais o accionista declara não aceitar uma oferta actual ou futura de um determinado oferente e em que o actual ou potencial oferente assume algumas obrigações que normalmente dizem respeito aos próprios termos do lançamento da oferta ou à gestão futura da sociedade ou ao papel que esse accionista terá na sociedade após a liquidação da oferta. A definição dos termos e condições da OPA pode ter interesse para o accionista porque, apesar de ele não poder aceitar a OPA em virtude da obrigação assumida, beneficia indirectamente da mesma em função da valorização da sua participação. No caso de o oferente assumir determinadas obrigações em relação aos planos de gestão e de estratégia para a sociedade, o accionista poderá pretender que os mesmos sejam espelhados no prospecto da oferta, de

---

[812] Neste sentido, vide RIEGEN, *Rechtsverbindliche* cit., p. 709.
[813] Cf. RYDE/TURNILL, *Share* cit., p. 83.

modo a vincular mais fortemente o oferente em virtude da responsabilidade pelo conteúdo do prospecto (arts. 149º e ss. do Cód.VM), pelo que não será inusual que se anexe uma minuta de prospecto ou de anúncio preliminar ao acordo de não-aceitação de OPA.

IV. Por fim, e segundo o critério finalístico, é possível distinguir entre os acordos de não-aceitação de OPA que visam uma mudança de controlo e os que visam uma exclusão de negociação das acções da sociedade visada.

No presente estudo, iremos só analisar os acordos de não-aceitação que visam a mudança de controlo accionista. Não obstante ser aparentemente contraditória a celebração de acordo de não-aceitação da OPA e o objectivo do oferente adquirir através da OPA o controlo da sociedade visada, na medida em que reduz directamente o sucesso da OPA, a verdade é que estes objectivos não são inconciliáveis, conforme se demonstrará em 1.3 *infra*.

Quanto aos acordos que visam uma exclusão de negociação das acções da sociedade visada, estes são característicos do ordenamento jurídico britânico, em que um dos meios de *delisting* das acções da sociedade cotada é um *share-buy-back* efectuado através de OPA lançada pela própria sociedade cotada[814]. No âmbito desta OPA, a sociedade obtém dos principais accionistas o compromisso de não--aceitação da OPA lançada. Este tipo de acordos extravasa claramente o âmbito do presente estudo, porque não visa facilitar a mudança de controlo accionista, pelo que os mesmos não serão objecto de análise.

1.3 Motivos

I. De um ponto de vista do oferente, o principal motivo da celebração dos acordos de não-aceitação de OPA é o de reduzir o esforço financeiro efectivo que o oferente terá de realizar para lançar a sua OPA.

Com efeito, ao obter as declarações de não-aceitação de OPA, o oferente sabe de antemão que não terá de realizar qualquer esforço financeiro para a aquisição daquelas acções, uma vez que esse accionista está obrigado perante o oferente a não aceitar a oferta. A redução deste esforço financeiro é, na maioria dos casos, fundamental para o lançamento da OPA que, de outro modo, não poderia ser lançada devido à falta de capacidade financeira do oferente. Verifica-se, portanto, um certo paradoxo, pois, querendo o oferente alcançar o con-

---

[814] Sobre estes mecanismos, *vide*, no direito português, PAULO CÂMARA, *Direito* cit., pp. 779 e ss.; REQUICHA FERREIRA, *A perda da qualidade "sociedade aberta"*, Relatório do Curso de Mestrado de Ciências Jurídicos-Bancárias, Seminário de Direito dos Valores Mobiliários, FDL, Lisboa, 2009.

trolo da sociedade através de OPA, necessita para esse efeito que determinados accionistas não a aceitem para que ele próprio esteja em condições de lançar a OPA. Este paradoxo é, no entanto, meramente aparente. O oferente não tem de adquirir todas as acções da sociedade visada para obter o seu controlo, pelo que, se obtiver a percentagem de aceitações necessárias para alcançar o sucesso pretendido, a celebração daqueles acordos de não-aceitação da OPA não é contraditória com a aquisição de controlo pretendida. A não-aceitação não tem forçosamente que significar o insucesso da OPA, sobretudo quando ela não representa uma hostilidade para com a oferta ou uma discordância com os termos oferecidos, mas antes um acordo com o próprio oferente para viabilizar o seu lançamento. Nestes casos, os acordos são um mecanismo muito útil para alcançar o sucesso da oferta.

Assim, os acordos de não-aceitação de OPA devem ser perspectivados como mecanismos facilitadores da cessão de controlo de sociedades cotadas porque, embora não assegurem directamente a aceitação das mesmas, criam as condições necessárias para o lançamento de OPA que visa aquela mudança de controlo.

II. Ainda de um ponto de vista do oferente, a celebração dos acordos de não-aceitação de OPA permite manter, na estrutura accionista da sociedade visada, um determinado accionista que o oferente considera um parceiro fundamental para o desenvolvimento do negócio da sociedade[815]. Quando o oferente está adquirir uma sociedade que opera num sector de negócio diferente do seu ou que opera num país diferente, necessita do *know-how* do sector ou da actividade económica do país em questão para poder retirar da sociedade todo o seu potencial. Aquele desconhecimento eleva a patamares, nalguns casos insuportáveis, o risco de gestão futuro da sociedade que o oferente vai adquirir. A manutenção de um parceiro de negócio que conhece a sociedade visada, os países onde ela opera e o seu sector de negócio assegura um valor acrescentado à gestão futura da sociedade que faz reduzir consideravelmente aquele risco. O oferente garante, através do acordo de não-aceitação, um parceiro que é um penhor do retorno financeiro do investimento na aquisição da sociedade visada. Novamente, a aquisição do controlo não se pode considerar incompatível com este

---

[815] Neste sentido, *vide* o acordo irrevogável de não-aceitação da OPA lançada pela *Medipro Management SA* sobre a *Metrodome Group plc* celebrado entre o oferente e a *TVL-Loonland AG*, que detinha 11,6% do capital social da sociedade visada, e no qual se refere que a manutenção deste accionista na estrutura accionista da sociedade foi considerada fundamental pelo oferente para a operação económica da mesma (cf. documento da oferta de 16 de Maio de 2008, p. 4).

objectivo de assegurar a manutenção de outros accionistas que, não sendo de controlo, são parceiros relevantes na estratégia delineada para a sociedade no pós-OPA.

Por fim, e ainda de um ponto de vista do oferente, os acordos irrevogáveis de não-aceitação permitem-lhe aumentar a probabilidade de a OPA não ser considerada hostil pelo órgão de administração da sociedade visada. O accionista que subscreve aquele acordo tem, por norma, algum administrador por si indicado para o órgão de administração, o qual se deverá manter mesmo após a oferta. Ora, este administrador votará, muito provavelmente, num sentido favorável à aceitação da OPA e defendê-la-á perante os seus colegas de conselho, pelo que a celebração do acordo é um instrumento útil para convencer o órgão de administração da bondade da oferta.

III. Os accionistas da sociedade visada também têm interesse na celebração dos acordos de não-aceitação de OPA.

O motivo fundamental que leva o accionista da sociedade visada a celebrar este acordo é o de melhorar o valor da sua participação na sociedade visada. A entrada de um novo accionista de controlo permitirá, na perspectiva do accionista da sociedade visada, a melhoria da gestão da sociedade e, nessa medida, a valorização da sua própria participação. A não-aceitação da OPA, apesar de não envolver a realização imediata do valor da participação, permite, potencialmente, ao accionista valorizá-la e esta alternativa pode, em muitos casos, ser a mais vantajosa face à inexistência de outros oferentes interessados na aquisição da sociedade visada.

Para além disso, e à semelhança dos acordos de aceitação de OPA, os de não--aceitação estão, muitas vezes, associados a "privilégios" dificilmente quantificáveis em termos monetários e que quase sempre são ocultados do público pelas partes do acordo. Estes privilégios são, no caso deste tipo de acordos, o estabelecimento de parcerias noutros sectores de negócios ou de relações negociais numa área de actividade ou prestação de serviços do accionista da sociedade visada[816]. Conforme se analisou *infra* em II. 2.2.1, a compatibilidade destes

---

[816] Cf. GÓMEZ-ACEBO, *Comentario a los artículos 40º* cit., p. 887. Em Espanha, no acordo subscrito entre a Reyal, S.A. e o Banesto que precedeu a OPA sobre a Urbis em 2006, o Banesto reservou-se o direito de prestar serviços à Urbis durante o prazo de 5 anos com um volume equivalente ao que até então vinha prestando. Também em Espanha, nos acordos subscritos entre Martinsa/Huson Big com D. Manuel Jove em 2007 e que precederam a OPA sobre a Fadesa, aquele reservou-se o direito de adquirir determinados activos imobiliários da Fadesa, bem como outros activos (*e.g.* veículos, aviões) e a participação accionista presente e futura no Parque Warner.

"privilégios" com o princípio da igualdade de tratamento dos accionistas e dos destinatários da OPA é duvidosa e será analisada em concreto quanto aos acordos de não-aceitação de OPA.

1.4 Estrutura contratual típica, deveres principais de prestação e deveres acessórios de conduta

1.4.1 Estrutura contratual típica

I. Os acordos irrevogáveis de não-aceitação de OPA apresentam uma estrutura distinta dos acordos de aceitação de OPA. Já não estamos perante acordos que assumem a forma de contrato-promessa (*vorvertrag; contratto preliminare*)[817], são contratos definitivos de prestação de um facto negativo: a não emissão de uma declaração de aceitação da OPA a lançar pelo oferente.

Os contratos cuja prestação debitória consiste na prestação de um facto negativo são os contratos em que o objecto da prestação se esgota num facto e esse facto traduz-se numa abstenção, omissão ou mera tolerância[818]. No caso dos acordos de não-aceitação de OPA, a forma do facto negativo objecto da prestação consiste numa omissão ou não fazer (*non facere*)[819], isto é, não emitir a declaração negocial de aceitação de OPA[820]. Estes assumem, portanto, uma estrutura oposta à dos acordos de aceitação cuja obrigação principal se traduz numa prestação de facto positivo[821] consistente na emissão de uma declaração negocial: a declaração de vontade correspondente a um outro negócio cuja futura realização se pretende assegurar: o negócio prometido ou definitivo. É a designada obrigação de contratar[822], característica dos contratos-promessa. O accionista da sociedade visada promete celebrar um contrato de compra e venda das acções nos termos e con-

---

[817] *Vide* II. 1.1.4 *supra* e, no mesmo sentido, no direito alemão, RIEGEN, *Rechtsverbindliche* cit., p. 711; no direito italiano, QUATRARO/PICONE, *Manuale* cit., p. 141.

[818] Cf. ALMEIDA COSTA, *Direito* cit., p. 696; ANTUNES VARELA, *Das obrigações* cit., I, p. 83.

[819] Entre as obrigações de prestação de facto negativo de *non facere* estão a proibição de concorrência aposta em contratos de prestação de serviços ou de outro tipo; promessa de não adquirir um direito ou de não o alienar (cf. ALMEIDA COSTA, *Direito* cit., p. 642; ANTUNES VARELA, *Das obrigações* cit., I, p. 83; RUI ALARCÃO, *Direito* cit., p. 37).

[820] Cf. ALMEIDA COSTA, *Direito* cit., p. 696; ANTUNES VARELA, *Das obrigações* cit., I, pp. 83-84; RUI ALARCÃO, *Direito* cit., p. 37. A outra variante da prestação de facto negativo é aquela em que o devedor fica apenas obrigado a consentir ou tolerar (*pati*) que outrem (o credor) pratique alguns actos que, de outro modo, não poderia praticar (*e.g.* locatário tem de consentir na realização das reparações urgentes do prédio – art. 1038º, al. e) do CC).

[821] Neste sentido, *vide* CALVÃO DA SILVA, *Sinal* cit., p. 14; ANTUNES VARELA, *Das obrigações* cit., I, p. 309; RUI ALARCÃO, *Direito* cit., p. 37.

[822] Cf. CALVÃO DA SILVA, *Sinal* cit., p. 15; ANTUNES VARELA, *Das obrigações* cit., I, p. 309.

dições da OPA que vier a ser lançada[823]. Nos acordos de não-aceitação, a obrigação principal é precisamente a de não celebrar este contrato prometido, assumindo o compromisso de não aceitar a proposta contratual inerente à OPA.

O facto de, por vezes, alguns acordos de não-aceitação de OPA utilizarem a expressão – "prometem não aceitar" – não significa que as partes estejam a celebrar um contrato-promessa, a utilização do verbo prometer ou da palavra promessa não nos remete, automatica e inelutavelmente, para a figura do contrato-promessa. Naturalmente que é necessário verificar qual foi a intenção das partes e, aplicando as regras da interpretação e integração dos negócios jurídicos, pode concluir-se que as partes quiseram celebrar um contrato-promessa cuja obrigação principal era a celebração de um contrato de prestação de facto negativo (a não aceitação da OPA), o que significa que as partes ainda terão de, no futuro, celebrar o contrato definitivo de não aceitação de OPA. Contudo, este não será o conteúdo normal de um acordo de não-aceitação de OPA. A prática revela que estes acordos são definitivos e que a utilização da palavra "promessa" ou do verbo "prometer" é utilizada no sentido de assunção de um compromisso, de uma obrigação e não no sentido de promessa de celebração de um contrato (art. 410º do CC).

II. O acordo de não-aceitação cria a obrigação de não emissão da declaração de aceitação da OPA a lançar pelo oferente mas, não estando esta ainda lançada, a prestação daquele facto negativo dependerá sempre do lançamento da oferta. O oferente não assume, por norma, a obrigação de lançamento de OPA, pelo que a prestação de facto negativo pode não ter lugar na medida em que o facto a que se reporta a conduta negativa não se verificou. Assim, os acordos de não--aceitação são, por norma, contratos unilaterais, pois geram apenas obrigações para o accionista, não existe, em princípio e da parte do oferente, uma obrigação de lançar uma OPA nem este assume quaisquer outras obrigações directas como contrapartida daquele facto negativo[824]. Contudo, a perspectiva do lançamento de OPA e a potencial valorização, que a mesma e a entrada de um novo accionista controlador, podem aportar para a sociedade visada justificam a assunção daquela obrigação pelo accionista, sendo que esta é, por sua vez, fundamental para a decisão de lançamento da oferta pelo oferente. Neste sentido, as partes costumam fixar os termos e condições da OPA que o oferente irá lançar, pois tal permite balizar os termos da valorização da sociedade visada e, nessa medida, da

---

[823] Cf. QUATRARO/PICONE, *Manuale* cit., p. 141.
[824] Cf. SANTELMANN/STEINHARDT, in STEINMEYER/HÄGER (org.), *WpÜG* cit., nota 11; RIEGEN, *Rechtsverbindliche* cit., p. 711.

própria participação do accionista. Até que ponto é que a assunção unilateral (ainda que interessada) de uma obrigação pelo accionista é compatível com o núcleo fundamental da liberdade contratual do devedor é tema que se analisará *infra*.

Esta é a estrutura típica de um acordo irrevogável de aceitação de OPA mas ela pode assumir feições diferentes. Nalguns casos, o oferente pode obrigar-se a oferecer determinada contrapartida e a lançar a OPA e então estaremos perante um contrato bilateral, em que o accionista se obriga a não emitir a declaração de aceitação de OPA e, em contrapartida, o oferente obriga-se a lançar OPA em determinados termos e condições. A definição dos termos e condições da OPA pode ter interesse para o accionista porque, apesar de ele não poder aceitar a OPA em virtude da obrigação assumida, beneficia indirectamente da mesma em função da valorização da sua participação. Noutros casos, o oferente obriga-se perante o accionista a adoptar um determinado plano de gestão futura da sociedade ou a aceitar que o accionista ou pessoas indicadas pelo accionista desempenhem determinadas funções na sociedade visada após a liquidação da oferta. O accionista poderá pretender que os mesmos sejam espelhados no prospecto da oferta, de modo a vincular mais fortemente o oferente em virtude da responsabilidade pelo conteúdo do prospecto (arts. 149º e ss. do Cód.VM).

1.4.2 Deveres principais de prestação

I. À semelhança dos acordos de aceitação de OPA, os acordos de não-aceitação envolvem, por norma, a constituição de uma relação obrigacional complexa[825], pois há um conjunto de vínculos diversos emergentes daquele acordo. Apesar da obrigação que ressalta de forma mais visível deste acordo ser a "não-aceitação" da oferta, os acordos de não-aceitação também exigem a "não prática" ou "prática" (consoante o caso) de um outro conjunto actos por parte do accionista da sociedade visada e do oferente[826] que se encontram logicamente encadeados entre si e que estão orientados para um fim: o adimplemento, a satisfação do interesse do credor[827]. Há um conjunto de deveres principais e deveres acessórios de conduta que integram a estrutura da obrigação e que emergem do contrato de não-aceitação de OPA.

---

[825] Sobre o conceito de relação obrigacional complexa, remete-se para o referido em II. 1.4.2.

[826] Este pode ou não estar obrigado a praticá-los consoante tenha, ou não, assumido a obrigação de lançar OPA, mas tal não altera a meu ver a natureza de relação obrigacional complexa.

[827] Cf. ANTUNES VARELA, *Das obrigações* cit., vol. I, p. 67; ALMEIDA COSTA, *Direito* cit., pp. 73-74.

II. O dever de prestação principal dos acordos de não-aceitação é, conforme já referido no ponto anterior, a prestação de um facto negativo que consiste na não emissão da declaração de aceitação de OPA a lançar pelo oferente. A celebração do acordo não esgota a conduta negativa a que o accionista se obrigou.

O facto de o accionista se obrigar a não aceitar a OPA que o oferente lançará não torna esta oferta numa OPA parcial que exclui do seu objecto as acções daquele destinatário vinculado à não-aceitação da OPA, a qual seria, se assim fosse, ilegal por violar o princípio da igualdade de tratamento dos destinatários da oferta (art. 112º do Cód.VM)[828]. Não são admissíveis distinções subjectivas entre os destinatários da oferta que sejam titulares de valores mobiliários da mesma categoria, pelo que não seria possível fixar uma discriminação do accionista que se vinculou ao acordo de não-aceitação excluindo-o, por esse facto, do âmbito objectivo da OPA. Por outro lado, e mesmo que assim não fosse, o oferente, caso não tenha o controlo da sociedade visada, estará "forçado" a lançar uma OPA geral e universal para poder beneficiar da derrogação do dever de lançamento prevista no art. 189º, nº 1 al. a) do Cód.VM. Não lhe interessa, portanto, lançar uma OPA parcial porque, nesse caso, o esforço financeiro, que tinha poupado na oferta voluntária inicial, suportá-lo-ia (provavelmente de forma mais gravosa) no lançamento da OPA obrigatória subsequente.

Assim, quando se iniciar o prazo da oferta e se atribuir aos destinatários até ao termo da oferta o direito de aceitação de OPA nos termos do art. 126º, nº 1 do Cód.VM, o accionista que se vinculou a não-aceitar a oferta terá de cumprir a sua obrigação de conduta negativa (*non facere*) e não emitir a declaração de aceitação.

III. Os termos e condições da OPA que o accionista se obriga a não aceitar podem estar mais ou menos definidos no respectivo acordo, o que não significa, obrigatoriamente, uma correspectiva maior ou menor intensidade do dever de não-aceitação da OPA. Pode existir uma obrigação de *non facere* geral e abstracta para a oferta que o oferente venha a lançar, independentemente dos termos e condições que a mesma apresenta. O acordo abrangerá, por norma, todas as

---

[828] No mesmo sentido, a doutrina tem entendido que não é admissível a referência expressa à aceitação de determinados accionistas como condição da oferta, na medida em que violaria, entre outros, o princípio da igualdade de tratamento (cf. HASSELBACH, in HIRTE/BÜLOW (Hrsg.), *Kölner* cit., § 18 Rdn. 30; KRAUSE, in ASSMANN/PÖTZSCH/SCHNEIDER (Hrsg.), *Wertpapiererwerbs-* cit., § 18 Rdn. 35; THOMA/STÖCKER, in BAUMS/THOMA (Hrsg.), *Kömmentar* cit., § 3 Rdn. 27).

acções detidas actualmente pelo accionista e este procurará fixar o mais possível os termos da OPA a que se reporta a declaração de aceitação, o que abrangerá o valor mínimo da contrapartida, a percentagem de sucesso e as condições da OPA[829].

O acordo de não-aceitação pode estar sujeito a condições resolutivas cuja verificação favorece, regra geral, o accionista da sociedade visada. As condições resolutivas mais frequentes são (i) a celebração de um conjunto de acordos de não--aceitação que abranjam uma determinada percentagem de capital e de direitos de voto (que corresponde ao esforço financeiro que o oferente pretende evitar) e (ii) a revogação ou retirada da oferta[830]. A verificação das condições implica a destruição automática e retroactiva dos efeitos do acordo de não-aceitação (art. 276º do CC)[831].

1.4.3 Deveres secundários e deveres acessórios de conduta

I. Conforme se referiu, os acordos de não-aceitação de OPA compreendem, para além do dever de prestação principal (*obrigação de não emissão da declaração de aceitação de OPA*), deveres secundários e deveres acessórios de conduta. Analisaremos, em seguida, pela sua importância prática, alguns desses deveres.

No contexto dos acordos de aceitação, os accionistas da sociedade visada assumem frequentemente, e de forma expressa, um dever de não negociar com potenciais oferentes concorrentes ou outras contrapartes e de não alienar as suas acções antes e durante a OPA[832]. São os já referidos *lock-in* ou *standstill agreements* (*Standstill-Vereinbarungen*)[833]. Para além da obrigação de não alienação ao

---

[829] Caso interessante (mas diferente) é o da OPA da *Angostura Holdings Limited* (controlada pela CL Financial) sobre a *Belvédère* em França. Nesta OPA, o oferente acordou com os accionistas da sociedade visada o direito de lhes adquirir as suas acções em sede de OPA, desde que os próprios não aceitassem em determinada percentagem a oferta e desde que o oferente não adquirisse em sede de OPA mais de 51% do capital social e direitos de voto da sociedade visada (cf. decisão da AMF nº 206C1528 de 26 de Julho de 2006; ALAIN VIANDIER, *OPA* cit., p. 130).

[830] *Vide* acordo irrevogável de não-aceitação da OPA lançada pela *Astaire Securities plc* sobre a *StockCube plc* celebrado entre o oferente e *DSF & VGF Limited* (cf. comunicação do acordo de 19 de Março de 2010, p. 4).

[831] O acordo de aceitação é, nestes casos, um contrato *pendente conditione*, isto é, "o negócio produz os seus efeitos normais, mas está suspensa sobre a sua eficácia a possibilidade de verificação do evento condicionante" (cf. MOTA PINTO, *Teoria* cit., p. 574).

[832] Consagra-se frequentemente a obrigação de não onerar as acções (*vide* acordo irrevogável de não--aceitação da OPA lançada pela *Astaire Securities plc* sobre a *StockCube plc* celebrado entre o oferente e *DSF & VGF Limited* (cf. comunicação do acordo de 19 de Março de 2010, p. 2)).

[833] Sobre estes, *vide* II.1.4.4 *supra* e RUBINO-SAMMARTANO, *Garanzie* cit., pp. 8 e 94.

oferente, o accionista limita ainda mais a transmissibilidade das suas acções ao assumir a obrigação de não as alienar a quaisquer terceiros, inclusive a oferentes concorrentes[834].

E se o contrato não fixar expressamente a obrigação de *standstill*, poderá o accionista negociar com outros oferentes ou contrapartes ou alienar as suas acções?

A resposta será, em princípio, negativa.

II. Em relação ao dever de não alienação das acções, este é um dever secundário que emerge do acordo de não-aceitação. Se o oferente pretende através do mesmo limitar o esforço financeiro da OPA que irá lançar, a alienação das acções a um terceiro, que não está vinculado à obrigação de não-aceitação da OPA, frustraria o objectivo principal do acordo. O objecto mediato a que se reporta a própria obrigação de prestação de facto negativo do obrigado não existiria, não existindo também qualquer conduta negativa que o acordo de não-aceitação de OPA envolve. A prestação não se pode considerar cumprida pelo facto de o accionista não ter emitido a declaração de aceitação de OPA, é necessário que ele tivesse o direito de aceitar (em relação às acções que detinha) e que não tivesse exercido esse direito. Esse é o adimplemento desejado e visado pelas partes com a celebração do acordo, é o que satisfaz o interesse do credor[835]. Porém, e à semelhança do que foi mencionado no âmbito dos acordos de aceitação, sendo as acções de sociedades cotadas, em princípio, bens fungíveis (sê-lo-ão obrigatoriamente se as acções objecto do acordo estiverem admitidas à negociação por força do art. 204º, nº 1 al. a) do Cód.VM[836]), poderia afirmar-se que o accionista tem a possibilidade de adquirir novas acções em quantidade suficiente para cumprir a sua obrigação de não-aceitação da OPA, seja através de aquisição em mercado seja através de uma opção de compra (*call option*) que entretanto tenha contratado, e deste modo o cumprimento daquela obrigação ficava salvaguardada. Este argumento só é procedente se estiver efectivamente assegurada a recompra das acções necessárias para cumprir a obrigação de não-

---

[834] Neste sentido, *vide* acordo irrevogável de não-aceitação entre a *Astaire Securities plc* e o *DSF & VGF Limited* relativo à OPA sobre a *StockCube plc* (cf. comunicação do acordo de 19 de Março de 2010, p. 2).

[835] Cf. ANTUNES VARELA, *Das obrigações* cit., vol. I, p. 67; ALMEIDA COSTA, *Direito* cit., p. 74.

[836] Pode dar-se o caso de as acções objecto do acordo de aceitação serem acções de categoria especial emitidas pela sociedade cotada e não estarem admitidas à negociação ou, sendo de categoria ordinária, não ter sido requerida a sua admissão à negociação.

-aceitação da OPA e garantir assim que o oferente não tem de realizar o esforço financeiro inerente às mesmas.

O dever de não alienação não existe no caso de lançamento de ofertas concorrentes, a não ser que esteja expressamente previsto ou que tal resulte das circunstâncias que rodearam o acordo e que se chegue a essa conclusão nos termos das regras gerais de interpretação do negócio jurídico. É que, neste caso, o accionista da sociedade visada mantém as suas acções durante a oferta, pois o prazo das ofertas é coincidente e o oferente concorrente só as adquirirá quando o prazo da oferta do oferente inicial tiver terminado. Para além disso, o oferente não realiza qualquer esforço financeiro relativo à aquisição das acções que o accionista se obrigara a não-alienar no âmbito da OPA, porque, no momento em que o oferente concorrente adquirir as acções do accionista da sociedade visada, a OPA do oferente inicial já terá terminado e este não corre o risco de ter de suportar o esforço financeiro relativo à aquisição daquelas acções.

Já quanto ao dever de não negociar com potenciais oferentes concorrentes ou contrapartes, este não será um dever secundário de prestação emergente do acordo de não-aceitação mas é, sem dúvida, um dever acessório de conduta[837]. O princípio da boa-fé no cumprimento do contrato (art. 762º do CC) exige que o accionista não entre em negociações com terceiros, pois tal pode transmitir a ideia de que o acordo celebrado não é vinculativo e retira "força" à OPA lançada pelo oferente inicial (beneficiário da obrigação de não-aceitação) o que não é coadunável com um comportamento leal da parte contratual de um acordo de não-aceitação.

III. Para além da obrigação de *lock-in* ou *standstill*, os accionistas assumem também frequentemente, e de forma expressa, um dever de cooperação com o oferente ao longo do processo de OPA, à semelhança do que se verifica com os acordos de aceitação[838].

Tal como referido então a propósito dos acordos de aceitação, a extensão desse dever de cooperação é muito variada e pode abranger simples deveres de conteúdo negativo, como a obrigação de não lançamento de oferta concorrente[839],

---

[837] É do princípio da boa-fé (*Treu und Glauben* – § 242 do BGB) que a moderna literatura germânica extraiu grande parte da vasta gama de deveres acessórios de conduta.
[838] *Vide* II., 1.4.4 *supra*; Riegen, *Rechtsverbindliche* cit., p. 716; Vives Ruiz, *Las operaciones* cit., p. 168.
[839] Neste sentido, *vide* acordo irrevogável de não-aceitação entre a *Astaire Securities plc* e o *DSF & VGF Limited* relativo à OPA sobre a *StockCube plc*, no qual o accionista se obrigou a não lançar qualquer oferta sobre a sociedade visada (cf. comunicação do acordo de 19 de Março de 2010, p. 2).

a deveres de conteúdo positivo mais complexos, que vão desde a manifestação explícita de apoio à OPA, através da participação numa conferência pública comum relativa ao anúncio da OPA, da participação nos famosos *road-shows* ou da publicação de declarações individuais de apoio à OPA[840], a acordos de voto ou à obrigação de manutenção de uma determinada estratégia de gestão até à conclusão da oferta. Se o contrato não fixar expressamente estes deveres, estará, não obstante, o accionista vinculado aos mesmos?

Tudo dependerá do dever que estiver em causa e das circunstâncias que rodearam o acordo e os seus objectivos.

Em relação ao acordo de voto, e tal como referido no âmbito dos acordos de aceitação de OPA, é necessário que as partes tenham assumido a intenção de vinculação, naquele caso a vinculação quanto ao modo de exercício do direito de voto[841], pelo que dir-se-á que, em princípio, na ausência de estipulação expressa, o mesmo não existirá[842]. Na ausência desse acordo, a questão sobre a existência de um dever acessório de conduta do accionista de actuar de acordo com os interesses do oferente coloca-se em termos diferentes daqueles em que foi analisada no contexto dos acordos de aceitação. Com efeito, não há qualquer transmissão de acções nem transferência do "risco económico" das mesmas, pelo que o accionista não tem de assegurar o interesse económico do oferente. Porém, o objectivo do acordo de não-aceitação é, não só o de reduzir

---

[840] Este tipo de deveres surgem menos frequentemente nos acordos de não-aceitação do que nos acordos de aceitação.

[841] Conforme refere Paula Costa e Silva, "esta conclusão decorre directamente do art. 17º, nº 1 do CSC, nos termos do qual acordos parassociais, entre eles se integrando o acordo de voto, são os actos de autonomia da vontade através dos quais os sócios assumem a obrigação de adoptarem uma determinada conduta" (cf. *A imputação* cit., p. 423). No mesmo sentido, o *Panel* considerou que, quando não se fixem obrigações quanto ao exercício dos direitos de voto, não existirá, em princípio, um *voting undertaking* (cf. *Practice statement no. 22. Irrevocable commitments, concert parties and related matters*, 2008, p. 1, disponível em www.thetakeoverpanel.org.uk). No entanto, na prática, é usual que os *negative irrevocable undertakings* contenham um *voting undertaking* que procura assegurar que o accionista (promitente) exerça os direitos de voto inerentes às acções abrangidas pelo acordo segundo as instruções do oferente no que diz respeito às deliberações necessárias para implementar a oferta e às deliberações que, sendo aprovadas, podem determinar a não verificação de uma condição da oferta ou que possam, de qualquer forma, impedir ou frustrar a oferta (*e.g.* aprovação de um *scheme of arrangement* concorrente) (cf. *Practice statement no. 22* cit., p. 3, disponível em www.thetakeoverpanel.org.uk). Neste sentido, vide Athanasios Kouloridas, *The law* cit., p. 196.

[842] Excepto se existirem outros dados factuais que, de acordo com as regras de interpretação e integração do negócio, permitam concluir que houve uma intenção de vinculação do accionista.

o esforço financeiro do oferente, mas, simultaneamente, o de assegurar o sucesso da sua oferta. O primeiro não é dissociável do segundo. A boa-fé poderá exigir que o accionista, que se obrigou a não-aceitar a OPA e que sabe que o intuito daquele acordo é, em última instância, o sucesso da oferta, exerça o seu direito de voto de uma forma que não prejudique o sucesso da OPA, aprovando as medidas necessárias para o efeito (*e.g.* desblindagem estatutária) ou votando contra as decisões que possam frustrar o seu sucesso (*e.g.* medidas defensivas).

A resposta definitiva só poderá, todavia, ser dada à luz da redacção concreta do acordo de não-aceitação, considerando a intensidade das obrigações assumidas. Para além disso, a afirmação daquela obrigação de votar de acordo com os interesses do oferente dependerá igualmente de uma ponderação efectuada à luz do tema da deliberação da assembleia geral que esteja em questão e da forma como a mesma afecta, ou não, os interesses do oferente (contraparte do acordo de não-aceitação de OPA).

IV. Quanto às declarações de apoio à OPA, julgo não ser possível, em princípio, afirmar a existência deste dever, mas, em função dos elementos que rodearam a celebração do acordo, do tipo de promessa em causa e da circunstância em que o mesmo seja dado, poderá ser exigível, à luz do princípio da boa-fé, que o accionista tenha o dever de apresentar publicamente o seu apoio à OPA que se obrigou irrevogavelmente a aceitar (dever acessório de conduta).

Por fim, quanto ao dever de conteúdo negativo de não lançamento de OPA concorrente, parece-me que este dever, quando não expressamente fixado, decorre directamente do princípio da boa-fé, na medida em que não se pode afirmar que um accionista age de boa-fé quando, tendo-se obrigado a não-aceitar a OPA e sabendo que este acordo visa alcançar o sucesso daquela oferta[843], decide lançar uma OPA concorrente podendo pôr em causa o sucesso daquela oferta, que era o motivo fundamental da celebração do acordo de não-aceitação. Esta actuação é ainda mais chocante de um ponto de vista da boa-fé se o accionista tiver tido acesso a dados do oferente e da preparação da OPA que depois utilize na preparação da sua oferta e que sejam decisivos na estratégia adoptada para vencer o oferente inicial.

Como nota final, cumpre referir que é necessário um cuidado acrescido na fixação das obrigações contratuais do accionista pelas implicações que os acor-

---

[843] Cf. III., 1.3 *supra*.

dos de não-aceitação têm ao nível da imputação de direitos de voto e da cessão de controlo para efeitos da OPA obrigatória[844], sobretudo no caso dos acordos de voto[845].

1.4.4 Duração dos acordos de não-aceitação de OPA

I. Remete-se para as considerações expostas em II. 1.4.5 *supra* relativas aos acordos de aceitação, que são plenamente aplicáveis aos acordos de não-aceitação de OPA.

2. Admissibilidade dos acordos de não-aceitação de OPA à luz do ordenamento jurídico português
2.1 Princípio base – Princípio da Liberdade Contratual

I. Exposta a anatomia dos acordos irrevogáveis de não-aceitação de OPA, urge agora verificar da sua admissibilidade à luz do direito português.

À semelhança dos acordos de aceitação e ao contrário do que se sucede noutros ordenamentos jurídicos[846], o direito português não consagra qualquer norma sobre os acordos de não-aceitação de OPA. Deste modo, será necessário mobilizar as normas e princípios relevantes do nosso ordenamento jurídico para aferir da admissibilidade, ou não, daquele tipo de acordos.

II. Conforme se referiu em II. 2.1 *supra* a propósito dos acordos de aceitação, o princípio geral que rege as relações contratuais é o da liberdade contratual ou negocial (*Vertragsfreiheit*) e as limitações a este princípio têm de ter um fundamento, não podem ser injustificadas nem desproporcionadas[847]. No en-

---

[844] Fá-lo-emos em V. *infra* em relação aos acordos de aceitação e de não-aceitação de OPA.
[845] Neste sentido, *vide* RIEGEN, *Rechtsverbindliche* cit., p. 715.
[846] É o caso do ordenamento jurídico inglês. Neste e desde a reforma operada em 2006 (cf. III. 1.1 *supra*), as normas relativas aos *irrevocable commitments* aplicam-se indistintamente aos *irrevocable commitments to accept the offer* como aos *irrevocable commitments not to accept the offer*. Assim, a obtenção de *irrevocable commitments not to accept the offer* por parte do oferente é admitida em termos gerais e não levanta dificuldades de um ponto de vista de direito societário. No entanto, o City Code estabelece algumas limitações no que respeita à contrapartida resultante dos *irrevocables* (*Rule* 16 do City Code), ao número de *irrevocables* que o oferente pode obter após o anúncio da oferta (*Rule 9* do City Code) e o número de pessoas que pode ser contactada devido à necessidade de assegurar o dever de segredo (*Rule 2* do City Code) (cf. JAMES PALMER, *United Kingdom* cit., pp. 1-2; RYDE/TURNILL, *Share* cit., pp. 83-84).
[847] Remete-se para a exposição efectuada sobre o princípio da liberdade contratual e respectivas limitações efectuada em II. 2.1 *supra*.

tanto, convém ter presente que os acordos de não-aceitação, como geram obrigações negativas, cerceiam a liberdade do devedor, pelo que limitam o próprio princípio da liberdade contratual na sua vertente da liberdade de contratar. Em certa medida, o mesmo já se passava com os acordos de aceitação de OPA, pois, ao fixarem uma obrigação de contratar, implicam também, como todos os contratos-promessa[848], uma limitação do princípio da liberdade contratual na sua vertente de liberdade de contratar. Porém, esta limitação era de sentido positivo, isto é, era uma obrigação de contratar e não uma obrigação de não-contratar, ao invés dos acordos de não-aceitação. Isto significa que o princípio da liberdade contratual se, por um lado, abre espaço para a imaginação da composição de interesses das partes e assim para a admissibilidade dos acordos de não-aceitação, pode, por outro lado, impedir ou limitar a celebração destes se se concluir também por uma limitação excessiva/insuportável da liberdade do devedor[849].

Resumindo, os acordos de não-aceitação serão admissíveis à luz do princípio da liberdade contratual se se concluir que (i) não violam qualquer norma legal ou princípio do ordenamento jurídico português[850], e que (ii) não há qualquer outro fundamento do tipo *supra* referido que justifique uma limitação ao princípio da liberdade contratual. Entre as normas e princípios a considerar, avultam as regras e princípios estruturantes do instituto das ofertas públicas de aquisição e das ofertas públicas em geral, mas também as disposições relativas às sociedades abertas em especial e às sociedades em geral. Para além destas disposições, e tratando-se de um acordo que fixa obrigações negativas, será necessário verificar se os termos da limitação da liberdade do devedor decorrentes das mesmas não insuportáveis à luz do direito português.

A pergunta que então se impõe é a seguinte: que normas ou princípios do nosso ordenamento jurídico podem ser postos em causa pelos acordos irrevogáveis de não-aceitação de OPA que devam prevalecer sobre o princípio da liberdade contratual?

Procurar-se-á responder a esta questão no ponto seguinte.

---

[848] Cf. ALMEIDA COSTA, *Direito* cit., p. 231.
[849] Neste sentido, vide ALMEIDA COSTA, *Direito* cit., p. 697; Ib., *Cláusulas de inalienabilidade*, Coimbra, 1992, Separata da RLJ, nºs 3812 a 3815); VAZ SERRA, *Objecto da obrigação. A prestação – suas espécies, conteúdo e requisitos*, nº 74 (Março de 1958), p. 20, nota 14.
[850] Cf. ANJA KUHN, *Exclusivvereinbarungen* cit., p. 319; RIEGEN, *Rechtsverbindliche* cit., p. 707; VIVES RUIZ, *Las operaciones* cit., pp. 159-160.

2.2 Potenciais obstáculos à admissibilidade dos acordos irrevogáveis de não--aceitação de OPA

2.2.1 Direito de livre aceitação da OPA e princípio da informação e tempo necessários à ponderação da aceitação ou rejeição de OPA

I. Conforme referido em II. 2.2.2 e para o qual se remete, os destinatários da oferta têm o direito de aceitar ou rejeitar a OPA, é a liberdade de aceitação da OPA (*freier Entscheidung*; *liberté de la réponse à l'offre*[851]) que, por sua vez, não é mais do que uma decorrência do princípio da liberdade contratual na sua vertente de princípio da liberdade de celebração do negócio jurídico. Este direito de aceitação tem consagração expressa no art. 126º, nº 1 do Cód.VM. Será que este direito é posto em causa com a celebração dos acordos de não-aceitação de OPA?

II. Tal como referido no contexto dos acordos de aceitação, a assunção de uma obrigação no que diz respeito à aceitação ou rejeição da oferta não coloca em causa aquele direito de aceitação. O accionista limita-se a antecipar, em parte[852], o exercício daquele direito de aceitação ou rejeição, ao comprometer-se perante o oferente a, neste caso, não-aceitar uma futura OPA em determinadas condições. A antecipação do exercício daquele direito justifica-se pois o oferente também "antecipa", em certa medida, os termos de uma oferta futura. O exercício do seu direito é, neste tipo de acordos, em sentido negativo mas isso não altera o raciocínio expendido a propósito dos acordos de aceitação, em que se sustentou a admissibilidade daquele exercício antecipado[853]. O accionista tanto pode ter interesse em exercer antecipadamente o seu direito de aceitação como o seu direito de não-aceitação com base nas coordenadas mínimas da oferta que lhe sejam dadas pelo oferente.

Não procede o argumento de que o exercício antecipado deste direito não poderia ter lugar, uma vez que o accionista não possui toda a informação necessária para tomar uma decisão informada sobre a aceitação ou rejeição da oferta (princípio da informação e tempo necessários à tomada de decisão sobre a OPA[854]).

---

[851] Cf. VERSTEEGEN, in HIRTE/BÜLOW (Hrsg.), *Kölner* cit., § 3 Rdn. 11; SCHWENNICKE, in GEIBEL//SÜSSMANN (hrsg.), *Wertpapiererwerbs-* cit., § 3 Rdn. 3; BAUMS/HECKER, in BAUMS/THOMA (Hrsg.), *Kömmentar* cit., § 3 Rdn. 4; RIEGEN, *Rechtsverbindliche* cit., p. 707; ALAIN VIANDIER, *OPA* cit., p. 310.

[852] Em parte, no sentido em que o accionista terá de cumprir com a conduta negativa a que se obrigou e não emitir a sua declaração de aceitação de OPA durante o prazo de aceitação da oferta.

[853] *Vide* os argumentos expostos em II. 2.2.2 *supra*.

[854] Sobre este princípio, *vide* II. 2.2.2 *supra*; VERSTEEGEN, in HIRTE/BÜLOW (Hrsg.), *Kölner* cit., § 3 Rdn. 27. Acentuando a nota da transparência, *vide* STEINHARDT, in STEINMEYER/HÄGER, *WpÜG* cit., § 3 Rdn. 8.

Tal como se teve a oportunidade de referir em II. 2.2.2, a documentação relativa à OPA não é uma condição de validade da emissão das declarações de aceitação ou da sua não-emissão, são antes um ponto de apoio na tomada de decisão do accionista[855]. Se os accionistas decidem aceitar ou não aceitar a oferta antes de receberem a informação, que deveriam receber para a formação adequada da sua decisão, são livres de o fazerem[856]. O accionista recebeu a informação que resultou das negociações com o oferente para a celebração do acordo de não-aceitação e considerou a mesma, e o tempo de negociação suficientes para formar a sua decisão de comprometer-se a não-aceitar uma futura OPA com determinadas condições.

III. A resposta dada analisa só a liberdade de aceitação em relação à OPA lançada pelo oferente. E quanto às potenciais ofertas concorrentes? Isto é, caso sejam lançadas ofertas concorrentes à OPA lançada pelo oferente beneficiário do acordo de não-aceitação e o accionista vinculado por este acordo tiver também assumido a obrigação de não aceitar aquelas ofertas, há ou não uma violação do princípio da liberdade de aceitação de OPA?

Esta questão parece-me ser indissociável do princípio da igualdade entre os oferentes e da livre concorrência entre ofertas, pelo que analisar-se-á a mesma nessa sede[857].

2.2.2 Princípio da livre comerciabilidade ou da livre disposição dos bens

I. O princípio da livre comerciabilidade ou da livre disposição dos bens (*Verfügungsfreiheit*) é um dos princípios fundamentais do ordenamento jurídico português e uma das traves da organização da propriedade[858]. De acordo com este princípio, as pessoas têm a liberdade de disposição das coisas que estão em comércio, excepto se a lei proibir essa disposição. Este princípio de inspiração liberal[859] e que apresenta uma multiplicidade de funções, em particular a de

---

[855] Neste sentido, *vide* HIRTE, in HIRTE/BÜLOW (Hrsg.), *Kölner* cit., § 27 Rdn. 2; SCHWENNICKE, in GEIBEL/SÜSSMANN (hrsg.), *Wertpapiererwerbs-* cit., § 27 Rdn. 2; ANJA KUHN, *Exclusivvereinbarungen* cit., p. 320.

[856] Neste sentido, *vide* ANJA KUHN, *Exclusivvereinbarungen* cit., p. 320; RIEGEN, *Rechtsverbindliche* cit., p. 708.

[857] *Vide* III. 2.2.4 *infra*.

[858] Sobre este princípio, *vide* VAZ SERRA, *Objecto* cit., p. 152; ALMEIDA COSTA, *Cláusulas* cit., 3814, pp. 8-9.

[859] Cf. SOERGEL/HEFERMEHL, *Kommentar zum Bürgerlichen Gesetzbuch*, 11 Auflage, 1978, Rdn. 1; SCHLOSSER, *Verfügungshindernder Abreden bei der rechtsgeschäftlichen Treuhand*, in NJW, 1970, p. 680.

proteger a liberdade individual de dispor dos bens[860], a segurança do tráfico jurídico (evitando que haja bens *extra commercium* em função da celebração de negócios jurídicos[861]), e a de preservar o princípio do *numerus clausus* dos direitos reais[862]. Apesar de não gozar de uma consagração expressa, ele apresenta diversas manifestações no ordenamento jurídico português.

A principal manifestação deste princípio é a inerência da faculdade de alienação ao direito de propriedade. Nos termos do art. 1305º do CC, "o proprietário goza de modo pleno e exclusivo dos direitos de uso, fruição e disposição das coisas que lhe pertencem, dentro dos limites da lei e com observância das restrições por ela impostas". Assim, ressalvadas as excepções previstas na lei, o poder ou faculdade de alienação faz parte integrante do estatuto da propriedade[863], é uma "característica imprescindível à realização das funções que ela deve desempenhar"[864]. Ela é igualmente fundamental ao princípio da livre comerciabilidade ou da livre disposição dos bens, na medida em que assegura a possibilidade da alienação dos mesmos por parte dos seus proprietários.

Por outro lado, e por força do princípio do *numerus clausus* e da taxatividade ou tipicidade dos direitos reais (art. 1306º do CC), o regime das coisas está excluído da autonomia das partes, estando o legislador apenas autorizado a defini-lo e a introduzir-lhe modificações. A organização da propriedade é de ordem pública[865], bem como as regras destinadas a assegurar a "livre circulação dos bens e a sua melhor utilização pelas iniciativas individuais"[866]. Neste sentido e à luz destes princípios e do art. 1305º do CC, as chamadas cláusulas de inalienabilidade perpétua são consideradas inadmissíveis e nulas, porque eliminam, quando inseridas num negócio jurídico de disposição dos bens (*e.g.* contrato, testamento), uma das características essenciais da propriedade que só a lei pode

---

[860] Neste sentido, *vide* PALM, in ERMAN, *Bürgerliches* cit., § 137 Rdn. 6.
[861] Cf. PALM, in ERMAN, *Bürgerliches* cit., § 137 Rdn. 1; BGH, in NJW, 1997, p. 862; ARMBRÜSTER, in *Münchener* cit., § 137 BGB Rdn. 4.
[862] Neste sentido, *vide* ALMEIDA COSTA, *Cláusulas* cit., 3814, p. 8; PALM, in ERMAN, *Bürgerliches* cit., § 137 Rdn. 1; BGH, in NJW, 1997, p. 862; ARMBRÜSTER, in *Münchener* cit., § 137 BGB Rdn. 4.
[863] Cf. ALMEIDA COSTA, *Cláusulas* cit., 3814, p. 8. No Código Civil de Seabra, a formulação do art. 2359º era igualmente impressiva: "o direito de alienação é inerente à propriedade, e ninguém pode ser obrigado a alhear ou não alhear, senão nos casos e pela forma declarados na lei".
[864] Cf. ALMEIDA COSTA, *Cláusulas* cit., 3814, p. 8.
[865] Citando MANUEL DE ANDRADE, "é de ordem pública (*publicum jus privatorum pactis mutari non potest*) a organização da propriedade (cf. *Teoria Geral da Relação Jurídica*, vol. II, Coimbra, 1960, p. 53).
[866] Cf. VAZ SERRA, *O objecto* cit., p. 152.

afastar[867]. Nalguns ordenamentos jurídicos, proíbe-se expressamente a possibilidade de excluir a faculdade de disposição sobre um direito alienável através de negócio jurídico[868], ainda que a proibição não afecte a eficácia da obrigação de não dispor de um direito desse tipo, isto é, o dever de não transmitir pode ser assumido com mera eficácia obrigacional[869].

---

[867] Cf. ALMEIDA COSTA, *Cláusulas* cit., 3814, pp. 8-10. No mesmo sentido, ainda à luz do Código Civil de Seabra, vide PINTO COELHO, *Das cláusulas acessórias dos negócios jurídicos*, I – A Condição, Coimbra, 1909, pp. 208 e ss.; CUNHA GONÇALVES, *Tratado de Direito Civil em comentário ao Código Civil Português*, vol. IV, Coimbra, 1931, nº 530, pp. 367 e ss. No mesmo sentido, vide, no direito alemão face ao § 137 do BGB, ARMBRÜSTER, in *Münchener Kommentar zum Bürgerlichen Gesetzbuch*, Band 1/1, 5. Auflage, C.H. Beck, München, 2006, § 137 BGB Rdn. 25; e, no direito italiano com base no art. 1379 do *Codice Civile*, vide GALGANO, *Diritto privato*, 5ª edição, Padova, 1988, nº 16.3, pp. 310 e ss. No ordenamento jurídico francês, o art. 900-1 do Code Civil estabelece que as cláusulas de inalienabilidade relativas a bens doados ou legados são válidas se forem temporárias e se corresponderem a um interesse sério e legítimo, embora o donatário ou legatório possam requerer judicialmente autorização para dispor do bem se o interesse que esteve na base da cláusula se extinguiu ou se um interesse superveniente superior o exige. Esta disposição do *Code Civil*, introduzida em 1971 e alvo de sucessivas alterações (a última em 2007), acolheu uma orientação jurisprudencial de acordo com a qual as cláusulas de inalienabilidade perpétuas são nulas e as cláusulas de inalienabilidade temporária são válidas desde que tenham duração breve e se justifiquem por um interesse sério e legítimo relativo ao adquirente, alienante ou terceiro (cf. JULGLART, *Cours de droit civil – Biens. Obligations*, t. I, vol. II, 11ª edição, Paris, 1989, nº 443, p. 30).

[868] É o caso do ordenamento jurídico alemão, no qual o § 137 Satz. 1 do BGB estabelece expressamente que o poder de disposição sobre um direito alienável não pode ser excluído ou limitado através de negócio jurídico. Segundo a doutrina, a *ratio* da proibição é múltipla. Por um lado, ela visa proteger o poder de disposição do titular de um direito alienável e, dessa forma, preservar o princípio do *numerus clausus* dos direitos reais, caso contrário seria possível contornar este princípio (neste sentido, vide PALM, in ERMAN, *Bürgerliches* cit., § 137 Rdn. 1; BGH, in NJW, 1997, p. 862; ARMBRÜSTER, in *Münchener* cit., § 137 BGB Rdn. 4). Por outro lado, a norma é a defesa do tráfico jurídico, evitando que os bens sejam retirados do tráfico jurídico por mero negócio jurídico, não se admitem bens *extra commercium* criados por via negocial (cf. ARMBRÜSTER, in *Münchener* cit., § 137 BGB Rdn. 4). Assim, protege-se a segurança jurídica e a clareza do direito, na medida em que, no comércio jurídico, uma pessoa tem de actuar confiando que o titular de um direito não está impedido de o alienar por um mero negócio jurídico. Além disso, evita-se que, por acordo, se pudesse impedir um credor de executar um determinado bem do devedor (cf. PALM, in ERMAN, *Bürgerliches* cit., § 137 Rdn. 1).

[869] É o que estabelece o § 137 Satz. 2 do BGB. Deste modo, a obrigação de não dispor de um determinado direito produz meros efeitos obrigacionais e não está, em princípio, sujeita a forma especial (cf. PALM, in ERMAN, *Bürgerliches* cit., § 137 Rdn. 6). No entanto, não são admissíveis os negócios que limitem o poder de disposição sobre todos os bens do devedor por serem contrários aos bons costumes (§ 138 Abs. 1 BGB) (cf. ARMBRÜSTER, in *Münchener* cit., § 137 BGB Rdn. 25). O ordenamento jurídico italiano consagra uma regra similar no art. 1379 do *Codice Civile*. Nos termos deste preceito, "a proibição de alienar estabelecida por contrato apenas produz efeitos entre as partes, e não é válida

II. Será que a obrigação principal de prestação de facto negativo – não emissão da declaração de aceitação da OPA futura a lançar pelo oferente – resultante dos acordos de não-aceitação, bem como o dever secundário de não alienação das acções a um terceiro ou, nalguns casos, o dever de não-aceitação de ofertas concorrentes, são compatíveis com o princípio da livre comerciabilidade ou da livre disposição dos bens?

A resposta deve ser afirmativa.

Estas obrigações negativas, que limitam o direito de alienação do titular das acções e o exercício desta faculdade inerente ao estatuto da propriedade, não são mais do que cláusulas de inalienabilidade temporárias de um determinado bem: as acções da sociedade visada. Isto é, o accionista obriga-se a não alienar durante um determinado período de tempo, previsto no acordo de não-aceitação e que corresponderá ao lapso temporal estimado para a realização do anúncio de OPA e o desenrolar do respectivo processo até a sua liquidação. O entendimento maioritário da doutrina portuguesa e estrangeira é o de que as cláusulas de inalienabilidade temporárias são permitidas desde que se destinem a satisfazer um interesse legítimo[870]. A sua eficácia é, contudo, meramente obrigacional[871].

As obrigações negativas de inalienabilidade das acções da sociedade visada detidas pelo accionista são, por norma, temporalmente limitadas e, nessa medida, respeitam o princípio da livre comerciabilidade e disposição dos bens[872]. O accio-

---

se não se balizar dentro de limites de tempo convenientes e se não corresponder a um interesse atendível das partes". Assim, a cláusula de inalienabilidade fixada contratualmente só é válida desde que tenha uma duração temporária com limites razoáveis e satisfaça um interesse justificado de um dos contraentes e, mesmo nesse caso, terá mera eficácia obrigacional (cf. GALGANO, *Diritto* cit., pp. 310 e ss.).

[870] Neste sentido, *vide*, entre nós, ALMEIDA COSTA, *Cláusulas* cit., 3815, p. 45; no direito alemão, salientando a necessidade de ser cauteloso na admissibilidade de cláusulas de inalienabilidade, não podendo estas incidir sobre todos os bens do devedor nem serem perpétuas e devendo corresponder a um interesse legítimo, *vide* ARMBRÜSTER, in *Münchener* cit., § 137 BGB Rdn. 25. No mesmo sentido, no direito francês face ao art. 900-1 do *Code Civil*, a doutrina admite a validade das cláusulas de inalienabilidade temporária desde que tenham uma duração temporária e se fundem num interesse sério e legítimo (cf. JULGLART, *Cours* cit., p. 30).

[871] Cf. ALMEIDA COSTA, *Cláusulas* cit., 3815, p. 45; PALM, in ERMAN, *Bürgerliches* cit., § 137 Rdn. 6; ARMBRÜSTER, in *Münchener* cit., § 137 BGB Rdn. 25.

[872] No direito francês, apesar das cláusulas de inalienabilidade não estarem expressamente previstas no *Code de commerce*, excepto em relação às SAS e em matéria de cláusulas estatutárias ("sociedades anónimas simples" – art. L 227-13 do *Code de commerce*), a doutrina considera-as lícitas desde que cumpram os requisitos fixados pelo art. 900-1 do *Code Civil* relativo às cláusulas de inalienabilidade

nista exclui a sua liberdade de disposição das acções de forma temporária para a satisfação de um interesse legítimo que é o de obter as vantagens indirectas[873] resultantes do lançamento de OPA sobre a sociedade visada: valorização das suas acções da sociedade visada e entrada de um novo accionista que poderá potenciar o desenvolvimento da sociedade e o seu valor e, consequentemente, o valor das próprias acções do accionista. Não há, portanto, uma limitação da liberdade do devedor em termos insuportáveis para o ordenamento jurídico. É verdade que o devedor não sabe quais os termos e condições que uma futura oferta concorrente poderá apresentar e que esses podem acabar por ser mais vantajosos do que aqueles benefícios indirectos decorrentes do acordo de não-aceitação. Porém, este é um risco normal à actividade negocial, porque, se é verdade que pode existir uma oferta concorrente de valor superior aos benefícios indirectos, também o inverso o pode ser e o acordo de não-aceitação seria única forma do accionista obter alguma valorização das suas acções[874]. Assim, a limitação da liberdade do devedor, em particular da liberdade de disposição das suas acções, não deve ser considerada insuportável e os acordos de não-aceitação ser tidos por admissíveis.

2.2.3 Princípio da livre transmissibilidade das acções

I. Nos termos do art. 328º, nº 1 do CSC, o "contrato de sociedade não pode excluir a transmissibilidade das acções nem limitá-la além do que a lei permitir". É o princípio da livre transmissibilidade das acções (*Grundsatz der freien Übertragbarkeit der Aktie; principio di libera transferibilità delle azioni*)[875]. As acções são,

---

em geral, devendo, portanto, ser cláusulas temporárias e justificadas por um interesse sério e legítimo (cf. VIANDIER, *OPA* cit., p. 91; acordo de inalienabilidade celebrado entre alguns accionistas da *Affine* que abrangia cerca de 10% das acções desta sociedade e tinha uma duração de 2 anos – cf. decisão da AMF nº 208C1286 de 4 de Julho de 2008; acordo de inalienabilidade entre alguns accionistas da *Sofibus*, nos termos do qual os accionistas se obrigavam a manter as suas participações pelo prazo de 4 anos – cf. decisão da AMF nº 209C1157 de 3 de Setembro de 2009).

[873] A vantagem directa, que seria a de alienar as suas acções, encontrar-se-á excluída pelo acordo de não-aceitação de OPA.

[874] Em França, a doutrina entende que o lançamento de OPA não faz caducar os acordos de inalienabilidade, excepto se o acordo o prever de forma expressa ou, sendo o acordo posterior a 21 de Abril de 2004, se os estatutos estabelecerem que o mesmo é inoponível ao oferente (cf. VIANDIER, *OPA* cit., p. 91).

[875] Sobre este princípio, *vide*, no direito português, entre outros, SOVERAL MARTINS, *Cláusulas do contrato de sociedade que limitam a transmissibilidade das acções. Sobre os arts. 328º e 329º do CSC*, Almedina, Coimbra, 2006, pp. 60 e ss.; MANUEL TRIUNFANTE, *A tutela das minorias nas sociedades anónimas. Direitos individuais*, Coimbra Editora, Coimbra, 2004, pp. 282-288; MENEZES CORDEIRO, *Manual de Direito*

em princípio, livremente transmissíveis[876]. Este é um dos princípios basilares do direito das sociedades anónimas[877], é "imprescindível à satisfação da função social típica que a sociedade anónima e as acções visam realizar"[878], e, nalguns ordenamentos jurídicos, uma decorrência da protecção constitucional do direito de alienação da propriedade das acções[879]. A justificação deste princípio reside fundamentalmente no facto de ao accionista ter de ser dada a possibilidade de terminar o seu investimento através da alienação das suas acções, uma vez que as possibilidades de saída do capital da sociedade são muito limitadas nas sociedades anónimas[880]. O fundamento estaria de acordo com o princípio geral do

---

das Sociedades, vol. II, 2ª edição, Almedina, Coimbra, 2007, pp. 683 e ss.; COUTINHO DE ABREU, *Curso* cit., pp. 373 e ss.; JOÃO LABAREDA, *Das acções das sociedades anónimas*, Associação da Faculdade de Direito de Lisboa, Lisboa, 1988, pp. 227 e ss. No direito alemão, *vide* BEZZENBERGER, in SCHMIDT//LUTTER (Hrsg.), *Aktiengesetz Kommentar*, 2. Auflage, Verlag Otto Schmidt, Köln, 2010, § 68 Rdn. 2; HÜFFER, in HÜFFER (Hrsg.), *Aktiengesetz*, 9. Auflage, C.H. Beck, München, 2010, § 64 Rdn. 10; LUTTER/DRYGALA, in ZÖLLNER/NOACK (Hrsg.), *Kölner Kommentar zum Aktiengesetz*, 3. Auflage, Carl Heymmans, Köln, 2004, § 64 Rdn. 33 e 57. No direito italiano, *vide* SANTOSUOSSO, *Il principio di libera transferibilità delle azioni – excesso di potere nelle modifiche della circolazione*, Giuffrè Editore, Milano, 1993.

[876] Neste sentido, *vide* BEZZENBERGER, in SCHMIDT/LUTTER (Hrsg.), *Aktiengesetz* cit., § 68 Rdn. 2; HÜFFER, in HÜFFER (Hrsg.), *Aktiengesetz* cit., § 64 Rdn. 10; LUTTER/DRYGALA, in ZÖLLNER/NOACK (Hrsg.), *Kölner* cit., § 64 Rdn. 33 e 57; na jurisprudência alemã, *vide* BGH 20 de Setembro de 2004, in AG 2004, p. 673; BayObLG de 24 de Novembro de 1988 – BReg 3 Z 111/88, in ZIP 1989, p. 638.

[877] Aceitando a teoria de serem as Companhias holandesas as antecessoras das modernas sociedades anónimas, a origem histórica do princípio da livre transmissibilidade remonta à Companhia Holandesa das Índias Orientais, fundada em 1602, na qual se afirmava a possibilidade de os accionistas venderem as acções (cf. LEHMAN, *Die geschichtliche Entwicklung der Aktienrechts bis zum Code Commerce*, Saner & Auvermann, Frankfurt am Main, Reimpressão, 1985, pp. 6 e ss.). Em Portugal, os sócios das Companhias Pombalinas podiam abandonar a sociedade através da transmissão das acções (cf. SOVERAL MARTINS, *Cláusulas* cit., p. 62). Para mais desenvolvimentos sobre as raízes históricas deste princípio, *vide* SOVERAL MARTINS, *Cláusulas* cit., pp. 64 e ss.; LEHMAN, *Die geschichtliche* cit., pp. 1 e ss.

[878] Cf. MANUEL TRIUNFANTE, *A tutela* cit., p. 282, nota 456. É imprescindível a função social típica no sentido de função habitual das sociedades anónimas como sendo aquelas em que o *intuitus pecuniae* prevalece, o que é importante é o valor com que o sócio contribuiu e não a sua pessoa. Com efeito, conforme se verá, este princípio não é absoluto, pois admitem-se limitações estatutárias à livre transmissão de acções.

[879] É o caso do direito alemão (neste sentido, *vide* BVerfG 27 de Abril de 1999 – 1 BvR 1613/94, BVerfGE 100, 289, pp. 305 e ss.).

[880] Neste sentido, *vide* BEZZENBERGER, in SCHMIDT/LUTTER (Hrsg.), *Aktiengesetz* cit., § 68 Rdn. 2. Recorde-se que, nestas, existe um reduzido número de situações em que se permite a exoneração do sócio da sociedade anónima (cf. SOVERAL MARTINS, *Cláusulas* cit., p. 65). A doutrina tem também apresentado como justificações do princípio da intransmissibilidade das acções: (i) potenciar o in-

direito privado segundo o qual não são, em geral, admissíveis vinculações indefinidas ou perpétuas[881].

O princípio da livre transmissibilidade das acções não é absoluto[882], pois o legislador admite a fixação de cláusulas do contrato de sociedade que limitem a transmissão das acções. O art. 328º, nº 1 do CSC permite *a contrario sensu* que o contrato de sociedade preveja limitações à transmissão das acções dentro dos limites fixados pela lei. Estes encontram-se previstos no art. 328º, nº 2 do CSC, o qual permite que o contrato de sociedade subordine a transmissão de acções nominativas ao consentimento da sociedade, ou que estabeleça, no caso de alienação de acções nominativas, um direito de preferência dos outros accionistas, ou que subordine a "transmissão de acções nominativas e a constituição de penhor ou usufruto sobre elas à existência de determinados requisitos, subjectivos ou objectivos, que estejam de acordo com o interesse social". Estas restrições à transmissão de acções, quando fixadas, acarretam a introdução nas sociedades anónimas de um *intuitus personae*[883]. Este tipo de restrições não admissíveis nas sociedades cotadas, na medida em que um dos requisitos para que as acções estejam admitidas à negociação em mercado regulamentado é que sejam livremente transmissíveis (art. 204º, nº 1 do Cód.VM).

II. Os acordos de não-aceitação de OPA impedem que o accionista aliene as suas acções quer ao oferente perante o qual se vincula, quer a terceiros quer, nalguns casos, a oferentes concorrentes. A restrição da transmissão de acções é ainda mais onerosa para o accionista na medida em que, por força da mesma, ele não poderá beneficiar da oferta ou ofertas públicas que vierem a ser lançadas com vista à aquisição das mesmas, impedindo a realização do valor das acções através de um dos mecanismos que permite uma maior realização de valor para o accio-

---

teresse de um maior número de investidores na aquisição de acções, na medida em que é possível, com alguma facilidade, transmitir as acções e recuperar, total ou parcialmente, o dinheiro investido; (ii) promove a eficiência da gestão da sociedade, pois os sócios podem alienar as suas acções caso estejam descontentes com a gestão da sociedade, tornando eventualmente possível que os novos sócios procedam à substituição dos membros do órgão de administração (para um maior desenvolvimento sobe estes fundamentos, *vide* SOVERAL MARTINS, *Cláusulas* cit., pp. 64 e ss.).

[881] Neste sentido, *vide* SOVERAL MARTINS, *Cláusulas* cit., p. 65.
[882] SOVERAL MARTINS qualifica-o como um princípio "não essencial para a sociedade anónima" (cf. *Cláusulas* cit., p. 67), enquanto MANUEL TRIUNFANTE afirma que ele não tem "vigência plena em todas as situações" (cf. *A tutela* cit., p. 283).
[883] Neste sentido, *vide* SOVERAL MARTINS, *Cláusulas* cit., p. 67; MANUEL TRIUNFANTE, *A tutela* cit., p. 283.

nista por envolver, regra geral, um prémio de controlo que acresce ao valor de cotação da acção. Será que esta restrição da transmissibilidade das acções do destinatário da oferta é admissível à luz do princípio da livre transmissibilidade das acções?

A resposta deve ser afirmativa.

O princípio da livre transmissibilidade de acções não impede que os sócios celebrem entre si um acordo que estabeleça restrições à transmissão de acções, fixando direitos de preferência, opções de compra, direitos de *tag along* ou *drag along*. A doutrina nacional e estrangeira consideram que este tipo de restrições contratuais fixadas entre os accionistas não é incompatível com aquele princípio[884]. A admissibilidade destes acordos resulta do poder de disposição das suas acções, seja alienando-as ou mantendo-as auto-limitando a sua possibilidade de transmissão das acções. É uma questão de conformação dos interesses dos accionistas e, como tal, deve ser deixada à autonomia privada. No entanto, este tipo de restrições, tendo natureza contratual, tem mera eficácia obrigacional[885]. Os acordos que fixem restrições à transmissão de acções não estão sujeitos aos limites resultantes do art. 328º, nº 2 do CSC, estes aplicam-se apenas às restrições estatutárias[886].

Não há quaisquer razões para que o entendimento seja diverso para os acordos de não-aceitação de OPA. O accionista aceita limitar a transmissibilidade das suas acções durante um determinado período perante o oferente que, face a esta obrigação negativa e à correspondente diminuição do esforço financeiro inerente à sua oferta, está em condições de lançar a sua OPA. A limitação da transmissibilidade das acções corresponde ao interesse de valorização das acções já referido e à entrada de um parceiro estratégico na sociedade. Embora a limitação prevista diga respeito a um instituto – a OPA – que é fundamental para o funcionamento do mercado de controlo societário e que, por norma, aporta grandes benefícios para o accionista, não há qualquer motivo que justifique a coarctação da liberdade do accionista no sentido da limitação do seu próprio direito de disposição das acções.

---

[884] Neste sentido, *vide*, no direito alemão, LUTTER/DRYGALA, in ZÖLLNER/NOACK (Hrsg.), *Kölner* cit., § 64 Rdn. 27; IMMENGA, *Vertragliche Vinlulierung von Aktien*, in AG, 1992, p. 80; VIANDIER, *OPA* cit., p. 240.

[885] Neste sentido, *vide* TICHY, in *Münchener Kommentar zum Aktiengesetz*, Band 1, 3. Auflage, C.H. Beck, München, 2008, § 64 Rdn. 151; ZÖLLNER/NOACK (Hrsg.), *Kölner* cit., § 64 Rdn. 23 LUTTER/DRYGALA, in ZÖLLNER/NOACK (Hrsg.), *Kölner* cit., § 64 Rdn. 23; IMMENGA, *Vertragliche* cit., p. 80.

[886] Neste sentido, face às limitações decorrentes do § 62 Abs. 2 da AktG, *vide* TICHY, in *Münchener* cit., § 64 Rdn. 151; no mesmo sentido, face ao artigo 2355bis do *Codice Civile*, *vide* DENTAMARO, *sub. art. 2355bis*, in AAVV, *I Codici* cit., p. 727.

Por outro lado, o legislador admite implicitamente a limitação por via contratual da liberdade de disposição das acções dos destinatários de uma OPA, precisamente no sentido de proibir a aceitação da oferta, nomeadamente o art. 182º-A, nº 1 al. a) do Cód.VM e o art. 19º do Cód.VM.

A alínea a) do nº 1 do art. 182º-A do Cód.VM dispõe que as sociedades sujeitas a lei pessoal portuguesa podem estabelecer, nos seus estatutos, que "as restrições, previstas nos estatutos ou em acordos parassociais, referentes às transmissões de acções ou de valores mobiliários que dêem direito à sua aquisição ficam suspensas, não produzindo efeitos em relação à transmissão decorrente da aceitação da oferta". Esta é uma das modalidades da chamada *breakthrough rule* que o legislador nacional adoptou na sequência da transposição da Directiva das OPAs, em particular a modalidade que se encontra prevista no artigo 11º, nº 2 desta directiva[887]. Assim, o legislador acaba por admitir a existência, e, inevitavelmente, a validade, de acordos parassociais que fixem restrições à transmissão de acções que afectem a possibilidade de aceitação de uma OPA. Estes acordos parassociais fixam, nalguns casos, a conduta dos accionistas em caso de lançamento de OPA e estabelecem restrições directas, proibindo a aceitação de OPAs lançadas por terceiros[888]. São um dos mecanismos de defesa prévia contra o lan-

---

[887] A *breakthrough rule* não foi uma inovação introduzida pela Directiva das OPAs, este mecanismo já se encontrava previsto no direito interno de alguns Estados-Membros. O conceito de *breakthrough rule* não é desconhecido dos Estados Membros da União Europeia. Em França, a antiga COB sugeriu, no seu relatório de 1992, que as limitações de direitos de voto não se deveriam aplicar caso, após a liquidação da OPA, o oferente ficasse a deter mais de metade dos direitos de voto. Na Holanda, uma proposta de lei submetida ao Parlamento holandês consagrava o direito do oferente de requerer aos tribunais a alteração ou nulidade das disposições estatutárias que impedissem o oferente de deter o controlo da sociedade visada se após a liquidação da oferta detivesse mais de 70% do capital social da mesma. No entanto, tal direito estava sujeito a um período de "espera" de um ano. Em Itália, a lei de 1994 sobre privatizações introduziu a regra de eliminação automática das restrições de direitos de voto em sociedades privatizadas caso o oferente adquirisse mais de metade do capital social da sociedade privatizada. Esta regra foi alterada, eliminando-se as restrições ao exercício dos direitos de voto aquando do lançamento de OPA sobre pelo menos 60% do capital social, independentemente do sucesso da oferta (cf. *Report of the High Level Group of Company Law Experts on issues related to takeovers* cit., p. 30). Para mais desenvolvimentos sobre a *breakthrough rule*, vide REQUICHA FERREIRA, *OPA* cit., pp. 446 e ss.; PAULO CÂMARA, *Manual* cit., pp. 627 e ss.

[888] São os acordos parassociais que estabelecem regras quanto ao modo de concertação dos accionistas partes do acordo em caso de lançamento de OPA (cf. NOACK/ZETZ, in SCHWARK/ZIMMER (hrsg.), *Kapitalmarktrechts-Kommentar*, 4. Auflage, C.H. Beck, München, 2010, § 33 WpÜG Rdn. 5; SCHWENNICKE, in GEIBEL/SÜSSMANN (hrsg.), *Wertpapiererwerbs-* cit., § 33b Rdn. 5; SCHLITT, in *Münchener* cit., § 33 WpÜG Rdn. 114; VIANDIER, *OPA* cit., p. 92; DANIELA CATERINO, *Commentario sul*

çamento de OPAs[889]. A admissibilidade deste tipo de acordos parassociais é reforçada pelo art. 19º, nº 1 do Cód.VM. Com efeito, este preceito determina que os acordos parassociais que visem, entre outros objectivos, frustrar o "êxito de OPA" têm de ser comunicados à CMVM no prazo de 3 dias a contar da sua celebração. Ou seja, o legislador admite a existência e, inevitavelmente, a respectiva validade (ao fixar a obrigação da sua comunicação) dos acordos destinados a frustrar o êxito de OPA e, entre estes, está o acordo que fixe regras de conduta em caso de lançamento de OPA, nomeadamente a rejeição da oferta e outras actuações a tomar pelas partes do acordo[890].

Deste modo, se o legislador considera válidos os acordos que fixam a proibição de aceitação de OPA entre os accionistas da sociedade visada como forma de proteger a sociedade contra o lançamento de OPAs no futuro e assegurar a estabilidade accionista, também não pode deixar de considerar válidos os acordos celebrados entre um potencial oferente e um accionista com vista à não aceitação de OPA. Aqueles acordos são aliás mais onerosos em termos de vinculação para o accionista do que estes, na medida em que são celebrados por períodos de tempo mais alargados, embora também se deva reconhecer que, nos primeiros, as proibições de aceitação de OPA são bilaterais enquanto que, nos segundos, só uma das partes, o accionista, assume essa obrigação.

2.2.4 O princípio da igualdade de tratamento dos oferentes e o princípio da concorrência e jogo livre entre as ofertas

I. Conforme se expôs em II. 2.2.4 *supra*, o princípio da igualdade de tratamento entre os oferentes é um dos princípio estruturantes do instituto das OPAs que

---

art. 122 TUF, in AAVV, *I Codici* cit., p. 3263). *Vide*, em França, o acordo entre alguns accionistas da *Eurofins Scientific* com duração de 8 anos – cf. decisão da AMF nº 208C1688, de 17 de Setembro de 2008; em Itália, o caso abordado na comunicação da CONSOB de 16 de Novembro de 2000, nº DCL/DEM/85385.

[889] Cf. SCHWENNICKE, in GEIBEL/SÜSSMANN (hrsg.), *Wertpapiererwerbs-* cit., § 33b Rdn. 63; SCHLITT, in *Münchener* cit., § 33 Rdn. 114.

[890] O art. 122, comma 5 d-bis) do TUF inclui dentro do conceito de acordos parassociais abrangidos pelos deveres de informação aí previstos os acordos que visam favorecer ou impedir a obtenção dos objectivos de uma oferta pública de aquisição ou troca, nomeadamente os compromissos de não aceitação de uma oferta. Esta disposição foi introduzida pelo art. 4º D.Lgs nº 229 de 19 de Novembro de 2007 que veio transpor, para o direito interno italiano, a Directiva das OPAs. A doutrina refere que a disposição se aplica aos acordos que definem o comportamento das partes em caso de lançamento de OPA (cf. DANIELA CATERINO, *Commentario sul art. 122 TUF*, in AAVV, *I Codici* cit., p. 3263).

exige que os oferentes em concorrência sejam tratados de forma similar, sem que haja quaisquer discriminações ou atribuição de direitos de última palavra ou afins a qualquer um deles[891]. Nesse âmbito, concluiu-se que os acordos de aceitação de OPA não são susceptíveis de violar o princípio da igualdade de tratamento entre os oferentes. Será que o mesmo entendimento é válido para os acordos de não-aceitação de OPA?

A questão suscita-se porque os acordos de não-aceitação geram uma vantagem competitiva em favor do oferente que deles beneficia face aos demais oferentes em concorrência. Para além de proporcionar uma redução do esforço financeiro geral desse oferente, assegurando-lhe uma vantagem logo no início do processo de OPA, o acordo permite-lhe aumentar a contrapartida sem ter realizar o mesmo esforço financeiro que os demais oferentes teriam de realizar (ficando novamente numa situação mais vantajosa no leilão pela aquisição da sociedade visada) e, se o accionista tiver assumido a obrigação de não-aceitação de ofertas concorrentes, reduz igualmente a probabilidade de sucesso dessa oferta, potenciada pelo facto do oferente ter do seu "lado" um accionista da sociedade visada. Estará o direito de lançamento de oferta concorrente irremediavelmente afectado? Deverão ser fixados limites à celebração dos acordos de não-aceitação em nome da concorrência pela aquisição da sociedade visada?

II. Antes de se entrar na resposta à questão, convém analisar qual a solução dada pelo direito francês sobre este tema, por ser o ordenamento jurídico que dá maior relevância ao princípio da igualdade entre oferente e também a solução proposta pelo ordenamento jurídico italiano que consagram uma solução única em matéria de acordos parassociais que fixam restrições à liberdade de aceitação de OPA.

Em França, um dos corolário do princípio *libre jeu des offres et des surenchères* é o *principe d'égalité dans la compétition* que impede, por exemplo, a adopção de medidas defensivas que resultem na atribuição a um oferente de uma vantagem determinante para o sucesso da sua OPA, distorcendo a livre concorrência das ofertas ao princípio do livre jogo entre ofertas[892]. Segundo a doutrina e jurisprudência francesas, os acordos celebrados entre os accionistas e o oferente

---

[891] Para mais desenvolvimentos sobre o princípio da igualdade de tratamento dos oferentes, *vide* II. 2.2.4 *supra*.
[892] Neste sentido, *vide* Frison-Roche, *Le principe* cit., p. 720 ; Viandier, *OPA* cit., p. 52; CA Paris, 27 de Abril de 1993, JCP 93, E, 45n7.

não podem inviabilizar a concorrência pela aquisição da sociedade visada nem podem prejudicar o *libre jeu des offres et des surenchères*, em particular na sua dimensão da *égalité dans la compétition*[893]. Durante algum tempo, a doutrina questionava se os acordos de preferência, opção de compra, de inalienabilidade temporária ou de concertação em caso de lançamento de OPA eram susceptíveis de pôr em causa a liberdade do accionista de aceitação da oferta ou o princípio do livro jogo entre ofertas e da igualdade entre os oferentes. Algumas decisões jurisprudenciais adensaram estas dúvidas[894]. Porém, a introdução do novo art. L 233-35 do *Code de commerce* operada pela Lei de 31 de Março de 2006 veio acabar com as dúvidas existentes. Este preceito determina que todas as cláusulas, incluídas em acordos celebrados depois de 21 de Abril de 2004 e que prevejam restrições à transmissão de acções da sociedade, são inoponíveis ao oferente. A doutrina considera que esta norma significa *a contrario* que são válidas as obrigações contratuais que proíbam a aceitação de uma OPA por parte de um accionista[895].

Em Itália, o legislador foi mais longe e, no art. 213 comma 3 do TUF, confere às partes de acordo parassocial (conceito que inclui, entre outros, os acordos que fixem restrições à transmissão das acções ou que visam favorecer ou impedir os objectivos de uma OPA ou de uma OPT, incluindo a obrigação de não-aceitação de OPA[896]), o direito de denúncia (*diritto di recesso*[897]) do acordo parassocial sem

---

[893] Neste sentido, na doutrina, *vide* VIANDIER, *OPA* cit., p. 132; PELTIER, *Les principes* cit., p. 473.

[894] Numa decisão da Cour d'Appel de Paris de 27 de Abril de 1993, aquele tribunal anulou a decisão de recepção da OPA (isto é, de declarar conforme a OPA e registá-la) devido à montagem de uma estrutura defensiva baseada em sociedades em comandita por acções, por considerar que estas impediam a igualdade na concorrência (*égalité dans la compétition*) e que conferiam a um oferente uma vantagem determinante para sucesso da sua oferta deturpando o jogo de lanços (cf. JCP, 93, E, 457; VIANDIER, *OPA* cit., p. 131; VIANDIER/CAUSSAIN, in RJDA, p. 327). Outro caso que ficou também famoso foi a OPA sobre a Providence. Dois accionistas desta sociedade, a Nord-Sambre e a Nogéfi, celebraram um acordo nos termos do qual a primeira concedia à segunda um direito de preferência em caso de alienação das suas acções. Alguns anos após a celebração do acordo, é lançada uma OPT sobre a Providence e a Nord-Sambre pretende aceitar esta oferta e proceder à troca das suas acções na Providence pelas oferecidas pelo oferente como contrapartida. A Nogéfi requer ao tribunal que bloqueie as acções detidas pela Nord-Sambre (*sequestre*) mas o tribunal nega esta pretensão, considerando que o acordo apenas abrange a venda como forma de transferência da propriedade das acções e não a permuta de acções (cf. Comp. CA Paris, 1 ch. B, 30 de Março de 1989, in *Bulletin Joly*, 1989, p. 978; VIANDIER, *OPA* cit., pp. 310-311).

[895] Neste sentido, *vide* VIANDIER, *OPA* cit., p. 311.

[896] O conceito de acordo parassocial é fixado por remissão para o art. 122 do TUF, o qual abrange vários tipos de acordos parassociais (*e.g.* sindicatos de bloco; pactos de consulta), não se restringindo aos acordos de voto (*sindicati di voto*) (art. 122, comma 5 do TUF) (sobre estes vários tipos,

qualquer período mínimo de pré-aviso em caso de lançamento de determinado tipo de OPAs que, fundamentalmente, contendem com a estrutura de controlo da sociedade[898]. O preceito, introduzido em 1998, pôs termo à discussão na doutrina italiana sobre a compatibilidade teórica entre aquele tipo de acordos parassociais, sobretudo os sindicatos de bloqueio, e o regime jurídico da OPA obrigatória[899]. A solução encontrada procurou claramente evitar uma excessiva rigidez dos vínculos resultantes dos acordos parassociais, em particular no âmbito de um processo de cessão de controlo através do lançamento de OPA[900]. No entanto, a doutrina chamou a atenção para o absurdo sistemático que esta norma podia gerar. Se, por um lado, o legislador criou "uma norma que orienta o modelo societário no sentido da superação da «estabilidade», na qual se baseava o juízo de validade dos acordos, e na aproximação do princípio oposto da «contendabilidade», por outro lado, e ao mesmo tempo, decidiu, pelo menos implicitamente, legitimar um sistema susceptível impedir a finalidade que procurou prosseguir"[901]. Neste

---

vide Daniela Caterino, *Commentario sul art. 122 TUF*, in AAVV, *I Codici* cit., pp. 3263-3267; Paolo Montalenti, *La società* cit., pp. 139-143; Chiappetta, *Diritto* cit., pp. 50-53).

[897] Cf. Daniela Caterino, *Commentario sul art. 123 TUF*, in AAVV, *I Codici* cit., pp. 3274-3275; Chiappetta, *Diritto* cit., pp. 55-56; Quatraro/Picone, *Manuale* cit., pp. 130-131. Porém, a declaração de denúncia não produz efeitos caso não haja uma efectivação da transmissão das acções (art. 123 comma 5 *in fine* do TUF; Daniela Caterino, *Commentario sul art. 123 TUF*, in AAVV, *I Codici* cit., p. 3275; Quatraro/Picone, *Manuale* cit., p. 131).

[898] Cf. Daniela Caterino, *Commentario sul art. 123 TUF*, in AAVV, *I Codici* cit., p. 3275. O art. 123 comma 3 do TUF cinge a sua aplicação às OPAs referidas nos arts. 106 e 107 do TUF. A OPA prevista no art. 106 do TUF é a chamada OPA obrigatória sucessiva na sequência da ultrapassagem do limiar de 30% dos direitos de voto enquanto que o tipo de OPA prevista no art. 107º do TUF é a OPA "preventiva" dirigida à aquisição de, pelo menos, 60% totalidade das acções ordinárias da sociedade visada. O objectivo foi, portanto, o de restringir a atribuição do direito de denúncia aos casos em que a OPA "incide maioritariamente sobre a estrutura proprietária da sociedade" (cf. Chiappetta, *Diritto* cit., p. 56).

[899] Alguns autores sustentavam que determinados acordos parassociais (*e.g.* sindicatos de bloqueio) impediam a adequada prossecução dos objectivos visados pelo instituto da OPA obrigatória, porque permitia que uma parte do capital social fosse "congelada" através desse sindicato de bloqueio (neste sentido, *vide* Rossi, *Le diverse prospettive dei sindicati azionari nelle società quotate e in quelle non quotate*, in *Rivista delle Società*, 1991, p. 1372). Em sentido contrário, outros autores salientavam que o regime da OPA não fixa uma obrigação, mas antes um direito de venda dos accionistas e esse direito pode ser objecto de disposição por parte do seu titular que está legitimado a sujeitá-lo a direitos de preferência ou a renunciar totalmente ao mesmo (neste sentido, *vide* Costi, *I sindicati di voto e di blocco nella legge sull'opa*, in BBTC, 1992, I, p. 473).

[900] Cf. Daniela Caterino, *Commentario sul art. 123 TUF*, in AAVV, *I Codici* cit., p. 3275.

[901] Cf. Fois, *I patti parasociali*, in *La riforma del diritto societario*, Atti del Convegno di Courmayeur, 27-28.9.2002, Milano, 2003, p. 91.

sentido, alguns autores, ao analisar, a admissibilidade de cláusulas de acordos parassociais que vinculam *a priori* as partes a não aceitar OPAs ou OPTs que sejam lançadas no futuro, consideram-nas inválidas sob pena de se verificar o referido "absurdo" sistemático[902]. Este entendimento não veio, contudo, a prevalecer, na medida em que, em 2007, no âmbito da transposição da Directiva das OPAs, o conceito de acordo parassocial do art 122º do TUF passou a incluir os acordos que visem favorecer ou impedir a prossecução dos objectivos de uma OPA ou OPT,nomeadamente a obrigação de não-aceitação de OPA[903]. Ou seja, o legislador veio aceitar a validade daquele tipo de acordos, ainda que não esclareça se o art. 123 do TUF é aplicável aos acordos de não-aceitação de OPA celebrados entre um accionista e o potencial oferente.

A CONSOB tinha considerado, em 2000, que os acordos que fixam a obrigação de não-aceitação de OPA não devem ser qualificados como acordos parassociais para efeitos do art. 122º do TUF, na medida em que esses acordos implicam apenas uma limitação parcial da transmissão de acções (pois o accionista permanece livre de alienar as suas acções a um terceiro), a *fattispecie* não prossegue as finalidades próprias dos acordos parassociais (i.e. a cristalização dos *assetti proprietari*) e limita-se exclusivamente a determinados objectivos no âmbito de OPAs[904]. A doutrina considerava que este entendimento era igualmente válido para os casos em que o oferente se obriga a não aceitar uma determinada OPA e assume, simultaneamente, a obrigação, *a latere*, de não alienar a terceiros. Nestes casos, não se estaria perante a finalidade própria dos acordos parassociais de cristalizar os *assetti proprietari*, mas antes a de obter um determinado resultado de uma OPA[905]. Face à introdução da alínea d-bis) comma 5 do art. 122 do TUF, não fica claro se este tipo de acordos de não-aceitação de OPA celebrados entre o oferente e o accionista se encontram igualmente abrangidos. Aparentemente, a doutrina parece restringir o âmbito daquele preceito aos acordos que visam fixar a conduta das partes em caso de lançamento de OPA de um terceiro no futuro e não aos casos em que o acordo é celebrado com o próprio oferente em

---

[902] Neste sentido, *vide* Fois, *I patti* cit., p. 91
[903] Esta disposição foi introduzida pelo art. 4º D.Lgs nº 229 de 19 de Novembro de 2007 que veio transpor, para o direito interno italiano, a Directiva das OPAs. A doutrina refere que a disposição se aplica aos acordos que definem o comportamento das partes em caso de lançamento de OPA (cf. Daniela Caterino, *Commentario sul art. 122 TUF*, in AAVV, *I Codici* cit., p. 3263).
[904] Cf. Comunicação da CONSOB de 16 de Novembro de 2000 DCL/DEM/85385; Quatraro//Picone, *Manuale* cit., p. 141.
[905] Cf. Quatraro/Picone, *Manuale* cit., p. 141.

preparação da OPA, seja no sentido de obrigar o destinatário a aceitar ou a não-
-aceitar a oferta[906]. A posição parece ser a mais correcta, porque este tipo de
acordos visa precisamente facilitar o lançamento de OPA e a mudança da cessão
de controlo, que é o objectivo visado pela atribuição do direito de denúncia do
art. 123 do TUF. Assim, a atribuição deste direito nos acordos de não-aceitação
de OPA entre accionista e oferente acabaria por contrariar *a ratio* do próprio preceito.

III. Retomando agora a nossa questão: será que os acordos de não-aceitação
de OPA violam o princípio da igualdade entre os oferentes ou o princípio da livre
aceitação da oferta, neste caso da OPA concorrente?

Entendo que não.

A posição contrária significaria que o princípio da igualdade entre os oferentes
estaria a vincular ou os demais oferentes em concorrência ou os destinatários da
oferta, e, conforme se expôs em II. 2.2.4 *supra*, nem uns nem outros estão abrangidos por aquele princípio.

Os demais oferentes não são sujeitos passivos do princípio da igualdade de
tratamento dos oferentes[907]. A concorrência livre e sã entre os oferentes baseia-
-se, entre outros aspectos, na estratégia que cada um prossegue na sua oferta.
Se um deles adoptou como estratégia falar previamente com os accionistas de
referência da sociedade visada e obter, com sucesso, acordos de não-aceitação
reduzindo o seu esforço financeiro, não lhe pode ser exigido que agora revogue
os acordos que celebrou, permitindo a aceitação das demais ofertas. A livre concorrência abre espaço para que qualquer oferente adopte a conduta e procedimentos necessários para o sucesso da sua oferta sem ter de considerar os interesses de potenciais oferentes, desde que dentro dos limites da legalidade. Não se
pode exigir a um oferente que não celebre acordos de não-aceitação de OPA para
permitir a concorrência pela sociedade visada. Quem está vinculado à igualdade
é a sociedade visada.

Por outro lado, é também inadmissível que os destinatários da oferta estejam
abrangidos pelo princípio da igualdade de tratamento dos oferentes. De outro
modo, estaríamos a limitar o exercício do seu direito de propriedade sobre as

---

[906] Aparentemente, neste sentido, *vide* DANIELA CATERINO, *Commentario sul art. 122 TUF*, in AAVV, *I Codici* cit., p. 3263.

[907] Cf. STEINMEYER, in STEINMEYER/HÄGER, *WpÜG* cit., § 3 Rdn. 13; HIRTE, in HIRTE/BÜLOW (hrsg.), *Kölner* cit., § 33 Rdn. 75 e ss.; SCHLITT, in *Münchener* cit., § 33 WpÜG Rdn. 159; RÖH, in *Frankfurter* cit., § 33 Rdn. 145; OESCHLER, in EHRICKE/EKKEUGA/OECHSLER, *WpÜG* cit., § 10 Rdn. 33a.

acções e, em certa medida, a liberdade de aceitação das OPAs pelos seus destinatários (*freier Entscheidung*), que tanto pode ser exercida em sentido negativo como positivo. Conforme referem alguns autores, o regime da OPA não fixa uma obrigação, mas um direito de venda dos accionistas e esse direito pode ser objecto de disposição por parte do seu titular, que tanto pode "dificultar" o seu exercício sujeitando-o a direitos de preferência como renunciar totalmente ao mesmo, obrigando-se a não aceitar uma OPA[908].

Por fim, e a reforçar o entendimento exposto, cumpre referir que o ordenamento jurídico português não tem nenhuma norma similar ao art. 123, comma 3 do TUF no direito italiano, que atribua aos accionistas a possibilidade de denunciar sem pré-aviso um acordo parassocial para aceitar uma OPA ou OPT. Ao invés e conforme já mencionado em III. 2.2.3, só se os estatutos da sociedade visada o preverem é que as restrições fixadas por acordos parassociais referentes às transmissões de acções ficam suspensas, não produzindo efeitos em relação à transmissão decorrente da aceitação da oferta. O legislador acaba por admitir a existência e, inevitavelmente, a validade[909] de acordos parassociais que fixem restrições à transmissão de acções que afectem a possibilidade de aceitação de uma OPA, incluindo aquele que determine a conduta dos accionistas em caso de lançamento de OPA, proibindo, por exemplo, a aceitação de OPAs lançadas por terceiros[910]. Esta conclusão resulta claramente, conforme referido em III. 2.2.4 *supra*, do art. 19º, nº 1 do Cód.VM, que inclui no conceito de acordos parassociais sujeitos a dever de comunicação à CMVM aqueles que visem frustrar o êxito de OPA.

Assim, se o legislador considera válidos os acordos que fixam a proibição de aceitação de OPA entre os accionistas da sociedade visada como forma de proteger a sociedade contra o lançamento de OPAs no futuro e determina que os mesmos continuarão a produzir efeitos na pendência de OPA (excepto se os estatutos estabelecerem o contrário – art. 182º-A, nº 1 a) do Cód.VM), também não pode deixar de considerar válidos os acordos celebrados entre um potencial oferente e um accionista com vista à não-aceitação da OPA por parte deste.

---

[908] Cf. COSTI, *I sindicati* cit., p. 473
[909] Neste sentido, *vide* VIANDIER, *OPA* cit., p. 311.
[910] Cf. NOACK/ZETZ, in SCHWARK/ZIMMER (hrsg.), *Kapitalmarktrechts* cit., § 33 WpÜG Rdn. 5; SCHWENNICKE, in GEIBEL/SÜSSMANN (hrsg.), *Wertpapiererwerbs-* cit., § 33b Rdn. 5; SCHLITT, in *Münchener* cit., § 33 WpÜG Rdn. 114; VIANDIER, *OPA* cit., p. 92; DANIELA CATERINO, *Commentario sul art. 122 TUF*, in AAVV, *I Codici* cit., p. 3263.

2.2.5 Princípio da igualdade de tratamento dos destinatários da oferta

I. Conforme referido em II. 2.2.1[911], o princípio da igualdade de tratamento dos destinatários da oferta (*Gleichbehandlungsgebots*), uma das vertentes do princípio da igualdade em sede de OPA, determina que as ofertas públicas, incluindo naturalmente as de aquisição, "devem ser realizadas em condições que assegurem tratamento igual aos destinatários" (art. 112º do Cód.VM). O princípio impede o oferente de oferecer preços e condições diversas aos destinatários da oferta desde que sejam titulares de valores mobiliários da mesma categoria[912].

Nos acordos de não-aceitação de OPA, o accionista não irá receber a contrapartida da oferta futura a lançar pelo oferente, uma vez que se obrigou a não-aceitar a oferta. Então, parece que o princípio da igualdade de tratamento dos destinatários nunca poderia contender com este tipo de acordos pois o accionista da sociedade visada nada recebe no contexto da OPA. Este raciocínio enforma do seguinte vício: as vantagens/benefícios de uma OPA para os accionistas não decorrem só da sua aceitação, nalguns casos não-aceitar a oferta pode ser mais vantajoso face ao potencial de valorização que a nova gestão do oferente pode trazer à sociedade. A igualdade tem de ser transversal, isto é, ela abrange todos os destinatários da oferta e deve oferecer-lhes os mesmos termos e condições quer em caso de aceitação quer em caso de não-aceitação da oferta. Senão a base decisória dos accionistas seria totalmente distinta, porque uns teriam benefícios menores decorrentes da não-aceitação do que outros e, portanto, menos motivos para a aceitação da oferta, sendo que, a final, esses benefícios poderiam ser maiores do que os decorrentes da aceitação da OPA. Esta situação de desigualdade é absolutamente intolerável face ao art. 112º do Cód.VM, na medida em que os destinatários de oferta estariam a ser tratados de forma desigual, de um ponto de vista material[913], quanto aos termos/conteúdo da oferta (*Gestaltung des Angebots*)[914].

---

[911] Remete-se para exposição do princípio da igualdade efectuada nesse ponto.

[912] Cf. VERSTEEGEN, in HIRTE/BÜLOW (hrsg.), *Kölner* cit., § 3 Rdn. 17; STEINHARDT, in STEINMEYER//HÄGER, *WpÜG* cit., § 3 Rdn. 6; CARDINALE, sub. art. 103, in AAVV, *I Codici* cit., p. 3153; PICONE, *Le offerte* cit., p. 79; ALAIN VIANDIER, *OPA* cit., p. 303; PELTIER, *Les principes* cit., p. 471).

[913] Neste sentido, vide VERSTEEGEN, in HIRTE/BÜLOW (hrsg.), *Kölner* cit., § 3 Rdn. 13; ASSMANN, in ASSMANN/PÖTZSCH/SCHNEIDER (Hrsg.), *Wertpapiererwerbs-* cit., § 3 Rdn. 9; PELTIER, *Les principes* cit., p. 471.

[914] Mesmo que formalmente os documentos da oferta não estabelecessem condições diferentes, o accionista que se vinculou a não aceitar a OPA poderia, materialmente, receber contrapartidas pela não-aceitação da oferta que os demais destinatários não receberam (neste sentido, considerando

Clarificada a aplicação do princípio da igualdade de tratamento dos destinatários aos acordos de não-aceitação de OPA, impõe-se a pergunta: será que a celebração destes contende com aquele princípio tão relevante do direito das OPAs? De facto, vinculando-se o accionista a não aceitar a oferta ainda antes de publicada a documentação da oferta e o surgimento de novos oferentes, ele parece estar numa situação de desigualdade (em seu prejuízo) face aos demais destinatários, que terão a possibilidade de analisar a documentação do oferente e dos demais oferentes concorrentes e tomar a sua decisão. Será esta situação material de desigualdade admissível?

II. À semelhança do defendido em II. 2.2.1 para os acordos de aceitação de OPA, considero que a celebração dos acordos de não-aceitação não é contrária àquele princípio. Apesar de o accionista ficar numa situação diferente (para pior) com a celebração destes acordos, tal situação de desvantagem foi desejada pelo próprio accionista e *volentia non fit iniuria*, pelo que não se deve limitar a liberdade de decisão do devedor[915]. Caso não tivessem celebrado aqueles acordos, não estariam numa situação de desigualdade. Acresce que, nos contratos de não-aceitação de OPA bilaterais, a discriminação do accionista é acompanhada de uma vantagem para o mesmo: o oferente fica, por norma, obrigado a lançar OPA, nos termos acordados com o accionista. Esta vantagem não viola o princípio da igualdade de tratamento, na medida em que, quando a oferta é anunciada preliminarmente, o oferente também fica, por força do princípio da irrevogabilidade da oferta, obrigado a lançar OPA[916].

Em relação à atribuição de vantagens de natureza não económica ao accionista pela sua vinculação à não-aceitação de OPA, reiteramos também o exposto em II. 2.2.1. Deste modo, quando o acordo preveja a assunção de obrigações pelo oferente perante o accionista da sociedade visada que sejam insusceptíveis de expressão monetária e de serem estendidas aos demais destinatários da oferta, entendo que o mesmo deve, em princípio, ser proibido por violação do art. 112º do Cód.VM desde que aquelas obrigações tenham um valor económico, ainda que este se traduza na exclusão de um risco económico ou financeiro. Já relativamente à celebração de negócios paralelos relativos à alienação futura de activos

---

que a igualdade deve ser formal e material, *vide* STEINHARDT, in STEINMEYER/HÄGER, *WpÜG* cit., § 3 Rdn. 4; ASSMANN, in ASSMANN/PÖTZSCH/SCHNEIDER (Hrsg.), *Wertpapiererwerbs-* cit., § 3 Rdn. 9.

[915] Neste sentido, *vide* VERSTEEGEN, in HIRTE/BÜLOW (Hrsg.), *Kölner* cit., § 3 Rdn. 26; ANJA KUHN, *Exclusivvereinbarungen* cit., p. 320.

[916] Ou seja, quando o princípio passa a ser aplicável (anúncio da OPA), a vantagem do accionista que celebrou o acordo de aceitação estende-se aos demais.

da sociedade visada em caso de sucesso da OPA, é fundamental assegurar que o preço pago por esses activos não representa uma contrapartida pela não-aceitação da OPA. Remetemos para as soluções defendidas em II. 2.2.1 para garantir que o preço pago pelos activos não representa uma contrapartida, neste caso, da não-aceitação da OPA.

Porém, há um ponto específico dos acordos de não-aceitação cuja admissibilidade, à luz do princípio da igualdade dos destinatários da oferta, não é clara. É o caso do acordo irrevogável de não-aceitação em que o oferente celebra com o accionista da sociedade um acordo de voto, assumindo a obrigação de votar favoravelmente a eleição de administradores indicados pelo accionista como membros de determinados órgãos sociais após a liquidação da oferta. Numa primeira análise, dir-se-á que este acordo é contrário ao princípio da igualdade de tratamento dos destinatários da oferta, porque se oferecem condições diversas aos accionistas que não aceitam: um terá direito de eleger determinados membros dos órgãos sociais e os demais não terão esse direito. No entanto, a questão não é tão simples de resolver. Com efeito, se o acordo for celebrado com um accionista controlador (que detém, por exemplo, mais de 1/3 dos direitos de voto), este daria, em princípio, lugar a uma imputação de direitos de voto ao oferente (art. 20º, nº 1 al. c) do Cód.VM) e, consequentemente, à constituição do dever de lançamento de OPA. Ora, se o accionista se obrigasse a não aceitar esta oferta obrigatória, não parece adequado vir sustentar que aquele acordo viola o princípio da igualdade de tratamento dos destinatários da oferta pelo facto do accionista vinculado ter celebrado com o oferente aquele acordo para o exercício de direitos de voto, pois este esteve na base da imputação de direitos de voto e na constituição do dever de lançamento. Esta situação é, portanto, diversa das que se analisaram anteriormente, porque a "contrapartida" do acordo de não-aceitação está relacionada com o próprio controlo da sociedade e não é chamado à colação o princípio da igualdade de tratamento dos destinatários da oferta previsto no art. 112º do Cód.VM. A igualdade de tratamento alcançar-se-á por via de outro instituto: o da OPA obrigatória que, conforme se referiu, está eivado de considerações relacionadas com o princípio da igualdade de tratamento[917]. A celebração deste acordo poderá, caso o accionista não seja um accionista controlador (i.e. não detenham mais de 1/3 dos direitos de voto) nem se torne em virtude da celebração de um acordo de voto com o oferente para a elei-

---

[917] Em particular, na contrapartida mínima da OPA obrigatória (art. 188º, nº 1 do Cód.VM) (cf. PAULO CÂMARA, *Manual* cit., p. 586; RIBEIRO MENDONÇA, *A tomada* cit., p. 57; ASSMANN, in ASSMANN/PÖTZSCH//SCHNEIDER (Hrsg.), *Wertpapiererwerbs-* cit., § 3 Rdn. 12-13)

ção de membros dos órgãos sociais após a oferta, determinar a obrigação de lançamento de OPA por parte deste accionista, uma vez que ele passa a ter o controlo conjunto com o oferente e não pode beneficiar da derrogação do dever de lançamento, pois não lançou qualquer oferta destinada à aquisição do controlo. Se o accionista já fosse um accionista controlador, o oferente estaria sujeito ao lançamento de OPA obrigatória por, em virtude do acordo de voto para a eleição de membros dos órgãos sociais, ultrapassar os limiares constitutivos do dever de lançamento (art. 187º do Cód.VM)[918]. Esta é a forma correcta de resolução das questões resultantes daquele tipo de acordos de voto acoplados aos acordos de não-aceitação de OPA. Voltaremos com maior detalhe a este tema quando se abordar a repercussão que os acordos de não-aceitação têm na cessão do controlo das sociedades cotadas.

3. Deveres de informação
3.1 *Insider trading?*

I. À semelhança do referido em II. 3.1 *supra* quanto aos acordos de aceitação de OPA, os acordos de não-aceitação também versam sobre o lançamento futuro de uma OPA que é uma das matérias mais propensa a influenciar a cotação das acções de uma sociedade cotada e não é pelo facto de o accionista deixar de aceitar a OPA futura que a conclusão é diversa. Nessa medida, volta-se a colocar a questão de saber se este tipo de acordos consubstancia um crime de abuso de informação privilegiada.

A resposta é negativa. O raciocínio expendido em II. 3.1 é válido para os acordos de não-aceitação de OPA. Os acordos de não-aceitação devem ser incluídos no âmbito das actuações que visam implementar o projecto de OPA[919] que, sendo qualificadas como informação privilegiada, não são relevantes para efeitos do art. 378º do Cód.VM, pois a actuação não se baseia e não é feita em vista da informação privilegiada, procura antes concretizar esta[920]. É também muito duvidoso que a conduta subjacente a um acordo de não-aceitação, que

---

[918] Cf. a OPA obrigatória da Ongoing sobre a Media Capital, em que o oferente foi obrigado a lançar OPA na sequência da celebração de contrato de compra e venda e acordo parassocial com a Vertix e em que esta havia assumido a obrigação de não-aceitar a OPA lançada pela Ongoing.

[919] Neste sentido, *vide* RIEGEN, *Rechtsverbindliche* cit., p. 727.

[920] Neste sentido, *vide* ASSMANN/CRAMER, in ASSMANN/SCHNEIDER (Hrsg.), *Wertpapierhandelsgesetz* cit., § 14 Rdn. 27a; HOPT, *Insider-* cit., § 107 Rdn. 60; ASSMANN, *Übernahmeangebote* cit., p. 702; RIEGEN, *Rechtsverbindliche* cit., p. 727; CASPARI, in ZGR, 1994, p. 532; CAHN, *Grenzen* cit., 162, p. 18. Na Alemanha, *vide* a expressão da intenção do legislador Begr. RegE Zweites Finanzmarktförderungsgesetz, BT-Drucksache 12/6679, p. 47.

exige uma actuação negativa, possa sequer ser enquadrada nalguma das condutas proibidas pelo art. 378º do Cód.VM, uma vez que o acordo não envolve qualquer negociação de acções da sociedade visada nem qualquer ordem de subscrição, aquisição venda ou troca destas ou qualquer aconselhamento à negociação das mesmas[921].

Quanto à transmissão de informação do oferente ao accionista, são igualmente válidas as considerações expendidas em II. 3.1 *supra*, pelo que essa transmissão não deve ser qualificada como conduta proibida nos termos do art. 378º, nº 2 do Cód.VM[922].

3.2 Dever de divulgação ao mercado da celebração dos acordos irrevogáveis de não-aceitação de OPA?

I. À semelhança do que foi defendido em II. 3.2 *supra* quanto aos acordos de aceitação de OPA, entendo que a celebração de acordos de não-aceitação, embora constitua informação privilegiada sujeita ao dever de divulgação imediata nos termos do art. 248º do Cód.VM, não deverá ser objecto de divulgação porque a mesma está sujeita ao dever de segredo imposto pelo art. 174º do Cód.VM que, em caso de conflito com aquela, deve prevalecer, tendo, portanto, um efeito "bloqueador" da aplicação da mesma (*Sperrwirkung*)[923]. O efeito bloqueador (*Sperrwirkung*) mantém-se até ao momento em que o oferente efectuou o anúncio preliminar da sua oferta, nos termos dos arts. 175º e 176º do Cód.VM[924]. Nesse momento, surge o dever de divulgação de informação privilegiada que apenas existirá se a informação privilegiada ainda o for, ou seja, se ainda não tiver sido tornada pública pelo oferente no anúncio preliminar da OPA[925] (caso contrário o requisito da natureza não pública da informação não está preenchido).

3.3 Dever de comunicação da celebração de "acordo parassocial"?

I. O raciocínio é similar ao expendido a propósito do dever de divulgação da informação privilegiada e ao que também já tinha sido expresso em II. 3.3 *supra*.

---

[921] O não preenchimento do tipo de ilícito parece-nos mais claro nos acordos de não-aceitação de OPA do que nos acordos de aceitação.
[922] Remete-se, portanto, para a argumentação exposta em II. 3.1 *supra*.
[923] Neste sentido, *vide* RIEGEN, *Rechtsverbindliche* cit., p. 730. Só esta interpretação assegura o objectivo e a *ratio* visados pelo dever de segredo previsto no art. 174º do Cód.VM.
[924] Neste sentido, *vide* HOPT, *Übernahmen* cit., p. 345; SCHÄFER, in SCHÄFER/DREYLING, *Insiderrecht* cit., Rdn. 468; RIEGEN, *Rechtsverbindliche* cit., p. 730.
[925] Cf. ANJA KUHN, *Exclusivvereinbarungen* cit., p. 205; RIEGEN, *Rechtsverbindliche* cit., p. 730.

A celebração do acordo de não-aceitação não tem de ser comunicada nos termos do art. 19º do Cód.VM, porque a mesma está sujeita ao dever de segredo imposto pelo art. 174º do Cód.VM que, em caso de conflito com aquela, deve prevalecer, tendo, portanto, um efeito "bloqueador" da aplicação da mesma (*Sperrwirkung*), o qual se mantém até ao anúncio preliminar da sua oferta. Nesse momento, surge o dever de comunicação do acordo de não-aceitação de OPA ao abrigo do art. 19º do Cód.VM que, ao contrário do dever de divulgação de informação privilegiada, não é afastado pelo facto de o acordo de não-aceitação ter sido tornado público pelo oferente no anúncio preliminar da OPA, porque a natureza "pública" do acordo não afasta o dever de comunicação do mesmo.

O presente entendimento não retira campo de aplicação prática ao art. 19º relativo aos acordos parassociais que visem "frustrar o êxito de oferta pública de aquisição". O dever de comunicação dos acordos de não-aceitação ao abrigo do art. 19º do Cód.VM não é excluído, é apenas bloqueado por um dever de relevância superior, sendo que, assim que este cesse com o anúncio preliminar da oferta, aquele dever de comunicação é, de imediato, aplicável. Além disso, há outros acordos susceptíveis de serem qualificados como acordos que visam "frustrar o êxito de oferta pública de aquisição", nomeadamente aqueles que fixam os comportamentos das partes em caso de lançamento de OPA de terceiros, proibindo a aceitação da respectiva OPA[926].

3.4 Dever de divulgação da celebração dos acordos irrevogáveis de não-aceitação de OPA na documentação da oferta?

I. Quanto ao anúncio preliminar, o elenco do art. 176º do Cód.VM também não abrange expressamente os acordos irrevogáveis de não-aceitação de OPA, à semelhança dos acordos de aceitação. Aqueles parecem, portanto, não estar incluídos no elenco de informação constante daquele preceito. Porém, e tal como referido em II. 3.4 *supra*, se os acordos de não-aceitação determinarem

---

[926] Neste sentido, no ordenamento jurídico italiano face ao art. 122º, comma 5 d-bis) do TUF, *vide* DANIELA CATERINO, *Commentario sul art. 122 TUF*, in AAVV, *I Codici* cit., p. 3263. Para exemplos destes acordos, *vide*, em França, o acordo entre alguns accionistas da *Eurofins Scientific* com duração de 8 anos – cf. decisão da AMF nº 208C1688, de 17 de Setembro de 2008; em Itália, o caso abordado na comunicação da CONSOB de 16 de Novembro de 2000, nº DCL/DEM/85385. Sobre estes acordos, *vide* também NOACK/ZETZSCHE, in SCHWARK/ZIMMER (hrsg.), *Kapitalmarktrechts-* cit., § 33 WpÜG Rdn. 5; SCHWENNICKE, in GEIBEL/SÜSSMANN (hrsg.), *Wertpapiererwerbs-* cit., § 33b Rdn. 5; SCHLITT, in *Münchener* cit., § 33 WpÜG Rdn. 114; VIANDIER, *OPA* cit., p. 92; DANIELA CATERINO, *Commentario sul art. 122 TUF*, in AAVV, *I Codici* cit., p. 3263.

uma imputação de direitos de voto, poderão ter de ser mencionados por força da al. f) do nº 1 do art. 176º do Cód.VM[927]. Por ora, não se abordará a questão de saber se a celebração destes acordos implica uma imputação de direitos de voto, o tema será analisado em IV. *infra*. Não obstante, e assumindo que não existiria imputação de direitos de voto, o acordo de não-aceitação de OPA tem de ser divulgado?

A resposta é positiva.

À semelhança do que se sustentou em II. 3.4 *supra*, não se pode permitir que, caso a informação privilegiada não tivesse sido divulgada porque, por exemplo, nem o oferente nem o accionista eram emitentes para efeitos do art. 248º do Cód.VM e a sociedade visada não tinha conhecimento do acordo, a oferta fosse anunciada, abrindo todo o processo de OPA e o frenesim em torno da respectiva acção objecto da oferta com o aumento exponencial da sua liquidez, sem que os actores de mercado saibam de uma informação privilegiada tão relevante. Como conciliar esta necessidade com o carácter taxativo, no que respeita à informação mínima, do elenco do art. 176º do Cód.VM?

Julgo que se pode sustentar que esta informação deve ser incluída na al. c) do nº 1 do art. 176º do Cód.VM, que se refere aos valores mobiliários objecto da oferta. É verdade que a oferta não pode ser parcial, no sentido de excluir as acções do accionista que se vinculou a não-aceitar a OPA, esta exclusão é inadmissível, pelo que a OPA será geral. De todo o modo, é inegável que, em princípio, há uma parte das acções da sociedade visada que o oferente sabe, à partida, que não vai adquirir porque celebrou este acordo. Nesta medida, e considerando que o art. 7º do Cód.VM exige que a informação relativa a ofertas públicas seja, entre outros aspectos, completa e clara, o oferente deverá informar, no anúncio preliminar, que, embora a OPA seja geral, há um accionista que se obrigou a não aceitar a OPA, pelo que esses valores mobiliários não deverão ser adquiridos. Esta informação é fundamental para que os accionistas saibam desde o início um dado que é essencial na análise da bondade de uma oferta: o esforço financeiro geral do accionista. Este dado pode revelar, por exemplo, se o oferente ainda está em condições de melhorar a sua oferta, se o prémio de controlo pago é justo, o que são elementos não despiciendos na tomada de decisão dos accionistas. É inegável a importância daquela informação e a sua ocultação tornaria a informação vertida no anúncio preliminar

---

[927] Recorde-se que esta disposição exige uma identificação da percentagem de direitos de voto na sociedade visada detidos pelo oferente e por pessoas que com este estejam em alguma das situações previstas no art. 20º, calculada, com as necessárias adaptações, nos termos desse preceito.

necessariamente insuficiente e, mais grave, induzidora de conclusões erradas sobre a OPA.

O dever de informação no anúncio preliminar não é afastado por uma eventual comunicação de informação privilegiada ao abrigo do art. 248º do Cód.VM ou uma divulgação do acordo determinada pela CMVM com base no art. 19º do Cód.VM. São deveres de informação diversos que servem finalidades distintas e com destinatários potencialmente diferentes. O anúncio preliminar destina-se a dar aos accionistas os dados essenciais de uma operação de concentração, OPA, que lhes é directamente dirigida e que exigirá uma tomada de decisão, enquanto que os outros deveres procuram comunicar ao mercado informação de natureza privilegiada ou tornar transparente perante o mercado a estrutura de controlo de uma sociedade cotada. Aquele dever informativo para com os destinatários da oferta não se basta com o mero cumprimento destes outros deveres.

III. Quanto ao anúncio de lançamento da oferta, a obrigação de divulgação da celebração dos acordos de não-aceitação encontra-se abrangida pela al. b) do nº 1 do art. 183º-A do Cód.VM cuja redacção é igual à da al. c) do nº 1 do art. 176º do Cód.VM. As considerações expendidas a propósito desse preceito são plenamente aplicáveis a esta disposição.

Em relação ao prospecto da oferta, a divulgação da celebração de acordos de aceitação de OPA resulta dos capítulos 2.2 e 3.5 do Anexo II ao Regulamento 3/2006. O capítulo 2.2 exige uma divulgação da quantidade máxima e mínima, natureza e categoria dos valores mobiliários objecto da oferta. A *ratio* deste preceito regulamentar é similar à dos arts. 183º-A, nº 1, al. b) e 176º, nº 1 al. c) do Cód.VM, pelo que são válidas as considerações expendidas sobre estas normas no sentido de exigir a divulgação dos acordos de não-aceitação. Por sua vez, o capítulo 3.5 do Anexo II exige a divulgação de "quaisquer acordos parassociais", inserindo-se, neste conceito, os acordos parassociais referidos no art. 19º do Cód.VM. Como os acordos de não-aceitação de OPA se encontram abrangidos por este preceito (tal como defendido em III. 3.3 *supra*), eles devem ser mencionados no capítulo 3.5 do prospecto da oferta.

IV. Caso o oferente celebre acordos de não-aceitação de OPA na pendência da própria oferta, são aplicáveis as soluções defendidas em II. 3.4 *supra*[928].

---

[928] Remete-se, portanto, para a argumentação e conclusões aí expendidas.

4. Eficácia do acordo

I. O acordo de não-aceitação de OPA é um contrato, bilateral ou unilateral consoante gere ou não obrigações para o oferente, cujo dever de prestação principal consiste na prestação de um facto negativo que se traduz na não emissão da declaração de aceitação de OPA a lançar pelo oferente. A par deste dever, há outros deveres secundários implícitos ou expressos, em particular o dever de não alienação das acções a um terceiro e de não-aceitação de ofertas concorrentes.

Sendo o acordo de não-aceitação um contrato, este deverá, de acordo com o princípio da relatividade dos contratos (art. 406º, nº 2 do CC)[929], ter mera eficácia obrigacional, isto é, produz apenas efeitos *inter partes*. Contudo, consistindo a obrigação principal numa prestação de facto negativa e dizendo respeito à inalienabilidade de um determinado bem, não deverá esta produzir efeitos em relação a terceiros que sabem da sua existência, por força dos deveres informativos a que oferente e accionista estão sujeitos?

II. O entendimento maioritário da doutrina portuguesa e estrangeira é o de que a fixação, por via contratual, da inalienabilidade temporária de um bem, sendo permitida se corresponder a um interesse legítimo[930], tem eficácia meramente obrigacional[931].

A solução contrária implicaria uma mudança no estatuto decorrente do direito da propriedade, em particular a eliminação do direito de alienação que é inerente ao direito de propriedade (excepto quando a lei determinar o contrário – art. 1305º do CC), o que violaria o princípio do *numerus clausus* e da taxatividade dos direitos reais (art. 1306º do CC)[932]. Com efeito, o regime das coisas está excluído da autonomia das partes, estando apenas o legislador autorizado a defini-lo e a introduzir-lhe modificações. Se se admitisse a produção de efeitos reais de uma cláusula de inalienabilidade, estar-se-ia a alterar o estatuto real e legal do direito

---

[929] Para maiores desenvolvimentos sobre o teor deste princípio e da teoria da eficácia interna, *vide* II. 4. *supra*.

[930] Neste sentido, *vide*, entre nós, ALMEIDA COSTA, *Cláusulas* cit., 3815, p. 45; no direito alemão, *vide* ARMBRÜSTER, in *Münchener* cit., § 137 BGB Rdn. 25; no direito francês face ao art. 900-1 do *Code Civil*, *vide* JULGLART, *Cours* cit., p. 30.

[931] Cf. ALMEIDA COSTA, *Cláusulas* cit., 3815, p. 45. No direito alemão, esta solução resulta expressamente do § 137 Satz 2 do BGB (cf. PALM, in ERMAN, *Bürgerliches* cit., § 137 Rdn. 6; ARMBRÜSTER, in *Münchener* cit., § 137 BGB Rdn. 25).

[932] Neste sentido, *vide* ALMEIDA COSTA, *Cláusulas* cit., 3814, p. 8; PALM, in ERMAN, *Bürgerliches* cit., § 137 Rdn. 1; BGH, in NJW, 1997, p. 862; ARMBRÜSTER, in *Münchener* cit., § 137 BGB Rdn. 4.

de propriedade através de uma disposição convencional que limita o poder de alienação do titular do direito de propriedade[933].

Para além disso, a atribuição de eficácia real às cláusulas de inalienabilidade de um acordo de não-aceitação de OPA geraria uma enorme insegurança no tráfico jurídico, criando bens *extra commercium* em função da celebração de negócios jurídicos[934]. No caso dos acordos de não-aceitação, a situação é agravada pelo facto de a negociação das acções ser efectuada em mercado regulamentado, o que exige transparência e clareza adicionais em nome da confiança dos investidores. Se a cláusula fosse oponível a terceiros, isso significaria que teriam de ser "desfeitas" não a primeira aquisição das acções ao accionista vinculado pelas cláusulas, mas também todas as posteriores vendas. Ora, sendo esta alienação efectuada em mercado, a tarefa seria não só complexa como geradora de enorme insegurança nos investidores, situação a que o mercado de capitais é absolutamente avesso.

III. O presente entendimento não obsta a que, tal como se referiu em II. 4. a propósito dos acordos de aceitação de OPA, a aquisição das acções por um terceiro, sobretudo no caso de o adquirente ser um oferente e provando-se que este tinha conhecimento da identidade do alienante[935] (accionista que se obrigou a não alienar as acções), seja qualificada como uma conduta manifestamente contrária aos limites impostos pela boa-fé. Conforme se expôs então, o oferente viola, nessas situações, a atitude de lealdade mínima na concorrência e na transparência e verdade para com o mercado e os investidores que se exige ao oferente em concorrência, excedendo manifestamente os limites impostos pelo princípio da boa fé.

5. Incumprimento do acordo de não-aceitação de OPA

I. Vigoram, para o acordo de não-aceitação de OPA enquanto contrato gerador de obrigações para uma ou ambas as partes do mesmo, as regras gerais relativas ao cumprimento das obrigações.

---

[933] Conforme se referiu em III. 2.2.2, a organização da propriedade é de ordem pública (cit. MANUEL DE ANDRADE, *Teoria* cit., p. 53), bem como as regras destinadas a assegurar "livre circulação dos bens, a sua melhor utilização pelas iniciativas individuais" (cf. VAZ SERRA, *A prestação* cit., p. 152).
[934] Cf. PALM, in ERMAN, *Bürgerliches* cit., § 137 Rdn. 1; BGH, in NJW, 1997, p. 862; ARMBRÜSTER, in *Münchener* cit., § 137 BGB Rdn. 4.
[935] Caso da venda tenha sido efectuada em mercado regulamentado, o terceiro adquirente desconhecerá, em princípio, a identidade do vendedor e, nessa medida, ignorava estar perante o destinatário da promessa (neste sentido, *vide* VIANDIER, *OPA* cit., p. 137; acórdão da *Cour d'appel de Versailles* de 29 de Junho de 2000, in RJDA 1/01, nº 44).

Porém, como a obrigação principal prevista neste tipo de acordos consiste na prestação de facto negativo – a não emissão da declaração de aceitação da OPA a lançar pelo oferente parte do acordo –, há particularidades relevantes ao nível dos meios de reacção do credor (oferente) face ao incumprimento do devedor (accionista) que importa salientar. Por outro lado, o facto de o acordo interagir directamente com um instituto – a OPA –, que tem um conjunto de normas, na maioria dos casos imperativas, e que contende directamente com o mercado e os investidores, exige uma ponderação adequada destas normas no momento de determinar como e de que forma pode o lesado reagir face ao incumprimento.

II. O acordo de não-aceitação pode ser violado pelo accionista da sociedade visada ou pelo oferente ou apenas pelo primeiro no caso dos contratos unilaterais de não-aceitação, porque é o único outorgante que assume obrigações com a celebração do acordo.

Vejamos agora quais as vias de reacção que se abrem a cada um destes outorgantes perante a violação das obrigações assumidas pelo outro outorgante.

5.1 Incumprimento do accionista da sociedade visada

I. O dever de prestação principal do accionista da sociedade visada é, conforme se referiu, a prestação de um facto negativo: a não emissão da declaração de aceitação de OPA. Para além desta, há ainda uma obrigação de prestação negativa que consiste na não alienação das acções a terceiro e, potencialmente, uma outra obrigação também de prestação negativa que se traduz na não-aceitação de ofertas concorrentes.

As obrigações negativas apresentam diferenças importantes em relação às obrigações positivas com reflexo nas regras sobre incumprimento.

Em primeiro lugar, nas obrigações negativas, o cumprimento não é possível depois do vencimento, pois "o prazo é nelas essencial"[936], ao contrário das obrigações positivas nas quais, em regra[937], o cumprimento pode ter lugar após o vencimento. Se o devedor não omite a actividade ou conduta proibida, não é possível dizer-se que se constitui apenas em mora, a prestação torna-se impossível, na medida em que a "omissão posterior não representaria já a prestação, não elimi-

---

[936] Cf. VAZ SERRA, *Objecto* cit., p. 21.
[937] A excepção é nas obrigações de prazo fixo (*Fixgeschäft*), mas, mesmo nestas o prazo não é essencial, apenas o é nas obrigações de prazo absolutamente fixo (*absolutes Fixgeschäft*).

naria o resultado da inobservância da obrigação"[938]. Assim, as regras sobre a mora do devedor não são aplicáveis às obrigações negativas[939].

Em segundo lugar, as obrigações negativas não podem ser cumpridas, por vontade do devedor, apenas antes do vencimento, porque o prazo é nelas essencial. Ao invés, nas obrigações positivas em relação às quais se presume que o prazo é estabelecido a favor do devedor (art. 779º do CC), este pode, renunciando ao benefício, cumprir antecipadamente[940]. Nas obrigações negativas, é, portanto, aplicável a excepção a essa regra, de acordo com a qual cessa aquela presunção se o prazo se mostrar estabelecido a favor do credor ou de ambos[941].

Em terceiro lugar, enquanto que nas obrigações positivas a prestação é, por norma, fungível, ou seja, pode ser realizada por um terceiro, nas obrigações negativas, a prestação não é fungível, só pode ser realizada pelo devedor[942].

Por fim, e em matéria de realização coactiva da prestação, nas obrigações negativas a possibilidade de realização coactiva da prestação através do recurso à execução específica é muito limitada. No caso de o devedor estar obrigado a não praticar um acto e vier a praticá-lo, o art. 829º, nº 1 do CC apenas confere ao credor o direito de exigir que a obra, se existir obra feita, seja demolida à custa do que se obrigou a não a fazer[943]. No entanto, este direito cessa, havendo exclusivamente lugar à indemnização nos termos gerais, se o prejuízo da demolição para o devedor for consideravelmente superior ao prejuízo sofrido pelo credor (art. 829º, nº 2 do CC)[944]. Alguma doutrina[945] sustentava, antes da entrada em vigor do actual CC, que a execução específica de prestação de facto

---

[938] Cf. VAZ SERRA, *Objecto* cit., p. 21.

[939] Cf. VAZ SERRA, *Objecto* cit., p. 22. No mesmo sentido, em relação ao § 293 do BGB considerando as disposições de mora não aplicáveis às obrigações negativas, vide GEISLER, in *JurisPK-BGB*, 5. Auflage, Band 2, Verlag Otto Schmidt, 2010, § 293, Rdn. 8; ERNST, in *Münchener Kommentar zum Bürgerlichen Gesetzbuch*, Band 2, 5. Auflage, München, 2007, § 293 Rdn. 2.

[940] Cf. PIRES DE LIMA/ANTUNES VARELA, *Código Civil Anotado*, vol. II, 4ª edição revista e actualizada, Coimbra Editora, Coimbra, 1997, p. 28.

[941] Cf. VAZ SERRA, *Objecto* cit., p. 22.

[942] Cf. VAZ SERRA, *Objecto* cit., p. 22. No mesmo sentido, considerando que as obrigações negativas (*Unterlassungspflicht*) pela sua natureza só podem ser realizadas pelo devedor (isto para efeitos do § 267 do BGB), vide KERWER, in *JurisPK* cit., § 267, Rdn. 4; EBERT, in ERMAN, *Bürgerliches* cit., § 267 Rdn. 2; KRÜGER, in *Münchener* cit., Band 2, § 267 Rdn. 7.

[943] Este preceito teve por fonte o art. 713º do Código Civil de Seabra e os arts. 941º e 942º do CPC.

[944] O critério adoptado (do maior prejuízo) está em harmonia com a ideia geral, expressa no art. 566º do CC, de que a indemnização é fixada em dinheiro, sempre que a reconstituição natural seja excessivamente onerosa para o devedor.

[945] Neste sentido, *vide* VAZ SERRA, *Objecto* cit., p. 25.

negativo era possível mesmo que o facto praticado pelo devedor não tivesse um resultado material susceptível de demolição (*e.g.* destruição de um muro ou de uma janela) mas fosse possível restabelecer a situação primitiva (*e.g.* encerramento de estabelecimento aberto com violação da obrigação de não fazer concorrência). A redacção do art. 829º do CC, que se refere expressamente aos casos em que a violação da prestação de facto negativo se traduz em *obra feita*, revela que aquela doutrina foi rejeitada e que é apenas possível a execução específica quando o facto positivo praticado pelo devedor tenha um resultado material traduzido na realização de uma obra[946]. A solução contrária implicaria o "risco grave de confundir os factos puramente materiais, como a feitura de uma obra, que se pode demolir, e as atitudes pessoais do devedor, que são, em regra, insusceptíveis de coerção"[947].

II. Expostas as especificidades das obrigações negativas, é agora necessário verificar qual a sua repercussão em matéria de não cumprimento do acordo de não-aceitação de OPA por parte do accionista da sociedade visada.

Caso o accionista não cumpra a sua obrigação e emita a declaração de aceitação de OPA, o acordo de não-aceitação considera-se definitivamente incumprido, a prestação de facto negativo torna-se impossível; a omissão posterior já não representa a prestação nem elimina o que resulta do não cumprimento da obrigação. Todavia, há um dado importante que não se pode deixar de considerar: o accionista pode revogar, em tempo, a sua declaração de aceitação ao abrigo do art. 126º, nº 2 do Cód.VM, repondo a situação tal qual ela existia antes do não cumprimento. Isto significa que, apesar de o período de cumprimento da obrigação de prestação de facto negativo vigorar durante todo o prazo da oferta, o devedor tem sempre a possibilidade de, tendo violado a sua obrigação negativa,

---

[946] Neste sentido, *vide* PIRES DE LIMA/ANTUNES VARELA, *Código* cit., II, p. 101; MENEZES LEITÃO, *Direito das Obrigações*, vol. II *Transmissão e extinção das obrigações. Não cumprimento e garantias do crédito*, 6ª edição, Almedina, Coimbra, 2008, p. 282. Aplica-se neste caso o processo de execução para a prestação de facto negativo (arts. 941 e ss. do CPC).

[947] No direito alemão, o credor não pode, em princípio, forçar o devedor à conduta negativa contra a sua vontade (cf. KRAMER, in *Münchener* cit., Band 2, § 241 Rdn. 9). Contudo, o credor pode exigir que o devedor se abstenha de praticar o acto que vinha praticando em violação da obrigação negativa assumida, ou seja, não se pode repor a situação anterior existente de forma retroactiva, só é possível exigir o cumprimento da obrigação negativa para o futuro (§ 259 ZPO) (cf. KRAMER, in *Münchener* cit., Band 2, § 241 Rdn. 9). Em relação à violação da obrigação negativa que se verificou no passado, só é possível exigir uma indemnização pelos danos causados ou, caso tenha sido fixada, o valor da cláusula penal (cf. KRAMER, in *Münchener* cit., Band 2, § 241 Rdn. 9).

cumprir a mesma através do exercício do direito de revogação da declaração de aceitação. Ou seja, até este momento, o credor ainda tem interesse na realização da prestação de facto negativo do devedor não obstante o incumprimento, porque os efeitos materiais do mesmo podiam ser revertidos e o devedor realizar a sua prestação de facto negativo.

Por outro lado, e numa situação de não cumprimento do accionista, o oferente não poderá obter a realização da prestação por parte de um terceiro, pois esta consiste numa prestação de facto infungível que, como tal, só pode ser realizada pelo devedor, na medida em que ele é o titular das acções e só ele pode não exercer o direito de aceitação da OPA que o oferente pretende.

Ao credor (oferente) está também vedada a possibilidade de recorrer à execução específica, uma vez que o resultado do facto positivo praticado pelo devedor (accionista) não consiste na realização de uma obra.[948] Não pode, portanto, o credor recorrer ao disposto no art. 769º do CC e requerer a revogação da declaração de aceitação do devedor. A reconstituição natural está afastada.

Assim, o credor (oferente) apenas pode resolver o contrato e pedir uma indemnização nos termos gerais pelos danos causados pelo não cumprimento da prestação de facto negativo. As partes tenderão a fixar um valor a pagar pela parte faltosa ao lesado em caso de incumprimento, aliás, nalguns ordenamentos jurídicos, refere-se expressamente que a violação de um dever de omissão determina, no caso de ter sido fixada uma cláusula penal, a exigibilidade da mesma[949]. O valor da cláusula penal pode ser elevado como forma de desincentivar ao incumprimento da promessa e atentos os graves prejuízos económicos, financeiros e reputacionais do oferente que, com a segurança do acordo irrevogável de não-aceitação, decidiu avançar para o lançamento de OPA.

Por fim, cabe ainda perguntar se o oferente pode mobilizar a excepção de não cumprimento, negando o pagamento da contrapartida ao accionista em sede de OPA com base no facto de este se ter obrigado a não aceitar a oferta. O oferente negaria aquele pagamento pelo facto de a aceitação se traduzir na violação de uma obrigação que o accionista tinha assumido perante ele e que estava precisamente relacionada com a OPA que o oferente lançou. Nos termos do art. 428º do CC, desde que não haja prazos diferentes para o cumprimento das prestações, qualquer dos contraentes pode recusar a sua prestação enquanto o outro não efectuar a que lhe compete ou enquanto não oferecer o seu

---

[948] Neste sentido, *vide* Pires de Lima/Antunes Varela, *Código* cit., II, p. 101; Menezes Leitão, *Direito* cit., II, p. 282.
[949] É o caso do ordenamento jurídico alemão, mais concretamente do § 339 Satz. 2 do BGB.

cumprimento simultâneo[950]. O âmbito natural de aplicação da *exceptio* são os contratos bilaterais[951], mas a doutrina tem entendido que este instituto pode ainda aplicar-se "nos casos em que, por força da própria lei, embora contra a vontade de uma das partes, se cria entre estas uma situação análoga à proveniente do contrato bilateral"[952]. Será que existe uma relação sinalagmática, entre a obrigação de não-aceitação de OPA e a obrigação de pagamento da contrapartida de OPA ao accionista que aceitou a oferta, que justifique o exercício da *exceptio*?

Julgo que não. Os acordos de não-aceitação não são, por norma, bilaterais e, mesmo que o sejam, não existe o referido sinalagma. A relação existente entre a obrigação de não-aceitação de OPA e a obrigação de pagamento da contrapartida pelo oferente na liquidação da oferta não é sinalagmática. Aquela tem por objecto uma conduta negativa que se reporta a esta mas isso não significa que ela seja o correspectivo da mesma. O sinalagma da obrigação negativa do accionista é, nos contratos bilaterais e também, em certa medida, nos unilaterais, o lançamento da oferta. Claro que a oferta é um *iter* que culmina na liquidação e, como tal, podia tentar sustentar-se que, até esse momento, o oferente poderia exercer contra o accionista a *exceptio*, recusando, no último acto da oferta, o pagamento ao accionista. No entanto, este raciocínio esbarra na natureza de que se reveste a proposta inserida numa oferta pública de aquisição. A oferta é única (por cada categoria de valores mobiliários abrangidos pela mesma) e proposta ao público independentemente das características de alguns destinatários: as condições subjectivas nas quais se possam encontrar alguns destinatários da oferta não se repercutem sobre a mesma[953]. Nas palavras de RIGHINI, "a oferta ao público pode definir-se tal como se fosse dirigida a um grupo muito amplo de sujeitos, porque indeterminados, na medida em que a oferta se apresenta aos mesmos como indiferenciada, no sentido de privada de qualquer conotação individualizante que a qualifique como oferta *ad personam*"[954]. Ainda que o oferente conheça alguma situação particular do accionista, não se encontra legitimado a modificar as características da oferta para permitir que os diferentes destinatários se encontrem

---

[950] Na origem da *exceptio*, além dos ensinamentos dos post-glosadores, está a doutrina dos canonistas expressa no brocardo *"non servanti fidem non est fides servanda"* (cf. ANTUNES VARELA, *Das obrigações* cit., I, p. 399).

[951] Cf. ALMEIDA COSTA, *Direito* cit., p. 363, nota 1.

[952] Neste sentido, *vide* PIRES DE LIMA/ANTUNES VARELA, *Código* cit., I, p. 407; ALMEIDA COSTA, *Direito* cit., p. 363, nota 1.

[953] Cf. CARDINALE, *sub. art. 103*, in AAVV, *I Codici* cit., p. 3153; PICONE, *Le offerte pubbliche* cit., p. 80.

[954] Cf. *sub. art. 9*, in AAVV, *Disciplina* cit., p. 225.

materialmente na mesma condição no momento de adesão nem se encontra legitimado a exercer quaisquer direitos que tenham em relação aos mesmos, nomeadamente direito de compensação ou a *exceptio*. Face ao exposto, a conclusão é a de que o oferente não pode recusar o pagamento da contrapartida da OPA ao accionista da sociedade visada, mesmo que este se tenha obrigado a não aceitar a oferta.

IV. O não cumprimento do accionista pode ainda reportar-se à obrigação de não alienação a terceiros. Para impedir esta venda das acções objecto do contrato a um terceiro, o oferente e accionista acordarão, no acordo de não-aceitação, que haja um bloqueio[955] da conta de valores mobiliários até ao termo da oferta de modo a impedir a alienação das acções[956] (art. 72º, nº 2 al. a) e nºs 3 e 4 do Cód.VM). Caso não haja esse acordo e o accionista aliene as suas acções a um terceiro, o oferente não poderá, em princípio, exigir a invalidação do negócio jurídico de alienação, pois o contrato produz efeitos *inter partes*. Resta-lhe, nestes casos, resolver o acordo de não-aceitação e exigir uma indemnização pelos prejuízos causados pelo não cumprimento.

Não obstante a mera eficácia obrigacional do acordo de aceitação de OPA, há casos em que, consubstanciando a actuação do terceiro uma situação de abuso do direito, o oferente (promitente não faltoso) pode, através deste instituto, dirigir-se contra o terceiro adquirente das acções abrangidas pelo acordo de não-aceitação de OPA. Conforme se referiu em III. 4., nos casos em que esse terceiro é um outro oferente (concorrente), a sua actuação é susceptível de ser qualificada como uma situação de abuso do direito nos termos do art. 334º do CC, porque o oferente, ao exercer a sua liberdade de contratar, excede manifestamente os limites impostos pelo princípio da boa fé, violando a atitude de lealdade mínima na concorrência e na transparência e verdade para com o mercado e os investidores que se exige ao oferente em concorrência. A responsabilização no quadro da proibição do abuso do exercício abusivo do direito pode revestir diversas formas nestes casos: a forma de indemnização pecuniária ou a restauração natural através

---

[955] Em França, esta operação designa-se *séquestre*. A acções são "colocadas" em *séquestre* com o objectivo de as transmitir no contexto de OPA assim que esta seja lançada pelo oferente e desde que esta preencha as condições acordadas com o accionista (cf. AAVV, *Promesses* cit., p. 18).

[956] Nos termos do art. 72º, nº 4 do Cód.VM, a entidade registadora fica proibida, durante o prazo de vigência do bloqueio, de transferir os valores mobiliários bloqueados. Este bloqueio é um bloqueio convencional e não obrigatório, ao contrário das situações previstas no art. 72º, nº 1 do Cód.VM.

da invalidação do negócio jurídico que esteve na base da transmissão das acções do accionista para o outro oferente[957].

5.2 Incumprimento do oferente

I. No caso de o oferente ter assumido obrigações no acordo de não-aceitação de OPA, em particular a obrigação de lançamento de OPA nos termos acordados com o accionista da sociedade visada, poderá também haver lugar a um não cumprimento das obrigações por parte do oferente.

Os meios de reacção do devedor face à violação do acordo de não-aceitação pelo oferente resumem-se igualmente à indemnização pelos danos sofridos. Com efeito, estando em causa a violação da obrigação de lançamento de OPA, esta é, conforme referido em II. 5.2 *supra*[958], insusceptível de execução específica devido à sua natureza. No entanto, e à semelhança do referido a propósito dos acordos de aceitação de OPA, a possibilidade de incumprimento do oferente parece-me relativamente remota, na medida em que, quando aceita esta obrigação, o oferente terá, por norma e sendo consciencioso, assegurado todos os meios para a realização da sua oferta. Aliás, à semelhança do referido *supra*[959], a assunção dessa obrigação espoletará, em princípio, a própria obrigação de realização do anúncio preliminar (art. 175º, nº 1 do Cód.VM).

---

[957] Neste sentido, vide Rui Alarcão, *Direito* cit., p. 74; Almeida Costa, *Direito* cit., p. 78.
[958] Remete-se, portanto, para a argumentação exposta em II. 5.2 *supra*.
[959] Sobre esta obrigação, vide II. 1.4.1 *supra*.

Capítulo IV
Recondução ao Quadro Geral da Alteração do Controlo

1. O controlo das sociedades cotadas e a OPA obrigatória

Entramos agora no capítulo IV, no qual me proponho reconduzir os acordos irrevogáveis de aceitação de OPA e os acordos irrevogáveis e não-aceitação de OPA ao quadro geral da alteração do controlo de sociedades cotadas.

Para este efeito, procurar-se-á primeiro delimitar os contornos do conceito de controlo das sociedades cotadas que está na base do dever de lançamento, esclarecendo, entre outros aspectos, a relação entre este instituto e o mecanismo de imputação de direitos de voto. Em seguida, analisar-se-ão os efeitos que a celebração daqueles acordos pode ter na alteração do controlo de sociedades cotadas, em particular, verificar-se-á se os mesmos são susceptíveis de determinar uma imputação de direitos de voto e os termos concretos em que essa imputação se deve efectuar, procurando aferir se a imputação será tida em conta no cômputo da participação que, nos termos do artigo 187º do Cód.VM e ultrapassados determinados limiares, determina a constituição do dever de lançamento.

1.1 Controlo: significado e opção conceptual

I. A palavra controlo significa "acto de dirigir qualquer serviço, verificando-o, examinando-o, fiscalizando-o e encaminhando-o do modo mais conveniente"[960]. É um neologismo da palavra francesa *"contrôle"* e, embora rejeitado por muitos puristas[961], impôs-se no vocabulário corrente social, económico e jurídico. É aliás

---

[960] Cf. ANTÓNIO MORAIS DA SILVA, *Novo dicionário* cit., p. 129.
[961] Cf. AAVV, *Grande enciclopédia portuguesa e brasileira*, vol. VII, Editorial Enciclopédia, Lisboa/Rio de Janeiro, 1980, p. 587.

apontado o paradoxo entre, por um lado, "a utilização quotidiana do termo controlo e o papel que ele assume no direito dos negócios", e, por outro lado, " o carácter flutuante de uma noção em torno da qual a doutrina, a lei e a jurisprudência traçam contornos heterogéneos em função de centros de interesses distintos"[962].

Segundo alguns autores, não há um conceito único de controlo, este é "múltiplo pela diversidade de formas que pode assumir"[963]. Numa primeira acepção corrente, a palavra controlo surge mais ligada à ideia de "vigilância", de encontrar um "obstáculo", o que revela bem a ambivalência do termo. Neste sentido, reportamo-nos ao controlo efectuado pelo órgão de fiscalização que não se pode imiscuir na gestão da sociedade. No entanto, no âmbito do direito societário e do direito dos valores mobiliários (em particular das sociedades cotadas), o termo controlo significa, não propriamente a vigilância ou verificação, mas a direcção, o domínio (a *maîtrise*)[964]. Apesar de a palavra ser de origem francesa, a verdade é que o seu significado mais comum, naqueles ramos do direito, é o do verbo inglês *"to control"* que, por sua vez, significa "exercer a empresa", "governar", "reger" ou "dirigir"[965].

O conceito de controlo traduz assim, *grosso modo* e numa primeira definição geral, o poder de determinar os destinos da sociedade; é o poder de influenciar as decisões tomadas no grémio social ou, por outras palavras, é a faculdade de determinar, de forma directa ou indirecta, por força da lei ou de contrato, a política geral de uma sociedade[966].

II. O vocábulo "controlo" não é o mais comummente utilizado pela doutrina portuguesa, a qual se mantém mais atreita à expressão "influência dominante"

---

[962] Cf. ARAKELLIAN, *La notion de contrôle*, Paris, 2000, p. 3; LAPRADE, *Concert et contrôle. Plaidoyer en faveur d'une reconnaissance de l'action de concert par le droit commum des sociétés*, Joly Éditions, Paris, 2007, p. 12.

[963] Cf. BREDIN/LOUSSOUARN, *Droit de commerce internacional*, Bibl. droit privé, 1969, nº 252 e ss.

[964] Neste sentido, vide SCHMIDT, *Les definitions du contrôle d'une société*, in Revue de Jurisprudence Commerciale, Novembro 1998, nº especial, p. 9.

[965] Cf. ARAKELLIAN, *La notion* cit., p. 5; LAPRADE, *Concert* cit., p. 13.

[966] Neste sentido, *vide* o conceito apresentado pela jurisprudência francesa (cf. CORNU, *Vocabulaire juridique*, Association H. Capitant/PUF, 2000; LAPRADE, *Concert* cit., p. 13). STORCK considera que o controlo se caracteriza pelo facto de uma pessoa singular ou colectiva ser "investida de um poder soberano de direcção, de comando no seio de uma sociedade juridicamente autónoma", é uma modalidade particular do exercício de um poder maioritário centralizado na *cabeça* de uma só pessoa (cf. *Définition légale d'une societété en droit français*, in Revue des Sociétés, 1986, 385, pp. 394-395).

ou "domínio"[967] pelo facto de ser, à semelhança de outros ordenamentos jurídicos europeus[968], a expressão escolhida pelo legislador para expressar aquele poder societário[969].

Porquê então a opção, no presente estudo, pela utilização da palavra controlo?

O primeiro motivo reside na maior abrangência do conceito de controlo por contraposição ao de "domínio" ou "influência dominante", uma vez que este, ao contrário do primeiro, não abrange tecnicamente todas relações de grupo, que se encontram definidas nos arts. 488º e ss. do CSC[970]. Embora sejam menos frequentes, o presente estudo não se restringirá às relações de domínio, abarcará também as relações de grupo.

O segundo motivo prende-se com a maior maleabilidade do conceito de "controlo" face ao de "domínio" ou de "influência dominante". Estes estão mais indelevelmente ligados (para não dizer dependentes) às presunções, ilidíveis (no caso

---

[967] Cf. PAULA COSTA E SILVA, *Domínio de sociedade aberta e respectivos efeitos*, in *Direito dos Valores Mobiliários*, vol. V, Coimbra Editora, 2004, pp. 333 e ss..

[968] É o caso do direito alemão que consagra, no § 17 da AktG, o conceito de "beherrschende Einfluß", no qual aliás se baseou o legislador português. No Reino Unido, o Companies Act de 2006 utiliza o conceito de "dominant influence" no âmbito da definição de "parent undertaking" e "subsidiary undertaking" (art. 1162(2)(c) do *Companies Act* de 2006), apresentando uma definição de "dominant influence" no *Schedule 7* nº 4 do *Companies Act* de 2006.

[969] É esse o caso do art. 486º do CSC que, sob a epígrafe "sociedades em relação de domínio", determina que duas sociedades se encontram em relação de domínio "quando uma delas, dita dominante, pode exercer, directa ou por sociedades ou pessoas que preencham os requisitos indicados no art. 483º, nº 2, sobre outra, dita dependente, uma influência dominante" (para mais desenvolvimentos sobre este conceito, vide ENGRÁCIA ANTUNES, *Os grupos de sociedades. Estrutura e organização jurídica da empresa plurisocietária*, 2ª Edição Revista e Actualizada, Almedina, 2002, pp. 443 e ss.; PEREIRA COELHO, *Grupos de sociedades – Anotação preliminar aos arts. 488º a 508º do CSC*, in BFDUC, LXIV, Coimbra Editora, 1988, pp. 297 e ss.; FIGUEIRA, *Disciplina jurídica dos grupos de sociedades – Breves notas sobre o papel e a função do grupo de empresas e a sua disciplina jurídica*, in CJ, XV, t. IV, pp. 37-59; GRAÇA TRIGO, *Grupos de sociedades*, in O Direito, 123, 1991, pp. 41-114). É também o caso dos arts. 488º e 489º do CSC que se referem a outro tipo de relação intersocietária que são as sociedades em situação de domínio total inicial e as sociedades em situação de domínio total superveniente. O conceito é também utilizado na legislação mobiliária, nomeadamente no art. 21º, nº 1 do Cód.VM que define relação de domínio, para efeitos desta codificação, como a "existente entre uma pessoa singular ou colectiva e uma sociedade quando, independentemente de o domicílio ou a sede se situar em Portugal ou no estrangeiro, aquela possa exercer sobre esta, directa ou indirectamente, uma influência dominante" (para mais desenvolvimentos sobre este conceito, vide PAULA COSTA E SILVA, *Domínio* cit., pp. 335 e ss.; Ib. *A imputação* cit., pp. 421-422; OSÓRIO DE CASTRO, *A imputação de direitos de voto no Código dos Valores Mobiliários*, in Cad.MVM, 7, 2000, pp. 172-185).

[970] É verdade que o conceito mobiliário de "relação de domínio" inclui as relações de grupo, mas apenas por via da remissão do art. 21º, nº 3 do Cód.VM.

do CSC) ou inelidíveis (no caso do Cód.VM), que fazem presumir a existência daquela relação[971], o que prejudica sempre a análise que se pretenda empreender. Diferentemente, o conceito de controlo, não estando legalmente definido nem beneficiando de quaisquer presunções legais, permitirá uma maior abertura conceptual no momento de fixar o seu conteúdo para efeitos do presente estudo, o que não significa que não se atenda àquelas presunções e aos contributos do conceito de influência dominante ou de domínio; não se ficará é amarrado a eles.

O terceiro e mais importante motivo reside no facto de a palavra "controlo" e a expressão "cessão de controlo" serem muito utilizados na doutrina estrangeira, quer jurídica[972] quer económica[973], em particular no tema objecto deste estudo.

---

[971] Há contudo que reconhecer que o conceito de domínio, na esfera dos valores mobiliários, se liberta grandemente das presunções legais por força do art. 187º do Cód.VM que, para efeitos da constituição do dever de lançamento de OPA, considera que existe domínio sobre uma sociedade aberta quando alguém detenha, directa ou indirectamente, mais de 1/3 dos direitos de voto dessa sociedade e permite inclusive uma derrogação da existência desse domínio desde que se demonstre à CMVM que não se tem o domínio efectivo da sociedade e que com ela não se encontra em relação de grupo (art. 187º do Cód.VM) (cf. PAULA COSTA E SILVA, *Domínio* cit., pp. 335 e ss.).

[972] A título meramente exemplificativo veja-se, no direito inglês e norte-americano, TARBERT, *Merger* cit., pp. 700 e ss.; DAVID PUDGE, *Conduct* cit., pp. 249-251; no direito italiano, ENRIQUES, *Transferimento del controllo e offertte pubbliche di acquisto*, Ed. Prov., 2000, p. 25; SCIPIONE, *L'evoluzione della disciplina delle offerte pubbliche di acquisto*, in AAVV, *Le offerte pubbliche di acquisto, Il diritto Privato Oggi*, a cura di Paolo Cendon, Giuffré Editore, 2001, pp. 29-36; CHIAPETTA, *Diritto* cit., pp. 279-284; no direito francês, CHABERT/COURET, *Les offres de prise de contrôle*, in CANIVET/MARTIN/MOLFESSIS (dirs.), *Les offres publiques d'achat*, LexisNexis Litec, Paris 2009, pp. 275 e ss.; BONNEAU, *L'action de concert*, in CANIVET/ /MARTIN/MOLFESSIS (dirs.), *Les offres publiques d'achat*, LexisNexis Litec, Paris, 2009, pp. 107-108; MARTIN/MOLFESSIS, *Offres publiques d'acquisition. Les mesures de défense anti-OPA*, in CANIVET/MARTIN/ /MOLFESSIS (dirs.), *Les offres publiques d'achat*, LexisNexis Litec, Paris, 2009, pp. 611-614; LEMPEREUR, *Cession de majorité et protection des actionnaires minoritaires en droit comparé*, in *Revue des pratiques des sociétés*, 1978, pp. 131 e ss.; no direito espanhol, GÓMEZ-ACEBO, *Los mecanismos contractuales de facilitación y garantía en las operaciones de cesión del control de la sociedad cotizada*, in *Revista de Derecho de Sociedades*, 29, 2007, pp. 91 e ss.; Ib., *Ofertas competidoras* cit., pp. 880 e ss.; VIVES RUIZ, *Las operaciones* cit., pp. 127 e ss. e 157 e ss.; FERNÁNDEZ DE LA GÁNDARA, *Cambios de control y obligación de OPA*, in ALONSO UREBA et alii (dirs.), *Derecho de sociedades anónimas cotizadas*, t. II, *Revista de Derecho de Sociedades*, Thomson/ /Aranzadi, Madrid, 2006, pp. 1343 e ss..

[973] A título meramente exemplificativo, veja-se COATES IV/SUBRAMANIAN, *A buy-side* cit., pp. 359 e ss.; KAHAN/KLAUSNER, *Lockups and the market for corporate control*, in *Stanford Law Review*, 48, 1996, p. 1563; FRAIDIN/HANSON, *Towards* cit., pp. 1814 e ss.; BOONE/HAROLD, *Do termination* cit., p. 27; POVEL/SINGH, *Takeover* cit., p. 1399; BULOW/KLEMPERER, *Auctions* cit., pp. 180-194; BATES/LEMMON, *Breaking up* cit., pp. 469 e ss.; ANDRÉ/KHALIL/MAGNAN, *Termination* cit., pp. 541 e ss.; OFFICER, *Termination* cit., pp. 431 e ss..

Mesmo nos países europeus em que a figura da "relação de domínio" ou a expressão "influência dominante" têm consagração legal, o conceito de controlo é o conceito utilizado no âmbito desta matéria, chegando, nalguns casos, a ter também consagração legal "coabitando" com o de relação de domínio[974]. A razão de ser desta preferência da doutrina estrangeira pelo vocábulo controlo reside: (i) na já referida maior abrangência, maleabilidade, expressividade; (ii) no facto de ser mais comummente utilizado no domínio económico (o que permite uma desejável uniformização de linguagem conceptual); e (iii) de, nalguns ordenamentos jurídicos, ser o único conceito com consagração legal[975]. Essa maleabilidade justifica que todos os ordenamentos jurídicos tenham escolhido a palavra "controlo" no domínio do direito dos valores mobiliários, em particular na regulação das OPAs e, mais concretamente, no instituto da OPA obrigatória[976].

---

[974] No ordenamento jurídico alemão, o "beherrschende Einfluß" coabita com o conceito de "kontrolle" que é o conceito central para efeitos do regime da WpÜG, nomeadamente para efeitos do dever de lançamento (§ 29 Abs. 2 e § 35 da WpÜG). Assim, não é de estranhar que a doutrina utilize neste âmbito apenas o conceito de *Kontrolle* (cf. LÖHDEFINK, *Acting in concert und Kontrolle im Übernahmerecht*, Carl Heymmans, Köln, 2007). No ordenamento jurídico inglês, o *Companies Act* de 2006 utiliza, de forma muito mais frequente, o conceito de "control". Além disso, e em matéria de OPAs, o *City Code* utiliza, exclusivamente, o conceito de "control", o qual define, na secção C Definições, como "os direitos" sobre acções que confiram direito a pelo menos 30% dos direitos de voto de uma sociedade, independentemente de tais "direitos" darem efectivamente o controlo da sociedade (sobre este conceito e as questões que suscita, vide PEARSON/ADAMS, *Mandatory and voluntary offers and their terms*, in BUTTON (ed.), *A practitioner's guide to the City Code on Takeovers and Mergers 2009/2010*, City & Financial Publishing, 2009, pp. 129-130).

[975] É o caso da lei italiana que consagra a figura geral do "controllo" no art. 2359 do *Codice Civile* (sobre esta vide CHIAPETTA, *Diritto del governo* cit., pp. 217 e ss.) e um conceito específico previsto no art. 93º do TUF para efeitos da aplicação da parte IV do TUF, relativa às regras sobre emitentes onde se inclui o dever de lançamento de OPA (sobre este, vide PAOLO MONTALENTI, *La società* cit., pp. 356-360; SCIPIONE, *L'evoluzione* cit., pp. 29-36; BIANCHI, *Commentario art. 109 TUF, La disciplina delle società quotate, nel testo único della finanza D.Lgs. 24 febbraio 1998*, n. 58, t. I, Cedam, 1999, p. 450; BASSO, *Acquisto di concerto*, in *Commentario al testo unico della disposición in materia di intermediazione finanziaria*, dir. Alpa/Capiglione, Cedam, 1998, p. 1019). E é também o caso da lei francesa que prevê, no art. 233-3 do *Code de Commerce*, o conceito de "contrôle" que é relevante, não só no domínio societário em geral, mas também no domínio dos valores mobiliários, nomeadamente para efeitos da actuação em concertação e do lançamento da *offre de prise de contrôle* (cf. LAPRADE, *Concert* cit., pp. 18-20; BONNEAU, *L'action* cit., pp. 107-108; CHABERT/COURET, *Les offres* cit., p. 276).

[976] No ordenamento jurídico alemão, vide o conceito de *kontrolle* (cf. LÖHDEFINK, *Acting* cit.); no direito francês, vide o conceito de *contrôle* (cf. LAPRADE, *Concert* cit., pp. 18-20; BONNEAU, *L'action* cit., pp. 107-108; CHABERT/COURET, *Les offres* cit., p. 276); no direito inglês, vide o conceito de *control*; no direito italiano, vide o conceito de "controllo" (cf. PAOLO MONTALENTI, *La società* cit.,

O vocábulo "controlo" integra aliás uma das figuras-chave do mercado de capitais e direito dos valores mobiliários: o "mercado de controlo societário"[977]. Não faria, por isso, sentido escolher conceptualmente outra palavra que não a palavra "controlo".

III. O controlo é um conceito que apresenta contornos muito próprios ao nível das sociedades cotadas. O controlo de uma sociedade cotada não é comparável ao controlo de uma sociedade não cotada. Aquelas, tendo em conta multiplicidade e diversidade de accionistas, os quais se confundem, por definição, com o público, podem ser controladas por um ou vários accionistas que detenham uma fracção reduzida de capital. Na prática, segundo alguns autores, uma participação social correspondente a cerca de 10% a 20% dos direitos de voto permite assegurar o controlo das decisões tomadas nas reuniões da assembleia geral de accionistas, atendendo ao forte absentismo que se verifica nestas e à dispersão das acções[978]. O conceito de controlo assume, portanto, um carácter mais fluído ou, segundo outros, relativo, porque dependerá do grau de dispersão ou de concentração dos accionistas[979]. A esta especificidade, junta-se a necessidade de maior protecção dos accionistas minoritários que compõem a massa anónima e dispersa do "público" face aos potenciais "abusos" dos accionistas ditos maioritários, que na prática, detêm o controlo da sociedade cotada[980]. Esta necessidade de protecção espelha-se nos acrescidos deveres de informação da sociedade, dos seus accionistas qualificados, no princípio da igualdade de tratamento dos accionistas fixado

---

pp. 356-360; SCIPIONE, *L'evoluzione* cit., pp. 29-36); no direito espanhol, *vide* o conceito de *controlo* (cf. SÁENZ DE NAVARRETE, *OPA cuando se alcanza el control*, in GARCÍA DE ENTERRÍA/SÁENZ DE NAVARRETE (dirs.), *La regulación de las OPAs. Comentario Sistemático del RD 1066/2007, de 27 de Julio*, Thomson Reuters/Civitas, Madrid, 2009, pp. 101 e ss.; TAPIA HERMIDA/ALONSO LEDESMA/RODRÍGUEZ MARTÍNEZ, *OPAs obligatorias, OPAs con finalidades específicas y OPAs voluntarias*, in BENEYTO/LARGO (dirs.), *Régimen jurídico de las ofertas públicas de adquisición (OPAs)*, Bosch, Barcelona, 2010, pp. 177 e ss.).

[977] *Vide* 2. infra.

[978] Cf. PAULA COSTA E SILVA, *Domínio* cit., p. 335. No ordenamento jurídico francês, o projecto-lei *Delors* afirmava, a este propósito, que a "definição de controlo em direito ou de facto, directa ou indirectamente, pode parecer ampla, mas tal é necessário para que abarque todas as situações (...) o controlo pode resultar, atendendo às circunstâncias, nomeadamente a dispersão dos títulos pelo público, de uma participação minoritária" (cf. AN nº 2556, de 20 de Dezembro de 1984, p. 3; no mesmo sentido, *vide* DAILLY, *Rapport Sénat* nº 390 de 19 de Junho de 1985; LAPRADE, *Concert* cit., p. 19).

[979] Cf. TAPIA HERMIDA/ALONSO LEDESMA/RODRÍGUEZ MARTÍNEZ, *OPAs* cit., p. 179.

[980] Cf. LAPRADE, *Concert* cit., p. 20.

no art. 15º do Cód.VM[981] e no próprio dever de lançamento previsto no art. 187º do Cód.VM[982].

Este último instituto entrecruza-se e entranha-se na noção de controlo, sendo este um pressuposto fundamental da constituição do dever de lançamento. A delimitação dos contornos do conceito de controlo para efeitos de OPA obrigatória é fundamental para o presente estudo, pois permitirá determinar qual o impacto que os mecanismos «facilitadores» da cessão de controlo, em particular os acordos de aceitação e não-aceitação de OPA, têm ao nível da constituição do dever de lançamento. As repercussões daqueles mecanismos e acordos nesta sede podem determinar a (in)utilidade dos mesmos para os efeitos que visam: facilitar a cessão do controlo. Nessa medida, urge definir o conceito de controlo pressuposto para efeitos do dever de lançamento para melhor se aferir da repercussão que tais mecanismos e acordos apresentam ao nível deste instituto.

1.2 Cessão do controlo: pressuposto do instituto da OPA obrigatória

I. Apesar de o fundamento do dever de lançamento ser muito discutido na doutrina[983], a verdade é que esta afirma, de forma unânime, que aquele dever

---

[981] Cf. PAULA COSTA E SILVA, *Domínio* cit., p. 333.

[982] Neste sentido, *vide* considerando 9. da Directiva das OPAs; FERNANDO SÁNCHEZ CALERO, *Ofertas públicas de adquisición de acciones (OPAs)*, Thomson/Reuters, Madrid, 2009, pp. 123-124.

[983] Alguns autores defendem que o fundamento reside na necessidade de assegurar um mecanismo de saída para o accionista perante a mudança de controlo da sociedade. O accionista, em particular um minoritário, investe na sociedade, porque, regra geral, confia no accionista dominante, na sua capacidade de gestão e no seu projecto e política de investimento para a sociedade. Se o domínio da sociedade se altera, é natural que o accionista minoritário desconfie da capacidade de gestão do novo accionista dominante, que receie o desmembramento do grupo societário, a alienação de activos importantes, ou mesmo a reestruturação da sociedade. Perante estes justificados receios do accionista minoritário, os autores defendem que ao mesmo deve ser concedida a possibilidade de sair da sociedade, é o chamado direito de *exit* (neste sentido, *vide* HOPT, *Europäisches und deutsches Übernahmerecht*, in ZHR, 161, 1997, pp. 385-386; LEE, *Takeovers – The United Kingdom Experience*, in *Takeovers, Institutional Investors and the Modernization of Corporate Law*, (dir.) John Farrar, Oxford, 1993, pp. 192-197; PAGANO/PANUNZI/ZINGALES, *Osservazioni sulla riforma della disciplina dell'opa, delli obblighi do comunicazione del possesso azionario e dei limiti agli incroci azionari*, in *Rivista delle Società*, Janeiro/Fevereiro, nº 1, 1998, p. 154; WYMEERSCH, *Takeovers from a Comparative Perspective*, in *Quaderni di Finanza*, 32, Março, 1999, p. 63).

Outros autores defendem que o dever de lançamento é uma decorrência do princípio da igualdade, isto é, a OPA obrigatória impõe-se pela necessidade de alcançar um tratamento igual entre o accionista dominante, que vende a sua participação de controlo, e os demais accionistas minoritários de forma a que os últimos possam alienar as suas acções ao mesmo preço que o primeiro. Neste sentido,

pressupõe a existência de uma aquisição ou mudança de controlo. A aquisição do controlo (*Erlangung der Kontrolle* ou *Kontrollwerb*[984]) ou mudança do controlo (*Kontrollwechsel*[985]) é o substrato essencial e estruturante do instituto da OPA

---

vide, entre nós, Paulo Câmara, *O dever de lançamento de oferta pública de aquisição no novo Código dos Valores Mobiliários*, in Cad.MVM, 7, 2000, pp. 235 e ss.. O autor atribui também relevância ao direito de saída dos accionistas enquanto fundamento da OPA obrigatória pelo facto de, na fixação da contrapartida, o legislador atender ao preço médio de negociação das acções em mercado. Ribeiro Mendonça defende que o princípio da igualdade de tratamento ganha expressão "no regime da contrapartida mínima na possibilidade de o pequeno accionista alienar as suas acções ao mesmo preço do que foi praticado pelo accionista alienante que detivesse uma posição de controlo ou não, negociada em mercado regulamentado" (cf. *A tomada* cit., p. 75).
Por fim, há autores que sustentam que o fundamento do sistema de OPA obrigatória é o objectivo de permitir que todos os accionistas possam beneficiar por igual do preço que esteja disposto a pagar o adquirente do controlo de uma sociedade cujas acções estão admitidas à negociação em mercado regulamentado. É facto empírico, de fácil e abundante confirmação prática, que uma dada participação accionista numa sociedade susceptível de conferir o controlo societário ao seu titular é transmitida por um preço superior ao das participações que, pelo seu carácter minoritário, não asseguram, nenhuma capacidade de influência na partilha do poder de gestão da sociedade. O habitual nestas operações é, portanto, que a participação accionista de controlo se transmita com um prémio, por vezes substancial, em relação ao valor de mercado das acções. Ora, o sistema de obrigatoriedade de OPA procura precisamente proceder a uma repartição deste prémio de controlo por todos os accionistas, obrigando o adquirente a lançar OPA em condições idênticas dirigida a todos os accionistas da sociedade. Quer-se evitar que o prémio de controlo se atribua selectivamente a sócios significativos, procurando desta forma garantir uma participação igualitária de todos os accionistas no prémio de controlo pago pelo adquirente. Neste sentido, *vide* García de Enterría, *La OPA obligatoria* cit., pp. 167-168. A ideia de repartição do prémio de controlo foi criada pela *corporate asset doctrine*, cuja elaboração se deve à análise económica do direito, em particular a Berle e Means, e sustenta que o direito de decidir sobre a utilização dos recursos de uma sociedade é um activo que pertence à sociedade e, consequentemente, a todos os sócios na proporção das suas participações (cf. Berle/Means – *The modern* cit.; Berle, "Control" in corporate law, in *Columbia Law Review*, 58, 1958, pp. 1212 e ss.; Ib., *The price of power: sale of corporate control*, in *Cornell Quarterly*, 50, 1965, pp. 628 e ss.). Assim, se alguém adquire uma participação de controlo numa sociedade, pagando um prémio de controlo ao(s) accionista(s) alienante(s) sem que as acções dos demais accionistas sejam adquiridas, o adquirente deveria ser obrigado a oferecer a estes o mesmo valor, repartindo por todos o prémio de controlo.

[984] No mesmo sentido, face ao § 35 da WpÜG, *vide* Löhdefink, *Acting* cit., p. 111; Bülow, in Hirte//Bülow (Hrsg.), *Kölner* cit., § 29 Rdn. 24; Krause/Pötzsch, in Assmann/Pötzsch/Schneider (Hrsg.), *Wertpapiererwerbs-* cit., § 35 Rdn. 70; Pentz, *Acting in Concert-Ausgewälte Einzelprobleme zur Zurechnung und zu den Rechtsfolgen*, in ZIP, 2003, p. 1487. No mesmo sentido, face 234-2 do Règlement de l'AMF, *vide* Laprade, *Concert* cit., p. 254.

[985] Cf. Steinmeyer, in Steinmeyer/Häger, *WpÜG* cit., § 35 Rdn. 28; Liebscher, *Die Zurechnungstatbestände des WpHG und WpÜG*, in ZIP, 2002, p. 1014.

obrigatória[986], ela é a característica factual central (*Tatbestandsmerkmal*[987]) do dever de lançamento, é o *telos*[988] do dever fixado no art. 187º do Cód.VM.

Esta conclusão é comprovada pelo legislador comunitário e nacional, que afirmaram ser esse o objectivo do regime das OPAs obrigatórias. A Directiva das OPAs refere expressamente, no seu considerando 9, que os "Estados-membros deverão tomar as medidas necessárias para proteger os titulares de valores mobiliários e, em especial, os detentores de participações minoritárias, após uma mudança de controlo das sociedades. Os Estados-membros deverão assegurar essa protecção mediante a imposição ao adquirente que assumiu o controlo de uma sociedade do dever de lançar uma oferta a todos os titulares de valores mobiliários dessa sociedade"[989]. No mesmo sentido, o ponto 12 do preâmbulo do diploma que aprovou o Cód.VM refere que "o regime das ofertas públicas de aquisição obrigatórias assenta na ideia geral de que os benefícios da aquisição de domínio sobre uma sociedade aberta devem ser compartilhados pelos accionistas minoritários"[990].

---

[986] Segundo a CMF (autoridade reguladora francesa predecessora da actual AMF), o controlo é o "nó" (*noeud*) da OPA obrigatória (cf. Adde CMF, in Revue, Outubro de 1997, p. 16; no mesmo sentido, *vide* VIANDIER, *OPA* cit., p. 228).

[987] Cf. LÖHDEFINK, *Acting* cit., p. 111; LIEBSCHER, *Die Zurechnungstatbestände* cit., p. 1014. HASSELBACH refere que o dever de lançamento se constrói com base na aquisição de controlo (cf. in HIRTE/BÜLOW (Hrsg.), *Kölner* cit., § 35 Rdn. 78).

[988] Cf. LIEBSCHER, *Die Zurechnungstatbestände* cit., p. 1014. No mesmo sentido, no direito italiano, salientando a existência de um princípio não escrito mas decorrente da *ratio* do regime das OPAs obrigatórias, segundo o qual à "isenção de OPA obrigatória totalitária para quem já detém o controlo da sociedade" pois a "natureza daquele regime justifica-se por referência a uma cessão do controlo (*rectius*, de 30% do capital)" (cf. PICONE, *Le offerte* cit., p. 211).

[989] Cf. FERNANDO SÁNCHEZ CALERO, *Ofertas* cit., pp. 123-124. No mesmo sentido, o art. 5º, nº 1 da Directiva das OPAs refere que "sempre que uma pessoa singular ou colectiva (...) venha a deter valores mobiliários de uma sociedade (...) que (...) lhe confiram directa ou indirectamente uma determinada percentagem, *permitindo-lhe dispor do controlo da mesma*, os Estados-membros asseguram que essa pessoa deva lançar uma oferta com o fim de proteger os accionistas minoritários dessa sociedade" (itálico nosso). Contudo, o legislador comunitário deixou à liberdade do Estado-membro, no qual se situa a sede da sociedade, "a percentagem de direitos de voto que confere o controlo de uma sociedade (...), bem como fórmula do respectivo cálculo" (art. 5º, nº 3 da Directiva das OPAs) (cf. PEARSON/ADAMS, *Mandatory* cit., p. 129; BÜLOW, in HIRTE/BÜLOW (Hrsg.), *Kölner* cit., § 29 Rdn. 8; STEINMEYER, in STEINMEYER/HÄGER, *WpÜG* cit., § 35 Rdn. 3; MÖLLER, in ASSMANN/PÖTZSCH//SCHNEIDER (Hrsg.), *Wertpapiererwerbs-* cit., § 29 Rdn. 10).

[990] No mesmo sentido na doutrina nacional, *vide* PAULA COSTA E SILVA, *Sociedade aberta, domínio e influência dominante*, in *Direito dos Valores Mobiliários*, vol. VIII, Coimbra Editora, Coimbra, 2008, p. 557; Ib., *A imputação* cit., pp. 406-407; PEREIRA DAS NEVES, *A natureza transitiva da imputação de direitos de*

II. Nas OPAs obrigatórias, estamos, portanto, perante um fenómeno, já referido em I. 2. *supra*, que é designado por "cessão do controlo" (*trasferimenti di controllo; cesión o cambio de control; control transactions*[991]).

Num sentido estrito, a cessão do controlo significa a transmissão do controlo (*Kontrollwechsel; control change*) de uma sociedade de um ou mais accionistas para um terceiro, independentemente de ser ou não accionista da sociedade[992]. Num sentido lato, a cessão de controlo abrange também as "aquisições ou tomadas de controlo" em sentido estrito[993] (*Erlangung der Kontrolle; acquisto di controllo; prise de contrôle;* ou *tomas de control*), em que um terceiro ou accionista adquire o controlo da sociedade a título "originário" (ou seja, é o primeiro accionista controlador da sociedade[994]), ou em que um anterior accionista controlador readquiriu

---

voto no CVM, in AAVV, *Estudos comemorativos dos 10 anos da Faculdade de Direito da Universidade Nova de Lisboa*, vol. II, Almedina, Coimbra, 2008, p. 531.

[991] O conceito de *control transactions* é muito amplo, mas entendido em sentido estrito corresponde ao âmbito do conceito de cessão do controlo que aqui utilizaremos. Sobre o conceito de *control transactions* neste último sentido, vide DAVIES/HOPT, *Control transactions*, in AAVV, *The anatomy* cit., pp. 225-227.

[992] A opinião maioritária da doutrina alemã é a de que há um dever de lançamento não apenas quando o adquirente é o primeiro accionista controlador da sociedade visada, mas também quando há uma mudança na pessoa do accionista controlador (cf. LÖHDEFINK, *Acting* cit., pp. 138-140; BAUMS/HECKER, in BAUMS/THOMA (Hrsg.), *Kömmentar* cit., § 35 Rdn. 115; KRAUSE/PÖTZSCH, in ASSMANN/PÖTZSCH/ /SCHNEIDER (Hrsg.), *Wertpapiererwerbs-* cit., § 35 Rdn. 72; STEINMEYER, in STEINMEYER/HÄGER, *WpÜG* cit., § 35 Rdn. 28; NOACK, in SCHWARK, *Kapitalmarktrechts-* cit., § 35 Rdn. 9; SCHLITT, in *Münchener* cit., § 35 WpÜG, Rdn. 56; LIEBSCHER, *Die Zurechnungstatbestände* cit., p. 1014; HOMMELHOFF/WITT, in HAARMANN/SCHÜPPEN (Hrsg.), *Frankfurter* cit., § 35 Rdn. 16; SEIBT/HEISER, *Regelungskonkurrenz zwischen neuem Übernahmerecht und Umwandlungsrecht*, in ZHR, 165, 2001, p. 479). Aliás, a exposição de motivos da WpÜG refere apenas as situações de "Kontrollwechsel" e não as de aquisição do controlo ("Erlangung der Kontrolle") (cf. BegrRegE zu § 35 BT-Drucks 14/7034, p. 59), o que não impede a doutrina de considerar que estas são igualmente relevantes para efeitos do dever de lançamento e que se incluem no conceito lato de *Kontrollwechsel*. No mesmo sentido, vide DAVIES/HOPT, *Control transactions*, in AAVV, *The anatomy* cit., pp. 225-226.

[993] Claro que a expressão – aquisição de controlo – permite também abranger, num sentido lato, as transmissões de controlo.

[994] Neste sentido, vide LÖHDEFINK, *Acting* cit., p. 138; STEINMEYER, in STEINMEYER/HÄGER, *WpÜG* cit., § 35 Rdn. 28; KRAUSE/PÖTZSCH, in ASSMANN/PÖTZSCH/SCHNEIDER (Hrsg.), *Wertpapiererwerbs-* cit., § 35 Rdn. 72; SCHLITT, in *Münchener* cit., § 35 WpÜG, Rdn. 56; HARBARTH, *Kontrollerlangung und Pflichtangebot*, in ZIP, 2002, p. 323. A *ratio* da imposição do dever de lançamento que é a protecção dos accionistas minoritários assim o exige, na medida em que o accionista de controlo poderá modificar a política de gestão da sociedade (*e.g.* política de dividendos), alterando-se a base decisória dos accionista no momento da realização do seu investimento. O facto de o accionista controlador ser o primeiro controlador não altera este raciocínio (cf. LÖHDEFINK, *Acting* cit., p. 138).

esse controlo[995] ou em que um accionista ou terceiro passam a deter o controlo com um accionista que já era controlador[996].

---

[995] Neste sentido, *vide* PAULO CÂMARA, *Manual* cit., p. 672. Esta solução do Cód.VM está em consonância com o fim das OPAs obrigatórias prévias, pois o instituto da OPA obrigatória passou a legitimar apenas *a posteriori* as aquisições de domínio, ele não serve para legitimar aquisições futuras, pelo que sempre que os limiares são ultrapassados o participante fica obrigado a lançar uma OPA. No mesmo sentido, considerando que, face ao teor do § 35 da WpÜG, a descida abaixo do limiar dos 30% dos direitos de voto e a posterior superação do mesmo geram o dever de lançamento, *vide* BÜLOW, in HIRTE/BÜLOW (Hrsg.), *Kölner* cit., § 29 Rdn. 24; HASSELBACH, in HIRTE//BÜLOW (Hrsg.), *Kölner* cit., § 35 Rdn. 135; STEINMEYER, in STEINMEYER/HÄGER, *WpÜG* cit., § 35 Rdn. 28; KRAUSE/PÖTZSCH, in ASSMANN/PÖTZSCH/SCHNEIDER (Hrsg.), *Wertpapiererwerbs-* cit., § 35 Rdn. 73; HOMMELHOFF/WITT, in HAARMANN/SCHÜPPEN (Hrsg.), *Frankfurter* cit., § 35 Rdn. 43. No ordenamento jurídico do Reino Unido, se o accionista reduzir a sua participação abaixo do limiar dos 30% dos direitos de voto e, em seguida, voltar a ultrapassar o mesmo, terá igualmente de lançar uma OPA obrigatória. Segundo a doutrina, a situação "é tratada para todos os efeitos como se começasse da base da sua percentagem reduzida e subsequentemente ultrapassasse o limiar de 30% por uma acção voluntária". Alguma doutrina designa-o de "yo-yo principle" (cf. PEARSON/ADAMS, *Mandatory* cit., p. 140).

[996] Cf. STEINMEYER, in STEINMEYER/HÄGER, *WpÜG* cit., § 35 Rdn. 33; KRAUSE/PÖTZSCH, in ASSMANN//PÖTZSCH/SCHNEIDER (Hrsg.), *Wertpapiererwerbs-* cit., § 35 Rdn. 73. Estão, portanto, abrangidas as situações de passagem de um controlo singular para um controlo conjunto mas apenas fica sujeito a esse dever o accionista que adquiriu o controlo e não o anterior (que já o detinha). Apenas se alterou o tipo de controlo. Já a situação inversa (mudança de controlo conjunto para controlo singular) é mais duvidosa. No sentido negativo, podia afirmar-se que o oferente não adquire o controlo porque já o detinha nem há qualquer transmissão do controlo de uma pessoa para outra, faltando assim o pressuposto do dever de lançamento. Para além disso, os accionistas têm de contar que um controlo conjunto possa passar a ser um controlo exclusivo; pode haver uma alteração no tipo de controlo e isso não implica o dever de lançamento. Tem de existir uma aquisição formal do controlo e o próprio investidor orienta-se por esta, não considera os detalhes do tipo de controlo pois este assume contornos complexos e difícil transparência. Assim sendo, a maioria da doutrina alemã defende a inexistência de um dever de lançamento de OPA nestas situações (neste sentido, *vide* MEYER, in GEIBEL/SÜSSMANN (hrsg.), *Wertpapiererwerbs-* cit., § 35 Rdn. 43; KRAUSE/PÖTZSCH, in ASSMANN/PÖTZSCH/SCHNEIDER (Hrsg.), *Wertpapiererwerbs-* cit., § 35 Rdn. 108; HOMMELHOFF/WITT, in HAARMANN/SCHÜPPEN (Hrsg.), *Frankfurter* cit., § 35 Rdn. 44; LÖHDEFINK, *Acting* cit., pp. 391-392; SCHLITT, in *Münchener* cit., § 35 WpÜG, Rdn. 84; EKKENGA/SCHULZ, in EHRICKE/EKKEUGA/OECHSLER, *WpÜG* cit., § 35 Rdn. 38-39; LIEBSCHER, *Die Zurechnungstatbestände* cit., pp. 1015-1016; no mesmo sentido, *vide*, no direito espanhol, PÉREZ MILLÁN, *Pactos parasociales, actuación en concierto y OPA obligatoria*, in JUSTE MENCÍA/RECALDE CASTELLS (coord.), *Derecho de OPAS. Estudio sistemático del régimen de las ofertas públicas de adquisición en el derecho español*, Tirant lo Blanch, Valência, 2010, p. 151). Diferentemente afirmando a existência de dever de lançamento, alguns autores defendem que este argumento desconsideraria o facto de um accionista com controlo exclusivo poder modificar substancialmente a empresa. Este deixa de ter efectuar os "check and balance" com os outros accionistas controladores, este equilíbrio deixa de ser necessário e o accionista controlador único pode prosse-

É este último sentido (*lato sensu*) da expressão cessão de controlo que está pressuposto no instituto das OPAs obrigatórias e que se utilizará no presente estudo. Em primeiro lugar, esta interpretação está conforme ao art. 5º, nº 1 da Directiva das OPAs que refere que "sempre que uma pessoa singular ou colectiva (...) venha a deter valores mobiliários de uma sociedade (...) que (...) lhe confiram directa ou indirectamente uma determinada percentagem, *permitindo-lhe dispor do controlo da mesma*, os Estados-membros asseguram que essa pessoa deva lançar uma oferta com o fim de proteger os accionistas minoritários dessa sociedade" (itálico nosso)[997]. Em segundo lugar, aquela é a única interpretação que assegura a adequada protecção dos accionistas minoritários (ou não controladores), exigida pela Directiva das OPAs e que está na base do dever de lançamento, pois essa protecção é necessária quer em situações de transmissão de controlo quer em situações de aquisição de controlo[998].

---

guir os seus interesses na sociedade de forma mais individualista, nomeadamente aproveitando as sinergias da sociedade cotada com outras sociedades de que seja accionista (neste sentido, *vide* MÖLLER, in ASSMANN/PÖTZSCH/SCHNEIDER (Hrsg.), *Wertpapiererwerbs-* cit., § 29 Rdn. 13; BAUMS//HECKER, in BAUMS/THOMA (Hrsg.), *Kömmentar* cit., § 35 Rdn. 128 e ss.). Entre nós, já existe um "precedente" nesta matéria. A sociedade cotada Gescartão era controlada conjuntamente pela Sonae e pela Europac através de uma sociedade veículo que ambas detinham e em relação à qual tinham celebrado um acordo parassocial. A Europac adquiriu as acções da Sonae nesta sociedade veículo passando a ser a única accionista. A CMVM considerou que a Europac não estava obrigada ao lançamento de OPA. Propendo a concordar com esta posição. No entanto, há que fazer uma ressalva. Poderá impor-se o dever de lançamento se, apesar, por exemplo, da existência de um instrumento de influência concertada, não havia lugar a uma imputação de direitos de voto por se considerar que aqueles que beneficiavam desse instrumento não conseguiam influenciar o exercício dos direitos de voto da outra parte. Evita-se deste modo o chamado *creeping in*, isto é, os casos em que o sujeito adquire um número insignificante de acções e concerta a sua actuação com o accionista maioritário, mantendo este o poder de determinar o exercício do direito de voto das partes, o que afasta o dever de lançamento do primeiro. Porém, posteriormente, o accionista minoritário adquire as acções do accionista controlador e tentar-se-ia estribar na existência de uma concertação prévia para evitar o dever de lançamento. Nestes casos, nem se pode falar verdadeiramente da existência de um controlo conjunto, mas de um controlo individual que é transmitido para outro accionista (no mesmo sentido, ainda que com diferenças na argumentação, *vide* LÖHDEFINK, *Acting* cit., pp. 387 e 393-394; PÉREZ MILLÁN, *Pactos* cit., p. 151).

[997] Neste sentido, *vide* NOACK, in SCHWARK, *Kapitalmarktrechts-* cit., § 35 Rdn. 8.

[998] Neste sentido, *vide* NOACK, in SCHWARK, *Kapitalmarktrechts-* cit., § 35 Rdn. 8; STEINMEYER, in STEINMEYER/HÄGER, *WpÜG* cit., § 35 Rdn. 7; KRAUSE/PÖTZSCH, in ASSMANN/PÖTZSCH/SCHNEIDER (Hrsg.), *Wertpapiererwerbs-* cit., § 35 Rdn. 8; SCHLITT, in *Münchener* cit., § 35 WpÜG, Rdn. 5-6. Segundo alguns autores, haverá sempre, em qualquer destes casos, o risco para o accionista minoritário de mudança da política de dividendos, risco do qual o mesmo deve ser protegido (cf. SCHLITT, in *Münchener* cit., § 35 WpÜG, Rdn. 56).

Face ao exposto, é possível afirmar que a situação de controlo anterior à aquisição do controlo é irrelevante para este efeito, o importante é que haja uma aquisição ou mudança do controlo ou, por outras palavras, uma cessão de controlo *lato sensu*[999]. Para além disso, pode também afirmar-se que, para efeitos de OPA obrigatória, não se efectuam distinções em função do tipo de controlo[1000] ou, dito de outra forma, é indiferente[1001] se o controlo é exclusivo ou conjunto (*joint control, controllo conjiunto* ou *contrôle conjoint*)[1002] ou se o controlo é directo ou indirecto[1003] ou se o controlo é passivo[1004]. O importante é que haja uma cessão de controlo.

---

[999] Neste sentido, considerando irrelevante a situação de controlo existente anteriormente, *vide* KRAUSE/PÖTZSCH, in ASSMANN/PÖTZSCH/SCHNEIDER (Hrsg.), *Wertpapiererwerbs-* cit., § 35 Rdn. 72; SCHLITT, in *Münchener* cit., § 35 WpÜG, Rdn. 56. Contudo, essa situação pode assumir relevância para efeitos do mecanismo previsto no art. 187º, nº 2 do Cód.VM, o qual se analisará em IV. 1.2.2 *infra*. Neste âmbito, cumpre ainda referir que, se a sociedade era uma sociedade fechada e requereu a admissão à negociação das suas acções, os seus accionistas controladores (que já o eram no momento anterior à admissão) não estão sujeitos a dever de lançamento, na medida em que não há qualquer cessão do controlo (neste sentido, *vide* LÖHDEFINK, *Acting* cit., pp. 144-145; BAUMS/HECKER, in BAUMS//THOMA (Hrsg.), *Kömmentar* cit., § 35 Rdn. 20; STEINMEYER, in STEINMEYER/HÄGER, *WpÜG* cit., § 35 Rdn. 29; KRAUSE/PÖTZSCH, in ASSMANN/PÖTZSCH/SCHNEIDER (Hrsg.), *Wertpapiererwerbs-* cit., § 35 Rdn. 76; HOMMELHOFF/WITT, in HAARMANN/SCHÜPPEN (Hrsg.), *Frankfurter* cit., § 35 Rdn. 43; SCHLITT, in *Münchener* cit., § 35 WpÜG, Rdn. 95; com argumentação diversa mas com o mesmo resultado, *vide* EKKENGA/SCHULZ, in EHRICKE/EKKEUGA/OECHSLER, *WpÜG* cit., § 35 Rdn. 27).

[1000] Neste sentido, *vide* KRAUSE/PÖTZSCH, in ASSMANN/PÖTZSCH/SCHNEIDER (Hrsg.), *Wertpapiererwerbs-* cit., § 35 Rdn. 67.

[1001] Poderá assumir relevância para outros efeitos que não imediatamente a imposição do dever de lançamento.

[1002] Sobre a delimitação do conceito de controlo conjunto e o seu acolhimento no ordenamento jurídico português e estrangeiro, *vide* OSÓRIO DE CASTRO, *A imputação* cit., pp. 176-177; ENGRÁCIA ANTUNES, *Os grupos* cit., pp. 474 e 501-502; Ib., *Participações qualificadas e domínio conjunto – A propósito do caso Champalimaud – Banco Santander*, Publicações UCP, Porto, 2000; SÄCKER, "*Mehrmütterklausel*" *und Gemeinschaftsunternehmen*, in NJW, 33, 1980, pp. 801 e ss.; EMMERICH/GANSWEID, *Die problematik der Gemeinschaftsunternehmen*n Kölner Kommentar zum Aktiengesetz, in *JuS*, 15, 1975, pp. 294 e ss.; CARIELO, "*Controllo congiunto*" *e accordi parasociali*, Giuffrè Editore, Milano, 1997; LAMANDINI, *Appunti in tema di controllo congiunto*, in GCom, XX, 1993, pp. 220 e ss..

[1003] O controlo indirecto pode ser entendido num sentido amplo ou restrito (sobre estes conceitos, *vide* IV. 1.2.2.2 *infra*).

[1004] São casos em que o participante/sujeito obrigado adquire, sem realizar qualquer acto voluntário nesse sentido, o controlo da sociedade cotada em virtude, por exemplo, de aquisições efectuadas por sociedades por si dominadas e que não tinha solicitado ou autorizado. O desconhecimento ou falta de autorização dessa aquisição não afastam a aquisição de controlo para efeitos da imposição do dever de lançamento (neste sentido, *vide* KRAUSE/PÖTZCH, in ASSMANN/PÖTZSCH/SCHNEIDER (Hrsg.), *Wertpapiererwerbs-* cit., § 35 Rdn. 113; HASSELBACH, in HIRTE/BÜLOW (Hrsg.), *Kölner* cit.,

III. Sendo a cessão de controlo o pressuposto do dever de lançamento de OPA, é preciso determinar quando é que esta se verifica e, para tal, é necessário delimitar o conceito de controlo que está subjacente ao dever de lançamento. É o que se fará em seguida.

1.2.1 Dimensão formal do controlo: Percentagens fixas de direitos de voto

I. Nos termos do art. 187º do Cód.VM, aquele cuja participação em sociedade aberta ultrapasse directamente ou nos termos do art. 20º do Cód.VM, um terço ou metade dos direitos de voto tem o dever de lançar oferta pública de aquisição geral e universal. O legislador português optou assim, à semelhança do que se verifica noutros ordenamentos jurídicos[1005], por fixar o con-

---

§ 35 Rdn. 93). É também o caso da redução do universo global de votos em resultado, por exemplo, de uma redução de capital com amortização de acções, poderá reduzir-se o número global de votos o que fará aumentar a percentagem de votos detida pelos demais accionistas e, caso algum ultrapasse as fasquias constitutivas do dever de lançamento, ficará obrigado ao lançamento de OPA (neste sentido, vide HASSELBACH, in HIRTE/BÜLOW (Hrsg.), *Kölner* cit., § 35 Rdn. 95; KRAUSE/PÖTZCH, in ASSMANN/PÖTZSCH/SCHNEIDER (Hrsg.), *Wertpapiererwerbs-* cit., § 35 Rdn. 122). Poderá, contudo, utilizar o mecanismo de suspensão do dever de lançamento previsto no art. 190º do Cód.VM.

[1005] É o caso do ordenamento jurídico alemão, em que o § 29 Abs. 2 da WpÜG define *kontrolle* como a detenção de, pelo menos, 30% dos direitos de voto na sociedade visada. O mesmo se sucede no ordenamento jurídico inglês, em que a *Rule* 9.1 do City Code determina o dever de lançamento no caso de uma pessoa passar a ter *interest in shares* correspondentes a 30% ou mais dos direitos de voto da sociedade ou 50% ou mais dos direitos de voto. Tal está em sintonia com o conceito de controlo fixado nas *Definitions* do City Code, as quais definem-no como "interest, or interests in shares, carrying in aggregate 30 per cent or more of the voting rights of a company, irrespective of whether such interest or interests give *de facto* control" (cf. PEARSON/ADAMS, *Mandatory* cit., p. 129). No ordenamento jurídico francês, o art. 234-2 do Règlement de l'AMF fixa o dever de lançamento caso uma pessoa singular ou colectiva passe a deter mais de 30% dos *titres de capital* (que apenas abrangem os *titres de capital* que atribuam direitos de voto) ou dos direitos de voto. Este limiar constitutivo do dever de lançamento é muito recente, pois foi introduzido pelo *Arrêté* de 31 de Janeiro de 2011 e veio substituir o anterior limiar que era de 1/3 dos *titres de capital* (com direitos de voto) ou dos direitos de voto. A alteração resultou de um estudo de um grupo de trabalho da AMF que sugeriu a redução do limiar relevante para 25% ou 30% (cf. *Rapport du groupe de travail*, AMF, 2008, p. 32). A proposta foi submetida a consulta pública na Primavera de 2009 (sobre esta, cf. BIARD, *Vers une nouvelle reforme des offres publiques*, in *Revue de Droit Bancaire*, Setembro-Outubro, 2009, pp. 40 e ss.; MARTEL/MARROUD DES GROTES, *Les offres publique obligatoires et les offres publiques volontaires*, in CANIVET/MARTIN/MOLFESSIS (dirs.), *Les offres publiques d'achat*, LexisNexis Litec, Paris, 2009, p. 321) e o legislador optou, em 2010, por fixar o limiar relevante nos 30% no art. 433-3 do *Code monétaire et financier* e, posteriormente em 2011, no art. 234-2 do *Règlement de l'AMF*. Já no ordenamento jurídico espanhol considera-se que há uma aquisição do controlo nos seguintes casos: (i) quando alguém passa a deter uma participação, directa ou indirecta, igual ou superior a 30% dos direitos de voto

ceito de controlo por referência a uma percentagem determinada de direitos de voto[1006].

Esta opção permite-nos retirar duas importantes conclusões ou observações.

II. Em primeiro lugar, o conceito de controlo pressuposto no instituto da OPA obrigatória é associado à detenção ou determinação dos direitos de voto.

A participação do sujeito obrigado a que se refere o art. 187º do Cód.VM tem de ser superior a um 1/3 ou metade dos direitos de voto e não, por exemplo, do capital social[1007]. Isto significa que o legislador não associou o controlo a um controlo "económico", no sentido de que controla a sociedade quem dela retira o maior número de benefícios económicos enquanto accionista ou aquele que tem uma maioria exposição económica à sociedade, porque, neste caso, deveria atender a outros elementos (*e.g.* ao capital social)[1008]. O legislador atendeu de certo

---

(art. 4º, nº 1 al. a) do RD 1066/2007 – nisto se aproximando daqueles ordenamentos jurídicos), (ii) quando designe, nos 24 meses seguintes à aquisição de uma participação inferior àquela percentagem de direitos de voto, um número de administradores que, junto aos que já tinha indicado anteriormente, representem mais de metade do número de membros do órgão de administração da sociedade (art. 4º, nº 1 al. b) do RD 1066/2007). Vai-se além do critério da percentagem fixa de direitos de voto e atende-se igualmente ao número de administradores indicados (cf. SÁENZ DE NAVARRETE, *Oferta* cit., p. 102). Por fim, no ordenamento jurídico italiano, a solução é parcialmente diferente. À semelhança de outros ordenamentos jurídicos, o dever de lançamento resulta da ultrapassagem de uma percentagem fixa (*soglia*) mas atende-se ao capital social. Nos termos do art. 106, comma 1 do TUF, o dever de lançamento de *OPA successiva totalitaria* é imposto nos casos em que alguém detenha uma participação superior a 30%, leia-se 30% do capital social representado por acções (cf. ENRIQUES, *Mercato* cit., p. 83; PICONE, *Le offerte* cit., pp. 186-189). No entanto, posteriormente, foi introduzido o art. 106 comma 3*bis* do TUF que confere à CONSOB o poder de, atendendo às características dos instrumentos financeiros emitidos, estabelecer por regulamento as hipóteses em que o dever de lançar OPA resulta de uma aquisição que determina a detenção conjunta de títulos e outros instrumentos financeiros com direito de voto numa tal percentagem que atribuía um poder global de voto equivalente a quem detenha uma participação referida no art. 106º comma 1 do TUF. A CONSOB não elaborou até ao momento aquele regulamento, pelo que este ponto aguarda a necessária regulamentação (cf. CARDINALE, *sub. art. 106*, in AAVV, *I Codici* cit., p. 3192).

[1006] Cf. PAULA COSTA E SILVA, *Domínio* cit., p. 335; PAULO CÂMARA, *Direito* cit., p. 670.

[1007] Entre nós, no mesmo sentido, vide PAULA COSTA E SILVA, *Sociedade* cit., p. 559.

[1008] No mesmo sentido, face ao conceito de *Kontrolle* previsto no § 29 Abs. 2 da WpÜG que se reporta a direitos de voto e não a capital social, vide BÜLOW, in HIRTE/BÜLOW (Hrsg.), *Kölner* cit., § 29 Rdn. 73; NOACK, in SCHWARK, *Kapitalmarktrechts-* cit., § 29 Rdn. 26; DIECKMAN, in BAUMS/THOMA (Hrsg.), *Kömmentar* cit., § 29 Rdn. 39; STEINMEYER, in STEINMEYER/HÄGER, *WpÜG* cit., § 29 Rdn. 15. Igual solução foi adoptada pelo legislador francês no art. 234-2 do Règlement de l'AMF que atende aos direitos de voto e aos *titres de capital* que atribuam direitos de voto. A doutrina justifica a escolha pelo facto de, em numerosas situações, existir uma disparidade entre o número de títulos de capital e o

modo ao controlo "político", isto é, ao poder de influenciar as decisões tomadas nos órgãos sociais competentes que exprimem a vontade juridicamente relevante[1009] e esse poder advém, primacialmente, dos direitos de voto[1010]. As deli-

---

número de votos, disparidade para a qual contribuem os "certificats d'investissement" (com direitos de voto), as acções com dividendo prioritário e sem direito de voto, as acções que conferem direito a voto duplo (cf. VIANDIER, *OPA* cit., p. 261). Considerar como relevante o capital social, permitiria abranger, por exemplo, as acções preferenciais sem voto que atribuem ao seu titular o direito a um dividendo prioritário não inferior a 5% e todos os demais direitos inerentes às acções ordinárias, com excepção naturalmente do direito de voto (artigo 341º, nº 1 do CSC) (cf. VIANDIER, *OPA* cit., p. 261) (sobre as acções preferenciais sem voto, *vide* COUTINHO DE ABREU, *Curso* cit., p. 230; OSÓRIO DE CASTRO, *Acções Preferenciais sem Voto*, in *Problemas do Direito das Sociedades* (Instituto do Direito das Empresas e do Trabalho), Almedina, 2003, p. 309; RAÚL VENTURA, *Acções Preferenciais sem Voto*, in Estudos Vários sobre Sociedades Anónimas, Comentário ao Novo Código das Sociedades Comerciais, Almedina, p. 436; VIEIRA PERES, *Acções Preferenciais sem Voto*, in Revista do Direito e Estudos Sociais, 1988, p. 356-357). É aliás indiferente se a aquisição do controlo se deveu ou não a razões económicas (cf. STEINMEYER, in STEINMEYER/HÄGER, *WpÜG* cit., § 35 Rdn. 15).

[1009] Cf. PAULA COSTA E SILVA, *Domínio* cit., p. 334.

[1010] A opção do legislador é similar à tomada pela maioria dos seus congéneres europeus (*e.g.* França, Espanha, Reino Unido e Alemanha). Em França, o art. 234-2 do Règlement de l'AMF, que fixa a percentagem relevante para efeitos do dever de lançamento, faz reportar esta aos direitos de voto e não ao capital social (cf. VIANDIER, *OPA* cit., p. 261). No ordenamento jurídico espanhol, salientando também o facto de o limiar constitutivo do dever de lançamento se reportar a direitos de voto e não a capital social, *vide* GARCÍA DE ENTERRÍA, *Oferta pública de adquisición cuando se alcanza el control*, in GARCÍA DE ENTERRÍA/SÁENZ DE NAVARRETE (dirs.), *La regulación de las OPAs. Comentario Sistemático del RD 1066/2007, de 27 de Julio*, Thomson Reuters/Civitas, Madrid, 2009, pp. 147-149. Já na Alemanha, o conceito de *Kontrolle* do § 29 Abs. 2 reporta-se a direitos de voto e não a capital social (salientando este ponto, *vide* BÜLOW, in HIRTE/BÜLOW (Hrsg.), *Kölner* cit., § 29 Rdn. 73; NOACK, in SCHWARK, *Kapitalmarktrechts-* cit., § 35 Rdn. 26; DIECKMAN, in BAUMS/THOMA (Hrsg.), *Kömmentar* cit., § 29 Rdn. 39; STEINMEYER, in STEINMEYER/HÄGER, *WpÜG* cit., § 29 Rdn. 15). Este é um dos pontos em que o conceito de *Kontrolle* se afasta do conceito de influência dominante (*beherrschende Einfluß*) previsto no § 17 da AktG que considera não só os direitos de voto mas também o capital social (cf. § 17 Abs. 1 e § 16 Abs. 1 Alt. 1 do AktG; neste sentido, *vide* NOACK, in SCHWARK, *Kapitalmarktrechts-* cit., § 35 Rdn. 26). O mesmo se sucede no direito português em que o conceito de influência dominante do CSC atende aos direitos de voto e ao capital social (art. 486º, nº 2 do CSC).

A excepção é o ordenamento jurídico italiano que atende ao capital social representado por acções (cf. ENRIQUES, *Mercato* cit., p. 54; PICONE, *Le offerte* cit., pp. 186-189). No entanto, posteriormente, o art. 106 comma 3*bis* do TUF veio conferir à CONSOB o poder de, atendendo às características dos instrumentos financeiros emitidos, estabelecer por regulamento as hipóteses em que o dever de lançar OPA resulta de uma aquisição que determina a detenção conjunta de títulos e outros instrumentos financeiros com direito de voto numa tal percentagem que atribuía um poder global de voto equivalente a quem detenha uma participação referida no art. 106º comma 1 do TUF. A CONSOB não elaborou até ao momento aquele regulamento, pelo que este ponto aguarda a necessária regulamentação (cf. CARDINALE, *sub. art. 106*, in AAVV, *I Codici* cit., p. 3192).

berações do órgão social máximo de uma sociedade – a assembleia geral – são aprovadas, por norma, em função do número de votos emitidos. Este órgão tem competência para a tomada das deliberações mais relevantes da sociedade (*e.g.* aprovação de contas, distribuição de dividendos e de outros bens aos accionistas, fusão, cisão, dissolução, alteração dos estatutos) e quem determina o sentido do voto da maioria dos direitos de voto "controla" o resultado daquelas deliberações e, consequentemente, a vontade juridicamente relevante da sociedade nestas matérias. Para além disso, o voto permite controlar, ainda que de forma "indirecta", a actuação de outro órgão fundamental da sociedade: o órgão de administração. Embora este tenha competências próprias, a verdade é que os seus membros, sendo designados pelos accionistas (que são competentes para apresentar as propostas de deliberação para a eleição dos membros desse órgão), tenderão a seguir as "orientações" e "posições" dos accionistas que os designaram, até porque estes têm o poder de os destituir a todo tempo sem justa causa[1011]. Assim, quem influencia o exercício dos direitos de voto é quem pode aspirar a ter o controlo sobre a vontade juridicamente relevante da sociedade, o que nos aproxima da noção genérica de controlo *supra* referida em IV. 1.1.: controlo é o poder de influenciar as decisões tomadas no grémio social, é a faculdade de determinar a política geral de uma sociedade[1012].

A opção do legislador também se justifica de um ponto de vista sistemático. Com efeito, os direitos de voto são o critério relevante assumido para efeitos de transparência da estrutura accionista da sociedade cotada, mais concretamente para os deveres de comunicação da aquisição ou redução de participação qualificada previstos no art. 16º do Cód.VM, os quais, como se verá, resultam da implementação de disposições comunitárias. Se, para efeitos da divulgação ao mercado da estrutura accionista da sociedade cotada, se adoptou, como bordão relevante, os direitos de voto, não faria sentido que, no âmbito do instituto da OPA obrigatória (o qual está indelevelmente relacionado com a cessão de controlo), se atendesse a um critério diverso[1013].

[1011] Cf. PAULA COSTA E SILVA, *Domínio* cit., p. 334.
[1012] Neste sentido, *vide* o conceito apresentado pela jurisprudência francesa (cf. CORNU, *Vocabulaire juridique*, Association H. Capitant/PUF, 2000; LAPRADE, *Concert* cit., p. 13).
[1013] No mesmo sentido, salientando que o critério adoptado pelo § 29 Abs. 2 da WpÜG, que define o conceito de *Kontrolle* relevante para efeitos de OPA obrigatória, está em linha com o que foi assumido para efeitos do § 21 Abs. 1 da WpHG, em matéria de comunicação de participações qualificadas, *vide* BÜLOW, in HIRTE/BÜLOW (Hrsg.), *Kölner* cit., § 29 Rdn. 75; NOACK, in SCHWARK, *Kapitalmarktrechts-* cit., § 29 Rdn. 26. Novamente aqui se verifica uma diferença para os critérios fixados pelo AktG, em particular os deveres de comunicação previstos no § 20 Abs. 1 do AktG

II. A segunda conclusão ou constatação é a de que o legislador optou por um conceito formal de controlo[1014].

que atende ao capital social (cf. BÜLOW, in HIRTE/BÜLOW (Hrsg.), *Kölner* cit., § 29 Rdn. 75). O mesmo se verifica no direito português, em que o art. 484º do CSC utiliza, como critério relevante para efeitos de deveres de comunicação, o capital social e não os direitos de voto (como é o caso do art. 16º do Cód.VM).

[1014] No mesmo sentido, considerando que o conceito de controlo fixado pelo § 29 Abs. 2 da WpÜG é um conceito de controlo formal, *vide* BÜLOW, in HIRTE/BÜLOW (Hrsg.), *Kölner* cit., § 29 Rdn. 73; VERSE, *Übergang von gemeinsamer zu alleiniger Kontrolle – ein Fall für das Pflichtangebot?*, in NZG, 2009, p. 1334; DIECKMAN, in BAUMS/THOMA (Hrsg.), *Kömmentar* cit., § 29 Rdn. 39; HOLST, in HEIDEL, *Aktienrecht und Kapitalmarkrecht, NomosKommentar*, 2. Auflage, Baden-Baden, 2007, § 29 Rdn. 2; STEINMEYER, in STEINMEYER/HÄGER, *WpÜG* cit., § 29 Rdn. 13; WACKERBARTH, in *Münchener* cit., § 29 WpÜG, Rdn. 7; STRUNK/LINKE, in VEIL/DRINKUTH (Hrsg.), *Reformbedarf im Übernahmerecht*, 2005, p. 10. Já NOACK salienta que o conceito, para além de formal, é rígido e definitivo (*Kontrolle starr und abschließend*) (cf. in SCHWARK, *Kapitalmarktrechts-* cit., § 35 Rdn. 30). Por seu lado, THOMA refere que o conceito de controlo é abstracto (cf. *Das Wertpapiererwerbs- und Übernahmegesetz im Überlick*, in NZG, 2002, p. 111). Contra a qualificação do conceito de *Kontrolle* como conceito formal, *vide* OESCHLER, in EHRICKE/EKKEUGA/OECHSLER, *WpÜG* cit., § 29 Rdn. 9. Igualmente contra, mas numa perspectiva *de lege ferenda*, *vide* HOPT/MÜLBERT/KUMPAN, *Reformbedarf im Übernahmerecht*, in AG, 2005, p. 111.

No ordenamento jurídico italiano, a doutrina salienta que o legislador quis ligar o conceito de controlo à ultrapassagem de um limiar fixo (*soglia fissa*), o qual opera como uma *fictio iuris* da aquisição do controlo da sociedade (neste sentido, *vide* PICONE, *Le offerte* cit., p. 190). A opção do legislador por este conceito mais formal e abstracto explica-se pela incerteza aplicativa que a disciplina das OPAs predecessora do TUF tinha gerado, a qual remetia para um critério alternativo de um limiar variável (*soglia variable*) que exigia que se verificasse, caso a caso, se houve ou não uma aquisição do controlo (cf. ENRIQUES, *Mercato* cit., p. 83; BERLANDA, *La disciplina delle offerte pubbliche di acquisto*, in *Rivista delle Società*, 1995, p. 888).

Entre nós, PAULA COSTA E SILVA conclui provisoriamente, face ao disposto no art. 187º, nºs 1 e 2 do Cód.VM, que o conceito de controlo (a autora utiliza a expressão domínio) é substancial, apesar de não prescindir de uma aferição quantitativa da participação para impor o dever de lançamento (cf. *Sociedade* cit., p. 567). Porém, a autora afasta a sua conclusão provisória por força do funcionamento do art. 20º do Cód.VM para o qual remete o art. 187º, nº 1 do Cód.VM, na medida em que, qualificando-se o elenco do art. 20º, nº 1 do Cód.VM como um conjunto de verdadeiras ficções, é possível que haja um dever de lançamento de OPA sem que haja controlo da sociedade. A autora conclui assim (conclusão definitiva) que o conceito de controlo pressuposto no instituto da OPA obrigatória é "puramente virtual" (cf. *Sociedade* cit., pp. 569-570). Por seu lado, OSÓRIO DE CASTRO considera que "o conceito de domínio foi postergado" em sede de OPA obrigatória "para viabilizar a emergência de uma noção mais abrangente (a detenção de mais de 50% dos votos contados nos termos do art. 20º)" (cf. *A imputação* cit., p. 179). Já PAULO CÂMARA considera que o art. 187º, nº 2 permite uma aproximação material ao conceito de domínio, ficando o nosso ordenamento jurídico "a meio caminho entre, de um lado, os ordenamentos que consagram, tão-só, previsões quantitativas rígidas ligadas à percentagem de direitos de voto detidos no universo dos valores mobiliários visados e, de

Para efeitos de OPA obrigatória, o controlo adquire-se por força da detenção de uma participação que ultrapasse, directamente ou por força do art. 20º do Cód.VM, 1/3 dos direitos de voto, ou seja, há controlo quando alguém detém ou determina mais de 1/3 dos direitos de voto de uma sociedade cotada. O legislador rejeitou um conceito geral e material de controlo que atendesse às circunstâncias concretas da sociedade cotada, nomeadamente a sua estrutura de capital, e que exigisse uma comprovação, caso a caso, da aquisição de controlo por parte do oferente obrigado antes de lhe impor o dever de lançamento[1015]. Entre a incerteza e

outro lado, os sistemas que recorrem a cláusulas gerais de domínio" (cf. *Direito* cit., p. 695). A seu tempo analisar-se-á o alcance do disposto no nº 2 do art. 187º e a sua articulação com o nº 1 do mesmo preceito. Num sentido absolutamente oposto, considerando que o art. 187º consagra um conceito de "domínio efectivo" e que este corresponde ao conceito de "influência dominante, *vide* PEREIRA DAS NEVES, *A natureza* cit., pp. 531-532; Ib., *Delimitação dos votos relevantes para efeitos da constituição e de exigibilidade do dever de lançamento de oferta pública aquisição*, in AAVV, *Estudos em homenagem ao Professor Doutor Carlos Ferreira de Almeida*, vol. I, Almedina, Coimbra, p. 716-730 e 753-754. As razões apresentadas pelo autor não são, contudo, procedentes como se demonstrará ao longo desta exposição.

[1015] Neste sentido, no ordenamento jurídico alemão face ao conceito de Kontrolle do § 29 Abs. 2, *vide* BÜLOW, in HIRTE/BÜLOW (Hrsg.), *Kölner* cit., § 29 Rdn. 73; NOACK, in SCHWARK, *Kapitalmarktrechts-* cit., § 29 Rdn. 30-31; LÖHDEFINK, *Acting* cit., pp. 129-137; DIECKMAN, in BAUMS/THOMA (Hrsg.), *Kömmentar* cit., § 29 Rdn. 37; STEINMEYER, in STEINMEYER/HÄGER, *WpÜG* cit., § 29 Rdn. 13; WACKERBARTH, in *Münchener* cit., § 29 WpÜG, Rdn. 7 e 9). No ordenamento jurídico italiano, o TUF veio precisamente eliminar o critério alternativo de um limiar variável (*soglia variable*) que exigia que se verificasse, caso a caso, se houve ou não uma aquisição do controlo, fixando um conceito formal que se reporta a um limiar fixo (*soglia fissa*) (cf. ENRIQUES, *Mercato* cit., p. 83; PICONE, *Le offerte* cit., pp. 190-191). No Reino Unido, percursor do regime das OPAs e que tanto influenciou os demais ordenamentos jurídicos, incluindo o português, o conceito de controlo é também confessadamente formal, pois a definição de controlo do City Code apresenta-o como "interest" ou "interests" em acções correspondentes, em conjunto, a 30% ou mais dos direitos de voto de uma sociedade, independentemente de os mesmos conferirem um controlo de facto". A própria Bélgica, que era o único país que ainda consagrava um conceito material de controlo (que exigia uma verificação casuística), optou, em 2007 aquando da consagração de um novo regime de OPAs (*Loi relative aux offres publiques d'adquisition* de 1 de Abril de 2007) na sequência da transposição da Directiva das OPAs, por um conceito de controlo formal por referência a uma percentagem fixa de direitos de voto, mais concretamente 30% (art. 74º do referido diploma; qualificando esta alteração como a alteração mais relevante introduzida no regime das OPAs, *vide* WYMEERSCH, *The new Belgian Law on takeover bids*, Working Papers Séries 2008-04, Financial Law Institute, Universiteit Gent, 2008, p. 5). Por fim, cumpre ainda referir que a adopção de um conceito formal de controlo por referência a uma percentagem fixa (critério quantitativo) em matéria de OPA obrigatória foi recomendada pelo Fórum Europeu sobre Direito de Grupos das Sociedades (cf. *Un diritto dei gruppo di società per l'Europa*, in *Rivista delle Società*, 2001, p. 404).

inseguranças jurídicas de um conceito material não quantitativo de controlo[1016] (que tem, contudo, a potencial virtualidade de ser mais justo por atender à situação concreta[1017]) e a segurança e certezas jurídicas proporcionadas por um conceito formal quantitativo (que tem, todavia, o defeito de ser potencialmente mais injusto por ser aritmético e abstracto), o legislador optou por este, preferindo a clareza, certeza e segurança jurídicas, valores tão queridos para o mercado de capitais, em detrimento da materialidade[1018].

Com efeito, é insustentável para o oferente obrigado, sociedade visada, accionistas e para os investidores em geral que a imposição do dever de lançamento estivesse dependente de uma análise casuística inevitavelmente subjectiva, sujeita ao mais que provável contencioso judicial com as demoras inerentes ao mesmo. A necessária planificação destes agentes de mercado[1019] e o funcio-

---

[1016] O defeito deste critério estaria na insegurança e incerteza jurídicas e no poder excessivo atribuído à entidade reguladora de mercado "tendo como reverso a imensa fragilidade de algumas das suas decisões, decorrente de dificuldades de prova" (cf. PAULA COSTA E SILVA, *Domínio* cit., p. 336; no mesmo sentido, salientando a ampla discricionariedade da CONSOB à luz do regime predecessor do TUF, que consagrava um critério de *soglia variabile* – conceito material de controlo –, e o forte contencioso gerado pelas decisões do regulador, vide as declarações do presidente à época da CONSOB, Luigi Spaventa (cf. *L'opa a cascata frena la contendibilità*, in *Il Sole 24 Ore*, 7 Agosto de 2001, p. 17) e, na doutrina, vide ENRIQUES, *Mercato* cit., p. 54, nota 11.

[1017] Esta é uma potencial virtualidade, na medida em que as dificuldades probatórias dificultam, consideravelmente, a realização da justiça na determinação da existência de um controlo material. Acresce que a ampla margem de discricionariedade do regulador poderá também dar lugar a situações injustas.

[1018] Neste sentido, afirmando expressamente que a fixação de uma percentagem quantitativa de direitos de voto pelo § 29 Abs. 2 da WpÜG para efeitos da definição do conceito de *Kontrolle* prossegue esta finalidade da clareza, certeza e segurança jurídicas, vide a BT-Drucks 14/7043, p. 53 e, na doutrina, BÜLOW, in HIRTE/BÜLOW (Hrsg.), *Kölner* cit., § 29 Rdn. 73; NOACK, in SCHWARK, *Kapitalmarktrechts-* cit., § 29 Rdn. 30; DIECKMAN, in BAUMS/THOMA (Hrsg.), *Kömmentar* cit., § 29 Rdn. 38; STEINMEYER, in STEINMEYER/HÄGER, *WpÜG* cit., § 29 Rdn. 13; MEYER, in GEIBEL/SÜSSMANN (hrsg.), *Wertpapiererwerbs-* cit., § 35 Rdn. 2; KRAUSE/PÖTZSCH, in ASSMANN/PÖTZSCH/SCHNEIDER (Hrsg.), *Wertpapiererwerbs-* cit., § 35 Rdn. 66; WACKERBARTH, in *Münchener* cit., § 29 WpÜG, Rdn. 7. Igualmente neste sentido, no direito italiano, salientando a necessária prossecução segurança e certeza jurídicas neste domínio, vide ENRIQUES, *Mercato* cit., p. 54; PICONE, *Le offerte* cit., p. 190; DRAGHI, *Perché non é fallita la mia legge sull'Opa*, in *La Repubblica*, 8 de Agosto de 2001, p. 13.

[1019] Fazendo também referência a este motivo para a consagração do critério do § 29 Abs. 2 da WpÜG, vide a exposição de motivos da WpÜG (cf. BT-Drucks 14/7034, p. 53) e, na doutrina, vide SÜSSMANN, in GEIBEL/SÜSSMANN (hrsg.), *Wertpapiererwerbs-* cit., § 29 Rdn. 12; MÖLLER, in ASSMANN/PÖTZSCH/ /SCHNEIDER (Hrsg.), *Wertpapiererwerbs-* cit., § 29 Rdn. 9; ZINGER, *Der RefE eines «Gesetzes zur Regelung von öffentlichen Angeboten zum Erwerb von Wertpapieren und von Unternehmensübernahmen» vom 12.3.2001*, in NZG, 2001, p. 396.

namento tranquilo e claro do mercado de capitais[1020], a par do exercício eficiente da actividade reguladora[1021], exigem um conceito formal e quantitativo. O conceito de controlo do art. 187º do Cód.VM é, portanto, muito diverso do conceito material de influência dominante adoptado pelo art. 486º do CSC[1022] ou pelo art. 21º do Cód.VM[1023].

III. A consagração de um conceito de controlo formal, cujo critério é a detenção ou determinação de uma percentagem fixa de direitos de voto (mais de 1/3 dos direitos de voto), tem consequências que importa salientar.

Em primeiro lugar, o fundamental é que alguém detenha uma participação que atribua a percentagem fixa relevante de direitos de voto (mais de 1/3 dos direitos de voto), pois, a partir desse momento, considera-se que esse alguém

---

[1020] Salientando igualmente este ponto, *vide* STEINMEYER, in STEINMEYER/HÄGER, *WpÜG* cit., § 29 Rdn. 13.

[1021] Referindo-se também a este motivo, *vide* MÖLLER, in ASSMANN/PÖTZSCH/SCHNEIDER (Hrsg.), *Wertpapiererwerbs-* cit., § 29 Rdn. 9.

[1022] No mesmo sentido, apontando as diferenças entre o § 29 Abs. 2 da WpÜG e o § 17 do AktG (que, segundo alguma doutrina, é a base do nosso art. 486º do CSC – cf. ENGRÁCIA ANTUNES, *Os grupos* cit., pp. 445-446 OSÓRIO DE CASTRO, *A imputação* cit., p. 173, nota 30), *vide* LÖHDEFINK, *Acting* cit., pp. 114-123; BÜLOW, in HIRTE/BÜLOW (Hrsg.), *Kölner* cit., § 29 Rdn. 77; NOACK, in SCHWARK, *Kapitalmarktrechts-* cit., § 29 Rdn. 30; DIECKMAN, in BAUMS/THOMA (Hrsg.), *Kömmentar* cit., § 29 Rdn. 38; STEINMEYER, in STEINMEYER/HÄGER, *WpÜG* cit., § 29 Rdn. 12. Com efeito, na Alemanha aquando da redacção da WpÜG, MÜLBERT tinha proposto que houvesse uma harmonização do conceito de controlo para efeitos da WpÜG e do conceito de controlo para efeitos do AktG, sugerindo que o mesmo se baseasse na detenção de mais de 50% dos direitos de voto ou no facto de o accionista ter, em função do absentismo nas reuniões da assembleia geral, a maioria dos direitos de voto nas assembleias gerais dos últimos três anos (cf. *Übernahmerecht zwischen Kapitalmarktrecht und Aktien(konzern)recht – die konzeptionelle Schwachstelle des RegE WpÜG*, in ZIP, 2001, p. 1125).

[1023] Neste sentido, *vide* PAULA COSTA E SILVA, *Sociedade* cit., p. 560. Rejeitam-se assim as considerações de PEREIRA DAS NEVES, o qual, depois de considerar que o art. 187º consagra um conceito de domínio efectivo expresso na constituição de uma influência dominante sobre a sociedade cotada, afirma que é necessário mobilizar o art. 21º, nº 1 e 2 do Cód.VM "sob pena de fragmentação inadmissível do ordenamento jurídico" (cf. Ib., *Delimitação* cit., p. 716-730 e 753-754). Com o devido respeito, considero que não há qualquer "fragmentação" do ordenamento jurídico, porque o conceito de influência dominante consagrado no art. 21º do Cód.VM funciona como conceito geral, mobilizável, entre outros, para o art. 20º, nº 1 al. b) do Cód.VM e para os casos em que as normas do Cód.VM fazem referência a entidade ou sociedade em relação de domínio (*e.g.* no regime das OPAs art. 182º-A, nº 3 *in fine*). Diferentemente, o conceito de controlo do art. 187º do Cód.VM é um conceito específico para efeitos da constituição do dever de lançamento e que, pelas razões aduzidas, tem de ser formal e quantitativo.

tem o controlo da sociedade para efeitos da constituição do dever de lançamento. Deste modo, são irrelevantes as situações individuais concretas do controlo[1024], não relevando se essa pessoa (singular ou colectiva) exerce efectivamente o controlo ou os direitos de voto que lhe são atribuídos por uma participação daquela dimensão[1025], nem tampouco se essa pessoa pode exercer o controlo ou mesmo se foi essa a sua intenção com a aquisição, directa ou indirecta, da participação[1026]. O conceito de controlo não depende da existência de uma possibilidade prática ou jurídica de controlo (*Kontrollausübungsmöglichkeit*)[1027], nomeadamente devido à elevada participação accionista nas assembleias gerais ou à existência de um accionista com uma participação superior[1028]; ou em virtude da conduta de voto de vários accionistas com participações qualificadas que conseguem efectivamente exercer o controlo da sociedade[1029]; ou ainda devido às limitações constantes dos estatutos da sociedade visada[1030] (*e.g.* limites

---

[1024] Salientando este ponto, *vide* NOACK, in SCHWARK, *Kapitalmarktrechts-* cit., § 29 Rdn. 30.

[1025] Neste sentido, *vide* BÜLOW, in HIRTE/BÜLOW (Hrsg.), *Kölner* cit., § 29 Rdn. 73; NOACK, in SCHWARK, *Kapitalmarktrechts-* cit., § 29 Rdn. 23 e 30; LÖHDEFINK, *Acting* cit., pp. 129-137; DIECKMAN, in BAUMS//THOMA (Hrsg.), *Kömmentar* cit., § 29 Rdn. 37; STEINMEYER, in STEINMEYER/HÄGER, *WpÜG* cit., § 29 Rdn. 13; KRAUSE/PÖTZSCH, in ASSMANN/PÖTZSCH/SCHNEIDER (Hrsg.), *Wertpapiererwerbs-* cit., § 35 Rdn. 66; SCHLITT, in *Münchener* cit., § 35 WpÜG, Rdn. 64; LETZEL, *Das Pflichtangebot nach dem WpÜG*, in BKR, 2002, p. 300; MIELKE, in BECKMANN/KERSTTING/MIELKE, *Überbernahmrecht*, 2002, p. 40; THOMA, *Das Wertpapiererwerbs-* cit., p. 111. É, por exemplo, irrelevante que algum accionista, por hipótese, renuncie ao direito de voto; tal não evitará a aquisição do controlo e consequente dever de lançamento (cf. NOACK, in SCHWARK, *Kapitalmarktrechts-* cit., § 29 Rdn. 30).

[1026] Cf. SCHLITT, in *Münchener* cit., § 35 WpÜG, Rdn. 64.

[1027] Neste sentido, *vide* BÜLOW, in HIRTE/BÜLOW (Hrsg.), *Kölner* cit., § 29 Rdn. 73; NOACK, in SCHWARK, *Kapitalmarktrechts-* cit., § 29 Rdn. 30; SCHLITT, in *Münchener* cit., § 35 WpÜG, Rdn. 64. Contra, defendendo que, nestes casos, deveria existir uma redução teleológica da aplicação do § 29 Abs. 2 da WpÜG, *vide* OESCHLER, *Der Rege zum Wertpapiererwerbs- und Übernahmegesetz – Regelungsbedarf auf der Zielgeranden!*, in NZG, 2001, p. 825. Esta posição é, contudo, claramente contrária àquela que foi a intenção do legislador alemão na redacção do § 29 Abs. 2 da WpÜG (cf. BT-Drucks 14/7034, p. 61; NOACK, in SCHWARK, *Kapitalmarktrechts-* cit., § 29 Rdn. 30; THOMA, *Das Wertpapiererwerbs-* cit., p. 111). No ordenamento jurídico italiano, salientando ser irrelevante verificar se a ultrapassagem do limiar relevante comporta efectivamente a aquisição do controlo, *vide* PICONE, *Le offerte* cit., p. 190.

[1028] Salientando este ponto, *vide* BÜLOW, in HIRTE/BÜLOW (Hrsg.), *Kölner* cit., § 29 Rdn. 76; NOACK, in SCHWARK, *Kapitalmarktrechts-* cit., § 29 Rdn. 30; KRAUSE/PÖTZSCH, in ASSMANN/PÖTZSCH/SCHNEIDER (Hrsg.), *Wertpapiererwerbs-* cit., § 35 Rdn. 66; HAARMANN, in HAARMANN/SCHÜPPEN (Hrsg.), *Frankfurter* cit., § 29 Rdn. 18; SCHLITT, in *Münchener* cit., § 35 WpÜG, Rdn. 64.

[1029] Cf. SCHLITT, in *Münchener* cit., § 35 WpÜG, Rdn. 64.

[1030] Cf. BÜLOW, in HIRTE/BÜLOW (Hrsg.), *Kölner* cit., § 29 Rdn. 76; NOACK, in SCHWARK, *Kapitalmarktrechts-* cit., § 29 Rdn. 30; SCHLITT, in *Münchener* cit., § 35 WpÜG, Rdn. 65; KRAUSE/PÖTZSCH, in ASSMANN/PÖTZSCH/SCHNEIDER (Hrsg.), *Wertpapiererwerbs-* cit., § 35 Rdn. 66.

a contagem de direitos de voto). Mesmo nestes casos, considera-se que a pessoa que ultrapassou o limiar relevante de direitos de voto controla a sociedade cotada[1031]. Porém, isto não significa que a situação concreta e individual de controlo seja absolutamente desconsiderado em sede de OPA obrigatória, uma vez que ela relevará para efeitos do funcionamento do mecanismo previsto no art. 187º, nº 2 do Cód.VM, o qual permite, conforme se constatará em IV. 1.2.3 *infra*, "corrigir" alguns "excessos" do conceito de controlo formal e quantitativo, que conduzem, por vezes, à afirmação da existência de controlo sem que o mesmo exista *de facto*[1032].

Por força do conceito formal de controlo, é igualmente irrelevante para efeitos de OPA obrigatória o facto de o accionista exercer um controlo efectivo da sociedade, em virtude da dispersão accionista ou da fraca presença dos accionistas nas assembleias gerais (*Hauptversammlungspräsenzen*), se a sua participação não ultrapassar as percentagens fixas de direitos de voto legalmente previstas[1033]. O conceito de controlo afasta-se novamente da noção de influência prevista no

---

[1031] Cf. Bülow, in Hirte/Bülow (Hrsg.), *Kölner* cit., § 29 Rdn. 76; Noack, in Schwark, *Kapitalmarktrechts-* cit., § 29 Rdn. 30; Dieckman, in Baums/Thoma (Hrsg.), *Kömmentar* cit., § 29 Rdn. 37; Drinktuh, in Marsch-Barner/Schäfer (Hrsg.), *Handbuch börsennotierte AG*, 2. Auflage, Otto Shmidt Verlag, Köln, 2009, § 60, Rdn. 190.

[1032] Com igual conclusão entre nós, *vide* Paula Costa e Silva, *Sociedade* cit., p. 559. No mesmo sentido, face ao funcionamento do § 37 Abs. 1 da WpÜG, o qual permite que o BaFin isente o oferente do dever de lançamento atendendo à estrutura accionista da sociedade visada ou à possibilidade actual de controlo, *vide* Bülow, in Hirte/Bülow (Hrsg.), *Kölner* cit., § 29 Rdn. 76; Noack, in Schwark, *Kapitalmarktrechts-* cit., § 29 Rdn. 31; Schlitt, in *Münchener* cit., § 35 WpÜG, Rdn. 66; Wackerbarth, in *Münchener* cit., § 29 WpÜG, Rdn. 8; Krause/Pötzsch, in Assmann/Pötzsch/ /Schneider (Hrsg.), *Wertpapiererwerbs-* cit., § 35 Rdn. 66. No ordenamento jurídico italiano, o art. 106º comma 5 do TUF prevê também que o oferente possa ser isento do cumprimento do dever de lançamento caso um outro sujeito detenha uma participação que permita o controlo da sociedade. Há, portanto, uma correcção ao conceito formal de controlo (cf. Picone, *Le offerte* cit., p. 190).

[1033] Neste sentido, *vide* Bülow, in Hirte/Bülow (Hrsg.), *Kölner* cit., § 29 Rdn. 77; Noack, in Schwark, *Kapitalmarktrechts-* cit., § 29 Rdn. 30; Steinmeyer, in Steinmeyer/Häger, *WpÜG* cit., § 29 Rdn. 13; Möller, in Assmann/Pötzsch/Schneider (Hrsg.), *Wertpapiererwerbs-* cit., § 29 Rdn. 15; Thoma, *Das Wertpapiererwerbs-* cit., p. 111; Harbarth, *Kontrollerlangung* cit., p. 323. Criticando esta situação, *vide* Mülbert, *Übernahmerecht* cit., p. 1125-1126. No mesmo sentido no direito italiano, salientando (com críticas) a possibilidade de alguém poder deter o controlo efectivo da sociedade sem estar obrigado ao lançamento de OPA pelo facto de não deter uma participação superior ao limiar constitutivo do dever de lançamento, *vide* Picone, *Le offerte* cit., p. 190; Montalenti, *Opa: la nuova disciplina*, in BBTC, 1999, p. 153; Rotondo, *Le offerte pubbliche di acquisto obbligatorie*, in Falcone/Rotondo/Scipione, *Le offerte pubbliche di acquisto*, Giuffré Editore, Milano, 2001, p. 150.

art. 486º do CSC e do art. 21º do CSC, uma vez que, podendo existir, na prática, uma situação de influência dominante apesar de o accionista dominante deter menos de 1/3 dos direitos de voto, não se encontra preenchido o conceito de controlo do art. 187º, nº 1 do Cód.VM e, consequentemente, não há dever de lançamento[1034].

Assim, pode haver controlo para efeitos de OPA obrigatória sem que haja controlo material efectivo[1035], sendo o contrário também verdade, isto é, pode existir, na prática, um controlo efectivo sem que haja dever de lançamento[1036].

III. O legislador fixou, como percentagem mínima relevante que faz "presumir" a existência de controlo, a detenção de mais de 1/3 dos direitos de voto. Entendeu-se que esta percentagem seria suficiente para a pessoa controlar o sentido da generalidade das deliberações da assembleia geral, pois, se se atender a uma dispersão normal de capital de uma sociedade cotada[1037] e à habitual fraca participação accionista nas reuniões da assembleia geral, aquela percentagem representará, regra geral, a maioria dos votos emitidos e, consequentemente, permitirá (a quem a detivesse) aprovar a generalidade das deliberações da assembleia geral[1038]. Esta conclusão resultou igualmente da análise que o legislador efectuou

---

[1034] Apontando a possibilidade do conceito de *Kontrolle* do § 29 Abs. 2 da WpÜG não estar preenchido apesar de se poder estar perante uma situação de *beherrschende Einfluß* prevista no § 17 do AktG, vide Bülow, in Hirte/Bülow (Hrsg.), *Kölner* cit., § 29 Rdn. 77; Noack, in Schwark, *Kapitalmarktrechts-* cit., § 29 Rdn. 30; Steinmeyer, in Steinmeyer/Häger, *WpÜG* cit., § 29 Rdn. 12; Schlitt, in *Münchener* cit., § 35 WpÜG, Rdn. 66; Krause/Pötzsch, in Assmann/Pötzsch/Schneider (Hrsg.), *Wertpapiererwerbs-* cit., § 35 Rdn. 67. Criticando a solução, vide Oeschler, in Ehricke/Ekkeuga//Oechsler, *WpÜG* cit., § 29 Rdn. 13.

[1035] Parcialmente no mesmo sentido, Osório de Castro considera que "o legislador, no art. 187º do Cód.VM, não qualifica a detenção demais de 50% dos votos, contados segundo o art. 20º, nº 1, como consubstanciadores de uma relação de domínio" e que o legislador limitou-se "a associar-lhe a obrigatoriedade estrita de lançamento de uma OPA", o que "torna legítimo dizer-se antes que o conceito de domínio foi aqui postergado, para viabilizar a emergência de uma noção mais abrangente (a detenção de mais de 50% dos votos contados nos termos do art. 20º" (cf. *A imputação* cit., p. 179).

[1036] Chegando às mesmas conclusões, ainda que mais por força do funcionamento do mecanismo do art. 20º do Cód.VM, vide Paula Costa e Silva, *Sociedade* cit., pp. 570-571. A autora afirma que o sistema português vive "de um certo irrealismo" porque não "atinge todas as situações de domínio efectivo e porque qualifica como posições de domínio aquelas que, na realidade, o não são".

[1037] Neste sentido, vide Paulo Câmara, *Domínio* cit., p. 671; Paula Costa e Silva, *Domínio* cit., p. 334; Fernando Sánchez Calero, *Ofertas* cit., p. 133.

[1038] Neste sentido, no direito alemão apontando este como o motivo da escolha da percentagem de 30% dos direitos de voto, vide a própria *Begr Rege* sobre o § 29 Abs. 2 (cf. RegBegr., Bt-Drucks

sobre as percentagens relevantes nos demais países europeus para efeitos da imposição do dever de OPA, que se fixavam em 30% ou 1/3 dos direitos de voto[1039]. No entanto, actualmente quase nenhum país fixa o limiar de 1/3 dos direitos de voto, sendo a percentagem relevante, na maioria dos países comunitários, de 30% dos direitos de voto[1040].

Aquela percentagem expressa também, de certa forma, um equilíbrio entre a desejável contendibilidade do controlo e a protecção dos accionistas minoritários[1041]. Com efeito, a fixação de um limiar muito reduzido para a constituição do dever de lançamento é susceptível de desincentivar os interessados na aquisição do controlo da sociedade, devido à excessiva onerosidade do investimento. A tutela dos accionistas minoritários não pode ir tão longe que desincentive a contendilibilidade/mudança do controlo, penalizando a sociedade cotada e, em certa medida, os próprios accionistas minoritários[1042].

IV. Para além da percentagem de mais de 1/3 dos direitos de voto, o legislador fixou um outro limiar constitutivo do dever de lançamento: mais de metade dos direitos de voto.

Segundo alguns autores, a justificação deste segundo limite prende-se com "a proximidade que essa percentagem, em sociedades abertas, usualmente revela em relação à influência societária – concretizando-se em grau que, na prática, denuncia a possibilidade de fazer aprovar alterações estatutárias em assembleia

---

14/7034, p. 53) e, na doutrina, BÜLOW, in HIRTE/BÜLOW (Hrsg.), *Kölner* cit., § 29 Rdn. 2; NOACK, in SCHWARK, *Kapitalmarktrechts-* cit., § 29 Rdn. 29; SÜSSMANN, in GEIBEL/SÜSSMANN (hrsg.), *Wertpapiererwerbs-* cit., § 29 Rdn. 14; STEINMEYER, in STEINMEYER/HÄGER, *WpÜG* cit., § 29 Rdn. 14; MÖLLER, in ASSMANN/PÖTZSCH/SCHNEIDER (Hrsg.), *Wertpapiererwerbs-* cit., § 29 Rdn. 9; WACKERBARTH, in *Münchener* cit., § 29 WpÜG, Rdn. 9; EKKENGA/HOSCHROER, in *DStR*, 2002, p. 772. No mesmo sentido, no ordenamento jurídico italiano, vide PICONE, *Le offerte* cit., p. 190; ROTONDO, *Le offerte* cit., p. 149.

[1039] Adoptámos, na altura, a solução consagrada no ordenamento jurídico francês e suíço.

[1040] Em França, a fasquia relevante de direitos de voto foi reduzida para 30% dos direitos de voto ou títulos de capital com direitos de voto, que é a solução consagrada em quase todos os países europeus, em particular Alemanha, Itália, Reino Unido, Espanha e Bélgica.

[1041] Em Itália, a doutrina afirma que a percentagem de 30% dos direitos de voto representa o equilíbrio possível entre a contendibilidade do controlo e a tutela dos accionistas minoritários (cf. WEIGMANN, *sub. art. 106*, in CAMPOBASSO, *Testo unico della finanza. Commentario*, II, Milano, 2002, p. 910; ENRIQUES, *Mercato* cit., pp. 54 e ss.).

[1042] CARDINALE afirma, a este propósito, que o limiar constitutivo do dever de lançamento representa "o nível máximo de risco que os accionistas minoritários devem suportar na sequência de uma mudança do controlo da sociedade" (cf. *sub. art. 106*, in AAVV, *I Codici* cit., p. 3192).

geral"[1043]. Admite-se que possa ter sido essa a intenção do legislador, mas a *ratio* da norma parece radicar também (ou mais principalmente) no facto de, com uma participação de 50% dos direitos de voto, o accionista assegurar um "controlo de direito" da sociedade e não apenas um "controlo de facto", na medida em que os seus votos asseguram a aprovação da esmagadora maioria das deliberações (*e.g.* as que exigem maioria simples) sem depender de quaisquer circunstancialismo de facto, como a dispersão accionista ou a fraca presença dos accionistas nas reuniões da assembleia geral[1044]. Mesmo que essa seja a *ratio* da norma, a solução nela consagrada não está isenta de críticas.

A principal reside no facto de a tutela dos accionistas minoritários não exigir, nestes casos, o lançamento de OPA. O reforço de uma posição de controlo não é o pressuposto que determina a necessidade de protecção dos accionistas minoritários, o qual reside, como se analisou *supra*, na cessão de controlo *lato sensu*[1045]. Faltando o pressuposto base do dever de lançamento, não se percebe o motivo da imposição desse dever[1046]. Para além disso, a imposição de dois limiares constitutivos do dever de lançamento não favorece o funcionamento do mercado de controlo societário e prejudica a contendibilidade do controlo da sociedade cotada[1047], criando um sistema complexo de imposição do dever de lançamento que é pouco conforme à dimensão e funcionamento do mercado de capitais português. O legislador ter-se-á inspirado, segundo alguns autores[1048], nos sistemas francês e espanhol mas estes, entretanto e pelas razões expostas, abandonaram o sistema de dois limiares[1049], pelo que o nosso sistema de OPAs "escalonadas" ou

---

[1043] Neste sentido, *vide* PAULO CÂMARA, *Manual* cit., pp. 671-672.

[1044] Neste sentido, no direito italiano face ao art. 106 comma 3 al. b) do TUF que consagra a figura da OPA *incrementale*, *vide* ENRIQUES, *Mercato* cit., p. 89; QUATRARO/PICONE, *Manuale* cit., p. 77.

[1045] Neste sentido, *vide* o considerando 9 e o art. 5º, nº 1 da Directiva das OPAs (cf. FERNANDO SÁNCHEZ CALERO, *Ofertas* cit., pp. 123-124), bem como o ponto 12 do preâmbulo do diploma que aprovou o Cód.VM. Para mais desenvolvimentos sobre este tema, *vide* IV. 1.2 *supra*.

[1046] Este foi o motivo que levou o legislador francês a eliminar, em 1998, o limiar constitutivo do dever de lançamento de 50% do capital social ou direitos de voto (cf. VIANDIER, *OPA* cit., p. 258).

[1047] Um sistema de dois limiares pode elevar em excesso os custos da aquisição de controlo da sociedade visada e, dessa forma, desincentivar o lançamento de OPAs e, consequentemente, o funcionamento do mercado de controlo societário, em prejuízo dos próprios accionistas da sociedade visada.

[1048] Cf. PAULO CÂMARA, *Manual* cit., p. 671.

[1049] Em Espanha, o RD 1066/2007 veio fixar um limiar constitutivo único de dever de lançamento e não "consagrou um segundo ou terceiro limiar que também obrigasse ao dever de lançamento de OPA por revelar uma consolidação do controlo" (cf. FARRANDO MIGUEL, *Los indicadores de la adquisición del control y el deber de formular una OPA obligatoria*, in JUSTE MENCÍA/RECALDE CASTELLS (coord.),

"graduais" já não tem praticamente paralelo nos ordenamentos jurídicos comunitários mais relevantes[1050]. Afigura-se, portanto, aconselhável, *de lege ferenda*, a eliminação deste segundo limiar[1051].

Derecho de OPAS. Estudio sistemático del régimen de las ofertas públicas de adquisición en el derecho español, Tirant lo Blanch, Valência, 2010, p. 61). Segundo a doutrina, passou-se de um "sistema de OPAs escalonadas" para um de OPA de "fronteira única" (cf. SÁNCHEZ ANDRÉS, *Teleología y tipología de las ofertas públicas de adquisición en la nueva regulación española*, in GARCÍA ALBIZU/OLEO BANET/MARTINEZ FLORÉZ, *Estudios Jurídicos sobre el Mercado de Valores*, Madrid, 2008, pp. 1429 e ss.; TAPIA HERMIDA/ALONSO LEDESMA/RODRÍGUEZ MARTÍNEZ, *OPAs* cit., p. 181, nota 44).
Em França, o segundo limiar constitutivo do dever de lançamento (50% do capital social ou direitos de voto) foi eliminado em 1998 (portanto, antes da entrada em vigor do Cód.VM!), porque o legislador considerou que, nestes casos, não estamos perante uma cessão de controlo *lato sensu* e, como tal, faltava o pressuposto do dever de lançamento (cf. VIANDIER, *OPA* cit., p. 258). A percentagem relevante para efeitos deste dever foi, durante muito tempo, 1/3 dos títulos de capital (*que atribuam direitos de voto*) ou de direitos de voto mas, desde 2011, essa percentagem passou a ser de 30% de títulos de capital (*que atribuam direitos de voto*) ou de direitos de voto (itálico nosso). No entanto, a legislação francesa consagra uma situação muito peculiar de constituição do dever de lançamento: a "*excès de vitesse d'acquisition*". Nos termos do art. 234-5 do Règlement de l'AMF, o accionista ou os vários accionistas em concertação cuja participação se situe entre 30% e 50% do total dos títulos de capital (*que atribuam direitos de voto*) ou direitos de voto ficam obrigados ao lançamento de OPA se, em menos de 12 meses consecutivos, aumentarem o número de títulos de capital ou de direitos de voto em, pelo menos, 2% do número total de títulos de capital ou de direitos de voto. Ou seja, o accionista ou os accionistas em concertação com aquelas participações (situadas numa zona intermédia) podem ultrapassar o limiar de 50% desde que o façam de modo progressivo e lento, respeitando aquelas limitações quantitativa (menos de 2%) e temporal (12 meses consecutivos). Este caso especial de dever de lançamento em nada está relacionado com a eliminação do limiar de 50% em 1998, pois era uma situação de constituição do dever de lançamento já prevista antes desta data (cf. VIANDIER, *OPA* cit., p. 258). O grupo de trabalho da AMF presidido pelo Monsieur Bernard Field (o qual recorde-se propôs a redução do limiar constitutivo do dever de lançamento entretanto aprovado pelo legislador) propôs igualmente a redução do limite quantitativo do *excès de vitesse d'acquisition* para 1% mas esta proposta foi rejeitada (cf. MARTEL/MARRAUD DES GROTES, *Les offres* cit., p. 326). A esta situação específica de constituição do dever de lançamento de OPA aplicam-se as normas sobre excepções e derrogações desse dever (cf. VIANDIER, *OPA* cit., p. 276), bem como, desde 2011, as aquisições temporárias (*franchissement temporaire*) (art. 234-5 do Règlement de l'AMF), que deixaram de estar sujeitas ao limite máximo de 3% acima do limiar constitutivo do dever de lançamento (art. 234-4 do Règlement de l'AMF).

[1050] O único paralelo próximo, mas não igual ao português, é a *OPA incrementale* prevista no ordenamento jurídico italiano. A *OPA incrementale* procurou regular as situações em que (i) o accionista já detém uma participação superior a 30% mas inferior a 50% (*e.g.* porque já a detinha no momento de entrada em vigor do TUF, ou no momento de admissão à negociação das acções de uma sociedade, ou porque a aquisição beneficiou de uma isenção do dever de lançamento), detendo, deste modo, o "controlo de facto", e (ii) pretende aumentar a mesma para reforçar a sua posição de controlo de modo a alcançar o "controlo de direito" (cf. ROTONDO, *Le offerte* cit., p. 162; CARDINALE,

Duas notas finais a propósito do segundo limiar constitutivo do dever de lançamento. A primeira para salientar que, ao contrário do primeiro limiar, o participante não pode beneficiar do mecanismo previsto no art. 187º, nº 2

---

sub. art. 106, in AAVV, *I Codici* cit., p. 3193). Nestes casos, e de acordo com o art. 106º comma 3 b) do TUF e o art. 46º do Regolamento degli Emitenti, o accionista (ou accionistas) podem aumentar a sua participação até um máximo de 50% dos direitos de voto, desde que as aquisições não sejam superiores a 5% do capital social correspondente a direitos de voto e sejam efectuadas num arco temporal de 12 meses. As aquisições de montante superior ou num arco temporal inferior geram o dever de lançamento, bem como as aquisições que impliquem a ultrapassagem do limiar de 50% dos direitos de voto. Isto permite, por um lado, a "possibilidade de consolidação da participação diluída no tempo (representado por aquisições de blocos inferiores a 5% por cada ano)" e, por outro lado, "não releva para efeitos de OPA obrigatória a aquisição sucessiva de participação da parte que já detém a maioria dos direitos de voto na assembleia ordinária" (cf. CARDINALE, *sub. art. 106*, in AAVV, *I Codici* cit., p. 3193). A justificação da criação da figura da OPA *incrementale* está, segundo alguns autores, num duplo motivo. O primeiro está no facto de, para os accionistas minoritários, "não ser indiferente que a sociedade seja controlada de facto e não de direito nem ser indiferente a entidade da participação de controlo de facto". A contendibilidade do controlo da sociedade, sendo já baixo no caso de um accionista que detenha uma participação superior a 30%, "reduz-se ulteriormente com aumento da participação e torna-se zero quando superado o limiar de 50%"; (...) o "legislador italiano presume uma situação de controlo de facto estável, mas não de todo inatacável, em relação a quem detenha mais de 30% das acções ordinárias" (cf. ENRIQUES, *Mercato* cit., p. 89; CANELLA, *Commento sub art. 106*, in MARCHETTI/BIANCHI (a cura di), *La disciplina delle società quotate nel testo unico della finanza, d.lgs. 24 febbraio 1998, n. 58. Commentario*, Giuffrè Editore, Milano, 1999, p. 353). O segundo motivo reside no facto de, na ausência de um preceito similar, "aquele que fosse titular de uma participação superior a 30% teria podido aumentá-la livremente, enquanto as outras pessoas, para superarem a participação daquele accionista, teriam de lançar uma OPA totalitária. A previsão de uma OPA de consolidação (...) elimina essa assimetria que obstaculiza a contendibilidade do controlo" (cf. CANELLA, *Commento sub art. 106* cit., p. 353; ENRIQUES, *Mercato* cit., p. 89). Num sentido similar ao primeiro argumento, QUATRARO e PICONE defendem que a *ratio* da norma é "a de diluir no tempo a passagem de uma situação em que, pela presença de um accionista em situação de poder exercer uma influência dominante, o controlo da sociedade seja contendível para uma situação em que, pela presença de um accionista que tem o controlo de direito da sociedade, esta deixa de ser contendível" (cf., *Manuale* cit., p. 77). Diferentemente, a CONSOB defende que a *ratio* do preceito reside no facto de, através do aumento da participação, "diminuir o poder de interdição/bloqucio das acções dos minoritários (os quais passam a ser apenas isso) na sequência do reforço da posição do accionista maioritário" (cf. CONSOB informa, 6 de Março de 2000, nº 10; criticando esta posição, *vide* ENRIQUES, *Mercato* cit., pp. 94-95).
No Reino Unido, o City Code consagra também uma situação única de dever de lançamento de OPA que parece ter inspirado a figura da *excès de vitesse d'acquisition* do direito francês e, em parte, a da OPA *incrementale* do direito italiano (cf. ENRIQUES, *Mercato* cit., p. 88). A *Rule* 9.1 (b) impõe o dever de lançamento nos casos em que uma pessoa, ou várias pessoas actuando em concertação, que detenham mais de 30% dos direitos de voto e menos de 50% dos direitos de voto adquiram

do Cód.VM[1052]. O legislador assume que, nestes casos, há sempre um controlo da sociedade cotada para efeitos de OPA obrigatória e, consequentemente, o participante não pode mobilizar aquele mecanismo para evitar o cumprimento do dever[1053]. A segunda nota para referir que a relação que intercede entre os dois limiares relevantes para efeitos do dever de lançamento é de cumulatividade[1054]. Ou seja, o lançamento de OPA por força da ultrapassagem do limite de um de terço dos direitos de voto não afasta o dever de lançamento caso a fasquia de metade dos direitos de voto venha a ser ultrapassada posteriormente.

---

um "interest" noutras acções que atribuam direitos de voto", ou seja, qualquer aquisição realizada por aqueles accionistas que detenham, individualmente ou em concertação, uma participação que situe naquela zona intermédia ficam obrigados ao lançamento de OPA (cf. PEARSON/ADAMS, *Mandatory* cit., p. 128). Anteriormente, era possível que estes accionistas adquirissem 1% da sociedade cotada num período de 12 meses, o que se assemelha muito à figura da *excès de vitesse d'acquisition* do direito francês e, em parte, à da OPA *incrementale* do direito italiano, mas esta excepção foi eliminada em Agosto de 1998. No entanto, o *Panel* tem permitido a realização de aquisições nos casos em que a participação foi reduzida em virtude de vendas ou diluída por força de aumentos de capital mas se mantém acima do limiar dos 30%. O *Panel* concluiu ser apropriado permitir a aquisição de acções sujeita aos seguintes limites: (i) o número total de acções a adquirir num período de 12 meses não pode exceder 12%; e (ii) a percentagem de acções que se pretende adquirir não pode superar a percentagem de acções mais elevada por si detida (ou por pessoas que actuem em concertação) nos últimos 12 meses (*note* 11 à *Rule* 9.1; PEARSON/ADAMS, *Mandatory* cit., pp. 128 e 140).

[1051] Em sentido contrário, poderia afirmar-se que a fixação deste segundo limiar permitiria abranger todas as situações que puderam beneficiar do mecanismo de "escape" do art. 187º, nº 2 e criar uma "brecha" no sistema que permitisse a cessão de controlo sem a imposição do dever de lançamento. Este raciocínio está, contudo, enviesado porque o mecanismo de "escape" do art. 187º, nº 2 exige uma monitorização constante da participação para assegurar que o participante não passa a ter o controlo efectivo da sociedade.

[1052] *Vide* IV. 1.2.3 *infra*.

[1053] PAULA COSTA E SILVA considera a detenção de mais de 50% dos direitos de voto "pressuposto suficiente da constituição do dever de lançamento" (cf. *Sociedade* cit., p. 559). OSÓRIO DE CASTRO defende que o legislador consagrou para efeitos de OPA obrigatória um conceito de controlo mais amplo que coincide com "a detenção de mais de 50% dos votos *contados nos termos do art. 20º*" (cf. *A imputação* cit., p. 179).

[1054] Neste sentido, *vide* PAULO CÂMARA, *Manual* cit., p. 672; contra, *vide* MOREDO SANTOS, *Transparência, OPA obrigatória e imputação de direitos de voto*, Coimbra Editora, 2011, pp. 276-279. Diferentemente, o Cód.MVM não estabelecia uma relação de cumulatividade, mas antes de *complementaridade em sentido fraco* uma vez que a violação do dever de lançamento prévia nem sempre obrigava o participante a lançar OPA subsequente, mesmo nos casos de ultrapassagem de metade dos direitos de voto (cf. PAULO CÂMARA, *Manual* cit., p. 672; BRITO PEREIRA, *A OPA* cit., pp. 214 e ss.).

1.2.2 Dimensão material do controlo I: Imputação de direitos de voto
1.2.2.1 O mecanismo de imputação de direitos de voto

I. À semelhança do que se sucedia na vigência do Cód.MVM, o Cód.VM consagra um conjunto de deveres de comunicação quando se atinjam ou ultrapassem determinadas percentagens de direitos de voto numa sociedade aberta (legalmente denominadas de participações qualificadas) ou quando se desça abaixo de algum desses patamares (art. 16º do Cód.VM). A consagração destes deveres de comunicação era obrigatória face à Directiva nº 88/627/CEE, de 12 de Dezembro de 1988, do Conselho, relativa às informações a publicar por ocasião da aquisição ou alienação de uma participação importante numa sociedade cotada na bolsa[1055]. O dever de comunicação de participações qualificadas impende sobre o participante na sociedade aberta e a comunicação deve ser dirigida à CMVM e à sociedade aberta, estando esta obrigada a divulgar ao mercado a informação recebida (art. 17º do Cód.VM). É um processo de comunicação de duas fases[1056].

[1055] Cf. Osório de Castro, *A imputação* cit., p. 163; Schneider, in Assmann/Schneider (Hrsg.), *Wertpapierhandelgesetz* cit., § 21 Rdn. 1. A Directiva de 1988, que pode considerar-se a primeira Directiva da Transparência, foi entretanto revogada pela Directiva 2001/34/CE, de 28 de Maio de 2001, do Parlamento Europeu e do Conselho, relativa à admissão de valores mobiliários à cotação oficial de uma bolsa de valores e à informação a publicar sobre esses valores que fixou regras relativas à equiparação de direitos de voto no seu art. 92º. Em 2004, a Directiva 2004/109/CE, do Parlamento e do Conselho, de 15 de Dezembro, vulgarmente denominada de Directiva da Transparência (mas que, em rigor, é a segunda Directiva da Transparência), veio fixar um conjunto de deveres de comunicação, incluindo os relativos às participações qualificadas, e, para este efeito, equiparou aos direitos de voto inerentes à participação de que é titular outros direitos de voto referidos no art. 10º dessa Directiva. Entretanto em 2007, a Directiva nº 2007/14/CE, da Comissão, de 8 de Março de 2007, veio complementar a referida Directiva da Transparência (sobre a evolução do direito comunitário em matéria de transparência, *vide* desenvolvidamente Schneider, in Assmann/Schneider (Hrsg.), *Wertpapierhandelgesetz* cit., Vorbemerkung §§ 21 e ss Rdn. 1-9; e, entre nós, Paula Costa e Silva, *A imputação* cit., pp. 408-412; Moredo Santos, *Transparência* cit., pp. 71 e ss.).

[1056] A solução resulta da Directiva da Transparência mas não é isenta de críticas. Ela faz com que haja um período entre o cumprimento do dever de comunicação e a divulgação ao mercado e investidores em geral que são os "verdadeiros" interessados e destinatários finais da informação contida na comunicação. Este período (*window*) pode ser utilizado para a aquisição ou alienação de mais acções por parte do participante sem que o mercado ainda tenha sido informado daquela comunicação, não obstante o participante já ter cumprido a sua obrigação de informação (cf. Schneider, in Assmann/Schneider (Hrsg.), *Wertpapierhandelgesetz* cit., § 21 Rdn. 4). Subscrevemos a posição de alguns autores que sugerem, *de lege ferenda*, a divulgação directa ao mercado por parte do participante e a consagração de uma proibição de aquisição ou alienação de acções enquanto essa divulgação não seja efectuada (neste sentido, *vide* Schneider, in Assmann/Schneider (Hrsg.), *Wertpapierhandelgesetz* cit., § 21 Rdn. 4). Só não acompanhamos este autor na defesa da consagração de uma obrigação de

O objectivo do dever de comunicação de participações qualificadas é o de, através da divulgação da estrutura accionista da sociedade cotada, proteger os investidores[1057] e a transparência e assim fortalecer a confiança no mercado de capitais para, desse modo, promover a eficiência desse mercado[1058].

---

alienação das acções, em caso de aquisição que violasse a referida proibição, por não nos parecer a sanção mais adequada.

[1057] A Directiva nº 2004/109/CE, segunda Directiva da Transparência, exige que os Estados-Membros, em nome da "protecção dos investidores", assegurem que o público "esteja informado das alterações ocorridas nas participações qualificadas no capital das sociedades cujas acções sejam transaccionadas em mercado regulamentado que se situe ou opere dentro da Comunidade. Essa informação deverá permitir aos investidores adquirirem ou alienarem as suas acções com pleno conhecimento das alterações verificadas na estrutura de direitos de voto" (cf. considerando (18) da referida directiva). No entanto, é discutível se, para além deste objectivo de protecção geral e global dos investidores, há uma protecção individual dos investidores que permita aos mesmos reclamar dos infractores culposos uma indemnização pelos prejuízos sofridos (com dúvidas, vide OSÓRIO DE CASTRO, A imputação cit., p. 165, nota 7). Na ausência de uma regra específica sobre o tema, a doutrina alemã divide-se entre os que consideram existir essa protecção individual (neste sentido, vide SCHNEIDER, in ASSMANN/SCHNEIDER (Hrsg.), Wertpapierhandelgesetz cit., Vorb §§ 21 e ss Rdn. 24; BÜLOW, in HIRTE/MÖLLERS (Hrsg.), Kölner Kommentar zum Wertpapierhandelgesetz, Carl Heymmans, Köln, 2007, § 21 Rdn. 4; BAYER, in Münchener Kommentar zum Aktiengesetz, 3. Auflage, Beck Verlag, München, 2008, § 22 Anh., § 21 WpHG Rdn. 2; MERKT, Unternehmenspublizität, 2005, p. 22; STARKE, Beteiligungstransparenz im Gesellschafts- und Kapitalmarktrecht, 2002, p. 261) e os que a negam (neste sentido, vide HÜFFER, Aktiengesetz, 8 Auflage, Beck Verlag, München, 2008, § 20 Rdn. 23; VEIL, in SCHMIDT/LUTTER (Hrsg.), Aktiengesetz cit. § 22 AktG, § 28 WpHG Rdn. 8; NOACK, in SCHWARK, Kapitalmarktrechts- cit., § 21 WpHG Rdn. 16).

[1058] Neste sentido, vide SCHNEIDER, in ASSMANN/SCHNEIDER (Hrsg.), Wertpapierhandelgesetz cit., § 21 Rdn. 20. A referência a mercados "eficientes e transparentes" encontra-se logo no considerado (I) da segunda Directiva da Transparência. Esta ideia decorre da teoria de eficiência do funcionamento do mercado de capitais. Os actuais e futuros accionistas são perspectivados como investidores e como investidores que financiam, através da aquisição de acções da sociedade, o funcionamento da actividade da mesma e permitem uma atracção de capital. A divulgação de factos relevantes e, mais concretamente, os que são relativos à composição do círculo accionista, da estrutura accionista, das condições de controlo, bem como as alterações das participações mais relevantes e a sua diluição, são um dos critérios decisórios de investimento mais importantes dos investidores e, como tal, aquela informação é vital para o funcionamento adequado do mercado de capitais (no mesmo sentido, vide PAULA COSTA E SILVA, A imputação cit., p. 412). A "construção" e o "desfazer" de participações qualificadas, por um lado, e a quantidade de acções que não estão em "mãos firmes" (o vulgarmente designado "float" – cf. FIEDLER, Mitteilung über Beteiligungen von Mutter- und Tochterunternehmen, 2005, p. 22), por outro, tem um efeito significativo na cotação das acções (cf. MERKT, Unternehmenspublizität cit., p. 22). Este é o pano de fundo das normas sobre transparência comunitárias e nacionais que se deve ter sempre em consideração (cf. SCHNEIDER, in ASSMANN/SCHNEIDER (Hrsg.), Wertpapierhandelgesetz cit., Vorb §§ 21 e ss Rdn. 18).

Pretende-se criar "um mercado único genuíno na Comunidade"[1059]. O dever de comunicação visa igualmente prevenir as situações de abuso de informação privilegiada[1060] e contribuir, activamente, para o crescimento económico e criação de emprego[1061]. Para além destes objectivos relacionados com o mercado de capitais, a doutrina considera que o dever de comunicação de participações qualificadas prossegue objectivos de ordenação ou regulação política e do direito das sociedades[1062].

[1059] Cf. Considerando (I) da segunda Directiva da Transparência.

[1060] Neste sentido, em relação aos deveres de comunicação previstos nos §§ 21 e ss., vide SCHNEIDER, in ASSMANN/SCHNEIDER (Hrsg.), Wertpapierhandelgesetz cit., Vorb §§ 21 e ss Rdn. 21; CASPARI, in ZGR, 1994, p. 542; e na jurisprudência, vide LG Köln, 5 de Outubro de 2010, in AG, 2008, p. 339.

[1061] Cf. SCHNEIDER, in ASSMANN/SCHNEIDER (Hrsg.), Wertpapierhandelgesetz cit., Vorbemerkung §§ 21 e ss. Rdn. 22. Neste sentido, o considerando (I) da segunda Directiva da Transparência refere que "a existência de mercados de valores mobiliários eficientes, transparentes (...) promove o crescimento e criação de emprego através de uma melhor afectação dos capitais e de uma redução dos custos". Porém, em Portugal, este objectivo acaba por ser uma mera de declaração de princípio e não se reflectiu em qualquer norma que conceda maior informação aos trabalhadores. Diferentemente, na Alemanha, a Risikobegrenzungsgesetz tinha, como um dos seus objectivos, a promoção de emprego (cf. DIEKMANN/MERKNER, in NZG, 2007, p. 921; MÖLLERS/HOLZNER, in NZG, 2008, p. 166; TIMMANN/BIRKHOLZ, in BB, 2007, 2749; WILSING/GOSLAR, in DB, 2007, p. 2467) e, por isso, o relatório sobre estratégia da sociedade previsto no § 27 Abs. 2 da WpHG destina-se igualmente aos trabalhadores. A protecção dos interesses dos trabalhadores passou a ser na Alemanha um dos objectivos claramente prosseguidos pela lei (cf. SCHNEIDER, in ASSMANN/SCHNEIDER (Hrsg.), Wertpapierhandelgesetz cit., Vorb §§ 21 e ss Rdn. 23).

[1062] Contra, vide OSÓRIO DE CASTRO, A imputação cit., p. 165, nota 7. Este ponto é salientado por parte da doutrina alemã. Em primeiro lugar, os accionistas são responsáveis por contribuir para o financiamento da empresa (com as suas entradas para o capital) e também são responsáveis, em última instância, pela sociedade ("watchdog of last resort"), sendo que esta responsabilidade aumenta consoante maior for a sua participação. Deste modo, e atenta a importância das sociedades cotadas na economia e na dinâmica societária, a doutrina alemã salienta que não é indiferente quem é o titular dessa responsabilidade e que o dever de comunicação de participações qualificadas procura identificar quem é o titular dessa última responsabilidade por razões de ordenação política (cf. SCHNEIDER, in ASSMANN/SCHNEIDER (Hrsg.), Wertpapierhandelgesetz cit., Vorb §§ 21 e ss Rdn. 26). Em segundo lugar, os accionistas enquanto tal (e não como investidores), os credores e o público em geral devem poder conhecer melhor a estrutura accionista e as condições de controlo da sociedade. Esse seria um dos objectivos prosseguidos pelos §§ 21 e ss. da WpHG, à semelhança dos deveres de comunicação previsto no § 20 AktG, e corresponde a um objectivo geral do direito das sociedades (cf. Begr. RegE § 21 Abs. 1 WpHG, BT-Drucks 12/6679, p. 52). Por último, e apesar de não ter sido intenção do legislador comunitário na primeira directiva da transparência nem do legislador da WpHG relacionar o dever de divulgação de participações qualificadas e o dever de lançamento de OPA, a doutrina reconhece que aquele permite dar alguma certeza aos accionistas quanto à identificação dos accionistas principais e à redução ou incremento da sua participação (neste sentido,

II. Para efeitos de proceder ao cômputo das participações qualificadas e por força do que era exigido pelo art. 7º da Directiva nº 88/627/CEE, o legislador equiparou, aos votos inerentes às acções de que o participante tenha a titularidade ou usufruto[1063] (que é equiparado à titularidade directa[1064]), os votos inerentes às acções detidas por outras pessoas ou entidades que tenham determinadas conexões ou ligações com o participante e que permitem que este, potencialmente, influencie o modo como esses outros direitos de voto são exercidos[1065]. Estas conexões ou ligações encontram-se elencadas no art. 20º do Cód.VM e configuram uma técnica que é designada de imputação de direitos de voto (*Stimmrechtszurechnung*).

O recurso à técnica de imputação de direitos de voto neste domínio visa dois objectivos fundamentais. O primeiro é o de que se computem na participação

---

vide SCHNEIDER, in ASSMANN/SCHNEIDER (Hrsg.), *Wertpapierhandelgesetz* cit., Vorb §§ 21 e ss Rdn. 24; contra, *vide* BÜLOW, in HIRTE/MÖLLERS (Hrsg.), *Kölner* § 22 WpHG Rdn. 3).

[1063] O proémio do art. 20º, nº 1 do Cód.VM refere que, no cômputo das participações qualificadas, consideram-se, para além dos direitos de votos inerentes às acções de que o participante tenha a titularidade ou usufruto, os direitos de voto (...). A titularidade e o usufruto estão, portanto, antes da própria técnica de imputação.

[1064] Esta equiparação justifica-se pelo facto de o legislador incluir, no leque dos direitos do usufrutuário de uma participação social, o direito de voto (art. 1467º, nº 1 al. b) do CC *ex vi* art. 23º, nº 2 do CSC) e, como o direito de voto é o critério relevante para o cômputo da participação qualificada, entende-se que o usufruto deve ser equiparado à titularidade. Esta equiparação (que não era imposta pelo legislador comunitário pois o art. 7º, 6º Travessão da Directiva da Transparência de 1988, já incluía o usufruto no âmbito dos critérios de imputação) levanta, contudo, uma dúvida: como o usufruto pressupõe a existência de uma titularidade de um terceiro, será que os direitos de voto se devem contabilizar na esfera do usufrutuário e do nu proprietário? A solução correcta parece ser a de que há um único participante directo – nu proprietário ou usufrutuário. Na verdade, o artigo 20º utiliza a disjuntiva "ou" quando se refere, no corpo do seu preceito, ao titular e ao usufrutuário, transmitindo a ideia de que nunca haverá dois participantes directos – nem haverá lugar a uma "imputação" de direitos de voto (e, portanto, participação indirecta) a qualquer um deles por força da sua qualidade de titular ou usufrutuário. Com efeito, não nos parece correcto, ao contrário do que sustentam alguns autores, afirmar que o direito do proprietário de raiz retomará a sua forma plena aquando da extinção do usufruto (pois este é um direito necessariamente temporário) e, como tal, o nu proprietário teria o poder de adquirir os votos inerentes às acções dadas em usufruto, preenchendo assim um dos critérios de imputação, mais concretamente o da al. e) do nº 1 art. 20º do Cód.VM (neste sentido, *vide* OSÓRIO DE CASTRO, *A imputação* cit., p. 163). No entanto, a interpretação ora defendida exige que se determine quem deve, nesses casos, ser considerado o participante directo, se o usufrutuário se o titular. Julgo que a resposta a esta questão passa por determinar quem verdadeiramente controla os direitos de voto, sendo o mesmo considerado exclusivamente como participante directo (cf. PAULA COSTA E SILVA, *A imputação* cit., p. 416).

[1065] Neste sentido, *vide* OSÓRIO DE CASTRO, *A imputação* cit., p. 163 e 167.

qualificada todos aqueles direitos de voto cujo exercício, por razões de ordem jurídica ou meramente fáctica, se influencia ou se pode influenciar[1066]. Parte-se de uma perspectiva abstracta[1067], pelo que não é pressuposto da imputação que aquela influência corresponda a um direito juridicamente tutelado ou a instruções que devam de ser respeitadas[1068] e a imputação tem lugar mesmo que a pessoa a quem se imputa não influencie efectivamente o exercício do direito de voto ou declare que não o pretende influenciar[1069]. O objectivo é que o mercado tenha uma imagem verdadeira da "influência e equilíbrio de poderes existente na sociedade cotada"[1070].

[1066] Neste sentido, em relação ao mecanismo previsto no § 22 da WpHG, vide SVEN SCHNEIDER//UWE SCHNEIDER, in ASSMANN/SCHNEIDER (Hrsg.), *Wertpapierhandelgesetz* cit., § 22 Rdn. 3; BAYER, in *Münchener* cit., § 22 Anh. AktG, § 22 WpHG Rdn. 1; CASPER, *Acting in concert – Grundlagen eines neuen kapitalmarktrechtlichen Zurechnungstatbestandes*, in ZIP, 2003, p. 1469; SEIBT, *Grenzen des übernahmerechtlichen Zurechnungstatbestandes in § 30 Abs. 2 WpÜG (Acting in Concert)*, in ZIP, 2004, p. 1830; na jurisprudência, *vide* decisão do OLG Frankfurt de 25 de Junho de 2004, in ZIP, 2004, p. 1304.

[1067] Cf. VEIL, in SCHMIDT/LUTTER (Hrsg.), *Aktiengesetz* cit. § 22 AktG, § 22 WpHG Rdn. 1; SVEN SCHNEIDER/UWE SCHNEIDER, in ASSMANN/SCHNEIDER (Hrsg.), *Wertpapierhandelgesetz* cit., § 22 Rdn. 3.

[1068] Neste sentido, *vide* SVEN SCHNEIDER/UWE SCHNEIDER, in ASSMANN/SCHNEIDER (Hrsg.), *Wertpapierhandelgesetz* cit., § 22 Rdn. 3. Contra, defendendo ser condição de imputação a posição jurídica do participante (*e.g.* direito obrigacional, direito real, qualidade de accionista de outra sociedade) que permita concluir que o participante pode exercer a sua influência, *vide* VEIL, in SCHMIDT/LUTTER (Hrsg.), *Aktiengesetz* cit. § 22 AktG, § 22 WpHG Rdn. 1; BÜLOW, in HIRTE/MÖLLERS (Hrsg.), *Kölner* cit., § 22 WpHG Rdn. 3; na jurisprudência, *vide* acórdão do BGH de 16 de Março de 2009, in AG 2009, p. 441.

[1069] Neste sentido, *vide*, entre nós, PAULA COSTA E SILVA, *A imputação* cit., p. 438; PAULO CÂMARA, *Manual* cit., p. 556; PEREIRA NEVES, *A natureza* cit., p. 518. No mesmo sentido, em relação ao § 22 da WpHG, *vide* VEIL, in SCHMIDT/LUTTER (Hrsg.), *Aktiengesetz* cit. § 22 AktG, § 22 WpHG Rdn. 1; SVEN SCHNEIDER/UWE SCHNEIDER, in ASSMANN/SCHNEIDER (Hrsg.), *Wertpapierhandelgesetz* cit., § 22 Rdn. 3; BÜLOW, in HIRTE/MÖLLERS (Hrsg.), *Kölner* cit., § 22 WpHG Rdn. 27; na jurisprudência, *vide* decisão do VG Frankfurt/Main de 18 de Maio de 2006, in BKR, 2007, p. 42. É também esta a posição do BaFin (cf. *Emittentenleitfaden*, p. 137).

[1070] Cf. SCHNEIDER, in ASSMANN/SCHNEIDER (Hrsg.), *Wertpapierhandelgesetz* cit., § 22 Rdn. 3. O objectivo é apanhar a chamada *hidden ownership*. A protecção visada pela Directiva da Transparência só é verdadeiramente alcançada se for possível abranger os casos em que, não obstante não ser o titular formal das acções, o participante tem a possibilidade de influenciar o exercício dos direitos de voto (cf. OSÓRIO DE CASTRO, *A imputação* cit., p. 167; PAULA COSTA E SILVA, *A imputação* cit., p. 412), o que é possível graças à técnica de imputação de direitos de voto. Conforme referido, a Directiva da Transparência consagra uma técnica similar no seu art. 10º. Sobre esta disposição e a sua alegada desconformidade com os critérios fixados no art. 20º do Cód.VM, que seriam mais restritos, *vide* PEREIRA DAS NEVES, *A natureza* cit., p. 514, nota 10. Contra, defendendo que os critérios do art. 20º são mais abrangentes do que os que resultam do art. 10º da Directiva da Transparência, *vide* SOARES DA SILVA,

O segundo objectivo é o de informar prontamente o mercado sobre a "construção" ou "desfazer" de uma participação qualificada[1071], considerando-se, para o efeito, a possibilidade de estruturar essa participação ou aliená-la por via de determinados direitos que o participante tenha assegurado, mesmo que, neste momento, não tenha ainda, legal ou factualmente, qualquer influência sobre o exercício dos direitos de voto. Pretendem-se evitar estratégias ou estruturas que contornem ou circundem o dever de comunicação de participações qualificadas[1072]. O interesse de quem está a construir uma participação qualificada é manter essa intenção em segredo e procurar todos os subterfúgios legais para o efeito. Assim, os participantes vão procurar as "falhas" no mecanismo de imputação de direitos de voto e implementar estratégias e estruturas jurídicas ou societárias que permitam evitar a imputação e o consequente dever de comunicação. Há um conflito entre o interesse do mercado e da lei em revelar essa informação e o interesse do accionista em mantê-la em segredo[1073]. São ilustrativas as palavras de

---

Algumas observações em torno da tripla funcionalidade da técnica de imputação de direitos de votos no Código dos Valores Mobiliários, in Cad.MVM, 26, 2007, p. 47 e ss.

[1071] Objectivo idêntico ao prosseguido pelo art. 16º do Cód.VM. Neste sentido, *vide* SVEN SCHNEIDER//UWE SCHNEIDER, in ASSMANN/SCHNEIDER (Hrsg.), *Wertpapierhandelsgesetz* cit., § 22 Rdn. 4; contra, *vide* BÜLOW, in HIRTE/MÖLLERS (Hrsg.), *Kölner* cit., § 22 WpHG Rdn. 3.

[1072] Neste sentido, *vide* OSÓRIO DE CASTRO, *A imputação* cit., p. 167; VEIL, in SCHMIDT/LUTTER (Hrsg.), *Aktiengesetz* cit. § 22 AktG, § 22 WpHG Rdn. 1; SVEN SCHNEIDER/UWE SCHNEIDER, in ASSMANN//SCHNEIDER (Hrsg.), *Wertpapierhandelgesetz* cit., § 22 Rdn. 4. Estes últimos autores defendem que a interpretação do §§ 22 da WpHG se deve orientar por este objectivo (contra esta posição, *vide* BÜLOW, in HIRTE/MÖLLERS (Hrsg.), *Kölner* cit., § 30 Rdn. 81; OPITZ, in SCHÄFER/HAMANN (Hrsg.), *Kapitalmarktgesetze: Wertpapierhandelsgesetz, Börsegesetz, mit BörsZuLV, Wertpapierprospektgesetz, Verkaufsprospektgesetz, Wertpapierwerbs- und Übernahmegesetz*, 2. Auflage, Stuttgart Loseblatt 2006, § 22 WpHG Rdn. 57.

[1073] Segundo UWE SCHNEIDER, "há uma corrida entre, por um lado, os factos que a lei pretende abranger para divulgar e, por outro lado, as estratégias de conflito e de evasão, devendo, em caso de dúvida decidir-se pela divulgação". O autor defende uma interpretação ampla dos §§ 21 e ss. da WpHG com o objectivo da maior transparência de mercado possível, é o "princípio da maior transparência possível" (*Grundsatz der größtmöglichen Transparenz*) (cf. in ASSMANN/SCHNEIDER (Hrsg.), *Wertpapierhandelgesetz* cit., Vorb § 21 Rdn. 36; negando a existência deste princípio, *vide* VEIL, in SCHMIDT/LUTTER (Hrsg.), *Aktiengesetz* cit. § 22 AktG, § 22 WpHG Rdn. 1). Este autor defende ainda a existência de mais três princípios em matéria de transparência, sobretudo no domínio do dever de comunicação das participações qualificadas. O "princípio da interpretação fundada na realidade" (*Grundsatz der realitätsbezogenen Auslegung*), de acordo com o qual é necessário considerar as regulações concretas das várias organizações e não apenas a sua estrutura societária típica. O "princípio da interpretação dinâmica" (*Grundsatz der dynamischen Auslegung*), segundo o qual a perspectiva da estrutura de detenção do capital não é estática, é dinâmica, ele tem de considerar as potenciais alterações, isto é, a divulgação tem de permitir ao investidor ter conhecimento antecipadamente

SVEN SCHNEIDER e UWE SCHNEIDER: "constata-se que os coelhos continuam a escavar pelo caminho, porque o ouriço-cacheiro, com receio da publicidade, persiste em procurar formas de evasão; até porque o mecanismo legal tem «mais buracos do que um queijo»"[1074].

III. O funcionamento do mecanismo de imputação de direitos de voto baseia-se num princípio fundamental: o "princípio da dupla imputação ou da imputação repetida" (*Grundsatz der mehrfachen Zurechnung*)[1075].

De acordo com este princípio, os direitos de voto, que são imputados nos termos do art. 20º do Cód.VM, não deixam de ser computados na esfera do participante directo (proprietário ou usufrutuário das acções). Não há qualquer "absorção" dos direitos de voto por parte dos primeiros ou uma "dedução" aos direitos de voto detidos pelos participantes directos[1076]. Podem, portanto, existir diferentes pessoas obrigadas a comunicar a detenção de uma participação qualificada, referindo-se as várias participações qualificadas aos mesmos direitos de voto. O facto de se permitir que possa ser feita uma única comunicação quando o dever de comunicação incumbe a mais de um participante não altera em nada o presente entendimento (art. 16º nº 5 do Cód.VM)[1077]. O universo de direitos de

---

da "construção" ou do "desfazer" de uma participação qualificada para que possa adequar a sua decisão de investimento. Por fim, há o "princípio da clareza e da verdade" (*Grundsatz der Klarheit und Wahrheit*), nos termos do qual a comunicação deve informar com clareza e verdade sobre a estrutura de detenção da participação e não induzir em erro os investidores (cf. SCHNEIDER, in ASSMANN//SCHNEIDER (Hrsg.), *Wertpapierhandelgesetz* cit., Vorb § 21 Rdn. 34-38).

[1074] Cf. SVEN SCHNEIDER/UWE SCHNEIDER, in ASSMANN/SCHNEIDER (Hrsg.), *Wertpapierhandelgesetz* cit., § 22 Rdn. 5. Reconhecendo igualmente o carácter lacunoso do mecanismo legal, *vide* LG München de 6 de Maio de 2004, in AG, 2005, p. 53.

[1075] Afirmando a existência deste princípio no direito alemão em relação ao § 22 da WpHG e do *Grundsatz der doppelten Meldpflicht* em relação ao § 21 da WpHG, *vide* SCHWARK, in SCHWARK/ZIMMER, *Kapitalmarktrechts-* cit., § 22 WpHG Rdn. 44; SVEN SCHNEIDER/UWE SCHNEIDER, in ASSMANN//SCHNEIDER (Hrsg.), *Wertpapierhandelgesetz* cit., § 22 Rdn. 15; BAYER, in *Münchener* cit., § 22 Anh. AktG, § 22 WpHG Rdn. 22; OPITZ, in SCHÄFER/HAMANN (Hrsg.), *Kapitalmarktgesetze* cit., § 21 WpHG Rdn. 36.

[1076] Neste sentido, face ao § 22 da WpHG e ao § 30 da WpÜG, *vide* SCHWARK, in SCHWARK/ZIMMER, *Kapitalmarktrechts-* cit., § 22 WpHG Rdn. 44; SVEN SCHNEIDER/UWE SCHNEIDER, in ASSMANN//SCHNEIDER (Hrsg.), *Wertpapierhandelgesetz* cit., § 22 Rdn. 15; NOACK, in SCHWARK, *Kapitalmarktrechts-* cit., § 30 WpÜG Rdn. 49; LÖHDEFINK, *Acting* cit., pp. 223-224; UWE SCHNEIDER, in ASSMANN//PÖTZSCH/SCHNEIDER (Hrsg.), *Wertpapiererwerbs-* cit., § 30 Rdn. 9; BAYER, in *Münchener* cit., § 22 Anh. AktG, § 22 WpHG Rdn. 3.

[1077] A norma evita apenas que se façam várias comunicações, não determina que haja qualquer absorção dos direitos de voto por parte de um participante.

voto, considerando os imputados, excederá, por força deste princípio, os 100% dos votos correspondentes ao capital da sociedade[1078]. Cumpre referir que o princípio da "imputação dupla ou repetida" não significa que os mesmos direitos de voto sejam imputados várias vezes ao mesmo participante. Isto é, se houver uma imputação de direitos de voto por força de vários títulos de imputação, a imputação só é efectuada um única vez ainda que a vários títulos[1079].

Para além deste princípio, outro princípio importante que rege o funcionamento do mecanismo da imputação é o princípio da imputação em cadeia (*Kettenzurechnung*)[1080].

Nos termos do art. 20º, nº 1 al. i) do Cód.VM[1081], são "imputáveis a qualquer das pessoas referidas numa das alíneas anteriores por aplicação, com as devidas adaptações, de critério constante de alguma das outras alíneas". Os factos ou situações que estão na base da imputação de direitos de voto (*Zurechnungtatbestand*) não representam o ponto final e definitivo da imputação, não a encerram em si mesmos, pois são igualmente imputáveis ao participante os direitos de voto que, por sua vez, sejam imputados ao terceiro com o qual se encontra numa das situações de imputação de direitos de voto e não apenas aqueles de que seja titular ou usufrutuário[1082]. O art. 20º, nº 1 fixa, assim, como critério de imputação, na sua al. i), a imputação em cadeia[1083].

[1078] Reconhecendo esta situação, *vide* Osório de Castro, *A imputação* cit., p. 168.
[1079] Neste sentido, em relação ao § 30 da WpÜG, *vide* Bülow, in Hirte/Bülow (Hrsg.), *Kölner* cit., § 30 Rdn. 29; Noack, in Schwark, *Kapitalmarktrechts-* cit., § 30 Rdn. 47; Löhdefink, *Acting* cit., p. 225.
[1080] Burgard utiliza antes a expressão "kumulierender zurechnung" (cf. *Die Berechnung des Stimmrechtsanteils nach §§ 21-23 Wertpapierhandelsgesetz*, in BB, 1995, p. 2077). Sobre o princípio do *Kettenzurechnung* e o seu âmbito de aplicação, *vide* Sven Schneider/Uwe Schneider, in Assmann/Schneider (Hrsg.), *Wertpapierhandelgesetz* cit., § 22 Rdn. 18-22.
[1081] Na vigência do Cód.MVM, vigorava, segundo alguns autores, o princípio oposto. Neste sentido, Osório de Castro afirmava, a propósito do art. 530º do Cód.MVM, que "as ficções não são comunicáveis, no sentido de que os valores, pertencentes a certa entidade, contados como de outra (como "oferente"), por força de certa ficção, são apenas as que pertençam à primeira, não quaisquer outros que, tomada agora esta como "oferente", lhes sejam por seu turno imputados (a menos que a imputação resulte do funcionamento, *em ordem a eles*, da mesma ou de diferente ficção" (cf. *Os casos de obrigatoriedade do lançamento de uma oferta pública de aquisição*, in *Problemas Societários e Fiscais do Mercado de Valores Mobiliários*, Edifisco, Lisboa, 1992, p. 55).
[1082] Cf. Sven Schneider/Uwe Schneider, in Assmann/Schneider (Hrsg.), *Wertpapierhandelgesetz* cit., § 22 Rdn. 18; Liebscher, *Die Zurechnungstatbestände* cit., p. 1009; Casper, *Acting* cit., p. 1476; Pérez Millán, *Pactos* cit., p. 148.
[1083] No direito espanhol, considerando a possibilidade de imputação em cadeia como resultado do funcionamento dos critérios de imputação apesar de não existir norma expressa, *vide* Pérez Millán,

Ao contrário do que se sucede noutros ordenamentos jurídicos[1084], o legislador não fixou quaisquer limites quanto ao funcionamento do princípio da imputação

---

Pactos cit., p. 148. No mesmo sentido, no direito italiano, *vide* GIUDICI, *L'acquisto di concerto*, in *Rivista delle Società*, 2001, pp. 518-519.

[1084] É o caso do ordenamento jurídico alemão, em que o legislador prevê a imputação em cadeia expressamente para duas situações de imputação de direitos de voto. A primeira está prevista no § 22 Abs. 1 Satz. 2 da WpHG e determina que se imputem ao participante todos os direitos de voto das sociedades por si dominadas. É irrelevante o montante da participação, esta é imputada na totalidade ao participante (cf. BÜLOW, in HIRTE/MÖLLERS (Hrsg.), *Kölner* cit., § 22 WpHG Rdn. 59; SVEN SCHNEIDER/UWE SCHNEIDER, in ASSMANN/SCHNEIDER (Hrsg.), *Wertpapierhandelgesetz* cit., § 22 Rdn. 19; OPITZ, in SCHÄFER/HAMANN (Hrsg.), *Kapitalmarktgesetze* cit., § 22 WpHG Rdn. 24). A *ratio* da imputação em cadeia radica no facto de se considerar que a sociedade dominante consegue influenciar o exercício dos direitos de voto detidos não apenas pelas sociedades por si dominadas mas também pelas sociedades dominadas por estas e assim sucessivamente (cf. SVEN SCHNEIDER/UWE SCHNEIDER, in ASSMANN/SCHNEIDER (Hrsg.), *Wertpapierhandelgesetz* cit., § 22 Rdn. 19). A segunda situação está prevista no § 22 Abs. 2 Satz. 2 e determina a imputação ao participante dos direitos de voto que sejam imputáveis à pessoa com a qual esteja *grosso modo* em concertação quanto ao exercício do direito de voto (*abgestimmten Verhaltens*). Assim, são imputáveis a cada uma das partes em concertação (i) os votos inerentes às acções detidas pela outra parte e (ii) os direitos de voto que lhe sejam imputáveis *ex vi* § 22 Abs. 1 da WpHG, mas já não os direitos de voto imputáveis *ex vi* § 22 Abs. 2 da WpHG, ainda que este tema não seja inteiramente pacífico (neste sentido, em relação ao § 22 da WpHG, *vide* NOACK, in SCHWARK, *Kapitalmarktrechts-* cit., § 22 WpHG, Rdn. 33; SVEN SCHNEIDER/UWE SCHNEIDER, in ASSMANN/SCHNEIDER (Hrsg.), *Wertpapierhandelgesetz* cit., § 22 Rdn. 20; no mesmo sentido em relação ao paralelo § 30 da WpÜG, *vide* RALOFF, *Acting in concert*, JWV Verlag, Berlin, 2007, p. 253; LÖHDEFINK designa estes casos de imputação em cadeia parcial (*partielle Kettenzurechnung*) – cf. *Acting* cit., p. 312). Alguma doutrina alemã defende que a imputação em cadeia deve ter lugar noutros casos em que haja uma possibilidade de influenciar o exercício do direito de voto, devendo verificar-se, perante cada situação constante do catálogo de imputação, se deve ou não haver lugar a essa imputação em cadeia (neste sentido, *vide* SVEN SCHNEIDER/UWE SCHNEIDER, in ASSMANN/SCHNEIDER (Hrsg.), *Wertpapierhandelgesetz* cit., § 22 Rdn. 20; KOPPENSTEINER, in ZÖLLNER//NOACK (Hrsg.), *Kölner Kommentar zum Aktiengesetz*, 3. Auflage, Carl Heymanns, Köln, 2004, § 22 AktG, §§ 21 e ss. Rdn. 21; na jurisprudência, LG Köln de 6 de Julho de 2005, in AG, p. 699). Esta doutrina considera ser a única interpretação conforme ao art. 7º, nº 7 da primeira Directiva da Transparência, pois esta determina a imputação, não apenas dos direitos de voto que sejam objecto de uma opção de compra do participante ou de sociedade por si dominada, mas também dos direitos de voto que possam ser adquiridos, por sua exclusiva iniciativa, por pessoas com as quais esteja numa situação de imputação de direitos de voto. Analisando o elenco das situações de imputação do § 22 da WpHG, alguns autores defendem que deve haver lugar a uma imputação em cadeia também nos casos de imputação de direitos de voto a *trustee*, é o *Kettentreuhand* (neste sentido, *vide* SVEN SCHNEIDER/UWE SCHNEIDER, in ASSMANN/SCHNEIDER (Hrsg.), *Wertpapierhandelgesetz* cit., § 22 Rdn. 20; contra, *vide* BÜLOW, in HIRTE/MÖLLERS (Hrsg.), *Kölner* cit., § 22 WpHG Rdn. 63 e 67). Os autores negam, todavia, a possibilidade de imputação em cadeia nos casos referidos no § 22 Abs. 1 Satz 1. Nrs. 3 (relativo aos direitos de voto que tenham sido cedidos no âmbito de um contrato

em cadeia, o que gera situações de imputação destituídas de qualquer sentido. Por isso, alguns autores sustentam uma interpretação restritiva da al. i) do nº 1 do art. 20º do Cód.VM[1085]. Osório de Castro defende que a imputação em cadeia só deve abranger algumas alíneas do art. 20º, nº 1 do Cód.VM, mais concretamente as als. b) e d) relativas às pessoas que se encontrem em relação de domínio ou de grupo com o participante e aos acordos para o exercício de direitos de voto. O autor considera que, nestes casos, a "relação com outra entidade não se estabelece a propósito de quaisquer concretos direitos de voto; pela sua natureza, ela legitima que se imputem ao oferente todos os votos detidos por essa pessoa – pelo que facilmente se compreende que a imputação se estenda ainda aos votos contados como dessa entidade nos termos das demais alíneas". Nas demais alíneas, continua o autor, "a relação entre o participante e a outra entidade, determinante da imputação, *tem por objecto certos e determinados votos*: em conformidade, *a imputação tem de confinar-se precisamente a esses votos*, não podendo alargar-se a quaisquer outros, inteiramente alheios à sobredita relação"[1086]. O resultado prático da interpretação sustentada pelo autor corresponde à solução expressa prevista no ordenamento jurídico alemão[1087], sendo a única diferença o facto de o conceito de "actuação concertada" ser mais amplo que o de "acordo de voto", o que se justifica pelo facto de o legislador português não consagrar, de forma plena, o conceito de actuação em concertação. O que dizer desta interpretação restritiva do art. 20º, nº 1 al. i) e do princípio da imputação em cadeia?

Antes do mais, convém referir que nalguns casos de imputação em cadeia, como os de existência de uma relação de domínio ou de grupo, o resultado prático da imputação em cadeia pode já decorrer da articulação dos critérios de imputação[1088]. Feito este reparo, concordo com Osório de Castro quando refere que o "legislador disse genericamente mais do que pretendia", *rectius* a letra da lei

---

de garantia), 4 (direitos de voto imputáveis ao usufrutuário), 5 (direitos de voto que possam ser adquiridos por mera declaração do participante) e 6 (direitos de voto que possam ser exercidos em virtude procuração que tenha conferido poderes discricionários para o seu exercício), porque, nestes casos, o participante não tem a possibilidade de influenciar o exercício dos direitos de voto imputados aos terceiros em causa (cf. Sven Schneider/Uwe Schneider, in Assmann/Schneider (Hrsg.), *Wertpapierhandelgesetz* cit., § 22 Rdn. 20). Voltaremos a este tema *infra*.

[1085] Neste sentido, *vide* Osório de Castro, *A imputação* cit., p. 191; acompanhando a posição deste autor, *vide* Paula Costa e Silva, *A imputação* cit., p. 437.

[1086] Cf. Osório de Castro, *A imputação* cit., p. 191.

[1087] *Vide* antepenúltima nota, onde se identificam os dois casos em que se admite expressamente a possibilidade de imputação em cadeia.

[1088] Neste sentido, *vide* Pérez Millán, *Pactos* cit., p. 148; Giudici, *L'acquisto* cit., pp. 518-519.

abrange situações que vão para além das que a *ratio* da norma pretende abranger. Todavia, a limitação da imputação em cadeia às als. b) e d) parece-me uma interpretação excessivamente restritiva.

A imputação em cadeia deve poder abranger, quando assim se justifique, as situações previstas na al. h) que incluem os acordos celebrados com o participante que visem adquirir o domínio da sociedade ou frustrar a alteração do domínio ou que, de outro modo, constituam um instrumento de exercício concertado de influência sobre a sociedade cotada. Refira-se que esta alínea apenas foi introduzida no âmbito da transposição da Directiva das OPAs[1089]. A imputação em cadeia, neste caso, não pode ser automática, tendo de se analisar o acordo em concreto e o contexto da sua celebração para determinar se há, ou não, a possibilidade de influenciar o exercício de direitos de voto.

IV. Questão diversa da anterior é a de saber se podem ser imputáveis em cadeia os votos imputáveis aos accionistas numa relação de imputação resultante das als. d) ou h) em virtude de outros acordos celebrados com outros accionistas similares aos previstos nas als. d) e h). A questão reconduz-se a uma outra já abordada pela doutrina: será a alínea g) susceptível de funcionar mais do que uma vez?

Alguns autores negam essa possibilidade com base em dois argumentos: argumento literal, pois o critério da imputação em cadeia tem de constar "das outras alíneas", o que literalmente excluiria a própria alínea; argumento de manutenção da "aderência às realidades das coisas", evitando um "regime feito de cadeias de imputação labirínticas e inextrincáveis"[1090]. A imputação só poderia, por conseguinte, ascender a um "segundo patamar".

Diferentemente, outros autores sustentam que a cadeia de imputação deve ir "até onde for necessário para que se determine quem domina, efectivamente, a sociedade visada", pois a "complexidade na construção dos casos" não deve paralisar "a aplicação da regra disposta pelo art. 20/1/i", ainda que sempre com uma condição: "ser possível discernir um controlo ou domínio efectivo dos votos que são imputados em cadeia"[1091].

Este tema ganha relevância prática nos acordos paralelos ou co-relacionados entre diferentes accionistas da sociedade cotada (*parallelen* ou *hintereinanderge-*

[1089] Assim, justiça seja feita, o autor não se podia pronunciar sobre esta alínea e sobre as situações por ela abrangidas.

[1090] Neste sentido, *vide* Osório de Castro, *A imputação* cit., p. 192.

[1091] Neste sentido, *vide* Paula Costa e Silva, *A imputação* cit., p. 438. Aparentemente, acompanhando a posição da autora ao admitir o funcionamento por mais do que uma vez da alínea em causa, *vide* Moredo Santos, *Transparência* cit., pp. 491-493.

schalteten Poolvereinbarungen[1092]), nos termos dos quais um accionista é parte de diferentes acordos parassociais dos quais as suas contrapartes, também accionistas, não são partes, sendo apenas parte de algum desses acordos.

V. Continuando na análise do funcionamento do mecanismo de imputação de direitos de voto, cabe perguntar se é admissível o recurso à analogia em relação ao catálogo de factos e situações do nº 1 do artº 20º que determinam a imputação de direitos de voto.

A resposta deve ser negativa.

Em primeiro lugar, o recurso à analogia geraria uma situação insuportável de incerteza e insegurança jurídicas para os vários agentes de mercado. Os participantes da sociedade cotada ficariam sem saber quais as situações que determinariam uma imputação de direitos de voto, podendo tal situação levar uma retracção da celebração de contratos relativos à sociedade cotada ou às suas acções e consequentemente prejudicar a negociação das mesmas. O próprio mercado e os investidores viveriam numa permanente incerteza perante a potencial existência de acordos que, no entendimento das partes, não determinariam uma imputação de direitos de voto por não estarem previstos no elenco legal mas que o regulador, na sua opinião, considera que geram uma imputação de direitos de voto por via de uma analogia com alguma das situações legalmente previstas.

Em segundo lugar, e aliado a essa incerteza, atribuir-se-ia um poder excessivo à entidade reguladora de mercado que seria a entidade responsável por efectivar o recurso à analogia com o mais que provável aumento da litigância das suas decisões num tema "crítico" em termos de protecção dos investidores e de funcionamento normal e tranquilo do mercado.

Por fim, e mais importante, a imputação de direitos de voto pode gerar um conjunto de deveres, em particular o dever de comunicação de participação qualificada e o dever de lançamento de OPA, cujo incumprimento sujeita o obrigado a sanções graves de natureza civil[1093] e contra-ordenacional[1094]. Em

---

[1092] *Vide* LÖHDEFINK, *Acting* cit., pp. 312-313.

[1093] No caso do dever de comunicação, pode implicar que a CMVM declare a comunicação não transparente e informe o mercado da falta de transparência das participações qualificadas em causa, caso em que ficará, imediata e automaticamente, suspenso o exercício do direito de voto e de direitos de natureza patrimonial, com excepção do direito de preferência na subscrição em aumentos de capital (art. 16º-B, nº 4 do Cód.VM). Os direitos patrimoniais que caibam à participação em causa são depositados em conta especial aberta junto de instituição de crédito habilitada, sendo proibida a sua movimentação a débito enquanto durar a suspensão (art. 16º-B, nº 5 do Cód.VM). Para além disso,

matéria contra-ordenacional, vigora o princípio da proibição da analogia[1095] (art. 1º, nº 3 do CP aplicável *ex vi* art. 37º do RGCO), de acordo com o qual não é admissível o recurso "à analogia para qualificar um facto como crime (...) ou determinar pena". Deste modo, não se pode admitir, nesta sede, o recurso à analogia[1096]

há a possibilidade do participante ser responsabilizado individualmente perante os investidores pelo não cumprimento do dever de comunicação para quem admita essa possibilidade. Quanto ao incumprimento do dever de lançamento, ele determina, em termos de sanções civis, a inibição dos direitos de voto e dos dividendos inerentes às acções que excedam o limite a partir do qual o lançamento seja devido e às que tenham sido adquiridas por exercício de direitos inerentes a estas ou a outros valores mobiliários que confiram direito à sua subscrição ou aquisição (art. 192º, nº 1 do Cód.VM). Os dividendos que tenham sido objecto de inibição revertem para a sociedade (art. 192º, nº 5 do Cód.VM). O sujeito obrigado que não cumpra o dever de lançamento é ainda responsável pelos danos causados aos titulares dos valores mobiliários sobre os quais deveria ter incidido a OPA (art. 193º do Cód.VM).

[1094] Nos termos do art. 390º, nº 1 do Cód.VM, constitui contra-ordenação muito grave a "omissão de comunicação (...) de participação qualificada em sociedade aberta", o que abrange quer a aquisição quer a alienação de participação qualificada pois o art. 16º, sob a epígrafe "deveres de comunicação", reporta-se à aquisição ou alienação de participação qualificada (contra, à luz da redacção da antiga al. a) do nº 2 do art. 390º do Cód.VM que, contudo, não diverge muito da actual pois utilizava a expressão "comunicação da participação qualificada", *vide* Osório de Castro, *A imputação* cit., p. 167). Quanto ao incumprimento do dever de lançamento, constitui igualmente contra-ordenação muito grave por força do art. 393º, nº 2 al. h) do Cód.VM.

[1095] Para mais desenvolvimentos sobre este princípio, *vide* Figueiredo Dias/Costa Andrade, *Direito penal. Questões fundamentais. A doutrina geral do crime*, Universidade de Coimbra, Faculdade de Direito, Coimbra, 1996, pp. 173 e ss.

[1096] A proibição da analogia decorrente do art. 1º, nº 3 do CP aplicável *ex vi* art. 37º do RGCO não impede a interpretação teleológica da norma (neste sentido, *vide*, na doutrina alemã em relação ao Art. 130 Abs 2 da GG e do § 3 da OWiG, Schmidt/Assmann, in Maunz/Dürig, *Grundgesetz, Kommentar*, 7. Auflage, Beck Verlag, München 1991, § 130 Abs. 2 Rdn. 228; e Rogall, in Senge (Hrsg.), *Karlsruher Kommentar zum Gesetz über Ordnungswidrigkeiten*, 3. Auflage, München, 2006, § 3 Rdn. 79, os quais se referem à interpretação teleológica subjectiva (o sentido objectivo actualmente válido da lei) e a interpretação teleológica objectiva (o objectivo visado pelo legislador; a vontade presumida do legislador) (cf. igualmente Rudolphi, in Rudolphi/Horn/Günther/Samson (Hrsg.), *Systematischer Kommentar zum Strafgesetzbuch*, Neuwied 1995, § 1 Rdn. 32)). O método da interpretação teleológica orienta a interpretação da norma de acordo com actual sentido (*Sinn*) e objectivo//finalidade (*Zweck*) (cf. Rogall, in Senge (Hrsg.), *Karlsruher* cit., § 3 Rdn. 79-80; Rudolphi/Horn//Günther/Samson (Hrsg.), *Systematischer* cit., § 1 Rdn. 32). A linha de fronteira entre a interpretação teleológica admissível e a analogia proibida é volúvel, não é fácil de traçar (cf. Schmidt/Assmann, in Maunz/Dürig, *Grundgesetz* cit., § 130 Abs. 2 Rdn. 226; Rudolphi, in Rudolphi/Horn/Günther//Samson (Hrsg.), *Systematischer* cit., § 1 Rdn. 35). A interpretação teleológica funciona também "analogicamente", procurando as similitudes e diferenças do caso concreto e da hipótese normativa e decidindo pela aplicação da consequência norma se existir uma relação de similaridade entre o facto e a hipótese prevista na norma (cf. Stratenwert, *Strafrecht. Allgemeiner Teil*, 4. Auflage, Rn. 99;

sob pena de violação do mencionado princípio[1097]. Para suprir esta dificuldade, alguns autores sustentam que o dever do art. 16º do Cód.VM, embora "seja assis-

RUDOLPHI, in RUDOLPHI/HORN/GÜNTHER/SAMSON (Hrsg.), *Systematischer* cit., § 1 Rdn. 35). A orientação metodológica exige um diálogo entre a norma, enquanto "solução abstracta de problema pressuposto", e as "exigências normativas do caso decidendo", enquanto "caso análogo ao que a norma pressupõe" (cf. SANTOS JUSTO, *Introdução* cit., p. 361; CASTANHEIRA NEVES, *Interpretação jurídica*, in *Digesta. Escritos acerca do direito, do pensamento jurídico, da sua metodologia e outros*, Coimbra Editora, Coimbra, 1995, pp. 373-375). Este método admissível de "analogia" na aplicação da norma tem o seu limite, por força do princípio da proibição da analogia em matéria penal e contra-ordenacional, no teor/sentido literal da norma, o que for para além deste limite não é admissível (neste sentido, *vide*, entre nós, FIGUEIREDO DIAS/COSTA ANDRADE, *Direito penal* cit., pp. 174 e ss.; na doutrina alemã em relação ao Art. 130 Abs 2 da GG e do § 3 da OWiG, SCHMIDT/ASSMANN, in MAUNZ/DÜRIG, *Grundgesetz* cit., § 130 Abs. 2 Rdn. 226; RUDOLPHI/HORN/GÜNTHER/SAMSON (Hrsg.), *Systematischer* cit., § 1 Rdn. 35; e na jurisprudência, BVerfGE 47, 109, p. 124; BVerfGE 71, 108, p. 115; BVerfGE 81, 228, p. 237; BVerfGE 82, 236, p. 269; BVerfG, in NStZ, 1990, pp. 276--277). Assim e concluindo, o princípio da proibição de analogia previsto no art. 1º, nº 3 do CP (aplicável *ex vi* art. 37º do RGCO em matéria contra-ordenacional) impede quer o recurso à analogia para suprir as lacunas legais quer o recurso à analogia para efeitos da chamada interpretação extensiva teleológica (neste sentido, à luz do Art. 130 Abs 2 da GG e do § 3 da OWiG, *vide* LÖHDEFINK, *Acting* cit., pp. 174-175 e 316-317; SCHMIDT/ASSMANN, in MAUNZ/DÜRIG, *Grundgesetz* cit., § 130 Abs. 2 Rdn. 226; BVerfGE 71, 108, p. 115; BVerfG, in NStZ, 1990, p. 276-277). Com efeito, a interpretação extensiva teleológica tem lugar quando o teor literal da lei, sendo demasiado estrito, alarga o seu campo de aplicação, com base na imanente teleologia da norma, a casos que não estariam abrangidos pela letra da lei (cf. SANTOS JUSTO, *Introdução* cit., p. 363). LARENZ define a extensão teleológica como uma "continuação da interpretação transcendendo o limite do possível sentido literal", que se justifica pelo princípio de justiça de tratar de forma igual o que é igual (cf. *Metodologia* cit., pp. 385 e 392). Na extensão teleológica, estamos, portanto, para lá do sentido possível da lei. Por outro lado, o referido princípio da proibição da analogia não exige uma interpretação "colada" à letra da lei ou uma interpretação restritiva, nem impede uma interpretação extensiva (neste sentido, *vide* ROGALL, in SENGE (Hrsg.), *Karlsruher* cit., § 3 Rdn. 51 e ss.; TRÖNDLE/FISCHER, *Strafgesetzbuch und Nebengesetze*, 53. Auflage, München, 2006, § 1 Rdn. 10 e ss.; contra, defendendo uma interpretação restritiva, *vide* CASPER segundo MARKWARDT, *Diskussionsbericht zu den Referaten «Acting in concert» von Casper und Pentz*, in ZIP, 2003, p. 1492).

[1097] No mesmo sentido, em relação ao § 30 da WpÜG considerando que violaria o § 3 OWiG e o art. 103 Abs. 2 da GG, *vide* ANGERER, in GEISSEL/SÜSSMANN, *Wertpapierwerbs-* cit., § 1 Rdn. 66; LÖHDEFINK, *Acting* cit., pp. 316-317; RALOFF, *Acting* cit., p. 145; LIEBSCHER, *Die Zurechnungstatbestände* cit., p. 1005; PENTZ, *Acting in concert – Ausgewählte Einzelprobleme zur Zurechnung und zu den Rechtsfolgen*, p. 1480; na jurisprudência, *vide* BGH, in BB 2006, p. 2434. No mesmo sentido, em relação à possibilidade de existirem mais situações de imputação em cadeia para além das fixadas na lei invocando a proibição da analogia, *vide* VEIL, in SCHMIDT/LUTTER (Hrsg.), *Aktiengesetz* cit. § 22 AktG, § 22 WpHG Rdn. 3; BÜLOW, in HIRTE/MÖLLERS (Hrsg.), *Kölner* cit., § 22 WpHG Rdn. 34; contra, embora não a admitindo com carácter geral mas apenas em relação à imputação em cadeia e só no caso específico

tido por uma sanção contra-ordenacional, insere-se (...) no direito de mercado de capitais e reveste até, em parte, carácter jurídico-privado", pelo que o "respeito da proibição da analogia demandará exclusivamente que não se recorra a essa técnica *para efeitos contra-ordenacionais e apenas para estes*"[1098]. Não posso concordar com este entendimento. Esta interpretação diferenciada (*gespaltene Auslegung*) "estica e encolhe" o âmbito de aplicação do preceito conforme a sanção decorrente do seu incumprimento, quebrando com a unidade sistemática da lei[1099].

da atribuição de votos ao *trustee*, vide Sven Schneider/Uwe Schneider, in Assmann/Schneider (Hrsg.), *Wertpapierhandelgesetz* cit., § 22 Rdn. 22.

[1098] Neste sentido, vide Osório de Castro, *A imputação* cit., p. 167. Para o autor, o âmbito do dever pode, portanto, ser estendido, por via da analogia mas a sua "violação com esse conteúdo assim alargado simplesmente não poderá configurar uma contra-ordenação". No caso de a sanção contra-ordenacional, ser a única prevista, a norma será, segundo o autor, uma "norma imperfeita" e considera que, mesmo nestes casos, a analogia não deixará de ter interesse porque os "arts. 16º e 20º são normas *ad quam* em mais do que uma remissão". Assim, a aplicação analógica do art. 20º terá relevo, designadamente, "graças à remissão provinda do artº 187º, nº 1 do Cód.VM, embora – também aqui – apenas para efeitos da aplicação das sanções civis ligadas ao incumprimento do dever de lançamento de uma oferta pública de aquisição (cf. ars. 192º e 193º do Cód.VM), e já não da respectiva sanção contra-ordenacional (cf. art. 393º, nº 2 al. h) do Cód.VM)" (cf. Osório de Castro, *A imputação* cit., p. 167, nota 14). No mesmo sentido, embora ainda à luz da antiga versão da WpHG e representando uma opinião minoritária na doutrina alemã, vide Cahn, *Grenzen des Markt- und Anlegerschutzes im WpHG*, in ZHR, 162, 1998, pp. 9 e ss. (quanto à utilização de informação privilegiada) e Ib., *Probleme der Mitteilungs- und Veröffentlichungspflichten nach dem WpHG bei Veränderungen des Stimmrechtsanteils an börsennotierten Gesellschaften*, in AG, 1997, p. 503 (quanto aos deveres de comunicação previstos nos §§ 21 e ss. da WpHG). O autor defende que o método de aplicação das normas regulatórias deve depender das consequências legais que delas decorrem, salientando que a própria lei admite uma interpretação diferenciada em sede de encobrimento de factos criminosos referindo-se à interpretação divergente do § 243 Abs. 3 do HGB no direito civil e criminal em relação à norma do § 283 do StGB. Ao impor sanções de natureza penal ou contra-ordenacional, o legislador pretende salientar a importância das normas em causa e reforçar o seu cumprimento de forma preventiva. Ora, segundo o autor, esta intenção teria o efeito contrário se se admitisse que a menor flexibilidade na aplicação das sanções penais ou contra-ordenacionais resultantes dos princípios de direito penal e contra-ordenacional pudessem ser relacionadas com as sanções civis. As sanções penais não pretendem uma maior responsabilidade mas antes prevenir que se tenha de chegar ao ponto de efectivar essa responsabilidade, dissuadindo os comportamentos infractores (cf. Cahn, *Grenzen* cit., pp. 10-11).

[1099] Neste sentido, vide Bülow, in Hirte/Bülow (Hrsg.), *Kölner* cit., § 30 Rdn. 37; Widder/Kocher, in ZIP, 2010, p. 457; Bülow/Petersen, *Stimmrechtszurechnung beim Treuhänder*, in NZG, 2009, p. 1373; Dehlinger/Zimmermann, in Fuchs (Hrsg.), *Wertpapierhandelgesetz*, München, 2009, Vorb §§ 21 Rdn. 25; Pentz, *Acting* cit., p. 1480. Não é concebível que uma determinada situação factual analisada à luz da uma e da mesma norma jurídica possa ser considerada, nuns casos, como respeitando essa norma e, noutro contexto, como violando essa norma. Esta situação seria geradora de uma situação

Não se pode partir da sanção, que é a consequência ou reacção da ordem jurídica ao incumprimento de uma norma[1100], para limitar ou expandir interpretativamente a hipótese/previsão da norma a que a sanção se reporta, isso equivaleria, com o devido respeito, a "virar do avesso" a construção normativa. Recorrendo à linguagem figurada de LIEBSCHER, estamos perante "duas faces da mesma moeda"[1101]. A interpretação deve ser uniforme[1102] e a legislação comunitária sobre transparência e OPAs não exige uma interpretação diversa consoante a sanção[1103]. Acresce que, mesmo que se aplicassem apenas sanções civis, a proibição do recurso à analogia deve continuar a vigorar nesta matéria[1104], uma vez que as sanções civis têm, nesta sede, uma natureza marcadamente punitiva[1105] e, nalguns casos,

---

de incerteza jurídica que, como se referiu anteriormente, não é admissível nesta sede (cf. BÜLOW, in HIRTE/BÜLOW (Hrsg.), *Kölner* cit., § 30 Rdn. 37).

[1100] Cf. SANTOS JUSTO, *Introdução* cit., p. 156; CASTRO MENDES, *Introdução ao estudo do direito*, Lisboa, 1984, p. 72.

[1101] Cf. LIEBSCHER, *Die Zurechnungstatbestände* cit., p. 1009.

[1102] É esta a opinião quase unânime da doutrina alemã que defende uma interpretação uniforme dos §§ 21 e ss. da WpHG e do §§ 30 e 35 e ss. da WpÜG independentemente das sanções de natureza criminal, contra-ordenacional ou civil (neste sentido, vide NOACK, in SCHWARK, *Kapitalmarktrechts-* cit., § 21 WpHG, Rdn. 7; SVEN SCHNEIDER/UWE SCHNEIDER, in ASSMANN/SCHNEIDER (Hrsg.), *Wertpapierhandelgesetz* cit., § 21 Rdn. 27; LÖHDEFINK, *Acting* cit., pp. 182-184; PITTROFF, *Die Zurechnung von Stimmrechten gemäß § 30 WpÜG*, Frankfurt a.M., 2004, pp. 316-317; CASPER, *Acting* cit., p. 1473; LIEBSCHER, *Die Zurechnungstatbestände* cit., p. 1009). No mesmo sentido, na jurisprudência, *vide* a decisão do BGH sobre o caso WMF de 19 de Setembro de 2006, que rejeitou uma interpretação diferenciada do § 30 da WpÜG para efeitos de aplicar a sanção de natureza civil prevista no § 38 da WpÜG. O BGH considerou que o § 30 da WpÜG não admite o recurso à analogia por força do princípio da proibição da analogia previsto no Art. 103 Abs. 2 da GG e no § 3 da OWiG (cf. BGH 19 de Setembro de 2006, in ZIP, 2006, pp. 2077 e ss., em particular p. 2079). Contra, *vide* a já referida opinião minoritária de CAHN (cf. *Grenzen* cit., pp. 10 e ss.; Ib., *Probleme* cit., p. 503) e dos seguintes autores que defendem uma interpretação diferenciada conforme a sanção (*gespaltene Auslegung*) (cf. HAMMEN, *Analogieverbot beim Acting in concert?*, in *Der Konzern*, 2009, p. 18; WACKERBARTH, *Die Zurechnung nach § 30 WpÜG zum Allgeingesellschafter Geschäftsführer einer GmbH*, in ZIP, 2005, p. 1221).

[1103] Neste sentido, *vide* LÖHDEFINK, *Acting* cit., p. 182; contra, defendendo que as normas comunitárias sobre transparência não seriam adequadamente transpostas se não fosse possível uma interpretação diversa para as sanções civis, *vide* CAHN, *Grenzen* cit., p. 9.

[1104] Neste sentido, *vide* RALOFF, *Acting* cit., p. 145; LIEBSCHER, *Die Zurechnungstatbestände* cit., p. 1009; LÖHDEFINK, *Acting* cit., pp. 182-184.

[1105] É esse o caso das sanções previstas no art. 16º-B, nº 4 e 192º, nº 1 do Cód.VM. No caso do art. 193º do Cód.VM, esta sanção tem cariz ressarcitório. No mesmo sentido, no direito alemão salientando o carácter punitivo e sancionatório das consequências civis do incumprimento dos deveres de comunicação (§§ 21 e ss. da WpHG) e do dever de lançamento (§§ 35 e ss. WpÜG), *vide* LIEBSCHER, *Die*

mais gravosa do que as sanções contra-ordenacionais[1106]. É juridicamente insuportável que alguém fique sujeito a sanções de natureza sancionatória e punitiva com base no recurso à analogia.

Em suma, o recurso à analogia nas situações de imputação de direitos de voto do art. 20º, nº 1 do Cód.VM não é admissível por força do princípio da proibição da analogia em matéria contra-ordenacional (art. 1º, nº 3 do CP aplicável *ex vi* art. 37º do RGCO), o que implica que o catálogo de situações de imputação previstas naquele preceito é taxativo ou exaustivo[1107]. Esta conclusão não exige uma interpretação restritiva do art. 20º, nº 1 do Cód.VM, nem impede uma interpretação teleológica[1108] ou uma interpretação extensiva do preceito sempre dentro dos limites permitidos pelo teor da letra da lei[1109].

VI. Para terminar esta análise breve ao funcionamento geral do mecanismo de imputação, é importante fazer uma referência à natureza das situações previstas nas várias alíneas do nº 1 do art. 20º do Cód.VM[1110].

A opinião maioritária da doutrina portuguesa é a de que estamos perante ficções legais[1111]. O legislador faria "relevar não apenas a titularidade do direito de

---

Zurechnungstatbestände cit., p. 1009. Sobre a classificação das sanções, em particular segundo o critério da função que exercem, *vide* BAPTISTA MACHADO, *Introdução ao direito e ao discurso legitimador*, Almedina, Coimbra, 1994, pp. 126-129; OLIVEIRA ASCENSÃO, *O Direito – Introdução e teoria geral*, 13ª edição, Almedina, Coimbra, 2005, pp. 60-69; SANTOS JUSTO, *Introdução* cit., pp. 158-161; CASTRO MENDES, *Introdução* cit., pp. 73-84; BIGOTTE CHORÃO, *Introdução ao Direito*, I, *O conceito de Direito*, Almedina, Coimbra, 1989, p. 128.

[1106] O valor económico das sanções pode ser bem superior ao valor da contra-ordenação.

[1107] Com a mesma conclusão, no direito alemão, *vide* BÜLOW, in HIRTE/BÜLOW (Hrsg.), *Kölner* cit., § 30 Rdn. 39; W. MEILICKE/F. MEILICKE, *Die Postbank-Übernahme durch die Deutsche Bank – eine Gestaltung zur Vermeidung von Pflichtangeboten nach § 35 WpÜG?*, in ZIP, 2010, p. 563.

[1108] Cf. LÖHDEFINK, *Acting* cit., p. 185.

[1109] Neste sentido, *vide* BÜLOW, in HIRTE/BÜLOW (Hrsg.), *Kölner* cit., § 30 Rdn. 39; W. MEILICKE//F. MEILICKE, *Die Postbank-* cit., p. 563; WIDDER/KOCHER, in ZIP, 2010, p. 457; BÜLOW/PETERSEN, *Stimmrechtszurechnung* cit., p. 1376; LÖHDEFINK, *Acting* cit., p. 175; RALOFF, *Acting* cit., pp. 145-146. Contra, defendendo uma interpretação restritiva por força do princípio da proibição de analogia, *vide* CASPER segundo MARKWARDT, *Diskussionsbericht* cit., p. 1492.

[1110] Na vigência do Cód.VM, a doutrina dividia-se entre os que consideravam que as situações previstas no art. 530º do Cód.VM eram ficções legais (cf. OSÓRIO DE CASTRO, *Os casos* cit., pp. 54 e ss.) e os que, ao invés, as qualificavam como presunções *iuris tantum* pois a natureza de ficções legais seria incompatível com a *ratio* das equiparações previstas na referida norma e na forma de funcionamento (cf. BRITO PEREIRA, *Os casos* cit., p. 241).

[1111] Neste sentido, *vide* OSÓRIO DE CASTRO, *A imputação* cit., p. 171; PAULO CÂMARA, *Manual* cit., p. 552. Com a mesma conclusão apesar de criticar a solução adoptada pelo legislador, *vide* PAULA COSTA E

voto mas também a *influência no modo como o direito de voto pode ser exercido*"[1112]. Basta "uma ideia de susceptibilidade meramente abstracta de influência, sem mandar verificar se, caso a caso, tal susceptibilidade se concretiza efectivamente"[1113]. A consequência desta qualificação é a de que não é "possível paralisar a imputação mesmo que fosse possível provar a ausência de domínio sobre os votos imputados"[1114].

Como qualificar as várias alíneas do art. 20º, nº 1 do Cód.VM? Serão elas verdadeiras ficções legais tal como sustenta, maioritariamente, a doutrina portuguesa?

Conforme se referiu *supra*, o art. 20º, nº 1 parte de uma perspectiva abstracta, é irrelevante saber se existe uma possibilidade de influenciar, no caso concreto, o exercício do direito de voto, mesmo que o participante declare que não pre-

---

SILVA, *Sociedade* cit., p. 569; Ib., *A imputação* cit., p. 438. Aparentemente com a mesma qualificação, ainda que circunscrevendo essa interpretação para efeitos de comunicação de participações qualificadas (pois, para outros efeitos (*e.g.* OPA obrigatória ou aquisição potestativa), defende que os mesmo têm natureza transitiva, "nos termos da qual o concreto sentido do mesmo só se deixa captar através da sua *contextualização casuística* em razão das especificidades do instituto que concretamente se considere"), *vide* PEREIRA NEVES, *A natureza* cit., pp. 516-518. Aparentemente em sentido contrário, defendendo estarmos perante presunções relativas, *vide* MOREDO SANTOS, *Transparência* cit., pp. 375-377. Segundo o autor, a letra do art. 20º do Cód.VM traduz uma ideia de ponderação para uma determinada finalidade (cômputo de participações qualificadas), ao contrário dos preceitos do predecessor Cód.MVM que expressariam uma ideia de inevitabilidade, e que essa ponderação "ganha peso quando estão em causa situações subsumíveis ao art. 187º, nº 2 ou que suscitam imputações conflituantes". Segundo o autor, caso a situação se reconduza ao art. 187º, nº 2 do Cód.VM, o participante poderia provar que não tem o domínio da sociedade, ainda que isso não implique que não haja situação de imputação, ou seja, "a situação de imputação (facto conhecido) existe, mas dela não resulta o domínio (facto presumido)". No caso de situações de imputação conflituante (em que os mesmos votos são imputados a duas pessoas distintas e não relacionadas entre si), deveria ser igualmente possível ao participante provar que não exerce influência efectiva sobre o exercício de direitos de voto. O autor conclui que, "para que sejam prosseguidas as finalidades que norteiam a imputação de direitos de voto, as situações de imputação indicadas no art. 20º, nº 1 compreendem presunções relativas" mas não fica claro se o raciocínio é aplicável ao funcionamento do art. 20º, nº 1, inclusive para efeitos do dever de comunicação de participações qualificadas.

[1112] Cf. PAULO CÂMARA, *Manual* cit., p. 552. O autor considera que o art. 20º é o "equivalente mobiliário de uma norma de perigo abstracto – faz imputar direitos de voto a uma pessoa pelo perigo, abstractamente considerado, de esta influenciar o exercício do direito de voto, num conjunto de situações tipicamente definidas". Recorrendo igualmente à linguagem do direito penal, ao afirmar que "a lei elege como elemento do tipo a possibilidade (ou o *risco*) de influência abstracta, e não a possibilidade (ou o *risco*) de influência concreta, *vide* PEREIRA NEVES, *A natureza* cit., p. 518 nota 13.

[1113] Cf. PEREIRA NEVES, *A natureza* cit., p. 518.

[1114] Cf. PAULA COSTA E SILVA, *Sociedade* cit., pp. 569-570.

tende influenciar o exercício dos direitos de voto ou mesmo que desconheça os factos que conduziram à imputação (*e.g.* aquisição por uma sociedade por si controlada)[1115]. Ora, se de cada uma das situações previstas no art. 20º, nº 1 decorre a possibilidade de influência sobre o exercício de direitos de voto, independentemente de ela se verificar, ou não, no caso concreto, então as mesmas não podem ser qualificadas como presunções *iuris tantum* de domínio ou de influência sobre o exercício de direitos de voto, porque esta não pode ser afastada mediante prova em contrário do participante nem evitada a consequente imputação de direitos de voto[1116]. A redacção do art. 20º, nº 1 também não deixa margem para grandes dúvidas porque, em nenhum momento, aquela disposição admite prova em contrário da existência de uma influência sobre o exercício de direitos de voto e da consequência associada à mesma: imputação de direitos de voto[1117].

Em 2006, com a introdução da actual al. h) do nº 1 do art. 20º do Cód.VM e dos nºs 4 e 5 do mesmo preceito no contexto da transposição da Directiva das OPAs, em particular de parte do conceito de actuação em concertação (*acting in concert*; *Abgestimmte Verhaltens*)[1118], geraram-se dúvidas sobre a qualificação da

---

[1115] Neste sentido, *vide*, entre nós, Osório de Castro, *A imputação* cit., p. 171; Paulo Câmara, *Manual* cit., p. 552; Paula Costa e Silva, *Sociedade* cit., p. 569-570; Ib., *A imputação* cit., p. 438; Pereira Neves, *A natureza* cit., p. 518. No mesmo sentido, em relação ao § 22 da WpHG, *vide* Veil, in Schmidt/Lutter (Hrsg.), *Aktiengesetz* cit. § 22 AktG, § 22 WpHG Rdn. 1; Sven Schneider/Uwe Schneider, in Assmann/Schneider (Hrsg.), *Wertpapierhandelgesetz* cit., § 22 Rdn. 3; Bülow, in Hirte/Möllers (Hrsg.), *Kölner* cit., § 22 WpHG Rdn. 27; na jurisprudência, *vide* decisão do VG Frankfurt/Main de 18 de Maio de 2006, in BKR, 2007, p. 42. É também esta a posição do BaFin (cf. *Emittentenleitfaden*, p. 137). Igualmente em relação ao § 30 da WpÜG, *vide* Noack, in Schwark, *Kapitalmarktrechts-* cit., § 30 WpÜG, Rdn. 6; Bülow, in Hirte/Bülow (Hrsg.), *Kölner* cit., § 30 Rdn. 27 e 34; Löhdefink, *Acting* cit., p. 225.

[1116] Neste sentido, *vide*, em relação ao § 30 da WpÜG, Bülow, in Hirte/Bülow (Hrsg.), *Kölner* cit., § 30 Rdn. 27.

[1117] Não há, portanto, qualquer "ponderação" resultante da letra do preceito em questão (contra, *vide* Moredo Santos, *Transparência* cit., p. 376).

[1118] Apesar de o DL 219/2006 (que introduziu as disposições em questão) ter como objectivo primordial a transposição da Directiva das OPAs, o preâmbulo daquele diploma referia que a alteração efectuada em matéria de imputação de direitos de voto era "uma antecipação parcial do regime previsto na Directiva nº 2004/109/CE, Parlamento e do Conselho, de 15 de Dezembro, relativa à harmonização dos requisitos de transparência no que se refere às informações respeitantes aos emitentes cujos valores mobiliários estão admitidos à negociação num mercado regulamentado". No entanto, a análise atenta da Directiva da Transparência revela que as situações previstas na al. h) do nº 1 art. 20º do Cód.VM não têm qualquer paralelo nas situações de imputação nela previstas, em particular no seu art. 10º, pelo que aquele preceito não representa uma transposição da referida

técnica de imputação de direitos de voto. A al. h) determina a imputação ao participante dos direitos de voto detidos por pessoas que tenham celebrado algum acordo com o participante que vise adquirir o domínio da sociedade ou frustrar a alteração de domínio ou que, de outro modo, constitua um instrumento de exercício concertado de influência sobre a sociedade visada. O nº 4 do art. 20º presume serem instrumentos de exercício concertado de influência os "acordos relativos à transmissibilidade das acções representativas do capital social da sociedade participada", presunção que é susceptível de ser ilidida perante a CMVM mediante prova de que a "relação estabelecida com o participante é independente da influência, efectiva ou potencial, sobre a sociedade visada" (nº 5).

Segundo alguns autores, a alteração de 2006 abriu uma "pequeníssima brecha" no "esquema cego de imputações"[1119], ficando consagrada a técnica da presunção ilidível[1120]. Não concordo com esta interpretação. A al. h) continua a con-

---

directiva comunitária (neste sentido, vide PAULA COSTA E SILVA, Sociedade cit., pp. 562-563). A causa da introdução da nova al. h) está antes no art. 2º, nº 1 al. d) da Directiva das OPAs que consagrou o conceito de actuação em concertação, definindo "pessoas que actuam em concertação como "as pessoas singulares ou colectivas que cooperam com o oferente ou com a sociedade visada com base num acordo, tácito ou expresso, oral ou escrito, tendo em vista, respectivamente, obter o controlo da sociedade visada ou impedir o êxito da oferta". Este conceito é relevante para efeitos do dever de lançamento de OPA previsto no art. 5º, nº 1 da Directiva das OPAs. Sendo o mecanismo da imputação do Cód.VM relevante para efeitos do dever de comunicação de participação qualificada e do dever de lançamento, não poderia o legislador português deixar de incluir as situações abrangidas pelo conceito de "pessoas que actuam em concertação" no elenco do art. 20º, nº 1 e, se é verdade que algumas já se incluíam no âmbito da sua al. c), existiam situações que não estavam devidamente cobertas pelo referido elenco, nomeadamente os acordos que, não se reportando ao exercício do direito de voto, podiam permitir obter o controlo da sociedade cotada ou impedir o êxito de OPA (e.g. cláusulas de preferência recíproca ou cruzada; obrigações de lock-in). O próprio legislador confessa que o seu objectivo foi o de alterar o art. 20º "de modo a acomodar a noção de exercício concertado de direitos de voto". O anteprojecto da CMVM de transposição da Directiva das OPA também referia que o objectivo era o de alargar "os títulos de imputação previstos no art. 20º, de modo a incluir igualmente as relações baseadas em concertação com o participante", tendo existido "uma reapreciação do art. 20º, de modo a emprestar eficiência e coerência ao novo regime de concertação accionista". Pode-se, portanto, concluir que o conceito de actuação em concertação a que o legislador se refere é o que consta da Directiva das OPAs, não apresentando al. h) qualquer relação com a Directiva da Transparência.

[1119] Cf. PAULA COSTA E SILVA, A imputação cit., p. 439.

[1120] Neste sentido, considerando ser esta a técnica mais adequada, vide PAULA COSTA E SILVA, A imputação cit., p. 469. Afirmando que o legislador seguiu uma opção diversa que representa "uma inversão concreta da tendência geral de construção do nº 1 do art. 20º" ainda que sem a qualificar, vide PEREIRA NEVES, A natureza cit., pp. 516-518.

sistir numa presunção inelidível da existência de influência sobre o exercício dos direitos de voto abrangidos pelos acordos ou instrumentos aí referidos. Não é necessário verificar se, no caso concreto, essa possibilidade de influência existe, não é possível apresentar prova em contrário para afastar a imputação e a renúncia à referida influência não opera esse afastamento. O nº 4 do art. 20º apenas veio concretizar um dos sentidos da expressão ambígua[1121] "instrumento de exercício concertado de influência", fixando a presunção ilidível de que os "acordos relativos à transmissibilidade de acções" são um daqueles instrumentos. A presunção não esgota os tipos de "instrumentos de exercício concertado de influência" nem transforma, por "contágio" ou "osmose", a al. h) numa presunção ilidível de influência sobre o exercício concertado de influência. O legislador limitou-se a identificar um determinado tipo de acordos que considera serem, por norma e segundo a sua experiência em matéria de estruturas de controlo de uma sociedade cotada, um instrumento de exercício concertado de influência associando-lhe uma presunção[1122]. Através desta presunção, o legislador facilita, neste tipo de acordos, a prova da existência de um "instrumento de exercício de influência concertada"[1123], permitindo, todavia, afastar essa qualificação como instrumento

---

[1121] A redacção legislativa da al. h), bem como a do nº 5, não foram as mais felizes, prestando-se a interpretações equívocas sobre um conceito que está consideravelmente aprofundado na doutrina estrangeira e, parcialmente, na nacional.

[1122] No ordenamento jurídico alemão, que segue um sistema de elenco de situações de imputação similar ao nosso, optou-se por definir o que se entende por actuação em concertação (§ 22 Abs. 2 Satz. 2 da WpHG e § 30 Abs. Satz. 2 da WpÜG) e não se fixou qualquer presunção, opção que me parece preferível do que identificar um tipo de acordo com um dos instrumentos de exercício concertado de influência e associar-lhe uma presunção (cf. SVEN SCHNEIDER/UWE SCHNEIDER, in ASSMANN/SCHNEIDER (Hrsg.), *Wertpapierhandelgesetz* cit., § 22 Rdn. 195; PENTZ, *Acting* cit., p. 1481; FLEISCHER, *Finanzinvestoren im ordnungspolitischen Gesamtgefüge von Aktien-, Bankenaufsichts- und Kapitalmarktrecht*, in ZGR, 2008, p. 202). Aqueles preceitos referem que a actuação em concertação exige que o oferente ou sociedade por si dominada e um terceiro alcancem um consenso quanto ao exercício de direitos de voto ou, de outra forma, colaborem com o objectivo de determinar uma mudança permanente e material na estratégia económica da sociedade cotada.

[1123] No ordenamento jurídico alemão, o legislador optou por não fixar qualquer inversão do ónus da prova, nem consagrar qualquer presunção que invertesse esse mesmo ónus em matéria de actuação em concertação (neste sentido, *vide*, em relação ao § 22 Abs. 2 da WpHG e ao § 30 Abs. 2 da WpÜG, SVEN SCHNEIDER/UWE SCHNEIDER, in ASSMANN/SCHNEIDER (Hrsg.), *Wertpapierhandelgesetz* cit., § 22 Rdn. 194-195; PENTZ, *Acting* cit., p. 1481; na jurisprudência, *vide*, em relação ao § 30 Abs. 2 da WpÜG, OLG Frankfurt de 25 de Junho de 2004, in NZG, 2004, p. 865). O ónus da prova está, portanto, do lado das autoridades reguladoras, no caso o BaFin (cf. BÜLOW, in HIRTE/BÜLOW (Hrsg.), *Kölner* cit., § 30 Rdn. 298; STEINMEYER, in STEINMEYER/HÄGER, *WpÜG* cit., § 30 Rdn. 61). Já quanto ao tipo de prova admitida, as posições divergem entre os que admitem, nalguns casos, a prova indiciária (cf.

de exercício concertado de influência mediante prova em contrário. Isso não nos impede de reconhecer que o legislador, através do nº 5 do art. 20º do Cód.VM, dá relevância à existência, no caso concreto, de uma influência sobre o exercício de direitos de voto, mas tal não permite concluir que a al. h) consagra uma técnica de presunção ilidível.

VII. Excluída a qualificação como presunções *iuris tantum*, é preciso esclarecer se estamos perante ficções legais ou presunções *iuris et de iure* ou absolutas.

Na ficção legal, o legislador "determina que um determinado facto ou situação é ou se considera como se fosse igual ao facto ou situação prevista noutra lei", isto é, "assimilando o facto *x* (a disciplinar) ao facto *y* (já disciplinado), a nova norma jurídica vai permitir que outra norma (que disciplina o facto *y*) também se aplique ao facto"[1124]. Segundo BAPTISTA MACHADO, há uma "assimilição fictícia de realidades factuais diferentes"[1125], ou seja, situações distintas são assimiladas para que depois delas seja extraída a mesma consequência. Diferentemente, na presunção legal, o legislador, "para afastar as dificuldades que, por vezes, a prova dum facto ou situação a regular suscita[1126], dispõe que, provada a existência dum determinado facto, se considere também provada a existência doutro". "Na base das presunções está a relação entre os dois factos (o que não se prova e o que se prova) que, ensina a experiência, normalmente quando um ocorre também o outro se verifica"[1127]. No caso da presunção absoluta, "retira-se de um facto conhecido um facto presumido" sem admitir que seja feita prova em contrário[1128]. A distinção entre a ficção legal e a presunção é difícil de traçar[1129]

SVEN SCHNEIDER/UWE SCHNEIDER, in ASSMANN/SCHNEIDER (Hrsg.), *Wertpapierhandelgesetz* cit., § 22 Rdn. 195) e os que negam essa possibilidade (cf. LIEBSCHER, *Die Zurechnungstatbestände* cit., p. 1009; HAMANN, *In concert or not in concert?*, in ZIP, 2007, p. 1095).

[1124] Cf. SANTOS JUSTO, *Introdução* cit., p. 152. O autor apresenta como exemplos de ficção legal os art. 805º, nº 2 al. c) e 275º, nº 2 do CC e o art. 3º do DL nº 161/77, de 21 de Abril.

[1125] Cf. BAPTISTA MACHADO, *Introdução* cit., p. 108; OLIVEIRA ASCENSÃO, *O direito* cit., p. 519. Este último autor considera as ficções legais um "mau processo, porque o que na realidade é diverso, diverso continua".

[1126] As presunções escusam o beneficiado da prova do facto presumido (art. 350º, nº 1 do CC) e invertem o ónus da prova (art. 344º do CC).

[1127] Cf. SANTOS JUSTO, *Introdução* cit., p. 153.

[1128] São, recorde-se, presunções excepcionais porque, excepto nos casos em que a lei o proíba, as presunções podem ser ilididas mediante prova em contrário, ou seja, são presunções relativas (art. 350º, nº 2 do CC).

[1129] BAPTISTA MACHADO refere mesmo que as presunções absolutas se aproximam muito das ficções legais (cf. *Introdução* cit., p. 108).

e a diferença residiria, segundo alguns autores, no "modo técnico da sua apresentação"[1130].

No art. 20º, nº 1 do Cód.VM, o legislador parece ter pretendido estabelecer uma relação entre os vários factos ou situações nele previstas e a existência de influência sobre o exercício do direito de voto com base na experiência sobre as estruturas de controlo de uma sociedade cotada, as quais apresentam especificidades face às de uma sociedade não cotada. O legislador quis evitar as dificuldades de prova da existência, no caso concreto, de uma influência sobre o exercício do direito de voto, e recorreu, por isso, a um conjunto de situações ou factos que, segundo a sua experiência empírica das estruturas de controlo de sociedades cotadas, revelam a existência dessa influência e, como tal, justificam a imputação de direitos de voto. Este é o "modo técnico" escolhido pelo legislador para construir o art. 20º, nº 1, daí que, em meu entender, se possa afirmar que as situações previstas neste preceito se qualificam como presunções *iuris et de iure* ou absolutas[1131].

1.2.2.2 O recurso ao mecanismo de imputação de direitos de voto para efeitos de OPA obrigatória

I. O instituto da OPA obrigatória serviu-se da técnica de imputação de direitos de voto para efeitos do cômputo da percentagem de direitos de voto constitutiva do dever de lançamento. Nos termos do art. 187º do Cód.VM, o cômputo desta percentagem considera, não apenas a participação directa detida pelo accionista (em virtude da titularidade ou usufruto), mas também os direitos de voto que lhe sejam imputados por via do art. 20º do Cód.VM. Ao contrário do que se sucedia na vigência do Cód.MVM[1132], o legislador optou por consagrar um único mecanismo de imputação de direitos de voto para efeitos de deveres de comunicação e de constituição do dever de lançamento. Há, portanto, uma "dupla funcionalização das regras da imputação"[1133]. Para alguns autores, a consagração de um

---

[1130] Cf. OLIVEIRA ASCENSÃO, *O direito* cit., p. 520.
[1131] No mesmo sentido, em relação ao § 30 da WpÜG, *vide* BÜLOW, in HIRTE/BÜLOW (Hrsg.), *Kölner* cit., § 30 Rdn. 27. Com a mesma posição, excepto em relação aos Nrs. 3 e 6 do § 30 Abs. 1 da WpÜG em que considera ser possível refutar a presunção, *vide* NOACK, in SCHWARK, *Kapitalmarktrechts-* cit., § 30 WpÜG, Rdn. 6.
[1132] Na vigência do Cód.MVM, havia uma separação entre o mecanismo de imputação para efeitos de deveres de comunicação/transparência (art. 346º do Cód.MVM) e o mecanismo de imputação de direitos de voto para efeitos de OPA (art. 530º do Cód.VM).
[1133] Cf. PAULA COSTA E SILVA, *Sociedade* cit., p. 564. O mecanismo de imputação de direitos de voto é ainda utilizado para outros efeitos, sendo várias as remissões no Cód.VM e em legislação avulsa para

regime único com uma dupla funcionalidade, em vez de um regime dual, deve-se à má experiência do Cód.MVM, que previa um regime dual cuja aplicação se revelara "espinhosa" suscitando diversas dificuldades interpretativas. Esta situação terá conduzido a "um amplo consenso em torno da solução unificadora, à data de aprovação do código"[1134].

O recurso ao mecanismo de imputação de direitos de voto em sede de OPA obrigatória pretende combater estratégias de evasão/contornar do dever de lançamento (*Vermeidungsstrategien*)[1135], isto é, impedir que se contorne o dever de lançamento através da montagem de estruturas societárias ou de esquemas contratuais ou de outra natureza, jurídica, financeira ou fáctica, que permitem atribuir o controlo do exercício de direitos de voto a uma determinada pessoa sem que esta seja titular ou usufrutuária de uma participação correspondente a mais de 1/3 dos direitos de voto da sociedade visada[1136]. O objectivo é ir além dos votos que podem ser exercidos por via da titularidade formal das acções e abranger os direitos de voto cujo exercício, em virtude de faculdade jurídica ou no plano fáctico, o participante influencia ou pode influenciar[1137] ou em que há uma probabilidade de influência (*wahrscheinliche Einfluss*)[1138]. Abrangem-se situações que vão desde a relação de domínio ou grupo[1139] a opções de compra e acordos de

---

aquele mecanismo, de tal modo que alguns autores fazem referência à "tripla funcionalidade da técnica de imputação de direitos de voto" (cf. SOARES DA SILVA, *Algumas* cit., pp. 47-58).

[1134] Cf. PAULO CÂMARA, *Manual* cit., p. 555.

[1135] No mesmo sentido, em relação ao § 30 da WpÜG, *vide* BÜLOW, in HIRTE/BÜLOW (Hrsg.), *Kölner* cit., § 30 Rdn. 5; CASPER, in VEIL/DRINKUTH (Hrsg.), *Reformbedarf im Übernahmerecht, Tagungsband zum Symposium in den Räumen der Bucerius Law School am 4. Juni 2004*, Köln,, 2005, p. 48; LÖHDEFINK, *Acting* cit., p. 160; SCHNEIDER, in ASSMANN/PÖTZSCH/SCHNEIDER (Hrsg.), *Wertpapiererwerbs-* cit., § 30 Rdn. 4.

[1136] Neste sentido, *vide* BÜLOW, in HIRTE/BÜLOW (Hrsg.), *Kölner* cit., § 30 Rdn. 5; LÖHDEFINK, *Acting* cit., p. 160; WALZ, in HAARMANN/SCHÜPPEN (Hrsg.), *Frankfurter* cit., § 30 Rdn. 3.

[1137] No mesmo sentido, *vide* OSÓRIO DE CASTRO, *A imputação* cit., p. 167. Já PAULA COSTA E SILVA, num sentido não muito diverso, faz referência ao "plano do controlo do exercício dos direitos de voto" (cf. *A imputação* cit., p. 407) e PAULO CÂMARA à "influência no modo como o direito de voto pode ser exercido" (cf. *Manual* cit., p. 552). No sentido referido no nosso texto, em relação ao § 30 da WpÜG, *vide* SCHNEIDER, in ASSMANN/PÖTZSCH/SCHNEIDER (Hrsg.), *Wertpapiererwerbs-* cit., § 30 Rdn. 4; CASPER, *Acting* cit., p. 1469; SEIBT, *Grenzen* cit., p. 1830. É esse também o entendimento da jurisprudência alemã (cf. OLG Frankfurt/Main de 25 de Junho de 2004, in ZIP, 2004, p. 1304).

[1138] Neste sentido, referindo-se à *Wahrscheinlich Einfluss*, *vide* BÜLOW, in HIRTE/BÜLOW (Hrsg.), *Kölner* cit., § 30 Rdn. 5; VEIL, *Stimmrechtszurechnungen auf Grund von Abstimmungsvereinbarungen gem. § 22 Abs. 2 WpHG und § 30 Abs. 2 WpÜG*, in AAVV, *Festschrift für Karsten Schmidt zum 70. Geburtstag*, 2009, p. 1651.

[1139] O facto de a imputação de direitos de voto ser relevante no cômputo da participação constitutiva do dever de lançamento não deve levar a pensar que ela é mobilizável para efeitos do conceito de

transmissibilidade de acções, os quais o legislador considera que conferem, na prática, o poder de influência sobre o exercício do direito de voto[1140].

II. O mecanismo de imputação de direitos de voto introduz uma nota de materialidade no conceito de controlo. Este não se reduz ao "titular formal das acções com direitos de voto da sociedade cotada, tem igualmente em consideração o controlo sobre os direitos de voto"[1141].

A técnica da imputação permite ainda alargar o tipo de controlo do instituto da OPA obrigatória[1142]. É desde logo abrangido o denominado controlo indirecto, o qual, num sentido lato, abrange todas as situações de aquisição de controlo por via da imputação de direitos de voto[1143] e, num sentido estrito, os casos em que o

---

relação de domínio do art. 21º do Cód.VM, nomeadamente para a contagem da maioria dos votos do art. 21º, nº 2 al. a) do Cód.VM. Tal como a doutrina portuguesa tem salientado, esse raciocínio esvaziaria de conteúdo prático a alínea b) do mesmo preceito pois ela já decorreria do art. 20º, nº 1 al. c) e, para além disso, está em consonância com as regras comunitárias fixadas pela Directiva da Transparência (cf. Osório de Castro, *A imputação* cit., pp. 178-181; Paula Costa e Silva, *A imputação* cit., p. 422).

[1140] Cf. Löhdefink, *Acting* cit., p. 162.

[1141] Cf. Löhdefink, *Acting* cit., p. 161. No mesmo sentido, vide Bülow, in Hirte/Bülow (Hrsg.), *Kölner* cit., § 30 Rdn. 5; Noack, in Schwark, *Kapitalmarktrechts-* cit., § 30 WpÜG, Rdn. 1; Seibt, *Grenzen* cit., p. 1830.

[1142] Cf. Schneider, in Assmann/Pötzsch/Schneider (Hrsg.), *Wertpapiererwerbs-* cit., § 30 Rdn. 4.

[1143] Com efeito, nas situações de imputação de direitos de voto das várias alíneas do nº 1 do art. 20º, o participante a quem são imputados os direitos de voto não é o titular das acções inerentes a esses votos, pelo que a aquisição do controlo não se pode considerar uma aquisição directa que é precisamente referida no art. 187º, nº 1 primeira parte do Cód.VM por contraponto à detenção de mais de 1/3 ou metade dos direitos de voto por via do art. 20º, nº 1 do Cód.VM. No ordenamento jurídico alemão, o § 35 Abs. 1 Satz. 1 da WpÜG faz referência à aquisição de controlo directo ou indirecto da sociedade cotada. A referência a aquisição indirecta suscita interpretações diferentes na doutrina. Alguns autores defendem que a referência a aquisição indirecta no § 35 Abs. 1 Satz. 1 da WpÜG abrange situações especiais de aquisição indirecta do controlo fora dos casos previstos no § 30 da WpÜG. Em particular, defendem que, quando se adquire mais de 30% dos direitos de voto, nos termos do § 29 Abs. 2 da WpÜG, de uma sociedade cotada que, por sua vez, detém mais de 30% dos direitos de voto de uma outra sociedade, existiria uma aquisição indirecta desta última sociedade por força da aquisição do controlo da primeira (cf. Meyer, in Geibel/Süssmann (hrsg.), *Wertpapiererwerbs-* cit., § 35 Rdn. 29; Hommelhoff/Witt in Haarmann/Schüppen (Hrsg.), *Frankfurter* cit., § 35 Rdn. 44; Ekkenga/Hofschroer, *Das Wertpapiererwerbs- und Übernahmegesetz (Teil I)*, in DStR, 2002, p. 775). Em sentido oposto, a maioria da doutrina alemã considera que a referência a aquisições indirectas de controlo só se reporta aos casos de imputação de direitos de voto; a referência tem um carácter meramente clarificador, não existindo quaisquer outras situações abrangidas fora das previstas no § 30 da WpÜG (neste sentido, vide a própria Begr Rege zu § 35 in

participante adquire a participação de controlo na sociedade cotada através de uma sociedade por si dominada[1144] ou através da aquisição do controlo de uma

---

BT-Drucks 14/7034, p. 59; NOACK, in SCHWARK, *Kapitalmarktrechts-* cit., § 30 WpÜG, Rdn. 14; HASSELBACH, in HIRTE/BÜLOW (Hrsg.), *Kölner* cit., § 35 Rdn. 84 e 86; BAUMS/HECKER, in BAUMS/ /THOMA (Hrsg.), *Kömmentar* cit., § 35 Rdn. 84; LÖHDEFINK, *Acting* cit., pp. 126-127; STEINMEYER, in STEINMEYER/HÄGER, *WpÜG* cit., § 35 Rdn. 26; KRAUSE/PÖTZCH, in ASSMANN/PÖTZSCH/SCHNEIDER (Hrsg.), *Wertpapiererwerbs-* cit., § 35 Rdn. 93; SCHLITT, in *Münchener* cit., § 35 WpÜG, Rdn. 101; HARBARTH, *Kontrollerlangung* cit., p. 323). Assim, se alguém adquirir mais de 30% dos direitos de voto de uma sociedade cotada que, por sua vez, detém mais de 30% dos direitos de voto de outra sociedade cotada, não estará forçosamente obrigado ao lançamento de OPA sobre esta última, sendo necessário verificar se se encontram preenchidos os requisitos previstos no § 2 Abs. 6 da WpÜG relativos à noção de sociedade dominada (*Tochterunternehmen*), que remetem para a noção do § 290 do HGB ou para a existência de um relação de influência, independentemente da forma e da sede da sociedade (neste sentido, *vide* os autores e obras da última citação). Isto significa também que, pelo menos teoricamente, podem existir situações em que não tenha existido nenhum accionista que detenha mais de 30% da sociedade-mãe cotada mas em que, nos termos do § 2 Abs. 6 da WpÜG, essa sociedade se considere dominada por um determinado accionista (cf. STEINMEYER, in STEINMEYER/HÄGER, *WpÜG* cit., § 35 Rdn. 26; KRAUSE/PÖTZCH, in ASSMANN/PÖTZSCH/SCHNEIDER (Hrsg.), *Wertpapiererwerbs-* cit., § 35 Rdn. 99). O entendimento da maioria da doutrina alemã é igualmente válido à luz do direito português, na medida em que a existência de uma relação de domínio de um participante numa sociedade cotada é analisada à luz do art. 21º do Cód.VM e não ao abrigo do conceito de controlo do art. 187º, nº 1 do Cód.VM, mesmo que essa sociedade seja uma sociedade cotada. Com efeito, a ultrapassagem das fasquias constitutivas do dever de lançamento pode ser directa ou resultar de uma situação de imputação de direitos de voto referida no art. 20º, nº 1 do Cód.VM. Este preceito consagra, como situação de imputação, a existência de uma relação de domínio ou de grupo entre uma determinada sociedade e o participante, sendo o conceito de relação de domínio e de grupo fixado pelo art. 21º do Cód.VM, mesmo que a sociedade seja uma sociedade cotada. Esta interpretação está aliás em conformidade com a ideia de que a técnica de imputação de direitos de voto não é relevante para efeitos do conceito de relação de domínio ou de grupo prevista no art. 21º do Cód.VM (cf. OSÓRIO DE CASTRO, *A imputação* cit., pp. 178-181; PAULA COSTA E SILVA, *A imputação* cit., p. 422).

[1144] Esta sociedade pode já ser anteriormente dominada pelo participante ou ter sido adquirida ou constituída por este para proceder à aquisição do controlo indirecto da sociedade cotada (cf. HASSELBACH, in HIRTE/BÜLOW (Hrsg.), *Kölner* cit., § 35 Rdn. 86). Se a sociedade tiver sido constituída por vários accionistas, estes poderão ser obrigados ao lançamento de OPA se todos tiverem o controlo conjunto da sociedade "veículo" que adquiriu a participação de controlo na sociedade cotada. A aferição da existência de um controlo exclusivo ou conjunto da sociedade "veículo" deverá ser efectuada à luz do art. 21º do Cód.VM (neste sentido, considerando a possibilidade existir um controlo conjunto da sociedade veículo que deve ser aferido ao abrigo do § 2 Abs. 6 da WpÜG, *vide* HASSELBACH, in HIRTE/BÜLOW (Hrsg.), *Kölner* cit., § 35 Rdn. 86; KRAUSE/PÖTZCH, in ASSMANN/PÖTZSCH/SCHNEIDER (Hrsg.), *Wertpapiererwerbs-* cit., § 35 Rdn. 90; SCHLITT, in *Münchener* cit., § 35 WpÜG, Rdn. 100; no mesmo sentido, *vide*, no ordenamento jurídico italiano, o art. 101*bis* comma 4*bis* c) do TUF que inclui expressamente no conceito de *persone che agiscono di concerto*, que é relevante para efeitos do conceito

sociedade que detenha, directamente, a participação de controlo[1145]. A técnica da imputação consegue igualmente abarcar determinadas situações de controlo passivo que, de outro modo, ficariam fora do conceito de controlo. Veja-se, por exemplo, os casos em que o participante/sujeito obrigado adquire o controlo da sociedade cotada em virtude de aquisições efectuadas por sociedades por si dominadas que não tinha solicitado ou autorizado[1146]. A imputação de direitos de voto[1147] permite também incluir na noção de controlo outras situações de controlo conjunto da sociedade cotada, nomeadamente as resultantes da celebração de acordos parassociais[1148] relativos à sociedade cotada[1149] ou de acordos de transmissibilidade das acções. Por fim, cumpre referir que a imputação de direitos de voto poderá abranger as situações de controlo resultantes dos denominados sindicatos de bloqueio (*Schutzvereinigungen, sindacati di blocco, syndicats de blocage*)[1150],

---

de *acquisti di concerto* previsto no art. 109 comma 1 do TUF (que, por sua vez, estende o dever de lançamento de OPA aos casos em que se ultrapassam as fasquias constitutivas do dever por parte de pessoas em concertação), a sociedade sujeita a controlo conjunto (cf. CARDINALE, *sub. art. 109*, in AAVV, *I Codici* cit., p. 3211; QUATRARO/PICONE, *Manuale* cit., 2004, p. 109).

[1145] Para que haja uma aquisição indirecta de controlo, o participante tem de estar numa relação de domínio com a sociedade veículo que é titular da participação de controlo, nos termos do art. 21º do Cód.VM (neste sentido, defendendo que a relação de controlo deve ser aferida à luz do § 2 Abs. 6 da WpÜG, *vide* HASSELBACH, in HIRTE/BÜLOW (Hrsg.), *Kölner* cit., § 35 Rdn. 90; KRAUSE/PÖTZCH, in ASSMANN/PÖTZSCH/SCHNEIDER (Hrsg.), *Wertpapiererwerbs-* cit., § 35 Rdn. 95; SCHLITT, in *Münchener* cit., § 35 WpÜG, Rdn. 96).

[1146] O desconhecimento ou falta de autorização dessa aquisição não afastam a aquisição de controlo para efeitos da imposição do dever de lançamento (neste sentido, *vide* KRAUSE/PÖTZCH, in ASSMANN//PÖTZSCH/SCHNEIDER (Hrsg.), *Wertpapiererwerbs-* cit., § 35 Rdn. 113; HASSELBACH, in HIRTE/BÜLOW (Hrsg.), *Kölner* cit., § 35 Rdn. 93).

[1147] O controlo conjunto pode, nalguns casos (ainda que pouco frequentes), resultar da titularidade de participações directas superiores a 30% da sociedade cotada.

[1148] Sobre estes acordos, *vide*, no domínio mobiliário, PAULA COSTA E SILVA, *A imputação* cit., pp. 421--422; OSÓRIO DE CASTRO, *A imputação* cit., pp. 172-185, e, em geral, RAÚL VENTURA, *Estudos vários sobre sociedades anónimas*, Almedina, 1992, pp. 9 e ss.; GRAÇA TRIGO, *Os acordos* cit.; ENGRÁCIA ANTUNES, *Os grupos* cit., pp. 499-502; VASCO LOBO XAVIER, *A validade dos sindicatos de voto no direito português constituído e constituendo*, in ROA, 45, 1985, pp. 639 e ss.

[1149] No mesmo sentido, no direito alemão, *vide* HASSELBACH, in HIRTE/BÜLOW (Hrsg.), *Kölner* cit., § 35 Rdn. 227 e 228; STEINMEYER, in STEINMEYER/HÄGER, *WpÜG* cit., § 35 Rdn. 32; KRAUSE/PÖTZCH, in ASSMANN/PÖTZSCH/SCHNEIDER (Hrsg.), *Wertpapiererwerbs-* cit., § 35 Rdn. 67. Se, entretanto, o controlo conjunto for alargado em virtude da entrada de um novo participante para o acordo parassocial existente, este ficará sujeito ao dever de lançamento de OPA (cf. STEINMEYER, in STEINMEYER/HÄGER, *WpÜG* cit., § 35 Rdn. 32).

[1150] Sobre o conceito de sindicatos de bloqueio e as suas modalidades, *vide* GRAÇA TRIGO, *Os acordos* cit., pp. 24 e ss.; QUATRARO/PICONE, *Manuale* cit., 2004, pp. 117-121; TORINO, *I poteri* cit., pp. 338

em que através de acordos de transmissibilidade (*e.g.* preferências cruzadas; opções de compra), de intransmissibilidade e de inalterabilidade da participação social (*e.g.* limite máximo de acções a deter)[1151] se assegura a estabilidade de um núcleo accionista e o controlo recíproco sobre o destino da participação detida pelas várias partes desses acordos (art. 20º, nº 1 als. e) e/ou h) e nº 4 do Cód.VM). Porém, para afirmar que há lugar a uma imputação de direitos de voto, será necessário analisar, em concreto, o acordo que consubstancia o sindicato de bloqueio[1152]. Retomaremos o tema em IV. 2.3.1 *infra*.

e ss.; JAEGER, *Le deleghe di voto*, in AAVV, *La riforma delle società quotate*, Giuffrè Editore, Milano, 2000, pp. 79 e ss.; VIANDIER, *OPA* cit., pp. 89-91; MORIONES, *Los sindicatos de voto para la junta general de sociedades anónimas*, Tirant lo Blanch, Valência, 1996, pp. 72 e ss.

[1151] São os denominados *lock-in* ou *standstill-Vereinbarungen* (sobre estes, vide LÖHDEFINK, *Acting* cit., p. 344-348; SCHNEIDER, in ASSMANN/PÖTZSCH/SCHNEIDER (Hrsg.), *Wertpapiererwerbs-* cit., § 30 Rdn. 108).

[1152] No ordenamento jurídico italiano, os sindicatos de bloqueio (*sindacati di blocco*) preenchem o conceito de acordo parassocial (art. 122 comma 5 b) do TUF) que releva para efeitos do conceito de *acquisto di concerto* (art. 109 comma 2 do TUF) e, consequentemente, os direitos de voto detidos pelas partes do mesmo são contabilizados em "conjunto" para efeitos do cômputo da fasquia constitutiva do dever de lançamento (cf. CATERINO, *sub. art. 122*, in AAVV, *I Codici* cit., p. 3263; QUATRARO/PICONE, *Manuale* cit., 2004, pp. 117-121). No ordenamento jurídico francês, não há uma resposta uniforme sobre se os sindicatos de bloqueio preenchem, ou não, o conceito de actuação em concertação (*action de concert*); tudo depende do acordo em questão. Em relação aos acordos de intransmissibilidade ou de manutenção de participação mínima, a doutrina considera que, se os mesmos visarem a manutenção da estabilidade do controlo, estará preenchido o conceito de *action de concert* (neste sentido, vide VIANDIER, *OPA* cit., p. 241). Diferentemente, em relação aos acordos com preferências recíprocas, a doutrina, o regulador e a jurisprudência consideram que não preenchem *per se* o conceito de *action de concert*, porque as partes mantêm a total liberdade escolha da pessoa a quem pretendem alienar a participação (neste sentido, vide VIANDIER, *OPA* cit., pp. 242-243; decisão do caso Club Méditerranée de 1990; caso ABC Arbitrage – cf. decisão da AMF nº 209C0379 de 9 de Março de 2009).
No ordenamento jurídico alemão, a maioria da doutrina entende que estes acordos não preenchem *per se* o conceito de actuação concertada previsto no § 30 Abs. 2 da WpÜG (não gerando uma "imputação de direitos de voto"), sendo necessário que estabeleçam regras quanto à coordenação do exercício de direitos de voto (neste sentido, vide BÜLOW, in HIRTE/BÜLOW (Hrsg.), *Kölner* cit., § 30 Rdn. 277-280; BÜLOW/BÜCKER, *Abgestimmtes Verhalten im Kapitalmarkt und Gesellschafsrechts*, in ZGR, 2004, pp. 698 e ss. e 715 e ss.; LIEBSCHER, *Die Zurechnungstatbestände* cit., p. 1005; contra, vide HOLZBORN, in ZSCHOCKE/SCHUSTER, *Bad Homburger Handbuch zum Übernahmerecht*, Heidelberg, 2002, Rdn. 26). Apesar disso, alguns autores reconhecem que aqueles acordos são um indício de concertação destinada a alcançar o controlo (cf. LÖHDEFINK, *Acting* cit., p. 344; SCHÜPPEN/WALZ, in HAARMANN//SCHÜPPEN (Hrsg.), *Frankfurter* cit., § 30 Rdn. 74). No ordenamento jurídico espanhol, a doutrina entende que os acordos que se limitem a restringir ou condicionar a livre transmissibilidade de acções são irrelevantes para efeitos do dever de lançamento, pois, ao não incidirem sobre a gestão, são incapazes, por si sós, de conformar genuínas posições de controlo (cf. GARCÍA DE ENTERRÍA, *Oferta*

III. Apesar de a técnica de imputação introduzir uma nota de materialidade e alargar o tipo de controlo pressuposto no instituto da OPA obrigatória, isso não significa que o mecanismo de imputação deixe de funcionar na perspectiva abstracta e formal que se identificou *supra*.

Por isso, não é necessário aferir se existe uma possibilidade de influenciar *in casu* o exercício do direito de voto, mesmo que o participante declare que não tenciona influenciar o exercício dos direitos de voto ou que desconheça os factos que conduziram à imputação (*e.g.* aquisição por uma sociedade por si controlada)[1153]. Se a situação factual subjacente ao critério da imputação estiver verificada, é obrigatório que haja lugar à imputação de direitos de voto[1154]. A existência de impedimentos contratuais ou legais à influência sobre o exercício do direito de voto não tem repercussão sobre o mecanismo de imputação[1155]. Esta é uma consequência da consagração do conceito formal e quantitativo de controlo previsto no art. 187º, nº 1 do Cód.VM que, como se referiu *supra*, não atende às circunstâncias do caso concreto para verificar se existe efectivamente um controlo sobre a sociedade cotada[1156]. Há, portanto, uma coerência sistemática e estrutural na forma de construção do conceito de controlo.

---

cit., p. 173). Contudo, o autor reconhece que, caso haja uma aquisição simultânea de acções por vários accionistas, o facto de eles estarem vinculados por um acordo parassocial restritivo da transmissibilidade é um indício da existência de uma situação de concertação.
Para mais desenvolvimentos, *vide* IV. 2.3.1 *infra*.

[1153] Neste sentido, *vide* Osório de Castro, *A imputação* cit., p. 171; Paulo Câmara, *Manual* cit., p. 552; no mesmo sentido, mas com críticas, *vide* Paula Costa e Silva, *Sociedade* cit., p. 569-571; Ib., *A imputação* cit., p. 438. Contra, afirmando a natureza transitiva do art. 20º, nº 1, nos termos da qual "o concreto sentido do mesmo só se deixa captar através da sua *contextualização casuística* em razão das especificidades do instituto que concretamente se considere", *vide* Pereira Neves, *A natureza* cit., pp. 530 e ss.. No ordenamento jurídico alemão, o entendimento praticamente unânime é o de que o mecanismo de imputação previsto no § 30 da WpÜG é formal e irrefutável (*Zwingende zurechnung*) (neste sentido, *vide* Bülow, in Hirte/Bülow (Hrsg.), *Kölner* cit., § 30 Rdn. 27 e 34; Löhdefink, *Acting* cit., p. 225; Noack/Zetzsche, in Schwark/Zimmer, *Kapitalmarktrechts-* cit., § 30 WpÜG, Rdn. 50).

[1154] Cf. Bülow, in Hirte/Bülow (Hrsg.), *Kölner* cit., § 30 Rdn. 34. No mesmo sentido, *vide* Noack, ainda que excepcionando os casos do Abs. 3 e 6 do § 30 da WpÜG, nos quais considera ser admissível uma refutação dos factos que determinam a imputação (cf. in Schwark, *Kapitalmarktrechts-* cit., § 30 WpÜG, Rdn. 6).

[1155] Cf. Noack/Zetzsche, in Schwark/Zimmer, *Kapitalmarktrechts-* cit., § 30 WpÜG, Rdn. 50; Bülow, in Hirte/Bülow (Hrsg.), *Kölner* cit., § 30 Rdn. 34; Diekmann, in Baums/Thoma (Hrsg.), *Kömmentar* cit., § 30 Rdn. 16; Löhdefink, *Acting* cit., p. 225.

[1156] Neste sentido, considerando que o cariz formal e irrefutável do § 30 da WpÜG é uma consequência do conceito formal de controlo do § 29 Abs. 2 da WpÜG, *vide* Bülow, in Hirte/Bülow (Hrsg.), *Kölner* cit., § 30 Rdn. 34; Verse, *Übergang* cit., p. 1334.

No entanto, a existência de uma influência sobre o exercício dos direitos de voto e a existência de impedimentos contratuais ou legais a essa influência terão relevância para efeitos do mecanismo previsto no art. 187º, nº 2 do Cód.VM[1157-1158]. A interpretação do art. 20º, nº 1 do Cód.VM, para efeitos do cômputo da percentagem de direitos de voto constitutiva do dever de lançamento, não tem de ser forçosamente igual à que é feita em sede do dever de comunicação de participações qualificadas.

1.2.2.3 A interpretação não uniforme do art. 20º do Cód.VM em função da sua finalidade: deveres de comunicação ou OPA obrigatória

I. Conforme se constatou, a técnica da imputação é utilizada para fins diversos, em particular para os deveres de comunicação de participações qualificadas e para a constituição do dever de lançamento. PAULA COSTA E SILVA refere-se, a este propósito, a uma "dupla funcionalização das regras da imputação"[1159-1160]. Contudo, a doutrina diverge sobre o modo de aplicação do art. 20º do Cód.VM no contexto dos deveres de comunicação de participação qualificada e da constituição do dever de lançamento.

Alguns autores defendem que o regime de imputação de direitos de voto é um regime unificado e instrumental dos regimes de comunicações de participações qualificadas e de OPA obrigatória, pelo que a sua aplicação deve ser uniforme em ambos os contextos[1161]. Segundo os seus defensores, há um argumento

---

[1157] Esta é também a opinião da doutrina alemã que considera estas situações relevantes para efeitos do pedido de isenção do dever de lançamento nos termos do § 37 da WpÜG (cf. BÜLOW, in HIRTE//BÜLOW (Hrsg.), *Kölner* cit., § 30 Rdn. 34; NOACK, in SCHWARK, *Kapitalmarktrechts-* cit., § 30 WpÜG, Rdn. 50; LÖHDEFINK, *Acting* cit., p. 225).

[1158] Cf. IV. 1.2.3 *infra*.

[1159] Cf. *Sociedade* cit., p. 564.

[1160] Outros autores afirmam que, para além daquelas duas funções principais, há outras funções residuais, designando estas de "terceira funcionalidade" (cf. SOARES DA SILVA, *Algumas* cit., p. 55). Com efeito, o mecanismo de imputação de direitos de voto é também utilizado para outros efeitos, sendo várias as remissões no Cód.VM e em legislação avulsa para aquele mecanismo.

[1161] Neste sentido, *vide* PAULO CÂMARA, *Manual* cit., pp. 555-556. Parece-me ser este também, se interpretámos bem a posição do autor, o entendimento de OSÓRIO DE CASTRO, *A imputação* cit., p. 164, nota 6. Para o autor, "é líquido que a noção de participação qualificada e as regras sobre o seu cômputo integram esse instituto, devendo ser lidos à luz das correspondentes valorações – sendo aos resultados assim obtidos que se reportam as remissões constantes de outros lugares da lei. E isto é assim, note-se, também pelo que concerne ao art. 187º, nº 1 do Cód.VM". O autor considera que este último preceito deve ser entendido em sede de OPA obrigatória com o mesmo sentido que tem no "seu instituto de origem, precisamente porque se entende existir analogia entre os casos".

histórico a favor deste entendimento que está relacionado com à má experiência do regime dual do Cód.MVM, cuja aplicação se revelara "espinhosa" e suscitara diversas dificuldades interpretativas, e que teria conduzido a "um amplo consenso em torno da solução unificadora à data de aprovação do código"[1162]. O argumento sistemático, *rectius* da "sistematização do material normativo", também deporia a favor deste entendimento, pois a "unificação do regime de imputação de direitos favorece a clareza aplicativa, facilita os modelos de decisão por parte dos investidores e torna a lei mais acessível e correctamente compreendida"[1163]. Por fim, este entendimento seria o mais conforme ao carácter meramente remissivo do art. 187º, nº 1 do Cód.VM para o art. 20º do mesmo código. Através da remissão, o "legislador importa a norma com o sentido que ela tem no seu instituto de origem, precisamente porque entende existir analogia entre os casos"[1164]. Não obstante ser necessário efectuar as "devidas adaptações", estas circunscrever-se-iam aos "ajustamentos necessários para permitir que *aquela mesma regra*, com o critério valorativo que lhe estiver subjacente, possa valer num domínio diferente daquele para o qual foi originariamente pensada – não podendo redundar, ao cabo e ao resto, numa substituição desse critério por outro alegadamente mais consentâneo com as particularidades do instituto «receptor» (o que, no fundo, redundaria em repudiar a analogia pressuposta pela lei)"[1165].

Uma outra corrente doutrinal[1166] sustenta que o art. 20º do Cód.VM deve ser aplicado de forma diversa consoante a técnica de imputação seja utilizada no con-

---

[1162] Cf. Paulo Câmara, *Manual* cit., p. 555.

[1163] Neste sentido, *vide* Paulo Câmara, *Manual* cit., p. 556. Segundo o autor, o facto da técnica de imputação "atingir também o dever de lançamento de OPA encontra respostas adequadas no Direito nacional – com destaque para a prova negativa do domínio (art. 187º, nº 2) e a suspensão do dever (art. 190º)".

[1164] Neste sentido, *vide* Osório de Castro, *A imputação* cit., p. 164, nota 6. O autor refere que a remissão não é uma "mera técnica de «cortar-e-colar»" mas rejeita que seja necessário um "esforço interpretativo autónomo, em homenagem à especificidade do seu local sistemático". Já Soares da Silva, apesar de afirmar que acolhe a posição de Osório de Castro, fá-lo com a dúvida: "quando a remissão resulta mais de opção legislativa pragmática do que de reconhecimento de analogia – como, em larga medida, será aqui o caso, pois se terá prescindido ou subalternizado a identidade de *ratio* em nome de preocupações de segurança e certeza – as *«devidas adaptações»* podem ter que ser levadas a um ponto em que a fronteira com a reponderação valorativa se esbate" (cf. *Algumas* cit., p. 49, nota 3). O autor acaba assim por se afastar da posição de Osório de Castro.

[1165] Cf. Osório de Castro, *A imputação* cit., p. 164, nota 6.

[1166] Uma posição intermédia entre estas duas correntes doutrinais pode ser encontrada no entendimento de Soares da Silva. O autor começa por referir que a "imputação versa sobre direitos de voto

texto dos deveres de comunicação de participações qualificadas ou para efeitos do dever de lançamento. A razão de ser desta aplicação diferenciada resultaria do facto das regras da imputação terem a sua origem nas normas comunitárias sobre transparência e de estarem construídas para esse efeito, sendo que a sua utilização noutro instituto, como a OPA obrigatória, justifica uma diferente aplicação[1167]. Os autores divergem, todavia, quanto ao modo de concretização dessa aplicação. Há quem sustente posições mais genéricas de afirmação da existência de uma diferença de aplicação consoante as "razões concretas e as finalidades dessa imputação"[1168] e quem defenda, em nome de uma "contextualização casuís-

---

cujo exercício pode ser influenciado ou influenciável" e que são as regras de imputação do art. 20º a que o intérprete deve recorrer para computar a ultrapassagem das fasquias constitutivas do dever de lançamento. O autor considera ser "sistematicamente tolerável, em termos gerais, o risco de que as ficções utilizadas para efeitos de obrigação de divulgação de participação venham a *pecar por excesso*, gerando dever de divulgação onde a susceptibilidade de influência dos direitos de voto não seja nítida ou possa até em concreto não existir". Apesar de o autor considerar que a gravidade das consequências exige que o intérprete seja firme para que o "excesso não possa ocorrer na determinação da existência de dever de lançamento de oferta pública", admite que o dever pode "prescindir (é o intuito primário da técnica escolhida) da demonstração da existência de controlo dos votos em causa, ou mesmo até da efectiva existência desse controlo". No entanto (e numa aparente contradição), refere que o dever de lançamento "não pode constituir-se *independentemente de uma real e efectiva susceptibilidade dele*". É preciso reconhecer que o autor apenas pretende identificar a questão e não propriamente resolvê-la. O autor rejeita ainda uma "interpretação restritiva quanto ao dever de lançamento de oferta pública, podendo em muitos dos casos bastar as regras gerais de interpretação para chegar a conclusões compatíveis com a mutação teleológica subjacente aos dois domínios", ou seja, podem bastar as *"devidas adaptações"*. Só que, recorde-se, para o autor as *"devidas adaptações"* podem ter que ser levadas a um ponto em que a fronteira com a reponderação valorativa se esbate" (cf. *Algumas* cit., p. 49, nota 3).

[1167] Cf. Paula Costa e Silva, *A imputação* cit., pp. 440-441; Pereira Neves, *A natureza* cit., p. 530 e ss.

[1168] É esta a posição de Paula Costa e Silva, *A imputação* cit., pp. 439-441. "As razões concretas da imputação e as finalidades dessa imputação" são "dois vectores fundamentais que lhe permitem alcançar a norma aquando da determinação do sentido de uma disposição. E a norma deverá estar sempre dotada de racionalidade. O que lhe imporá operar uma aplicação do art. 20/1 do CVM que não esqueça que essa aplicação foi condicionada pelo ponto de partida: o art. 187/1 do mesmo diploma" (cf. *A imputação* cit., p. 441). A autora defendia, embora reconhecendo as dificuldades levantadas pela técnica das ficções legais utilizada pelo art. 20º do Cód.VM, uma genérica "aplicação restritiva e condicionada" do art. 20º no contexto da obrigação de lançamento de OPA, sustentando que a interpretação daquele preceito nesta sede "pressupõe a disponibilidade de instrumentos que permitam um exercício do domínio" (cf. *O domínio* cit., pp. 280 e ss.; *A imputação* cit., pp. 439-440). No entanto, a mesma autora, num estudo mais recente, refere que, como o art. 20º está baseado em ficções legais, não seria possível "paralisar a imputação mesmo que fosse possível provar a ausência de domínio dos votos imputados", pelo que o "domínio pode ser algo de puramente virtual"

tica" em função do instituto em que operam, uma quase "reconstrução" total das regras de imputação do art. 20º do Cód.VM, reduzindo as situações de imputações à "ínfima espécie"[1169].

(cf. PAULA COSTA E SILVA, *Sociedade* cit., pp. 569-570). Não é possível depreender se a conclusão da autora altera a defesa de uma aplicação diferenciada do art. 20º do Cód.VM e da interpretação "restritiva e condicionada" deste preceito em sede de OPA anteriormente referidas.
MATTAMOUROS RESENDE sustenta igualmente a necessidade de aplicar de forma diversa o art. 20º do Cód.VM em sede de OPA obrigatória mas sem concretizar quais as situações de imputação que não relevariam para este efeito. O autor defende que "quando, e apenas na estrita medida em que, as situações típicas prefiguradas nas diferentes alíneas do nº 1 do art. 20º do Cód.VM traduzam uma efectiva disponibilidade, jurídico negocialmente legitimada, dos direitos de voto na titularidade de terceiros, elas podem configurar uma situação de controlo para efeitos do art. 187º do Cód.VM". O autor considera que, "na maior parte das situações, mercê das comunicações efectuadas ao abrigo do art. 16º do Cód.VM, as situações correspondentes aos tipos de imputação analisados permitirão presumir a existência de uma relação de domínio ao abrigo do nº 2 do art. 21º". Nos demais casos, "a comunicação de participação qualificada não deixa de assumir a maior importância" porque ela pode "traduzir um forte indício de que o participante exerce uma influência dominante sobre a sociedade, nos termos do art. 21º, nº 1 do Cód.VM". Assim, o autor conclui que o art. 187º do Cód.VM terá de ter em conta o art. 20º "na medida em que do mesmo resulte uma situação de domínio para o sócio participante", pelo que "os votos que foram imputados para efeitos do art. 16º e ss. não serão, *ipso facto*, imputados a uma participação de domínio", serão antes "tidos em conta na medida em que contribuam para a formação da participação dominante, apreciação que não poderá deixar de ser casuística" (cf. *A imputação de direitos de voto no mercado de capitais*, in Cád.VM, nº 27, p. 69).
[1169] É esse caso do entendimento defendido por PEREIRA NEVES, *A natureza* cit., pp. 530 e ss.; Ib. *Delimitação* cit., pp. 753-754. Depois de afirmar a natureza transitiva dos critérios de imputação de direitos de voto, o autor defende que, para os efeitos do artigo 187º, só devem considerar-se como "relevantes aqueles direitos de voto que, de entre os imputáveis nos termos do nº 1 do art. 20º, sejam susceptíveis de contribuir para a efectiva constituição de uma situação de *influência dominante* do participante sobre a sociedade aberta em causa". O autor defende que o conceito de influência dominante deve, "sob pena *fragmentação inadmissível* do ordenamento jurídico", atender às situações previstas nos nºs 1 e 2 do art. 21º do Cód.VM, "especializando-as na estrita medida do necessário em razão do nº 1 do art. 187º". Deste modo, continua o autor, "deverão considerar-se relevantes, de todos os votos imputáveis nos termos do nº 1 do art. 20º, aqueles que, pela sua *fonte*, pela *abrangência* das matérias a que se reportem sejam adequados à instalação daquela situação de *influência dominante*". E conclui afirmando que, em geral, "apenas se deverão considerar relevantes os votos imputáveis até «parte» da al. c) do nº 1 do art. 20º e na estrita medida em que os votos em causa recaiam (como reduto mínimo) na eleição da maioria dos membros dos órgãos de administração ou de fiscalização das sociedades abertas consideradas" (cf. PEREIRA NEVES, *Delimitação* cit., pp. 753-754). Em suma, o autor defende que, em sede de OPA obrigatória, só se deveriam ter em conta as situações de imputação que decorram da celebração de acordos de voto (al. c) do nº 1 do art. 20º do Cód.VM) e desde que o acordo verse sobre a eleição da maioria dos membros dos órgãos de administração ou de fiscalização da sociedade cotada!

II. O que dizer destas diferentes posições doutrinais? Será que a remissão do art. 187º do Cód.VM para o art. 20º do Cód.VM opera *qua tale*, sem necessidade de qualquer "esforço interpretativo" para além das meras "adaptações"? Ou será que a interpretação do art. 20º para efeitos do art. 187º deve ser distinta da que resulta do seu "instituto de origem": o art. 16º? E, em caso afirmativo, será que é necessário atender a uma efectiva influência sobre o exercício de direitos de voto ou à existência de um domínio real e efectivo?

Antes do mais, é preciso referir que, nesta discussão, há alguma confusão de conceitos que estará provavelmente na origem de interpretações tão díspares sobre esta matéria. A técnica de imputação de direitos de voto não se confunde com o controlo da sociedade cotada. O facto da OPA obrigatória pressupor a existência de uma cessão de controlo não significa que a técnica da imputação de direitos de voto, à qual aquele instituto recorre, se convole num mecanismo que pressuponha o exercício material e efectivo daquele controlo através, nomeadamente, do controlo do exercício do direito de voto e que, para aferir desse controlo, se lance mão do art. 21º do Cód.VM[1170]. Os planos não se confundem.

Menos "reconstrutiva" mas igualmente "reformuladora" das regras de imputação para efeitos de OPA, é a posição defendida por MOREDO SANTOS. O autor defende que, para que uma determinada situação de imputação deva ou não ser considerada para efeitos de OPA obrigatória, é necessário que estejamos perante uma situação de imputação que o autor designa de "intensidade máxima (discricionariedade)", que abarcariam as situações em que o participante "exerce os direitos de voto que lhe são imputados", ou de "intensidade média (influência)", que abrangem os casos em existe uma "influência actual no exercício dos direitos de voto". Segundo o autor, as als. f) e g) do nº 1 do art. 20º do Cód.VM seriam situações de imputação de intensidade máxima e as als. a), b) e c) do mesmo preceito seriam de intensidade média (cf. *Transparência* cit., pp. 503-504; 384-385). Assim, as als. d) (acções detidas pelos membros dos órgãos de administração ou fiscalização do participante), e) (acções que o participante possa adquirir em virtude de acordo celebrado com os respectivos titulares) e h) (acordo para aquisição do domínio ou frustração da alteração do domínio ou instrumentos de exercício concertado de influência) não contam para efeitos do dever de lançamento. Se houver situações de imputação que o autor designa de conflituantes, as imputações de intensidade máxima prevalecem sobre as de intensidade média, parecendo que esta afirmação significa que os sujeitos participantes não ficaram obrigados ao lançamento de OPA. A ideia central do autor é a de que não é possível dizer que "há domínio se o mesmo não puder ser exercido" e que "esse exercício apenas se pode fazer mediante influência efectiva ou discricionariedade no exercício dos direitos de voto" (cf. *A Transparência* cit. pp. 500-503). Deste modo, não contam, para efeitos de OPA obrigatória, não devem ser imputados ao participante "os direitos de voto cujo exercício se considere por ele influenciado *ou influenciável*" (cf. *Transparência* cit., pp. 502-503). Só se considera a influência presente e efectiva sobre o exercício dos direitos de voto.

[1170] Não concordamos, portanto, com as posições em particular de PEREIRA NEVES, *Delimitação* cit., pp. 753-754, e, em certa medida (ainda que menor), de MATTAMOUROS RESENDE, *A imputação de direi-*

O art. 187º, nº 1 do Cód.VM baseia-se num conceito de controlo formal e quantitativo e, para efeitos do cálculo quantitativo deste controlo, recorreu às regras de imputação de direitos de voto (art. 20º do Cód.VM), que revestem também um cariz abstracto e formal[1171]. A existência de um controlo real e efectivo relevará exclusivamente em sede do art. 187º, nº 2 do Cód.VM, como mecanismo de "escape" ou correctivo dos excessos do nº 1 do mesmo preceito (que *infra* se analisará[1172]), e não em sede de imputação de direitos de voto, a qual, repita-se, é um mecanismo de cariz abstracto e formal que não exige que se verifique se há, no caso concreto, uma influência sobre o exercício dos direitos de voto[1173]. Isso não significa que a interpretação das regras de imputação de direitos de voto seja asséptica e não atenda aos objectivos e finalidades visados pelo instituto que a ela recorre. Vejamos como e de que forma.

III. Há que reconhecer que o art. 187º do Cód.VM contém uma remissão para a técnica do art. 20º do Cód.VM e que a intenção do legislador do Cód.VM foi a de, face à má experiência do regime dual do Cód.MVM, estabelecer um regime uniforme de imputação de direitos de voto em sede de deveres de comunicação e de OPA obrigatória[1174]. A técnica da imputação foi construída no seio das nor-

---

tos cit., p. 69, e de Moredo Santos, *Transparência* cit., pp. 502-504. Não se pode procurar trazer à colação para a interpretação, *rectius* "reconstrução" ou "reformulação", do art. 20º do Cód.VM o art. 21º do Cód.VM e, com base nas presunções nele previstas, determinar exclusões ou limitações à aplicação das situações de imputação consagradas no primeiro preceito.

[1171] De outro modo, estaríamos a fazer entrar pela "janela" (leia-se a coberto de uma remissão para uma técnica de cômputo de direitos de voto) o que não coube na "porta" (leia-se no texto do art. 187º, nº 1 do Cód.VM). Não se pode, portanto, forçar a introdução no art. 187º, nº 1 do Cód.VM de um conceito material e efectivo de controlo que o legislador quis manifestamente excluir por razões de segurança e certeza jurídicas já mencionadas (cf. IV. 1.2.1 *supra*).

[1172] Cf. IV. 1.2.3 *infra*. É nessa sede que poderão relevantes alguns elementos do art. 21º do Cód.VM.

[1173] Cf. IV. 1.2.2.1 e 1.2.2.2 *supra*.

[1174] Cf. Paulo Câmara, *Manual* cit., p. 555. No ordenamento jurídico alemão, as regras de imputação do § 22 WpHG e do § 30 WpÜG são literalmente iguais (palavra por palavra) e entraram em vigor a 1 de Janeiro de 2002 através do mesmo diploma legislativo que aprovou a WpÜG: o *Gesetz zur Regelung von öffentlichen Angeboten zum Erwerb von Wertpapieren und von Unternehmensüberbahmen* (cf. BGBl. I 2001, pp. 328 e ss.; Bülow, in Hirte/Bülow (Hrsg.), *Kölner* cit., § 30 Rdn. 19). Apesar de a WpHG ser um diploma mais antigo (1998), as regras de imputação nela previstas para efeitos de deveres de comunicação foram alteradas e adaptadas às novas regras de imputação da WpÜG (cf. Löhdefink, *Acting* cit., p. 177). O objectivo do legislador foi o de evitar confusão no mercado de capitais caso fossem utilizados diferentes métodos de imputação de direitos de voto (cf. Begr RegE sobre § 30 da WpÜG e 22 da WpHG in BT-Drucks 14/7034, pp. 53 e 70; Bülow, in Hirte//Bülow (Hrsg.), *Kölner* cit., § 30 Rdn. 19; Löhdefink, *Acting* cit., p. 177). Perante este objectivo

mas sobre comunicação de participações qualificadas, como revela a sua inserção sistemática[1175] e o facto de as suas regras resultarem da transposição das Directivas comunitárias sobre transparência[1176], e foi "importada" pelo legislador para o instituto da OPA obrigatória, no intuito de criar o referido regime uniforme. Será que isso impede uma interpretação distinta do art. 20º, nº 1 do Cód.VM quando convocado para o cômputo dos direitos de voto em matéria de dever de lançamento (art. 187º do Cód.VM) face à sua interpretação "originária" no âmbito dos deveres de comunicação?

Entendo que não. A interpretação uniforme não é obrigatória e os argumentos de autores que a sustentam não são procedentes[1177]. O facto de o legislador ter

---

declarado do legislador de adoptar um método de imputação idêntico e evitar "irritações" de mercado, uma parte da doutrina alemã defende que devem ser utilizados standards idênticos e paralelos para a sua interpretação e aplicação (neste sentido, vide GEISSEL/SÜSSMANN, in BKR, 2002, p. 62; HOPT, in ZHR, 166, 2002, p. 410; LANGE, *Aktuelle Rechtsfragen der kapitalmarktrechtlichen*, in ZBB, 2004, p. 22; MÖLLER, *Rechtsmittel und Sanktionen nach dem WpÜG*, in AG, 2004, p. 174; WACKERBARTH, in *Münchener* cit., § 30 WpÜG, Rdn. 5-6; Ib., *Die Zurechnung* cit., in ZIP, 2005, p. 1218; LIEBSCHER, *Die Zurechnungstatbestände* cit., p. 1009; SCHOCKENHOFF/SCHUMANN, *Acting in concert – geklärte und ungeklärte Rechtsfragen*, in ZGR, 2005, p. 609; SCHÜPPEN/WALZ, in HAARMANN//SCHÜPPEN (Hrsg.), *Frankfurter* cit., § 30 Rdn. 88). Porém, esta não é a opinião maioritária da doutrina alemã conforme se analisará *infra*.

[1175] O art. 20º insere-se na Secção II do Capítulo IV do Título I cuja epígrafe é *"Participações qualificadas"* e na qual se insere igualmente o art. 16º relativo aos deveres de comunicação de participações qualificadas (no mesmo sentido, vide PAULA COSTA E SILVA, *A imputação* cit., p. 440).

[1176] Cf. IV. 1.2.2.1 *supra*. A única excepção é a al. h) do nº 1 do art. 20º a qual, conforme se sustentou, resulta da transposição da Directiva das OPAs.

[1177] Neste sentido, rejeitando uma interpretação uniforme do § 30 WpÜG e da § 22 da WpHG apesar de ter sido intenção declarada do legislador adoptar um método de imputação idêntico e de ter, para esse efeito, utilizado redacções iguais naqueles preceitos, vide a opinião maioritária da doutrina alemã, em particular BÜLOW, in HIRTE/BÜLOW (Hrsg.), *Kölner* cit., § 30 Rdn. 20-21; DIEKMANN, in BAUMS/THOMA (Hrsg.), *Kömmentar* cit., § 30 Rdn. 2; STEINMEYER, in STEINMEYER//HÄGER, *WpÜG* cit., § 30 Rdn. 3; BACHMANN, in ZHR, 173, 2009, p. 636; DÜCHTING, *Acting in Concert*, Peter Lang, Frankfurt/Main, 2009, pp. 102-103; WECKER/PLUSKAT, «*Acting in Concert» im deutschen Kapitalmarkt- und Gesellschaftsrecht*, in Gedächtnisschrift Michael Gruson, 2009, pp. 427-428; DRINKUTH, *Gegen den Gleichlauf des Acting in Concert nach § 22 WpHG und § 30 WpÜG*, in ZIP, 2008, pp. 677 e ss.; SCHNEIDER, in ASSMANN/PÖTZSCH/SCHNEIDER (Hrsg.), *Wertpapiererwerbs-* cit., § 30 Rdn. 8; OPITZ, in SCHÄFER/HAMANN (Hrsg.), *Kapitalmarktgesetze* cit., § 22 WpHG Rdn. 101; KÜMPEL/VEIL, *Wertpapiererhandelsgesetz*, 2. Auflage, Berlin, 2006, 7. Teil, Rdn. 41; SOHBI, in HEIDEL (Hrsg.), *Aktienrecht und Kapitalmarktrecht*, NomosKommentar, 2. Auflage, Baden-Baden, 2007, § 30 WpÜG Rdn. 1; LÖHDEFINK, *Acting* cit., pp. 177-178; OESCHLER, in EHRICKE/EKKEUGA/OECHSLER, *WpÜG* cit., § 30 Rdn. 1; CASPER, *Acting in Concert – Reformbedürftigkeit eines neuen kapitalmarktrechtlichen Zurechnungstatbestandes*, in VEIL/DRINKUTH (Hrsg.), *Reformbedarf im Übernahmerecht*, Köln, 2005, pp. 48-49; Ib.,

pretendido edificar um regime uniforme com a consagração de uma norma instrumental única, erigida no âmbito dos deveres de comunicação e requisitada para efeitos do cálculo das fasquias constitutivas do dever de lançamento, não impede uma interpretação diferenciada da mesma. O elemento histórico não é o único, nem o decisivo, elemento da interpretação jurídica[1178]. É fulcral atender ao elemento teleológico (a *ratio legis*[1179]), que assume uma importância fundamental na interpretação jurídica[1180], e ter em conta que a hodierna metodologia jurídica assume uma "intencionalidade teleológica e um sentido prático-normativo" e perspectiva a interpretação jurídica como o "momento da concreta realização do direito"[1181]. O elemento histórico não pode impedir que a interpretação do art. 20º, nº 1 do Cód.VM deixe de atender às finalidades e objectivos do concreto instituto que convoca a sua aplicação (a OPA obrigatória) e ser efectuada, de forma asséptica, à luz do âmbito no qual foi edificada: comunicação de participações qualificadas[1182].

O presente entendimento não é prejudicado pelo facto de estarmos perante uma remissão. A norma remissiva (ou não autónoma) é uma norma que não tem um "sentido completo" e, para o obter, "remete para outra ou outras normas"[1183]. A norma remissiva pode assumir diferentes modalidades. Pode ser explícita, quando "refere expressamente a norma ou normas para que remetem", ou implícita, quando não remete expressamente para outra norma mas "estabelece que o facto ou situação a regular é ou se considera igual ao facto ou situação disciplinada por outra norma para a qual, portanto, implicitamente,

---

Acting cit., p. 1469; SEIBT, *Stimmrechtszurechnung nach £ 30 WpÜG zum Alleingesellschafter-Geschäftsführer einer GmbH?*, in ZIP, 2005, p. 733; aparentemente neste sentido embora levantando algumas dúvidas, vide NOACK/ZETZSCHE, in SCHWARK/ZIMMER, *Kapitalmarktrechts-* cit., § 30 WpÜG, Rdn. 4. É esse igualmente o entendimento da jurisprudência alemã expresso no acórdão do OLG Stuttgart de 10 de Novembro de 2004 (cf. in AG, 2005, p. 129).

[1178] Cf. LARENZ, *Methodenlehre der Rechtswissenschaft*, 6 neubearbeitete Auflage, München u.a, 1991, pp. 316 e ss.

[1179] A razão-de-ser da norma, o fim ou o objectivo prático que a lei se propõe atingir (cf. CASTANHEIRA NEVES, *Interpretação* cit., pp. 364-365; BAPTISTA MACHADO, *Introdução* cit., pp. 182-183; CASTRO MENDES, *Introdução* cit., pp. 73-84; SANTOS JUSTO, *Introdução* cit., p. 331; GALVÃO TELLES, *Introdução ao Estudo do Direito*, I, Coimbra Editora, Coimbra, 1999, p. 245).

[1180] Cf. SANTOS JUSTO, *Introdução* cit., p. 331; OLIVEIRA ASCENSÃO, *O Direito* cit., pp. 408-409.

[1181] Cf. CASTANHEIRA NEVES, *O princípio da legalidade criminal*, in Digesta, I, Coimbra Editora, Coimbra, 1995, p. 422.

[1182] Neste sentido, afirmando que o argumento histórico da intenção do legislador da WpÜG e WpHG em relação aos §§ 30 e 22 não é decisivo, vide LÖHDEFINK, *Acting* cit., p. 177.

[1183] Cf. SANTOS JUSTO, *Introdução* cit., p. 151.

remete"[1184]. A remissão explícita pode ser modificativa, se a norma "não só remete para outra mas também modifica o seu alcance", restringindo-o[1185] ou ampliando--o[1186], ou não modificativa, se a norma se limita a "remeter para outra que a completa, sem modificar (restringir ou ampliar) o seu alcance"[1187]. A remissão não modificativa pode ser intra-sistemática, quando a "norma jurídica remete para outra norma do mesmo sistema jurídico" procurando assim evitar "repetições" e assegurar "um paralelismo e unidade de soluções", ou extra-sistemática, se a norma jurídica "remete para sistemas jurídicas diferentes (estranhos ou estrangeiros)"[1188]. O exposto permite-nos concluir que é incorrecta a ideia de que a interpretação da norma para a qual se remete está limitada às "devidas adaptações"[1189], pois a remissão pode ser modificativa, restringindo ou ampliando o alcance da norma para a qual se remete. A analogia pressuposta na remissão, a que se refere BAPTISTA MACHADO[1190], não determina uma desconsideração das finalidades e objectivos próprios da norma remissiva caso contrário poderia incorrer-se, em nome dessa analogia, numa violação da teleologia da norma que se está a aplicar. A analogia, abstractamente pressuposta pela remissão, carece de ser verificada em concreto no momento de aplicação da norma remissiva em função das finalidades e objectivos próprios desta norma, de modo a que a remissão não subverta a *ratio* da norma que se está a aplicar e não se afirme uma analogia remissiva virtual[1191].

[1184] Cf. SANTOS JUSTO, *Introdução* cit., pp. 150 e 152. A remissão implícita pode subdividir-se em presunções legais e ficções legais cuja distinção já se efectuou em IV. 1.2.2.2 *supra*.

[1185] Neste caso, estaremos perante uma remissão modificativa restritiva. São exemplos de remissão modificativa restritiva os arts. 1485º, 1440º e 1293º al. b) do CC (cf. SANTOS JUSTO, *Introdução* cit., p. 151).

[1186] Neste caso, estaremos perante uma remissão modificativa ampliativa. São exemplos de remissão modificativa ampliativa os arts. 1407º e 985º, nº 4 do CC (cf. SANTOS JUSTO, *Introdução* cit., p. 151).

[1187] Cf. SANTOS JUSTO, *Introdução* cit., p. 151.

[1188] Cf. SANTOS JUSTO, *Introdução* cit., p. 152. Este autor dá, como exemplo de normas remissivas não modificativas extra-sistemáticas, as normas do Direito Internacional Privado que remetem para outra ordem jurídica e as normas que remetem directamente para o Direito Canónico (art. 1625º do CC) (cf. SANTOS JUSTO, *Introdução* cit., p. 152).

[1189] Rejeitamos, portanto, a ideia defendida por OSÓRIO DE CASTRO, *A imputação* cit., p. 164, nota 6.

[1190] Cf. BAPTISTA MACHADO, *Introdução* cit., p. 107. O autor é citado por OSÓRIO DE CASTRO na fundamentação da sua posição (cf. *A imputação* cit., p. 164, nota 6).

[1191] Este entendimento do papel da remissão é o mais conforme à hodierna orientação metodológica. Para esta, "os textos legais não determinam ou criam «autonomamente» o jurídico, a juridicidade (antes eles são já uma expressão ou tradução dessa juridicidade a qual está para além deles, está fora deles") e, como tal, o intérprete tem necessidade de partir desse "referente, da sua pré-compreensão,

Ora, o art. 187º, nº 1 do Cód.VM (norma remissiva) limita-se a remeter *qua tale* para o art. 20º, nº 1 do Cód.VM, sem dizer se essa remissão não pretende alterar o alcance deste preceito ou se se pretende ampliar ou restringir o mesmo, por força das suas finalidades e objectivos próprios. Qual será então a modalidade desta remissão? O silêncio da norma remissiva não implica que se tenha de importar a "norma com o sentido que ela tem no seu instituto de origem" sem atender às "particularidades do instituto «receptor»" sob pena de "repudiar a analogia pressuposta pela lei" na remissão[1192]. Para aferir se a norma remissiva é modificativa ou não-modificativa e qual o alcance da eventual modificação, é fundamental atender às finalidades e objectivos visados pela mesma uma vez que é a sua interpretação que está em causa e há que atender à sua "imanente teleologia" e não à da norma instrumental para a qual remete. A única conclusão legítima que se pode retirar, sem mais, da remissão do art. 187º, nº 1 é que o legislador quis utilizar, para o cômputo das fasquias constitutivas do dever de lançamento de OPA, o método de imputação de direitos de voto vertido no art. 20º, nº 1[1193]. As situações de imputação nela previstas é que carecem de uma interpretação em função das finalidades e objectivos do instituto – OPA obrigatória – que convoca a sua aplicação. Mas então impõe-se a pergunta: será que a norma remissiva (art. 187º, nº 1 do Cód.VM) não apresenta finalidades e objectivos diversos da norma para qual remete (art. 20º, nº 1 do Cód.VM), *rectius* do art. 16º do Cód.VM (pois aquela é uma norma instrumental moldada à luz das finalidades deste preceito)? Ou, por outras palavras, será que se impõe uma interpretação uniforme?

IV. Creio que não se exige uma interpretação uniforme.

O art. 20º, nº 1 do Cód.VM é uma norma instrumental construída, sistematicamente, no seio dos deveres de comunicação das participações qualificadas, comungando, por isso, das finalidades e objectivos do art. 16º do Cód.VM. As regras de imputação foram erigidas, pensadas e moldadas à luz das finalidades e exigências dos deveres de comunicação de participações qualificadas. Conforme se referiu em IV. 1.2.2.1 *supra*, os objectivos fundamentais dos deveres de comunicação são o de, através da divulgação da estrutura accionista da socie-

---

se pretende entender esses textos como jurídicos, como portadores de um sentido jurídico" (neste sentido, *vide* o próprio BAPTISTA MACHADO, *Introdução* cit., pp. 208-209).

[1192] Cf. OSÓRIO DE CASTRO, *A imputação* cit., p. 164, nota 6.

[1193] No mesmo sentido, *vide* a BT-Drucks 14/7034, pp. 53 e 70. Igualmente afirmando ser esse o sentido que se deve dar à utilização de redacções similares no § 30 da WpÜG e no § 22 da WpHG, *vide* LÖHDEFINK, *Acting* cit., p. 177.

dade cotada, proteger os investidores e a transparência, fortalecer a confiança dos investidores no mercado de capitais, promover a eficiência do mercado de capitais[1194], e, ainda que de forma mais lateral, prevenir as situações de abuso de informação privilegiada[1195]. O art. 20º, nº 1 do Cód.VM está, portanto, primacialmente eivado das exigências das normas sobre transparência. Diferentemente, o art. 187º, nº 1 do Cód.VM não está imbuído destas preocupações, a transparência assume um papel meramente lateral em sede da imposição do dever de lançamento[1196]. A finalidade ou objectivo fundamental do instituto da OPA obrigatória é, como refere o legislador nacional[1197] e comunitário[1198], a protecção dos accionistas minoritários perante uma situação de cessão de controlo, dando-lhes a possibilidade de desinvestimento através da alienação da sua participação mediante contrapartida mínima[1199]. A cessão de controlo é o substrato essencial e estruturante do instituto da OPA obrigatória, ela é a característica factual central (*Tatbestandsmerkmal*[1200]) do dever de lançamento, é o

---

[1194] Neste sentido, *vide* SCHNEIDER, in ASSMANN/SCHNEIDER (Hrsg.), *Wertpapierhandelgesetz* cit., § 21 Rdn. 20; LÖHDEFINK, *Acting* cit., p. 178.

[1195] Neste sentido, em relação aos deveres de comunicação previstos nos §§ 21 e ss., *vide* SCHNEIDER, in ASSMANN/SCHNEIDER (Hrsg.), *Wertpapierhandelgesetz* cit., Vorb §§ 21 e ss Rdn. 21; LÖHDEFINK, *Acting* cit., p. 178; CASPARI, in ZGR, 1994, p. 542; e na jurisprudência, *vide* LG Köln, 5 de Outubro de 2010, in AG, 2008, p. 339.

[1196] Neste sentido, em relação às *Abschnitten* 4 (OPAs, na qual se insere o § 30 da WpÜG que contém as regras sobre imputação) e 5 (OPAs obrigatórias), *vide* BÜLOW, in HIRTE/BÜLOW (Hrsg.), *Kölner* cit., § 30 Rdn. 20; SEIBT, *Stimmrechtszurechnung* cit., p. 733. Contra, *vide* WACKERBARTH, *Die Zurechnung* cit., in ZIP, 2005, p. 1218.

[1197] O ponto 12 do preâmbulo do diploma que aprovou o Cód.VM refere que "o regime das ofertas públicas de aquisição obrigatórias assenta na ideia geral de que os benefícios da aquisição de domínio sobre uma sociedade aberta devem ser compartilhados pelos accionistas minoritários" (cf. PAULA COSTA E SILVA, *Sociedade* cit., p. 557; Ib., *A imputação* cit., pp. 406-407; PEREIRA DAS NEVES, *A natureza* cit., p. 531).

[1198] A Directiva das OPAs refere expressamente, no seu considerando 9, que os "Estados-membros deverão tomar as medidas necessárias para proteger os titulares de valores mobiliários e, em especial, os detentores de participações minoritárias, após uma mudança de controlo das sociedades. Os Estados-membros deverão assegurar essa protecção mediante a imposição ao adquirente que assumiu o controlo de uma sociedade, do dever de lançar uma oferta a todos os titulares de valores mobiliários dessa sociedade" (cf. FERNANDO SÁNCHEZ CALERO, *Ofertas* cit., pp. 123-124).

[1199] Neste sentido, em relação ao § 30 da WpÜG, *vide* Begr RegE Allgemeiner Teil, p. 30; BÜLOW, in HIRTE/BÜLOW (Hrsg.), *Kölner* cit., § 30 Rdn. 20; SEIBT, *Grezen* cit., p. 1830-1831; HARBARTH, *Kontrollerlangung* cit., p. 321-322; THOMA, *Das Wertpapiererwerbs-* cit., p. 111.

[1200] Cf. LÖHDEFINK, *Acting* cit., p. 111; LIEBSCHER, *Die Zurechnungstatbestände* cit., p. 1014. HASSELBACH refere que o dever de lançamento se constrói com base na aquisição de controlo (cf. in HIRTE/BÜLOW

telos[1201] do dever fixado no art. 187º do Cód.VM. Face a esta diferença de finalidades e objectivos, não é admissível uma interpretação uniforme do art. 20º, nº 1 do Cód.VM, este tem de ser objecto de uma interpretação própria para efeitos do dever de lançamento, a qual não poderá ignorar que a base deste dever é a existência de uma situação de cessão de controlo[1202].

Em segundo lugar, e como sustentado em IV. 1.2.2.1 *supra*, as regras de imputação previstas no art. 20º, nº 1 do Cód.VM são o resultado da transposição das Directivas comunitárias sobre transparência[1203]. Deste modo, aquelas regras devem ser interpretadas em conformidade (*Auslegung richtlinienkonform*) com estas normas comunitárias[1204]. Ao invés, quando utilizadas para efeitos de OPA obrigatória, as regras de imputação não encontram paralelo no direito comunitário, pois a Directiva das OPAs apenas consagra a noção de pessoas que actuam em concertação (art. 2º, nº 1 al. d), a qual é tida em conta, nesta directiva, em sede de constituição do dever de lançamento (art. 5º, nº 1) e que deu origem à actual al. h) do nº 1 do art. 20º do Cód.VM[1205]. Não é procedente o argumento de que as regras de imputação em sede de OPA obrigatória são um caso de "excesso de coordenação jurídica" («*überschießenden Rechtsangleichung*») resultante em

---

(Hrsg.), *Kölner* cit., § 35 Rdn. 78). Segundo a CMF (autoridade reguladora francesa predecessora da actual AMF), o controlo é o "nó" (*noeud*) da OPA obrigatória (cf. Adde CMF, in Revue, Outubro de 1997, p. 16; no mesmo sentido, *vide* VIANDIER, *OPA* cit., p. 228).

[1201] Cf. LIEBSCHER, *Die Zurechnungstatbestände* cit., p. 1014. No mesmo sentido, no direito italiano, *vide* PICONE, *Le offerte* cit., p. 211.

[1202] Cf. BÜLOW, in HIRTE/BÜLOW (Hrsg.), *Kölner* cit., § 30 Rdn. 20; SCHNEIDER, in ASSMANN/SCHNEIDER (Hrsg.), *Wertpapierhandelgesetz* cit., § 22 Rdn. 13; NOACK/ZETZSCHE, in SCHWARK/ZIMMER, *Kapitalmarktrechts-* cit., § 30 WpÜG, Rdn. 4; STEINMEYER, in STEINMEYER/HÄGER, *WpÜG* cit., § 30 Rdn. 3; SCHNEIDER, in ASSMANN/PÖTZSCH/SCHNEIDER (Hrsg.), *Wertpapiererwerbs-* cit., § 30 Rdn. 8; LÖHDEFINK, *Acting* cit., pp. 177-178.

[1203] Em particular dos art. 7º e 8º da Directiva da Transparência I e do art. 10º da Directiva da Transparência II (cf. IV. 1.2.2.1 *supra*). A única excepção é a al. h) do nº 1 do art. 20º que, conforme se sustentou, resulta da transposição da Directiva das OPAs.

[1204] Neste sentido, em relação à interpretação do § 22 da WpHG, *vide* BÜLOW, in HIRTE/BÜLOW (Hrsg.), *Kölner* cit., § 30 Rdn. 20; SCHNEIDER, in ASSMANN/SCHNEIDER (Hrsg.), *Wertpapierhandelgesetz* cit., § 22 Rdn. 12; SCHNEIDER, in ASSMANN/PÖTZSCH/SCHNEIDER (Hrsg.), *Wertpapiererwerbs-* cit., § 30 Rdn. 8; LÖHDEFINK, *Acting* cit., p. 178; NETTESHEIM, in GRABITZ/HILF (Hrsg.), *Das Recht der Europäischen Union*, Band II – EUV/EGV, Stand: 30. Ergänzungslieferung, Juni 2996, München, 2006, Art. 249 EGV Rdn. 153.

[1205] Cf. IV. 1.2.2.1 *infra*. Nesse sentido, *vide* BÜLOW, in HIRTE/BÜLOW (Hrsg.), *Kölner* cit., § 30 Rdn. 20; SCHNEIDER, in ASSMANN/SCHNEIDER (Hrsg.), *Wertpapierhandelgesetz* cit., § 22 Rdn. 12; SCHNEIDER, in ASSMANN/PÖTZSCH/SCHNEIDER (Hrsg.), *Wertpapiererwerbs-* cit., § 30 Rdn. 8; LÖHDEFINK, *Acting* cit., p. 178.

relação às Directivas comunitárias sobre Transparência, pois os objectivos visados pelo art. 187º, nº 1 são absolutamente diferentes dos prosseguidos pelo art. 16º do Cód.VM[1206]. Assim, e para efeitos dos deveres de comunicação, o art. 20º, nº 1 do Cód.VM exige uma interpretação conforme às regras das Directivas sobre Transparência, que requerem uma interpretação mais ampla que permita a maior transparência possível[1207], enquanto, para efeitos do dever de lançamento de OPA, essa interpretação não é necessária e deve, aliás, ser rejeitada[1208].

A imperatividade de uma interpretação não uniforme do art. 20º, nº 1 do Cód.VM é reforçada pela diferença abissal entre as consequências leves associadas ao alcançar, ou à redução, das percentagens de direitos de voto previstas no art. 16º do Cód.VM e as graves consequências que resultam da ultrapassagem das fasquias percentuais do art. 187º, nº 1 do Cód.VM. O dever de comunicação é um "fardo" leve, é um "jugo" suave, incomparável à onerosidade e ao gravame do dever de lançamento de OPA, que requer um esforço financeiro muito elevado ao sujeito obrigado. A gravidade das consequências previstas no art. 187º, nº 1 exige uma interpretação mais cautelosa do intérprete no momento de aplicação das regras de imputação ao invés do que se sucede nos deveres de comunicação de participações qualificadas que convive bem com uma interpretação mais ampla

---

[1206] Neste sentido, rejeitando que o § 30 da WpÜG seja um caso de «überschießenden Rechtsangleichung» em relação às *Transparenzrichtlinie*, vide LÖHDEFINK, *Acting* cit., p. 178; CASPER, in VEIL/DRINKUTH (Hrsg.), *Reformbedarf* cit., pp. 48-49; Ib., *Acting* cit., p. 1469. Contra, vide FRANCK, *Die Stimmrechtszurechnung nach § 22 WpHG und § 30 WpÜG*, in BKR, 2002, pp. 712 e ss. e também HOLZBORN, in ZSCHOCKE/SCHUSTER, *Bad* cit., C 26, que, contudo, acabam por admitir que nem sempre é possível uma interpretação uniforme. Para mais desenvolvimentos sobre a «überschießenden Richtlinienumsetzung» em geral, vide NETTESHEIM, in GRABITZ/HILF (Hrsg.), *Das Recht* cit., Art. 249 EGV Rdn. 151.

[1207] Neste sentido, vide SCHNEIDER, in ASSMANN/SCHNEIDER (Hrsg.), *Wertpapierhandelgesetz* cit., § 21 Rdn. 13; SCHNEIDER, in ASSMANN/PÖTZSCH/SCHNEIDER (Hrsg.), *Wertpapiererwerbs-* cit., § 30 Rdn. 8. Conforme se referiu em IV. 1.2.2.1 *supra*, este autor afirma inclusive a existência de um princípio da maior transparência possível, o qual não é, contudo, unanimemente aceite.

[1208] Neste sentido, em relação à interpretação do § 22 WpHG (considerando que a mesma deve ser efectuada à luz das normas comunitárias e com a maior extensão possível) e do § 30 WpÜG (rejeitando a realização de uma interpretação similar), vide SCHNEIDER, in ASSMANN/SCHNEIDER (Hrsg.), *Wertpapierhandelgesetz* cit., § 22 Rdn. 13; SCHNEIDER, in ASSMANN/PÖTZSCH/SCHNEIDER (Hrsg.), *Wertpapiererwerbs-* cit., § 30 Rdn. 8; LÖHDEFINK, *Acting* cit., p. 178; CASPER, in VEIL/DRINKUTH (Hrsg.), *Reformbedarf* cit., pp. 48-49; Ib., *Acting* cit., p. 1469. Os próprios autores, que defendem que as regras de imputação do § 30 são um caso de «überschießenden Rechtsangleichung», admitem que nem sempre é possível uma interpretação uniforme devido às finalidades e objectivos diversos visados pelos preceitos, vide FRANCK, *Die Stimmrechtszurechnung* cit., pp. 714; HOLZBORN, in ZSCHOCKE/SCHUSTER, *Bad* cit., C 26.

e aberta[1209]. A cautela na interpretação não se confunde com uma interpretação restritiva que já se verificou não ser necessária, mas exige que se considere o pressuposto do dever de lançamento – cessão de controlo – e, nessa medida, a existência de uma potencialidade de controlo da sociedade cotada. Diferentemente, na imputação de direitos de voto para efeitos de deveres de comunicação, esta exigência não se coloca[1210].

V. O presente entendimento acabou por se avalizado pela introdução da al. h) do nº 1 do art. 20º do Cód.VM. Esta resulta da transposição da Directiva das OPAs, em particular do conceito de pessoas que actuam em concertação e que se encontrava, limitada e indirectamente, consagrado na al. c) do nº 1 do art. 20º do Cód.VM[1211]. O legislador quis consagrar, em pleno, o conceito de actuação em concertação, que é um conceito basilar em quase todos os ordenamentos jurídicos europeus e que, com a Directiva das OPAs, ganhava relevância no direito comunitário, e simultaneamente fazer relevar os denominados sindicatos de bloqueio

---

[1209] Neste sentido, defendendo que as consequências menos graves (*weniger gravierenden Folgen*) associadas às regras de imputação do § 22 da WpHG, quando comparadas com as consequências graves resultantes da imputação ao abrigo do § 30 da WpÜG, exigem uma interpretação não uniforme, não paralela dos referidos preceitos, *vide* BÜLOW, in HIRTE/BÜLOW (Hrsg.), *Kölner* cit., § 30 Rdn. 20--21; NOACK/ZETZSCHE, in SCHWARK/ZIMMER, *Kapitalmarktrechts-* cit., § 30 WpÜG, Rdn. 4; STEINMEYER, in STEINMEYER/HÄGER, *WpÜG* cit., § 30 Rdn. 3; SCHNEIDER, in ASSMANN/PÖTZSCH/SCHNEIDER (Hrsg.), *Wertpapiererwerbs-* cit., § 30 Rdn. 8; FLEISCHER, *Finanzinvestoren* cit., p. 198; LÖHDEFINK, *Acting* cit., p. 179-180; OESCHLER, in EHRICKE/EKKEUGA/OECHSLER, *WpÜG* cit., § 30 Rdn. 1; BÜLOW/BÜCKER, *Abgestimmtes* cit., pp. 7103-704; CASPER, in VEIL/DRINKUTH (Hrsg.), *Reformbedarf* cit., pp. 48-49; Ib., *Acting* cit., p. 1469; SEIBT, *Grezen* cit., p. 1831; SUDMEYER, *Mitteilungs- und Veröffentlichungspflichten nach §§ 21, 22 WpHG*, in BB, 2002, p. 688; HOLZBORN/FRIEDHOFF, *Die gebundenen Ausnahmen der Zurechnung nach dem WpÜG. Die Tücken des Handelsbestandes nach § 20 WpÜG*, in WM, 2002, p. 951. É esse igualmente o entendimento da jurisprudência alemã expresso no acórdão do OLG Stuttgart de 10 de Novembro de 2004 (cf. in AG, 2005, p. 129). Contra, defendendo uma interpretação uniforme e rejeitando o argumento da diferença das consequências associadas ao § 22 da WpHG e § 30 da WpÜG, *vide* SCHIESSL, *Beteiligungsaufbau mittels Cash-settled Total Return Equity Swaps – Neue Modelle und Einführung von Meldepflichten*, Der Konzern, 2009, p. 297; WACKERBARTH, *Die Auslegung des § 30 Abs. 2 WpÜG und die Folgen des Risikobegrenzungsgesetzes*, in ZIP, 2007, p. 2341; LANGE, *Aktuelle* cit., p. 24; MÖLLER, *Rechtsmittel* cit., p. 174; PITTROFF, *Die Zurechnung von Stimmrechten gemäßt § 30 WpÜG*, Frankfurt a.M., 2004, pp. 348 e ss.; LIEBSCHER, *Die Zurechnungstatbestände* cit., p. 1009; SCHOCKENHOFF/SCHUMANN, *Acting* cit., p. 609; DIEKMANN, *Acting in Concert*, in *Gessellschaftsrechtliche Vereinigung* (Hrsg.), Gesellschaftsrecht in der Diskussion (Band 10), Jahrestagung 2005 der Gesellschaftrechtlichen Vereiningung, Köln, 2005, p. 69.
[1210] Cf. LÖHDEFINK, *Acting* cit., pp. 179-180.
[1211] Cf. IV. 1.2.2.1 *supra*.

para efeitos de OPA obrigatória[1212]. Porém, devido à expressão ambígua da al. h) do mesmo preceito – "instrumento de exercício concertado de influência" –, o legislador sentiu necessidade de identificar um determinado tipo de acordos que considera ser, por norma e segundo a sua experiência em matéria de estruturas de controlo de uma sociedade cotada, um instrumento de exercício concertado de influência associando-lhe uma presunção (art. 20º, nº 4 do Cód.VM) e permitindo afastar essa presunção mediante prova em contrário relacionada com a inexistência de uma influência efectiva ou potencial sobre a sociedade participada (art. 20º, nº 5 do Cód.VM). Esta preocupação só existe devido às finalidades e objectivos do instituto da OPA obrigatória e não em virtude das finalidades de transparência. A preocupação com a existência de uma potencialidade de controlo é uma exigência da interpretação das regras de imputação para efeitos de OPA obrigatória[1213]. Ela revela igualmente a consciência do oneroso gravame que representa o dever de lançamento.

[1212] Estes existiam em diversas sociedades cotadas portuguesas, sendo os mais conhecidos os relativos ao Banco BPI e à Media Capital.

[1213] No ordenamento jurídico alemão, desde a aprovação da WpÜG, houve algumas alterações ao § 30 deste diploma que não foram acompanhadas das correspondentes modificações no § 22 da WpHG. Com efeito, foi alterado o § 30 Abs. 1 Satz. 1 Nr. 1 da WpÜG (pelo art. 1 Ziff. 13a do *Übernahmerichtlinie-Umsetzungsgesetzes vom 8.7.2006*) e não houve uma adaptação do paralelo § 22 Abs. 1 Satz 1 Nr. 1 da WpHG (cf. BÜLOW, in HIRTE/BÜLOW (Hrsg.), *Kölner* cit., § 30 Rdn. 21). Para além disso, e no âmbito do regime jurídico da TUG (*Transparenzrichtlinie-Umsetzungsgesetz*), alterou-se de forma não paralela e, por vezes, incongruente os §§ 21 e ss. da WpHG, por um lado, e o § 29 Abs. 2 e § 30 da WpÜG, por outro. Em primeiro lugar, no § 21 Abs. 1 Satz 2 da WpHG, consagrou-se uma situação de imputação de direitos de voto no caso dos *American Depositary Shares* ou *Depositary Receipts* (os denominados ADR's), sem que houvesse a introdução de uma norma paralela no § 29 Abs. 2 da WpÜG (cf. BÜLOW, in HIRTE/BÜLOW (Hrsg.), *Kölner* cit., § 30 Rdn. 21; SCHNEIDER, in ASSMANN//SCHNEIDER (Hrsg.), *Wertpapierhandelsgesetz* cit., § 22 Rdn. 98 e ss.). Em segundo lugar, no § 22 Abs. 3a WpHG relevante para efeitos do Abs. 3 do mesmo preceito, há uma situação de qualificação de uma empresa de investimento como sociedade dominada, nomeadamente nos casos em que esta só possa exercer os direitos de voto na sociedade cotada de acordo com instruções directas ou indirectas do participante ou de sociedade por si dominada (cf. BÜLOW, in HIRTE/BÜLOW (Hrsg.), *Kölner* cit., § 30 Rdn. 21). Por fim, no § 29a da WpHG, prevê-se que, no caso de empresas com sede noutros países mas que, se tivessem sede na Alemanha, teriam de obter uma autorização para a prestação de serviços de gestão de portfolios, as mesmas não serão consideradas como sociedades dominadas para efeitos do § 22 Abs. 3 da WpHG (afastando assim a imputação de direitos de voto) desde que preencham determinados requisitos. Não foi consagrada uma norma similar na WpÜG. Face ao exposto, a doutrina conclui que uma interpretação paralela dos §§ 21 e ss. da WpHG, por um lado, e dos § 29 Abs. 2 e § 30 da WpÜG, por outro, não foi garantida pelo próprio legislador com as posteriores alterações e é algo que se revela desadequado na aplicação concreta daquelas normas (cf. BÜLOW, in HIRTE/BÜLOW (Hrsg.), *Kölner* cit., § 30 Rdn. 21).

Na defesa de uma interpretação uniforme das regras de imputação, alguns autores têm afirmado que a norma que impõe o dever de lançamento implica, não só uma interferência maior na esfera de liberdade do participante (desde logo na esfera de contratar), mas também a protecção de um bem de relevância maior do que o das normas que fixam os deveres de comunicação, pelo que seria necessário que as regras de imputação tivessem, pelo menos, uma interpretação tão ampla em sede de OPA obrigatória como a que têm em matéria de deveres de comunicação[1214]. É verdade que a lei associa consequências mais graves ao dever de lançamento em função da "maior" protecção que pretende conceder, mas isso não requer uma interpretação uniforme[1215]. Pelo contrário, é mais um argumento a expor as diferentes finalidades e objectivos do instituto que convoca as regras da imputação e as diferentes consequências associadas aos mesmos, o que exige uma interpretação não uniforme das regras da imputação. Para além disso, aquele suposto argumento contrário ignora que a interpretação deve atender, não apenas à relação entre a intensidade da intervenção jurídica e a relevância dos interesses protegidos pela norma, mas também ao objectivo visado pela mesma, isto é, à sua *ratio*[1216].

VI. Em suma, as regras de imputação de direitos de voto previstas no art. 20º, nº 1 não podem ser objecto de uma interpretação uniforme para efeitos de deveres de comunicação de participação qualificada e do dever de lançamento. A remissão do art. 187º, nº 1 do Cód.VM para o art. 20º, nº 1 do mesmo código apenas permite concluir que o legislador quis utilizar, para o cômputo das fasquias constitutivas do dever de lançamento, o método de imputação de direitos de voto vertido no art. 20º, nº 1, não justifica uma limitação da interpretação das regras deste às "devidas adaptações". As situações de imputação carecem de uma interpretação em função das finalidades e objectivos do instituto – OPA obrigatória – que convoca a sua aplicação.

Assim, é necessário que, ao nível da interpretação, se considere o pressuposto do dever de lançamento de OPA – a cessão de controlo – e, nessa medida, a existência de uma potencialidade de controlo da sociedade cotada, isto é, que o exercício do direito de voto seja ou possa ser influenciável pelo participante, independentemente de ser, ou não, efectivamente, influenciado no caso concreto.

[1214] Neste sentido, *vide* LANGE, *Aktuelle* cit., p. 24.
[1215] Cf. LÖHDEFINK, *Acting* cit., p. 180.
[1216] Cf. LÖHDEFINK, *Acting* cit., p. 180.

A existência de um controlo real e efectivo relevará exclusivamente, em sede do art. 187º, nº 2 do Cód.VM como mecanismo de "escape" ou correctivo dos excessos do nº 1 do mesmo e não em sede de imputação de direitos de voto, que é um mecanismo de cariz abstracto e formal, não exigindo, por isso, que se verifique se há *in casu* uma influência sobre o exercício dos direitos de voto.

1.2.3 Dimensão material II: mecanismo correctivo ou de "escape" do art. 187º, nº 2 do Cód.VM

I. Analisado o mecanismo da imputação de direitos de voto e o seu funcionamento em sede de dever de lançamento, cumpre agora analisar a outra dimensão material do instituto da OPA obrigatória: o mecanismo previsto no art. 187º, nº 2 do Cód.VM.

Nos termos do art. 187º, nº 2 do Cód.VM, "não é exigível o lançamento da oferta quando, ultrapassado o limite de um terço, a pessoa que a ela estaria obrigada prove perante a CMVM não ter o domínio da sociedade visada nem estar com ela em relação de grupo". Esta norma tem paralelo, ainda que com matizes próprias, na maioria ordenamentos jurídicos europeus[1217] e tem respaldo no

---

[1217] A excepção é o Reino Unido, em que o City Code não prevê qualquer excepção nesta matéria. Os demais ordenamentos jurídicos relevantes da UE consagram normas com conteúdo mais ou menos similar que, regra geral, relacionam a isenção com a existência de outro accionista ou accionistas em concertação titulares de uma participação superior à do sujeito obrigado. A excepção é o ordenamento jurídico alemão que consagra um regime *sui generis*.
No ordenamento jurídico alemão, o § 37 Abs. 1 da WpÜG confere poderes ao BaFin para, face à apresentação de requerimento nesse sentido, isentar o oferente do dever de lançamento de OPA previsto no § 35 Abs. 1 e 2 Satz. 1 da WpÜG caso, tendo em conta os interesses do oferentes e dos titulares de acções da sociedade visada, tal se justifique em virtude da forma de aquisição do controlo (*Art der Kontrollerlangung*), dos objectivos visados pela aquisição do controlo (*Zielsetzung der Kontrollerlangung*), a descida abaixo da fasquia constitutiva do dever após a aquisição do controlo (*nachfolgendes Unterschreiten der Kontrollschwelle*), a estrutura accionista da sociedade visada (*Beteiligungsverhältnisse an der Zielgesellschaft*) ou a impossibilidade actual/prática de exercer o controlo (*mangelnde Möglichkeit zur Ausübung der Kontrolle*) (cf. MEYER, in GEIBEL/SÜSSMANN (hrsg.), *Wertpapiererwerbs*- cit., § 37 Rdn. 4). O § 37 Abs. 2 da WpÜG confere ao Ministério das Finanças poder para, através de regulamento, fixar os termos mais concretos da isenção prevista no Abs. 1, podendo esse poder ser transferido para o BaFin. A coberto desta habilitação legal, o BaFin concretizou não só o procedimento relativo à isenção mas também deu exemplos típicos de casos de isenção do dever de lançamento (§ 9 do AngebVO). A doutrina defende que o "catálogo" do § 9 do AngebVO é exemplificativo, porque a letra daquela norma, que utiliza a expressão *insbesondere* ("em particular"), aponta claramente no sentido do carácter não taxativo e porque retira a flexibilidade necessária neste domínio, não se podendo ficar limitado a um catálogo de situações con-

cretas (neste sentido, *vide* VERSTEEGEN, in HIRTE/BÜLOW (Hrsg.), *Kölner* cit., § 37 Anh. - § 9 AngebVO Rdn. 4; MEYER, in GEIBEL/SÜSSMANN (hrsg.), *Wertpapiererwerbs-* cit., § 37 Rdn. 1 e 29; NOACK/ZETZSCHE, in SCHWARK/ZIMMER, *Kapitalmarktrechts-* cit., § 37 WpÜG, Rdn. 2; HECKER, in BAUMS/THOMA (Hrsg.), *Kömmentar* cit., § 37 Rdn. 7; EKKENGA, in EHRICKE/EKKEUGA/OECHSLER, *WpÜG* cit., § 37 Rdn. 1; LÖHDEFINK, *Acting* cit., p. 407; KRAUSE/PÖTZSCH, in ASSMANN/PÖTZSCH/ /SCHNEIDER (Hrsg.), *Wertpapiererwerbs-* cit., § 37 Rdn. 24; SCHLITT, *Münchener* cit., § 37 WpÜG Rdn. 16; EKKENGA/HOFSCHROER, *Das Wertpapiererwerbs-* cit., p. 772; DIREGGER/WINNER, *Deutsche und österreichisches Übernahmerecht aus Anlegersicht*, in WM, 2002, pp. 1584-1585; HABERSACK, *Reformbedarf im Übernahmerecht!*, in ZHR, 166, 2002, pp. 622-23; contra, considerando que o catálogo é taxativo sob pena de se gerar uma situação de total insegurança jurídica, *vide* KLEPSCH, in STEINMEYER/ /HÄGER, *WpÜG* cit., § 37 Rdn. 3). O BaFin tem criado novas situações de excepção mas partindo dos exemplos previstos na AngebVO, há uma "extensão restritiva" (cf. NOACK/ZETZSCHE, in SCHWARK/ZIMMER, *Kapitalmarktrechts-* cit., § 37 WpÜG, Rdn. 2). Convém referir que, apesar de o "catálogo" previsto no § 9 da AngebVO ser exemplificativo, a doutrina considera que as situações de isenção têm de se reconduzir a alguma das situações (diga-se bastante abstractas) previstas no § 37 Abs. 1 da WpÜG (neste sentido, baseando-se na letra da lei (que não usa a expressão "insbesondere") e no argumento da segurança jurídica, *vide* VERSTEEGEN, in HIRTE/BÜLOW (Hrsg.), *Kölner* cit., § 37 Rdn. 23; MEYER, in GEIBEL/SÜSSMANN (hrsg.), *Wertpapiererwerbs-* cit., § 37 Rdn. 28; HECKER, in BAUMS/THOMA (Hrsg.), *Kömmentar* cit., § 37 Rdn. 1; EKKENGA, in EHRICKE/EKKEUGA/ /OECHSLER, *WpÜG* cit., § 37 Rdn. 1; KRAUSE/PÖTZSCH, in ASSMANN/PÖTZSCH/SCHNEIDER (Hrsg.), *Wertpapiererwerbs-* cit., § 37 Rdn. 20; SCHLITT, *Münchner* cit., § 37 WpÜG Rdn. 2; contra, defendendo que o catálogo é "exemplificativo" em nome de uma interpretação conforme à *Grundgesetz* pois a imposição do dever de lançamento implica uma restrição da liberdade de contratar (que, recorde-se, é objecto de tutela constitucional na Alemanha), *vide* NOACK/ZETZSCHE, in SCHWARK/ZIMMER, *Kapitalmarktrechts-* cit., § 37 WpÜG, Rdn. 4; BERNAU, *Die Befreiung vom Pflichtangebot nach § 37 WpÜG*, in WM, 2004, p. 811).

No ordenamento jurídico italiano, o art. 106 comma 5 do TUF atribui à CONSOB o poder de, através de regulamento, definir os casos em que a ultrapassagem dos limiares constitutivos de OPA não gera o dever de lançamento. O art. 49º comma 1 a) do Regolamento degli Emittenti prevê a isenção do dever de lançamento nos casos em que "um outro accionista, ou outros accionistas conjuntamente, disponham da maioria dos direitos de voto susceptíveis de serem exercidos em assembleia ordinária". A isenção limita-se assim aos casos em que a sociedade é controlada por outro(s) para não retirar a clareza e facilidade do regime da *soglia fissa* (cf. CONSOB, *Note tecniche in materia di disciplina delle offerte pubbliche di acquisto e di scambio*, Roma, 1998, p. 363; ENRIQUES, *Mercato* cit., p. 190). Nestes casos, e para evitar o contornar do dever de lançamento (criticando este aspecto da isenção, *vide* WEIGMAN, *Sub art. 106* cit., p. 917), é necessário que o sujeito obrigado comunique ao mercado que não há quaisquer acordos ou programas comuns (o que abrange acordos ou a mera actuação concertada) com os outros sócios que controlam a sociedade (art. 49 comma 2 a) do Regolamento degli Emittenti; ENRIQUES, *Mercato* cit., pp. 191-192).

No ordenamento jurídico espanhol, consagrou-se uma solução parcialmente similar. O artigo 4º, nº 2 do RD sobre OPAs permite que a CNMV dispense o sujeito obrigado do dever de lançamento

art. 4º, nº 5 segundo parágrafo da Directiva das OPAs[1218]. Ela consagra um mecanismo "correctivo" dos "excessos" resultantes do conceito formal e quantitativo de controlo do art. 187º, nº 1 do Cód.VM[1219], flexibilizando-o e compensando a sua rigidez com uma nota de materialidade[1220]. Com efeito, a percentagem de 1/3 dos direitos de voto é uma percentagem que o legislador considerou, de acordo com a sua experiência empírica, ser suficiente para atribuir o controlo da sociedade cotada, atenta a dispersão accionista e a fraca presença dos accionistas nas assembleias gerais. No entanto, o accionista pode, na prática, não conseguir exercer tal controlo não se justificando a imposição do dever de lançamento, na medida em que falta o pressuposto – a "cessão do controlo" – no qual aquele assenta[1221], não existindo necessidade de protecção dos accionistas minoritários[1222]. Este mecanismo "correctivo" ou de "escape" evita os indesejados efeitos associados a uma excessiva inflexibilidade dos limiares constitutivos do dever[1223]. É um repor

---

de OPA se outra pessoa ou entidade, individualmente ou de forma conjunta com as pessoas que actuem em concertação com ela, tiver uma percentagem de direitos de voto igual ou superior à que tenha o sujeito obrigado a lançar OPA (cf. SÁENZ DE NAVARRETE, *OPA* cit., pp. 138-140).
Por fim, o direito francês consagrou uma situação de afastamento do dever de lançamento praticamente igual à prevista no direito espanhol. O art. 234-9, parágrafo 6 do Règlement de l'AMF consagra, como situação de isenção, os casos em que há um terceiro que detém a maioria dos direitos de voto da sociedade cotada. Nestes casos, falta o pressuposto do dever de lançamento – o *changement de controle* – e, como tal, não se pode impor o dever de lançamento (cf. VIANDIER, *OPA* cit., p. 283).

[1218] De acordo com este, "os Estados-Membros podem estabelecer, nas regras por eles aprovadas ou introduzidas em aplicação da Directiva das OPAs, as derrogações a estas regras". Neste sentido, em relação ao § 37 da WpÜG considerando que o mesmo é enquadrável à luz do art. 4º, nº 5 segundo parágrafo da Directiva das OPAs, *vide* VERSTEEGEN, in HIRTE/BÜLOW (Hrsg.), *Kölner* cit., § 37 Rdn. 7 e ss.; NOACK/ZETZSCHE, in SCHWARK/ZIMMER, *Kapitalmarktrechts-* cit., § 37 WpÜG, Rdn. 3; MEYER, in GEIBEL/SÜSSMANN (hrsg.), *Wertpapiererwerbs-* cit., § 37 Rdn. 2.

[1219] Aqui incluem-se também os "excessos" resultantes da perspectiva abstracta e formal das regras de imputação de direitos de voto (cf. LÖHDEFINK, *Acting* cit., p. 407).

[1220] Cf. NOACK/ZETZSCHE, in SCHWARK/ZIMMER, *Kapitalmarktrechts-* cit., § 37 WpÜG, Rdn. 1; MEYER, in GEIBEL/SÜSSMANN (hrsg.), *Wertpapiererwerbs-* cit., § 37 Rdn. 4; KLEPSCH, in STEINMEYER/HÄGER, *WpÜG* cit., § 37 Rdn. 2. O "limiar da obrigatoriedade de OPA anda ligado à aquisição de «posição de domínio» ou «mudança de controlo»", pelo que, não sendo adquirido aquele controlo, não faz sentido conferir qualquer direito de saída, nem repartir prémio de controlo que não existe (cf. CALVÃO DA SILVA in *Estudos jurídicos [Pareceres]*, Almedina, Coimbra, 2001, p. 15).

[1221] Neste sentido, *vide* CALVÃO DA SILVA in *Estudos* cit., p. 15; LÖHDEFINK, *Acting* cit., pp. 406-407.

[1222] Neste sentido, *vide* MEYER, in GEIBEL/SÜSSMANN (hrsg.), *Wertpapiererwerbs-* cit., § 37 Rdn. 1; VIANDIER, *OPA* cit., p. 283.

[1223] Nomeadamente, a eventual inibição do lançamento de OPAs e consequente paralisação do mercado de controlo societário (cf. PAGANO/PANUNZI/ZINGALES, *Osservazioni* cit., pp. 159-161; MACEY,

do equilíbrio entre os valores da certeza e segurança jurídicas e o da justiça material, é a expressão da ponderação do interesse da protecção dos accionistas minoritários e do interesse do oferente[1224].

II. Para poder beneficiar do mecanismo, o participante tem de provar perante o regulador que não tem o domínio da sociedade cotada nem está com ela numa relação de grupo. O legislador optou por uma cláusula geral que se reporta ao conceito de domínio e de grupo, sem especificar, sobretudo em relação ao primeiro caso, quais são as situações ou factos que permitem concluir não estarmos perante uma relação de domínio[1225]. Há uma abertura da possibilidade de afasta-

---

Takeovers in the United States: a Law and Economics perspective, in *Quaderni di Finanza*, 32, Março, 1999, pp. 35-36).

[1224] O § 37 Abs. 1 da WpÜG obriga o BaFin a, na sua decisão de isenção, ponderar os interesses do oferente e dos titulares de acções da sociedade visada. Alguns autores defendem que o oferente deve ser isento do dever de lançamento caso os interesses do oferente sejam substancialmente superiores aos dos accionistas minoritários, (neste sentido, *vide* VERSTEEGEN, in HIRTE/BÜLOW (Hrsg.), *Kölner* cit., § 37 Rdn. 2 e 22; MEYER, in GEIBEL/SÜSSMANN (hrsg.), *Wertpapiererwerbs-* cit., § 37 Rdn. 62; HECKER, in BAUMS/THOMA (Hrsg.), *Kömmentar* cit., § 37 Rdn. 20; HOMMELHOFF/WITT in HAARMANN/SCHÜPPEN (Hrsg.), *Frankfurter* cit., § 37 Rdn. 51; contra, defendendo que o texto não determina a extensão da superioridade dos interesses do oferente e que estes não têm de ser substancialmente superiores, *vide* KRAUSE/PÖTZSCH, in ASSMANN/PÖTZSCH/SCHNEIDER (Hrsg.), *Wertpapiererwerbs-* cit., § 37 Rdn. 22 e 82; SCHLITT, *Münchener* cit., § 37 WpÜG Rdn. 17; BERNAU, *Die Befreiung* cit., p. 812). PAULO CÂMARA refere-se à ponderação entre, de um lado, as "preocupações de protecção dos investidores e, de outro lado, a eficiência dos mercados" (cf. *vide, Manual* cit., p. 696).

[1225] É uma opção que não tem paralelo na maioria dos ordenamentos jurídicos comunitários. Conforme se verificou *infra*, a maioria dos ordenamentos jurídicos (italiano, francês e espanhol) permite a isenção do dever de lançamento quando um outro accionista ou accionistas actuando em concertação detêm a maioria dos direitos de voto. A excepção é o ordenamento jurídico alemão que consagrou uma cláusula geral no § 37 Abs. 1 da WpÜG que é composta por vários critérios/circunstâncias especiais que apelam a conceitos jurídicos indefinidos, não podendo, segundo a opinião maioritária, existir quaisquer isenções do dever de lançamento que não se reconduzam a um dos critérios/circunstâncias gerais previstos naquele preceito (cf. MEYER, in GEIBEL/SÜSSMANN (hrsg.), *Wertpapiererwerbs-* cit., § 37 Rdn. 28; KLEPSCH, in STEINMEYER/HÄGER, *WpÜG* cit., § 37 Rdn. 4). Uma parte da doutrina critica a opção legislativa, considerando que teria sido preferível elaborar um "catálogo taxativo" (*abschließenden Katalog*) de casos que justificam a isenção do dever de lançamento (cf. VERSTEEGEN, in HIRTE/BÜLOW (Hrsg.), *Kölner* cit., § 37 Rdn. 14 e ss.; HECKER, in BAUMS/THOMA (Hrsg.), *Kömmentar* cit., § 37 Rdn. 3; MEYER, in GEIBEL/SÜSSMANN (hrsg.), *Wertpapiererwerbs-* cit., § 37 Rdn. 4; KLEPSCH, in STEINMEYER/HÄGER, *WpÜG* cit., § 37 Rdn. 30; SCHLITT, *Münchener* cit., § 37 WpÜG Rdn. 16; contra, defendendo que o legislador devia ter consagrado uma cláusula geral que permitisse que em todas as situações em que os interesses dos envolvidos justificassem, perante

mento do dever de lançamento em nome de uma maior materialidade do conceito de controlo.

O sujeito obrigado terá de efectuar a prova "negativa"[1226] da existência de relação de domínio/controlo[1227] ou de grupo[1228]. Quanto à prova da inexistência de uma relação de grupo, esta referência é um "preciosismo" do legislador[1229], porque, sendo as situações de relação de grupo relativamente evidentes (por exigirem a titularidade de percentagens elevadas de capital ou por exigirem a celebração de contratos de grupo paritário ou de subordinação, deliberações das sociedades envolvidas, registos), a existência dessa relação é relativamente incontestável/manifesta. Já em relação à prova concreta da inexistência de controlo, a questão torna-se mais complexa pois esta pode ser realizada de diferentes formas.

III. A forma mais simples de prova "negativa" de controlo passa pela demonstração de que há um terceiro que controla a sociedade cotada, isto é, o sujeito obrigado não tem o controlo da sociedade cotada porque existe um ter-

---

as circunstâncias do caso, o afastamento do dever de lançamento (sem prever quaisquer critérios especiais mesmo que gerais), *vide* KRAUSE/PÖTZSCH, in ASSMANN/PÖTZSCH/SCHNEIDER (Hrsg.), *Wertpapiererwerbs-* cit., § 37 Rdn. 24). Convém referir que algumas das situações de isenção do dever de lançamento que estão previstas no § 37 Abs. 2 da WpÜG (e no § 9 da AngebVO) que a concretiza, encontram-se também consagradas no art. 189º, nº 1 do Cód.VM.

[1226] A expressão "prova negativa de domínio" é utilizada por PAULO CÂMARA, *Manual* cit., p. 694. Convém clarificar que a expressão "negativa" é utilizada no sentido de consistir na demonstração da inexistência de uma determinada realidade dos factos: o controlo. Porém, os factos utilizados para efectuar essa demonstração podem ser positivos, pois podem ser relativos à existência de um controlo de terceiro.

[1227] Utilizaremos a expressão "controlo" em coerência com o critério adoptado no presente estudo e porque, nesta matéria, não será suficiente atender apenas ao funcionamento do art. 21º do Cód.VM e apelar ao conceito de influência dominante aí previsto.

[1228] Apesar de a lei não estabelecer qual o prazo em que deve ser feita a prova negativa do "controlo", resulta claro que a mesma deve ser efectuada logo após a constituição do dever. Esta interpretação é consistente com o previsto no art. 191º, nº 1 do Cód.VM que exige a publicação do anúncio preliminar da oferta *imediatamente* após a verificação do facto constitutivo do dever (cf. PAULO CÂMARA, *Manual* cit., p. 699).

[1229] Mesmo que nada se dissesse, não seria possível excluir o dever de lançamento se o sujeito obrigado estivesse numa relação de grupo com a sociedade cotada. Conforme refere CALVÃO DA SILVA, "se logo que adquira a influência dominante sobre a sociedade visada, essa pessoa deve lançar OPA, por identidade de razão (*eadem ratio*) a obrigação de lançamento de OPA deve nascer quando essa mesma pessoa se encontre em relação de grupo com a sociedade visada" (cf. *Estudos* cit., p. 16).

ceiro (accionista ou não) que, de forma individual ou concertadamente, determina as decisões tomadas no grémio social, define a política geral da sociedade[1230].

O facto mais evidente da existência desse controlo de um terceiro consistirá na detenção de um número igual[1231] ou superior de direitos de voto aos do sujeito obrigado, sendo esta, na maioria dos ordenamentos jurídicos estrangeiros, a única situação de afastamento do dever de lançamento relacionada com a inexistência de controlo[1232]. Para efeitos do cálculo do número de votos, ter-se-ão em conta, não apenas os direitos inerentes às acções de que o terceiro seja titular, mas também os direitos de voto que lhe sejam imputáveis nos termos do art. 20º, nº 1 do Cód.VM[1233]. Estaremos a ir, portanto, além das presunções do conceito

---

[1230] PAULO CÂMARA afirma que a "prova do domínio por um terceiro – individual ou concertadamente – não constitui elemento *necessário* na prova negativa do domínio, mas constituirá condição *suficiente* para ilidir a presunção do domínio" (cf. *Manual* cit., p. 698).

[1231] O ordenamento jurídico espanhol prevê expressamente esta situação como motivo de dispensa do dever de lançamento. No mesmo sentido, no ordenamento jurídico alemão apesar de o § 9 Satz. 2 Nr. 1 da AngebVO só se referir à existência de um terceiro que detenha uma percentagem de direitos de voto superior, *vide* NOACK/ZETZSCHE, in SCHWARK/ZIMMER, *Kapitalmarktrechts-* cit., § 37 WpÜG, Rdn. 14; LÖHDEFINK, *Acting* cit., p. 411; KRAUSE/PÖTZSCH, in ASSMANN/PÖTZSCH/ /SCHNEIDER (Hrsg.), *Wertpapiererwerbs-* cit., § 37 Rdn. 70; HARBARTH, *Kontrollerlangung* cit., p. 331; aparentemente contra, *vide* VERSTEEGEN, in HIRTE/BÜLOW (Hrsg.), *Kölner* cit., § 37 § 9 AngebVO Rdn. 40.

[1232] É o caso do direito francês e espanhol. No ordenamento jurídico italiano, há uma solução parcialmente similar, a diferença é que a maioria dos direitos de voto se reporta aos direitos de voto susceptíveis de serem exercidos em assembleia ordinária.

[1233] É esta a solução consagrada no direito alemão. Em concretização da situação prevista no § 37 Abs. 1 da WpÜG relativa à estrutura accionista da sociedade visada (*Beteiligungsverhältnisse an der Zielgesselschaft*), o § 9 Satz. 2 Nr. 1 da AngebVO estabelece que pode haver lugar há isenção do dever de lançamento de OPA se um outro accionista detiver, directamente ou nos termos do § 30 da WpÜG, uma percentagem de direitos de voto superior à do participante que superou o limiar fixado no § 29 Abs. 2 da WpÜG e que, por esse facto, estava obrigado ao lançamento de OPA (cf. VERSTEEGEN, in HIRTE/BÜLOW (Hrsg.), *Kölner* cit., § 37 Rdn. 61; MEYER, in GEIBEL/SÜSSMANN (hrsg.), *Wertpapiererwerbs-* cit., § 37 Rdn. 51; NOACK/ZETZSCHE, in SCHWARK/ZIMMER, *Kapitalmarktrechts-* cit., § 37 WpÜG, Rdn. 14; HECKER, in BAUMS/THOMA (Hrsg.), *Kömmentar* cit., § 37 Rdn. 49; KRAUSE/ /PÖTZSCH, in ASSMANN/PÖTZSCH/SCHNEIDER (Hrsg.), *Wertpapiererwerbs-* cit., § 37 Rdn. 68). Esta solução encontra-se igualmente consagrada de forma expressa no ordenamento jurídico espanhol, em que o artigo 4º, nº 2 do RD 1066/2007 faz referência à detenção de uma percentagem de direitos de voto igual ou superior por "outra pessoa ou entidade, individualmente ou de forma conjunta com as pessoas que actuem em concertação com ela" (cf. SÁENZ DE NAVARRETE, *OPA* cit., pp. 138--140). Também neste sentido, o art. 234-9, parágrafo 6 do Règlement de l'AMF refere-se a um terceiro, *agissant seul ou de concert*, abrangendo assim os direitos de voto imputados em função do con-

de influência dominante do art. 21º do Cód.VM[1234]. O controlo pode ser exercido por um terceiro ou por vários terceiros que o exerçam de forma conjunta e concertada[1235].

A existência de controlo de um terceiro pode também resultar da existência de um contrato de subordinação entre a sociedade cotada e uma outra sociedade (*Beherrschungsvertrags*), nos termos do qual aquela se submete à direcção desta outra. Nestes casos, há uma impossibilidade de exercício real e efectivo do controlo, porque a sociedade está submetida ao controlo de um terceiro[1236]. Aquele controlo de um terceiro pode ser demonstrado pelo facto de a maioria dos membros do conselho de administração ou de fiscalização da sociedade cotada ter sido indicada ou estar relacionado com um outro accionista ou grupo de accionistas da sociedade[1237]. Claro que, no momento da ultrapassagem da fasquia constitutiva do dever de lançamento, o participante não terá eleito a maioria dos membros do órgão de administração ou de fiscalização, pelo que será necessário efectuar um juízo de prognose que atenderá à estrutura accionista da sociedade, aos estatutos, aos acordos parassociais existentes e outros factores para aferir se o accio-

---

ceito de actuação em concertação (cf. VIANDIER, *OPA* cit., p. 283). No direito italiano, a doutrina considera que a expressão "outros accionistas conjuntamente" abrange as situações de actuação em concertação nomeadamente em função de acordos parassociais previstos no art. 122 do TUF (cf. ENRIQUES, *Mercato* cit., p. 191).
Convém referir que a interpretação das regras da imputação para este efeito deverá ser similar à sustentada em sede da constituição do dever de lançamento.

[1234] Com efeito, o art. 21º do Cód.VM não recorre, conforme se referiu, às regras de imputação de direitos de voto.

[1235] É esta a posição de parte significativa da doutrina alemã apesar de o § 9 Satz. 2 Nr. 1 do AngebVO só se referir a um outro accionista e não a accionistas (neste sentido, *vide* VERSTEEGEN, in HIRTE//BÜLOW (Hrsg.), *Kölner* cit., § 37 Rdn. 62; HECKER, in BAUMS/THOMA (Hrsg.), *Kömmentar* cit., § 37 Rdn. 54; HOMMELHOFF/WITT, in HAARMANN/SCHÜPPEN (Hrsg.), *Frankfurter* cit., § 37 Rdn. 43; KRAUSE/PÖTZSCH, in ASSMANN/PÖTZSCH/SCHNEIDER (Hrsg.), *Wertpapiererwerbs-* cit., § 37 Rdn. 69; SCHLITT, *Münchener* cit., § 37 WpÜG Rdn. 49; contra, *vide* EKKENGA, in EHRICKE/EKKEUGA/OECHSLER, *WpÜG* cit., § 37 Rdn. 32; BERNAU, *Die Befreiung* cit., p. 817).

[1236] Neste sentido, incluindo a celebração de um *Beherrschungsvertrag* pela sociedade visada, nos termos do qual ela se sujeita ao controlo de um terceiro, no âmbito do § 37 Abs. 1 5 Alt da WpÜG relativo à impossibilidade de real e efectiva de exercício do controlo (*mangenld tatsächliche Möglichkeit zur Ausübung der Kontrolle*), *vide* VERSTEEGEN, in HIRTE/BÜLOW (Hrsg.), *Kölner* cit., § 37 Rdn. 72; KRAUSE//PÖTZSCH, in ASSMANN/PÖTZSCH/SCHNEIDER (Hrsg.), *Wertpapiererwerbs-* cit., § 37 Rdn. 73; SCHLITT, *Münchener* cit., § 37 WpÜG Rdn. 52.

[1237] Para aferir da existência de uma ligação entre os membros daqueles órgãos e os accionistas, será relevante recorrer às circunstâncias previstas no art. 414º, nº 5 do CSC e algumas das situações previstas no art. 414º-A do CSC.

nista (que superou a fasquia constitutiva do dever de lançamento) poderá designar a maioria dos membros daqueles órgãos[1238].

IV. A prova "negativa" do controlo pode ainda ser efectuada através da prova da impossibilidade de um controlo real e efectivo do participante, isto é, o participante, apesar de a sua participação ultrapassar a fasquia constitutiva do dever de lançamento, não consegue exercer, na prática, o controlo da sociedade cotada[1239].

Neste âmbito, será relevante o facto de a participação do participante, apesar de representar, directa ou indirectamente, mais de 1/3 dos direitos de voto, não ser suficiente para assegurar a maioria dos direitos de voto emitidos nas reuniões da assembleia geral da sociedade cotada por força da elevada presença/participação dos accionistas nas reuniões daquele órgão (*hoher Hauptversammlungspräsenzen*)[1240]. Para este efeito, atender-se-á à presença/participação accionista nas últimas reuniões da assembleia geral da sociedade cotada (por exemplo, as duas ou três últimas reuniões[1241]). Para além disso, terá de ser ex-

---

[1238] No ordenamento jurídico alemão, a doutrina faz referência a este juízo de prognose a propósito de diversas situações previstas no § 37 Abs. 1 da WpÜG e no § 9 da AngebVO que o concretizam, em particular quanto à possibilidade de controlo efectivo da sociedade (neste sentido, *vide* MEYER, in GEIBEL/SÜSSMANN (hrsg.), *Wertpapiererwerbs-* cit., § 37 Rdn. 53).

[1239] Esta encontra-se expressamente prevista no § 37 Abs. 1 da WpÜG como uma das situações que justifica a isenção do dever de lançamento.

[1240] Esta solução está expressamente consagrada no direito alemão. Em concretização da situação prevista no § 37 Abs. 1 5 Alt. da WpÜG relativa à impossibilidade efectiva e real de exercer o controlo da sociedade (*mangenld tatsächliche Möglichkeit zur Ausübung der Kontrolle*), o § 9 Satz. 2 Nr. 2 da AngebVO estabelece que pode haver lugar há isenção do dever de lançamento de OPA se, tendo em conta a presença accionista nas três últimas reuniões da assembleia geral da sociedade, a participação do sujeito obrigado não lhe assegurar provavelmente a maioria dos direitos de voto nas reuniões daquele órgão (cf. VERSTEEGEN, in HIRTE/BÜLOW (Hrsg.), *Kölner* cit., § 37 Rdn. 68; MEYER, in GEIBEL/SÜSSMANN (hrsg.), *Wertpapiererwerbs-* cit., § 37 Rdn. 53; NOACK/ZETZSCHE, in SCHWARK/ZIMMER, *Kapitalmarktrechts-* cit., § 37 WpÜG, Rdn. 15; HECKER, in BAUMS/THOMA (Hrsg.), *Kömmentar* cit., § 37 Rdn. 66; KRAUSE/PÖTZSCH, in ASSMANN/PÖTZSCH/SCHNEIDER (Hrsg.), *Wertpapiererwerbs-* cit., § 37 Rdn. 72 e 75). A elevada participação accionista nas reuniões da assembleia geral (*hoher Hauptversammlungspräsenzen*) é, portanto, o motivo da impossibilidade de controlo real e efectivo do participante referida no § 37 Abs. 1 5 Alt da WpÜG (neste sentido, *vide* a própria Begr Rege, BT-Drucks 14/7034, p. 61; MEYER, in GEIBEL/SÜSSMANN (hrsg.), *Wertpapiererwerbs-* cit., § 37 Rdn. 53; KRAUSE/PÖTZSCH, in ASSMANN/PÖTZSCH/SCHNEIDER (Hrsg.), *Wertpapiererwerbs-* cit., § 37 Rdn. 72).

[1241] O § 9 Satz. 2 Nr. 2 da AngebVO atende às três últimas reuniões da assembleia geral mas alguma doutrina considera ser também possível isentar o oferente do dever de lançamento, ao abrigo do

pectável que, no futuro, aquela participação continue a não assegurar a maioria dos direitos de voto emitidos nas reuniões da assembleia geral da sociedade cotada[1242].

Outro facto revelador da inexistência de controlo é a fixação de maiorias qualificadas para as eleições e destituição dos membros dos órgãos sociais da sociedade cotada. Neste caso, a participação do sujeito obrigado ao lançamento poderá não ser suficiente para assegurar aquela eleição, inviabilizando o exercício real e efectivo do controlo da sociedade cotada[1243].

V. O mecanismo "correctivo" ou de "escape" do art. 187º, nº 2 do Cód.VM tem uma limitação muito relevante: apenas se aplica ao limiar de um terço dos direitos de voto. Isto é, no caso de o participante ultrapassar, directamente ou por força das regras de imputação do art. 20º, nº 1 do Cód.VM, a fasquia de metade dos direitos de voto (que é o segundo limiar constitutivo do dever de lançamento), não poderá beneficiar do mecanismo previsto no art. 187º, nº 2 do Cód.VM, pelo que, mesmo que não tenha o controlo real e efectivo da sociedade, ficará obrigado ao lançamento de OPA.

Face a esta limitação, alguns autores concluem que o limiar de metade dos direitos de voto representa uma presunção *iuris et de iure* de controlo[1244]. Esta presunção está, segundo os mesmos, em linha com a definição de domínio do Cód.VM que, na al. a) do nº 2 do artigo 21º do Cód.VM, presume, de forma ine-

---

§ 37 Abs. 1 5 Alt da WpÜG (pois aquele catálogo do § 9 da AngebVO não é taxativo), caso a sua participação não lhe permitisse ter a maioria dos votos nas duas últimas reuniões da assembleia geral (neste sentido, *vide* Meyer, in Geibel/Süssmann (hrsg.), *Wertpapiererwerbs-* cit., § 37 Rdn. 53; Schlitt, *Münchener* cit., § 37 WpÜG Rdn. 55; Hecker, in Baums/Thoma (Hrsg.), *Kömmentar* cit., § 37 Rdn. 66; Krause/Pötzsch, in Assmann/Pötzsch/Schneider (Hrsg.), *Wertpapiererwerbs-* cit., § 37 Rdn. 76; contra *vide* Versteegen, in Hirte/Bülow (Hrsg.), *Kölner* cit., § 37 Rdn. 68).

[1242] Neste sentido, *vide* Meyer, in Geibel/Süssmann (hrsg.), *Wertpapiererwerbs-* cit., § 37 Rdn. 53; Krause/Pötzsch, in Assmann/Pötzsch/Schneider (Hrsg.), *Wertpapiererwerbs-* cit., § 37 Rdn. 76; Versteegen, in Hirte/Bülow (Hrsg.), *Kölner* cit., § 37 – § 9 AngebVO Rdn. 46. Para este efeito, será necessário verificar se houve alguma alteração na estrutura accionista da sociedade cotada com a saída de um accionista com participação qualificada que levou a um aumento considerável do *free float* (neste sentido, *vide* Versteegen, in Hirte/Bülow (Hrsg.), *Kölner* cit., § 37 – § 9 AngebVO Rdn. 46). Estamos novamente perante uma espécie de juízo de prognose.

[1243] Neste sentido, em relação à fixação de maiorias qualificadas para a eleição e destituição de membros do *Aufsichtrat*, *vide* Versteegen, in Hirte/Bülow (Hrsg.), *Kölner* cit., § 37 Rdn. 72; Bernau, *Die Befreiung* cit., p. 817; Braun, *Die Befreiung vom Pflichtangebot nach dem WpÜG*, 2008, p. 225.

[1244] Neste sentido, Paulo Câmara, *Manual* cit., p. 696; Paula Costa e Silva, *Domínio* cit., p. 336; Ib., *Sociedade* cit., p. 559; Moredo Santos, *Transparência* cit., pp. 273-276.

lidível[1245], a existência de domínio quando uma pessoa, singular ou colectiva, detenha a maioria dos direitos de voto[1246].

O que dizer desta limitação e das conclusões doutrinais que dela se retiram? A limitação da aplicação do art. 187º, nº 2 do Cód.VM à fasquia de 1/3 dos direitos de voto não faz qualquer sentido.

Em primeiro lugar, e ao contrário do que se afirma, ela não é exigida por razões de coerência sistemática com o previsto no art. 21º, nº 2 al. a) do Cód.VM. Com efeito, este preceito não recorre ao mecanismo de imputação do art. 20º do Cód.VM para a contabilização dos direitos de voto ao invés do art. 187º do Cód.VM, pelo que um participante pode ter ultrapassado, por força das regras de imputação, metade dos direitos de voto para efeitos deste preceito (e, como tal, não beneficiar do mecanismo correctivo previsto no art. 187º, nº 2) sem que tenha preenchido a presunção prevista no art. 21º, nº 2 al. a) do Cód.VM.

Em segundo lugar, a referida limitação não tem paralelo em qualquer outro ordenamento jurídico comunitário. A singularidade da solução portuguesa explica-se provavelmente pelo receio que o legislador teve de situações de evasão do dever de lançamento, uma vez que, ao consagrar um mecanismo correctivo tão aberto como o do art. 187º, nº 2 do Cód.VM, que apela a um conceito de controlo efectivo, acaba por dar também espaço a situações de fraude ou de evasão. A opção correcta teria sido a delimitar o âmbito do mecanismo "correctivo" através da fixação de situações concretas de afastamento do dever de lançamento indiciadoras da inexistência de controlo, mas o legislador preferiu uma solução cega e fácil com claro prejuízo da materialidade do conceito de controlo.

VII. Face ao exposto, é imperioso perguntar se haverá uma forma de evitar a indesejada limitação ao funcionamento do mecanismo do art. 187º, nº 2 do Cód.VM?

Pereira Neves defende que a "correcção" desta "iniquidade", "adoptando para a lei um sentido que trate de modo igual o que é efectivamente igual e de

---

[1245] Esta conclusão é retirada da letra do proémio do nº 2 do art. 21º do Cód.VM que afirma que "existe, *em qualquer caso*, relação de domínio". Assim, os casos previstos no art. 21º, nº 2 do Cód.VM fazem presumir a existência de domínio mesmo que ele efectivamente não exista (cf. Paulo Câmara, *Manual* cit., p. 696; Paula Costa e Silva, *Domínio* cit., p. 337; Ib., *Sociedade* cit., p. 561; Moredo Santos, *Transparência* cit., pp. 275-276).

[1246] Neste sentido, considerando existir uma coerência entre a limitação do art. 187º, nº 2 do Cód.VM e o conceito de domínio previsto no mesmo código, em particular a presunção consagrada na al. a) do nº 2 do art. 21º, *vide* Paulo Câmara, *Manual* cit., p. 696.

modo desigual o que é efectivamente desigual, deve passar por tratar de forma idêntica aquele que ultrapasse o *limiar* de um terço dos direitos de voto e aquele outro que exceda metade dos mesmos direitos, recusando também ao primeiro que, nos termos e para os efeitos do nº 2 do art. 187º, possa invocar qualquer menor *intensidade* na sua conexão com alguns dos direitos que lhe sejam imputáveis nos termos do nº 1 do art. 20º". Para o autor, "a prova admissível" para aquele preceito será apenas "a que se relacione com as especificidades da estrutura accionista da sociedade concretamente considerada que possam justificar que, no caso concreto, o controlo de um terço dos direitos de voto não corresponda à detenção de uma posição de *domínio* sobre a sociedade participada"[1247].

Com o devido respeito, este entendimento não é aceitável. Não há qualquer violação do princípio da igualdade, como parece sugerir o autor, que se baseia na ideia subjacente a este princípio para fundamentar o seu entendimento. Com efeito, todos aqueles que ultrapassem o limiar de metade dos direitos de voto sabem que não poderão beneficiar do mecanismo do art. 187º, nº 2 do Cód.VM, enquanto todos aqueles que tenham uma participação, inferior a metade dos direitos de voto mas superior a um terço, sabem que poderão beneficiar desse mecanismo. Acresce que a solução proposta pelo autor partilha parte da "iniquidade" com os participantes que podem mobilizar o mecanismo correctivo do art. 187º, nº 1, na medida em que restringe o âmbito deste às situações relacionadas com a estrutura accionista. Ora, não é por haver esta partilha da "iniquidade" que a solução se torna mais justa ou que esta passa a estar de acordo com o princípio da igualdade[1248].

[1247] Ou seja, "do que a lei trata na distinção entre o participante que ultrapassa o *limiar* de metade dos direitos de voto e o participante que ultrapassa o *limiar* de um terço desses mesmos direitos é apenas da concessão ao segundo da possibilidade de provar que, não obstante tal ultrapassagem não adquiriu uma posição de *domínio* sobre a sociedade visada (nem está em relação de grupo), exigindo-se para o efeito que demonstre, cumulativamente, que (i) à *influência* que pode exercer sobre mais de um terço, mas menos de metade, dos direitos de voto, não soma a existência de uma qualquer *relação de grupo* entre o participante e a sociedade aberta em causa; e que, (ii) em face da estrutura accionista da mesma sociedade aberta, a *influência* atomizada sobre apenas um terço dos direitos de voto não permite projectar essa mesma *influência* na conformação da *vontade colectiva* correspondente à sociedade globalmente considerada" (cf. Pereira Neves, *Delimitação* cit., pp. 721-722).

[1248] Convém, contudo, mencionar que a interpretação do autor (*rectius* reconstrução) das regras de imputação de direitos de voto para efeitos de dever de lançamento limita bastante a importância do mecanismo correctivo do art. 187º, nº 1, na medida em que o autor, conforme já se referiu *supra*, só considera os votos imputáveis que "pela sua fonte e pela abrangência das matérias a que se

Julgo que a única forma de limitar os potenciais danos desta opção legislativa é ter uma maior cautela no momento de interpretação das regras de imputação para efeitos de dever de lançamento, de modo a que só haja imputação nas situações em que o participante pode controlar o exercício dos direitos de voto na sociedade, independentemente de exercer *in casu* esse controlo.

2. Acordos Irrevogáveis de Aceitação de OPA – Repercussão na Alteração de Controlo

I. Uma vez analisado o conceito de controlo de sociedade cotada e os mecanismos instrumentais (mas fundamentais) daquele (como a imputação de direitos de voto), estamos agora em condições de reconduzir os mecanismos «facilitadores» da cessão de controlo objecto deste estudo – os acordos irrevogáveis de aceitação de OPA e os acordos irrevogáveis de não-aceitação de OPA – ao quadro geral da alteração do controlo de sociedades cotadas. Proceder-se-á à análise dos efeitos que aqueles acordos podem ter no instituto que pressupõe a existência de uma cessão de controlo: a OPA obrigatória. Começaremos pelos acordos irrevogáveis de aceitação de OPA.

Em concreto, procurar-se-á determinar em que medida é que este tipo de acordos releva para efeitos do cômputo da fasquia constitutiva do dever de lançamento, pois essa é a única via através da qual os mesmos podem assumir importância neste instituto.

II. A primeira conclusão que facilmente se pode retirar é que os acordos irrevogáveis de aceitação de OPA só serão relevantes em sede de dever de lançamento se se puderem enquadrar numa das situações de imputação de direitos de voto previstas no catálogo do nº 1 do art. 20º do Cód.VM.

A celebração de acordos irrevogáveis não implica a imediata transmissão da titularidade da participação do accionista da sociedade visada, pelo que os mesmos só podem ser tidos em conta para o cômputo do limiar constitutivo do dever de lançamento através do mecanismo de imputação. Se se analisar o catá-

---

reportem, sejam adequados à instalação daquela situação de *influência dominante*". Esta é aliás a intenção do autor que afirma que "as questões de natureza *qualitativa* – relacionadas com a intensidade da *conexão* estabelecida entre o participante e os direitos de voto que lhe sejam imputados nos termos do nº 1 do art. 20º – são, assim, questões que passam ao lado do nº 2 do art. 187º", pois, quando se suscite a aplicação deste preceito, "já se encontrarão resolvidas porque essenciais ao preenchimento prévio das previsões alternativas do nº 1 do mesmo art." (cf. PEREIRA NEVES, *Delimitação* cit., p. 722).

logo do n.º 1 do art. 20.º do Cód.VM, é possível concluir que as situações de imputação de direitos de voto, nas quais aquele tipo de acordos se pode incluir, resumem-se às previstas nas als. c), e) e h). Nas restantes situações consagradas no catálogo do art. 20.º, n.º 1 do Cód.VM, a relação entre participante e terceiro subjacente à situação de imputação, ou não é um acordo (*e.g.* als. b) e d)), ou, sendo-o ou podendo sê-lo, é um acordo com características claramente distintas da anatomia típica dos acordos irrevogáveis de aceitação de OPA (als. a), f) e g)).

Analisemos então cada uma destas situações de imputação de direitos de voto.

2.1 Art. 20.º, n.º 1 al. a) do Cód.VM
2.1.1 Os Acordos de Voto

I. Comecemos pelos acordos de voto, os quais, como se sabe, são uma modalidade de acordos parassociais. Estes são um mecanismo que tem vindo a ganhar relevância como forma de exercício de controlo sobre a sociedade cotada, sobretudo de controlo conjunto[1249]. Porém, ao contrário do que se possa pensar, o acordo parassocial não foi sempre reconhecido como forma de cessão de controlo de uma sociedade cotada em todos os ordenamentos jurídicos[1250]. Exemplo

---

[1249] Os acordos parassociais permitem a accionistas, que individualmente detenham menos de 1/3 dos direitos de voto, "unificar" o sentido de voto das suas participações ultrapassando, conjuntamente, aquele limiar e alcançando desse modo o controlo da sociedade aberta. O controlo é, nestes casos, repartido. Em Itália, antes da entrada em vigor do TUF em 1999, só eram relevantes para efeitos de OPA obrigatória os acordos parassociais em que fosse possível identificar um accionista que "controlasse" a maioria dos direitos de voto abrangidos pelo acordo, pois só se atribuía relevância ao controlo individual e não ao controlo conjunto (cf. GIANLUCA ROMAGNOLI, *Diritti dell'investitore* cit., p. 183, nota 64).

[1250] A constituição do dever de lançamento sem que haja lugar à aquisição de acções da sociedade cotada é objecto de discussão, na medida em que, neste tipo de cessão de controlo, não há lugar ao pagamento de qualquer prémio de controlo (cf. GARCÍA DE ENTERRÍA, *Oferta pública* cit., pp. 171-172; Ib., *La OPA obligatoria* cit., pp. 167 e ss.). Em Itália, a celebração de um acordo parassocial, mesmo que determine a ultrapassagem dos limiares constitutivos da OPA obrigatória, não gera o dever de lançamento se nenhuma das partes desse acordo tiver efectuado qualquer aquisição onerosa de acções contemporânea ou nos últimos 12 meses (art. 109.º do TUF) (cf. QUATRARO/ /PICONE, *Manuale* cit., pp. 137-138; PICONE, *Le offerte pubbliche* cit., p. 273). Na vigência da anterior *Legge* n.º 149/1992, a maioria da doutrina já considerava que, para efeitos de dever de lançamento, não basta a mera celebração de um acordo parassocial, tendo esta de ser acompanhada da aquisição de acções por parte de um ou mais membros do pacto (cf. WEIGMANN, *La nuova disciplina delle OPA*, in COLOMBO/PORTALE (dirs.), *Trattato delle Società per azioni*, Turín, 1993, p. 205; CALLEGARI, *Acquisto di concerto*, in ABRIANI/CAVALIERE/SARALE (coords), in *La legge Draghi e le società quotate in borsa*, Turín,

paradigmático é o ordenamento jurídico espanhol, em que, até à entrada em vigor da LMV[1251], era muito discutido se a aquisição do controlo de uma sociedade

1999, p. 67; MONTALENTI, *Le offerte pubbliche di acquisto. La fattispecie obbligatorie*, in Quaderni di BBTC, Giuffrè Editore, Milano, *Quaderni di Giurisprudencia Commerciale*, Giuffrè Editore, Milão, 1999, p. 20; BENAZZO, *I presuposti dell'o.p.a. preventiva*, in *Giurisprudencia Commerciale*, 1994, pp. 160-161; LERNER, *La nuova disciplina delle offerte pubbliche di acquisto e scambio*, in *Rivista di Diritto Civile*, nº 2, 1999, p. 269; contra, defendendo que a mera celebração do acordo parassocial gerava o dever de lançamento, *vide* ANUNZIATA, *La nuova disciplina delle offerte pubbliche di acquisto e scambio di tituli*, *Società*, 1992, p. 592). Os argumentos apresentados na defesa desta posição radicavam no facto de, ao não existir um pagamento por não haver uma aquisição de acções, não existir também qualquer prejuízo resultante da não distribuição do prémio de controlo por todos os accionistas. Por outro lado, não havendo aquisição de acções, não se podia estabelecer um preço para a sua aquisição aos demais accionistas.

[1251] Na versão inicial do RD 1197/1991, a mera celebração de um acordo parassocial ou qualquer outro tipo de actuação concertada sem aquisição de acções não relevava para efeitos da constituição do dever de lançamento (neste sentido, *vide* SÁENZ DE NAVARRETE, *Oferta obligatoria* cit., p. 108; GARCÍA DE ENTERRÍA, *Limitación del voto, actuación concertada y ofertas condicionales. Estudios sobre OPAs*, vol. II, Civitas, Madrid, 2002, pp. 67 e ss.; contra, *vide* SÁNCHEZ ANDRÉS, *voz «OPA»*, in *Enciclopedia jurídica básica*, vol. III, Madrid, 1995, p. 4585). Em 1998, o Real Decreto 2590/1998, de 7 de Dezembro, sobre comunicação de participações significativas, veio estabelecer que se assimilavam a uma aquisição a subscrição de acordos para estabelecer uma política comum duradoura no seio da sociedade cotada mediante o exercício concertado de direitos de voto e fixou--se que se imputam as acções das partes concertadas àquele que tivesse a maior participação e, caso a participação fosse igual, a ambas. A partir desta alteração, a CNMV passou a sustentar, com base numa extensão analógica daquele preceito ao regime das OPAs, que a mera concertação, mesmo sem aquisição de acções, constituía o dever de lançamento de OPA (sustentando a posição da CNMV, *vide* SALA I ANDRÉS, *Las OPAs obligatorias ordinarias*, Bosch Editor, Barcelona, 2000, pp. 201 e ss.; contra, *vide* GARCÍA DE ENTERRÍA, *Limitación* cit., pp. 67 e ss.; para mais desenvolvimentos sobre esta questão após a entrada em vigor daquele diploma legal, *vide* SÁENZ DE NAVARRETE, *Diez años de vigencia del Real Decreto 1197/1991, de 26 de julio, sobre régimen de adquisición de valores*, in AAVV, *Derecho de sociedades, Libro Homenaje al Profesor Fernando Sánchez Calero*, vol. III, Madrid, 2002, pp. 3043 e ss.). Todavia, nunca houve lugar ao lançamento de qualquer OPA por força da celebração de acordos parassociais pois as partes, depois de consulta prévia da CNMV e inteirando-se da sua posição sobre a matéria, optavam sempre por não celebrar tais acordos (cf. SÁENZ DE NAVARRETE, *Oferta obligatoria* cit., p. 108). Posteriormente, a disposição transitória 3ª da Ley 26/2003, de 17 de julio, sobre a transparência das sociedades cotadas, veio considerar que, nos casos em que se celebraram, no passado, acordos parassociais que conduziram à ultrapassagem dos limiares constitutivos do dever lançamento e em que essa OPA não chegou a ser lançada, esses acordos seriam ineficazes. A norma transmitia a ideia de que anteriormente era possível celebrar aqueles acordos sem que houvesse lugar ao lançamento de OPA e que, a partir desse momento, esses acordos eram relevantes para efeitos da constituição do dever de lançamento, pois não fazia sentido declarar os acordos anteriores ineficazes e celebrar, de imediato, novos acordos sem necessidade de lançamento de OPA (neste sentido, *vide* SÁENZ DE NAVARRETE, *Oferta obligatoria* cit.,

cotada, e o consequente dever de lançamento de OPA, podiam resultar da mera celebração de acordos parassociais sem necessidade de qualquer aquisição de acções. O art. 60º da LVM veio resolver expressamente esta questão e considerou os acordos parassociais como um dos mecanismos relevantes para efeitos da aquisição do controlo de sociedades[1252]. O novo RD 1066/2007 abordou igualmente esta problemática e, em linha com o art. 60º da LVM, estabeleceu, como um dos motivos do dever de lançamento, a celebração de acordos parassociais (art. 3º, nº 1 do RD 1066/2007)[1253].

---

p. 109). Apesar desta aparente simplicidade interpretativa, as interpretações foram muito díspares. CARLOS BÉLTRAN e PAREDES GALEGO sustentavam, por exemplo, que, mesmo após a entrada em vigor da lei da transparência, podiam existir pactos de controlo conjunto sobre mais de 50% dos direitos de voto de uma sociedade cotada (cf. *Análisis de la nueva normativa de OPAs*, in *Observatorio sobre la reforma de los mercados financieros europeos*, Fundación de Estudios Financieros, Madrid, 2007, pp. 232-233). Na prática, o que se verificou foi que os antigos acordos parassociais mantiveram-se, por renovação tácita ou expressa, e não geraram o dever de lançamento de OPA. Foi esse o caso dos acordos entre o La Caixa e a Repsol relativos à Gas Natural. A excepção foi o acordo entre o Banco Santander e a Total relativo à Cepsa que foi declarado ineficaz por decisão de tribunal arbitral (cf. conclusões do tribunal arbitral disponíveis em www.cnmv.com). Para mais desenvolvimentos sobre esta questão, *vide* SÁNCHEZ-CALERO GUILARTE, *Los pactos parassociales anteriores a la entrada en vigor de la Ley de transparencia*, in AAVV, *Estudios de Derecho de sociedades y Derecho concursal. Libro homenaje al Profesor R. García Villaverde*, t. II, Madrid, 2007, pp. 1215 e ss.; SÁNCHEZ ANDRÉS, *La disposición transitoria tercera 2.c) de la llamada Ley de transparencia como interpretación auténtica de normas anteriores*, in AAVV, *Estudios de Derecho de sociedades y Derecho concursal. Libro homenaje al Profesor R. García Villaverde*, t. II, Madrid, 2007, pp. 1155 e ss..

[1252] O conceito de acordo parassocial encontrava-se previsto no art. 112º da LVM. Uma parte da doutrina espanhola considerava o conceito desadequado, porque havia acordos parassociais que não eram relativos ao voto e, portanto, não permitiam alcançar o controlo, e podiam existir situações de controlo conjunto que não eram abrangidas pelo conceito de acordo parassocial. Por isso, a doutrina recomendava que o novo RD 1066/2007 consagrasse uma noção de acordo parassocial associada ao exercício de direitos de voto para estabelecer uma política comum duradoura no seio da sociedade e ampliando-a às concertações que tivessem essa finalidade e que não estivessem abrangidas pela noção de acordo parassocial do art. 114º da LVM (cf. CARLOS BÉLTRAN/PAREDES GALEGO, *Análisis* cit., pp. 236 e ss.).

[1253] O conceito de acordo parassocial encontra-se agora definido no art. 5º, nº 1 al. b) do RD 1066/2007. Este não abrange vários tipos de acordos que fazem presumir a existência de uma "actuação em concertação". Em primeiro lugar, abrange os acordos verbais ou escritos, expressos ou tácitos, em virtude dos quais duas ou mais pessoas colaboram no sentido de obter o controlo de uma sociedade. Estes não se confundem com os acordos parassociais que regulam o exercício de direitos de voto, eles fixam uma concertação na aquisição, isto é, são acordos relativos à concertação de aquisição de acções da sociedade cotada que permitira a aquisição do controlo desta. Em segundo lugar, incluem-se os acordos parassociais, tal como definidos no art. 112º da LVM (por remissão expressa do art. 5º, nº 1 al. b) do RD 1066/2007), que se destinem a estabelecer uma política comum em matéria

No ordenamento jurídico português, a al. c) do n.º 1 do art. 20.º do Cód.VM determina que são imputados ao participante os direitos de voto "detidos por titulares do direito de voto com os quais o participante tenha celebrado um acordo para o seu exercício, salvo se, pelo mesmo acordo, estiver vinculado a seguir instruções de terceiro". Para efeitos desta alínea, relevam os denominados acordos de voto (*sindacati di voto*; *Stimmbindungsverträge*)[1254]. O acordo de voto só será juridicamente relevante se as partes pretenderam assumir uma vinculação quanto ao modo de exercício do direito de voto[1255]. Não basta, portanto para efeitos desta al. c), a existência de um *gentlemen's agreement*[1256], nem de comportamentos homogéneos ou paralelos no exercício de direitos de voto (*Gleichförmiges Abstimmungsverhalten*)[1257], nem de meros contactos ou consultas entre accionistas sem que haja uma intenção consciente de coordenação de

---

de gestão da sociedade ou que tenha por objecto influenciar, de forma relevante a mesma. Ao contrário dos primeiros acordos, estes não se confundem com o mero acordo de colaboração, expresso ou tácito, verbal ou escrito, destinado a obter o controlo, antes se exige a celebração de um verdadeiro pacto parassocial. A presunção de actuação em concertação não é preenchida se não se celebrar um verdadeiro acordo parassocial (neste sentido, *vide* GARCÍA DE ENTERRÍA, *Oferta pública* cit., p. 174; contra, defendendo uma interpretação conjunta das presunções, *vide* LEÓN SANZ, *La reforma de la regulación de OPAs y el régimen de los pactos parasociales de la sociedades cotizadas*, Notícias UE, 285, 2008, pp. 128-129; igualmente contra, admitindo que os acordos parassociais referidos no art. 5.º, n.º 1 al. b) do RD 1066/2007 não exigem qualquer tipo de forma, *vide* FERNANDO SÁNCHEZ CALERO, *Ofertas* cit., p. 149). Por fim, estão ainda abrangidos os acordos que, com a mesma finalidade, regulem o exercício do direito de voto no conselho de administração ou na comissão executiva ou delegada da sociedade.

[1254] Cf. OSÓRIO DE CASTRO, *A imputação* cit., p. 186; PAULA COSTA E SILVA, *A imputação* cit., p. 423. Para mais desenvolvimentos sobre os acordos de voto e os seus tipos, *vide*, entre nós, GRAÇA TRIGO, *Os acordos* cit.; VASCO LOBO XAVIER, *A validade* cit., pp. 639 e ss. MENEZES CORDEIRO, *Manual de Direito das Sociedades*, vol. I, 3ª edição ampliada e actualizada, Almedina, Coimbra, 2011, pp. 687 e ss.; ENGRÁCIA ANTUNES, *Os grupos* cit., pp. 499-502. No direito italiano, *vide* QUATRARO/PICONE, *Manuale* cit., pp. 113-117 e, desenvolvidamente, SEMINO, *Il problema della validità dei sindacato di voto*, Quaderni di Giurisprudenza Commerciale, Giuffrè, Milano, 2003.

[1255] No mesmo sentido, *vide* PAULA COSTA E SILVA, *A imputação* cit., p. 423. A autora refere, e bem, que a conclusão decorre do art. 17.º, n.º 1 do CSC, nos termos do qual os acordos parassociais são actos de "autonomia através dos quais os sócios assumem a *obrigação* de adoptarem uma determinada conduta". O art. 20.º, n.º 1 al. c) do Cód.VM não parece, atenta a letra da lei, afastar-se do âmbito destes acordos vinculativos.

[1256] Neste sentido, *vide* OSÓRIO DE CASTRO, *A imputação* cit., p. 186.

[1257] No mesmo sentido, no direito alemão, em relação ao § 30 Abs. 2 da WpÜG, *vide* SCHNEIDER, in ASSMANN/PÖTZSCH/SCHNEIDER (Hrsg.), *Wertpapiererwerbs-* cit., § 30 Rdn. 101; ANGERER, in GEIBEL//SÜSSMANN (hrsg.), *Wertpapiererwerbs-* cit., § 2 Rdn. 39; SCHÜPPEN/WALZ in HAARMANN/SCHÜPPEN (Hrsg.), *Frankfurter* cit., § 30 Rdn. 67; LIEBSCHER, *Die Zurechnungstatbestände* cit., p. 1007.

condutas de voto[1258]. Porém, o acordo não tem de ser formal, pode ser verbal ou tácito[1259].

II. Os termos da imputação entre as partes dependerão do conteúdo do acordo de voto.

Em termos subjectivos, haverá, por norma, lugar a uma imputação de direitos de voto recíproca ou biunívoca (isto é, entre as partes do mesmo) pois os acordos de voto fixam, frequentemente, as regras de conduta/comportamento comum no exercício de direitos de voto nas assembleias gerais da sociedade cotada[1260]. No entanto, se uma das partes do acordo de voto determinar o modo de exercício dos direitos de voto da outra ou outras[1261], então os direitos de voto das partes do acordo serão apenas imputados à parte que tiver o direito de dar instruções sobre o seu modo de exercício[1262]. Esta conclusão

---

[1258] Não releva o inconsciente comportamento de voto homogéneo, uma vez que lhe falta a coordenação ou cooperação (cf. SCHNEIDER, in ASSMANN/PÖTZSCH/SCHNEIDER (Hrsg.), *Wertpapiererwerbs-* cit., § 30 Rdn. 101).

[1259] Defendendo que o acordo não tem de revestir forma escrita, *vide* OSÓRIO DE CASTRO, *A imputação* cit., p. 186. No mesmo sentido, no direito alemão, *vide* STEINMEYER, in STEINMEYER/HÄGER, *WpÜG* cit., § 30 Rdn. 3; SCHNEIDER, in ASSMANN/PÖTZSCH/SCHNEIDER (Hrsg.), *Wertpapiererwerbs-* cit., § 30 Rdn. 8.

[1260] Neste sentido, *vide* NOACK/ZETZSCHE, in SCHWARK/ZIMMER, *Kapitalmarktrechts-* cit., § 30 WpÜG, Rdn. 36; BÜLOW, *Acting in Concert: Anwendungsprobleme des neuen Zurechnungstatbestands*, in VEIL (Hrsg.), *Übernahmerecht in Praxis und Wissenschaft*, Köln, 2009, p. 151; BORGES, *Acting in concert: Vom Schreckgespenste zur praxistauglichen Zurechnungsnorm*, in ZIP, 2007, p. 359; LÖHDEFINK, *Acting* cit., pp. 324 e ss.; PENTZ, *Acting* cit., p. 1448. No mesmo sentido, no direito espanhol, *vide* PÉREZ MILLAN, *Pactos* cit., p. 146.

[1261] Há, no fundo, uma "liderança" no modo de exercício do direito de voto (*Stimmführerschaft*) (cf. NOACK/ZETZSCHE, in SCHWARK/ZIMMER, *Kapitalmarktrechts-* cit., § 30 WpÜG, Rdn. 37).

[1262] No direito alemão, *vide*, em relação à imputação resultante do § 30 Abs. 2 da WpÜG nestes casos, NOACK/ZETZSCHE, in SCHWARK/ZIMMER, *Kapitalmarktrechts-* cit., § 30 WpÜG, Rdn. 37; BÜLOW, in VEIL (Hrsg.), *Übernahmerecht* cit., p. 152; LÖHDEFINK, *Acting* cit., p. 330; BORGES, *Acting in concert: Vom Schreckgespenste zur praxistauglichen Zurechnungsnorm*, in ZIP, 2007, p. 359; KRAUSE, *Das deutsche Übernahmegesetz vor dem Hintergrund der EU-Richtlinie*, in ZGR, 2002, p. 413. Contra, embora admitindo a possibilidade da parte obrigada a seguir as instruções de voto poder beneficiar da isenção do dever de lançamento nos termos do § 37 Abs. 1 da WpÜG, *vide* BRAUN, *Das einflusslose Mitglied im Stimmrechtspool – Bieter i.S. des § 35 II WpÜG?*, in NZG, 2008, p. 928. A mesma conclusão é válida para os casos de *Stimmrechtspools*, em que o sentido de voto é determinado de acordo com a maioria alcançada no seio das partes do acordo e o modo de apurar a maioria determina que há desde logo uma das partes que assume a "liderança" no modo de exercício do direito de voto (cf. NOACK/ZETZSCHE, in SCHWARK/ZIMMER, *Kapitalmarktrechts-* cit., § 30 WpÜG, Rdn. 37; PENTZ, *Acting* cit., p. 1448).

resulta claramente do art. 20º, nº 1 al. c) *in fine* quando afasta a imputação ao participante nos casos em que, "pelo mesmo acordo, estiver vinculado a seguir instruções de terceiro" e o "terceiro" inclui alguma das partes do respectivo acordo[1263].

Quanto ao âmbito dos direitos de voto abrangidos, a letra da al. c) limita-se a referir que serão imputados os "direitos de voto detidos" pela contraparte do participante nesse acordo de voto. A letra da lei parece, portanto, ir no sentido da imputação total dos direitos de voto (*in voller Höhe*)[1264]. Esta opção percebe-se

---

[1263] Neste sentido, vide, entre nós, Osório de Castro, *A imputação* cit., p. 186, nota 75; Mattamouros Resende, *A imputação* cit., pp. 179-182. Nos casos em que há a obrigação de seguir as instruções de terceiro (*Weisungen Dritten*) falta a base da imputação recíproca (cf. Noack/Zetzsche, in Schwark/ /Zimmer, *Kapitalmarktrechts-* cit., § 30 WpÜG, Rdn. 37; Pentz, *Acting* cit., p. 1448; Krause, *Das deutsche* cit., p. 513).

[1264] Neste sentido, vide, entre nós, Mattamouros Resende, *A imputação* cit., p. 198. Pouco clara é a posição de Osório de Castro neste tema. Ao referir a hipótese da imputação não abranger todos os outorgantes, o autor refere que, nestes casos, para além de haver apenas imputação aos "intervenientes que tenham o direito de exigir o respeito pela disciplina instituída", ela será apenas pelo que concerne aos votos a que esse direito se reporte". Fica por esclarecer se há imputação recíproca dos demais direitos de voto detidos pelas partes do acordo de voto ou se essa imputação deve ser excluída (cf. *A imputação* cit., p. 186).
No ordenamento jurídico alemão, a letra do § 30 Abs. 2 da WpÜG, que utiliza a expressão *in voller Höhe* referindo-se aos *Stimmrechte eines Dritten aus Aktien der Zielgesellschaft*, aponta claramente no sentido da imputação total dos direitos de voto detidos pelas partes do acordo e não apenas dos direitos de voto abrangidos pelo acordo (neste sentido, vide Bülow, in Hirte/Bülow (Hrsg.), *Kölner* cit., § 30 Rdn. 244; Noack/Zetzsche, in Schwark/Zimmer, *Kapitalmarktrechts-* cit., § 30 WpÜG, Rdn. 45; Süssmann, in Geibel/Süssmann (hrsg.), *Wertpapiererwerbs-* cit., § 30 Rdn. 34; Schneider, in Assmann/Pötzsch/Schneider (Hrsg.), *Wertpapiererwerbs-* cit., § 30 Rdn. 109; Steinmeyer, in Steinmeyer/Häger, *WpÜG* cit., § 30 Rdn. 70; contra, defendendo que, apesar de a letra da lei apontar no sentido referido, ela permite também entender que a expressão se referiria a *alle betroffenen Stimmrechte zugerechnet werden*, vide Löhdefink, *Acting* cit., p. 321). Essa foi igualmente a intenção do legislador da WpÜG tal como se pode constatar pela Begr RegE, BT-Drucks 14/7034, p. 54. A interpretação praticamente unânime da doutrina vai, portanto, no sentido de que a existência de uma situação de actuação em concertação (*Abgestimmte Verhaltens*), na qual se incluem os acordos de voto que preencham certos requisitos, determina uma imputação total dos direitos de voto detidos directamente pelas partes desse acordo, independentemente do número de direitos de voto que se encontram abrangidos pelas regras previstas no acordo de voto (neste sentido, vide, para além dos autores e obras citados, Schüppen/Walz, in Haarmann/ /Schüppen (Hrsg.), *Frankfurter* cit., § 30 Rdn. 45; Diekmann, in Baums/Thoma (Hrsg.), *Kömmentar* cit., § 30 Rdn. 87; Liebscher, *Die Zurechnungstatbestände* cit., p. 1006; Bülow/Bücker, *Abgestimmtes* cit., p. 701). Opinião contrária é a de Löhdefink. O autor defende uma redução teleológica do § 30 Abs. 2 da WpÜG no sentido de abranger apenas os direitos de voto cujo exercício se encontre

porque, quando se celebra um acordo de voto, é muito pouco verosímil que o mesmo se limite apenas a parte das acções de que a contraparte é titular[1265]. Admitir a hipótese contrária é abrir a porta a potenciais situações de fraude[1266]. Acresce que a situação de imputação prevista na al. c) é uma das que deve ser tida em consideração para efeitos de imputação em cadeia (al. h). Ora, seria absolutamente contraditório admitir a imputação em cadeia de votos – isto é, imputar ao parti-

---

vinculado por um *Pool- oder Stimmbindungsvertrags*, por considerar que a posição contrária viola a *ratio* das regras de imputação de direitos de voto e poderia fazer perigar a constitucionalidade do dever de lançamento de OPA. Para o autor, a *ratio* das regras de imputação é a de transmitir, da forma mais aproximada possível da realidade, o equilíbrio de poderes na sociedade visada, pelo que só deve haver imputação quando o oferente tem a possibilidade actual legal fundada de influenciar o exercício de direitos de voto. Assim, num acordo de voto, apenas podem ser imputados entre as partes os direitos de voto cujo exercício se encontra vinculado pelo acordo, pois esse é o número máximo de direitos de voto cujo exercício cada uma das partes pode influenciar. Segundo o autor, a posição contrária violaria os Arts. 12 Abs. 1 e/ou Art. 2 Abs. 1 da GG (cf. LÖHDEFINK, *Acting* cit., pp. 322-334).

No direito italiano, a CONSOB tem defendido que há lugar a uma imputação a todas as partes do acordo parassocial de todos os direitos de voto por elas detidos (cf. *Comunicazione del 31 marzo 1999*, nº DIS/99024712; no mesmo sentido, *vide* QUATRARO/PICONE, *Manuale* cit., pp. 133-136). A CONSOB funda a sua posição num argumento de cariz literal retirado do art. 109º do TUF, que se refere a acções "detidas" pelos participantes do acordo, sem especificar se se trata de acções abrangidas pelo acordo parassocial, e num argumento prático baseado no receio de que uma interpretação excessivamente restrita facilitasse o tornear do regime da OPA obrigatória. Neste sentido, a CONSOB afirmava que "na prática, os aderentes ao acordo parassocial exercem os seus votos relativos às acções que detêm fora do acordo em conformidade com os vínculos resultantes do acordo – tendo em conta a problemática relacionada com a admissibilidade do voto divergente – e, portanto, uma interpretação diversa seria facilmente permeável a violações da norma em análise".

[1265] Se a contraparte do acordo pode influenciar parte dos direitos de voto exercidos pela outra parte, seria destituído de sentido que ela fosse exercer os seus outros direitos de voto noutro sentido. A relação estabelecida pelo acordo de voto tem uma abrangência global em termos de conduta de voto das partes, não se coadunam com uma "dupla personalidade" no momento do exercício do direito de voto. Neste sentido, *vide* a posição da CONSOB que afirmava que "na prática, os aderentes ao acordo parassocial exercem os seus votos relativos às acções que detêm fora do acordo em conformidade com os vínculos resultantes do acordo – tendo em conta a problemática relacionada com a admissibilidade do voto divergente – e, portanto, uma interpretação diversa seria facilmente permeável a violações da norma em análise" (cf. *Comunicazione del 31 marzo 1999*, nº DIS/99024712).

[1266] Apesar de terem, em conjunto, uma percentagem de direitos de voto superior ao limiar constitutivo de dever de lançamento, as partes restringiriam o acordo de voto a uma percentagem inferior, evitando assim o dever de lançamento mas mantendo uma coordenação total entre o sentido de voto definido pelo acordo e os demais votos de que são titulares directos, na medida em que controlam, em absoluto, o exercício destes últimos e podem orientar o modo do seu exercício no sentido dos que estão abrangidos pelo acordo.

cipante os direitos de voto que são imputados à sua contraparte do acordo de voto – e negar a imputação dos votos detidos directamente por esta contraparte em virtude do proémio do art. 20º, nº 1 do Cód.VM[1267].

III. Em relação à duração do acordo de voto, o art. 20º, nº 1 al. c) do Cód.VM não fixa nenhum requisito, pelo que se levanta a questão de saber se todo o tipo de acordos de voto geram uma imputação de direitos de voto, independentemente da sua duração (*e.g.* pontual ou circunstancial, média ou longa). Por outras palavras, será que, por exemplo, há lugar à imputação de direitos de voto em virtude da celebração de um acordo de voto meramente circunstancial ou pontual, que vise regular o exercício de direito de voto para uma determinada reunião da assembleia geral da sociedade cotada, na qual se submeterá à votação um assunto específico em relação às partes pretendem obrigar-se a assumir uma posição comum? E em sede de dever de lançamento de OPA?

Osório de Castro defende que um acordo que tenha "carácter pontual" assume relevo para efeitos da al. c) do nº 1 do art. 20º do Cód.VM[1268]. O autor baseia a sua posição na letra da lei que nada fixa neste particular, a qual, associada a um argumento de natureza histórica que se prende com o facto de o Cód.MVM exigir que os acordos de voto visassem a fixação de uma "*política comum*" (pressupondo, por isso, acordos com carácter duradouro), permitiria concluir que se encontram abrangidos os acordos de voto com carácter meramente pontual. Segundo o autor, a ideia do legislador do Cód.VM terá sido a seguinte: "para o mercado é importante tomar conhecimento da celebração de qualquer acordo relativo ao exercício de direitos de voto em que um titular de uma participação qualificada se vincule perante outrem a exercer os seus votos de determinada forma, ou que represente uma «aliança», não importa para que efeito, entre os titulares de votos que, adicionados, excedam qualquer dos limiares do art. 16º do Cód.VM – seja pelo significado que tais acordos assumam em si mesmos, seja

---

[1267] Um argumento similar é referido no ordenamento jurídico alemão. O § 30 Abs. 2 da Satz. 2 da WpÜG determina a imputação em cadeia às partes que actuam em concertação dos direitos de voto que lhe sejam imputados nos termos do § 30 Abs. 1 da WpÜG, o que revela que não são apenas imputados os direitos de voto abrangidos pelo acordo mas todos os direitos de voto detidos pelas partes do mesmo, incluindo, nalguns casos, os direitos de voto que lhe sejam imputáveis (cf. Löhdefink, *Acting* cit., p. 322; Schneider, in Assmann/Pötzsch/Schneider (Hrsg.), *Wertpapiererwerbs-* cit., § 30 Rdn. 109). Contudo, e conforme se referiu *infra* em IV. 1.2.2, nem todos os direitos de voto que sejam imputáveis a uma das partes do acordo são imputáveis às demais contrapartes.

[1268] No mesmo sentido, *vide* Paula Costa e Silva, *A imputação* cit., p. 425; Pereira de Almeida, *Sociedades* cit., p. 489.

pelo que prenunciam de possíveis entendimentos futuros". Apesar de o autor não referir se este entendimento é válido em sede de dever de lançamento, pode assumir-se que essa é a sua posição, na medida em que entende que a remissão prevista no art. 187º do Cód.VM para o art. 20º, nº 1 se limita às "adaptações necessárias".

Que dizer deste entendimento?

O argumento literal não resolve a questão em definitivo, porque, na ausência de requisitos específicos fixados na lei quanto à duração do acordo, não se pode presumir, sem mais, que se encontram abrangidos todo o tipo de acordos de voto, independentemente da sua duração. Apesar de o brocardo *ubi lex non distinguit nec nos distinguere debemus* assumir relevância interpretativa, esta é muito limitada e fundada numa interpretação de cânone positivista que só deve ser tida em consideração quando, de acordo com os demais elementos interpretativos (*e.g.* o teleológico), não se deva distinguir[1269]. Para além da abertura da letra da lei, o argumento histórico já referido aponta claramente no sentido de estarem abrangidos os acordos de voto meramente pontuais ou circunstanciais. Percebe-se a intenção do legislador: revelar ao mercado a existência de "alianças" que não só, como refere Osório de Castro, "prenunciam" possíveis "entendimentos futuros", mas também porque podem estar associadas a outros acordos e entendimentos actuais no que diz respeito à gestão da sociedade cotada e ao equilíbrio interno de poder entre os accionistas. Ainda assim, há que reconhecer que esta *mens legis* assenta numa certa "presunção" de entendimento futuro ou mais global, que pode enfermar de um carácter virtual e sem aderência à realidade[1270]. Com efeito, se não houver um carácter minimamente duradouro, transmite-se ao mercado a ideia incorrecta de que há uma coordenação accionista que, de facto, não existe, o que influencia naturalmente a cotação das acções da sociedade. A solução diverge aliás da consagrada na maioria dos ordenamentos jurídicos comunitários[1271] e no art. 10º al. a) da Directiva da Transparência[1272].

[1269] Neste sentido *vide* Acórdão do STA 05-Março-1996 disponível em *www.dgsi.pt*, onde se afirma que aquele brocardo tem um valor "precaríssimo".

[1270] Considerando a solução "pouco adequada", *vide* Paula Costa e Silva, *A imputação* cit., p. 425.

[1271] Faremos referência às soluções consagradas nos vários ordenamentos jurídicos mais adiante. No ordenamento jurídico alemão e ao nível das regras de imputação para efeitos de comunicação de participações qualificadas, o § 22 Abs. 2 Satz. 1 Hs. 2 da WpÜG estabelece que os acordos em casos individuais/pontuais (*Vereinbarungen in Einzelfällen*) não determinam uma imputação de direitos de voto. Para além disso, o § 22 Abs. 1 Satz. 2 da WpÜG prevê que a coordenação da conduta contemple que o participante e o terceiro alcancem um consenso sobre o exercício de direitos de voto ou que de outro modo colaborem no objectivo de uma mudança duradoura e substancial/conside-

Feita esta crítica, ganha importância a pergunta: será que este entendimento da al. c) é igualmente válido para efeitos do dever de lançamento?

A resposta tem de ser negativa.

IV. A interpretação das regras de imputação para efeitos do art. 187º, nº 1 do Cód.VM exige que se considere o pressuposto do instituto que convoca a sua aplicação. Nessa medida, para que o acordo de voto seja susceptível de evidenciar uma potencialidade de controlo da sociedade cotada, não basta que ele seja um acordo pontual ou circunstancial, presumindo que esse acordo é a base de outros entendimentos futuros ou de entendimentos mais alargados entre as partes do mesmo. Tal não é suficiente para afirmar a imputação de direitos de voto em sede de OPA, não bastam as meras considerações ao nível de transparência e da necessidade de alertar o mercado para a existência de "alianças" que indiciem potenciais entendimentos futuros. A vinculatividade circunstancial não é expressão do exercício de um controlo conjunto entre as partes do acordo ou da aceitação do controlo exclusivo de uma das partes ou de um terceiro[1273]. Ela é a expressão de um equilíbrio de poderes transitório, de uma transacção necessária para a superação de um impasse no grémio social quanto a uma determinada questão no curso da existência da sociedade. O controlo pressupõe uma influência minimamente estável e duradoura na sociedade com reflexo no exercício de direitos de voto em relação às matérias mais relevantes do grémio social.

Para além disso, a imposição de consequências tão gravosas, como o dever de lançamento, não é compaginável com a virtualidade de uma presunção de "potenciais entendimentos futuros" expressos por acordos pontuais e circunstanciais impostos pelos factos da vida societária[1274]. Esta posição está em linha com a con-

---

rável da estratégia de negócio da sociedade cotada (cf. SVEN SCHNEIDER/UWE SCHNEIDER, in ASSMANN//SCHNEIDER (Hrsg.), *Wertpapierhandelgesetz* cit., § 22 Rdn. 176-179). Esta última redacção foi introduzida pela reforma de 2008 operada pela *Risikobegrenzungsgesetz* mas já anteriormente se considerava que os acordos pontuais não determinavam uma imputação de direitos de voto por força da excepção prevista no § 22 Abs. 2 Satz. 1 Hs. 2.

[1272] Este faz referência a acordo mediante o qual as partes se "obriguem a adoptar, através do exercício concertado dos direitos de voto, uma política comum duradoura em relação à gestão do emitente em causa".

[1273] Aparentemente neste sentido, *vide* PAULA COSTA E SILVA, *A imputação* cit., p. 425.

[1274] Neste sentido, afirmando que a excepção prevista no § 30 Abs. 2 Satz. 1 *in fine* da WpÜG resulta de uma necessidade de correcção do funcionamento do mecanismo de imputação de direitos de voto atentas as consequências gravosas que do mesmo decorrem, *vide* NOACK/ZETZSCHE, in SCHWARK/ZIMMER, *Kapitalmarktrechts-* cit., § 30 WpÜG, Rdn. 46.

sagrada na maioria dos ordenamentos jurídicos comunitários que, no contexto do conceito de actuação concertada, não incluem os acordos de voto pontuais celebrados entre os accionistas[1275]. Ela afigura-se igualmente a solução mais correcta de um ponto de vista de política legislativa, uma vez que incentiva o denominado "activismo accionista" (*shareholder activism*)[1276].

[1275] No ordenamento jurídico alemão, o § 30 Abs. 2 Satz. 1 da WpÜG estabelece que os acordos em casos individuais/pontuais, quer sejam acordos de voto quer sejam outro tipo de acordos de colaboração, não determinam uma imputação de direitos de voto para efeitos do dever de lançamento de OPA. Esta excepção é o reflexo dos termos da imputação de direitos de voto prevista no § 30 Abs. 2 da WpÜG, o qual estabelece que a actuação em concertação apenas gera uma imputação de direitos de voto quando envolva um controlo duradouro sobre a sociedade cotada (cf. Bülow, in Hirte/Bülow (Hrsg.), *Kölner* cit., § 30 Rdn. 234). Os acordos pontuais, uma delimitação dos factos relativos à acção de votação (*abgegrenzten Sachverhalt betreffende Abstimmungshandlungen*) são insuficientes *per se* para determinar a imputação de direitos de voto. O § 30 Abs. 2 Satz. 1 Hs 2 tem um carácter *primär klarstellenden* (neste sentido, vide Bülow, in Hirte/Bülow (Hrsg.), *Kölner* cit., § 30 Rdn. 234; Uwe Schneider, *Acting* cit., p. 1324). Apesar de a letra do Satz. 1 Hs. 2 apenas se referir aos "*einzelfällen Vereinbarungen*", estão também abrangidos os *Abstimmungen in sonstiger Weise* (neste sentido, vide Bülow, in Hirte/Bülow (Hrsg.), *Kölner* cit., § 30 Rdn. 60; Steinmeyer, in Steinmeyer//Häger, *WpÜG* cit., § 30 Rdn. 70; Löhdefink, *Acting* cit., p. 306).
No ordenamento jurídico francês, o conceito de *action de concert*, o qual é tido em consideração no cômputo de direitos de voto para efeitos do dever de lançamento, abrange, entre outros, o acordo para o exercício de direitos de voto para pôr em marcha uma política comum na sociedade (art. 233-10 do *Code de Commerce*). Apesar de a letra deste preceito prever a expressão "política comum duradoura" e esta não ter sido incluída na redacção final do preceito, a doutrina entende que tem de existir um acordo duradouro desde logo porque a existência de uma "política" pressupõe esse carácter duradouro (cf. Viandier, *OPA* cit., p. 248).
No direito espanhol, a doutrina defende que os acordos alcançados entre accionistas em relação a "uma ou a várias assembleias gerais para exercer os seus direitos de voto num mesmo sentido não assume qualquer relevância para efeitos do regime de OPA, enquanto esse acordo não se articule através de um acordo parassocial que, para além de vincular juridicamente as partes, seja susceptível de afectar a gestão da sociedade de uma forma minimamente estável e permanente" (cf. García de Enterría, *Oferta pública* cit., p. 174; no mesmo sentido, vide León Sanz, *La reforma* cit., pp. 128-129; De Dios/Recalde Castells, *Función y ámbito de la OPA obligatoria*, in Noticias UE, 285, 2008, p. 70). Pérez Millan vai ainda mais longe e defende que a concertação deve estar "para lá da mera eleição dos membros do conselho, projectando-se sobre o exercício de direitos de voto dos accionistas noutras assembleias ou, pelo menos, na futura conduta dos administradores, pois só nesse caso se pode considerar que os membros da concertação estão em condições de influenciar conjuntamente o órgão de administração e que se alteraram as relações de controlo da sociedade" (cf. *Pactos* cit., p. 140).

[1276] Com efeito, considerar este tipo de acordos relevantes para efeitos do controlo da sociedade pode constituir um obstáculo a fenómenos importantes como o referido "activismo accionista" e, em geral, aos acordos entre grupos de accionistas para alcançar em consenso determinadas decisões

Este entendimento suscita uma dificuldade: a distinção entre os acordos meramente pontuais/circunstanciais e os acordos duradouros. A distinção é fundamental para evitar situações de fraude, em que, através da "capa" da "circunstancialidade", se ocultam verdadeiros acordos duradouros sobre o exercício do direito de voto. Mas o que é que deve entender como um mero acordo pontual? É um acordo para o exercício do direito de voto relativo a uma deliberação da assembleia geral? É um acordo para uma reunião da assembleia geral independentemente do número de deliberações que esta tome? Ou é antes um acordo para o exercício do direito de voto sobre um determinado assunto mesmo que este tenha de ser aprovado em várias reuniões da assembleia geral?

V. O critério de distinção deve ser essencialmente formal, isto é, o que interessa é que haja uma única coordenação do exercício de voto (*einmalige Abstimmung*)[1277].

---

em assembleia geral. A contraposição entre o interesse de fomentar o "activismo accionista", desconsiderando aqueles acordos para efeitos de controlo, e o interesse de proteger os accionistas face a mudanças de controlo mesmo que transitórias, considerando aqueles acordos relevantes para efeitos de controlo e respectivo dever de lançamento, foram muito discutidas no Reino Unido. Sobre o tema, *vide* o *Consultation Paper* do *Panel* sobre *Shareholder Activism and acting in concert*, Março de 2002, que conduziu à reforma das *notes* relativas ao conceito de *acting in concert* para efeitos de OPA obrigatória; BOMANS/MOULIN, *"Acting in concert" – first conclusions drawn from two recent takeovers and the Takeover Directive*, in GRANT (dir.), *European Takeovers. The art of acquisition*, London, 2005, pp. 62 e ss.. A questão foi também objecto de discussão nos Estados Unidos, sobretudo no que diz respeito ao activismo accionista dos *hedge funds*, no que tange à consideração daqueles acordos como "concertação" para efeitos da comunicação de participações qualificadas, uma vez que o direito norte-americano não consagra um regime de OPA obrigatória (cf. KAHAN/ROCK, *Hedge funds in corporate governance and corporate control*, in *University of Pennsylvania Law Review*, 155, 2007, pp. 1077 e ss.).

[1277] Distingue-se do critério material, nos termos do qual é necessário aferir da importância do assunto sobre o qual incide a coordenação da conduta de voto para verificar se ela revela a existência uma actuação comum, o que implicará uma imputação de direitos de voto (cf. WACKERBARTH, *Die Auslegung* cit., p. 2344). O critério formal é utilizado pela maioria da doutrina e jurisprudência alemãs para efeitos da densificação do conceito de *Einzelfällen*, bem como pelo legislador alemão na reforma de 2008 operada pela *Risikobegrenzungsgesetz* (cf. *Bericht Finanzausschuss zum RisikobegrenzungsG*, BT-Drucks. 16/9821, p. 16). Num acórdão de 18 de Setembro de 2006, o BGH adoptou uma perspectiva formal do conceito de *Einzelfälle*, ainda que tenha deixado abertura para a introdução de alguns pontos do critério material (cf. BGH de 18 de Setembro de 2006, in ZIP, 2006, pp. 2079--2080). Esta é também a posição da maioria da doutrina (neste sentido, afirmando que o critério é formal ainda que com matizes na concretização do critério, *vide* BÜLOW, in HIRTE/BÜLOW (Hrsg.), *Kölner* cit., § 30 Rdn. 236-239; BÜLOW/STEPHANBLOME, *Acting in Concert und neue Offenlegungspflichten nach dem Risikobegrenzungsgesetz*, in ZIP, 2008, p. 1799; GÄTSCH/SCHÄFER, *Abgestimmtes Verhalten nach § 22 II WpHG und § 30 II WpÜG in der Fassung des Risikobegrenzungsgesetzes*, in NZG, 2008, p. 850;

O critério justifica-se por razões de certeza jurídica[1278] e por ser consentâneo com a perspectiva formal e abstracta das regras de imputação de direitos de voto. Concretizemos melhor o seu modo de aplicação.

Estão desde logo abrangidos os acordos de voto pontuais cujo cumprimento exige uma única acção (*einzige Handlung*), nomeadamente o exercício de voto relativo a uma determinada deliberação da assembleia da sociedade cotada[1279]. O entendimento é válido independentemente de a deliberação ter efeitos duradouros ou permanentes sobre a sociedade cotada[1280].

STEINMEYER, in STEINMEYER/HÄGER, *WpÜG* cit., § 30 Rdn. 60; SÜSSMANN, in GEIBEL/SÜSSMANN (hrsg.), *Wertpapiererwerbs-* cit., § 30 Rdn. 34; WEILER/MEYER, «*Abgestimmtes Verhalten*» *gemäß § 30 WpÜG: Neue Ansätze der Bundesanstalt für Finanzdienstleistungsaufsicht?*, in NZG, 2003, p. 910; numa posição intermédia, afirmando que o conceito é formal e material, *vide* NOACK/ZETZSCHE, in SCHWARK/ZIMMER, *Kapitalmarktrechts-* cit., § 30 WpÜG, Rdn. 46; BORGES, *Acting* cit., p. 364; LÖHDEFINK, *Acting* cit., pp. 310-311; contra, defendendo um critério material ainda que com diferentes matizes e apontando as injustiças de um critério formal, *vide* WACKERBARTH, *Die Auslegung* cit., p. 2344; Ib., *Münchener* cit., § 30 WpÜG Rdn. 36; CASPER/BRACHT, *Entscheidungsbesprechung – Abstimmung bei der Wahl des Aufsichtsrats – Ein Fall für ein Pflichtangebot?*, in NZG, 2005, pp. 839-840). A posição da maioria da doutrina baseia-se na letra da lei, no conceito de actuação concertada e na ideia de segurança jurídica O argumento literal arvora-se no facto da norma em causa se referir à actuação e não aos efeitos (cf. BÜLOW, in HIRTE/BÜLOW (Hrsg.), *Kölner* cit., § 30 Rdn. 236). O conceito de actuação concertada depõe igualmente a favor do conceito formal pois a actuação concertada definida no § 30 Abs. 2 Satz. 2 exige que o acordo sobre o voto seja relativo a uma estratégia de longo prazo na prossecução de objectivos de negócio comuns e que tenha um efeito substancial/considerável no controlo da sociedade visada (cf. BÜLOW, in HIRTE/BÜLOW (Hrsg.), *Kölner* cit., § 30 Rdn. 236; PLUSKAT, *Acting in concert in der Fassung des Risikobegrenzungsgesetzes – jetzt alles anders?*, in DB, 2009, p. 385). O argumento de certeza e segurança jurídica exige igualmente um critério formal, porque, se não se considerassem acordos de voto pontuais aqueles em que há um efeito duradouro que não se esgota na deliberação tomada, seria muito complexo e incerto definir o que se entende por efeito duradouro (cf. BÜLOW, in HIRTE/BÜLOW (Hrsg.), *Kölner* cit., § 30 Rdn. 236; BGH de 18 de Setembro de 2006, in ZIP, 2007, pp. 2079-2080).

[1278] Cf. BÜLOW, in HIRTE/BÜLOW (Hrsg.), *Kölner* cit., § 30 Rdn. 236; BGH de 18 de Setembro de 2006, in ZIP, 2007, pp. 2079-2080.

[1279] Neste sentido, expressamente o legislador alemão na reforma de 2008 (cf. *Bericht Finanzausschuss zum RisikobegrenzungsG*, BT-Drucks. 16/9821, p. 16) e, na doutrina, *vide* BÜLOW, in HIRTE/BÜLOW (Hrsg.), *Kölner* cit., § 30 Rdn. 237; Ib., in VEIL (Hrsg.), *Übernahmerecht* cit., p. 144; NOACK/ZETZSCHE, in SCHWARK/ZIMMER, *Kapitalmarktrechts-* cit., § 30 WpÜG, Rdn. 45; STEINMEYER, in STEINMEYER//HÄGER, *WpÜG* cit., § 30 Rdn. 60. Contra, afirmando ser necessário aferir a importância do tema da deliberação e se o mesmo implica um controlo sobre a sociedade, *vide* LÖHDEFINK, *Acting* cit., pp. 311-312.

[1280] É este o entendimento da jurisprudência alemã (cf. BGH de 18 de Setembro de 2006, in ZIP, 2006, pp. 2079-2080) e da maioria da doutrina que se baseia, por um lado, na letra da lei que refere a actuação *Einzelfallbezogenheit* e não os seus efeitos e, por outro lado, no conceito de actuação em

São também acordos de voto pontuais aqueles em que as partes se obrigam a uma coordenação de voto cuja concretização exigirá que as partes votem várias vezes concertadamente (*wiederholt erfolgen*). É o que sucede nos casos em que as partes acordam a sua posição quanto a um determinado tema e, para implementar o acordo alcançado, é necessário aprovar diversas deliberações da assembleia geral da sociedade cotada[1281].

Mais duvidosa é a inclusão, no conceito de acordos pontuais de voto, de acordos que incidam sobre um tema cuja implementação exige diversas acções durante um período prolongado de tempo. Nestes casos, pode ser necessária a votação de várias deliberações em distintas reuniões da assembleia geral (*e.g.* reestruturação gradual de um grupo empresarial). Entendo que estes acordos ainda poderão ser considerados acordos pontuais de voto[1282] desde que o tema não se reporte à implementação de uma determinada política de gestão da sociedade[1283].

Por fim, é também duvidosa a inclusão naquele conceito de um acordo de voto que regule o exercício de direito de voto das partes repetidamente em relação a um assunto específico da sociedade. Na Alemanha, esta questão é suscitada a propósito dos acordos de voto que visam assegurar a eleição de um "represen-

---

concertação do § 30 Abs. 2 Satz. 2 que exige uma mudança permanente e considerável na política de negócio da sociedade (neste sentido, *vide* BÜLOW, in HIRTE/BÜLOW (Hrsg.), *Kölner* cit., § 30 Rdn. 237; STEINMEYER, in STEINMEYER/HÄGER, *WpÜG* cit., § 30 Rdn. 60; DIEKMANN, in BAUMS/THOMA (Hrsg.), *Kömmentar* cit., § 30 Rdn. 80; BÜLOW/STEPHANBLOME, *Acting* cit., p. 1799; DRINKUTH, *Gegen* cit., p. 677; ; contra, *vide* WACKERBARTH, *Die Auslegung* cit., p. 2344; CASPER/BRACHT, *Entscheidungsbesprechung* cit., pp. 839-840; LÖHDEFINK, *Acting* cit., pp. 311-312; GAEDE, *Koordiniertes Aktionärsverhalten im Gesellschafts- und Kapitalmarktrecht*, Baden-Baden, 2008, pp. 182-183; 187-188).

[1281] Neste sentido, *vide*, no ordenamento jurídico alemão, a recente reforma de 2008 (cf. *Bericht Finanzausschuss zum RisikobegrenzungsG*, BT-Drucks. 16/9821, p. 16) e, na doutrina, BÜLOW, in HIRTE/BÜLOW (Hrsg.), *Kölner* cit., § 30 Rdn. 238; NOACK/ZETZSCHE, in SCHWARK/ZIMMER, *Kapitalmarktrechts-* cit., § 30 WpÜG, Rdn. 46; STEINMEYER, in STEINMEYER/HÄGER, *WpÜG* cit., § 30 Rdn. 60; DIEKMANN, in BAUMS/THOMA (Hrsg.), *Kömmentar* cit., § 30 Rdn. 75; BÜLOW/STEPHANBLOME, *Acting* cit., p. 1799. Contra, *vide* WACKERBARTH, *Die Auslegung* cit., p. 2344; LÖHDEFINK, *Acting* cit., pp. 311-312.

[1282] Neste sentido, *vide* BÜLOW, in HIRTE/BÜLOW (Hrsg.), *Kölner* cit., § 30 Rdn. 239; NOACK/ZETZSCHE, in SCHWARK/ZIMMER, *Kapitalmarktrechts-* cit., § 30 WpÜG, Rdn. 46; DRINKTUH, in MARSCH-BARNER//SCHÄFER (Hrsg.), *Handbuch* cit. § 60, Rdn. 211; BÜLOW/STEPHANBLOME, *Acting* cit., p. 1799. Contra, *vide* LANGE, *Aktuelle* cit., p. 27.

[1283] Cf. SVEN SCHNEIDER/UWE SCHNEIDER, in ASSMANN/SCHNEIDER (Hrsg.), *Wertpapierhandelgesetz* cit., § 22 Rdn. 179-180. Contra, afirmando que o ponto crucial é que a actuação concertada de voto se refira a um único tema/circunstância, *vide* BÜLOW, in HIRTE/BÜLOW (Hrsg.), *Kölner* cit., § 30 Rdn. 239.

tante dos accionistas" partes do acordo para o conselho geral e de supervisão (*Aufsichtsrat*)[1284]. Em meu entender, esta questão é indissociável de outra que se analisará em seguida: a do âmbito/extensão objectiva do acordo de voto.

VI. O art. 20º, nº 1 al. c) não fixa qualquer requisito quanto ao âmbito/extensão objectiva do acordo de voto. Impõe-se então a pergunta: será que um acordo que incida sobre uma matéria específica é relevante para efeitos de imputação? Ou será que o acordo de voto tem de abranger um conjunto mais vasto de matérias? E será que essas matérias têm de assumir uma determinada importância para que se possa falar num acordo de voto relevante em sede de imputação?

Neste domínio, Osório de Castro considera que estão abrangidos todos os tipos de acordos de voto "qualquer que seja a sua incidência", é irrelevante que o acordo "diga respeito a um assunto determinado, totalmente estranho à condução dos negócios sociais". A posição do autor baseia-se na abertura da letra da lei, a qual, associada a um argumento histórico resultante do facto de o Cód.MVM fazer referência a uma "política comum" da sociedade e às "deliberações da assembleia geral", inculca a ideia "que o acordo as havia de ter genericamente por objecto" e que, "ademais desses, visavam-se apenas os (*temas*) atinentes à gestão da sociedade, *maxime* os relativos à eleição ou destituição de titulares do órgão de administração, directamente ou por interposto conselho geral"[1285]. Ora, o silêncio da lei só poderia ser interpretado no sentido de excluir aqueles requisitos que antes estavam expressamente previstos. Segundo o autor, a *mens legis* seria a mesma que se referiu a propósito dos acordos de voto pontuais.

À semelhança do que se referiu em relação à duração do acordo de voto, entendo que a letra da lei não é decisiva nesta matéria mas, quando associada ao argumento histórico, permite concluir que a intenção do legislador foi a de abranger todo o tipo de acordos, independentemente do seu âmbito objectivo ou amplitude. A *ratio* é a de informar o mercado sobre a "aliança" existente entre determinados accionistas, sendo irrelevante o efeito para o qual é efectuada essa aliança.

[1284] Cf. Bülow, in Hirte/Bülow (Hrsg.), *Kölner* cit., § 30 Rdn. 240; Psaroudakis, *Acting* cit., pp. 324 e ss.

[1285] Cf. *A imputação* cit., p. 186. No mesmo sentido, apesar de considerar a opção legal pouco adequada, vide Paula Costa e Silva, *A imputação* cit., p. 425. No mesmo sentido, vide igualmente Calvão da Silva, *Estudos* cit., p. 46; Mattamouros Resende, *A imputação* cit., pp. 171-172.

Mas será este entendimento válido no contexto da aplicação das regras de imputação para efeitos de contabilização do limiar constitutivo de OPA?

A resposta tem de ser novamente negativa.

Conforme se referiu, a interpretação das regras de imputação em sede do art. 187º, nº 1 do Cód.VM exige que se considere o pressuposto do instituto que convoca a sua aplicação – a cessão de controlo. Os acordos de voto não têm de obrigatoriamente conduzir obrigatoriamente a um controlo total da forma de exercício dos direitos de voto[1286]. O seu âmbito pode ser mais ou menos amplo consoante abranja um conjunto maior ou menor de matérias em relação às quais as partes concertam o modo de exercício dos direitos de voto, sendo que, em regra, quanto menor for a sua amplitude menor será a intensidade do controlo das partes (quando não for mesmo inexistente!). Acresce que os temas objecto do acordo de voto podem ser absolutamente acessórios ou estranhos ao grémio social. Nestes casos, os acordos de voto não podem determinar uma imputação de direitos de voto para efeitos do dever de lançamento, na medida em que não revelam qualquer potencialidade de controlo, faltando a "ligação" com o pressuposto do instituto que convocou a aplicação das regras da imputação: a cessão do controlo. Para afirmar a imputação em sede de OPA, é necessário que o objecto do acordo contenda minimamente com o conceito de controlo[1287], não sendo suficiente a presunção de que um acordo de voto sobre uma única matéria ou várias matérias de menor importância oculta entendimentos mais alargados entre as partes sobre outras matérias. Neste domínio, não bastam as meras considerações ao nível de transparência e da necessidade de alertar o mercado para a existência de "alianças" que indiciam potenciais entendimentos mais amplos que atingem o núcleo do conceito de controlo[1288].

Esta posição está em linha com a consagrada na maioria dos ordenamentos jurídicos comunitários, nos quais não se inclui, no âmbito do conceito de actua-

---

[1286] Cf. LÖHDEFINK, *Acting* cit., p. 291; PÉREZ MILLAN, *Pactos* cit., p. 137.

[1287] Neste sentido, *vide* BÜLOW/STEPHANBLOME, *Acting* cit., p. 1798; VIANDIER, *OPA* cit., p. 248; PÉREZ MILLAN, *Pactos* cit., p. 137; GARCÍA DE ENTERRÍA, *Oferta pública* cit., pp. 173-174.

[1288] BÜLOW e STEPHANBLOME referem que a transparência pode exigir um critério mais largo nos acordos de voto que são relevantes para efeitos da imputação ao abrigo do § 22 Abs. 2 da WpÜG mas não em sede de constituição do dever de lançamento, na qual essas exigências não se fazem sentir (cf. *Acting* cit., p. 1798; no mesmo sentido, considerando que o § 22 Abs. 2 da WpÜG permite abranger outro tipo de acordos mesmo que não tenham influência sobre o controlo ou sobre a estratégia empresarial (ao contrário do § 30 Abs. 2 da WpÜG, *vide* SVEN SCHNEIDER/UWE SCHNEIDER, in ASSMANN/SCHNEIDER (Hrsg.), *Wertpapierhandelsgesetz* cit., § 22 Rdn. 185).

ção concertada, os acordos de voto que não contendam com o controlo da sociedade[1289]. É também a posição mais correcta de um ponto de vista de polí-

---

[1289] No ordenamento jurídico alemão, após a reforma operada em 2008 pela *Risikobegrenzungsgesetz*, o § 30 Abs. 2 Satz. 2 da WpÜG passou a exigir que a actuação concertada tenha como finalidade uma modificação duradoura e substancial/considerável (*daurhaften und erheblichen Änderung*) da orientação/estratégia empresarial da sociedade (cf. SCHÜPPEN/WALZ, in HAARMANN/SCHÜPPEN (Hrgs.), *Frankfurter* cit., Rdn 81-85; BÜLOW/STEPHANBLOME, *Acting* cit., p. 1798; NOACK/ZETZSCHE, in SCHWARK/ZIMMER, *Kapitalmarktrechts-* cit., § 30 WpÜG, Rdn. 31). A abertura deste conceito levanta, todavia, algumas dificuldades que adiante se analisarão (sobre as críticas ao preceito, *vide* SCHOCKENHOFF/WAGNER, *Zum Begriff des «Acting in Concert»*, in NZG, 2008, p. 361). Mesmo antes da reforma de 2008, a doutrina alemã já defendia, ainda que com algumas diferenças quanto ao modo de concretização dessa exigência, que o acordo parassocial tinha de ser susceptível de afectar a estrutura de controlo da sociedade para relevar para efeitos do conceito de actuação concertada e consequentemente do dever de lançamento (neste sentido, *vide* BÜLOW/BÜCKER, *Abgestimmtes* cit., p. 699; SCHOCKENHOFF/SCHUMANN, *Acting* cit., pp. 588-590; LÖHDEFINK, *Acting* cit., pp. 288 e ss.).
No ordenamento jurídico francês, o conceito de *action de concert*, que é tido em consideração no cômputo de direitos de voto para efeitos do dever de lançamento, abrange, entre outros, o acordo para o exercício de direitos de voto destinado a pôr em marcha uma política comum na sociedade (art. 233-10 do *Code de Commerce*). Apesar de este preceito usar a expressão "política comum duradoura" e esta não ter sido incluída na redacção final do preceito, a doutrina entende que tem de existir um acordo duradouro desde logo porque a existência de uma "política" pressupõe esse carácter duradouro (cf. VIANDIER, *OPA* cit., p. 248). O autor considera que o acordo tem de implicar "directa ou indirectamente" a "definição das grandes orientações financeiras, sociais, comerciais, tecnológicas da sociedade", no fundo, "sobre a sua estratégia" (cf. VIANDIER, *OPA* cit., p. 248).
No direito espanhol, PÉREZ MILLAN defende que a "concertação só pode desencadear o dever de lançamento de OPA se se projecta sobre os direitos políticos dos accionistas, em particular, sobre os direitos de voto" mas que "não é qualquer acordo sobre exercício de direitos de voto que supõe uma concertação relevante para efeitos de OPA obrigatória". É preciso que a concertação apresente uma "certa consistência, que prossiga objectivos concretos ou contemple medidas determinadas, que incida em matérias de alguma relevância; em suma, que seja capaz de afectar a estrutura de controlo da sociedade de um ponto de vista material" (cf. *Pactos* cit., pp. 135 e 137). Para concretizar o tipo de concertação que permite alcançar o controlo, a doutrina considera relevantes as presunções de concertação, em particular o art. 5º, nº 1 al. b) do RD 1066/2007 quando se refere aos acordos de voto que estabelecem uma política comum em matéria de gestão da sociedade ou que tenham por objecto influenciar de forma relevante a mesma (neste sentido, *vide* GARCÍA DE ENTERRÍA, *Oferta pública* cit., pp. 173-174; DE DIOS/RECALDE CASTELLS, *Función* cit., p. 70; VIVES RUIZ, *Las operaciones* cit., p. 200; LEÓN SANZ, *La reforma* cit., p. 128). Já antes da entrada em vigor do RD 1066/2007, a doutrina e a CNMV defendiam que o acordo parassocial tinha de estabelecer uma política de gestão comum duradoura para poder ser relevante em sede de OPA obrigatória (cf. SÁENZ DE NAVARRETE, *Diez años de vigencia* cit., pp. 3045-3047; relatório anual da CNMV de 1993 disponível em *www.cnmv.es*).

tica legislativa, uma vez que ela incentiva o "activismo accionista" (*shareholder activism*).

O presente entendimento suscita, contudo, a seguinte dificuldade: qual o âmbito objectivo que o acordo de voto deve ter para determinar uma imputação de direitos de voto em sede de OPA? É necessário que abranja todos os temas sujeitos a deliberação da assembleia geral? Basta que seja só um número significativo de matérias? Os acordos de voto sobre um único tema são absolutamente irrelevantes para esse efeito?

VII. Em meu entender, o acordo de voto terá de abranger uma ou várias matérias que sejam susceptíveis de contender minimamente com o conceito de controlo, isto é, o acordo de voto tem de potencialmente visar uma influência duradoura ou estável sobre a sociedade cotada[1290]. Concretizemos este critério geral.

No ordenamento jurídico italiano, a questão do âmbito objectivo dos acordos de voto suscita divisões doutrinais fruto da abertura da letra do art. 122º comma 1 e 5 do TUF. Este preceito não fixa quaisquer requisitos quanto ao âmbito objectivo ou finalidade (*connotati teleologici*) dos acordos de voto ou demais acordos parassociais, o que leva alguma doutrina a afirmar ser "irrelevante, para a aplicação daquele preceito, que o acordo tenha, pelo menos, o objectivo de estabilizar os *assetti proprietari* ou o governo da sociedade" (ao contrário do art. 2341 *bis*, comma 1 do Codice Civile), sendo os acordos elencados no art. 122º do TUF "idóneos *per se* para incidir sobre os *assetti proprietari* prescindindo da sua finalidade, pelo menos, declarada de forma expressa" (neste sentido, vide CATERINO, *sub. art. 122*, in AAVV, *I Codici* cit., p. 3264; LEOGRANDE, *sub. art. 2341 bis-2341 ter*, in *Il nuovo diritto delle società*, a cura di Maffei Alberti, Padova, 2005, p. 834). Em sentido contrário, outra parte da doutrina afirma que não se deve sobrelevar a ausência de referência à finalidade do acordo e que é preciso que o acordo fixe uma direcção unitária da organização ou da gestão da sociedade ou que procure cristalizar determinados *assetti proprietari* (neste sentido, vide MACRÌ, *Patti parasociali e attività sociale*, Torino, 2003, p. 76; SANTONI, *sub. art. 2341bis e 2341 ter*, in *Comm. Sandulli, Santoro*, I, Torino, 2003, p. 91, o qual defende que o art. 122º do TUF não tem a intenção de definir de forma total e completa o conceito de acordo de voto). Em 2000, a CONSOB considerou que, para efeitos da aplicação do art. 122º do TUF, é necessário que "o acordo vise as funções próprias de um acordo parassocial: funções que (...) podem ser sinteticamente identificadas no objectivo de dar uma direcção unitária à organização e à gestão da sociedade (*e.g.* através do acordo de voto ou da obrigação preventiva de consulta) e no objectivo de «cristalizar» determinados *assetti proprietari* (*e.g.* através de acordos de bloqueio, de preferência ou de co-venda)" (cf. *Communicazione* CONSOB nº DIS/29486 de 18 de Abril de 2000).

[1290] Neste sentido, o § 30 Abs. 2 Satz. 2 prevê que a actuação concertada tenha como finalidade uma modificação duradoura e substancial/considerável da estratégia empresarial. A doutrina considera que tal exige que a actuação em concertação vise uma influência duradoura ou estável sobre a sociedade cotada, não se podendo limitar a questões de menor importância (neste sentido, vide NOACK/ZETZSCHE, in SCHWARK/ZIMMER, *Kapitalmarktrechts-* cit., § 30 WpÜG, Rdn. 19; BÜLOW, in

Estão desde logo abrangidos os acordos que fixem uma política comum na sociedade[1291], em particular no que diz respeito à gestão ou a matérias que estejam relacionadas[1292]. É o típico acordo que visa o exercício do controlo sobre a sociedade. No extremo oposto, estão os acordos que digam respeito a factos ou assuntos alheios à sociedade ou com um significado absolutamente subalterno[1293].

Hirte/Bülow (Hrsg.), *Kölner* cit., § 30 Rdn. 223; Drinktuh, in Marsch-Barner/Schäfer (Hrsg.), *Handbuch* cit. § 60, Rdn. 207; Bülow/Stephanblome, *Acting* cit., p. 1798; Süssmann, in Geibel//Süssmann (hrsg.), *Wertpapiererwerbs-* cit., § 30 Rdn. 34; Bülow/Bücker, *Abgestimmtes* cit., p. 709; Casper, in Veil/Drinkuth (Hrsg.), *Reformbedarf* cit., p. 55; neste sentido já antes da reforma de 2008, *vide* Schneider, in Assmann/Pötzsch/Schneider (Hrsg.), *Wertpapiererwerbs-* cit., § 30 Rdn. 104). É esse igualmente o entendimento da jurisprudência (cf. OLG Frankfurt/Main de 25 de Junho de 2004, in WM, 2004, p. 1642; OLG München 27 de Abril de 2005, in ZIP, 2005, p. 857) e da entidade reguladora de mercado alemã: o BaFin (cf. *Bundesanstalt für Finanzdienstleistungsaufsicht, Pressemitteilung vom 19.10.2005, Deutsche Börse; Jahresbericht der Bundesanstalt für Finanzdienstleitungsaufsicht*, 2005, p. 178). No mesmo sentido, no directo espanhol, *vide* Pérez Millan, *Pactos* cit., p. 137. Aparentemente neste sentido, *vide*, entre nós, Paula Costa e Silva, *A imputação* cit., p. 425.

[1291] Cf. Bülow, in Hirte/Bülow (Hrsg.), *Kölner* cit., § 30 Rdn. 229. A expressão "política comum" deve ser entendida não como uma política que tem de prosseguir os interesses de ambas as partes do acordo, mas como a política que foi definida por todos outorgantes e é comungada por estes, independentemente de prosseguir um interesse comum a todos ou o interesse de uma pessoa ou grupo de pessoas (neste sentido, *vide*, na doutrina alemã, Pentz, *Acting* cit., p. 1481; Bülow/Bücker, *Abgestimmtes* cit., p. 709; Borges, *Acting* cit., p. 363).

[1292] Neste sentido, Viandier considera que o acordo tem de implicar "directa ou indirectamente" a "definição das grandes orientações financeiras, sociais, comerciais, tecnológicas da sociedade", no fundo, "sobre a sua estratégia" (cf *OPA* cit., p. 248). Considerando também que o acordo tem de estabelecer uma política comum sobretudo em matéria de gestão atenta a nova redacção do art. 5º, nº 1 al. b) do RD 1066/2007, *vide*, no direito espanhol, García de Enterría, *Oferta pública* cit., pp. 173-174; De Dios/Recalde Castells, *Función* cit., p. 70; Fernando Vives Ruiz, *Las operaciones* cit., p. 200; León Sanz, *La reforma* cit., p. 128. Já antes da entrada em vigor do RD 1066/2007, a doutrina e a CNMV defendiam que o acordo parassocial tinha de estabelecer uma política de gestão comum duradoura (cf. Sáenz de Navarrete, *Diez años de vigencia* cit., pp. 3045-3047; relatório anual da CNMV de 1993 disponível em www.cnmv.es).

[1293] Neste sentido, *vide* Bülow, in Hirte/Bülow (Hrsg.), *Kölner* cit., § 30 Rdn. 223; Drinktuh, in Marsch-Barner/Schäfer (Hrsg.), *Handbuch* cit. § 60, Rdn. 207; Schneider, in Assmann/Pötzsch//Schneider (Hrsg.), *Wertpapiererwerbs-* cit., § 30 Rdn. 104; Uwe Schneider, *Acting* cit., p. 1324; Schockenhoff/Schumann, *Acting* cit., p. 590. Em Espanha, a doutrina apresenta, como exemplo, o acordo parassocial que tem uma finalidade meramente financeira (*e.g.* submeter certas decisões da assembleia geral a instruções prévias com o objectivo de preservar garantias concedidas pela sociedade) (cf. León Sanz, *La reforma* cit., p. 129; Pérez Millan, *Pactos* cit., p. 140).

Assim, são relevantes os acordos de voto relativos à orientação empresarial da sociedade, quer ao nível da actividade empresarial quer ao nível estritamente corporativo. Exemplos dos primeiros são os acordos relativos à compra ou alienação de importantes unidades de negócio ou de sociedades que integram o grupo empresarial, mudanças no modelo de negócios, bem como a fusão com um concorrente ou a cisão com fusão[1294]. Já quanto aos segundos, tome-se, como exemplo, os acordos de voto relativos à utilização de capital da sociedade para um programa de *share buy-back* ou outra estratégia corporativa de retribuição aos accionistas, a mudança da estratégia de financiamento, ou o pagamento de um dividendo extraordinário (*Sonderdividende*; *Superreturn*) após o encerramento/dissolução ou venda de uma unidade de negócio ou de uma sociedade do grupo[1295]. Para este efeito, não importa que o acordo de voto vise implementar, activamente, uma nova orientação empresarial ou pretenda manter o *status quo* através de uma recusa concertada de, nomeadamente, uma proposta de mudança de orientação estratégica (*e.g.* venda de activos; fecho de unidades de negócio) apresentada pelo órgão de administração[1296]. É também irrelevante que o órgão de administração esteja a favor ou contra a estratégia delineada no âmbito do acordo de voto[1297].

Estão ainda abrangidos os acordos de voto que visem proceder à alteração da orientação empresarial de forma indirecta, nomeadamente através de mecanismos exclusivamente societários (*e.g.* alteração relativa ao objecto social). Esta implicará potencialmente uma redução do âmbito da actividade da sociedade ou um alargamento da mesma, o que envolve, em princípio, uma mudança implícita nos objectivos de negócio da sociedade[1298].

[1294] Neste sentido, *vide* NOACK/ZETZSCHE, in SCHWARK/ZIMMER, *Kapitalmarktrechts-* cit., § 30 WpÜG, Rdn. 31; BÜLOW, in HIRTE/BÜLOW (Hrsg.), *Kölner* cit., § 30 Rdn. 232; SVEN SCHNEIDER/UWE SCHNEIDER, in ASSMANN/SCHNEIDER (Hrsg.), *Wertpapierhandelgesetz* cit., § 22 Rdn. 178; BÜLOW/STEPHANBLOME, *Acting* cit., p. 1798.

[1295] Neste sentido, *vide* NOACK/ZETZSCHE, in SCHWARK/ZIMMER, *Kapitalmarktrechts-* cit., § 30 WpÜG, Rdn. 31; SVEN SCHNEIDER/UWE SCHNEIDER, in ASSMANN/SCHNEIDER (Hrsg.), *Wertpapierhandelgesetz* cit., § 22 Rdn. 178. Contra, *vide* BÜLOW, in VEIL/DRINKUTH (Hrsg.), *Reformbedarf* cit., p. 149.

[1296] Neste sentido, *vide*, aparentemente, SVEN SCHNEIDER/UWE SCHNEIDER, in ASSMANN/SCHNEIDER (Hrsg.), *Wertpapierhandelgesetz* cit., § 22 Rdn. 178. Porém, *vide* contra, aparentemente, a *Bericht Finanzausschuss zum RisikobegrenzungsG*, BT-Drucks. 16/9821, p. 15; e, na doutrina, NOACK/ZETZSCHE, in SCHWARK/ZIMMER, *Kapitalmarktrechts-* cit., § 30 WpÜG, Rdn. 31; BÜLOW/STEPHANBLOME, *Acting* cit., p. 1799.

[1297] Cf. BÜLOW, in HIRTE/BÜLOW (Hrsg.), *Kölner* cit., § 30 Rdn. 233.

[1298] Neste sentido, *vide* NOACK/ZETZSCHE, in SCHWARK/ZIMMER, *Kapitalmarktrechts-* cit., § 30 WpÜG, Rdn. 31.

Mais complexos poderão ser os acordos de voto relativos à eleição de membros dos órgãos sociais[1299].

Quanto aos acordos de voto relativos à eleição dos membros do órgão de administração, julgo que estes darão sempre lugar a uma imputação de direitos de voto, porque aqueles membros têm uma influência ou potencial influência sobre as decisões de gestão concretas da sociedade, sendo eles que, directamente, controlam os seus destinos e actividade[1300]. Não importa que estejam ou não em causa administradores executivos, porque há matérias que não podem ser delegadas na comissão executiva ou em administradores executivos (art. 407º, n.º 4 do CSC) e o conselho de administração pode sempre aprovar deliberações sobre os assuntos que foram delegados (art. 407º, nº 8 do CSC). Não é igualmente necessário que o acordo fixe regras quanto à eleição da maioria dos membros do órgão de administração ou em relação a um número significativo.

O mesmo entendimento é aplicável aos acordos de voto relativos à eleição dos membros do conselho geral e de supervisão. Os poderes amplos deste órgão

---

[1299] No direito francês, VIANDIER defende que os acordos para eleição de membros dos órgãos sociais, mesmo que sejam duradouros, podem não implicar uma *action de concert* (e não serem consequentemente relevantes para efeitos de OPA obrigatória) "se não forem acompanhados de uma política comum de governo da sociedade" (cf. *OPA* cit., p. 249; foi o que se sucedeu nos casos Rappr. Monoprix e Micropole Univers, decisões da CMF nºs 203C0223, de 13 de Fevereiro de 2003, e 203C1876, de 13 de Novembro de 2003, em que havia um acordo para a composição paritária do conselho que não deu lugar à aplicação do conceito de *action de concert*; bem como nos casos Foncière Lyonnaise, decisão da AMF nº 204C01487, de 7 de Dezembro de 2004, em que se acordava a representação no conselho e nalguns comités, mantendo cada uma das partes a liberdade de voto e de decisão quanto à determinação das políticas da sociedade). O autor reconhece, porém, que a concertação quanto à composição dos órgãos sociais é um indício da actuação em concertação. A CMF considerou que havia concertação nos casos do Effik, em que se fixava uma composição paritária do conselho de administração, mantinha-se o presidente actual em funções e submetiam-se certas decisões ao conselho (plano de negócio, plano de investimentos e alterações significativas) (cf. decisão da CMF nº 203C1509, de 25 de Setembro 2003). A mesma decisão foi tomada pela AMF no caso Hyparlo, em que o acordo parassocial atribuía a uma das partes a direcção geral da sociedade e submetia ao conselho de supervisão a tomada de certas decisões (cf. decisão da AMF nº 205C0262, de 16 de Fevereiro de 2005).

[1300] Tendo em conta as relações que se estabelecem entre os administradores designados por via destes acordos e os accionistas que os propuseram, o acordo conferirá aos seus outorgantes a possibilidade de controlo objectivo da sociedade cotada (neste sentido, *vide*, no ordenamento jurídico alemão, GAEDE, *Koordiniertes* cit., pp. 200-202; e, no direito espanhol, PÉREZ MILLAN, *Pactos* cit., pp. 138-139).

social, que lhe permitem influir, em muitos casos, sobre a estratégia da sociedade[1301], justificam esta solução[1302]. No fundo, esta eleição poderá permitir uma alteração ao nível da estratégia empresarial efectuada pelos membros eleitos[1303].

2.1.2 Os acordos irrevogáveis de aceitação de OPA como acordos de voto?

I. Conforme se referiu em II. 1.4.4 *supra*, os acordos de aceitação de OPA podem, ou não, incluir um acordo de voto ou, mesmo não existindo esse acordo, pode haver um dever acessório de conduta que obrigue o accionista a exercer os seus direitos de voto de acordo com o interesse do oferente em determinadas situações. Quando esse acordo de voto ou esse dever existam, colocar-se-á a questão de saber se o acordo irrevogável de aceitação não gera uma imputação de direitos de voto ao abrigo da al. c) do nº 1 do art. 20º do Cód.VM.

Ao nível dos deveres de comunicação de participação qualificada, a celebração de um acordo de voto no contexto de um acordo de aceitação de OPA implicará, inevitavelmente, uma imputação de direitos de voto ao abrigo da al. c) do nº 1 do art. 20º do Cód.VM. Não importa que o acordo de voto esteja "acoplado" ao acordo de aceitação ou que esteja subordinado aos fins deste ou que seja meramente potencial (isto é, que o accionista apenas esteja obrigado a exercer os seus direitos de voto de acordo com as instruções do oferente se houver algum tema que seja sujeito a votação da assembleia geral e que possa prejudicar o sucesso da oferta). A al. c) do nº 1 do art. 20º do Cód.VM abrange todos os acordos de voto independentemente da sua duração e do seu âmbito/extensão objectiva ou da sua finalidade[1304]. Assim, nenhum daqueles factores poderá obstar à imputação de direitos de voto neste domínio, impondo-se aqui as considerações ao nível da

---

[1301] É o caso do poder de nomear e destituir os administradores (art. 441º, nº 1 al. a) do CSC) e designar e destituir o presidente do conselho de administração executivo (al. b) do mesmo preceito).

[1302] Neste sentido, defendendo que o acordo de voto relativo à eleição de um número significativo de membros do *Aufsichtrat* determina uma imputação de direitos de voto por ser um acordo de voto relevante para o conceito de actuação em concertação nos termos do § 30 Abs. 2 Satz. 2 WpÜG, vide NOACK/ZETZSCHE, in SCHWARK/ZIMMER, *Kapitalmarktrechts-* cit., § 30 WpÜG, Rdn. 31; SVEN SCHNEIDER/UWE SCHNEIDER, in ASSMANN/SCHNEIDER (Hrsg.), *Wertpapierhandelgesetz* cit., § 22 Rdn. 179; BÜLOW/STEPHANBLOME, *Acting* cit., p. 1798. Contra, defendendo que os membros do conselho geral e de supervisão estão sujeitos a requisitos de independência e vinculados pelo interesse da sociedade, vide DIEKMANN, in BAUMS/THOMA (Hrsg.), *Kömmentar* cit., § 30 Rdn. 80 e, na jurisprudência, o acórdão do BGH de 18 de Setembro de 2006, in ZIP, 2006, p. 2080.

[1303] Neste sentido, vide BÜLOW/STEPHANBLOME, *Acting* cit., p. 1798; KRAUSE, *Das deutsche Übernahmegesetz vor dem Hintergrund der EU-Richtlinie*, in ZGR, 2002, p. 513.

[1304] Tal como defendido em IV. 2.1.1 *supra*.

transparência e da informação do mercado[1305]. Ao mercado são, portanto, dadas a conhecer as "alianças" estabelecidas entre o oferente e accionistas da sociedade visada no contexto da OPA a lançar por aquele quando, em virtude da imputação, atinjam as percentagens de voto relevantes que determinam o dever de comunicação de participação qualificada (art. 16º do Cód.VM). Em princípio, haverá uma imputação unívoca ao oferente dos direitos de voto inerentes às acções detidas pelo accionista que se vinculou pelo acordo de aceitação, uma vez que ele estará obrigado a seguir as instruções do oferente quanto ao exercício dos direitos de voto (art. 20º, nº 1 al. c) *in fine* do Cód.VM).

Cumpre, no entanto, referir que, caso haja o dever de comunicação de aquisição de participação qualificada ao abrigo do art. 16º do Cód.VM por força da imputação de direitos de voto nos termos da al. c) do nº 1 do art. 20º do Cód.VM resultante da celebração de um acordo de aceitação com um acordo de voto acoplado, o mesmo não deverá ser cumprido até ao momento em que seja divulgado o anúncio preliminar de OPA. Tal como se defendeu em matéria de dever de comunicação de informação privilegiada e da celebração de acordos parassociais, a informação que constará da comunicação está sujeita ao dever de segredo imposto no art. 174º do Cód.VM, o qual, em caso de conflito com o dever de comunicação de participação qualificada previsto no art. 16º do Cód.VM, deve prevalecer, tendo, portanto, um efeito "bloqueador" da aplicação do mesmo (*Sperrwirkung*)[1306]. O efeito bloqueador (*Sperrwirkung*) mantém-se até ao momento em que o oferente efectue o anúncio preliminar da sua oferta, nos termos dos arts. 175º e 176º do Cód.VM[1307]. Neste momento, surge o dever de comunicação de participação qualificada, o qual, ao contrário do dever de divulgação de informação privilegiada, não é afastado pelo facto de o acordo de aceitação de OPA ter sido tornado público pelo oferente no anúncio preliminar da OPA, pois a natureza "pública" do acordo não afasta o dever de comunicação do mesmo.

[1305] Neste sentido, defendendo que em casos excepcionais em que haja um acordo de voto entre o accionista da sociedade visada e o oferente, haverá lugar a uma imputação de direitos de voto ao abrigo do § 22 Abs. 2 da WpHG e, como tal, potencialmente ao dever de comunicação de participação qualificada previsto no § 21 da WpHG, vide Riegen, *Rechtsverbindliche* cit., pp. 716 e 731. O autor defende inclusive que estes acordos de voto não preenchem a excepção da *Einzelfällen Vereinbarungen* consagrada no § 22 Abs. 2 Satz. 1 Hs. 2 da WpHG.

[1306] Neste sentido, vide Riegen, *Rechtsverbindliche* cit., p. 730. Só esta interpretação assegura o objectivo, a *ratio* visado pelo dever de segredo previsto no art. 174º do Cód.VM. Para maiores desenvolvimentos, vide II., 3.2 supra.

[1307] Neste sentido, vide Hopt, *Übernahmen* cit., p. 345; Schäfer, in Schäfer/Dreyling, *Insiderrecht* cit., Rdn. 468; Riegen, *Rechtsverbindliche* cit., p. 730.

II. A presente conclusão permite-nos responder à questão deixada em aberto sobre a informação relativa aos acordos de aceitação que deve constar da documentação da oferta. O oferente terá de fazer referência, quer no anúncio preliminar de OPA quer no anúncio de lançamento por força respectivamente dos art. 176º, nº 1 al. f) e 183º-A nº 1 al. i) do Cód.VM[1308], aos direitos de voto do accionista da sociedade visada que são imputáveis ao oferente em virtude da celebração do acordo de aceitação de OPA. Estes preceitos estão eivados das mesmas preocupações de transparência e de informação que norteiam o dever de comunicação de participações qualificadas, ainda que as suas finalidades sejam distintas, pois aqueles visam essencialmente disponibilizar aos destinatários da oferta a informação necessária para que estes tomem a sua decisão e identifiquem as "alianças" ou ligações existentes entre o oferente e outros participantes da sociedade visada[1309].

O mesmo entendimento é aplicável ao prospecto da oferta, em particular ao capítulo 3.3 do Regulamento da CMVM nº 3/2006 que exige uma divulgação das quantidades de valores mobiliários emitidos pela sociedade visada, de que sejam titulares o oferente e as pessoas que com ele estejam numa situação de imputação de direitos de voto, nos termos do nº 1 do art. 20º do Cód.VM, com indicação precisa da percentagem dos direitos de voto que podem ser exercidos por aqueles. A *ratio* do preceito é similar à dos arts. 183º-A, nº 1, al. i) e 176º, nº 1 al. f) do Cód.VM[1310], pelo que terá igualmente de ser feita referência à imputação de direitos de voto entre o oferente e o accionista da sociedade visada que se vinculou à aceitação de OPA.

III. A aplicação deste entendimento ao dever de lançamento de OPA já é uma questão mais complexa. Será que a celebração daquele tipo de acordos determina uma imputação de direitos de voto para o cômputo da fasquia constitutiva do dever de lançamento?

A resposta é, em princípio, negativa[1311].

[1308] Recorde-se que estes preceitos exigem uma identificação da percentagem de direitos de voto na sociedade visada detidos pelo oferente e por pessoas que com este estejam em alguma das situações previstas no art. 20º do Cód.VM, calculada, com as necessárias adaptações, nos termos desse preceito (cf. II. 3.4 *supra*).

[1309] Sobre as finalidades dos deveres de comunicação, *vide* IV. 1.2.2.1 *supra*.

[1310] Para mais desenvolvimentos sobre este tema, *vide* II. 3.4 *supra*.

[1311] Este parece ter sido o entendimento da CMVM que considerou, na já referida OPA da Intercement sobre a Cimpor, que a carta e comunicado efectuados pela CGD apenas determinavam uma imputação à Intercement dos direitos de voto da Cimpor detidos pela CGD, nos termos da al. e) do

Em primeiro lugar, o acordo de voto celebrado no âmbito de um acordo de aceitação poderá, na maioria dos casos, ser qualificado como um acordo de voto meramente pontual ou circunstancial. É um acordo circunscrito a um período determinado – o período de duração da OPA, que vai desde o anúncio preliminar até à liquidação ou revogação da oferta – e cuja coordenação de voto pode ser perspectivada de forma unitária: votar as deliberações necessárias para o sucesso da OPA (*e.g.* desblindagem estatutária) e/ou as deliberações que possam impedir ou frustrar de algum modo esse sucesso[1312]. Estamos, portanto, perante uma única coordenação de voto por um período pontual ainda que, potencialmente, possa

---

nº 1 do art. 20º do Cód.VM e não da al. c) do mesmo preceito (cf. pp. 7, 58 e 59 do Prospecto). Recorde-se que, de acordo com o Prospecto da OPA da Intercement sobre a Cimpor (cf. pp. 7, 58 e 59 do Prospecto) e na sequência do anúncio preliminar, a CGD enviou uma carta à Intercement na qual informava que "venderá a sua participação na Cimpor no âmbito da OPA, na medida em que esta siga os seus trâmites até à liquidação final, com a efectiva compra da nossa participação na Cimpor, ao preço que efectivamente venha a ser oferecido e pago pelo oferente. E ainda que o único oferente seja uma empresa integralmente detida pelo Grupo Camargo Correa. Esta tomada de decisão da CGD está subordinada a que a Votorantim dispense a CGD do cumprimento de todos os deveres previstos no acordo parassocial, em vigor entre as partes, em termos que a CGD considere satisfatórios". Na mesma data, a CGD fez igualmente um comunicado ao mercado a referir que "decidiu vender a participação de 9,58% na Cimpor no âmbito da OPA da Intercement", estando essa "decisão subordinada a que a Votorantim Cimentos, S.A. dispense a CGD do cumprimento de todos os deveres previstos no acordo parassocial que estava vigente entre as partes". Segundo o prospecto, não existia qualquer acordo de voto entre a CGD e a Intercement e a CMVM considerou que o posicionamento da CGD face à OPA da Intercement, expresso na carta enviada à Intercement e no comunicado efectuado ao mercado, apenas determinava uma imputação à Intercement dos direitos de voto da Cimpor detidos, directa e indirectamente, pela CGD, nos termos da al. e) do nº 1 do art. 20º do Cód.VM (cf. pp. 7, 58 e 59 do Prospecto). A CMVM não considerou que o acordo de aquisição das acções implicasse a existência de um acordo de voto ou de um dever acessório de conduta que obrigasse o accionista a exercer os seus direitos de voto de acordo com o interesse do oferente e que, por esse facto, gerasse uma imputação de direitos de voto ao abrigo da al. c) do nº 1 do art. 20º do Cód.VM.

[1312] No Reino Unido, o *Panel* afirma que os *voting undertakings* dos *irrevocable commitments* variam caso a caso mas, por norma, estabelecem a obrigação do accionista (promitente) exercer os direitos de voto inerentes às acções abrangidas pelo acordo segundo as instruções do oferente no que diz respeito às deliberações necessárias para implementar a oferta e às deliberações que, sendo aprovadas, podem determinar a não verificação de uma condição da oferta ou que possam, de qualquer forma, impedir ou frustrar a oferta (*e.g.* aprovação de um *scheme of arrangement* concorrente) (cf. *Practice statement no. 22* cit., p. 3, disponível em www.thetakeoverpanel.org.uk). O *Panel* considera que a assunção deste *voting undertaking* é logicamente consistente com o *irrevocable undertaking* de aceitação da OPA, uma vez que assume a obrigação de votar num sentido que é consonante com a sua decisão de aceitação.

ser necessário que as partes votem várias vezes concertadamente, pois há um claro objectivo único da coordenação da conduta de voto – o sucesso da OPA que o accionista prometeu aceitar – e que lhe confere um carácter unitário e circunscrito[1313].

[1313] Neste sentido, *vide* BÜLOW, in HIRTE/BÜLOW (Hrsg.), *Kölner* cit., § 30 Rdn. 292. Aparentemente contra, afirmando que um acordo irrevogável de aceitação em que há um acordo de voto determina uma imputação de direitos de voto ao abrigo do conceito de actuação em concertação previsto no § 22 Abs. 2 da WpHG e que aquele está para além da excepção dos acordos pontuais, *vide* RIEGEN, *Rechtsverbindliche* cit., p. 731. Esta parece ser igualmente a opinião do autor para efeitos do dever de lançamento, na medida em que o mesmo alerta para o risco dos acordos de voto acoplados aos acordos de aceitação poderem determinar o lançamento de OPA obrigatória ao abrigo do § 35 da WpÜG (cf. RIEGEN, *Rechtsverbindliche* cit., p. 716).

No Reino Unido, o *Panel* considera que os *voting undertakings* assumidos no âmbito de um *irrevocable commitment* não preenchem o conceito de *acting in concert* para efeitos da *Note* 9 desde que o mesmo seja limitado à duração da oferta ou, caso ocorra mais cedo, à cessação do *irrevocable commitment* e que o acordo de voto (*voting undertaking*) seja limitado aos assuntos que visem assegurar o sucesso da oferta (cf. *Practice statement no. 22* cit., p. 3, disponível em *www.thetakeoverpanel.org.uk*). O *Panel* atende, portanto, ao carácter unitário e pontual da coordenação da conduta de voto em torno do sucesso da oferta para excluir a relevância da mesma para efeitos do conceito de actuação em concertação. Em consonância com aquele entendimento, o *Panel* considera igualmente que um *irrevocable commitment* com um *voting undertaking* (que preencha os referidos requisitos) não será qualificado como um *interest in securities* para efeitos da *Rule* 9 do City Code, o qual consagra o dever de lançamento de OPA, mas apenas para efeitos da *Rule* 5 do City Code sobre *timing restrictions on acquisitions*. Ou seja, o oferente, quando tal seja permitido pela *Rule* 5 do City Code, pode ultrapassar a fasquia dos 30% dos direitos de voto por força da obtenção de *irrevocable commitments* sem ficar sujeito ao dever de lançamento (cf. RYDE/TURNILL, *Share* cit., p. 84; ATHANASIOS KOULORIDAS, *The law* cit., p. 196). Cumpre referir que a Rule 5 do City Code impede a aquisição por qualquer pessoa de *interests in shares* se o resultado dessa aquisição for: (i) aumentar o número de acções nas quais essa pessoa está "interessada" (adicionadas à participação detida pelas pessoas que com ele estejam concertadas) para um número de acções às quais sejam inerentes 30% ou mais dos direitos de voto da sociedade visada; ou (ii) aumentar (em qualquer montante) um *interest* conjunto similar em 30% ou mais dos direitos de voto da sociedade visada. A *Rule* 5 não se aplica logo que a pessoa adquira *interests in shares* superiores a 50% dos direitos de voto da sociedade visada mas o conceito de *interest in shares* inclui os *irrevocable commitments*. A restrição da Rule 5.1 do City Code não se aplica quando os *irrevocable commitments* sejam obtidos antes do anúncio da intenção firme de realizar a oferta, desde que esta tenha sido recomendada ou que o *irrevocable commitment* tenha sido obtido com a autorização do conselho de administração da sociedade visada (*Rule* 5.2 (b) do City Code; para mais desenvolvimentos sobre esta excepção, *vide* RYDE/TURNILL, *Share* cit., pp. 83-84). A restrição também não se aplica quando o *irrevocable commitment* seja obtido de um único accionista e seja a única "aquisição" de *interest in shares* num período de 7 dias, não se aplicando, contudo, esta excepção em relação às aquisições efectuadas após o anúncio da oferta não sujeito a pré-condições (*e.g.* aprovação de órgãos societários do oferente) ou quando a aquisição seja de corretor principal ou um gestor de fundos

Em sentido contrário, pode afirmar-se que, por um lado, o acordo é susceptível de abranger um conjunto muito vasto de temas, que podem ir desde a adopção de medidas defensivas da OPA à simples distribuição de dividendos da sociedade ou à aprovação de alterações estatutárias necessárias ao sucesso da oferta, e que, por outro lado, a duração do acordo pode ser considerável nos casos em que o processo de OPA seja moroso, o que implicará uma coordenação de conduta de voto durante um período alargado. Estes elementos seriam dificilmente compagináveis com a qualificação do acordo como um acordo de voto pontual ou circunstancial. Todavia, não creio que os argumentos sejam procedentes, porque a coordenação de voto não perde o seu carácter unitário e pontual se, por força das circunstâncias e vicissitudes da oferta[1314], se exigir, por várias vezes e durante um período mais alargado, uma concertação no exercício do direito de voto entre o oferente e o accionista.

IV. Em segundo lugar, a celebração do acordo de voto entre o oferente e o accionista da sociedade visada apenas se verifica por causa do acordo de aceitação, estando aliás incluído no clausulado deste. As partes não visam prosseguir uma finalidade própria e autónoma com o acordo de voto, não pretendem exercer uma influência duradoura ou estável sobre a sociedade cotada, as partes não querem modificar ou fixar, directamente, uma orientação empresarial da sociedade seja ao nível da actividade empresarial seja ao nível estritamente corporativo. No entanto, é inegável que, em caso de sucesso da OPA, essa alteração operar-se-á e será fixada uma nova política geral de gestão da sociedade, podendo ser alienados activos importantes, encerradas unidades de negócios ou inclusive excluir de

---

que seja responsável pela gestão de contas ou carteiras de investimento em nome de mais do que um cliente, mesmo que o faça numa base discricionária (*Rule* 5.2 (a) do City Code; para mais desenvolvimentos sobre esta excepção, *vide* RYDE/TURNILL, *Share* cit., p. 84). Em suma, a *Rule* 5 proíbe a celebração de *irrevocable undertakings* que conduzam a uma ultrapassagem da fasquia constitutiva do dever de lançamento após o anúncio preliminar de OPA e, antes deste anúncio, a celebração dos mesmos só é permitida se a OPA não for hostil ou se for celebrado com um único accionista.

[1314] BÜLOW refere que a excepção do previsto no § 30 Abs. 2 Satz. 1 Hs. 2 da WpÜG abrange aqueles casos em que, apesar de existir um único facto objecto da actuação concerta, a sua implementação exige, de acordo com as circunstâncias ou factos normais da vida, várias actuações em concertação ao nível do exercício do direito de voto e durante um período mais alargado de tempo (cf. in HIRTE//BÜLOW (Hrsg.), *Kölner* cit., § 30 Rdn. 239; contra, *vide* LANGE, *Aktuelle* cit., p. 27). Este acordo seria uma destas situações em que as circunstâncias e vicissitudes da oferta poderiam exigir, por diversas vezes, o exercício concertado de direitos de voto e por um período mais alargado de tempo, tendo em vista o sucesso da oferta (neste sentido, *vide* BÜLOW, in HIRTE/BÜLOW (Hrsg.), *Kölner* cit., § 30 Rdn. 292).

negociação as acções da sociedade visada. Ora, um acordo de voto que facilite o sucesso de uma oferta contribui, directa e, por vezes, decisivamente, para aquela alteração na política geral de gestão da sociedade ou nas suas concretas orientações empresariais. Numa palavra, os acordos de voto inseridos no âmbito de acordo de aceitação podem contender, potencialmente, com o controlo da sociedade cotada, *rectius* podem ajudar na mudança desse controlo. Será que então a conclusão é de que esse acordo de voto é relevante não obstante ser meramente circunstancial? Não creio que esta conclusão seja forçosa.

Não negando a influência indirecta daqueles acordos de voto sobre a mudança da gestão da sociedade visada nem a sua influência directa sobre o próprio controlo (ao contribuir para a alteração deste), parece-me que todos os acordos de voto destinados a facilitar a mudança de controlo da sociedade visada através do lançamento de OPA não devem, regra geral, determinar uma imputação de direitos de voto ao abrigo da al. c) do nº 1 do art. 20º do Cód.VM relevante para efeitos do art. 187º do mesmo código. A OPA obrigatória tem como pressuposto a cessão de controlo, é esta que justifica as necessidades de protecção dos accionistas da sociedade cotada. Os acordos de voto incluídos num acordo de aceitação não operam *per se* a mudança de controlo, nem procedem a uma implementação ou mudança da política de gestão ou à orientação empresarial da sociedade, são antes um mecanismo que facilita essa cessão de controlo e esta implementação ou mudança. Elas só se verificarão se a OPA for lançada, pelo que será, neste momento, que as necessidades de protecção dos accionistas se farão sentir. Porém, ao invés das situações normais, em que poderá fazer sentido antecipar o momento da cessão de controlo para o momento em que há a potencialidade dessa cessão, neste caso essa necessidade não se faz sentir, na medida em que a própria OPA (prevista no acordo de aceitação) permitirá aos accionistas da sociedade visada beneficiar das mesmas condições (*maxime* da contrapartida) dos accionistas que se vincularam à sua aceitação e ao respectivo acordo de voto. A OPA e as regras por ela fixadas, em particular a igualdade de tratamento dos destinatários, assegurarão a protecção adequada dos accionistas. Não haverá qualquer falta de protecção dos accionistas quanto à contrapartida mínima, porquanto, se não forem respeitadas as regras do art. 188º do Cód.VM, o oferente terá de lançar uma OPA obrigatória subsequente caso ultrapasse as fasquias constitutivas do dever de lançamento por força da OPA voluntária, não estando preenchida a derrogação prevista na al. a) do nº 1 do art. 189º do Cód.VM.

V. O presente entendimento é reforçado por outros dois argumentos: um relacionado com o interesse dos accionistas da sociedade visada e outro de política legislativa.

O interesse dos accionistas da sociedade visada prende-se com o potencial aumento da contrapartida da oferta resultante da celebração de acordos de aceitação. Conforme referido anteriormente, estes acordos podem permitir ao accionista obter um valor mais elevado do que o que obteria caso o acordo não fosse celebrado, porque o oferente, perante a incerteza do sucesso do negócio, reduz sempre o valor da contrapartida a pagar[1315]. O aumento do valor da contrapartida não beneficiará exclusivamente o accionista parte do acordo de aceitação, ele beneficiará igualmente os demais accionistas pois a contrapartida é paga no âmbito de uma OPA dirigida a todos os accionistas.

O argumento de política legislativa prende-se com o facto de os acordos de aceitação de OPA dinamizarem o funcionamento do mercado de controlo societário. Tal como explanado em I. 3.3.2, os acordos de aceitação (à semelhança dos demais mecanismos facilitadores de controlo) promovem o lançamento de OPAs[1316] e consequentemente dinamizam o mercado de controlo societário e a gestão das sociedades visadas, atento efeito disciplinador[1317] que as OPAs produzem sobre estas[1318]. Quanto maior o número de potenciais oferentes, maior o

---

[1315] Um adquirente, quando apresenta uma proposta de aquisição e sabe que pode aumentar o valor da sua proposta, nunca oferece, na primeira proposta, o valor máximo que pode pagar para adquirir a sociedade, não só porque quer pagar o valor mais baixo possível para adquirir a sociedade, mas porque quer ter uma margem de manobra para subir o preço caso surja um oferente concorrente. A atribuição de mecanismos de protecção do negócio dá ao oferente a segurança necessária para oferecer logo na primeira proposta um valor mais elevado, é um incentivo à apresentação de uma proposta que se aproxima do valor máximo que o adquirente está disposto a pagar pela sociedade (neste sentido, *vide* SPARKS/NACHBAR/VELLA, *Corporate deal* cit., p. 407; MOCERI, *M&A lockups* cit., p. 1167; AYRES, *Analyzing* cit., p. 713; SKEEL, *A reliance* cit., p. 572; KUHN, *Exclusivvereinbarungen* cit., p. 25). Para maiores desenvolvimentos, *vide* I. 3.1 *supra*.

[1316] Os acordos de aceitação de OPA promovem o lançamento de OPA porque criam a segurança possível e necessária para o oferente avançar com a sua oferta, mitigando alguns dos riscos inerentes ao lançamento de uma OPA e os prejuízos decorrentes do seu insucesso.

[1317] Neste sentido, *vide* os estudos empíricos de BATES/LEMMON, *Breaking up* cit., pp. 469 e ss.; ANDRÉ//KHALIL/MAGNAN, *Termination* cit., pp. 541 e ss.; OFFICER, *Termination fees* cit., pp. 431 e ss. Contra, *vide* KAHAN/KLAUSNER, *Lockups* cit., pp. 1559-1562.

[1318] A OPA é um instituto dinamizador do mercado de controlo societário que, em conjunto com este, consubstancia um mecanismo eficiente de exploração de sinergias empresariais e de disciplina dos administradores pouco leais e competentes (neste sentido, *vide* o relatório do Grupo de Peritos (cf. REPORT OF THE HIGH LEVEL GROUP OF COMPANY LAW EXPERTS on issues related to takeovers bids, Bruxelas, 2002) e, na doutrina, JENSEN/RUBACK, *The market* cit., pp. 5 e ss.; EASTERBROOK/FISCHEL, *The economic structure* cit., pp. 163-209; FRANKS/MAYER/RENNEBOOG, *Who disciplines* cit., pp. 209 e ss.; FRANKS/MAYER, *Hostile* cit., pp. 163 e ss.; SCHARFSTEIN, *The disciplinary role of takeovers*, in *Review of*

incentivo à gestão leal e diligente das sociedades cotadas[1319]. Este tipo de acordos, ao incentivar o lançamento de OPAs, permitiria, implicitamente, dinamizar o mercado de controlo societário e promover a gestão diligente e leal das sociedades cotadas. Se se criarem impedimentos à celebração de acordos de aceitação (como seria o caso se houvesse lugar a uma imputação de direitos de voto por força do acordo de voto celebrado no contexto desse acordo[1320]), estar-se-á, inevitavelmente, a prejudicar o funcionamento do mercado de controlo societário.

2.2 Art. 20º, nº 1 al. e) do Cód.VM
2.2.1 Aquisição de direitos de voto por via de acordo

I. Nos termos da al. e) do nº 1 do art. 20º do Cód.VM, são imputáveis ao participante os direitos de voto que ele "possa adquirir em virtude de acordo celebrado com os respectivos titulares"[1321].

A *ratio* principal desta regra de imputação reside no facto de o direito contratual do participante adquirir direitos de voto (ou acções com direitos de voto da sociedade visada) atribuir ao mesmo uma influência (*Einfluss*) sobre o exercício desses direitos de voto em virtude da transferência da "propriedade económica"

Economic Studies, 55, 1988, p. 185; Renneboog/Goergen, *Shareholder wealth* cit., pp. 9 e ss.; García de Enterría/Lorenzo-Velázquez, *El control* cit., pp. 666 e ss.; Arruñada, *Crítica* cit., pp. 29 e ss.; Fernández Armesto, *Las OPAs* cit., pp. 37-40).

[1319] Para o accionista da sociedade visada, o ideal é que haja um leilão entre os vários oferentes para potenciar o valor real da sua participação, enquanto os potenciais oferentes preferem os acordos ora em análise (neste sentido, vide Kahan/Klausner, *Lockups* cit., p. 1556; Fraidin/Hanson, *Towards unlocking* cit., pp. 1826-1828).

[1320] Este terá sido um dos motivos pelos quais o *Panel* entende que um *irrevocable commitment* com um *voting undertaking* (que preencha os referidos requisitos) não é qualificado como um *interest in securities* para efeitos da *Rule* 9 do City Code que consagra o dever de lançamento (cf. *Practice statement no. 22* cit., p. 3, disponível em www.thetakeoverpanel.org.uk; Ryde/Turnill, *Share* cit., p. 84).

[1321] Esta regra estava consagrada no art. 346º, nº 1 al. f) do Cód.MVM, o qual determinava uma imputação dos direitos de voto que o participante pudesse adquirir por sua exclusiva iniciativa em virtude de um acordo escrito. Cumpre referir que há diferenças importantes entre este preceito e o actual art. 20º, nº 1 al. e) do Cód.VM que iremos referir adiante. Por ora, cumpre salientar que a previsão do art. 346º, nº 1 al. f) do Cód.MVM não era, pela sua inserção sistemática, relevante em sede de OPA obrigatória (cf. art. 530º do Cód.MVM). Esta situação de imputação teve a sua origem no art. 7º travessão 6 da Directiva da Transparência I, que equiparava aos direitos de voto do participante os direitos de voto que ele ou "outras entidades referidas nos travessões anteriores possam adquirir, por sua exclusiva iniciativa, por força de um acordo formal" (cf. Osório de Castro, *A imputação* cit., p. 187; Paula Costa e Silva, *A imputação* cit., pp. 409 e 427).

dos direitos de voto (ou das acções) operada pela celebração do acordo[1322]. Isto é, por força da atribuição daquele direito, a lei considera que o titular das acções passa, tipicamente e a partir desse momento, a actuar de uma forma alinhada com os interesses do titular do direito de aquisição das acções nas diferentes sedes de poder societário. Porém, nalguns casos, esta *ratio* pode não se verificar e não existir qualquer influência sobre o exercício dos direitos de voto não obstante o direito contratual de aquisição do participante, o que torna esta regra de imputação problemática em sede de dever de lançamento[1323].

Pode igualmente ser apontada como *ratio* da regra de imputação da al. e), ainda que apenas no que diz respeito à sua aplicação em sede de dever de comunicação de participações qualificadas[1324], o objectivo de informar os investidores de uma aquisição futura de uma participação qualificada[1325] e o de evitar estratégias de "evasão" ao dever de comunicação de participações qualificadas[1326].

II. O objecto do direito de aquisição contratual do participante são, segundo a letra da lei, os "direitos de voto". Ao utilizar esta expressão, o legislador não quis tomar qualquer posição sobre a possibilidade de destaque dos direitos de voto[1327],

---

[1322] Neste sentido, em relação ao § 30 Abs. 1 Satz. 5 da WpÜG que determina a imputação dos direitos de voto inerentes a acções que o oferente possa adquirir por uma mera declaração de vontade (*Willenserklärung*), *vide* BÜLOW, in HIRTE/BÜLOW (Hrsg.), *Kölner* cit., § 30 Rdn. 161; SCHNEIDER, in ASSMANN/PÖTZSCH/SCHNEIDER (Hrsg.), *Wertpapiererwerbs-* cit., § 30 Rdn. 65.

[1323] Fazendo referência a esta problemática, *vide* BÜLOW, in HIRTE/BÜLOW (Hrsg.), *Kölner* cit., § 30 Rdn. 161. Por isso, este e outros autores consideram que esta regra de imputação é um "corpo/elemento estranho" (*Fremdkörper*) inserido nas demais situações de imputação de direitos de voto (*Zurechnungstatbestände*) (cf. BÜLOW, in HIRTE/BÜLOW (Hrsg.), *Kölner* cit., § 30 Rdn. 161; DIEKMANN, in BAUMS/THOMA (Hrsg.), *Kömmentar* cit., § 30 Rdn. 55).

[1324] Neste sentido, afirmando ser essa a *ratio* do § 22 Abs. 1 Satz. 5 da WpHG mas não do § 30 Abs. 1 Satz. 5 da WpÜG, *vide* SVEN SCHNEIDER/UWE SCHNEIDER, in ASSMANN/SCHNEIDER (Hrsg.), *Wertpapierhandelsgesetz* cit., § 22 Rdn. 101; SCHNEIDER, in ASSMANN/PÖTZSCH/SCHNEIDER (Hrsg.), *Wertpapiererwerbs-* cit., § 30 Rdn. 65.

[1325] Neste sentido, apontando esta como uma das *ratios* do preceito, *vide* OSÓRIO DE CASTRO, *A imputação* cit., p. 187. No mesmo sentido, face ao § 22 Abs. 1 Satz. 5 da WpHG, *vide* VEIL, in SCHMIDT//LUTTER (Hrsg.), *Aktiengesetz* cit. § 22 AktG, § 22 WpHG Rdn. 23.

[1326] Neste sentido, em relação ao § 22 Abs. 1 Satz. 5 da WpHG, *vide* SVEN SCHNEIDER/UWE SCHNEIDER, in ASSMANN/SCHNEIDER (Hrsg.), *Wertpapierhandelsgesetz* cit., § 22 Rdn. 101; VEIL, in SCHMIDT/LUTTER (Hrsg.), *Aktiengesetz* cit. § 22 AktG, § 22 WpHG Rdn. 3.

[1327] OSÓRIO DE CASTRO considera-a uma "forma elíptica" pois o que "pode adquirir-se, de facto, são as acções a que os votos são inerentes" (cf. *A imputação* cit., p. 187, nota 77). Esta afirmação do autor compreende-se pelo facto de, conforme refere logo em seguida, considerar que está proibida qual-

pretendeu apenas utilizar uma expressão ampla imune a essa problemática e que permitisse abarcar não só as acções com direitos de voto mas também os certificados que representem acções (*e.g.* os *Depositary receipts*)[1328]. Contudo, não se abrangem os direitos de aquisição de outros valores mobiliários como as obrigações convertíveis, obrigações permutáveis, obrigações com *warrants*, *warrants*, mesmo que atribuam um direito de aquisição, ou de conversão ou permuta desses valores mobiliários, em acções da sociedade[1329].

Quanto aos termos da imputação, ela abrange apenas os direitos de voto objecto do direito de aquisição e determina exclusivamente uma imputação dos mesmos ao participante que beneficia daquele direito. A imputação é unívoca.

III. A questão mais complexa levantada por esta regra de imputação é saber o que se deve entender por direito de aquisição contratual do participante? Ou, por outras palavras, a que direitos se reporta a al. e) quando faz referência à possibilidade "de adquirir em virtude de acordo"?

A doutrina tem entendido que se encontram abrangidos os direitos de aquisição que dependem da vontade exclusiva do participante (*direitos potestativos de aquisição; Potestativbedingungen*) e ainda os direitos que exigem a cooperação do terceiro (*e.g.* titular das acções) para a efectivação desse direito[1330]. O entendimento baseia-se num "cruzamento" do elemento literal com o histórico. O antigo art. 346º, nº 1 al. f) do Cód.MVM determinava a imputação de direitos de voto nos casos em que o participante pudesse adquirir os direitos de voto "por sua exclusiva iniciativa", o que, segundo alguns autores, suscitava diferentes interpretações quanto ao âmbito dos direitos de aquisição abrangidos. Alguns entendiam que os "votos só podiam ser adquiridos «por exclusiva iniciativa» de certa pessoa no caso de a aquisição não depender senão de uma declaração unilateral sua, ou seja, se ela dispusesse de uma verdadeira

---

quer "divisão ou fraccionamento – qualquer destaque – em resultado da unicidade da posição de socialidade" (cf. Osório de Castro, *A imputação* cit., p. 187, nota 77).

[1328] No ordenamento jurídico alemão, a doutrina entende que o § 30 Abs. 1 Satz 5 da WpÜG não abrange apenas os direitos de voto inerentes a acções que o oferente possa adquirir, mas também os certificados de acções (*Depositary receipts*), sustentando assim uma interpretação ampla (cf. Bülow, in Hirte/Bülow (Hrsg.), *Kölner* cit., § 30 Rdn. 162).

[1329] Neste sentido, face ao § 30 Abs. 1 Satz 5 da WpÜG, *vide* Bülow, in Hirte/Bülow (Hrsg.), *Kölner* cit., § 30 Rdn. 162.

[1330] Neste sentido, *vide* Osório de Castro, *A imputação* cit., p. 187; Paula Costa e Silva, *A imputação* cit., p. 427.

opção"[1331]. Outros entendiam a locução "por sua exclusiva iniciativa" no sentido "apenas de a vontade do titular não ser já um pressuposto da aquisição pelo participante, ou do direito deste a exigir que a mesma se efectivasse"[1332]. A letra do art. 20º, nº 1 al. e) do Cód.VM não fixou qualquer requisito nesta matéria, limita-se a referir a possibilidade de adquirir por via de acordo, tendo, portanto, excluído a locução "por sua exclusiva iniciativa". Esta exclusão seria um sinal claro de que se teria optado por aquela segunda interpretação[1333], podendo relevar "quaisquer acordos através dos quais um participante fique investido num direito de aquisição, mesmo que este não seja de exercício potestativo"[1334].

O entendimento é correcto. A abertura da letra da lei, associada ao argumento histórico, permitem sustentar esse entendimento, o qual é reforçado pela *ratio* da norma em sede de deveres de comunicação de participação qualificada. Sendo esta *ratio* destes deveres a de informar os investidores de uma aquisição futura de uma participação qualificada e a de evitar estratégias de "evasão" ao dever de comunicação de participações qualificadas, estaríamos, se se limitasse a regra de imputação da al. e) aos direitos de aquisição potestativos, perante um "buraco" considerável em termos de transparência o qual não é compatível com aquela *ratio*[1335].

Será o mesmo entendimento válido para efeitos do dever de lançamento de OPA? Quais serão os direitos de aquisição de voto que geram uma imputação de direitos de voto relevante para a contabilização dos limiares constitutivos daquele dever?

As opiniões dividem-se neste ponto. Os autores que defendem que o art. 187º, nº 1 do Cód.VM opera uma remissão acrítica para o art. 20º, nº 1 do Cód.VM, limi-

---

[1331] Estariam assim excluídas as meras promessas de venda, uma vez que, nesse caso, a aquisição exige que o promitente vendedor emita a necessária declaração negocial.
[1332] Sobre estas posições, *vide* Osório de Castro, *A imputação* cit., pp. 186-187.
[1333] Neste sentido, *vide* Osório de Castro, *A imputação* cit., p. 187.
[1334] Cf. Paula Costa e Silva, *A imputação* cit., p. 427. Os votos objecto de "uma mera promessa de venda contam, desde logo, como se fossem do beneficiário dessa promessa", sem prejuízo dos mesmos "continuarem a ser imputados ao proprietário das acções até à realização do negócio prometido" (cf. Osório de Castro, *A imputação* cit., p. 188).
[1335] Neste sentido, em relação ao § 22 Abs. 1 Satz. 5 da WpHG referindo a um *schwerwiegenden Transparenzlücke*, *vide* Sven Schneider/Uwe Schneider, in Assmann/Schneider (Hrsg.), *Wertpapierhandelgesetz* cit., § 22 Rdn. 103. Contra, baseando-se no vontade clara do legislador alemão e numa interpretação conforme à Directiva da Transparência, *vide* Opitz, in Schäfer/Hamann (Hrsg.), *Kapitalmarktgesetze* cit., § 22 WpHG Rdn. 59; Veil, in Schmidt/Lutter (Hrsg.), *Aktiengesetz* cit. § 22 AktG, § 22 WpHG Rdn. 24.

tada às meras adaptações, sustentam, em coerência, que todos os direitos de aquisição são relevantes e não apenas os potestativos[1336]. Em sentido contrário, outros autores defendem a irrelevância total desta regra de imputação em sede de constituição do dever de lançamento[1337] ou então sugerem, pelo menos, a restrição da sua aplicação[1338].

Que dizer destas diferentes posições?

III. Em meu entender, são, regra geral, relevantes todos os direitos de aquisição, quer aqueles cujo exercício depende da exclusiva vontade do participante quer os que carecem da cooperação do titular dos direitos de voto, excepto se o direito de aquisição for de tal modo ténue, seja por força da cooperação exigível ao terceiro seja em virtude de outras características desse direito, que o mesmo é insusceptível de incorporar a *ratio* que lhe preside.

O legislador quis, de certo modo, antecipar o momento em que o participante terá a titularidade directa das acções e assim o controlo dos direitos inerentes às mesmas (incluindo o direito de voto), permitindo-lhe dominar a sociedade cotada. O legislador considera que a atribuição de um direito de aquisição sobre acções de uma sociedade cotada irá conduzir, tipicamente (e, por vezes, em virtude de exigências decorrentes do princípio da boa-fé no cumprimento das obrigações), a uma conduta no grémio social que esteja "alinhada" com os interesses daquele a quem, contratualmente, atribuiu um direito de aquisição. Com efeito, se este actuar de forma diversa, poderá inclusive, nalguns casos, levar: ou à perda de interesse do titular do direito na aquisição das acções (e, como tal, à não obtenção do produto da venda); ou a que este peça uma redução do preço a pagar pela aquisição das acções por considerar que a actuação do obrigado, enquanto accionista, conduziu a uma redução do valor da sociedade cotada[1339]. Há que reconhecer que, na prática, esta influência sobre o exercício dos direitos de voto pode

---

[1336] Será esta a posição de OSÓRIO DE CASTRO, *A imputação* cit., p. 164 nota 6 e p. 187.
[1337] Neste sentido, *vide* PEREIRA NEVES, *Delimitação* cit., pp. 753-754; MOREDO SANTOS, *Transparência* cit., pp. 502-504.
[1338] Neste sentido, parece ir o entendimento de PAULA COSTA E SILVA que, depois de chamar a atenção para a possibilidade da "imposição de uma gravíssima obrigação a um accionista que não domina a sociedade", afirma que esta situação tem maior gravidade (quando comparada com a al. d) do nº 1 do art. 20º do Cód.VM) no caso da al. e) do nº 1 do art. 20º do Cód.VM, "atendendo à amplitude da previsão" (cf. *A imputação* cit., p. 427).
[1339] Neste sentido, em relação ao § 30 Abs. 1 Satz. 5 da WpÜG, *vide* BÜLOW, in HIRTE/BÜLOW (Hrsg.), *Kölner* cit., § 30 Rdn. 161; SCHNEIDER, in ASSMANN/PÖTZSCH/SCHNEIDER (Hrsg.), *Wertpapiererwerbs-* cit., § 30 Rdn. 65.

não existir no caso concreto[1340] e, nessas situações, terá de recorrer-se ao mecanismo "correctivo" do art. 187º, nº 2 do Cód.VM.

A influência sobre o exercício dos direitos inerentes às acções do accionista na sociedade não é exclusiva dos, nem obrigatoriamente mais intensa nos, direitos de aquisição potestativos por comparação aos direitos de aquisição, que exigem a cooperação do titular das acções. Pense-se no caso de uma promessa por contraposição a uma opção de compra. De um ponto de vista jurídico, este direito é mais forte porque é potestativo, o seu titular pode adquirir as acções sem qualquer cooperação da outra parte que se encontra numa situação de sujeição enquanto a promessa exige que o actual proprietário das acções emita a sua declaração negocial de alienação das mesmas a favor do beneficiário da promessa. Porém, e numa perspectiva económica, as partes de um contrato-promessa perspectivam o mesmo como um passo de um processo que redundará, quase inevitavelmente, na aquisição das acções, considerando-se o contrato de aquisição quase como uma mera formalidade de concretização da venda. Diferentemente, numa opção de compra, as partes não têm, por norma, esta perspectiva do contrato; há, na convicção das partes, uma maior álea na transmissão das acções, sobretudo quando a opção só pode ser exercida depois de transcorrido período longo após a sua atribuição. Assim, no caso das promessas, o promitente-vendedor tenderá a alinhar a sua conduta de voto no interesse do promitente-comprador, o que poderá ser mesmo exigido como dever acessório de conduta[1341]. Não é, por isso, de admirar que os contratos-promessa de compra e venda de acções incluam frequentemente acordos de voto (ao invés dos acordos de opção de compra).

A não relevância dos direitos de aquisição para efeitos de dever de lançamento está não tanto relacionada com o seu carácter potestativo mas antes com a intensidade que o mesmo revela em termos de "transferência económica" das acções e da associada influência sobre o exercício dos direitos de voto. Claro que o carácter potestativo pode evidenciar esta maior intensidade, ainda que não de um modo exclusivo. Aquela exigirá uma análise casuística que não se compatibiliza com o funcionamento e perspectiva formal e abstracta do meca-

---

[1340] Fazendo referência a esta problemática, vide Bülow, in Hirte/Bülow (Hrsg.), Kölner cit., § 30 Rdn. 161. Por isso, este e outros autores consideram que esta regra de imputação é um "corpo/elemento estranho" (Fremdkörper) inserido nas demais situações de imputação de direitos de voto (Zurechnungstatbestände) (cf. Bülow, in Hirte/Bülow (Hrsg.), Kölner cit., § 30 Rdn. 161; Diekmann, in Baums/Thoma (Hrsg.), Kömmentar cit., § 30 Rdn. 55).

[1341] Recorde-se o que se afirmou em sede de acordos de voto associados aos acordos de aceitação de OPA (cf. IV. 2.2.2. supra; Bülow, in Hirte/Bülow (Hrsg.), Kölner cit., § 30 Rdn. 291; Weidenkaff, in Palandt, Bürgerliches cit., § 433 BGB Rdn. 33).

nismo de imputação de direitos de voto, incluindo em matéria de OPA obrigatória[1342]. Consequentemente, essa análise terá de se efectuar no contexto do mecanismo correctivo do art. 187º, nº 2 do Cód.VM, excepto quando for patente ou manifesto, atento o carácter ténue do direito de aquisição, que não há qualquer "transferência económica" das acções nem qualquer potencial alinhamento da conduta de voto exigida pelas regras da boa-fé contratual. Estes casos serão muito excepcionais. Tome-se, como exemplo, o caso de opções de compra cujo prazo ou data de exercício só decorrerá ou se verificará muito depois da atribuição da opção de compra. O mesmo se diga dos direitos de aquisição cujo exercício se encontra sujeito a um acto de disposição do seu titular (*e.g.* alienação, transmissão gratuita, permuta), uma vez que, nestes casos, a liberdade de disposição do titular é reveladora de uma menor intensidade da influência sobre o exercício do direito de voto.

IV. Vejamos agora com maior detalhe quais os direitos de aquisição do participante que se encontram abrangidos pela al. e) do nº 1 do art. 20º do Cód.VM, para além das já mencionadas opções de compra e promessas de venda.

Estão desde logo excluídos o direito de preferência (*right of first refusal/preemption right*; *Vorkaufsrecht*) ou o denominado direito de primeira oferta (*right of first offer*; *Vorhandrecht*). Em ambos os casos, é necessário que o obrigado se disponha à alienação, podendo então o participante preferir[1343] ou apresentar, antes de qualquer outro interessado, a sua oferta para a aquisição das acções[1344]. Não haverá qualquer imputação de direitos de voto inclusive aquando do oferecimento à preferência ou ao direito de primeira oferta, porque o obrigado pode sempre decidir não alienar e, nesse caso, o titular da preferência ou do direito de primeira oferta não a poderá pretender impor ao obrigado, uma vez que não se verificou o facto que poderia determinar a sua violação: a alienação[1345].

[1342] Cf. IV. 1.2.2.2 *supra*.
[1343] Neste sentido, quanto ao direito de preferência, *vide* Osório de Castro, A imputação cit., p. 188, nota 82; contra, defendendo que há lugar a imputação para efeitos de dever de comunicação de participações qualificadas mas não em sede de dever de lançamento, *vide* Mattamouros Resende, *A imputação* cit., p. 212.
[1344] No ordenamento jurídico alemão, a doutrina considera que o *Vorkaufs* e o *Vorhandrecht* não determinam uma imputação de direitos de voto ao abrigo do § 30 Abs. 1 Satz. 5 da WpÜG, porque não são direitos reais, são direitos meramente obrigacionais, e porque é necessário que o terceiro proceda à alienação das suas acções (cf. Bülow, in Hirte/Bülow (Hrsg.), *Kölner* cit., § 30 Rdn. 184).
[1345] Neste sentido, defendendo que não há imputação mesmo após o oferecimento à preferência ou ao exercício do direito de primeira oferta, *vide* Bülow, in Hirte/Bülow (Hrsg.), *Kölner* cit., § 30 Rdn.

A opção de venda (*put option*; *Verkaufsoption*) também não se encontra abrangida, na medida em que a al. e) do nº 1 do art. 20º do Cód.VM só abarca os direitos de aquisição e não os direitos de venda[1346]. Neste último caso, não está preenchida a letra da lei que se refere a "direitos de aquisição" e a opção de venda representa do lado do titular da opção (que é o titular do direito): um direito de venda e não de aquisição. Do outro lado da relação jurídica, o sujeito obrigado está num estado de sujeição, não tem qualquer direito à aquisição[1347]. O entendimento é válido quer para o titular da opção de venda quer para o sujeito obrigado à aquisição das acções caso a mesma seja exercida, pois, nesta situação, ele não tem um direito de aquisição, está antes sujeito, de forma inelutável, a adquirir essas acções quando for exercido aquele direito[1348].

Mais duvidoso é o caso das denominadas *binding offers* (*bindendes Angebot*). Até à aceitação, não é possível falar num direito de aquisição do "oferente" pois o destinatário da oferta não se encontra vinculado pela mesma. A partir da aceitação, o contrato estará perfeito, salvo se a aceitação foi efectuada com modificações (art. 233º do Cód.VM) ou se for necessário realizar outros actos para concluir a transmissão das acções prevista na oferta, em particular o pagamento do preço e a transmissão das acções. Nestes casos, haverá uma imputação ao abrigo da al. e) do nº 1 do art. 20º do Cód.VM, porque estaremos perante um contrato de compra e venda de acções ou permuta (consoante o teor da oferta) e o comprador terá um direito de aquisição das acções da sociedade cotada[1349].

---

184. Contra, defendendo, em relação ao direito de preferência, que haverá lugar à imputação de direitos de voto aquando do oferecimento à preferência, *vide* OSÓRIO DE CASTRO, *A imputação* cit., p. 188, nota 82.

[1346] Neste sentido, *vide*, entre nós, OSÓRIO DE CASTRO, *A imputação* cit., p. 188, nota 82; contra, defendendo que há imputação para efeitos de dever de comunicação de participações qualificadas e não para efeitos de OPA, *vide* MATTAMOUROS RESENDE, *A imputação* cit., p. 211. É essa também a posição defendida no ordenamento jurídico alemão, no qual se considera que, quando o oferente é o *Stillhaber*, não há lugar a imputação de direitos de voto (cf. BÜLOW, in HIRTE/BÜLOW (Hrsg.), *Kölner* cit., § 30 Rdn. 175; SCHNEIDER, in ASSMANN/PÖTZSCH/SCHNEIDER (Hrsg.), *Wertpapiererwerbs-* cit., § 30 Rdn. 68).

[1347] Neste sentido, *vide*, em relação ao § 30 Abs. 1 Satz. 5 da WpÜG, BÜLOW, in HIRTE/BÜLOW (Hrsg.), *Kölner* cit., § 30 Rdn. 175; SCHNEIDER, in ASSMANN/PÖTZSCH/SCHNEIDER (Hrsg.), *Wertpapiererwerbs-* cit., § 30 Rdn. 68.

[1348] Cf. BÜLOW, in HIRTE/BÜLOW (Hrsg.), *Kölner* cit., § 30 Rdn. 175.

[1349] Neste sentido, considerando que as *Annahme bei Angebot auf Übereignung* determinam uma imputação de direitos de voto ao abrigo do § 30 Abs. 1 Satz. 5 da WpÜG, *vide* NOACK/ZETZSCHE, in SCHWARK/ZIMMER, *Kapitalmarktrechts-* cit., § 30 WpÜG, Rdn. 14. SVEN SCHNEIDER e UWE SCHNEIDER consideram igualmente que as *bindenden Angebot zum Abschluss* (ofertas vinculantes para a contratação)

Menos duvidoso é o caso das opções de compra com líquida financeira (*cash settlement*) e não física (*physicall settlement*), uma vez que não há qualquer direito de aquisição de acções (ou votos). A forma de liquidação da opção é em dinheiro, o titular terá apenas direito a receber uma quantia pecuniária[1350].

Não se encontram igualmente abrangidas as obrigações convertíveis (*convertible bonds*), obrigações permutáveis ou obrigações com *warrants*, que se limitam a atribuir um direito de aquisição, ou de conversão ou permuta de valores mobiliários, em acções da sociedade. Em primeiro lugar, as acções podem nem sequer estar emitidas e não se podem imputar direitos de voto que não existem![1351] Em segundo lugar, mesmo que as acções já estejam emitidas, não há um "acordo" que permita ao participante adquirir os "direitos de voto", estamos antes perante um valor mobiliário. O grau de cooperação que se exige ao titular das acções afasta a ideia de "transferência económica" das acções e o referido alinhamento típico da conduta do accionista com o titular do direito de aquisição[1352].

---

determinam uma imputação de direitos de voto quer para ao abrigo do § 22 Abs. 1 Satz. 5 da WpHG quer ao abrigo do § 30 Abs. 1 Satz. 5 da WpÜG (cf. in Assmann/Schneider (Hrsg.), *Wertpapierhandelgesetz* cit., § 22 Rdn. 104; no mesmo sentido, *vide* Bayer (Hrsg.), *Münchener* cit., § 22 AktG § 22 WpHG Rdn. 27). Não concordamos com a posição destes autores, na medida em que não há um direito de aquisição, há apenas um convite à contratação, apresentando para o efeito uma base negocial inicial. Essa é também a opinião dominante na doutrina alemã, até porque, nestes casos, mesmo que se considerasse existir um direito de aquisição, ele seria um direito obrigacional e não um direito real e, segundo a maioria da doutrina, apenas estes são relevantes para efeitos de imputação de direitos de voto ao abrigo daqueles preceitos (neste sentido, *vide* Bülow, in Hirte/Bülow (Hrsg.), *Kölner* cit., § 30 Rdn. 164-165; Süssmann, in Geibel/Süssmann (hrsg.), *Wertpapiererwerbs-* cit., § 30 Rdn. 22; Diekmann, in Baums/Thoma (Hrsg.), *Kömmentar* cit., § 30 Rdn. 59; Steinmeyer, in Steinmeyer/ /Häger, *WpÜG* cit., § 30 Rdn. 41; Schüppen/Walz, in Haarmann/Schüppen (Hrsg.), *Frankfurter* cit., § 30 Rdn. 57; Veil, in Schmidt/Lutter (Hrsg.), *Aktiengesetz* cit. § 22 AktG, § 22 WpHG Rdn. 24).

[1350] Neste sentido, entre nós, *vide* Osório de Castro, *A imputação* cit., p. 189. No mesmo sentido, no direito alemão, *vide* Bülow, in Hirte/Bülow (Hrsg.), *Kölner* cit., § 30 Rdn. 173; Baums/Sauter, *Anschleichen an Übernahmeziele mit Hilfe von Aktienderivaten*, in ZHR, 173, 2009, pp. 467-468.

[1351] Cf. Bülow, in Hirte/Bülow (Hrsg.), *Kölner* cit., § 30 Rdn. 181. Este tem sido também o entendimento prático da CMVM.

[1352] Neste sentido, em relação às *Wandelanleihe, Optionsanleihe* e *Umtauschanleihe*, salientando, para além do facto de se tratar de um direito obrigacional e não real, o facto de se exigir uma cooperação considerável da sociedade emitente, *vide* Bülow, in Hirte/Bülow (Hrsg.), *Kölner* cit., § 30 Rdn. 181 e 182. No mesmo sentido, *vide*, em relação à regra de imputação prevista no § 30 Abs. 1 Satz. 5, Süssmann, in Geibel/Süssmann (hrsg.), *Wertpapierwerbs-* cit., § 30 Rdn. 23, e, quanto à regra de imputação prevista no § 22 Abs. 1 Satz. 5 da WpHG, *vide* Bayer (Hrsg.), *Münchener* cit., § 22 AktG § 25 WpHG Rdn. 3. Este é também o entendimento do BaFin (cf. *Entwurf Emittentenleitfaden* 2008,

Por fim, encontra-se abrangido o mútuo/empréstimo de acções. O mutuante deixa de ser titular das acções, porque o mútuo implica uma transmissão da propriedade das mesmas para o mutuário, salvo disposição contratual em contrário (art. 350º, nº 1 do Cód.VM)[1353]. Deixando de ser titular das acções, os direitos de voto relativos às acções mutuadas passam a ser-lhe imputados em virtude do direito à restituição das acções enquanto o mutuário não as alienar[1354].

V. Uma situação que tem gerado grande controvérsia é a aposição de condições ao direito de adquirir acções e qual a sua repercussão em termos de imputação de direitos de voto.

A CMVM tem desconsiderado, em absoluto, a aposição de condições ao direito de aquisição e procede à imputação de direitos de voto, quer para efeitos de comunicação de participações qualificadas quer para efeitos de OPA obrigatória, caso haja um direito de aquisição contratual, independentemente do mesmo estar sujeito a condição suspensiva[1355]. Na doutrina, OSÓRIO DE CASTRO, seguindo a opinião dominante na doutrina alemã (ainda que com uma argumentação diversa[1356]), defende o seguinte entendimento: se "a promessa (ou, genericamente, o direito de adquirir) estiver sujeita a uma condição suspensiva,

---

Rz. I.2.8.1). Contra, *vide* SVEN SCHNEIDER/UWE SCHNEIDER, in ASSMANN/SCHNEIDER (Hrsg.), *Wertpapierhandelgesetz* cit., § 22 Rdn. 113-115.

[1353] O mesmo se sucede no ordenamento jurídico alemão. O § 607 do BGB determina que o empréstimo de acções (*Aktienleihe*) opera a transmissão da propriedade das acções e dos direitos de voto (cf. NOACK/ZETZSCHE, in SCHWARK/ZIMMER, *Kapitalmarktrechts-* cit., § 30 WpÜG, Rdn. 15).

[1354] Neste sentido, *vide* OSÓRIO DE CASTRO, *A imputação* cit., p. 189; PAULA COSTA E SILVA, *A imputação* cit., p. 429. No direito alemão, a opinião maioritária é a de que o empréstimo de acções (*Aktienleihe*) não determina uma imputação de direitos de voto para efeitos do § 30 Abs. 1 Satz. 5 da WpÜG, porque o direito de restituição do mutuário não configura um direito real mas um direito meramente obrigacional (cf. NOACK/ZETZSCHE, in SCHWARK/ZIMMER, *Kapitalmarktrechts-* cit., § 30 WpÜG, Rdn. 15; BÜLOW, in HIRTE/BÜLOW (Hrsg.), *Kölner* cit., § 30 Rdn. 183).

[1355] No mesmo sentido, defendendo que há imputação para efeitos de dever de comunicação de participações qualificadas e não para efeitos de OPA, *vide* MATTAMOUROS RESENDE, *A imputação* cit., p. 211.

[1356] A doutrina alemã baseia-se no termo *declaração de vontade* (*Willenserklärung*) (que, conforme se referiu, não tem paralelo na al. e) do nº 1 do art. 20º do Cód.VM) e que não deve ser entendido num sentido que tem no direito civil mas antes à luz da *ratio* e finalidade da regra de imputação. Assim, estariam apenas abrangidos os casos em que o oferente pode adquirir a propriedade das acções por sua exclusiva iniciativa, ou seja, só há imputação se as condições apostas ao direito dependerem exclusivamente do oferente (neste sentido, *vide* BÜLOW, in HIRTE/BÜLOW (Hrsg.), *Kölner* cit., § 30 Rdn. 168; DIEKMANN, in BAUMS/THOMA (Hrsg.), *Kömmentar* cit., § 30 Rdn. 58; STEINMEYER, in STEINMEYER/HÄGER, *WpÜG* cit., § 30 Rdn. 42; aparentemente contra, *vide* SVEN SCHNEIDER/UWE SCHNEIDER, in ASSMANN/SCHNEIDER (Hrsg.), *Wertpapierhandelsgesetz* cit., § 22 Rdn. 112).

em que o evento condicionante proceda da vontade do beneficiário da promessa –, pois, como se sabe, o credor não terá então ainda o direito a adquirir, mas uma mera expectativa de vir a ser investido nesse direito; a imputação desencadear-se-á aquando da verificação da condição"[1357].

Qual o entendimento correcto nesta problemática?

A posição subjectiva de um credor *sub conditione* consiste numa *mera expectativa* de aquisição eventual de um direito com a correspondente obrigação da outra parte[1358]. O credor condicional não tem "um *direito exercitável* em relação ao devedor"[1359]. Seguindo este raciocínio, não estaríamos perante um direito de aquisição e, consequentemente, não estaria preenchida a al. e) do nº 1 do art. 20º do Cód.VM. Porém, aquela expectativa, além da "consistência prática de que se pode revestir", tem também alguma tutela jurídica, pois o credor condicional pode praticar actos dispositivos sobre os bens ou direitos (art. 274º do CC)[1360] e actos conservatórios *pendente conditione* (art. 273º do CC)[1361]. O devedor sob condição suspensiva está, por seu lado, obrigado a abster-se de "quaisquer comportamentos que prejudiquem a integridade do direito que o credor virá a adquirir se se verificar a condição" (art. 272º do CC)[1362]. Será que esta tutela jurídica é suficiente para preencher o conceito amplo de "direito de aquisição" consagrado na referida al. e)?

[1357] Cf. Osório de Castro, *A imputação* cit., p. 188.

[1358] Neste sentido, qualificando o crédito condicionado como uma mera expectativa, *vide*, entre nós, Mota Pinto, *Teoria* cit., p. 568; Antunes Varela/Pires de Lima, *Código* cit., I, p. 252. A expectativa jurídica é a situação activa juridicamente tutelada que corresponde a um "estádio de um processo complexo de formação sucessiva de um direito". Há a "possibilidade, juridicamente tutelada de aquisição futura de um direito, estando já parcialmente verificada a situação jurídica (o facto jurídico) complexa, constitutiva desse direito" (cf. Mota Pinto, *Teoria* cit., p. 180; Santos Justo, *Introdução* cit., pp. 62-63). Nas palavras de Orlando de Carvalho, é uma "situação intermédia mais ou menos consistente" (cf. *Teoria geral do Direito Civil: sumários*, Coimbra, 1973, p. 97).

[1359] Apesar disso, as partes já estão vinculadas, de tal modo que estão sujeitas à produção dos efeitos do negócio, uma vez verificado o evento condicionante (cf. Mota Pinto, *Teoria* cit., p. 575).

[1360] Esses actos ficarão, contudo, sem efeito se a condição suspensiva não se verificar. Ao contrário, o devedor condicional não pode, por norma, praticar actos dispositivos sobre esses bens ou direitos (art. 274º, nº 1 do CC).

[1361] Mota Pinto dá, como exemplo, "interromper as relações com terceiros (possuidores do prédio alienado *sub conditione*, devedor do crédito cedido *sub conditione*)"; "registar o seu direito, o que lhe dará preferência sobre qualquer direito incompatível que venha a surgir posteriormente sobre os mesmos bens" (cf. *Teoria* cit., p. 569).

[1362] Cf. Mota Pinto, *Teoria* cit., pp. 569-570. O art. 272º do CC impõe àquele que contrair uma obrigação ou alienar um direito sob condição suspensiva o dever de agir segundo os ditames da boa fé.

Considero que ela será suficiente para afirmar a imputação de direitos de voto em sede de comunicação de participações qualificadas mas "curta", por norma, para impor o dever de lançamento. Com efeito, a actuação segundo os ditames da boa-fé exigível ao devedor condicional, que o obriga a abster-se de comportamentos que prejudiquem a integridade do direito do credor condicional, pode impôr que aquele exerça os seus direitos de voto de modo a não prejudicar o direito do credor condicional. Tal será relevante em termos de deveres de comunicação de participação qualificada, evidenciando uma "ligação" potencial entre aqueles[1363]. No entanto, a imposição do dever de lançamento exigirá que o participante seja titular de um verdadeiro direito, uma vez que só este co-envolve uma relação obrigacional susceptível de, potencialmente, justificar a ideia de que o titular das acções passa, tipicamente, a actuar de uma forma alinhada com os interesses do titular do direito de aquisição das acções nas diferentes sedes de poder societário. O dever de lançamento não pode impor-se quando há imponderáveis relacionados com a própria "constituição" do direito de aquisição que não são controláveis por parte do participante (credor condicional)[1364].

Em suma, para efeitos de OPA obrigatória, não haverá lugar a uma imputação de direitos de voto decorrente da al. e) do nº 1 do art. 20º do Cód.VM quando os direitos de aquisição estejam sujeitos a condição suspensiva cuja verificação não dependa exclusivamente do participante (credor condicional)[1365]. A imputação operar-se-á no momento em que se verifique o evento condicionante. É, porém, necessário analisar se a aposição da condição não constitui uma situação de fraude, sobretudo quando haja uma certeza muito considerável quanto à verificação do evento condicionante[1366].

[1363] Neste sentido, no direito alemão, vide SVEN SCHNEIDER/UWE SCHNEIDER, in ASSMANN/SCHNEIDER (Hrsg.), *Wertpapierhandelgesetz* cit., § 22 Rdn. 112.

[1364] Neste sentido, vide expressamente a Begr Rege Drucks. 14/7034, p. 54; e, na doutrina, vide STEINMEYER, in STEINMEYER/HÄGER, *WpÜG* cit., § 30 Rdn. 41; BÜLOW, in HIRTE/BÜLOW (Hrsg.), *Kölner* cit., § 30 Rdn. 168.

[1365] Neste sentido, vide SCHÜPPEN/WALZ, in HAARMANN/SCHÜPPEN (Hrsg.), *Frankfurter* cit., § 30 Rdn. 56; STEINMEYER, in STEINMEYER/HÄGER, *WpÜG* cit., § 30 Rdn. 41; BÜLOW, in HIRTE/BÜLOW (Hrsg.), *Kölner* cit., § 30 Rdn. 168. Estão, por isso, excluídos os direitos de aquisição sujeitos a condição suspensiva cuja verificação dependa da actuação do vendedor/devedor condicional ou de terceiro (*e.g.* não oposição das autoridades da concorrência) (cf. STEINMEYER, in STEINMEYER/HÄGER, *WpÜG* cit., § 30 Rdn. 41; BÜLOW, in HIRTE/BÜLOW (Hrsg.), *Kölner* cit., § 30 Rdn. 169).

[1366] Será esse o caso se se submeter o direito à mera condição da realização de uma comunicação a uma entidade reguladora ou qualquer outra entidade pública ou privada. Diferentemente, se for necessário obter uma autorização de uma autoridade reguladora (*e.g.* autoridade da concorrência) para que o direito de aquisição possa ser exercido ou para que o negócio jurídico possa produzir

2.2.2 Acordos irrevogáveis de aceitação de OPA como acordos de aquisição de direitos de voto por via de acordo?

I. Conforme analisado em II. 1.4.1, os acordos de aceitação de OPA são, regra geral, contratos promessa unilaterais ou bilaterais (consoante o oferente tenha ou não assumido obrigações no mesmo). O direito do promitente-comprador é um dos direitos de aquisição relevantes para a al. e) do n.º 1 do art. 20.º do Cód.VM, pelo que os votos inerentes às acções objecto do acordo de aceitação devem ser imputados ao potencial oferente (promitente-comprador). Aquela regra de imputação abrange todos os direitos de aquisição, independentemente de os mesmos exigirem a colaboração ou uma acção do vendedor. Só não haverá lugar a essa imputação se o acordo de aceitação estiver sujeito a outras condições que não apenas o anúncio da OPA pois esta dependerá da vontade do oferente. É o caso do acordo de aceitação sujeito à obtenção de mais promessas de aceitação de OPA de outros accionistas. A imputação apenas se desencadeará aquando da verificação da condição.

Se o oferente ultrapassar, por via da imputação decorrente da al. e) do n.º 1 do art. 20.º do Cód.VM, as percentagens de direitos de voto previstas no art. 16.º do Cód.VM, estará sujeito ao dever de comunicação de participação qualificada aí previsto. No entanto, e tal como defendido em IV. 2.1.2., esse dever não deverá ser cumprido até ao momento em que seja divulgado o anúncio preliminar de OPA, uma vez que prevalecerá o dever de segredo consagrado no art. 176.º do Cód.VM, o qual terá um efeito "bloqueador" da aplicação do primeiro (*Sperrwirkung*)[1367]. A situação de imputação de direitos de voto deverá ser referida em vários documentos da oferta, em particular no anúncio preliminar (art. 176.º, n.º 1 al. f)), no anúncio de lançamento (art. 183.º-A, n.º 1 al. i) do Cód.VM) e no prospecto (capítulo 3.3 do Regulamento da CMVM n.º 3/2006), nos termos referidos em IV. 2.1.2 *supra*.

Será o mesmo entendimento válido para efeitos de OPA obrigatória?

---

efeitos, não poderá haver lugar a uma imputação de direitos de voto para efeitos de OPA obrigatória. Neste caso, o negócio não pode, por norma, produzir efeitos jurídicos de um ponto de vista civil e, para além disso, os próprios direitos de voto inerentes às acções têm de continuar a ser exercidos pelo vendedor, o que afasta a ideia de "alinhamento" da conduta de voto. No ordenamento jurídico alemão, Bülow vai mais longe e afirma que sempre que haja *Regulatorische Vollzugsverbote*, que proíbam a realização da aquisição das acções sem a autorização regulatória, não pode haver lugar a uma imputação de direitos de voto ao abrigo do § 30 Abs. 1 Satz. 5 da WpÜG (cf. in Hirte/Bülow (Hrsg.), *Kölner* cit., § 30 Rdn. 176; no mesmo sentido, em relação ao § 22 Abs. 1 Satz. 5 da WpHG, *vide* LG Köln de 22 de Maio de 2009, in AG, 2009, p. 595).

[1367] Para maiores desenvolvimentos, *vide* IV. 2.1.2 e II. 3.2 *supra*.

II. No ordenamento jurídico alemão, a doutrina considera, de forma unânime, que os acordos irrevogáveis de aceitação não determinam uma imputação de direitos de voto ao abrigo do § 30 Abs. 1 Satz. 5 da WpÜG[1368]. O argumento fundamental reside no facto de os acordos de aceitação exigirem uma actuação (a declaração de vontade – *Willenserklärung*) do accionista (promitente-vendedor), pelo que o oferente não poderá adquirir na OPA, por sua exclusiva iniciativa, as acções objecto do acordo, necessitará, para o efeito, da declaração de aceitação da OPA[1369]. Para além disso, o direito do promitente-comprador é meramente obrigacional e este tipo de direitos não se encontram abrangidos por aquela regra de imputação, mesmo que, em caso de incumprimento da obrigação, esteja prevista uma cláusula penal elevada que "assegure, economicamente, que o accionista aceitará a OPA"[1370]. Os direitos de natureza obrigacional não são equiparados, neste caso, aos direitos reais devido "à consequência séria, OPA obrigatória, decorrente da imputação de direitos de voto"[1371]. Para o legislador alemão, a imputação de direitos de voto em sede de dever de lançamento apenas se justifica se "o oferente estiver numa posição em que não depende de imponderáveis que não possa por si controlar"[1372].

[1368] Neste sentido, *vide* KUHN, *Exclusivvereinbarungen* cit., pp. 323-324; BÜLOW, in HIRTE/BÜLOW (Hrsg.), *Kölner* cit., § 30 Rdn. 290; WACKERBARTH, *Münchener* cit., § 22 WpÜG Rdn. 27; SCHLITT, *Münchener* cit., § 35 WpÜG Rdn. 295 Fn. 444. No mesmo sentido, em relação ao § 22 Abs. 1 Satz. 5 da WpHG, *vide* RIEGEN, *Rechtsverbindliche* cit., p. 731. Porém, actualmente os *irrevocable undertakings* podem ter de ser comunicados para efeitos do § 25 da WpHG. Este estabelece que qualquer pessoa, directa ou indirectamente, que detenha instrumentos financeiros que lhe permitam adquirir, unilateralmente e nos termos de um contrato juridicamente válido, direitos de voto de uma sociedade cotada têm de comunicar à mesma e ao regulador se ultrapassarem as fasquias relativas aos deveres de comunicação de participação qualificada (§ 21 Abs. 1 Satz. 1da WpHG), excepto quanto ao limiar de 3%. A doutrina considera que se inserem neste preceito apenas as *hard irrevocables* (neste sentido, *vide* BÜLOW/STEPHANBLOME, *Acting* cit., p. 1800) mas considera igualmente que o dever de comunicação só surge no momento em que o documento da oferta é aprovado pelo BaFin, pois, até esse momento, não se pode falar num direito de aquisição dependente exclusivamente do oferente (neste sentido, *vide* BÜLOW, in HIRTE/BÜLOW (Hrsg.), *Kölner* cit., § 30 Rdn. 186; BÜLOW/STEPHANBLOME, *Acting* cit., p. 1800; NORDHOLTZ, in HEIDEL, *Aktienrecht und Kapitalmarktrecht*, Auflage 3, Beck Verlag, München, 2011, § 25 WpHG, Rdn. 12).

[1369] Neste sentido, *vide* KUHN, *Exclusivvereinbarungen* cit., p. 323.

[1370] Cf. KUHN, *Exclusivvereinbarungen* cit., pp. 323-324. No mesmo sentido, *vide* BÜLOW, in HIRTE//BÜLOW (Hrsg.), *Kölner* cit., § 30 Rdn. 290; WACKERBARTH, *Münchener* cit., § 22 WpÜG Rdn. 27; SCHLITT, *Münchener* cit., § 35 WpÜG Rdn. 295 Fn. 444; RIEGEN, *Rechtsverbindliche* cit., p. 731.

[1371] Neste sentido, *vide* Begr. Rege Drucks. 14/7034, p. 54

[1372] Neste sentido, *vide* Begr. Rege Drucks. 14/7034, p. 54.

No ordenamento jurídico português, o art. 20º, nº 1 al. e) do Cód.VM abrange todos os direitos de aquisição de acções, independentemente de os mesmos exigirem a colaboração ou uma acção do vendedor. Mas será que, por isso, o direito do oferente (promitente-comprador) determina uma imputação dos direitos de voto do accionista (promitente-vendedor)? Julgo que não[1373].

Conforme referido *supra*, o legislador quis, com a regra de imputação da al. e), antecipar, de certo modo, o momento em que o participante terá a titularidade directa das acções e assim o controlo dos direitos inerentes à mesma (incluindo o direito de voto), permitindo-lhe controlar a sociedade cotada. O legislador considera que a atribuição de um direito de aquisição sobre acções de uma sociedade cotada irá conduzir, tipicamente (e, por vezes, em virtude de exigências decorrentes do princípio da boa-fé no cumprimento das obrigações), a uma conduta no grémio social que esteja "alinhada" com os interesses daquele a quem, contratualmente, atribuiu um direito de aquisição[1374]. A necessidade de protecção dos accionistas decorrente de uma cessão de controlo verifica-se assim num momento prévio ao exercício do direito de aquisição, em virtude daquela potencialidade de influência. Contudo, no caso dos acordos de aceitação de OPA, essa

---

[1373] Em sentido contrário, a CMVM considerou, na OPA da Intercement sobre a Cimpor, que a carta e comunicado efectuados pela CGD determinavam uma imputação à Intercement dos direitos de voto da Cimpor detidos pela CGD, nos termos da al. e) do nº 1 do art. 20º do Cód.VM (cf. pp. 7, 58 e 59 do Prospecto). Recorde-se que, de acordo com o Prospecto da OPA da Intercement sobre a Cimpor (cf. p. 6) e na sequência do anúncio preliminar, a CGD enviou uma carta à Intercement na qual informava que "venderá a sua participação na Cimpor no âmbito da OPA, na medida em que esta siga os seus trâmites até à liquidação final, com a efectiva compra da nossa participação na Cimpor, ao preço que efectivamente venha a ser oferecido e pago pelo oferente. E ainda que o único oferente seja uma empresa integralmente detida pelo Grupo Camargo Correa. Esta tomada de decisão da CGD está subordinada a que a Votorantim dispense a CGD do cumprimento de todos os deveres previstos no acordo parassocial, em vigor entre as partes, em termos que a CGD considere satisfatórios". Na mesma data, a CGD fez igualmente um comunicado ao mercado a referir que "decidiu vender a participação de 9,58% na Cimpor no âmbito da OPA da Intercement", estando essa "decisão subordinada a que a Votorantim Cimentos, S.A. dispense a CGD do cumprimento de todos os deveres previstos no acordo parassocial que estava vigente entre as partes". De acordo com o prospecto, a CMVM considerou que o posicionamento da CGD face à OPA da Intercement, expresso na carta enviada à Intercement e no comunicado efectuado ao mercado, determinava uma imputação à Intercement dos direitos de voto da Cimpor detidos, directa e indirectamente, pela CGD ao abrigo da al. e) do nº 1 do art. 20º do Cód.VM (cf. pp. 7, 58 e 59 do Prospecto). Discordamos do entendimento da CMVM pelas razões que se expressam em seguida.

[1374] Neste sentido, em relação ao § 30 Abs. 1 Satz. 5 da WpÜG, *vide* BÜLOW, in HIRTE/BÜLOW (Hrsg.), *Kölner* cit., § 30 Rdn. 161; SCHNEIDER, in ASSMANN/PÖTZSCH/SCHNEIDER (Hrsg.), *Wertpapiererwerbs-* cit., § 30 Rdn. 65.

potencial influência sobre o exercício dos direitos inerentes às acções, incluindo o direito de voto, está absolutamente direccionada para a finalidade subjacente ao acordo, que não é a de exercer um novo controlo sobre a sociedade (ao contrário dos normais "direitos de aquisição" e como pressupõe a al. e)), é antes a de facilitar a cessão desse controlo através de OPA (após a qual o oferente exercerá o controlo sobre a sociedade sem o accionista). Neste tipo de acordos, não se verifica a *ratio* da al. e) do nº 1 do art. 20º do Cód.VM, uma vez que não há uma antecipação da cessão do controlo mas sim uma «facilitação» da mesma[1375].

Em segundo lugar, nos acordos de aceitação de OPA, não há uma necessidade de protecção dos accionistas minoritários que preside à imposição do dever de lançamento, porque o direito de aquisição se reporta a uma OPA, a qual assegura *per se* a protecção dos accionistas. Tal como referido em IV. 2.1.2 *supra*, a OPA e as regras por ela fixadas, como o princípio da igualdade de tratamento dos destinatários, garantem a protecção adequada dos accionistas, inclusive quanto à contrapartida mínima, uma vez que, se não forem respeitadas as regras do art. 188º do Cód.VM, o oferente terá de lançar uma OPA obrigatória subsequente se ultrapassar as fasquias constitutivas do dever de lançamento por força da OPA voluntária, não estando preenchida a derrogação prevista na al. a) do nº 1 do art. 189º do Cód.VM. O interesse dos accionistas minoritários deporá, aliás, a favor da não imputação de direitos de voto neste tipo de acordos como modo de potenciar a sua celebração, pois os mesmos permitem, por norma, aumentar o valor da contrapartida oferecida[1376].

2.3 Art. 20º, nº 1 al. h) do Cód.VM
2.3.1 Acordos para aquisição de controlo ou frustração da cessão de controlo e instrumentos de exercício concertado de influência

I. Tal como exposto em IV. 1.2.2.1, a al. h) do nº 1 do art. 20º do Cód.VM foi introduzida em 2006 no contexto da transposição da Directiva das OPAs,

---

[1375] Este é, em certa medida, o motivo pelo qual o *Panel* considera que um *irrevocable commitment* não é qualificável como um *interest in securities* para efeitos da *Rule* 9 do City Code, que consagra o dever de lançamento, mas apenas para efeitos da *Rule* 5 do City Code sobre *timing restrictions on acquisitions*. Ou seja, o oferente, quando tal seja permitido pela *Rule* 5 do City Code, pode ultrapassar a fasquia dos 30% dos direitos de voto por força da obtenção de *irrevocable commitments* sem ficar sujeito ao dever de lançamento (cf. *Practice statement no. 22* cit., p. 3, disponível em www.thetakeoverpanel.org.uk); RYDE/TURNILL, *Share* cit., p. 84; ATHANASIOS KOULORIDAS, *The law* cit., p. 196).

[1376] Sobre este argumento, *vide* IV. 2.1.2 *supra*, onde se refere igualmente outro argumento importante de política legislativa relacionado com o fomento do funcionamento do mercado de controlo societário.

introduzindo parte do conceito de actuação em concertação (*acting in concert*; *Abgestimmte Verhaltens*)[1377]. Para este efeito, consagrou como situações que determinam uma imputação de direitos de voto ao participante (i) "algum acordo" celebrado com titulares de direitos de voto "que vise adquirir o domínio da sociedade ou frustrar a alteração de domínio" e (ii) "algum acordo" (...) que, "de outro modo, constitua um instrumento de exercício concertado de influência sobre a sociedade participada".

À semelhança dos acordos de voto, os termos da imputação entre as partes dependerão do conteúdo do acordo em causa[1378].

Em termos subjectivos, haverá, em princípio, lugar a uma imputação de direitos de voto recíproca ou biunívoca (isto é, entre as partes do mesmo) pois o acordo tenderá a fixar a aquisição do domínio conjunto ou um exercício conjunto concertado de influência. Todavia, se uma das partes do acordo determinar o modo de exercício da influência concertada sobre a sociedade participada ou o acordo visar a aquisição do domínio exclusivo de uma das partes, então os direitos de voto das partes do acordo serão apenas imputados à parte que determinar o modo de exercício dessa influência ou que adquirir o controlo da sociedade cotada[1379].

Quanto ao âmbito dos direitos de voto abrangidos, a letra da al. h) limita-se a referir que serão imputados os "direitos de voto detidos" pela contraparte do participante no acordo em causa. A letra da lei parece, portanto, ir no sentido da imputação total dos direitos de voto, à semelhança do que se sucede na al. c) em relação aos acordos de voto. A opção percebe-se porque, quando se celebra um acordo que visa adquirir o controlo ou frustrar a alteração do mesmo ou então regular um exercício concertado de influência, é muito pouco verosímil que o mesmo se limite a parte das acções de que a contraparte é titular. A concertação abrangerá todos os votos detidos pelas partes[1380].

[1377] Para maiores desenvolvimentos sobre este tema, *vide* IV. 1.2.2.1 *supra*.
[1378] Sobre os termos da imputação nos acordos de voto, *vide* IV. 2.1.1 *supra*.
[1379] No caso da frustração da cessão de controlo, é difícil vislumbrar situações em que não haja uma imputação bi-unívoca, porque nenhuma das partes pretende exercer um controlo ou uma influência exclusiva, ambas querem evitar que a actual estrutura de controlo se altere.
[1380] Se a contraparte do acordo pode influenciar parte dos direitos de voto exercidos pela outra parte, seria destituído de sentido que ela fosse exercer os seus outros direitos de voto noutro sentido. A relação estabelecida pelo acordo de voto tem uma abrangência global em termos de conduta de voto das partes, não se coadunam com uma "dupla personalidade" no momento do exercício do direito de voto. Neste sentido, *vide* a posição da CONSOB que afirmava que "na prática, os aderentes ao acordo parassocial exercem os seus votos relativos às acções que detêm fora do acordo em con-

II. A grande complexidade da al. h) do nº 1 do art. 20º do Cód.VM está em determinar quais os tipos concretos de acordos que se encontram abrangidos pelas duas regras de imputação nela previstas[1381]. Comecemos pela primeira situação de imputação (al. h) 1ª parte): os acordos que visam a "aquisição do domínio" ou a "frustração da alteração do controlo" da sociedade cotada.

O primeiro caso duvidoso são os acordos de aquisições concertadas e/ou paralelas de acções da sociedade cotada (*Parallelerwerb*; *abgestimmte Aktienerwerb*). Na prática, é frequente que se acorde uma aquisição concertada (*abgestimmte Erwerb*) de acções das sociedades cotadas[1382]. Na doutrina estrangeira, as posições diferem entre os que consideram que aqueles acordos preenchem *per se* o conceito de actuação em concertação[1383] e os defendem que os mesmos têm de visar a

---

formidade com os vínculos resultantes do acordo – tendo em conta a problemática relacionada com a admissibilidade do voto divergente – e, portanto, uma interpretação diversa seria facilmente permeável a violações da norma em análise" (cf. *Comunicazione del 31 marzo 1999*, nº DIS/99024712).

[1381] Este trabalho já foi feito em parte por PAULA COSTA E SILVA em *A imputação* cit., pp. 432-436. Para uma análise da al. h) do nº 1 do art. 20º do Cód.VM, *vide* também MOREDO SANTOS, *Transparência* cit., pp. 478 e ss., embora o autor rejeite, conforme referido anteriormente, a relevância desta regra de imputação em sede de OPA. No mesmo sentido, rejeitando a sua relevância nesse domínio, *vide* PEREIRA NEVES, *Delimitação* cit., pp. 753-754.

[1382] É o que se sucede quando há investidores interessados em adquirir uma participação numa sociedade que se encontra em situação económica difícil e precisa de ser objecto de medidas de recuperação, mas que só aceitam efectuar essa aquisição outros terceiros (investidores ou accionistas) adquirirem, paralelamente, participações significativas na sociedade cotada (cf. BÜLOW, in HIRTE//BÜLOW (Hrsg.), *Kölner* cit., § 30 Rdn. 277; veja-se o caso do OLG de Frankfurt/Main de 25 de Agosto de 2003, in ZIP, 2003, p. 977). Outra situação frequente é a de um accionista proceder à aquisição de um "bloco" de acções (*Aktienpaket*) para, em seguida, o dividir, de forma paralela, entre outros accionistas (veja-se o caso do LG de Hamburgo de 16 de Outubro de 2006, in ZIP, 2006, p. 427). Por vezes, a aquisição é efectuada por uma instituição de crédito em nome dos respectivos accionistas (cf. SCHNEIDER, in ASSMANN/PÖTZSCH/SCHNEIDER (Hrsg.), *Wertpapiererwerbs-* cit., § 30 Rdn. 107). As aquisições paralelas podem visar, de forma expressa ou tácita, a aquisição de controlo (sobre estas, *vide* GARCÍA DE ENTERRÍA, *Oferta pública* cit., pp. 167-169) ou não visar a obtenção de controlo (sobre estas, *vide* GAEDE, *Koordiniertes* cit., pp. 205-206).

[1383] É o caso do ordenamento jurídico francês. A doutrina considera que as aquisições meramente concomitantes, mesmo que com uma finalidade idêntica, não configuram uma actuação em concertação, mas, quando sejam efectuadas na base de um acordo entre as partes, preenchem o conceito de actuação concertada. A dificuldade está na prova. Nas palavras ilustrativas de VIANDIER, "o profano está totalmente convencido de uma concertação entre os adquirentes, mas o jurista não pode também deduzir ineluctavelmente a existência de uma concertação em virtude de meras aquisições concomitantes" (cf. *OPA* cit., pp. 238-239; o autor dá como exemplo as dificuldades levantadas no caso *Eiffage*, em que um "consórcio" de investidores espanhóis adquiriu concomitantemente acções daquela sociedade). Em consonância, a doutrina entende que as compras e vendas conjuntas de

obtenção de controlo, sendo que este exigiria uma coordenação de condutas no que tange ao exercício de direitos de voto[1384].

acções, bem como as aquisições e vendas concertadas de acções, preenchem *per se* o conceito de actuação em concertação (cf. VIANDIER, *OPA* cit., pp. 239-240).
A mesma solução parece ter sido consagrada no ordenamento jurídico italiano, na medida em que o art. 122º, nº 5 do TUF (por remissão do art. 109º do TUF) inclui no conceito de acordos parassociais o pacto que "preveja a aquisição de acções ou de instrumentos financeiros que confiram direito à aquisição ou subscrição daquelas". A doutrina designa-os de *patti di consolidamento* (cf. CATERINO, *Commentario sul art. 122 TUF*, cit., p. 3263). Porém, e conforme referido, há uma divergência na doutrina italiana sobre se se exige alguma finalidade adicional ao acordo para que ele possa ser relevante para efeitos de OPA obrigatória, pelo que a solução final dependerá do entendimento que prevaleça neste particular.

[1384] Este tema era muito discutido antes da reforma de 2008 operada pela *Risikobegrenzungsgesetz*. Parte da doutrina defendia que as aquisições paralelas não preenchiam *per se* o conceito de actuação em concertação previsto no § 30 Abs. 2 da WpÜG, sendo necessário que houvesse uma coordenação de condutas no que diz respeito ao exercício de direitos de voto (neste sentido, vide BÜLOW/BÜCKER, *Abgestimmtes* cit., pp. 698 e 715; SCHÜPPEN/WALZ, in HAARMANN/SCHÜPPEN (Hrgs.), *Frankfurter* cit., § 30 Rdn 74; SÜSSMANN, in GEIBEL/SÜSSMANN (hrsg.), *Wertpapiererwerbs-* cit., § 33b Rdn. 5; PENTZ, *Acting* cit., p. 1481; SEIBT, *Grenzen* cit., p. 1833; PAUL, *Sechs Jahre Übernahmerecht – Erfahrungen in der Gerichtspraxis*, in VEIL (Hrsg.), *Übernahmerecht* cit., p. 43; na jurisprudência, vide BGH de 18 de Setembro de 2006, in ZIP, 2006, pp. 2079-2080; OLG Frankfurt/Main de 25 de Agosto de 2003, in ZIP, 2003, p. 1980; OLG Frankfurt/Main de 25 de Junho de 2004, in WM, 2004, p. 1642). Em sentido contrário, MÜLBERT, HOPT e KUMPAN defendiam que a aquisição concertada de acções determinava *per se* uma imputação de direitos de voto, uma vez que isso resultava da Directiva das OPAs (cf. MÜLBERT, *Umsetzungsfragen der Übernahmerichtlinie/erheblicher Änderungsbedarf bei den heutigen Vorschriften des WpÜG*, in NZG, 2004, p. 637; HOPT/MÜLBERT/KUMPAN, *Reformbedarf im Übernhamerecht*, in AG, 2005, p. 111; no mesmo sentido, mas exigindo que a aquisição vise aquisição e o exercício do controlo, vide SCHNEIDER, in ASSMANN/PÖTZSCH/SCHNEIDER (Hrsg.), *Wertpapiererwerbs-* cit., § 30 Rdn. 105-107; STEINMEYER, in STEINMEYER/HÄGER, *WpÜG* cit., § 30 Rdn. 56). Na *Regierungsentwurf* da *Risikobegrenzungsgesetz*, a aquisição concertada paralela de acções (*abgestimmte Parallelerwerb von Aktien*) encontra-se prevista como nova situação de actuação em concertação no § 30 Abs. 2 da WpÜG. Porém, esta proposta acabou por cair no processo de consulta do projecto-lei e a maioria da doutrina considera que apenas a concertação sobre a conduta de voto pode relevar para efeitos do conceito de actuação concertada (cf. BÜLOW, in HIRTE/BÜLOW (Hrsg.), *Kölner* cit., § 30 Rdn. 278; NOACK/ZETZSCHE, in SCHWARK/ZIMMER (hrsg.), *Kapitalmarktrechts-* cit., § 33 WpÜG Rdn. 22; a própria lei o refere, vide *Bericht Finanzausschuss zum Risikobegrenzungsgesetz*, BT-Drucks. 16/9821, p. 15). Apesar de alguns autores considerarem que as aquisições ou alienações concertadas de acções podem ter efeito sobre os direitos de voto e a estrutura accionista da sociedade cotada, os mesmos entendem que aquelas não implicam forçosamente uma concertação sobre o exercício dos direitos dos accionistas (*maxime* direito de voto), pelo que não deve haver lugar a imputação ao abrigo do § 30 Abs. 2 da WpÜG (neste sentido, vide BÜLOW, in HIRTE/BÜLOW (Hrsg.), *Kölner* cit., § 30 Rdn. 278; no mesmo sentido, afirmando que a actuação em concertação exige, após a reforma, uma mudança da estratégia empresarial que não se verifica nas aquisições ou vendas concertadas, vide NOACK/

Face à redacção da al. h), considero que as aquisições concertadas e/ou paralelas de acções se encontram abrangidas por esse preceito desde que visem a aquisição do domínio da sociedade[1385], entendendo-se domínio como um con-

/Zetzsche, in Schwark/Zimmer (hrsg.), *Kapitalmarktrechts-* cit., § 33 WpÜG Rdn. 22; contra, afirmando (ainda que com reservas) que algumas aquisições concertadas podem determinar uma mudança da estratégia da sociedade, nomeadamente quando excedam certas fasquias de direitos de voto como os 25% (minoria de bloqueio; *Sperrminorität*), os 30% (*WpÜG-Kontrolle*), os 50% (*AktG-Kontrolle*), os 75% (*Beherrschungsvertrag*) ou os 90% (*Squeeze out*; aquisição potestativa), *vide* Wackerbarth, *Die Auslegung* cit., p. 2347). Este entendimento é reforçado por um argumento retirado do § 30 Abs. 1 Satz. 5. Se os direitos de aquisição obrigacionais não determinam uma imputação de direitos de voto, a simples aquisição paralela ou concertada não pode, por maioria de razão, desencadear a imputação, na medida em que, neste caso, as partes não têm qualquer direito sobre as acções do outro adquirente concertado ou paralelo (cf. Bülow, in Hirte/Bülow (Hrsg.), *Kölner* cit., § 30 Rdn. 279). A imputação só se verificará se houver um acordo adicional (para além das aquisições concertadas) relativo ao exercício dos direitos inerentes às acções, em particular o direito de voto. Quer as *abgestimmte Erwerb* quer as *abgestimmte Veräußerung* ou outras ordens concertadas de negociação sobre as acções não co-envolvem uma influência, seja inicial ou posterior, sobre o exercício dos direitos de voto, pelo que, consequentemente, não haverá lugar a uma imputação nos termos do § 30 Abs. 2 da WpÜG (neste sentido, *vide* Bülow, in Hirte/Bülow (Hrsg.), *Kölner* cit., § 30 Rdn. 279; Drinktuh, in Marsch-Barner/Schäfer (Hrsg.), *Handbuch* cit. § 60, Rdn. 209; Noack/ /Zetzsche, in Schwark/Zimmer (hrsg.), *Kapitalmarktrechts-* cit., § 33 WpÜG Rdn. 22; Süssmann, in Geibel/Süssmann (hrsg.), *Wertpapiererwerbs-* cit., § 30 Rdn. 31; contra, *vide* Schneider, in Assmann/ /Pötzsch/Schneider (Hrsg.), *Wertpapiererwerbs-* cit., § 30 Rdn. 107).
No ordenamento jurídico espanhol, o art. 5º, nº 1 al. b) do RD 1066/2007 considera existir concertação quando "duas ou mais pessoas colaborem em virtude de acordo, seja expresso, tácito, escrito ou verbal, com o fim de obter o controlo da sociedade visada". A doutrina divide-se no momento de concretizar esta situação de actuação em concertação. Alguns autores defendem que basta um acordo que tenha por finalidade alcançar o controlo, pelo que as aquisições concertadas (que podem ser "condutas conscientemente paralelas") com esse objectivo estariam claramente abrangidas (neste sentido, ainda que com diferentes conceitos de controlo, *vide* Tapia Hermida/Alonso Ledesma/Rodríguez Martínez, *OPAs obligatorias* cit., pp. 203-204, os quais entendem o conceito de controlo com o sentido do art. 4º do RD 1066/2007 (visar a obtenção de 30% ou mais dos direitos de voto); Fernando Sánchez Calero, *Ofertas* cit., pp. 150-151, o qual insere na finalidade de controlo quer objectivo de alcançar o controlo ou, quando este já tenha sido obtido, o de ampliá-lo ou inclusive o de obter um controlo conjunto). Já García de Enterría defende que a aquisição concertada da participação de controlo tem de corresponder a uma unidade de propósito, de tal forma que as partes actuem com a intenção de exercer em comum os seus direitos de voto e obter assim o controlo (cf. *Oferta pública* cit., pp. 169; Pérez Millan, *Pactos* cit., p. 136; no mesmo sentido, antes da entrada em vigor do RD 1066/2007, *vide* García de Enterría, *La actuación* cit., pp. 89-91).

[1385] Para este efeito, basta que as partes tenham uma unidade de propósito, uma política comum para a sociedade cotada, sem que isso implique obrigatoriamente uma concertação sobre o exercício de direitos de voto (neste sentido, *vide* Wackerbarth, *Die Auslegung* cit., p. 2347; Schneider, in Assmann/Pötzsch/Schneider (Hrsg.), *Wertpapiererwerbs-* cit., § 30 Rdn. 105-107; Steinmeyer, in

ceito material e não como um conceito formal e quantitativo do art. 187º do Cód.VM[1386]. Esta interpretação é a mais conforme à Directiva das OPAs, em particular ao conceito de actuação em concertação que a al. h) procurou transpor[1387]. Quanto às demais situações de aquisição e casos de alienação concertada, elas apenas poderão ser relevantes, eventualmente, como instrumento de exercício concertado de influência[1388].

STEINMEYER/HÄGER, *WpÜG* cit., § 30 Rdn. 56; contra, *vide*, conforme já referido, a maioria da doutrina e jurisprudência alemãs, em particular NOACK/ZETZSCHE, in SCHWARK/ZIMMER (hrsg.), *Kapitalmarktrechts-* cit., § 33 WpÜG Rdn. 22; BÜLOW, in HIRTE/BÜLOW (Hrsg.), *Kölner* cit., § 30 Rdn. 278; acórdão do BGH de 18 de Setembro de 2006, in ZIP, 2006, pp. 2079-2080).

[1386] Num sentido similar no direito alemão, *vide* a posição de WACKERBARTH, *Die Auslegung* cit., p. 2347.

[1387] Os acordos que visem "adquirir o domínio da sociedade" referidos neste preceito replicam a redacção que consta do art. 5º, nº 1 da Directiva das OPAs, que prevê a obrigação de lançamento de OPA na sequência de uma aquisição de uma pessoa, física ou jurídica, ou de uma aquisição de pessoas que consigo actuem em concertação. Segundo a doutrina, esta redacção visava claramente abranger as aquisições e alienações concertadas (cf. MÜLBERT, *Umsetzungsfragen* cit., 2004, p. 637; HOPT//MÜLBERT/KUMPAN, *Reformbedarf* cit., p. 111; ENGERT, *Hedgefonds als aktivistische Aktionäre*, in ZIP, 2006, p. 2111; Ib., in JZ, 2007, p. 315; SCHMIDTBLEICHER, *Das »neue« Acting in Concert – Ein Fall für den EuGH?*, in AG, 2008, p. 75; WEBER/MECKBACH, *Finanzielle Differenzgeschäfte – Ein legaler Weg zum »Anschleichen« na die Zielgesellschaft bei Übernahmen?*, in BB, 2008, pp. 2025-2026; DRINKTUH, in MARSCH-BARNER//SCHÄFER (Hrsg.), *Handbuch* cit. § 60, Rdn. 209; NOACK/ZETZSCHE, in SCHWARK/ZIMMER (hrsg.), *Kapitalmarktrechts-* cit., § 33 WpÜG Rdn. 22; contra, *vide* BÜLOW, in HIRTE/BÜLOW (Hrsg.), *Kölner* cit., § 30 Rdn. 279; NOACK/ZETZSCHE, in SCHWARK/ZIMMER (hrsg.), *Kapitalmarktrechts-* cit., § 33 WpÜG Rdn. 22). Porém, ao contrário do que parecem sustentar estes autores, a Directiva das OPAs não impõe a qualificação da aquisição concertada de acções não destinada à obtenção de controlo como uma actuação concertada relevante para efeitos do dever de lançamento. Pelo contrário, a Directiva das OPAs exige essa finalidade (obtenção do controlo) para que se possa falar em actuação concertada. Com efeito, o art. 1º al. b) da Directiva das OPAs define "pessoas que actuam actuação em concertação" como "pessoas singulares ou colectivas que cooperam com o oferente ou com a sociedade visada com base num acordo, tácito ou expresso, oral ou escrito, tendo em vista, respectivamente, obter o controlo da sociedade visada ou impedir o êxito da oferta" (neste sentido, *vide* GAEDE, *Koordiniertes* cit., pp. 204-222).

[1388] As aquisições concertadas (ao contrário das vendas concertadas) não são, contudo, um acordo sobre a transmissibilidade previsto no nº 4 do art. 20º do Cód.VM (que se analisará adiante) que permite presumir estarmos perante um instrumento de exercício concertado de influência (art. 20º, nº 1 al. h) *in fine* do Cód.VM), pois as partes do acordo não estão a regular a transmissão das suas acções mas antes a sua aquisição. Isto é, as partes ainda não detêm uma participação de controlo e concertam-se quanto à sua forma de aquisição. Diferentemente, PAULA COSTA E SILVA defende que os acordos sobre aquisição concertada de acções se inseririam nos acordos de transmissibilidade que se presumem ser mecanismos de exercício concertado de influência (cf. *A imputação* cit., p. 436). Porém, isso não significa que as aquisições concertadas não possam, em determinados casos, ser qualificadas como instrumentos de exercício concertado de influência.

III. Um exemplo de acordo que visa frustrar a alteração de domínio é o acordo que fixe regras quanto aos comportamentos a adoptar pelas partes em caso de lançamento de OPA por terceiros[1389].

Se as regras fixadas visarem a frustração do êxito de oferta pública de aquisição, nomeadamente se obrigarem à adopção de determinadas medidas defensivas ou se proibirem a aceitação da respectiva OPA, estaremos claramente perante um acordo que se qualifica como um acordo que visa frustrar a "alteração do domínio" (al. h) 1ª parte)[1390]. A imputação de direitos de voto será relevante quer ao nível dos deveres de comunicação de participação qualificada quer ao nível da OPA obrigatória, uma vez que o acordo está directamente relacionado com o controlo da sociedade cotada.

IV. Analisemos agora a segunda situação de imputação prevista na al. h): acordos que constituam um "instrumento de exercício concertado de influência" sobre a sociedade cotada (al. h) *in fine*).

Atenta a ambiguidade e abertura desta situação de imputação, o legislador sentiu a necessidade (ao contrário da situação prevista na al. h) 1ª parte) de concretizar um dos seus sentidos, presumindo, para este efeito, serem instrumentos de exercício concertado de influência os "acordos relativos à transmissibilidade das acções representativas do capital social da sociedade participada" (art. 20º,

---

[1389] Para exemplos destes acordos, *vide*, em França, o acordo entre alguns accionistas da *Eurofins Scientific* com duração de 8 anos (cf. decisão da AMF nº 208C1688, de 17 de Setembro de 2008); o acordo entre accionistas do Carrefour, nos termos do qual os accionistas poderiam decidir, por maioria de 80% dos votos, aceitar uma OPA futura ou manter a titularidade de todas as suas acções, sendo que, na falta de acordo, os accionistas seriam livres de as alienar (cf. decisão da AMF nº 204C0842, de 2 de Julho de 2004); o acordo entre os accionistas da Legrand, em que cada uma das partes tinha a obrigação de obter o acordo escrito da outra antes de lançar uma OPA bem como qualquer acção que implicasse o lançamento de OPA obrigatória pelas partes (cf. decisão da AMF nº 206C0786, de 27 de Abril de 2006). Em Itália, veja-se o caso abordado na comunicação da CONSOB de 16 de Novembro de 2000 (cf. Comunicação nº DCL/DEM/85385). Para mais desenvolvimentos sobre estes acordos, *vide* NOACK/ZETZSCHE, in SCHWARK/ZIMMER (hrsg.), *Kapitalmarktrechts-* cit., § 33 WpÜG Rdn. 5; SCHWENNICKE, in GEIBEL/SÜSSMANN (hrsg.), *Wertpapiererwerbs-* cit., § 33b Rdn. 5; SCHLITT, in *Münchener* cit., § 33 WpÜG Rdn. 114; VIANDIER, *OPA* cit., pp. 92 e 240; CATERINO, *Commentario sul art. 122 TUF*, in AAVV, *I Codici* cit., p. 3263.

[1390] No ordenamento jurídico francês, a celebração de um acordo mediante o qual as partes concertem a sua conduta em caso de lançamento de OPA preenche o conceito de actuação em concertação (cf. VIANDIER, *OPA* cit., p. 240). Esta é também a solução prevista no ordenamento jurídico italiano face ao art. 122º, comma 5 d-bis) do TUF (neste sentido, *vide* CATERINO, *Commentario sul art. 122 TUF*, in AAVV, *I Codici* cit., p. 3263).

nº 4 do Cód.VM). A presunção é susceptível de ser ilidida perante a CMVM mediante prova de que a "relação estabelecida com o participante é independente da influência, efectiva ou potencial, sobre a sociedade visada" (art. 20º, nº 5 do Cód.VM). A presunção não esgota os tipos de "instrumentos de exercício concertado de influência". O legislador limitou-se a identificar um determinado tipo de acordos que considera serem, segundo a sua experiência em matéria de estruturas de controlo de uma sociedade cotada, um instrumento de exercício concertado de influência associando-lhe uma presunção e facilitando assim, neste tipo de acordos, a prova em relação à existência de um "instrumento de exercício de influência concertada"[1391].

Vejamos então que tipo de acordos pode estar abrangido pela presunção do nº 4 do art. 20º do Cód.VM.

V. A utilização da expressão "acordos relativos à transmissibilidade" pretende abranger os denominados sindicatos de bloqueio (*Schutzvereinigungen, sindacati di blocco, syndicats de blocage*)[1392]. Nestes, as partes fixam regras quanto à transmissibilidade das acções da sociedade cotada, atribuindo-se, na maioria dos casos, direitos recíprocos (*e.g.* preferências cruzadas; opções de compra; *tag along*; *drag along*) quanto à sua intransmissibilidade ou *plafonamento* da participação social (*plafonnement des participations*) ou ainda quanto à necessidade de obter autorização das partes à transmissão de acções. O objectivo do acordo será o de assegurar a estabilidade/manutenção de um núcleo/estrutura accionista e o controlo recí-

---

[1391] Conforme referido, no ordenamento jurídico alemão, o legislador optou por não fixar qualquer inversão do ónus da prova, nem consagrar qualquer presunção que invertesse esse mesmo ónus em matéria de actuação em concertação (neste sentido, *vide*, em relação ao § 22 Abs. 2 da WpHG e ao § 30 Abs. 2 da WpÜG, SVEN SCHNEIDER/UWE SCHNEIDER, in ASSMANN/SCHNEIDER (Hrsg.), *Wertpapierhandelgesetz* cit., § 22 Rdn. 194-195; PENTZ, *Acting* cit., p. 1481; na jurisprudência, *vide*, em relação ao § 30 Abs. 2 da WpÜG, OLG Frankfurt de 25 de Junho de 2004, in NZG, 2004, p. 865). O ónus da prova está, portanto, do lado das autoridades reguladoras, no caso o BaFin (cf. BÜLOW, in HIRTE/BÜLOW (Hrsg.), *Kölner* cit., § 30 Rdn. 298; STEINMEYER, in STEINMEYER/HÄGER, *WpÜG* cit., § 30 Rdn. 61). Já quanto ao tipo de prova admitida as posições divergem entre os que admitem, nalguns casos, a prova indiciária (cf. SVEN SCHNEIDER/UWE SCHNEIDER, in ASSMANN//SCHNEIDER (Hrsg.), *Wertpapierhandelgesetz* cit., § 22 Rdn. 195) e os que negam a admissibilidade desse tipo de prova (cf. LIEBSCHER, *Die Zurechnungstatbestände* cit., p. 1009; HAMANN, *In concert or not in concert?*, in ZIP, 2007, p. 1095).

[1392] Sobre o conceito de sindicatos de bloqueio e as suas modalidades, *vide* GRAÇA TRIGO, *Os acordos* cit., pp. 24 e ss.; QUATRARO/PICONE, *Manuale* cit., 2004, pp. 117-121; TORINO, *I poteri* cit., pp. 338 e ss.; JAEGER, *Le deleghe* cit., pp. 79 e ss.; VIANDIER, *OPA* cit., pp. 89-91; MORIONES, *Los sindicatos* cit., pp. 72 e ss.

proco sobre o destino das participações detidas pelas várias partes desses acordos, mantendo um equilíbrio de poder, evitando a entrada de parceiros "indesejados" para a partilha do controlo da sociedade ou garantindo, nesse caso, a possibilidade de saída do capital da sociedade[1393].

Nos ordenamentos jurídicos estrangeiros, as soluções variam entre os que consagram os sindicatos de bloqueio como uma forma de actuação concertada com a consequente imputação de direitos de voto entre as partes dos mesmos[1394] e os que não estabelecem uma solução expressa[1395]. No ordenamento jurídico portu-

---

[1393] Para mais desenvolvimentos sobre as diferentes finalidades dos sindicatos de bloqueio, *vide* QUATRARO/PICONE, *Manuale* cit., pp. 117-118. Pretende-se manter a estrutura accionista na sociedade cotada e, consequentemente, a estrutura de poder e de controlo sobre a sociedade cotada. Os acordos acabam por, indirectamente, proteger a sociedade cotada contra OPAs hostis, sobretudo se os acordos não fixarem a liberdade de alienação das partes em caso de lançamento de OPA. Por isso, seria igualmente possível, nestes casos, incluir os sindicatos de bloqueio no conceito de acordos que visam frustrar a alteração de domínio (neste sentido, *vide* MOREDO SANTOS, *Transparência* cit., pp. 484-485), mas, atenta a presunção do nº 4 do art. 20º do Cód.VM, consideramos ser mais adequado inseri-lo no conceito de instrumento de exercício concertado de influência. É um caso que pode preencher, simultaneamente, as duas situações de imputação de direitos de voto previstas na al. h) do nº 1 do art. 20º do Cód.VM.

[1394] Veja-se o ordenamento jurídico italiano. Os sindicatos de bloqueio (*sindacati di blocco*) preenchem o conceito de acordo parassocial (art. 122 comma 5 b) do TUF) que releva para efeitos do conceito de *acquisto di concerto* (art. 109 comma 2 do TUF) e, consequentemente, os direitos de voto detidos pelas partes do mesmo são contabilizados em "conjunto" para efeitos do cômputo da fasquia constitutiva do dever de lançamento (cf. CATERINO, *sub. art. 122*, in AAVV, *I Codici* cit., p. 3263; QUATRARO/PICONE, *Manuale* cit., pp. 117-121). Recorde-se que a cristalização de determinados *assetti proprietari* através de *accordi di blocco*, preferência ou cláusulas de co-venda é um dos objectivos dos acordos parassociais que a CONSOB considera relevantes para afirmar o conceito de actuação em concertação em sede de OPA (cf. Comunicação da CONSOB de 18 de Abril de 2000, nº DIS/29486).

[1395] No ordenamento jurídico alemão, após a reforma operada em 2008 pela *Risikobegrenzungsgesetz*, o § 30 Abs. 2 da WpÜG passou a exigir que a actuação concertada tenha como finalidade uma modificação duradoura e considerável da orientação empresarial da sociedade. Passou assim a ser claro que os sindicatos de bloqueio não preenchem *per se* o conceito de actuação concertada previsto no § 30 Abs. 2 da WpÜG (não desencadeando, consequentemente, uma "imputação de direitos de voto"), sendo necessário que estabeleçam regras quanto à coordenação do exercício de direitos de voto (neste sentido, *vide* BÜLOW, in HIRTE/BÜLOW (Hrsg.), *Kölner* cit., § 30 Rdn. 280; SCHÜPPEN/WALZ, in HAARMANN/SCHÜPPEN (Hrgs.), *Frankfurter* cit., Rdn 81-85; GAEDE, *Koordiniertes* cit., pp. 207-208). Mesmo antes da reforma de 2008, a doutrina já considerava que aquele tipo de acordos não era suficiente para afirmar a existência de uma actuação em concertação, sendo necessário que houvesse uma concertação no exercício dos direitos de voto (neste sentido, *vide* BÜLOW/BÜCKER, *Abgestimmtes* cit., pp. 698 e ss. e 715 e ss.; PENTZ, *Acting* cit., p. 1481; LÖHDEFINK, *Acting* cit., pp. 342-346; SEIBT, *Grenzen* cit., p. 1832; LIEBSCHER, *Die Zurechnungstatbestände* cit., p. 1005; na jurisprudência, *vide* o acór-

guês, este tipo de acordos preenche o conceito de "acordo relativos à transmissibilidade" das acções previsto no n.º 4 do art. 20.º do Cód.VM, pois regula os termos em que se opera a "transmissão" das acções entre as partes e para terceiros, fixando restrições em benefício das partes não alienantes. A al. h) *in fine* permite, com recurso à presunção do n.º 4 do art. 20.º do Cód.VM, abranger, por exemplo, o direito de preferência ou opções de venda, os quais, conforme se analisou, não se encontram abrangidas pela al. e) do n.º 1 do mesmo preceito. Mas será que estes direitos e, em geral, aqueles sindicatos de bloqueio determinam igualmente uma imputação para efeitos do dever de lançamento?

---

dão do LG München de 11 de Março de 2004, in *Konzern*, 2004, p. 358; contra, *vide* RIEHMER, in HAARMANN/RIEHMER/SCHÜPPEN (Hrgs.), in *Öffentlichen* cit., § 30 Rdn. 50; HOLZBORN, in ZSCHOCKE//SCHUSTER, *Bad Homburger Handbuch zum Übernahmerecht*, Heidelberg, 2002, Rdn. 26). Apesar disso, alguns autores reconhecem que aqueles acordos são um indício de concertação destinada a alcançar o controlo (cf. LÖHDEFINK, *Acting* cit., p. 344; SCHÜPPEN/WALZ, in HAARMANN/SCHÜPPEN (Hrsg.), *Frankfurter* cit., § 30 Rdn. 74).
No ordenamento jurídico francês, não há uma resposta uniforme sobre se os sindicatos de bloqueio preenchem, ou não, o conceito de actuação em concertação (*action de concert*), tudo depende do acordo em questão. Em relação aos acordos de intransmissibilidade ou de manutenção de participação mínima, a doutrina considera que, se os mesmos visarem a manutenção da estabilidade do controlo, estará preenchido o conceito de *action de concert* (neste sentido, *vide* VIANDIER, *OPA* cit., p. 241). Diferentemente, em relação aos acordos com preferências recíprocas, a doutrina, o regulador e a jurisprudência consideram que não preenchem *per se* o conceito de *action de concert*, porque as partes mantêm a total liberdade de escolha da pessoa a quem pretendem alienar a participação (neste sentido, *vide* VIANDIER, *OPA* cit., pp. 242-243; decisão do caso Club Méditerranée de 1990; caso ABC Arbitrage – cf. decisão da AMF n.º 209C0379 de 9 de Março de 2009).
No direito espanhol, apesar de o art. 5.º, n.º 1 al. b) do RD 1066/2007 remeter para o art. 112.º da LVM que abrange os acordos que restrinjam ou condicionem a livre transmissibilidade das acções, o mesmo preceito exige, para que haja actuação concertada relevantes para efeitos de OPA obrigatória, que o acordo estabeleça uma "política comum no que se refere à gestão da sociedade" ou que regule o direito de voto exercido no conselho de administração ou na comissão executiva ou delegada. Face a este preceito, a doutrina considera que os acordos sobre a transmissibilidade não são suficientes para afirmar a concertação, sendo necessário que as partes estabeleçam uma concertação quanto à gestão da sociedade de modo a que possa falar de controlo (neste sentido, *vide* FERNANDO SÁNCHEZ CALERO, *Ofertas* cit., p. 152; GARCÍA DE ENTERRÍA, *Oferta pública* cit., p. 173; LEÓN SANZ, *La reforma* cit., p. 129; DE DIOS/RECALDE CASTELLS, *Función* cit., pp. 69-70). Aqueles acordos são assim são irrelevantes para efeitos do dever de lançamento de OPA, pois, ao não incidirem sobre a gestão, são incapazes, por si sós, de conformar genuínas posições de controlo. Contudo, a doutrina reconhece que, caso haja uma aquisição simultânea de acções por vários accionistas, o facto de eles estarem vinculados por um acordo parassocial restritivo da transmissibilidade é um indício da existência de uma situação de concertação (cf. GARCÍA DE ENTERRÍA, *Oferta* cit., p. 173; PÉREZ MILLAN, *Pactos* cit., p. 136).

É preciso reconhecer que os sindicatos de bloqueio têm uma influência sobre a estrutura accionista ou de controlo da sociedade cotada, porquanto "petrificam" a participação social dos accionistas ou criam restrições à sua alienação impedindo ou dificultando a entrada de novos accionistas qualificados ou de controlo. Nos sindicatos de bloqueio, não há uma influência directa sobre o exercício de direitos de voto, não há um poder de determinar, directamente, os destinos da sociedade, de influenciar as decisões tomadas no grémio social[1396]. Porém, mantendo aquela estrutura de controlo ou accionista, é possível assegurar a estabilização de maiorias de controlo ou de minorias de bloqueio, havendo uma influência clara sobre a estrutura accionista ou de controlo com inegável repercussão sobre a possibilidade de cessão de controlo da sociedade[1397]. Estamos perante o que a doutrina italiana designa por um *"cristallizare" determinati assetti proprietari* e com isso afirmar um determinado *assetto di potere*[1398]. Afecta-se a contendibilidade do controlo (*contendibilità del controllo*)[1399]. O legislador decidiu assim atribuir relevância aos acordos que afectam a estrutura de controlo e accionista e que, por impedirem ou dificultarem a sua mudança, acabam por, indirectamente, influir no controlo directo (*e.g.* exercício de direitos de voto; gestão da sociedade), sem que haja uma alteração dos titulares que exercem este controlo. Independentemente de se concordar com esta opção legislativa, ela foi a escolhida pelo nosso legislador, é acolhida noutros ordenamentos jurídicos[1400] e acaba por adoptar o sentido mais amplo de conceito de actuação em concertação previsto no art. 2º, nº 1 al. d) da Directiva das OPAs quando se refere ao objectivo de "impedir o êxito da oferta".

Porém, isto não significa que todos os sindicatos de bloqueio determinem, inexoravelmente, uma imputação de direitos de voto para efeitos de OPA obrigatória. A resposta a esta questão dependerá dos termos concretos do sindicato de bloqueio, porque o acordo pode fixar várias regras sobre transmissibilidade

---

[1396] Neste sentido, *vide* BÜLOW/BÜCKER, *Abgestimmtes* cit., pp. 698 e ss. e 715 e ss.; PENTZ, *Acting* cit., p. 1481; LÖHDEFINK, *Acting* cit., pp. 342-346; SEIBT, *Grenzen* cit., p. 1832; CASPER, *Acting* cit., p. 1469; GARCÍA DE ENTERRÍA, *Oferta* cit., p. 173.

[1397] Cf. HOLZBORN, in ZSCHOCKE/SCHUSTER, *Bad Homburger* cit., Rdn. 26; ENRIQUES, *Mercato* cit., pp. 119-120.

[1398] Cf. CATERINO, *sub. art. 122*, in AAVV, *I Codici* cit., p. 3264; QUATRARO/PICONE, *Manuale* cit., p. 117. Recorde-se que esta é uma das finalidades dos acordos parassociais que a CONSOB considera relevantes para afirmar o conceito de actuação em concertação em sede de OPA (cf. Comunicação da CONSOB de 18 de Abril de 2000, nº DIS/29486).

[1399] Cf. ENRIQUES, *Mercato* cit., pp. 119-120.

[1400] É o caso do direito italiano e, em certa medida, do direito francês.

(*e.g.* preferências cruzadas com opções de compra recíprocas e proibições de alienação[1401]) ou limitar-se a proibir a alienação de acções ou a fixar um direito de preferência das partes em caso de venda.

Perante uma regra isolada de transmissibilidade (*e.g.* um direito de preferência unilateral; um direito de *tag along* ou *drag along* unilateral), é difícil afirmar que a intensidade da cristalização da estrutura de controlo accionista ou o impacto da contendibilidade do controlo, justificam a imposição do dever de lançamento. Neste caso, a manutenção de uma estrutura de poder e a sua influência indirecta sobre o exercício do mesmo é mais ténue e, em meu entender, insuficiente para afirmar um dever tão gravoso como o dever de lançamento. A reforçar este entendimento, está a possibilidade de ilisão da presunção através de "prova de que a relação estabelecida com o participante é independente da influência, efectiva ou potencial, sobre a sociedade participada" (art. 20º, nº 5 do Cód.VM)[1402].

2.3.2 Acordos irrevogáveis de aceitação de OPA como "acordos que visam a aquisição de domínio"?

I. Conforme referido em II. 1.3 *supra*, o motivo principal para a celebração de acordos irrevogáveis de aceitação de OPA é, de um ponto de vista do potencial oferente, o de aumentar as probabilidades de sucesso da sua OPA, visando esta, na maioria dos casos, alcançar o controlo da sociedade. Impõe-se, por isso, a pergunta: será que os acordos de aceitação podem ser qualificados como "acordos que visam a aquisição de domínio" para efeitos da al. h) 1ª parte do Cód.VM?

A resposta é negativa[1403].

[1401] Esta foi a interpretação da CMVM que considerou que este tipo de acordos, que existiam em sociedades cotadas como o Banco BPI, implicava uma imputação recíproca de direitos de voto entre os seus outorgantes e que, se houvesse uma ultrapassagem dos limiares constitutivos de OPA, os mesmos ficavam sujeitos ao dever de lançamento. Esta posição levou a que a La Caixa, a Allianz e o Itaú pusessem termo ao acordo sobre transmissibilidade de acções do Banco BPI que previa, entre outros, direitos de preferência recíprocos.

[1402] A CMVM considerou, por exemplo, que esta ilisão se justifica quando uma sociedade tem o controlo exclusivo da sociedade em causa. Foi esse o caso do pedido de ilisão da presunção de concertação nos contratos celebrados em 1 de Janeiro de 2004 entre a PepsiCo Inc. e a Sumolis – Companhia Industrial de Frutas e Bebidas, S.A. e entre a Seven-Up International e a Sumolis – Companhia Industrial de Frutas e Bebidas, S.A. (cf. Boletim nº 167da CMVM, Março de 2007, p. 4, disponível em *www.cmvm.pt*).

[1403] Este parece ser igualmente o entendimento da CMVM que considerou, na OPA da Intercement sobre a Cimpor, que a carta e comunicado efectuados pela CGD determinavam apenas uma impu-

A *ratio* da imputação de direitos de voto decorrente dos acordos que visam a aquisição de domínio é o de abranger as situações em que as partes (accionistas ou não) acordam estratégias que se destinam a adquirir o controlo da sociedade cotada, em particular a construção de uma participação conjunta e paralela na sociedade.[1404] O legislador pretende evitar ou impedir uma "escalada secreta" (*heimliches Anschleichen*) na estrutura accionista com aquele objectivo[1405]. Contemplam-se, por conseguinte, as situações em que as partes se concertam na aquisição do controlo com o objectivo de exercer um controlo conjunto ou com o intuito de uma delas exercer o controlo exclusivo.

Num acordo de aceitação de OPA, esta *ratio* não se encontra presente. As partes não pretendem uma "escalada secreta" na estrutura accionista com o intuito de alcançar o controlo. Em primeiro lugar, a aquisição do controlo será pública e efectuada através de um instrumento dirigido ao público (OPA), sem qualquer "secretismo". Em segundo lugar, a aquisição do controlo não será resultado de uma concertação entre as partes vertida num acordo, esquema ou estrutura celebrado ou montado para o efeito, mas de uma normal aceitação de OPA que beneficiará todos os seus destinatários, respeitando o princípio da igualdade. Quando a declaração de aceitação da oferta emitida por um accionista se torna irrevogável, não se afirma que há uma concertação com o oferente com vista à aquisição do controlo, há o exercício de um direito resultante da OPA lançada pelo oferente. O facto de o accionista se vincular, previamente, a aceitar uma OPA futura não justifica um entendimento diverso.

II. Ainda assim, há que reconhecer que o acordo de aceitação de OPA pode implicar alguma concertação entre o accionista vinculado e o oferente nas suas actuações, em particular ao nível do exercício de direitos de voto em que pode exigir-se que o accionista adopte uma conduta que não impeça ou frustre o sucesso da oferta. Quando o acordo seja bilateral, o próprio oferente assume a obrigação de lançar a OPA, intensificando-se a concertação entre as partes.

---

tação à Intercement dos direitos de voto da Cimpor detidos pela CGD, nos termos da al. e) do nº 1 do art. 20º do Cód.VM e não nos termos da al. h) do mesmo preceito (cf. pp. 7, 58 e 59 do Prospecto).

[1404] Cf. IV. 2.2.3.1 *supra*.

[1405] Neste sentido, apontando este objectivo como o *Sinn* e *Zweck* da regra de imputação de direitos de voto em matéria de deveres de comunicação, *vide* SVEN SCHNEIDER/UWE SCHNEIDER, in ASSMANN/ /SCHNEIDER (Hrsg.), *Wertpapierhandelgesetz* cit., § 22 Rdn. 185; e exigindo adicionalmente, em sede de OPA, que as aquisições visem a aquisição do controlo e o seu exercício, *vide* SCHNEIDER, in ASSMANN/PÖTZSCH/SCHNEIDER (Hrsg.), *Wertpapiererwerbs-* cit., § 30 Rdn. 107.

Contudo, estas "actuações concertadas" não são suficientes para afirmar que se está perante um acordo que visa a "aquisição do domínio". O conceito (*acordo que visa a aquisição de domínio*) deve ser interpretado restritivamente no sentido de se exigir, não apenas a verificação da finalidade, mas também uma actuação concertada das partes suficientemente intensa para alcançar aquele objectivo, sendo que essa concertação não se restringe ao exercício dos direitos de voto[1406]. Será, por exemplo, relevante, como acordo de "aquisição de domínio", aquele que regula o lançamento de uma OPA conjunta ou de uma OPA lançada por uma das partes com a alienação de parte das acções adquiridas a outro accionista controlador ou estratégico. Esta é uma actuação concertada com a intensidade necessária para este efeito, não uma mera obrigação de aceitação de OPA futura.

O entendimento é reforçado pelo facto de a protecção dos accionistas estar devidamente salvaguardada pelas regras que regem as OPAs. Isto é, sendo o mecanismo de aquisição do domínio a própria OPA, a qual serve para proteger (OPA obrigatória) os accionistas minoritários nos casos de cessão de controlo, está, em princípio e à partida, garantida a protecção destes, pois a OPA assegura a repartição do prémio de controlo, o mecanismo de saída e um tratamento igualitário dos accionistas minoritários face aos accionistas controladores. No caso de a oferta não respeitar os requisitos da OPA obrigatória, a OPA voluntária não preencherá os requisitos da derrogação prevista na al. a) do n.º 1 do art. 187.º do Cód.VM e, consequentemente, o oferente estará obrigado ao lançamento de oferta subsequente e acautelada a protecção dos accionistas minoritários.

Por fim, e tal como referido anteriormente, cumpre salientar que o interesse dos accionistas minoritários deporá a favor da não imputação de direitos de voto

---

[1406] Cf. SCHNEIDER, in ASSMANN/PÖTZSCH/SCHNEIDER (Hrsg.), *Wertpapiererwerbs-* cit., § 30 Rdn. 107. Este é também o entendimento dominante no ordenamento jurídico italiano. O art. 122, comma 5 d-bis) do TUF inclui, no conceito de acordos parassociais relevantes para o conceito de actuação em concertação, os acordos que visam favorecer ou impedir a obtenção dos objectivos de uma oferta pública de aquisição ou troca, aí se incluindo os compromissos de não-aceitação de uma oferta. Esta disposição foi introduzida pelo art. 4.º D.Lgs n.º 229 de 19 de Novembro de 2007 que veio transpor, para o direito interno italiano, a Directiva das OPAs. A doutrina refere que a disposição apenas se aplica aos acordos que definem o comportamento das partes em caso de lançamento de OPA (cf. DANIELA CATERINO, *Commentario sul art. 122 TUF*, in AAVV, *I Codici* cit., p. 3263), ficando de fora os acordos de aceitação de OPA. A doutrina italiana e o regulador de mercado já consideravam que os acordos de aceitação de OPA não preenchem o conceito de acordo parassocial, porque se trata de um contrato-promessa de compra e venda de acções (neste sentido, *vide* QUATRARO/PICONE, *Manuale* cit., p. 141; comunicação da CONSOB de 16 de Novembro de 2000 n.º DCL/DEM/85385).

em virtude deste tipo de acordos, uma vez que os mesmos permitem aumentar o valor da contrapartida oferecida, beneficiando todos os accionistas[1407].

2.3.3 Acordos irrevogáveis de aceitação de OPA como "instrumentos de exercício concertado de influência"?

I. O acordo de aceitação de OPA é um acordo que incide sobre a transmissibilidade das acções, uma vez que uma das partes, o accionista (promitente-vendedor), promete aceitar a oferta que for lançada pela outra parte do acordo (oferente) e este, nalguns casos, obriga-se a lançar uma OPA. As partes acordam os termos da transmissão das acções detidas por uma delas para a outra, no contexto de uma oferta pública lançada para a sua aquisição. A letra da lei da presunção do nº 4 do art. 20º do Cód.VM parece estar preenchida mas será que a *ratio* da mesma também está?

Conforme referido em IV. 2.3.1, os acordos relativos à transmissibilidade visam, primacialmente (ainda que não exclusivamente), abranger os denominados sindicatos de bloqueio. Um acordo de aceitação não pretende petrificar uma estrutura de controlo ou accionista, cristalizar um determinado poder ou controlo ou impedir a tomada de determinadas decisões no grémio social. Ao invés, o acordo visa a cessão do controlo através de um mecanismo – a OPA – que é, simultaneamente, o mecanismo utilizado para proteger os accionistas minoritários nos casos de cessão de controlo, desde que cumpra determinados requisitos. Não estando presente aquela *ratio*, não poderá ser desencadeada a respectiva imputação de direitos de voto[1408].

[1407] Sobre este argumento, *vide* IV. 2.1.2 *supra*, onde se refere igualmente outro argumento importante de política legislativa relacionado com o fomento do funcionamento do mercado de controlo societário.

[1408] Este é também o entendimento dominante no ordenamento jurídico italiano. O art. 122, comma 5 b) do TUF inclui, no conceito de acordos parassociais relevantes para o conceito de actuação em concertação, os acordos que fixam limitações à transmissão das acções ou que atribuam um direito de aquisição ou subscrição das mesmas. A doutrina italiana e o regulador de mercado entendem que os acordos de aceitação de OPA não preenchem esta modalidade de acordo parassocial (que fixa limitações à transmissão de acções), porque aqueles não "impõem um vínculo de indisponibilidade das acções mas obrigam exclusivamente o promitente-vendedor a celebrar, subsequentemente, o contrato definitivo, numa determinada data ou quando se verificar um evento concreto e, consequentemente, a ter a disponibilidade da quantidade de acções necessárias para transmitir para o promitente-comprador na data fixada para a transmissão" (cf. comunicação da CONSOB de 16 de Novembro de 2000 nº DCL/DEM/85385; no mesmo sentido, *vide* QUATRARO/PICONE, *Manuale* cit., p. 141). O sujeito obrigado, após o cumprimento da obrigação (aceitar a OPA), fica, caso a mesma

Acresce que o acordo de aceitação de OPA preenche os requisitos para a ilisão da presunção fixados pelo art. 20º, nº 5 do Cód.VM. Aquele acordo é absolutamente independente da "influência, efectiva ou potencial", sobre a sociedade cotada, uma vez que as partes não querem exercer influência sobre a sociedade através do acordo. O acordo é um meio de uma das partes aumentar (oferente) as probabilidades de sucesso de um outro mecanismo de aquisição do controlo – a OPA – e será apenas após o termo do processo deste mecanismo que essa parte (se tiver sucesso) exercerá o controlo e a influência sobre a sociedade. A única influência potencial sobre a sociedade cotada resultante do acordo de aceitação de OPA pode residir na existência de um acordo de voto acoplado ao mesmo, o qual, todavia, já se verificou ser meramente circunstancial e ter uma finalidade que não releva para efeitos de OPA obrigatória, nomeadamente enquanto acordo de voto. O mesmo deverá ser afirmado relativamente ao acordo de aceitação de OPA enquanto acordo relativo à transmissibilidade[1409].

II. Os acordos de aceitação de OPA podem também suscitar dúvidas quanto à sua possível qualificação como acordos de "não transmissibilidade", os quais se encontram abrangidos pela presunção do nº 4 art. 20º do Cód.VM.

Com efeito e conforme se referiu em II. 1.4.4, os accionistas da sociedade visada assumem, frequentemente e de forma expressa, um dever de não negociar com potenciais oferentes concorrentes ou outras contrapartes, e de não alienar[1410] as suas acções antes da liquidação da OPA[1411]. São os chamados *lock-in* ou *standstill*

---

não tenha sucesso, livre de transmitir as acções a um terceiro. A doutrina considera ainda que, mesmo antes da aceitação, ele é livre de alienar as mesmas, não existindo qualquer limitação, mas terá de readquirir as acções senão quiser entrar numa situação de incumprimento (cf. QUATRARO/PICONE, *Manuale* cit., p. 141).

[1409] Recorde-se que o *Panel* considera igualmente que um *irrevocable commitment* não é qualificável como um *interest in securities* para efeitos da *Rule* 9 do City Code, que consagra o dever de lançamento de OPA, mas apenas para efeitos da *Rule* 5 do City Code sobre *timing restrictions on acquisitions*. Ou seja, o oferente, quando tal seja permitido pela *Rule* 5 do City Code, pode ultrapassar a fasquia dos 30% dos direitos de voto por força da obtenção de *irrevocable commitments* sem ficar sujeito ao dever de lançamento de OPA (cf. *Practice statement no.* 22 cit., p. 3, disponível em *www.thetakeoverpanel.org.uk*); RYDE/TURNILL, *Share* cit., p. 84; ATHANASIOS KOULORIDAS, *The law* cit., p. 196).

[1410] Consagra-se também frequentemente a obrigação de não onerar as acções (cf. VIVES RUIZ, *Las operaciones* cit., p. 168).

[1411] Cf. RIEGEN, *Rechtsverbindliche* cit., p. 716; VIVES RUIZ, *Las operaciones* cit., p. 168. Veja-se as declarações de aceitação de vários da *Esprit Telecom Group plc* em relação à OPA da *Global Telesystems Group Inc.* (cf. documento da oferta de 2 de Fevereiro de 1999).

agreements (Standstill-Vereinbarungen)[1412]. Mesmo quando aquelas obrigações não estejam expressamente previstas, elas acabam, nalguns casos[1413], por ser verdadeiros deveres acessórios de conduta do accionista da sociedade visada. Serão tais acordos ou estes deveres acessórios de conduta suficientes para se afirmar estarmos perante um acordo de transmissibilidade relevante para efeitos da presunção do nº 4 do art. 20º do Cód.VM?

A resposta é novamente negativa.

As obrigações de não alienação ou de não-aceitação de ofertas concorrentes assumidas no âmbito de um acordo de aceitação de OPA não visam a manutenção de uma estrutura de controlo ou accionista. Não se pretende "amarrar" o accionista à sociedade cotada e manter o equilíbrio de poder[1414]. Essas obrigações têm um cariz meramente transitório e acessório de uma outra finalidade – a cessão do controlo – que é oposta à manutenção da estrutura accionista ou de controlo. O oferente e accionista da sociedade visada não pretendem cristalizar um determinado poder na sociedade. O primeiro quer operar uma mudança na condução dos destinos da sociedade e, para o efeito, socorre-se de um mecanismo: a OPA. O oferente celebra os acordos de aceitação de OPA com o objectivo garantir parcialmente o sucesso da sua OPA, mas, simultaneamente, estabelece com o accionista que este não alienará as suas acções nem aceitará outra oferta. Tais restrições à transmissibilidade não são um fim em si mesmo, são um meio para atingir aquele objectivo principal que é a cessão do controlo e não a sua manutenção. Aliás, se a OPA não tiver sucesso, o accionista, que tinha aceite a OPA cumprindo a sua obrigação, não fica sujeito a qualquer dever de não alienação, podendo inclusive vender as acções a um concorrente daquele oferente.

[1412] Os *standstill ou lock-in agreements* podem abranger a proibição de estabelecer negociações paralelas com oferentes concorrentes ou com outras potenciais contrapartes e a obrigação de não alienação ou parqueamento das participações (cf. RUBINO-SAMMARTANO, *Garanzie* cit., pp. 8 e 94; BÜLOW, in HIRTE/BÜLOW (hrsg.), *Kölner* cit., § 30 Rdn. 277 e 282).

[1413] Cf. II. 1.4.4 *supra*.

[1414] É este o entendimento da doutrina italiana e do regulador de mercado. Recorde-se que aqueles consideram que os acordos de aceitação de OPA não se qualificam como um acordo parassocial que fixe limitações à transmissão de acções. O argumento é o de que aqueles acordos não "impõem um vínculo de indisponibilidade das acções mas obrigam exclusivamente o promitente-vendedor a celebrar, subsequentemente, o contrato definitivo, numa determinada data ou quando se verificar um evento concreto, e, consequentemente, a ter a disponibilidade da quantidade de acções necessárias para transmitir ao promitente-comprador na data fixada para a transmissão" (cf. comunicação da CONSOB de 16 de Novembro de 2000 nº DCL/DEM/85385; QUATRARO/PICONE, *Manuale* cit., p. 141).

Em suma, não se verifica a *ratio* que preside à presunção do nº 4 do art. 20º do Cód.VM, que é a de fixar regras de transmissibilidade das acções com o intuito de cristalizar uma determinada estrutura de controlo ou accionista.

3. Acordos Irrevogáveis de Não-Aceitação de OPA – Repercussão na Alteração de Controlo

I. Vejamos agora a repercussão na alteração de controlo da sociedade cotada do outro mecanismo «facilitador» da cessão de controlo objecto do presente estudo: os acordos de não-aceitação de OPA. Proceder-se-á à análise dos efeitos que este tipo de acordos pode ter no instituto que pressupõe a existência de uma cessão de controlo: a OPA obrigatória.

Procurar-se-á determinar em que medida é que os acordos de não-aceitação de OPA são relevantes para efeitos do cômputo da fasquia constitutiva do dever de lançamento, pois essa é a única via pela qual tais mecanismos podem assumir importância neste instituto.

II. Tal como referido a propósito dos acordos de aceitação de OPA, a primeira conclusão que facilmente se pode retirar é que os acordos irrevogáveis de não--aceitação só serão relevantes em sede de dever de lançamento se se puderem enquadrar numa das situações de imputação de direitos de voto previstas no catálogo do nº 1 do art. 20º do Cód.VM.

A celebração de acordos irrevogáveis de não-aceitação de OPA não implica qualquer transmissão da titularidade da participação do accionista da sociedade visada. Ao invés, o seu objectivo é que este não transmita a sua participação na OPA que for lançada. Assim, aqueles acordos só relevarão na contabilização do limiar constitutivo do dever de lançamento através do mecanismo de imputação de direitos de voto.

Se se analisar o elenco do nº 1 do art. 20º do Cód.VM, é possível concluir que as situações de imputação de direitos de voto, nas quais os acordos de não-aceitação se podem incluir, resumem-se às previstas nas als. c) e h)). Nas restantes situações consagradas no catálogo do art. 20º, nº 1 do Cód.VM, a relação entre participante e terceiro subjacente à situação de imputação, ou não é um acordo (*e.g.* als. b) e d)), ou, sendo-o ou podendo sê-lo, é um acordo com características claramente distintas da anatomia típica dos acordos irrevogáveis de não-aceitação de OPA (als. a), e), f) e g)).

Analisemos então cada uma destas situações de imputação de direitos de voto.

3.1 Acordos irrevogáveis de não-aceitação como acordos de voto?

I. Conforme se referiu em III. 1.4.3 *supra*, os acordos de não-aceitação de OPA podem, por vezes, incluir um acordo de voto ou, quando não o incluem, poderá haver um dever acessório de conduta que obrigue o accionista a exercer os seus direitos de voto de acordo com o interesse do oferente em certas situações. Quando esse acordo de voto ou esse dever existam, colocar-se-á a questão de saber se o acordo irrevogável de não-aceitação determina a imputação de direitos de voto ao abrigo da al. c) do nº 1 do art. 20º do Cód.VM.

Para efeitos de deveres de comunicação de participação qualificada, a celebração de um acordo de voto no âmbito de um acordo de não-aceitação de OPA implicará, inevitavelmente, uma imputação de direitos de voto ao abrigo da al. c) do nº 1 do art. 20º do Cód.VM.

É irrelevante que o acordo de voto esteja "acoplado" ao acordo de não-aceitação, subordinado aos fins deste ou que seja meramente potencial, isto é, que o accionista apenas esteja obrigado a exercer os seus direitos de voto de acordo com as instruções do oferente se houver algum tema que seja sujeito a votação em reunião da assembleia geral e que possa prejudicar o sucesso da OPA. Tal como defendido em IV. 2.1.1 *supra*, a al. c) do nº 1 do art. 20º do Cód.VM abrange todos os acordos de voto, independentemente da sua duração e do seu âmbito/ /extensão objectiva ou da sua finalidade. Deste modo, nenhum daqueles factores poderá obstar à imputação de direitos de voto, impondo-se aqui as considerações ao nível da transparência e da informação do mercado[1415]. Ao mercado são dadas a conhecer as "alianças" estabelecidas entre o oferente e accionistas da sociedade visada no contexto da OPA a lançar por aquele, quando atinjam as percentagens de voto relevantes em sede de dever de comunicação de participação qualificada (art. 16º do Cód.VM).

Assim, serão imputados ao oferente os direitos de voto inerentes às acções detidas pelo accionista que se vinculou pelo acordo de não-aceitação, na medida em que ele estará obrigado a seguir as instruções do oferente quanto ao exercício dos direitos de voto (art. 20º, nº 1 al. c) *in fine* do Cód.VM). Quanto ao cumprimento do dever de comunicação e a referência desta situação de imputação na documentação da oferta, é plenamente aplicável o exposto em IV. 2.1.2 *supra* para o qual se remete.

II. Será o mesmo entendimento válido para efeitos do dever de lançamento de OPA?

[1415] Neste sentido, defendendo que em casos excepcionais em que haja um acordo de voto entre o accionista da sociedade visada e o oferente, haverá lugar a uma imputação de direitos de voto ao abrigo do § 22 Abs. 2 da WpHG e, como tal, potencialmente um dever de comunicação de participação qualificada previsto no § 21 da WpHG, *vide* RIEGEN, *Rechtsverbindliche* cit., pp. 716 e 731.

Entendo que não. Os argumentos reconduzem-se aos já expostos nesta matéria quanto aos acordos de voto acoplados a um acordo de aceitação de OPA, para os quais igualmente se remete[1416].

Procurando sintetizar a argumentação então apresentada, dir-se-á, em primeiro lugar, que o acordo de voto celebrado no âmbito de um acordo de não-aceitação é, na maioria dos casos, qualificado como um acordo de voto meramente pontual ou circunstancial. O acordo de voto é circunscrito a um período determinado – o período de duração da OPA, que vai desde o anúncio preliminar até à liquidação ou revogação da oferta – e cuja coordenação de voto pode ser perspectivada de forma unitária: votar as deliberações necessárias para o sucesso da OPA (*e.g.* desblindagem estatutária) e/ou as deliberações que possam impedir ou frustrar, de qualquer modo, o sucesso da OPA[1417]. No entanto, cabe fazer aqui uma ressalva importante e específica dos acordos de não-aceitação. Nestes, o accionista permanece na sociedade visada após a conclusão da oferta, havendo o risco não despiciendo do acordo representar a base de um entendimento mais amplo entre oferente e accionista para o controlo da sociedade no futuro. Porém, a existência deste entendimento mais alargado não pode ser presumida sem mais, sobretudo atendendo às consequências graves que derivam desse facto: imposição do dever de lançamento. É necessário que se prove a existência desse entendimento entre o accionista e o oferente, pelo que o acordo de voto celebrado, no âmbito de um acordo de não-aceitação de OPA e com o âmbito e finalidade limitados (nos termos referidos *supra*), não permitem afirmar *per se*, ou presumir, a existência de um acordo de voto duradouro, visando a implementação de uma política comum na sociedade visada. Se, ao invés, for efectuada essa prova, desencadear-se-á a imputação de direitos de voto.

[1416] No mesmo sentido, *vide* a posição do *Panel*, que entende serem aplicáveis aos *negative irrevocable undertakings* as considerações expostas sobre acordos de voto incluídos no âmbito de um acordo de aceitação de OPA (cf. *Practice statement no. 22* cit., p. 1, disponível em *www.thetakeoverpanel.org.uk*). Igualmente no mesmo sentido, *vide*, na doutrina, RYDE/TURNILL, *Share* cit., p. 84; ATHANASIOS KOULORIDAS, *The law* cit., p. 196.

[1417] No Reino Unido, o *Panel* afirma que os *voting undertakings* dos *negative irrevocable commitments* variam caso a caso mas, por norma, estabelecem a obrigação do accionista (promitente) exercer os direitos de voto inerentes às acções abrangidas pelo acordo segundo as instruções do oferente no que diz respeito às deliberações necessárias para implementar a oferta e às deliberações que, sendo aprovadas, podem determinar a não verificação de uma condição da oferta ou que possam, de qualquer forma, impedir ou frustrar a oferta (*e.g.* aprovação de um *scheme of arrangement* concorrente) (cf. *Practice statement no. 22* cit., p. 3, disponível em *www.thetakeoverpanel.org.uk*).

Por outro lado, a celebração do acordo de voto entre o oferente e o accionista da sociedade visada apenas se verifica por causa do acordo de não-aceitação, estando aliás incluído no clausulado deste. As partes não visam prosseguir uma finalidade própria com o acordo de voto, ele não visa uma influência duradoura ou estável sobre a sociedade cotada. Se o acordo pretende ir para além da OPA que o accionista se obrigou a não aceitar, então já se poderá estar perante um acordo relevante para efeitos do dever de lançamento desde que, através do mesmo, as partes quiserem fixar, directamente, uma orientação empresarial da sociedade seja ao nível da actividade empresarial seja ao nível estritamente corporativo[1418]. Caso contrário, o acordo de voto não poderá ser relevante em sede de OPA obrigatória.

Como contra-argumento, poderia afirmar-se que a obrigação prévia de não--aceitação da OPA manifesta, não só uma adesão, mas também uma concertação do accionista com o oferente quanto à nova política geral de gestão da sociedade que será implementada após a OPA[1419]. Nesta perspectiva, o acordo representaria a concordância do accionista com esta nova política e o indício de que ele exercerá os seus votos em consonância com a mesma. Rejeita-se em absoluto tal argumento. Um accionista, quando não aceita uma oferta, não está a vincular-se ao exercício, no futuro, dos seus direitos de voto em linha com o novo projecto do oferente vertido no plano da OPA. Esse acordo não pode ser afirmado ou presumido nesta base, pois não há qualquer expectativa jurídica nesse sentido.

III. Por fim, e tal como exposto em IV. 2.1.2 *supra* a propósito dos acordos de aceitação de OPA, os acordos de voto incluídos, num acordo de não-aceitação, não operam *per se* a mudança de controlo, nem procedem a uma implementação ou mudança da política de gestão ou à orientação empresarial da sociedade, são antes um mecanismo que facilita essa cessão e esta implementação ou mudança. No entanto, ao invés das situações normais em que poderá fazer sentido antecipar o momento da cessão de controlo para o momento em que há a potencialidade

---

[1418] Sobre este ponto, *vide* III. 2.2.5 *supra*.
[1419] Esta encontra-se, por exemplo, exposta na documentação da oferta, nomeadamente no anúncio preliminar (art. 176º, nº 1 al. g) do Cód.VM). No anúncio preliminar, têm de ser enunciados, ainda que de forma sumária, os objectivos do oferente, designadamente quanto à continuidade ou modificação da actividade empresarial da sociedade visada, do oferente, na medida em que seja afectado pela oferta e, nos mesmos termos, por sociedades que com este estejam em relação de domínio ou de grupo.

dessa cessão, neste caso essa necessidade não se faz sentir, porque a própria OPA (prevista no acordo de não-aceitação) garantirá aos accionistas a protecção adequada.

3.2 Acordos irrevogáveis de não-aceitação de OPA como "acordos que visam a aquisição de domínio" ou "frustrar a alteração do domínio"?

I. O motivo principal para a celebração de acordos irrevogáveis de não-aceitação de OPA é, de um ponto de vista do potencial oferente, o de reduzir o esforço financeiro da oferta e viabilizar o seu lançamento que, de outro modo, não teria lugar. Semelhante finalidade suscita a seguinte dúvida: será que este acordo entre oferente e accionista da sociedade visada pode ser qualificado como um acordo que visa a aquisição do domínio da sociedade (art. 20º, nº 1 al. h) 1ª parte do Cód.VM)?

Entendo que não.

A *ratio* da imputação de direitos de voto decorrente dos acordos que visam a aquisição de domínio é o de abranger as situações em que as partes fixam estratégias que se destinam a adquirir o controlo da sociedade cotada, evitando-se as mencionadas "escaladas secretas" com esse objectivo. Pretende-se abranger as situações em que as partes se concertam na aquisição do controlo seja com o objectivo de exercer um controlo conjunto ou de uma delas exercer o controlo exclusivo. Num acordo de não-aceitação de OPA e à semelhança dos acordos de aceitação, esta *ratio* não se encontra presente. A argumentação é similar à então exposta, pelo que se remete para essa sede[1420].

A dúvida adicional nestes acordos prende-se com o facto de o accionista se manter na sociedade após a conclusão da oferta. Poderia sustentar-se que o acordo revela uma concertação do accionista com o oferente quanto à nova política geral de gestão da sociedade que será implementada após a OPA. O accionista teria acordado os novos termos de gestão da sociedade e com a sua não-aceitação da oferta teria contribuído para a viabilização financeira de uma OPA que, de outro modo, não teria condições para ser lançada. Não creio, contudo, que o argumento seja procedente.

Embora reconheça que o acordo de não-aceitação pode implicar alguma "concertação" nas actuações entre o accionista vinculado e o oferente, em particular ao nível do exercício de direitos de voto (conforme se constatou), tais "actuações coordenadas" não são suficientes para afirmar que se está perante um acordo que

---

[1420] Cf. IV. 2.3.2 *supra*.

visa a "aquisição do domínio". É necessário, conforme referido *supra*[1421], interpretar restritivamente este conceito (previsto na al. h) 1ª parte) no sentido de se exigir uma actuação concertada das partes com o objectivo de alcançar o controlo[1422]. A actuação concertada não tem a intensidade necessária que lhe confira relevância como "acordo de aquisição de domínio". O entendimento é secundado pelo facto de o mecanismo de aquisição de domínio utilizado ser a OPA. Esta assegurará, em princípio e à partida, a protecção dos accionistas minoritários, na medida em que proporciona a repartição do prémio de controlo, é um mecanismo de saída e garante um tratamento igualitário dos accionistas minoritários face aos accionistas controladores. No caso de a oferta não respeitar os requisitos da OPA obrigatória, a OPA voluntária não preencherá os requisitos da derrogação prevista na al. a) do nº 1 do art. 187º do Cód.VM e, consequentemente, o oferente estará obrigado ao lançamento de oferta subsequente e assegurada a protecção dos accionistas minoritários.

Por fim, cumpre salientar que o interesse dos accionistas minoritários deporá igualmente a favor da não imputação de direitos de voto na medida em que viabiliza o lançamento de OPAs que, de outro modo, não seriam lançadas, proporcionando aos accionistas um modo de realizar o valor do seu investimento, por norma, com prémio sobre a cotação das acções da sociedade. É aliás reconhecido que a segurança conferida por este tipo de acordos possibilita a oferta de uma

---

[1421] Cf. IV. 2.3.2 *supra*.
[1422] Cf. Schneider, in Assmann/Pötzsch/Schneider (Hrsg.), *Wertpapiererwerbs-* cit., § 30 Rdn. 107. O autor defende que essa concertação não se restringe ao exercício dos direitos de voto, posição que, conforme referi anteriormente, acompanho.
No ordenamento jurídico italiano, o art. 122, comma 5 d-bis) do TUF inclui dentro do conceito de acordos parassociais relevantes para o conceito de actuação em concertação os acordos que visam favorecer ou impedir a obtenção dos objectivos de uma oferta pública de aquisição ou troca, aí se incluindo os compromissos de não aceitação de uma oferta. Esta disposição foi introduzida pelo art. 4º D.Lgs nº 229 de 19 de Novembro de 2007 que veio transpor, para o direito interno italiano, a Directiva das OPAs. A doutrina refere que a disposição apenas se aplica aos acordos que definem o comportamento das partes em caso de lançamento (cf. Daniela Caterino, *Commentario sul art. 122 TUF*, in AAVV, *I Codici* cit., p. 3263), ficando de fora não só os acordos de aceitação de OPA como também os de não-aceitação de OPA. A doutrina italiana e o regulador de mercado já consideravam que os acordos de não-aceitação de OPA não preenchem o conceito de acordo parassocial, uma vez que, por um lado, apenas fixam uma limitação temporária e parcial à transmissão de acções e, por outro lado, aquele tipo de acordos não prosseguem as finalidades habituais de um acordo parassocial (cristalização dos *assetti proprietari*) (neste sentido, *vide* Quatraro/Picone, *Manuale* cit., p. 141; comunicação da CONSOB de 16 de Novembro de 2000 nº DCL/DEM/85385).

contrapartida mais elevada, atenta a maior segurança que confere ao oferente quanto ao sucesso da oferta[1423].

II. Ainda no âmbito da al. h) 1ª parte, e tendo em conta que o acordo de não-aceitação fixa, nalguns casos, a obrigação de não aceitar ofertas concorrentes[1424], cabe perguntar se esse facto conduz à sua qualificação como um acordo que visa a "frustração da alteração do domínio".

É verdade que o acordo de não-aceitação de OPA pode, por vezes, prever aquela obrigação de não aceitar ofertas concorrentes mas isso não significa que a sua finalidade seja a de frustrar a alteração de domínio. Claro que, se, no final, ambas as ofertas (inicial e concorrente) não tiverem sucesso, poderá dizer-se que aquele acordo contribuiu para que o controlo se mantivesse inalterado, porque, se o accionista vinculado pelo mesmo pudesse ter aceite a oferta concorrente, aumentaria as probabilidades de sucesso desta oferta ou conseguiria alcançar esse sucesso (se o accionista em causa fosse titular do número de acções suficiente para o efeito). No entanto, esse é um raciocínio feito a *posteriori* e na eventualidade de que seja lançada uma oferta concorrente. No momento inicial e no espírito das partes, não está o objectivo de frustrar a mudança do controlo. Pelo contrário, a finalidade é viabilizar financeiramente o lançamento de uma OPA que permitirá a cessão do controlo da sociedade cotada. A finalidade do tipo de acordo que determina a imputação de direitos de voto – frustração da alteração do domínio – não é a que rege os acordos de não-aceitação de OPA. Falta, por conseguinte, um elemento fundamental da regra de imputação em causa: a finalidade do acordo (*frustrar a alteração de domínio*)[1425]. Assim, o acordo de não-aceitação não é susceptível de ser qualificado como um acordo que vise

---

[1423] Sobre este argumento, *vide* IV. 2.1.2 *supra*, onde se refere igualmente outro argumento importante de política legislativa relacionado com o fomento do funcionamento do mercado de controlo societário.

[1424] Sobre este ponto, *vide* III. 1.4.3 *supra*.

[1425] No ordenamento jurídico italiano, o art. 122, comma 5 d-bis) do TUF inclui, no conceito de acordos parassociais relevantes para o conceito de actuação em concertação, os acordos que visam favorecer ou impedir a obtenção dos objectivos de uma oferta pública de aquisição ou troca, aí se incluindo os compromissos de não aceitação de uma oferta. Apesar desta disposição (que foi introduzida pelo art. 4º D.Lgs nº 229 de 19 de Novembro de 2007), a doutrina não inclui naquele tipo de acordos parassociais os acordos de não-aceitação de OPA, mas apenas os que visam fixar a conduta das partes no contexto de uma OPA, impedindo-as, nomeadamente, de não aceitar a oferta frustrando a cessão de controlo (cf. DANIELA CATERINO, *Commentario sul art. 122 TUF*, in AAVV, *I Codici* cit., p. 3263).

frustrar a alteração do domínio e, consequentemente, não haverá lugar a uma imputação de direitos de voto.

3.3 Acordos irrevogáveis de não-aceitação de OPA como "instrumentos de exercício concertado de influência"?

I. Conforme analisado em III. 1.4.1 *supra*, a obrigação principal dos acordos de não-aceitação de OPA consiste na prestação de um facto negativo: a não emissão de uma declaração de aceitação da OPA a lançar pelo oferente. O acordo de não-aceitação fixa, por isso, uma restrição clara à transmissibilidade das acções do accionista, a qual é estabelecida em favor do oferente. Mas não é a única limitação à transmissão das acções que decorre daquele tipo de acordos. Tal como exposto anteriormente[1426], é frequente o accionista assumir, de forma expressa, o dever de não alienação das acções durante o período da oferta, sendo que, quando tal dever não esteja previsto, ele emerge como dever secundário do acordo de não-aceitação. Estes acordos prevêem, por vezes, também a obrigação do accionista não aceitar ofertas concorrentes, o que constitui também uma restrição à transmissão das acções.

Perante estas restrições à transmissibilidade das acções, cabe perguntar se o acordo de não-aceitação de OPA deve ser qualificado como um acordo de não transmissibilidade relevante para efeitos da presunção fixada no nº 4 do art. 20º do Cód.VM.

II. Na análise da presunção do nº 4 do art. 20º do Cód.VM, tivemos a oportunidade de esclarecer que a expressão "acordos relativos à transmissibilidade das acções" nela prevista abrange quer os acordos que fixem regras sobre a transmissão das acções quer os que estabelecem restrições ou limitações a essa transmissibilidade. Esta é uma das formas que os denominados sindicatos de bloqueio podem assumir. Todavia, concluiu-se igualmente que o conteúdo de alguns sindicatos de bloqueio pode não justificar uma imputação de direitos de voto caso fixem um conjunto de restrições à transmissibilidade que seja insusceptível de assegurar uma estrutura de controlo ou poder na sociedade que afecte o próprio modo como controlo é exercido. A intensidade das limitações à transmissão pode não ser suficiente para afirmar aquele impacto sobre o controlo e o seu modo de exercício e não se coadunar com um dever tão gravoso como o dever de lançamento.

Será que um acordo que fixe uma obrigação de não transmissibilidade determina a imputação de direitos de voto para efeitos de OPA obrigatória?

[1426] Cf. III. 1.4.3 *supra*.

No ordenamento jurídico alemão, a posição maioritária da doutrina é a de que os acordos de não alienação das acções (*standstill agreement*; *Standstill-Vereinbarungen*) não preenchem os requisitos do conceito de actuação em concertação do § 30 Abs. 2 da WpÜG. Após a reforma de 2008, o argumento principal apresentado pela doutrina reside no facto daquele tipo de acordos não contemplar uma modificação da estratégia ou orientação empresarial da sociedade cotada, que passou a ser um dos requisitos do conceito de actuação em concertação[1427]. O outro argumento, que já era referido pela doutrina antes da reforma de 2006, é o de que, apesar de os acordos de não alienação poderem ter um efeito sobre a estrutura accionista da sociedade cotada (e, nessa medida, sobre quem, em princípio, exercerá os direitos inerentes às acções), tal não implica, forçosamente, uma concertação sobre o exercício dos direitos dos accionistas (*maxime* o direito de voto), pelo que consequentemente não pode haver lugar a imputação ao abrigo do § 30 Abs. 2 da WpÜG[1428]. Este entendimento tinha também sido secun-

---

[1427] Neste sentido, *vide* NOACK/ZETZSCHE, in SCHWARK/ZIMMER, *Kapitalmarktrechts-* cit., § 30 WpÜG, Rdn. 22; DIEKMANN, in BAUMS/THOMA (Hrsg.), *Kömmentar* cit., § 30 Rdn. 82; SCHÜPPEN/WALZ, in HAARMANN/SCHÜPPEN (Hrgs.), *Frankfurter* cit., Rdn 74. Contra, afirmando que sempre que os *standstill agreements* visem a manutenção de uma determinada estrutura societária (nomeadamente quando fixem regras que devam ser observadas pelas partes em casos de aumento ou redução de capital) devem ser considerados como uma actuação em concertação relevante ao abrigo do § 22 Abs. 2 da WpUG, *vide* SVEN SCHNEIDER/UWE SCHNEIDER, in ASSMANN/SCHNEIDER (Hrsg.), *Wertpapierhandelsgesetz* cit., § 22 Rdn. 191; UWE SCHNEIDER, *Acting* cit., p. 1325; MÜLBERT, *Übernahmerecht im Gefolge der EU-Übernahmerichtlinie*, in *Bankrechtstag 2006*, 2007, p. 152; no mesmo sentido, em relação ao § 30 Abs. 2 da WpÜG, *vide* HOLZBORN, in ZSCHOCKE/SCHUSTER, *Bad Homburger* cit., Rdn. 26. Antes da reforma de 2008, WACKERBARTH admitia que, caso o acordo abrangesse um núcleo significativo de accionistas e visasse determinados objectivos (como frustrar o sucesso de uma OPA), ele seria susceptível de influenciar a estrutura de controlo da sociedade porque tinha impedido o oferente de adquirir o controlo da sociedade. Nestes casos, existiria uma influência coordenada sobre a sociedade, nomeadamente sobre o seu círculo accionista (cf. *Die Auslegung* cit., p. 2345; reconhecendo o mesmo efeito, *vide* SCHOCKENHOFF/SCHUMANN, *Acting* cit., p. 579). O autor conclui que, nestes casos, deve haver imputação de direitos de voto ao abrigo do § 30 Abs. 2 da WpÜG mas isso não implicará automaticamente o dever de lançamento de OPA, tudo dependendo dos objectivos visados pelo accionista (cf. *Die Auslegung* cit., p. 2345). Após a reforma de 2008, o mesmo autor afirma que os acordos de não alienação de acções não preenchem o conceito de actuação concertada porque não há, nesse caso, qualquer alteração da estratégia ou orientação empresarial (cf. WACKERBARTH, *Die Auslegung* cit., p. 2346-2347).

[1428] Neste sentido, no direito alemão antes da reforma de 2008, *vide* BÜLOW/BÜCKER, *Abgestimmtes* cit., p. 714; LÖHDEFINK, *Acting* cit., pp. 342-346; CASPER, *Acting* cit., p. 1476; SÜSSMANN, in GEIBEL//SÜSSMANN (hrsg.), *Wertpapiererwerbs-* cit., § 30 Rdn. 31; após essa reforma, *vide* DRINKTUH, in MARSCH-BARNER/SCHÄFER (Hrsg.), *Handbuch* cit. § 60, Rdn. 219; BÜLOW, in HIRTE/BÜLOW (Hrsg.),

dado pela jurisprudência alemã que veio considerar que os acordos de não alienação de participações celebrados entre accionistas de uma sociedade cotada não se qualificam como actuação concertada, porque não operam qualquer alteração na estrutura ou gestão da sociedade, podendo ser inclusive benéficos para a estabilidade da sociedade[1429]. Em 2006, o BGH tinha ido ainda mais longe e sido mais claro, ao afirmar que os acordos que não versem sobre direitos de voto não preenchem o conceito de actuação concertada previsto no § 30 Abs. 2 da WpÜG[1430], clarificando a polémica doutrinal então existente sobre o tema, em particular no que diz respeito às aquisições concertadas[1431].

Noutros ordenamentos jurídicos, a celebração de um acordo de não alienação de acções pode ser suficiente para preencher o conceito de actuação em concertação se tiver como objectivo a manutenção da estabilidade accionista, da estrutura de controlo, cristalizando, desse modo, um determinado equilíbrio de poder dentro da sociedade[1432].

Kölner cit., § 30 Rdn. 282; SCHÜPPEN/WALZ, in HAARMANN/SCHÜPPEN (Hrgs.), *Frankfurter* cit., Rdn 74; GAEDE, *Koordiniertes* cit., pp. 207-208. Contra, vide a opinião isolada em relação ao § 30 Abs. 2 da WpÜG de HOLZBORN, in ZSCHOCKE/SCHUSTER, *Bad Homburger* cit., Rdn. 26.

[1429] Cf. LG München I de 11 de Abril de 2004, in DB, 2004, p. 1253.

[1430] Cf. BGH de 18 de Setembro de 2006, in ZIP, 2006, pp. 2079-2080.

[1431] Afirmando que a actuação concertada só é relevante se houver um acordo sobre o exercício de direitos de voto, vide BÜLOW/BÜCKER, *Abgestimmtes* cit., pp. 698 e 715; SCHÜPPEN/WALZ, in HAARMANN/SCHÜPPEN (Hrgs.), *Frankfurter* cit., § 30 Rdn 74; SÜSSMANN, in GEIBEL/SÜSSMANN (hrsg.), *Wertpapiererwerbs-* cit., § 33b Rdn. 5; PENTZ, *Acting* cit., p. 1481; SEIBT, *Grenzen* cit., p. 1833; contra, defendendo que a actuação concertada podia igualmente verificar-se mesmo em determinadas situações em que não se regula o exercício de direitos de voto, vide MÜLBERT, *Umsetzungsfragen* cit., p. 637; HOPT/MÜLBERT/KUMPAN, *Reformbedarf* cit., p. 111; SCHNEIDER, in ASSMANN/PÖTZSCH//SCHNEIDER (Hrsg.), *Wertpapiererwerbs-* cit., § 30 Rdn. 105-107; STEINMEYER, in STEINMEYER/HÄGER, *WpÜG* cit., § 30 Rdn. 56.

No ordenamento jurídico espanhol, o entendimento da doutrina é similar. Os acordos de não alienação de acções não preenchem o conceito de *concierto*, sendo necessário que haja, simultaneamente, um acordo sobre o exercício de direitos de voto (neste sentido, vide GARCÍA DE ENTERRÍA, *Oferta pública* cit., p. 173; PÉREZ MILLAN, *Pactos* cit., p. 136). O art. 5º, nº 1 al. b) do RD 1066/2007 só considera relevantes neste domínio os acordos parassociais que pretendam estabelecer um política comum no que se refere à gestão da sociedade ou que tenham por objecto influir de maneira relevante na mesma.

[1432] É o caso ordenamento jurídico francês. A doutrina considera que os pactos de inalienabilidade são, em princípio, insuficientes para afirmar a existência de uma situação de actuação em concertação (cf. VIANDIER, *OPA* cit., p. 244). Porém, têm de se observar dois requisitos. Em primeiro lugar, o acordo de inalienabilidade não pode dar margem para qualquer concertação entre as partes, isto é, "a inalienabilidade deve ser o objectivo único, fixo no acordo sem qualquer decisão colectiva das

III. Entre nós, o mero acordo que proíba a alienação de acções não é susceptível de preencher o conceito de "acordos relativos à transmissibilidade" que preside à presunção do nº 4 do art. 20º do Cód.VM. Exige-se um *plus* de intensidade das restrições fixadas pelo acordo para que o mesmo seja susceptível de ter impacto sobre a estrutura accionista ou de controlo. É preciso que o acordo tenha como objectivo a manutenção da estabilidade accionista, petrificar o círculo accionista controlador ou de bloqueio das decisões estruturais da sociedade. Só nestas situações é que está presente a *ratio* que presidiu à regra de imputação.

No caso dos acordos de não-aceitação de OPA, é bem notório que o objectivo do acordo não é a cristalização de uma estrutura accionista ou de controlo.

partes". Em segundo lugar, o pacto de inalienabilidade não pode visar a manutenção do controlo, o que significa que, por exemplo, os acordos de inalienabilidade, que visam evitar que o preço do título seja prejudicado pelas transmissões realizadas numa concreta operação, não constituem uma actuação em concertação (cf. VIANDIER, *OPA* cit., p. 244; decisão da AMF nº 205C1843, de 28 de Outubro de 2005). Para este efeito, a doutrina salienta que a duração do acordo de inalienabilidade é relevante para determinar a existência de uma intenção de manutenção de controlo, sendo que a fixação de prazos longos é normal neste tipo de acordos (cf. VIANDIER, *OPA* cit., p. 244; decisões da AMF nº 204C0218, de 10 de Fevereiro de 2004, no caso Rappor Grandvision em que o acordo fixava um prazo de 5 anos, e nº 203C0967, de 27 de Junho de 2003, no caso Générale de Santé, em que o acordo fixava um prazo de 7 anos).
No ordenamento jurídico italiano, o art. 122º, nº 5 al. b) do TUF consagra, como uma das modalidades de acordos parassociais e que relevam para efeitos de OPA por força da remissão do art. 109º do TUF para este preceito, os "acordos que estabeleçam limitações à transferência de acções ou de instrumentos financeiros ou que atribuam um direito de aquisição ou de subscrição daqueles". Os *standstill agreements* são assim relevantes para efeitos do dever de lançamento. Contudo, excluem-se (i) os *lock-up agreements* de operações de colocação de acções, que são acordos acessórios de uma oferta pública de subscrição inicial de acções (comummente designadas de IPO – *initial public offerings*) e que visam garantir a estabilidade do preço no momento imediatamente a seguir à colocação das acções, uma vez que não estabelecem uma direcção unitária da organização e gestão social nem procuram cristalizar os *assetti propietari* (cf. comunicações da CONSOB nº DIS/26486, de 18 de Abril de 2000, nº DCL/DEM/85385, de 16 de Novembro de 2000; QUATRARO/PICONE, *Manuale* cit., pp. 138-139), e (ii) as cláusulas de inalienabilidade inseridas em contratos de financiamento, uma vez que estas "resultavam de uma exigência de garantia do financiamento, tendo o único objectivo de assistir a garantia", não tinham o objectivo de cristalizar os *assetti propietari* (cf. comunicação da CONSOB nº DEM/2057476, de 14 de Agosto de 2002; QUATRARO/PICONE, *Manuale* cit., p. 140). Assim, a CONSOB e a doutrina consideram que os acordos que estabeleçam limites à transferência de acções não serão qualificados como acordos parassociais e relevantes para efeitos de OPA obrigatória se não tiverem como finalidade cristalizar os *assetti propietari* (e, como tal, influenciar o controlo da sociedade), sendo a inalienabilidade meramente acessória ou instrumental de outra finalidade (cf. QUATRARO/PICONE, *Manuale* cit., p. 140).

Ao invés, o acordo visa a cessão do controlo através de um mecanismo – a OPA – que é, simultaneamente, o mecanismo utilizado para proteger os accionistas minoritários nos casos de cessão de controlo, desde que cumpra determinados requisitos. As obrigações de não alienação ou de não-aceitação de ofertas concorrentes assumidas no âmbito de um acordo de não-aceitação não visam a petrificar o controlo existente e "amarrar" o accionista à sociedade cotada. Essas obrigações têm um cariz meramente transitório e acessório de uma outra finalidade – a cessão do controlo – que é oposta àquela *ratio* que preside à presunção do nº 4 do art. 20º do Cód.VM[1433]. Elas não são um fim em si mesmo, são um meio de viabilizar financeiramente a oferta e abrir espaço à potencial cessão do controlo.

Acresce que o acordo de não-aceitação de OPA preenche os requisitos para a ilisão da presunção fixados pelo art. 20º, nº 5 do Cód.VM. Aquele acordo é absolutamente independente da "influência efectiva ou potencial" sobre a sociedade cotada, uma vez que as partes não querem exercer influência sobre a sociedade através do acordo. O acordo é um meio de uma das partes (oferente) viabilizar um mecanismo de aquisição do controlo – a OPA – e só após o termo do processo deste mecanismo é que essa parte do acordo (se tiver sucesso) exercerá o controlo e a influência sobre a sociedade. A única influência potencial sobre a sociedade cotada resultante do acordo de não-aceitação pode residir na existência de um acordo de voto acoplado ao mesmo, o qual, contudo, já se verificou ser meramente circunstancial e ter uma finalidade que não releva para efeitos de OPA obrigatória.

[1433] Este é também o entendimento dominante no ordenamento jurídico italiano. O art. 122, comma 5 b) do TUF inclui, no conceito de acordos parassociais relevantes para o conceito de actuação em concertação, os acordos que fixam limitações à transmissão das acções ou que atribuam um direito de aquisição ou subscrição das mesmas. A doutrina italiana e o regulador de mercado entendem que os acordos de não-aceitação de OPA não preenchem esta modalidade de acordo parassocial (que fixa limitações à transmissão de acções). Por um lado, a doutrina afirma que aqueles acordos apenas fixam uma limitação temporária e parcial das acções, porque o accionista é livre de vender as acções a um terceiro. Por outro lado, a doutrina entende que os acordos de não-aceitação não prosseguem as finalidades habituais de um acordo parassocial (cristalização dos *assetti proprietari*) (cf. comunicação da CONSOB de 16 de Novembro de 2000 nº DCL/DEM/85385; no mesmo sentido, *vide* QUATRARO/PICONE, Manuale cit., p. 141), ele é limitado a determinados objectivos relacionados com um concreta OPA.

SÍNTESE CONCLUSIVA

O presente estudo versou sobre os acordos de aceitação e não-aceitação de OPA que se inserem na categoria mais ampla dos denominados mecanismos «facilitadores da cessão de controlo" das sociedades cotadas, os quais visam, conforme o próprio nome indica, facilitar a transmissão do controlo de uma sociedade cotada. Após uma apresentação geral destes mecanismos e dos seus pontos mais importantes, referimos as vantagens e desvantagens que lhes são apontadas de um ponto de vista jurídico e da análise económica do direito que, como se sabe, tem uma importância não despicienda na regulação do mercado de capitais e de um instituto fundamental do mesmo: a OPA. De entre os vários mecanismos «facilitadores» da cessão do controlo, elegemos dois deles como objecto principal deste estudo e que são frequentemente utilizados nos países europeus, sobretudo no Reino Unido e na Alemanha: os acordos irrevogáveis de aceitação de OPA e os acordos irrevogáveis de não-aceitação de OPA.

Nos acordos irrevogáveis de aceitação de OPA, concluiu-se que a sua estrutura contratual típica consiste num contrato-promessa de compra e venda de acções mediante o qual o accionista da sociedade visada promete celebrar um contrato de compra e venda das acções nos termos e condições da OPA, a qual será, potencial ou obrigatoriamente, lançada pelo oferente (contraparte do acordo). Constatou-se ainda que estes acordos podem implicar uma maior ou menor vinculação consoante o accionista se obrigue, ou não, a não aceitar qualquer oferta concorrente, renunciando ao direito especial de revogação da declaração de aceitação, em caso de lançamento de OPA concorrente. São as denominadas *hard irrevocables*.

Apresentada a estrutura contratual deste tipo de acordos, mergulhou-se na análise da admissibilidade jurídica dos mesmos à luz do ordenamento jurídico português. O pano de fundo e ponto de partida da análise foi o princípio da liberdade contratual, pois o oferente e accionista da sociedade visada têm, como as demais pessoas e nas palavras do ilustre Antunes Varela, a "faculdade de criarem entre si, guiadas pela sua própria razão, acordos destinados a regular os seus interesses". Este princípio sofre várias limitações ou restrições, a ponto de, conforme refere Leisner, "a história da liberdade contratual" ser "a história das suas limitações". Procurou-se verificar quais as normas e princípios (sobretudo as que regem as OPAs e as ofertas públicas em geral, bem como as relativas ao universo do direito societário) que pudessem determinar a invalidade dos acordos de aceitação de OPA, restringindo a liberdade contratual do oferente e do accionista da sociedade visada.

A conclusão geral do percurso aprofundado pelos vários princípios e normas relevantes foi a de que os acordos de aceitação de OPA não violam, na perspectiva que foca os direitos do accionista da sociedade visada (promitente-vendedor), a igualdade de tratamento dos destinatários, a liberdade de aceitação da OPA e a informação e tempo necessários para a ponderação da decisão a tomar pelo accionista ou ainda o direito de revogação das declarações de aceitação de OPA. Neste tipo de acordos, embora haja um tratamento diferenciado do accionista, ele consiste numa discriminação negativa (menor tempo de decisão, menor informação) que resultou de um acto próprio e livre do mesmo (que prossegue os seus interesses legítimos), aplicando-se o princípio *volenti non fit iniuria*. Se, ao invés, há um benefício do accionista (promitente-vendedor) não partilhado pelos demais destinatários da oferta, a protecção destes encontra-se assegurada pelas normas que regem as OPAs, não sendo necessário, por norma, invalidar o acordo. No fundo, o accionista acaba por antecipar o momento da sua decisão sobre uma futura oferta, o que, podendo retirar-lhe tempo de decisão e informação que o legislador lhe confere, salvaguarda melhor os seus interesses porque lhe assegura, entre outros aspectos, o lançamento de uma OPA com uma contrapartida potencialmente superior, a qual beneficiará todos os accionistas da sociedade visada. Porém, concluiu-se que há uma norma que consagra um direito ao qual o accionista não pode renunciar caso seja um investidor não qualificado: o direito de revogação da aceitação da oferta em caso de lançamento de OPA concorrente. Nestes casos, a norma é qualificada como uma norma imperativa.

Na perspectiva que se centra nos direitos dos demais potencias oferentes, a conclusão foi igualmente a de que não há qualquer entrave ilegal à livre concorrência entre as ofertas e ao princípio da igualdade entre oferentes. O motivo central radica no facto de o princípio da igualdade entre oferente não exigir qualquer tipo de lealdade dos oferentes entre si: quem está vinculado a observar aquele tratamento igualitário é a sociedade visada. A livre concorrência abre espaço para que qualquer oferente adopte a conduta e procedimentos necessários ao sucesso da sua oferta sem ter de considerar os interesses de outros potenciais oferentes, desde que dentro dos limites da legalidade. Não se pode exigir a um oferente que não celebre acordos de aceitação de OPA para permitir a concorrência pela sociedade visada.

Como súmula da análise deste tipo de acordos, pode dizer-se que eles expressam uma conformação de interesses das partes – oferente e accionista da sociedade visada – que não colide, por regra e *per se*, com qualquer norma ou princípio do nosso ordenamento jurídico e que podem beneficiar quer os demais accionistas da sociedade visada (proporcionando-lhes um retorno mais elevado do que o habitual) quer a própria sociedade, por força do mecanismo que lhes está associado: a OPA.

Nos acordos irrevogáveis de não-aceitação de OPA, constatou-se que a sua estrutura contratual típica é diferente da dos acordos de aceitação, sendo aqueles contratos definitivos de prestação de um facto negativo: a não emissão de uma declaração de aceitação da OPA a lançar pelo oferente. Verificou-se ainda que estes acordos podem implicar uma maior vinculação quando prevejam a obrigação do accionista não aceitar ofertas concorrentes. À semelhança do que se havia efectuado no estudo dos acordos de aceitação de OPA, realizou-se uma análise da admissibilidade dos acordos de não-aceitação de OPA à luz do ordenamento jurídico português, tendo novamente como pano de fundo o princípio da liberdade contratual e procurando identificar as normas e princípios que constituíssem obstáculos à celebração destes acordos.

A conclusão da análise efectuada foi a de que os acordos de não-aceitação de OPA não colidem, na perspectiva que considera os direitos do accionista da sociedade visada (obrigado à não aceitação da oferta), com a igualdade de tratamento dos destinatários, bem como com a liberdade de aceitação da OPA e a informação e tempo necessários para a ponderação da decisão pelo accionista. Nestes acordos, há também uma antecipação da decisão do accionista em relação a uma oferta, o que, embora lhe possa retirar tempo de decisão e informação que o legislador lhe confere (e, como tal, implicar novamente uma discriminação negativa), resulta de um acto próprio e livre do accionista e, tal como referido, *volenti non fit iniuria*. O accionista prossegue com a não-aceitação da OPA interesses próprios que são legítimos e que em nada prejudicam os demais accionistas porque no cerne deste acordo está a OPA, instituto que permite a distribuição adequada e igualitária dos benefícios do próprio acordo aos demais accionistas.

De um ponto de vista dos direitos de outros potenciais oferentes concorrentes, concluiu-se não existir igualmente qualquer obstáculo à celebração daquele tipo de acordos. O argumento central radicou no facto de o legislador considerar expressamente válidos os acordos que fixam a proibição de aceitação de OPA entre os accionistas da sociedade visada como forma de proteger a sociedade contra o lançamento de OPAs no futuro (prevendo inclusive que os mesmos continuarão a produzir efeitos na pendência de OPA, excepto se houver norma estatutária em contrário). Admitindo-se a validade deste tipo de acordos que são muito mais restritivos da concorrência pela aquisição do controlo da sociedade visada, também não poderia deixar de se considerar válido o acordo celebrado entre um potencial oferente e um accionista com vista à não aceitação da OPA. Este, a par de outros argumentos (como o facto daquelas limitações à transmissão serem temporalmente limitadas), permitiram afirmar a compatibilidade destes acordos com o princípio da livre transmissibilidade das acções e com o princípio da livre comerciabilidade e disposição de bens.

Sintetizando a análise efectuada, podemos dizer que os acordos irrevogáveis de não-aceitação de OPA são também um modo de conformação de interesses das partes – oferente e accionista da sociedade visada – que não viola *per se* qualquer norma ou princípio do nosso ordenamento jurídico. Nem sempre a aceitação da OPA é a expressão de maior retorno para o accionista, podendo a manutenção na sociedade visada revelar-se, a prazo, mais benéfica, sendo esse, provavelmente, o motivo que leva o accionista à sua celebração.

Uma vez analisados os acordos de aceitação e não-aceitação de OPA e tendo-se concluído, em geral, pela sua admissibilidade à luz do ordenamento jurídico português, avançou-se para a sua recondução ao quadro geral da alteração do controlo. Isto é, para a análise dos efeitos que a atribuição daqueles mecanismos pode ter no instituto que pressupõe a existência de uma cessão de controlo: a OPA obrigatória.

Antes de entrar na relevância de cada um dos acordos em matéria de cessão de controlo, em particular no preenchimento de alguma das situações de imputação de direitos de voto, foi necessário delimitar os contornos do conceito de controlo das sociedades cotadas e que está na base do dever de lançamento de OPA, esclarecendo, entre outros aspectos, a relação entre este instituto e o mecanismo de imputação de direitos de voto. Concluiu-se que a cessão do controlo é o pressuposto essencial da OPA obrigatória e que o conceito de controlo tem uma dimensão formal e material. Dimensão formal, uma vez que a OPA obrigatória pressupõe-o quando determinadas percentagens fixas de direitos de voto são ultrapassadas (critério quantitativo), o que se justifica essencialmente por razões de certeza e de segurança jurídica. Dimensão material porque, por um lado, o conceito de controlo é ampliado pelo mecanismo de imputação de direitos de voto, o qual, sendo formal, permite estender o âmbito daquele a praticamente todas as formas de controlo, e porque, por outro lado, se consagra um mecanismo "correctivo" dos excessos do conceito formal de controlo que possibilita, por apelo à inexistência de uma situação de domínio, o afastamento do dever de lançamento. Abordou-se também o funcionamento do mecanismo de imputação de direitos de voto para efeitos de OPA obrigatória e verificou-se que o mesmo operava numa perspectiva formal e abstracta, em consonância com a dimensão formal de controlo. Porém, concluiu-se que a interpretação das regras de imputação tinha de ser efectuada à luz do pressuposto (*cessão de controlo*) do instituto que convocou a sua aplicação (*OPA obrigatória*), não havendo uma remissão acrítica e cega para as regras de imputação.

Terminada a construção do conceito de controlo em sede de OPA obrigatória e dos mecanismos a que o mesmo recorre, entrou-se na análise da repercussão dos acordos de aceitação e de não aceitação de OPA na alteração do controlo. Procurou-se determinar em que medida é que aqueles mecanismos são relevantes para efeitos do cômputo da fasquia constitutiva do dever de lançamento de OPA, pois essa é a única via pela qual tais mecanismos podem assumir importância neste instituto. Concluiu-se logo então que este tipo de acordos só serão relevantes em sede de OPA obrigatória se puderem enquadrar-se numa das situações de imputação de direitos de voto referidas no catálogo do nº 1 do art. 20º do Cód.VM.

Nos acordos de aceitação de OPA, verificou-se que as situações de imputação de direitos de voto, nas quais aquele tipo de acordos se podia incluir, resumem-se às previstas nas als. c), e) e h) do nº 1 do art. 20º do Cód.VM.

Em relação à al. c), concluiu-se que, sempre haja um acordo de voto associado ao de aceitação da OPA, haverá lugar a uma imputação de direitos de voto para efeitos do dever de comunicação de participação qualificada mas não para efeitos do dever de lançamento. Os argumentos principais consistem no facto de o acordo de voto ser meramente pontual ou circunstancial e das partes não visarem com o mesmo uma finalidade própria e autónoma nem relacionada com o exercício do controlo da sociedade cotada (com o exercício de uma influência duradoura ou estável sobre a mesma).

No tocante à al. e), a conclusão foi novamente a de que os acordos de aceitação de OPA, atribuindo ao oferente um direito de aquisição das acções do accionista (promitente-vendedor), determinam uma imputação de direitos de voto em sede deveres de comunicação mas não em sede de OPA. Nos acordos de aceitação de OPA, a potencial influência sobre o exercício dos direitos inerentes às acções, incluindo o direito de voto, está absolutamente direccionada para a finalidade subjacente ao acordo, que não é a de exercer um novo controlo sobre a sociedade (ao contrário dos normais "direitos de aquisição"), é antes a de facilitar a cessão desse controlo através de OPA (após a qual se pretende então exercer o controlo sobre a sociedade). Para além disso, não há uma necessidade de protecção dos accionistas minoritários que está na base do dever de lançamento, na medida em que o direito de aquisição se reporta a uma OPA, a qual assegura *per se* a protecção necessária aos accionistas.

Por fim, quanto à al. h), concluiu-se que não há lugar a imputação de direitos de voto, uma vez que os acordos de aceitação de OPA não são susceptíveis de serem qualificados como acordos que visam a "aquisição do domínio" ou como acordos sobre a transmissibilidade das acções. No primeiro caso, verificou-se que, embora o acordo de aceitação de OPA possa implicar alguma concertação nas actuações entre o accionista vinculado e o oferente, ela é insuficiente para afirmar a existência de um dever de lançamento de OPA, pois o conceito (*acordo que visa a aquisição de domínio*) deve ser interpretado restritivamente no sentido de se exigir, não apenas a verificação da finalidade, mas também uma actuação concertada das partes suficientemente intensa para alcançar aquele objectivo. A mera aceitação de uma oferta futura não envolve um nível de concertação susceptível de preencher aquele conceito. No segundo caso, verificou-se que o acordo de aceitação de OPA não preenche a *ratio* da presunção relativa aos acordos de transmissibilidade, na medida em que não se pretende petrificar uma estrutura de controlo ou accionista nem cristalizar um determinado poder. Pelo contrário, o acordo visa a cessão do controlo através de um mecanismo – a OPA – que é, simultaneamente, o mecanismo utilizado para proteger os accionistas minoritários nos casos de cessão de controlo.

Nos acordos irrevogáveis de não-aceitação de OPA, conclui-se desde logo que as situações de imputação de direitos de voto, nas quais aquele tipo de acordos se podiam incluir, reconduzem-se às previstas nas als. c) e h) do nº 1 do art. 20º do Cód.VM.

Em relação à al. c), as conclusões e argumentos são similares às expostas no âmbito dos acordos de aceitação de OPA com uma ressalva. Nos acordos de não--aceitação, o accionista permanece na sociedade visada após a conclusão da oferta, havendo o risco não despiciendo do acordo representar a base de um entendimento mais amplo entre oferente e accionista para o controlo da sociedade no futuro. Porém, a existência deste entendimento mais alargado não pode ser presumida sem mais, sobretudo atendendo às consequências graves que derivam desse facto: imposição do dever de lançamento. É necessário que se prove esse entendimento entre o accionista e o oferente mas, efectuada esta prova, haverá lugar à imputação de direitos de voto para efeitos de OPA obrigatória.

No tocante à alínea h), conclui-se que os acordos de não-aceitação de OPA não são susceptíveis de serem qualificados como acordos que visam a "aquisição do domínio" ou frustrar a "alteração do domínio" ou como acordos relativos à transmissibilidade das acções, pelo que não há lugar a imputação de direitos de voto ao abrigo desta regra. No caso dos acordos que visam a "aquisição do domínio", a argumentação expendida foi similar à exposta no âmbito dos acordos de aceitação. Já no caso dos acordos que pretendem frustrar a alteração do domínio, concluiu-se que a finalidade do acordo de não-aceitação é insusceptível de preencher aquele conceito de acordo, uma vez que ela consiste na viabilização financeira do lançamento de uma OPA (que se destina à cessão do controlo) da sociedade cotada, o que é uma finalidade oposta à de impedir a alteração do domínio. Por fim, conclui-se que as restrições de transmissibilidade dos acordos de não-aceitação de OPA não são suficientes para relevarem como "acordos relativos à transmissibilidade", pois o mesmo não visa, tal como no caso dos acordos de aceitação, a manutenção da estabilidade accionista nem petrificar o círculo accionista controlador ou de bloqueio das decisões estruturais da sociedade.

Em suma, os acordos de aceitação ou não-aceitação de OPA, embora possam determinar, nalguns casos, uma imputação de direitos de voto para efeitos de deveres de comunicação, não desencadeiam uma imputação ao nível do dever de lançamento de OPA.

BIBLIOGRAFIA

AAVV – *Disciplina delle offerte pubbliche di vendita, sottoscrizione, acquisto e scambio di titoli*, Commentario a cura di Costi, 1997

AAVV – *Grande enciclopédia portuguesa e brasileira*, vol. VII, Editorial Enciclopédia, Lisboa/Rio de Janeiro, 1980

AAVV – *JurisPK-BGB*, 5. Auflage, Band 2, Verlag Otto Schmidt, 2010

AAVV – *Münchener Kommentar zum Aktiengesetz*, Band 1, 3. Auflage, C.H. Beck, München, 2008

AAVV – *Münchener Kommentar zum Aktiengesetz*, Band 3, 2. Auflage, C.H. Beck, München, 2004

AAVV – *Münchener Kommentar zum Bürgerlichen Gesetzbuch*, Band 2, 5. Auflage, München, 2007

AAVV – *Münchener Kommentar zum Bürgerlichen Gesetzbuch*, Band 1/1, 5. Auflage, C.H. Beck, München, 2006

AAVV – *Promesses de vente, engagements d'apport et autres accords susceptibles d'avoir une influence sur l'issue d'une offre*, in AAVV, *Joly Bourse – Études*, L'Extension, Paris, 2010

ABREU, Jorge Manuel Coutinho de – *Curso de direito comercial*, vol. II (*Das Sociedades*), 4ª edição, Almedina, Coimbra, 2014

– *Do abuso de direito – Ensaio de um critério no Direito Civil e nas* Deliberações Sociais, Almedina, Coimbra, 1999

ABRIANI/CAVALIERE/SARALE – (coords), in *La legge Draghi e.le società quotate in borsa*, Turín, 1999

ALARCÃO, Rui de – *Direito das obrigações*, Coimbra, 1983

ALBELLA, Sebastián – *El estatuto de las sociedades cotizadas*, in La Ley, nº 3415, 1993

ALBUQUERQUE, Martim – *Da igualdade – Introdução à Jurisprudência*, Almedina, Coimbra, 1993

ALEXANDER, Frederick H. – *Reining in good intentions: Common law protections of voting rights*, in Delaware Journal of Corporate Law, 26, 2001

ALLEN, William – *Understanding fiduciary outs: The what and the why of an anomalous concept*, in Business Law Review, 55, 2000

ALMEIDA, António Pereira de – *Sociedades Abertas*, in Direito dos Valores Mobiliários, vol. VI, Coimbra Editora, 2006

– *Sociedades Comerciais*, 4ª edição, Coimbra Editora, Coimbra, 2006

ALMEIDA, Carlos Ferreira de – *Contratos*, vol. II ("Conteúdo"), Almedina, Coimbra, 2008

AMARAL, Maria – *O Princípio da Igualdade na Constituição Portuguesa*, in *Estudos em homenagem ao Prof. Doutor Armando Marques Guedes*, Almedina, Coimbra, 2004

ANDRADE, Manuel – *Teoria geral da relação jurídica*, nº 2, Coimbra, 1992
– *Teoria geral das obrigações*, 3ª edição, Coimbra, 1966

ANDRADE, Margarida Costa – *Algumas considerações sobre a oferta pública de aquisição de acções simples e voluntárias no regime jurídico português*, in BFDUC, 2002

ANDRÉS, Sánchez – *La disposición transitoria tercera 2.c) de la llamada Ley de transparencia como interpretación auténtica de normas anteriores*, in AAVV, *Estudios de Derecho de sociedades y Derecho concursal. Libro homenaje al Profesor R. García Villaverde*, t. II, Madrid, 2007
– *Teología y tipología de las ofertas públicas de adquisición en la nueva regulación española*, in AAVV, *La lucha por el control de las grandes sociedades. Las ofertas públicas de adquisición*, Ed. Deusto, Bilbao, 1992

ANDRÉ, Paul/KHALIL, Samer/MAGNAN, Michel – *Termination in mergers and acquisitions: protecting investors or managers?*, in *Journal of Business Financial and Acct.*, 34, 2007

ANDENAS, Andenas/GÜTT, Tilmann/PANNIER, Matthias – *Free movement of capital and national company Law*, in EBLR, 2005, pp. 757 e ss.

ANDRÉS, Sánchez – *Teleología y tipología de las ofertas públicas de adquisición en la nueva regulación española*, in GARCÍA ALBIZU//OLEO BANET/MARTINEZ FLORÉZ, *Estudios Jurídicos sobre el Mercado de Valores*, Madrid, 2008

ANNUNZIATA, Filippo – *La nuova disciplina delle offerte pubbliche di acquisto e scambio di tituli*, in *Le Società*, nº 5, 1992, pp. 589 e ss.

ANTUNES, José Engrácia – *A igualdade de tratamento dos accionistas na OPA*, in *Direito das Sociedades em Revista*, Ano 2, vol. 3, 2010
– *Participações qualificadas e domínio conjunto – A propósito do caso Champalimaud – Banco Santander*, Publicações UCP, Porto, 2000
– *Direito dos contratos comerciais*, Almedina, Coimbra, 2009
– *Os grupos de sociedades. Estrutura e organização jurídica da empresa plurisocietária*, 2ª Edição Revista e Actualizada, Almedina, 2002
– *Os instrumentos financeiros*, Almedina, Coimbra, 2009

APARICIO, Arroyo – *Las OPAs competidoras*, in BENEYTO/LARGO (dirs.), *Régimen jurídico de las ofertas públicas de adquisición (OPAs)*, Bosch, Barcelona, 2010

ARAKELLIAN, Roy – *La notion de contrôle*, Paris, 2000

ARMESTO, Fernando – *Las OPAs y el mercado del control empresarial: un balance de diez años de experiencia*, in *Revista de Derecho Mercantil*, 227, 1998

ARMOUR, John/HANSMANN, Henry/KRAAKMAN, Reinier – *Agency problems and legal strategies*, in AAVV, *The anatomy of Corporate Law. A comparative and functional approach*, 2ª edição, Oxford University Press, Oxford, 2009

ARRUÑADA, Benito – *Control y regulación de la sociedad anónima*, Alianza Editorial, Madrid, 1990
– *Crítica a la regulación de las OPAs*, in *Revista de Derecho Mercantil*, 203/204, 1992

ASCENSÃO, José de Oliveira – *O Direito – Introdução e teoria geral*, 13ª edição, Almedina, Coimbra, 2005

ASSMANN, Heinz-Dieter – *Das künftige deutsche Insiderrecht*, in AG, 1994
– *Übernahmeangebote im Gefüge des Kapitalmarktrechts, insbesondere im Lichte des*

Insiderrechts, der Ad hoc-Publizität und des Manipulationsverbots, in ZGR, 2002

ASSMANN, Heinz-Dieter/SCHNEIDER, Uwe H. (Hrsg.) – *Wertpapierhandelgesetz Kommentar*, 5ª edição, Otto Schmidt Verlag, Köln, 2010

ASSMANN, Heinz-Dieter/PÖTZSCH, Thorsten/SCHNEIDER, Uwe H. (Hrsg.) – *Wertpapiererwerbs- und Übernahmegesetz*, Verlag Otto Schmidt, Köln, 2005

ATIYAH, Patrick S. – *The rise and fall of freedom of contract*, 2ª reimpressão, Oxford University Press, 1988

AYRES, Ian – *Analyzing stock lock-ups: Do target treasury sales foreclosure or facilitate takeover auctions?*, in *Columbia Law Review*, 90, 1990

BAINBRIDGE, Stephen M. – *Independent directors and the ALI corporate governance Project*, in *George Washington law Review*, 61, 1993

BALZ, Karl – *No-shop clauses*, in *Delaware Journal of Corporate Law*, 28, 2003
– *No-Shop-Vereinbarungen nach amerikanischem und deutschem Recht*, Peter Lang, Frankfurt, 2008

BALOTTI, Franklin/SPARKS, Gilchrist – *Deal protection and the merger recommendation*, in *Northwestern University Law Review*, 96, 2002

BANERJEA, Nirmal Robert – *Der Schutz von Übernahme- und Fusionsplänen – Überlegungen zur Zulässigkeit und Gestaltung sog. Deal-Protection- Abreden –*, in *DB*, 2003

BASSO, R. – *Acquisto di concerto*, in *Commentario al testo unico della disposición in materia di intermediazione financiaria*, dir. Alpa/Capiglione, Cedam, 1998

BATES, Thomas W./LEMMON, Michael L. – *Breaking up is hard to do? An analysis of termination fee provisions and merger outcomes*, in *Journal of Financial Economy*, 69, 2003

BEBCHUCK, Lucian – *The case against board veto in corporate takeovers*, in *University of Chicago Law Review*, 69, 2002
– *The case for facilitating competing tender offers*, in *Harvard Law review*, 95, 1982

BÉLTRAN, Carlos/GALEGO, Paredes – *Análisis de la nueva normativa de OPAs*, in *Observatorio sobre la reforma de los mercados financieros europeos*, Fundación de Estudios Financieros, Madrid, 2007

BENAZZO, Paolo – *I presuposti dell'o.p.a. preventiva*, in *Giurisprudencia Commerciale*, 1994

BHAGAT, Sanjai/SHLEIFER, Andrei/VISHNY, Robert – *Hostile takeovers in the 1980s: The return to corporate specialization*, in *Brookings papers on economic activity*, 1, 1990

BIARD, Jean-François – *Vers une nouvelle reforme des offres publiques*, in *Revue de Droit Bancaire*, Setembro-Outubro, 2009

BIRKNER, Albert/THALER, Christian – *Verhaltensmaβstäbe für die Zielgesellschaft im hostile takeover*, in POLSTER-GRÜLL/ /GOTTWALL (Org.), *Handbuch Mergers and Acquisitions*, Linde, 200

BLANCO, Cachón – *Derecho del mercado de valores*, Ed. Dykinson, 1993
– *El principio jurídico de protección al inversor en valores mobiliários: aspectos teóricos y prácticos*, in *Revista de Derecho Bancario y Bursátil*, 55, 1994

BENEYTO, José Maria/PUENTE, J. – *Las ofertas públicas de adquisición de títulos desde la perspectiva comunitaria en la Unión Europea. Los mercados de valores*, Madrid, 2005

BERGER, Philip/OFEK, Eli – *Bustup takeovers of value-destroying diversified firms*, in *Journal of Finance*, 51 (4), 1996

BERLANDA, Enzo – *La disciplina delle offerte pubbliche di acquisto*, in *Rivista delle Società*, 1995

BERLE, Adolph – *"Control" in corporate law*, in *Columbia Law Review*, 58, 1958

– *The price of power: sale of corporate control*, in *Cornell Quarterly*, 50, 1965

BERLE, Adolph/MEANS, Gardiner – *The modern corporation and private property*, New Brunswick/London, reed. 1991

BERNAU, Timo Patrick – *Die Befreiung vom Pflichtangebot nach § 37 WpÜG*, in WM, 2004

BIANCHI, L. A. – *Commentario art. 109 TUF, La disciplina delle società quotate, nel testo único della finanza D.Lgs. 24 febbraio 1998*, n. 58, t. I, Cedam, 1999

BIARD/MATTOUT – *Les offres publiques d'acquisition: l'émergence de principes directuers du droit boursier*, in *Banque et droit*, n.º 28, Março/Abril, 1993

BIRD, Paul S./BAB, Andrew L. – *Anatomy of the no-shop provision*, 12 no. 8 Insights, 1998

BIRD, Paul S./THORPE, Richard G. – *Selected issues in documenting deals: Lockups, deal protection and social issues*, 1085 Practising Law Institute, Corporate Law and Practice Handbook Series, 1998

BLACK, Reiner/KRAAKMAN, Bernard – *Delaware's Takeover Law: The uncertain search for hidden value*, in *Northwestern University Law Review*, 96, 2002

BLOCK, Denis J. – *Public Company M&A: Recent developments in corporate control, protective mechanisms and other deal protection techniques*, 1462 Practising Law Institute, Corporate Law and Practice Handbook Series, 2005

BLOOMENTHAL, Harold/SAMUEL WOLFF, Samuel – *Emerging trends in securities law*, London, 1998-1999

BONNEAU, Thierry – *L'action de concert*, in CANIVET/MARTIN/MOLFESSIS (dirs.), *Les offres publiques d'achat*, LexisNexis Litec, Paris, 2009

BORGES, Georg – *Acting in concert: Vom Schreckgespenste zur praxistauglichen Zurechnungsnorm*, in ZIP, 2007

BRÄNDLE, Udo C./NOLL Jürgen, *The power of monitoring*, in *German Law Journal*, 11. Vol. 5, 2004

BRANTLEY, Brian – *Deal protection or deal preclusion? A business judgement rule approach to M&A lockups*, in *Texas Law Review*, 81, 2002/2003

BRAUN, Hendrik – *Die Befreiung vom Pflichtangebot nach dem WpÜG*, 2008

BREALE, Richard/MYERS, Stewart C. – *Principles of corporate finance*, 3ª edição, New York, 1988

BREDIN/LOUSSOUARN – *Droit de commerce internacional*, Bibl. droit privé, 1969, n.º 252

BÜLOW, Christoph von/PETERSEN – *Acting in Concert: Anwendungsprobleme des neuen Zurechnungstatbestands*, in VEIL (Hrsg.), *Übernahmerecht in Praxis und Wissenschaft*, Köln, 2009

– *Stimmrechtszurechnung beim Treuhänder*, in NZG, 2009

BULOW, J./KLEMPERER, P. – *Auctions versus negotiations*, in *American Economic Review*, 86, 1996

BÜLOW, Christoph von/STEPHANBLOME, Markus – *Acting in Concert und neue Offenlegungspflichten nach dem Risikobegrenzungsgesetz*, in ZIP, 2008

BURGESS, Kimberly – *Note: Gaining perspective: Director's duties in the context of "no-shop" and "no-talk" provisions in merger agreements*, in *Columbia Business Law Review*, 431, 2001

BURGARD, Ulrich – *Die Berechnung des Stimmrechtsanteils nach §§ 21-23 Wertpapierhandelsgesetz*, in BB, 1995

CABRAL, Rita Amaral – *A eficácia externa das obrigações e o n.º 2 do art. 406.º do Código Civil*, Braga, 1982

CAHN, Andreas – *Grenzen des Markt- und Anlegerschutzes durch das WpHG*, in ZHR, 1998

– *Probleme der Mitteilungs- und Veröffentlichungspflichten nach dem WpHG bei Ve-*

ränderungen des Stimmrechtsanteils an börsennotierten Gesellschaften, in AG, 1997

CÂMARA, Paulo – *As Operações de Saída de Mercado*, in *Direito dos Valores Mobiliários*, vol. V, Coimbra Editora, Lisboa, 2004

– *Direito dos Valores Mobiliários – Versão Provisória Exclusiva para os Alunos do 5º Ano da Faculdade de Direito da Universidade de Lisboa (Ano 2000-2001)*

– *Emissão e Subscrição de Valores Mobiliários*, in *Direito dos Valores Mobiliários*, Lex, Lisboa, 1997

– *Internalização sistemática. Subsídios para o estudo de uma nova forma de organizada de negociação*, in Cadernos do Mercado de Valores Mobiliários, nº 27, 2007

– *Manual de Direito dos Valores Mobiliários*, Almedina, Lisboa, 2009

– *O Dever de Lançamento de Oferta Pública de Aquisição no Novo Código dos Valores Mobiliários*, in *Cadernos da Comissão do Mercado de Valores Mobiliários*, nº 7, Lisboa, Abril 2000

– *Os deveres de informação e a formação de preços no mercado de valores mobiliários,* in Cadernos do Mercado de Valores Mobiliários, nº 2, 1998

CAMPOBASSO – *Testo unico della finanza. Commentario*, II, Milano, 2002

CANDELARIO MACÍAS, Isabel – *Las sociedades cotizadas: elementos específicos*, in BENEYTO//LARGO (dirs.), *Régimen jurídico de las ofertas públicas de adquisición (OPAs)*, Bosch, Barcelona, 2010

– *Los sujetos de una OPA y otros intervenientes*, in BENEYTO/LARGO (dirs.), *Régimen jurídico de las ofertas públicas de adquisición (OPAs)*, Bosch, Barcelona, 2010

CANOTILHO, Joaquim Gomes – *Direito Constitucional e Teoria da Constituição*, 7ª edição, Almedina, Coimbra, 2003

CANOTILHO, Joaquim Gomes/MOREIRA, Vital – *Constituição da República Portuguesa Anotada (artigos 1º a 107º)*, Vol. I, 4ª edição revista, Coimbra Editora, 2007

CARBONETTI, Francesco – *La nuova disciplina delle offerte pubbliche di acquisto*, in Rivista delle Società, Setembro/Outubro, 1998

CARIELLO, Vicenzo – *"Controllo congiunto" e accordi parasociali*, Giuffré, Milano, 1997

CARVALHO, Orlando de – *Direito das coisas (Do direito das coisas em geral)*, Coimbra, 1977

– *Teoria geral do Direito Civil: sumários*, Coimbra, 1973

CARY, William/EISENBERG, Melvin – *Corporation – cases and materials*, Westbury, 1995

CASPER, Matthias – *Acting in concert – Grundlagen eines neuen kapitalmarktrechtlichen Zurechnungstatbestandes*, in ZIP, 2003

CASPER, Matthias/BRACHT – *Entscheidungsbesprechung – Abstimmung bei der Wahl des Aufsichtsrats – Ein Fall für ein Pflichtangebot?*, in NZG, 2005

CASTELLS, Recalde – *La reforma de las sociedades cotizadas*, in *Revista de Derecho de Sociedades*, 13, 1999-2

– *Organización y «buen» gobierno de las sociedades anónimas cotizadas*, in *Noticias de la Unión Europea*, 10, 2002

CASTRO, Carlos Osório de – *A Imputação de Direitos de Voto no Código dos Valores Mobiliários*, in *Cadernos do Mercado dos Valores Mobiliários*, nº 7, 2000, Abril

– *Acções Preferenciais sem Voto*, in *Problemas do Direito das Sociedades* (Instituto do Direito das Empresas e do Trabalho), Almedina, 2003

– *Os Casos de Obrigatoriedade de Lançamento de uma Oferta Pública de Aquisição*, in *Problemas Societários e Fiscais do Mercado dos Valores Mobiliários*, Edifisco, Lisboa, 1992

– *Valores mobiliários – conceito e espécies*, 2ª edição, Universidade Católica Portuguesa, Porto, 1998

CHAMPAUD – *Le pouvoir de concentration de la sociéte par* actions, París, Sirey, 1962

CHAPPLE/CHRISTENSEN/CLARKSON – *Termination fees in a "Bright Line" jurisdiction*, in *Accouting and Finance*, 47, 2007

CHABERT, Pierre-Yves/COURET, Alain – *Les offres de prise de contrôle*, in CANIVET//MARTIN/MOLFESSIS (dirs.), *Les offres publiques d'achat*, LexisNexis Litec, Paris 2009

CHAUVIN – *Quelle sanction en cas de violation d'un pacte de préférence?*, in RJDA 8-9//06

CHIAPPETTA, Francesco – *Diritto del governo societario. La corporate governance delle società quotate*, Cedam, Padova, 2007

CHORÃO, Bigottte – *Introdução ao Direito*, I, *O conceito de Direito*, Almedina, Coimbra, 1989

COASE, Ronald – *The problem of social cost*, in *Journal of Law and Economics*, 3, 1960

COATES, John C. – *Measuring the domain of mediating hierarchy: How contestable are U.S. public corporations?*, in *Journal of Corporation Law*, 24, 1999

COATES, John C./SUBRAMANIAN, Gulian – *A buy-side model of lockups: theory and evidence*, in *Stanford Law Review*, 53, 1996

COELHO, Francisco Pereira – *A renúncia abdicativa no direito civil (Algumas notas tendentes à definição do seu regime)*, in BFDUC, Studia Iuridica 8, Coimbra Editora, Coimbra, 1995

COELHO, Francisco Pereira – *Obrigações – Sumário das lições ao curso de 1966-1967*, ed. policopiada, Coimbra, 1967

– *Grupos de sociedades – Anotação preliminar aos arts. 488º a 508º do CSC*, in BFDUC, LXIV, Coimbra Editora, 1988

COELHO, A. Pinto – *Das cláusulas acessórias dos negócios jurídicos*, I – A Condição, Coimbra, 1909

COFFEE, John – *Regulating the market for corporate control: a critical assessment of the tender offer's role in corporate governance*, in *Columbia Law Review*, 84, 1984

– *Shareholders versus managers: the strain in the Corporate Web*, in *Michigan Law Review*, 85, 1986

COLOMBO, G. E./PORTALE, G. B. – (dirs.) *Trattato delle Società per azioni*, Turín, 1993

CORDEIRO, António Menezes – *Acções Preferenciais sem Voto*, in Revista da Ordem dos Advogados, 60

– *Direito das obrigações*, vol. I, Lisboa, 1980

– *Manual de direito das sociedades comerciais*, 3ª edição ampliada e actualizada, vol. I, Almedina, 2011

– *Manual de direito das sociedades comerciais*, 2ª edição revista, vol. II, Almedina, 2007

– *O novíssimo regime do contrato-promessa*, in Estudos de Direito Civil, vol. 1, 1994 (2ª reimpressão)

– *Tratado de Direito Civil Português*, I – Parte Geral, t. I, Almedina, Coimbra, 1999

CORNU – *Vocabulaire juridique*, Association H. Capitant/PUF, 2000

CORREIA, A. Ferrer – *Da responsabilidade do terceiro que coopera com o devedor na violação de um pacto de preferência*, in RLJ, ano 98

CORREIA, A. Ferrer/XAVIER, Vasco Lobo – *Efeito externo das obrigações; abuso do direito; concorrência desleal*, in *Revista de Direito e Economia*, ano V, nº 1

COSTI, R. – *I patti parasociali*, in AAVV, *La riforma delle società quotate*, Milano, 1998

– *I sindicati di voto e di blocco nella legge sull'opa*, in BBTC, 1992, I

COSTA, Mário Júlio de Almeida – *Cláusulas de inalienabilidade*, Coimbra, 1992, Separata da RLJ, nºs 3812 a 3815

– *Direito das Obrigações*, 12ª edição revista e actualizada, Almedina, Coimbra, 2014

COTTINO, G./WEIGMAN, R. – *Primeras impresiones sobre el nuevo texto único italiano de las disposiciones en materia de mercados financieros*, in *Revista de Derecho de Sociedades*, 10, 1999

COTTINO, G. – *Le convenzioni di voto nelle società commerciali*, Milano, 1958

CUNHA, Paulo Olavo – *Direito das sociedades comerciais*, 3ª edição, Almedina, Coimbra, 2007

CUNNINGHAM/YABLON, *Delaware Fiduciary Duty Law after QVC and Technicolor: A unified standard (and the end of Revlon Duties?)*, in *Business Law Review*, 49, 1994

DAVIES, Paul – *Shareholder value, Company law, and securities markets law: a British View*, in HOPT/WYMEERSCH, *Capital Markets and Company Law*, Oxford University Press, Oxford, 2003

DAVIS/DIEKMAN/TINSLEY – *The decline and fall of the conglomerate Firm in the 1980s: The Desinstitutionalization of an organizational form*, in *American Sociological Review*, 59 (4), 1994

DAVIS/BALL-DODD – *Deal protection mechanisms in the US and in the UK*, in AAVV, *Mergers and Acquisitions Handbook 2008//2009*, London, 2009

DAVIES, Paul/HOPT, Klaus – *Control transactions*, in AAVV, *The anatomy of Corporate Law. A comparative and functional approach*, 2ª edição, Oxford University Press, Oxford, 2009

DE DIOS/CASTELLS, Recalde – *Función y ámbito de la OPA obligatoria*, in *Noticias UE*, 285

DIEKMANN, *Acting in Concert* – in Gessellschaftsrechtliche Vereinigung (Hrsg.), Gesellschaftsrecht in der Diskussion (Band 10), Jahrestagung 2005 der Gesellschaftrechtlichen Vereiningung, Köln, 2005

DIREGGER, Christoph/WINNER, Martin – *Deutsche und österreichisches Übernahmerecht aus Anlegersicht*, in WM, 2002

DOMPÉ – *La transposition de la directive OPA et les principes directeurs des offres*, in *Doirt des Sociétés*, Novembro 2006

DWORKIN, Ronald – *The model of rules*, in HUGHES (org.), *Law, Reason and Justice*, NewYork, 1965, pp. 13 e ss.; Ib., *Taking rights seriously*, 4ª edição, Oxford, 1986

DRAGHI, M. – *Perché non é fallita la mia legge sull'Opa*, in *La Repubblica*, 8 de Agosto de 2001

DRYGALA, Tim – *Break-up fees and corporate lock-ups in M&A Vereinbarungen*, in STROHMER (org.), *International mergers and acquisitions*, Peter Lang, Frankfurt, 2005

– *Deal Protection in Verschmelzungs- und Unternehmenskaufverträgen – eine amerikanische Vertragsgestaltung auf dem Weg ins deutsche Recht – Teil I –*, in *WM*, 2004

– *Deal protection in Verschmelzungs- und Unternehmenskaufverträgen – eine amerikanische Vertragsgestaltung auf dem Weg ins deutsche Recht – Teil II –*, in *WM*, 2004

DRINKUTH – *Gegen den Gleichlauf des Acting in Concert nach § 22 WpHG und § 30 WpÜG*, in ZIP, 2008

DUARTE, Rui Pinto – *Tipicidade e atipicidade dos contratos*, Almedina, Coimbra, 2000

DÜCHTING – *Acting in Concert*, Peter Lang, Frankfurt/Main, 2009

EASTERBROOK, Frank – *Insider trading as an agency problem*, in JW Pratt/RJ Zeckhauser (eds.), *Principals ad Agents: the structure of business*, Harvard School Press Bóston, 81, 1985

EASTERBROOK, Frank/FISCHEL, Daniel – *Corporate Control Transactions*, Yale LJ, (1981/1982)

– *The economic structure of corporate law*, Harvard University Press, Cambridge//Mass., 1991

– *The proper role of a target's management in responding to a tender offer*, in *Harvard Law Review*, 94, 1981

EDWARDS, Vanessa – *The Directive on takeover bids – Not worth the paper it's written on?*, ECFR, 2004, 4

EHRICKE, Ulrich/EKKENGA, Jens/OECHSLER, Jürgen – *WpÜG. Wertpapiererwerbs- und Übernahmegesetz. Kommentar*, München, 2003

EKKENGA, Jens/HOFSCHROER, Thilo – *Das Wertpapiererwerbs- und Übernahmegesetz (Teil I)*, in DStR, 2002

ELLERT, James C. – *Mergers, antitrust law enforcement and stockholder returns*, in *Journal of Finance*, 31, 1976

EMMERICH/GANSWEID – *Die problematik der Gemeinschaftsunternehmen*n *Kölner Kommentar zum Aktiengesetz*, in JuS, 15, 1975

ENGERT, Andreas – *Hedgefonds als aktivistische Aktionäre*, in ZIP, 2006

ENRIQUES, Lucas – *Transferimento del controllo e offertte pubbliche di acquisto*, Ed. Prov., 2000

ERMAN – *Bürgerliches Gesetzbuch*, 12. Auflage, Münster, 2008

ESSER – *Schuldrecht*, 7ª edição, I, *Allg. Teil*, 1992/1993, § 3, I II e III

FALCÃO, João Paulo Menezes – *A OPA Obrigatória*, in *Direito dos Valores Mobiliários*, vol. III, Coimbra Editora, 2001

FALCONE, Giovanni – *Le offerte pubbiche di acquisto: la disciplina generale*, in FALCONE//ROTONDO/SCIPIONE, *Le offerte pubbliche di acquisto, Il diritto Privato Oggi*, a cura di Paolo Cendon, Giuffré Editore, 2001

FARRAR, John/HANNIGAN, Brenda – *Company Law*, London/Dublin/Edinburgh, 1991

FERNÁNDEZ-HONTORIA – *Modificación. Desistimiento y cessación de efectos*, in GARCÍA DE ENTERRÍA/SÁENZ DE NAVARRETE (dirs.), *La regulación de las OPAs. Comentario Sistemático del RD 1066/2007, de 27 de Julio*, Thomson Reuters/Civitas, Madrid, 2009

FERREIRA, Amadeu – *Operações de futuros e opções*, in AAVV, *Direito dos Valores Mobiliários*, Lex, Lisboa, 1997

FERREIRA, Manuel Requicha – *A análise económica do direito e Direito dos valores mobiliários*, Relatório da Disciplina de Teoria do Direito Público e Privado sob a regência do Professor Doutor Barbas Homem, FDUL, Lisboa, 2009

– *A perda da qualidade "sociedade aberta"*, Relatório do Curso de Mestrado de Ciências Jurídicos-Bancárias, Seminário de Direito dos Valores Mobiliários, FDL, Lisboa, 2009

– *OPA concorrente*, in *Direito dos Valores Mobiliários*, X, Coimbra Editora, Coimbra, 2010

FERRI, Giovanni – *L'autonomia privata*, 1959
– *Rinunzia e rifiuti nel diritto privato*, Milano, 1960

FRANKLE, *Fiduciary duties in consideration deal lockups: What's a board to do?*, 1167 Practising Law Institute, Corporate Law and Practice Handbook Series, 2000

FERNANDES, Luís Carvalho – *Teoria geral do direito civil*, vol. II, 4ª edição, UCP Editora, Lisboa, 2007

FERNANDES, Luís Carvalho/LABAREDA, João – *Código da Insolvência e da Recuperação de Empresas Anotado*, 2ª Edição, Lisboa, Quid Iuris, 2008

FERNÁNDEZ-ARMESTO/HERNÁNDEZ – *El gobierno de las sociedades cotizadas: situación actual y reformas pendientes*, 56, *Papeles de la Fundación*, 2000

FERRARINI, Guido – *Ammissione alla quotazione e ammissione alle negoziazioni: significato e utilità di una distinzione*, in BBTC, 2002

FIEDLER – *Mitteilung über Beteiligungen von Mutter- und Tochterunternehmen*, 2005

FIGUEIRA – *Disciplina jurídica dos grupos de sociedades – Breves notas sobre o papel e a função do grupo de empresas e a sua disciplina jurídica*, in CJ, XV

FISCHEL, Daniel R. – *Efficient capital market theory, the market for corporate control and the regulation of cash tender offers*, in *Texas Law Review*, 57, 1978

FLEISCHER, Holger – *Das Aktiengesetz von 1965 un das neue Kapitalmarktrecht*, in AAVV, *40 Jahre Aktiengesetz. Festsymposion zu Ehren von Bruno Kropff aus Anlass seines 80 Geburtstags*, Bonn, Zentrum für europäisches Wirtschaftsrecht, 2005

– *Finanzinvestoren im ordnungspolitischen Gesamtgefüge von Aktien-, Bankenaufsichts- und Kapitalmarktrecht*, in ZGR, 2008

– *Konkurrenzangebote und Due Diligence. Vorüberlegungen zu einer übernahmerechtlichen Gleichbehandlung der Bieter*, in ZIP 2002

– *Zum Begriff des öffentliche Angebots im Wertpapiererwerbs- und Übernahmegesetz*, in ZIP, 2001

FLEISCHER, Arthur/SUSSMAN, Alexander – *Directors' fiduciary duties in takeovers and mergers*, 1388 Practising Law Institute, Corporate Law and Practice Handbook Series, 2003

FOIS – *I patti parasociali*, in *La riforma del diritto societario*, Atti del Convegno di Courmayeur, 27-28.9.2002, Milano, 2003

FONSECA, Tiago Soares da – *Do contrato de opção de compra – Esboço de uma teoria geral*, Lex, Lisboa, 2001

FRANKS/HARRIS – *Shareholder wealth effects of corporate takeovers; the UK experience 1955-1985*, in *Journal of Finance*, 23, 1989

FRANKS/MAYER – *Hostile takeovers and the correction of managerial failure*, in *Journal of Financial Economics*, 40, 1996

FRANKS/MAYER/RENNEBOOG – *Who disciplines management in poorly performing companies?*, in *Journal of Financial Intermediation*, 10, 2001

FRISON-ROCHE – *Le principe juridique d'égalité des compétiteurs sur le marche boursier*, in *Bulletin Joly Bourse*, 1993

FUCHS, Andreas – (Hrsg.), *Wertpapierhandelgesetz*, München, 2009

GAEDE, Bettina – *Koordiniertes Aktionärsverhalten im Gesellschafts- und Kapitalmarktrecht*, Baden-Baden, 2008

GALGANO, Francesco – *El desplazamiento del poder en las sociedades anónimas europeas*, in AAVV, *Estudios jurídicos sobre la SA*, Madrid, Civitas, 1995

– *Diritto privato*, 5ª edição, Padova, 1988

GAMBINO, Agostino – *Verso la riforma della societá per azioni non quotata*, in *Rivista delle Società*, 1998

GÁNDARA, Fernández de la – as *Cambios de control y obligación de OPA*, in ALONSO UREBA et alii (dirs.), *Derecho de sociedades anónimas cotizadas*, t. II, *Revista de Derecho de Sociedades*, Thomson/Aranzadi, Madrid, 2006

GARCIA, Augusto Teixeira – *OPA. Da Oferta Pública de Aquisição e seu Regime Jurídico*, Boletim da Faculdade de Direito, Studia Iuridica, 11, Coimbra Editora

GARCÍA DE ENTERRÍA, Javier – *La Opa Obligatoria*, Civitas, Madrid, 1996

– *Defensas frente a las ofertas públicas de adquisición*, in GARCÍA DE ENTERRÍA//SÁENZ DE NAVARRETE (dirs.), *La regulación de las OPAs. Comentario Sistemático del RD 1066/2007, de 27 de Julio*, Thomson Reuters/Civitas, Madrid, 2009

– *Limitación del voto, actuación concertada y ofertas condicionales. Estudios sobre OPAs*, vol. II, Civitas, Madrid, 2002, pp. 67 e ss.; contra, *vide* SÁNCHEZ ANDRÉS, voz «OPA», in *Enciclopedia jurídica básica*, vol. III, Madrid, 1995

– *OPA y mercado de control*, in *Una década de transformaciones en los mercados de valores españoles. Libro conmemorativo del X aniversario de la CNMV*, s.l., 1999

– *Mercado de control, medidas defensivas y ofertas competidoras. Estudios sobre OPAs*, Civitas, Madrid, 1999

– *Sobre la eficiencia del mercado de capitales. Una aproximación al "securities law" de los Estados Unidos*, in Revista de Derecho Mercantil, 1989

García de Enterría, Javier/Lorenzo--Velázquez – *El control del poder societario en la gran empresa y la función disciplinar de las OPAs*, in Revista de Derecho Bancario y Bursátil, 47, 1992

Garcimartín, Alférez – *Âmbito de aplicación subjetivo*, in García de Enterría/Sáenz de Navarrete (dirs.), *La regulación de las OPAs. Comentario Sistemático del RD 1066/2007, de 27 de Julio*, Thomson Reuters/Civitas, Madrid, 2009

Garrido, J. M. – *La distribución y el control del poder en las sociedades cotizadas y los inversores institucionales*, in AAVV, *Derecho de sociedades. Libro Homenaje al profesor Fernando Sánchez Calero*, vol. III, Madrid, 2002

Gätsch, Andreas/Schäfer, Frank – *Abgestimmtes Verhalten nach § 22 II WpHG und § 30 II WpÜG in der Fassung des Risikobegrenzungsgesetzes*, in NZG, 2008

Gearing, Mark – *Provisions applicable to all offers, partial offers and redemption or purchase by companies of its own securities*, in Maurice Button (ed.), *A practitioner's guide to the City Code on Takeovers and Mergers 2009/2010*, City & Financial Publishing, 2009

Geibel, Stephan/Süssmann, Rainer (Hrsg.) – *Wertpapiererwerbs- und Übernahmegesetz*, 1. Auflage, C.H. Beck, München, 2002

Geibel, Stephan/Süssmann, Rainer (Hrsg.) – *Wertpapiererwerbs- und Übernahmegesetz*, 2. Auflage, C.H. Beck, München, 2008

Germain – *Le contrôle du commissariat aux comptes*, in *Le contrôle du Gouvernment des sociétes cotées dans l'espace européen*, Les Petites Affiches, 123, Oubutro 1998

Geyrhalter, Volker/Zirngibl, Nikolas//Strehle, Christopher – *Haftungsrisikenaus dem Scheitern von Vertragsverhandlungen bei M&ATransaktionen*, in DStR, 2006

Gilson, Ronald – *A structural approach to corporations: The case against defensive tactics in tender offers*, in Stanford Law Review, 33, 1981

– *The law and finance of corporate acquisitions*, New York, 1990

Goldberg, Richard/Moore – *Negotiating the purchase agreement*, 1461 Practising Law Institute, Corporate Law and Practice Handbook Series, 2005

Gomes, Manuel Januário da Costa – *Em tema de contrato-promessa*, Almedina, Lisboa, 1990

Gómez-Acebo, Fernández-Araoz – *Los mecanismos contractuales de facilitación y garantia en las operaciones de cesión de control de la sociedad cotizada*, in Revista de Derecho de Sociedades, 29, 2007

Gonçalves, Cunha – *Tratado de Direito Civil em comentário ao Código Civil Português*, vol. IV, Coimbra, 1931

Gordon/Davis/Uhrynuk – *Deal protection after Omnicare*, in International Company and Commercial Law Review, 14(10), 2003

Gower, L. C. B. – *Principles of modern company law*, London, Sweet & Maxwell, 1992

Grabitz, Eberhard/Hilf, Meinhard – (Hrsg.), *Das Recht der Europäischen Union*, Band II – EUV/EGV, Stand: 30. Ergänzungslieferung, Juni 2996, München, 2006

Griffith, Sean J. – *Deal protection provisions in the last period of play*, in Fordham Law Review, 71, 2003, p. 1990

– *The costs and benefits of precommitment: An appraisal of Omnicare v. NCS Health-*

care, in *The Journal of Corporation Law*, 29, 2003/2004

GROSS, *Wolfgang-Bookbuilding*, in ZHR, 162, 1998

GRUNDMANN, Stefan – *Europäisches Gesellschaftrecht*, 2004

GRUPP, Kerstin – *Going private Transaktionen aus Sicht eines Finanzinvestors. Spannungsfeld zwischen gesamtwirtschaftlichen Nutzen und Minderheitensutz*, Augsburg, 2006

GUINÉ, Orlando Vogler – *A transposição da Directiva de 2004/25/CE e a limitação dos poderes do órgão de administração da sociedade visada*, in Cad.MVM, nº 22, Dezembro, 2005

GUINOMET, Pascal – *Break-fee-Vereinbarungen, Eine Untersuchung von Vereinbarungen für den Fall des Scheiterns einer M&A Transaktion*, Berlin, 2003

HAARMANN, Wilhelm/RIEHMER, Klaus//SCHÜPPEN, Matthias (Hrsg.), *Öffentliche Übernahmeangebote: Kommentar zum Wertpapiererwerbs- und Übernahmegesetz*, 1. Auflage, Heidelberg, 2002

HAARMANN, Wilhelm/SCHÜPPEN, Matthias (hrsg.) – *Frankfurter Kommentar zum WpÜG. Öffentliche Übernahmeangebote (WpÜG) und Ausschluss von Minderheitsaktionären (§§ 327a- AktG)*, 3. Auflage, Verlag Rect. und Wirtschaft, Frankfurt am Main, 2008

HAHN, Dieter – *Takeover rules in the European Community: An economic analysis of proposed takeover guidelines and already issued disclosure rules*, in *International Review of Law and Economics*, 10, 1990

HAMANN, Hanjo – *In concert or not in concert?*, in ZIP, 2007

HAMMEN, Horst – *Analogieverbot beim Acting in concert?*, in *Der Konzern*, 2009

HANEWICZ, Wayne – *When silence is golden: Why the business judgment rule should apply to non-shops in stock-for-stock merger agreements*, in *Journal of Corporation Law*, 28, 2003

HANSEN, Gary/HILL, Charles W. L. – *Are institutional investors myopic? A time-series study for four technology-driven industries*, in *Strategic Management Journal*, 12, 1991

HANSMANN, Henry – *The ownership of enterprise*, Cambridge, Mass. London, 1996

HARRISON, Jeffrey L. – *Law and Economics in a Nutshell*, St. Paul Minn., 1995

HARBARTH, Stephan – *Kontrollerlangung und Pflichtangebot*, in ZIP, 2002

HASSELBACH, Kai – *Die Weitergabe von Insiderinformationen bei M&A-Transaktionen mit börsennotierten Aktiengesellschaften, Unerter Berücksichtigung des Gesetzes zur Verbesserung des Anlegerschutzes vom 28.10.2004*, in NZG, 2004

HATCH, Michael G. – *Clearly defining preclusive corporate lock-ups: A brightline test for lock-up provisions in Delaware*, in *Washington Law Review*, 75

HEIDEL, Thomas – *Aktienrecht und Kapitalmarkrecht, NomosKommentar*, 2. Auflage, Baden-Baden, 2007

HEMELING, Peter – *Gesellschaftsrechtliche Fragen der Due Diligence beim Unternehmenskauf*, in ZHR, 169, 2005

HENN, Harry/ALEXANDER, John – *Law of corporations*, St. Paul, 1983

HERMAN, E. S. – *The limits of the market as a discipline in corporate governance*, in *Delaware Journal of Corporate Law*, 9, 1984

HERZEL/COLLING/CARLSON – *Misunderstanding lockups*, in *Securities Regulation Law Journal*, 14, 1986

HEWES, Stephen – *The approach, announcements and independent advice*, in MAURICE BUTTON (ed.), *A practitioner's guide to the City Code on Takeovers and Mergers 2009//2010*, City & Financial Publishing, 2009

HIRTE, Heribert/BÜLOW, Christoph von (hrsg.) – *Kölner Kommentare zum WpÜG*, 2. Auflage, Carl Heymmans, Köln, 2010

HIRTE, Heribert/MÖLLERS, Thomas – (Hrsg.), *Kölner Kommentar zum Wertpapierhandelgesetz*, Carl Heymmans, Köln, 2007

HIRSCH, Alain – *La protection des actionnaires minoritaires de lege ferenda*, SAG, 1978

HOLZBORN, Timo/FRIEDHOFF, Martin – *Die gebundenen Ausnahmen der Zurechnung nach dem WpÜG. Die Tücken des Handelsbestandes nach § 20 WpÜG*, in WM, 2002

HOMMELHOFF, Peter – *Kleine Aktiengesellschaften*, in *System des deutschen Rechts*, in AG, 12, 1995

HOPT, Klaus J. – a *Corporate governance: Vergleichende privatrechtliche Forschung im Aktien- und Kapitalmarktrecht*, in *Jahresbericht der Max-Plank-Gesellschaft*, 2007
– *Estudios de derecho de sociedades y del mercado de valores*, Marcial Pons, Madrid, 2010
– *Europäisches und deutsches Insiderrecht*, in ZGR, 1991
– *Europäisches und deutsches Übernahmerecht*, in ZHR, 161, 1997
– *Insider- und Ad-hoc-Publizitätsprobleme*, in SCHIMANSKY/BUNTE/LWOWSKI (Hrsg.), *Bankrechts-Handbuch*, 3 Auflage, München, C.H. Beck, 2007
– *Übernahmen, Geheimhaltung und Interessenkonflikte: Probleme für Vorstände, Aufsichtsräte und Banken*, in ZGR, 2002
– *Von Aktien- und Börsenrecht zum Kapitalmarktrecht*, in ZHR, 141, 1977

HOPT, Klaus J./MÜLBERT, Peter O./KUMPAN, Chrsitoph – *Reformbedarf im Übernahmerecht*, in AG, 2005

HÜFFER, Uwe – *Aktiengesetz*, 8 Auflage, C.H. Beck, München, 2008

IMMENGA, Ulrich – *Vertragliche Vinlulierung von Aktien*, in AG, 1992

JAEGER, P – *Le deleghe di voto*, in AAVV, *La riforma delle società quotate*, Giuffrè Editore, Milano, 2000

JENKINS – *What's the big deal?*, in *Business Law Today*, 10 de Dezembro 2000

JENSEN, Michael C. – *Eclipse of the public corporation*, in *Harvard Business Review*, Setembro/Outubro, 1989
– *Takeovers: their causes and consequences*, in *Journal of Economic Perspectives*, 2, 1988

JENSEN, Michael C./MECKLING, William H. – *Theory of the firm: Managerial behavior, agency costs, and ownership structure*, in *Journal of Financial Economics*, 3, 1976

JENSEN, Michael C./RUBACK – *The market for corporate control: the scientific evidence*, in *Journal of Financial Economics*, vol. 11, 1983

JORGE, Pessoa – *Lições de direito das obrigações*, ed. policopiada, vol. I, Lisboa, 1967

JULGLART – *Cours de droit civil – Biens. Obligations*, t. I, vol. II, 11ª edição, Paris, 1989

JÚNIOR, Eduardo Santos – *O plano da insolvência: algumas notas*, in *Estudos em memória do Professor Doutor José Dias Marques*, Coimbra Editora, 2007

JUSTO, A. Santos – *Introdução ao estudo do direito*, 3ª edição, Coimbra Editora, Coimbra, 2006

KAHAN/ROCK – *Hedge funds in corporate governance and corporate control*, in *University of Pennsylvania Law Review*, 155, 2007

KAPP, Thomas – *Der geplatzte Unternehmenskauf: Schadensersatz aus culpa in contrahendo bei formbedürftigen Verträgen (§ 15 Abs. 4 GmbHG)?*, in DB, 1989

KAPLAN, Steven/WEISBACH, Michael – *The success of acquisitions: evidence from divestitures*, in *Journal of Finance*, 47, 1992

KAHAN, Marcel/KLAUSNER, Michael – *Lockups and the market for corporate control*, in *Stanford Law Review*, 48, 1996

KEMPERINK, Guus/STUYCK, Jules – *The thirteenth company law directive and competing bids*, in *Common market law re-*

view, vol. 45, 1, Fevereiro, 2008, Wolters Kluwer

KENYON-SLADE – *Mergers and takeovers in the US and UK: Law and Practice*, Oxford University Press, New York, 2004

KNIEHASE, Christoph – *Standstill Agreements in Deutschland und den USA*, Peter Lang, Frankfurt/Main u. a. 2003

KOULORIDAS, Athanasios – *The law and economics of takeovers. An acquirer's perspective*, Hart Publishing, Oxford/Portland, 2008

KRAINER – *Binnenmarktrechtliche Grenzen des Übernahmerechts*, in ZHR, 2004

KRAUSE, Hartmut – *Das deutsche Übernahmegesetz vor dem Hintergrund der EU-Richtlinie*, in ZGR, 2002

KRÜGER/KAUFMANN – *Exclusivität und deal protection beim Unternehmenskauf vom Insolvenzverwalter*, in ZIP, 23/2009

KUHN, Anja – *Exclusivvereinbarungen bei Unternehmenszusammenschlüssen*, JWV, Berlín, 2007

KÜMPEL, Siegefrid/WITTIG, Anne – *Bank- und Kapitalmarktrecht*, 4 Auflage, Verlag Otto Schmidt, Köln, 2011

LABAREDA, João – *Das acções das sociedades anónimas*, Associação da Faculdade de Direito de Lisboa, Lisboa, 1988

LAMANDINI, M. – *Appunti in tema di controllo congiunto*, in GCom, XX, 1993

LANGE, Oliver – *Aktuelle Rechtsfragen der kapitalmarktrechtlichen*, in ZBB, 2004

LANGEVOORT – *Theories, assumptions and securities regulation: market efficiency revisited*, in University of Pennsylvania Law Review, 140, 1992

LAPRADE, Frank Martin – *Concert et contrôle. Plaidoyer en faveur d'une reconnaissance de l'action de concert par le droit commum des sociétés*, Joly Éditions, Paris, 2007

LARENZ, Karl – *Methodenlehre der Rechtswissenschaft*, 6 neubearbeitete Auflage, München u.a, 1991

– *Metodología de la ciencia del derecho*, tradução e revisão por Marcelino Rodríguez Molinero, Editorial Ariel, Barcelona, 1994

– *Richtiges Recht*, München, 1979

LASTER – *Exposing a false dichotomy: The implications of the no-talk cases for Time//Revlon double standard*, in Delaware Law Review, 3:2, 2000

LEBOVITCH, Mark/MORRISON, Peter – *Calling a duck a duck: Determining the validity of deal protection provisions*, in Merger of equals transactions, in Columbia Business Law Review, 2001, 2001

LEDESMA, Alonso – *El papel de la junta general en el gobierno corporativo de las sociedades de capital*, in AAVV., *El gobierno de las sociedades cotizadas*, Marcial Pons, Madrid, 1999

LEE – *Takeovers – The United Kingdom Experience*, in Takeovers, Institutional Investors and the Modernization of Corporate Law, (dir.) John Farrar, Oxford, 1993

LEHMAN – *Die geschichtliche Entwicklung der Aktienrechts bis zum Code Commerce*, Saner & Auvermann, Frankfurt am Main, Reimpressão, 1985

LEISNER – *Grundrechte und Privatrecht*, München/Berlin, 1960

LEITÃO, Luis Menezes – *Direito das obrigações*, vol. I, 6ª edição, Almedina, Coimbra, 2007

– *Direito das Obrigações*, vol. II *Transmissão e extinção das obrigações. Não cumprimento e garantias do crédito*, 6ª edição, Almedina, Coimbra, 2008

LEMPEREUR – *Cession de majorité et protection des actionnaires minoritaires en droit comparé*, in Revue des pratiques des sociétés, 1978

LERNER, R. – *La nuova disciplina delle offerte pubbliche di acquisto e scambio*, in Rivista di Diritto Civile, nº 2, 1999

LETZEL, Hans-Joachim – *Das Pflichtangebot nach dem WpÜG*, in BKR, 2002

LEUERING, Dieter – *Die Ad-hoc-Pflicht auf Grund der Weitergabe von Insiderinformationen (§ 15 I 3 WpHG)*, in NZG

LEVIVE/AARONOVITCH – *The financial characteristics of firms and theories of merger activity*, in *Journal of Finance*, 30, 1981

LIEBSCHER, Thomas – *Das Übernahmeverfahren nach dem neuen Übernahmegesetz*, in ZIP, 2001

– *Die zurechnungstatbestände des WpHG und WpÜG*, in ZIP, 2001

LIEB/LAMANDINI – *Nueva propuesta de directiva relativa a las ofertas públicas de adquisición y el establecimiento de unas reglas de juego uniformes*, Parlamento Europeo. Dirección General de Estudios, Luxemburgo, 2002

LIEKEFETT, Kai –*Due Diligence bei M&A Transaktionen*, Berlin, 2005

– *Bietergleichbehandlung bei öffentlichen Übernahmeangeboten – Zugleich ein Beitrag zur Konkretisierung des Gesellschaftsinteresses in Übernahmesituatione*, in AG 2005

LIEKEFETT, Kai/GREWE, Daniel – *Die Untreue von Fusionspartnern kann teuer werden, Abwehr gegen unerwünschte feindliche Offerten Dritter birgt rechtliche Tücken – Gerichtliche Klärung wünschenswert*, in *Börsen-Zeitung vom 03.05.2006*, Nummer 84

LIPTON, Martin – *Takeover bids in the target's boardroom: a response to Professors Easterbrook and Fischel*, in *New York Law University Law Review*, 55, 1980

LIPTON, Martin/MIRVIS – *Enhanced srutiny and corporate perfrmance: The new frontier for corporate directors*, in *Delaware Journal of Corporate Law*, 120, 1995

LIPTON, Martin/STEINBERG – *Takeovers and freezeouts*, 2002

LITTLECHILD – *Myths and merger policy*, in Fairburn/Kay, *Mergers and merger policy*, Oxford, 1989

LÖBBE – *Corporate groups: competence of the shareholders' meeting and minority protection – the German Federal Court of Justice's recent Gelatine and Macrotron cases redefine the Holzmüller doctrine*, in German Law Journal, vol. 5, nr. 9, 2004

LÖHDEFINK, Andreas – *Acting in concert und Kontrolle im Übernahmerecht*, Carl Heymmans, Köln, 2007

LORING – *Sociedades Cotizadas*, in *Manuales de la reforma mercantil en España. T.I. Derecho, tipología y estructura de las sociedades*, Expansión, Madrid, 1999

LOSS, Louis – *Fundamentals of securities regulation*, Bóston/Toronto, 1983

LOWENSTEIN – *Pruning deadwood in hostile takeovers: a proposal for legislation*, in *Columbia Law Review*, 83, 1983

– *What's wrong with Wall Street, Short-term gain and the absentee shareholder*, New York, 1988

LUCA, Nicola de – *Sul "diritto" alla quotazione in borsa*, in BBTC, LXII, 2009

LUTTER – *Concepciones, éxitos y tareas futuras de la armonización europea del Derecho de sociedades*, in *Notícias de la Unión Europea*, 210, 2002

MACHADO, João Baptista – *Introdução ao estudo do direito e ao discurso legitimador*, Almedina, Coimbra, 1989

– *Pressupostos da resolução por incumprimento*, João Baptista Machado, Obra dispersa, vol. I, Braga, 1991

MACRÌ – *Patti parasociali e attività sociale*, Torino, 2003

MAGALHÃES, Sofia Torres – *A participação de intermediários financeiros portugueses em mercados financeiros transnacionais*, in *Cad.MVM*, 12, 2001

MANNE, Henry – *Insider trading and the stock market*, New York, 1966

– *Mergers and the market for corporate control*, 73 j. Pol. Econ., 1965

MARCHETTI, P. – *Il ruolo dell'Assemblea nel TUE nella Corporate Governance*, in AAVV, Assemblea degli azionisti e nuove regole del governo societário, Cedam, Pádua, 1999

MARCHETTI, P./BIANCHI L.A. – (a cura di), *La disciplina delle società quotate nel testo unico della finanza, d.lgs. 24 febbraio 1998, n. 58. Commentario*, Giuffrè Editore, Milano, 1999

MARKWARDT, Karsten – *Diskussionsbericht zu den Referaten «Acting in concert» von Casper und Pentz*, in ZIP, 2003

MARTIN/MCCONNEL – *Corporate performance, corporate takeovers, and management turnover*, in Journal of Finance, 46, 1991

MARTÍN-LABORDA, Antonio Robles – *Sindicación de acciones y mercado de control societario*, Thomson/Aranzadi, Navarra, 2006

MARTIN, Didier/MOLFESSIS, Nicolas – *Offres publiques d'acquisition. Les mesures de défense anti-OPA*, in Guy Canivet/Didier Martin//Nicolas Molfessis (dirs.), Les offres publiques d'achat, LexisNexis, Litec, Paris, 2009

MARTINS, Alexandre de Soveral – *Cláusulas do contrato que limitam a transmissibilidade das acções. Sobre os arts. 328º e 329º do CSC*, Almedina, Coimbra, 2006

MARSH – *Short-termism: Are myopic markets and Money men to blame?*, in Actas del Congresso Takeovers, the stock market and corporate performance, London, 1991

MARSCH-BARNER/SCHÄFER – (Hrsg.), *Handbuch börsennotierte AG*, 2. Auflage, Otto Shmidt Verlag, Köln, 2009 Frank

MARTEL, Jean-Pierre/GROTES, Alexis Marroud des – *Les offres publique obligatoires et les offres publiques volontaires*, in CANIVET/MARTIN/MOLFESSIS (dirs.), Les offres publiques d'achat, LexisNexis Litec, Paris, 2009

MAUNZ, Theodor/DÜRIG, Günter – *Grundgesetz, Kommentar*, 7. Auflage, Beck Verlag, München, 1991

MAYSON, Stephen/FRENCH, Derek/RYAN, Christopher – *Company Law*, London, 1997

MCCONNELL/SERVAES, *Additional evidence on equity ownership and corporate value*, in Journal of Financial Economy, 27, 1990

MEILICKE, W./MEILICKE, F. – *Die Postbank-Übernahme durch die Deutsche Bank – eine Gestaltung zur Vermeidung von Pflichtangeboten nach § 35 WpÜG?*, in ZIP, 2010

MEHRINGER, Christoph – *Das allgemeine kapitalmarktrechtliche Gleichbehandlungsprinzip*, Baden-Baden, 2007

MENDES, Castro – *Introdução ao estudo do direito*, Lisboa, 1984

MENDONÇA, Jorge Ribeiro – *A Tomada de Sociedade através de oferta pública de aquisição*, in Revista da Faculdade de Direito da Universidade de Lisboa, Vol. XLV, nºs 1 e 2, 2004

MENÉNDEZ, Aurelio – *Ensayo sobre la evolución actual de la sociedad anónima*, Madrid, 1974

MERTENS – *Der Aktionärs als Wahzer des Rechts?*, in AG, 1990

MESQUITA, Manuel Henrique – *Obrigações e ónus reais*, Almedina, Coimbra

MESSINEO – *Contratto normativo e contratto-tipo*, in Enciclopedia del diritto, nº 1

MIGUEL, Farrando – *Los indicadores de la adquisición del control y el deber de formular una OPA obligatoria*, in JUSTE MENCÍA//RECALDE CASTELLS (coord.), Derecho de OPAS. Estudio sistemático del régimen de las ofertas públicas de adquisición en el derecho español, Tirant lo Blanch, València, 2010

MILLÁN, Pérez – *Pactos parasociales, actucación en concierto y OPA obligatoria*, in JUSTE MENCÍA/RECALDE CASTELLS (coord.), Derecho de OPAS. Estudio sistemático del *régimen de las ofertas públicas de adquisición en el derecho español*, Tirant lo Blanch, València, 2010

MIRANDA, Jorge – *Manual de Direito Constitucional*, Vol. IV, Coimbra Editora, 1998

MITCHELL/LEHN – *Do bad bidders become good targets?*, in *Readings in mergers and acquisitions*, Patrick Gaughan Ed., 1994

MINERVINI, G. – *Art. 2325-bis – Art. 111-bis disp. Att. Trans.*, in *La riforma delle società*, a cura di M. Sandulli/V. Santoro, t. I, Torino, 2003

MIRVIS – *Takeover law and practice 2005*, 1486 Practising Law Institute, Corporate Law and Practice Handbook Series, 2005

MOCERI, Christopher J. – *M&A lockups: Broadly applying the Omnicare decision to require fiduciary outs in all merger agreements*, in *Michigan State Law Review*, 2004, 2004

MOERLAND, P. W. – *Alternative disciplinary mechanisms in different corporate systems*, in *Journal of Economic Behaviour and Organization*, 26, 1995

MONTALENTI, Paolo – *La società quotata*, in COTTINO (dir.), *Trattato di diritto commerciale*, vol. IV, Cedam, Pádua, 2004
– *Le offerte pubbliche di acquisto. La fattispecie obbligatorie*, in Quaderni di BBTC, Giuffrè Editore, Milano, *Quaderni di Giurisprudencia Commerciale*, Giuffrè Editore, Milão, 1999

MONTEIRO, Sinde – *A análise económica do direito*, in *Boletim da Faculdade de Direito da Universidade de Coimbra*, vol. LVII, 1981

MORAIS, Fernado Gravato – *Contratos-promessa em geral. Contratos-promessa em especial*, Almedina, Coimbra, 2009

MORCK/SCHLEIFER/VISHNY – *Characteristics of targets of hostile and friendly takeovers*, in AUERBACH (org.), *Corporate takeovers: causes and consequences*, Chicago, 1988

MORIONES – *Los sindicatos de voto para la junta general de sociedades anónimas*, Blanch, 1996

MÜHLE, Sabine – *Das Wertpapiererwerbs-und Übernahmegesetz – WpÜG im Schnittfeld zwischen Gesellschafts-und Kapitalmarktrecht under besonderer Berücksichtigung des ökonomischen Rahmenbezugs*, Baden-Banden, 2002

MÜLBERT, Peter O. – *GroßkommAktG*, (Fn. 33), Vor §§ 118-147
– *Rechtsprobleme des Delisting*, in ZHR, April, 2001
– *Übernahmerecht im Gefolge der EU-Übernahmerichtlinie*, in Bankrechtstag 2006, 2007
– *Übernahmerecht zwischen Kapitalmarktrecht und Aktien(konzern)recht – die konzeptionelle Schwachstelle des RegE WpÜG*, in ZIP, 2001
– *Umsetzungsfragen der Übernahmerichtlinie/erheblicher Änderungsbedarf bei den heutigen Vorschriften des WpÜG*, in NZG, 2004

NACHBAR, Kenneth – *Revlon, Inc vs MacAndrews & Forbes Holdings Inc – The requirement of a level playing field in contested mergers, and its effect on lokc-ups and other bidding deterrents*, in *Delaware Journal of Corporate Law*, 12, 1987

NATHAN/PERKINS/ROTHSCHILD – *Current developments in public company M&A: Providing certainty in the uncertain world of deal making*, 1319 Practice Law Institute, Corporate Law and Practice Course Handbook Series, 2002

NAVARRETE, Sáenz de – *Diez años de vigencia del Real Decreto 1197/1991, de 26 de julio, sobre régimen de adquisición de valores*, in AAVV, *Derecho de sociedades, Libro Homenaje al Profesor Fernando Sánchez Calero*, vol. III, Madrid, 2002
– *OPA cuando se alcanza el control*, in GARCÍA DE ENTERRÍA/SÁENZ DE NAVARRETE

(dirs.), *La regulación de las OPAs. Comentario Sistemático del RD 1066/2007, de 27 de Julio*, Thomson Reuters/Civitas, Madrid, 2009

NEVES, Castanheira – *Interpretação jurídica*, in *Digesta. Escritos acerca do direito, do pensamento jurídico, da sua metodologia e outros*, Coimbra Editora, Coimbra, 1995
– *O princípio da legalidade criminal*, in *Digesta*, I, Coimbra Editora, Coimbra, 1995

NEVES, Vítor Pereira das – *A natureza transitiva da imputação de direitos de voto no CVM*, in AAVV, *Estudos comemorativos dos 10 anos da Faculdade de Direito da Universidade Nova de Lisboa*, vol. II, Almedina, Coimbra, 2008
– *Delimitação dos votos relevantes para efeitos da constituição e de exigibilidade do dever de lançamento de oferta pública aquisição*, in AAVV, *Estudos em homenagem ao Professor Doutor Carlos Ferreira de Almeida*, vol. I, Almedina, Coimbra

NOTARI, M. – *Art. 119*, in AAVV, *La disciplina delle società quotate nel Testo Unico della Finanza, D.lgs. 24 febbraio 1998, n. 58. Commentario*, a cura di Marchetti/Bianchi, t. I, Milano, Giuffrè Editore, 1999

OESCHLER, Jürgen – *Der Rege zum Wertpapiererwerbs- und Übernahmegesetz – Regelungsbedarf auf der Zielgeranden!*, in NZG, 2001

OFFICER, Micah S. – *Termination fees in mergers and acquisitions*, in *Journal of Financial Economy*, 69, 2003

PACHECO, Mercado – *El analisis economico del derecho*, Centro de Estudios Costitucionales, Madrid, 1994

PAGANO/PANUNZI/ZINGALES – *Osservazioni sulla riforma della disciplina dell'opa, delli obblighi do comunicazione del possesso azionario e dei limiti agli incroci azionari*, in *Rivista delle Società*, Janeiro/Fevereiro, nº 1, 1998

PALMER – *Palmer's Company Law: Annotated Guide*, 2006

PALMER, James – *United Kingdom: Deal protection measures in the UK, Supplemnt to the IFLR Guide to Mergers and Acquisitions 2005*, IFLR, 2005

PALOP, Caño – *Aceptación y liquidación de la OPA*, in JUSTE MENCÍA/RECALDE CASTELLS (coord.), *Derecho de OPAS. Estudio sistemático del régimen de las ofertas públicas de adquisición en el derecho español*, Tirant lo Blanch, València, 2010

PAZ, Vara de – *La modificación de la oferta pública de adquisición de valores*, in *Revista de Derecho del Mercado de Valores*, 4/2008

PAZ-ARES, Cándido – *La infracapitalización. Una aproximación contractual*, in *Revista de Derecho de Sociedades*, 1994
– *La responsabilidad de los administradores como instrumento de gobierno corporativo*, in *Revista de Derecho de Sociedades*, nº 20, 2003/I

PAUL, Paul – *Pflichtangebot nach §35 WpÜG – Ein nicht verzichtbares Recht der Minderheitsaktionäre*, in DB, 2008, 39

PEARSON, Christopher/ADAMS, Nick – *Mandatory and voluntary offers and their terms*, in BUTTON (ed.), *A practitioner's guide to the City Code on Takeovers and Mergers 2009/2010*, City & Financial Publishing, 2009

PELTIER, Frédéric – *Les principes directeurs des offres publiques*, in CANIVET/MARTIN//MOLFESSIS (dirs.), *Les offres publiques d'achat*, LexisNexis Litec, Paris 2009

PENTZ, Andreas – *Acting in concert – Ausgewählte Einzelprobleme zur Zurechnung und zu den Rechtsfolgen*

PEREIRA, José Nunes – *Novo Regime Jurídico Das Ofertas Públicas de Aquisição*, Revista da Banca, nº 18, Abril/Junho 1991

PEREIRA, Jorge Brito – *A limitação dos poderes da sociedade visada durante o processo de*

OPA, in Direito dos Valores Mobiliários, Vol. II, Coimbra Editora, 2000
— *A OPA Obrigatória*, Almedina, 1998

PERES, Vieira – *Acções Preferenciais sem Voto*, in Revista do Direito e Estudos Sociais, 1988

PICONE, Luca – *Le offerte pubbliche di acquisto*, in *Quaderni di Giurisprudencia Commerciale*, Giuffrè Editore, Milano, 1999

PINNARÒ – *I patti parasociali*, in GRIFFI/SANDULLI/SANTORO, *Intermediari finanziari, mercati e società quotate*, Torino, 1999

PINTO, Carlos Alberto da Mota – *Cessão da posição contratual*, reimpresão, Almedina, Coimbra, 1982
— *Direito das obrigações*, Coimbra, 1973
— *Teoria geral do direito civil*, 4ª edição por António Pinto Monteiro/Paulo Mota Pinto, 2ª reimpressão, Coimbra Editora, Coimbra, 2012

PITTROFF, Holger – *Die Zurechnung von Stimmrechten gemäß § 30 WpÜG*, Frankfurt a.M., 2004

PLUSKAT – *Acting in concert in der Fassung des Risikobegrenzungsgesetzes – jetzt alles anders?*, in DB, 2009

PORTER – *From competitive advantages to corporate strategy*, in *Harvard Business Review*, 1987

PORTIER, Philippe/NAVELET-NOUALHIER, Raphaële – *La libre compétition dans les offres publiques d'acquisition*, in Revue de droit bancaire et financier, 3º ano, nº 4, Julho/Agosto, 2002, JurisClasseur Lexis-Nexis

POVEL, P./SINGH, R. – *Takeover contests with asymmetric bidders*, in Review of Financial Studies, 19, 2006

PROENÇA, Brandão – *Do incumprimento do contrato-promessa bilateral. A dualidade execução específica-resolução*, Coimbra, 1987

PROXMIRE, William – *Introduction: What's right and wrong about hostile takeovers?*, in Wiscousin Law Review, 1988

PSAROUDAKIS, Georgios – *Acting in Concert in börsennotierten Gesellschaften*, Carl Heymanns, Köln, 2009

RALOFF, Anke – *Acting in concert*, JWV Verlag, Berlin, 2007

RATNER, David – *Securities regulation*, St. Paul, 1996

REFAIT – *Le rôle économique des offres publiques*, Paris, 1991

RENNEBOOG, L./GOERGEN, M. – *Shareholder wealth effects of European domestic and cross-border takeover bids*, in European Management Journal, 10 (1), 2004

RESENDE, João Mattamouros – *A imputação de direitos de voto no mercado de capitais*, in Cád.VM, nº 27

RIBEIRO, Joaquim de Sousa – *O problema do contrato. As cláusulas contratuais gerais e o princípio da liberdade contratual*, Almedina, Coimbra, 1999

RIECKERS, Oliver – *Treuepflichten versus Vertragsfreiheit, Neues zur Wirksamkeit von Deal-Protection-Klauseln in der Rechtsprechung Delawares*, in RIW, 2003

RIEGEN, Arend von – *Rechtsverbindliche Zusagen zur Annahme von Übernahmeangeboten (sog. "irrevocable undertakings")*, in ZHR, 167, 2003

RIPERT, Georges – *Aspects juridiques du capitalisme moderne*, Paris, 1951

ROBERT – *Les sociétés sous controle des autorités de marché*, in Le controle du Gouvernement des sociétes cotées dans l'espace européen, nº 123, Les petites Affiches, 1998

RODRÍGUEZ, Artigas – *Reflexiones en torno a la transmisión por televisión de la J.G. de la SA*, in Revista de Derecho Mercantil, 121, 1971

RODRÍGUEZ, Paz-Ares – *Reflexiones sobre la distribución de poderes en la moderna sociedad anónima (teoria crítica de M.A. Eisenberg)*, in Revista de Derecho Mercantil, 146, Outubro-Dezembro, 1977

ROLL, R. – *Empirical evidence on takeover activity and shareholder wealth*, in COFFEE/

/LOWENSTEIN/ROSE-ACKERMAN, *Knights, raiders and targets. The impact of hostile takeover*, New York, 1988

ROMANO, Roberta – *Foundations of Corporate Law*, 2ª edição, Thomson Reuters//Foundation Press, New York, 2010
– *A guide to takeovers and mergers: theory, evidence and regulations*, in HOPT//WYMEERSCH (dirs.), *European takeovers: Law and Practice*, Oxford University Press, Oxford, 1992

ROOSEVELT – *Understanding lockups: Effects in bankruptcy and the market for corporate control*, in *Yale Journal of Regulation*, 17, 2000

ROSS, Steven – *The economic theory of agency: The principal's problem*, in *American Economic Review*, 63, 1973

ROTONDO, Gennaro – *Le offerte pubbliche di acquisto obbligatorie*, in FALCONE/ROTONDO/SCIPIONE, *Le offerte pubbliche di acquisto*, Giuffré Editore, Milano, 2001

RUBACK, Richard – *Assessing competition in the market for corporat acquisitions*, in *Journal of Financial Economy*, 11, 1983

RUBINO-SAMMARTANO, Mauro – *Garanzie nella compravendita di pachetti azionari e di imprese*, Giuffrè, Milano, 2006

RUDOLPHI, Hans-Joachim/HORN/SAMSON – (Hrsg.), *Systematischer Kommentar zum Strafgesetzbuch*, Neuwied 1995

SÄCKER – *"Mehrmütterklausel" und Gemeinschaftsunternehmen*, in NJW, 33, 1980

SÁEZ LACAVE, Isabel – *Una aproximación al derecho de opas competidoras* in *Revista de Derecho Bancário y Bursátil*, Outubro//Dezembro, 2003

SALTER/WEINHOLD – *Corporate takeovers: Financial boom or organizational bust?*, in COFFEE/LOWENSTEIN/ROSE-ACKERMAN, *Knights, raiders and targets. The impact of hostile takeover*, New York, 1988

SAIZ, Bustillo – *La subsanación de acuerdos sociales por la junta general de la sociedad anónima*, in *Revista de Derecho de Sociedades*, 13, 1999

SALANITRO, Nicolò – *Società per azioni e mercati finanziari*, 3ª edição, Giuffrè, Milano, 2000

SÁNCHEZ CALERO, Fernando – *Las sociedades cotizadas o bursátiles en el derecho español*, in *RDBB*, 77, 2000
– *Ofertas públicas de adquisición de acciones (OPAs)*, Thomson/Reuters, Madrid, 2009

SÁNCHEZ-CALERO, Guilarte – *Comentario a los artículos 31 a 36 del Real Decreto 1197/1991*, in SÁNCHEZ-CALERO (dir.), *Régimen Jurídico de las Ofertas Públicas de Adquisición (OPAs) – Comentario sistemático del Real Decreto 1187/1991*, vol. II, Centro de Documentación Bancária y Bursátil, Madrid, 1993
– *Los pactos parassociales anteriores a la entrada en vigor de la Ley de transparencia*, in AAVV, *Estudios de Derecho de sociedades y Derecho concursal. Libro homenaje al Profesor R. García Villaverde*, t. II, Madrid, 2007

SANTOS, Hugo Moredo – *Transparência, OPA obrigatória e imputação de direitos de voto*, Coimbra Editora, 2011

SANTOSUOSSO – *Il principio di libera transferibilità delle azioni – excesso di potere nelle modifiche della circolazione*, Giuffrè Editore, Milano, 1993

SCHÄFER, Franz – (Hrsg.) *WpHG, BörsG, VerkProspG Kommentar*, 1998

SCHÄFER, Franz/DREYLING – *Insiderrecht und Ad-hoc-Publizität*, 2002

SCHÄFER, Frank/HAMANN, Uwe – (Hrsg.), *Kapitalmarktgesetze: Wertpapierhandelsgesetz, Börsegesetz, mit BörsZuLV, Wertpapierprospektgesetz, Verkaufprospektgesetz, Wertpapierwerbs- und Übernahmegesetz*, 2. Auflage, Stuttgart Loseblatt 2006

SCHARFSTEIN, David – *The disciplinary role of takeovers*, in *Review of Economic Studies*, 55, 1988

SCHIESSL, Maximiliam – *Beteiligungsaufbau mittels Cash-settled Total Return Equity Swaps – Neue Modelle und Einführung von Meldepflichten*, Der Konzern, 2009

SCHOCKENHOFF, Martín/SCHUMANN, Alexander – *Acting in concert – geklärte und ungeklärte Rechtsfragen*, in ZGR, 2005

SCIPIONE, Luigi – *L'evoluzione della disciplina delle offerte pubbliche di acquisto*, in AAVV, *Le offerte pubbliche di acquisto, Il diritto Privato Oggi*, a cura di Paolo Cendon, Giuffré Editore, 2001

SCHLOSSER, Hans – *Verfügungshindernder Abreden bei der rechtsgeschäftlichen Treuhand*, in NJW, 1970

SCHMIDT, Dominique – *Les definitions du contrôle d'une société*, in *Revue de Jurisprudence Commerciale*, Novembro 1998, nº especial

– *Les droits de minoritaires et les offres publiques*, in AAVV, *Les offres publiques d'achat*, dir. Guy Canivet/Didier Martin/Nicolas Molfessis, Litec, Paris, 2009

SCHMIDT, Karsten – *Gesellschaftsrecht*, Köln/ /Berlin/Bonn/München, 2002

– *La reforma alemana: Las KontraG y TransPuG de 1998 y 2002, y el Código Cromme*, in *Revista de Derecho de Sociedades*, 2004-1, 22

SCHMIDT, Karsten/LUTTER, Marcus – (Hrsg.), *Aktiengesetz Kommentar*, 2. Auflage, Verlag Otto Schmidt, Köln, 2010, § 68 Rdn. 2

SCHMIDTBLEICHER, Roland – *Das «neue» Acting in Concert – Ein Fall für den EuGH?*, in AG, 2008

SCHWARK, Eberhard/ZIMMER, Lutz – (hrsg.), *Kapitalmarktrechts-Kommentar*, 4. Auflage, C.H. Beck, München, 2010

SCHWARK, Eberhard/ZIMMER, LUTZ – *Kapitalmarktrechts- Kommentar*, 3. Auflage, C.H. Beck Verlag, München, 2010

SCHWARTZ – *Search theory and tender offer auctions*, in *Journal of Law, Economics and Organization*, II-2, 1986

SCIUTO, Maurizio – *Commentario sul art. 2325-bis*, in AAVV, *I Codici Ipertestuali. Codice Commentato delle Società*, a cura di Abriani e Richter, vol. I, Utet Giuridica, Torino, 2010

SEIBT, Christoph – *Grenzen des übernahmerechtlichen Zurechnungstatbestandes in § 30 Abs. 2 WpÜG (Acting in Concert)*, in ZIP, 2004

– *Stimmrechtszurechnung nach £ 30 WpÜG zum Alleingesellschafter-Geschäftsführer einer GmbH?*, in ZIP, 2005

SEIBT, Christoph/HEISER, Kristian – *Regelungskonkurrenz zwischen neuem Übernahmerecht und Umwandlungsrecht*, in ZHR, 165, 2001

SEIBERT/KEIM – *Handbuch der kleinen AG*, 4ª Aufl., Köln, 2000

SEMINO – *Il problema della validità dei sindacato di voto*, Quaderni di Giurisprudenza Commerciale, Giuffrè, Milano, 2003

SENGE, Lothar – (Hrsg.), *Karlsruher Kommentar zum Gesetz über Ordnungswidrigkeiten*, 3. Auflage, München, 2006

SERRA, Adriano Vaz – *Responsabilidade de terceiros no não-cumprimento de obrigações*, in BMJ, 85

– *Objecto da obrigação. A prestação – suas espécies, conteúdo e requisitos*, nº 74 (Março de 1958)

– *Obrigações. Ideias preliminares gerais*, in BMJ, nº 77, 1958

SHILLER – *Fashions, fads, and bubbles in financial markets*, in COFFEE/LOWENSTEIN/ /ROSE-ACKERMAN, *Knights, raiders and targets. The impact of hostile takeover*, New York, 1988

SHLEIFER/VISHNY – *Takeovers in the '60s and the '80s: Evidence and implications*, in *Actas del congresso Takeovers, the stock market and corporate performance*, London, 1991

SILVA, Botelho da – *Os sistemas alternativos de negociação ou a bolsa como instrumento do princípio da igualdade*, in *Direito dos Va-*

lores Mobiliários, V, Almedina, Coimbra, 2004

SILVA, João Calvão da – *Estudos Jurídicos [Pareceres]*, Amedina, Coimbra, 2001
– *Sinal e Contrato-Promessa*, 13ª edição revista e aumentada, Almedina, Coimbra, 2010

SILVA, João Soares da – *Algumas observações em torno da tripla funcionalidade da técnica de imputação de direitos de votos no Código dos Valores Mobiliários*, in Cad.MVM, 26, 2007

SILVA, Morais – *Novo dicionário compacto da língua portuguesa*, vol. II, Editorial Confluência, 1988

SILVA, Paula Costa e – *A Imputação de Direitos de Voto na Oferta Pública de Aquisição*, in Direito dos Valores Mobiliários, vol. VII, Coimbra Editora, Lisboa, 2007
– *Direito dos Valores Mobiliários – Relatório*, Coimbra Editora, Coimbra, 2005
– *Domínio de Sociedade Aberta e Respectivos Efeitos*, in Direito dos Valores Mobiliários, vol. V, Coimbra Editora, Lisboa, 2004
– *Ofertas públicas e alteração das circunstâncias*, in Direito dos Valores Mobiliários, vol. IV, Coimbra Editora, 2003
– *Sociedade aberta, domínio e influência dominante*, in Direito dos Valores Mobiliários, vol. VIII, Coimbra Editora, Coimbra, 2008

SKEEL – *A reliance damages approach to corporate lockups*, in Northwestern University Law Review, 90, 1996

SOARES, António – *Mercados regulamentados e não regulamentados*, in Cadernos do Mercado de Valores Mobiliários, nº 7, Abril, 2000

SOERGEL/HEFERMEHL – *Kommentar zum Bürgerlichen Gesetzbuch*, 11 Auflage, 1978

SPARKS/NACHBAR/VELLA – *Corporate deal protection Corporate deal protection – the lay of the land in Delaware*, 1351 Practising Law Institute, Corporate Law and Practice Handbook Series, 2003

SPAVENTA, LUIGI – *L'opa a cascata frena la contendibilità*, in Il Sole 24 Ore, 7 Agosto de 2001

STANCHFIELD, Michael – *Fiduciary duties in negotiated acquisitions: Questioning the legal requirement for "outs"*, in William Mitchell Law Review, 27, 2001

STARKE, Till – *Beteiligungstransparenz im Gesellschafts- und Kapitalmarktrecht*, 2002

STEIN, Jeremy – *Efficient capital markets, inefficient firms: A model of yopic corporate behaviour*, in Quarterly Journal of Economics, 1989

STEINMEYER, Roland/HÄGER, Michael (hrgs.), *Wertpapierwerbs- und Übernahmegesetz Kommentar*, 2. Auflage, Erich Schmidt Verlag, Berlin, 2007

STRATENWERT, Günter – *Strafrecht. Allgemeiner Teil*, 4. Auflage

STRINE – *Categorical confusion: Deal protection measures in stock-for-stock merger agreements*, in Business Law, 56, 2001

STRUNK/SALOMON/HOLST – in VEIL, *Übernahmerecht in Praxis und Wirtschaft*, Köln, 2009

SUDARSANAM, P. S. – *Essence of mergers and acquisitions*, 1995

SUDMEYER, Jan – *Witteilungs- und Veröffentlichungspflichten nach §§ 21, 22 WpHG*, in BB, 2002

SWETT – *Merger terminations after Bell Atlantic: Applying liquidated damages analysis to termination fee provisions*, in University of Colorado Law Review, 70, 1999

TAPIA HERMIDA, Javier – *Las acciones sin voto*, in Revista de Derecho Bancario y Bursátil, 40, 1990
– *Las sociedades cotizadas: noción y estatuto jurídico*, Documentos de Trabajo del Departamento de Derecho Mercantil, Facultad de Derecho. Universidad Complutense, 2010/26, 2010
– *Los accionistas y el gobierno de las sociedades cotizadas*, in Estudios jurídicos en home-

naje al Profesor Aurelio Menéndez, Civitas, Madrid, 1996

TAPIA HERMIDA, Javier/LEDESMA, Alonso/ /MARTÍNEZ, Rodríguez – *OPAs obligatorias, OPAs con finalidades específicas y OPAs voluntarias*, in BENEYTO/LARGO (dirs.), *Régimen jurídico de las ofertas públicas de adquisición (OPAs)*, Bosch, Barcelona, 2010

TARBERT, Heath Price – *Merger break-up fees: a critical challenge to Anglo-American corporate law*, in *Law & Political International Business*, 34, 2003

TELLES, Galvão Inocêncio – *Direito das obrigações*, 7ª edição, Lisboa, 1997
 – *Introdução ao Estudo do Direito*, I, Coimbra Editora, Coimbra, 1999
 – *Manual dos contratos em geral*, Refundido e actualizado, 4ª edição, Coimbra, 2002

THOMA, Georg – *Das Wertpapiererwerbs- und Übernahmegesetz im Überlick*, in NZG, 2002

THOMAS, Simon/ESTEVE, Iñigo – *Application procedure and publication of prospectuses*, in AAVV, *A Practitioner's guide to the FSA Listing Regime 2009/2010*, City & Financial Publishing, 2009

TORINO, R. – *I poteri parasociali*, Giuffrè Editore, 2000

TRIGO, Maria da Graça – *Os acordos parassociais sobre o exercício do direito de voto*, Publicações UCP, Lisboa, 1998

TRIUNFANTE, Armando Manuel – *A tutela das minorias nas sociedades anónimas. Direitos de Minoria Qualificada. Abuso do Direito*, Coimbra Editora, Coimbra, 2004
 – *A tutela das minorias nas sociedades anónimas. Direitos individuais*, Coimbra Editora, Coimbra, 2004

TRÖNDLE, Herbert/FISCHER, Thomas – *Strafgesetzbuch und Nebengesetze*, 53. Auflage, München, 2006

TRUEBA, Gómez-Sancha – *Aceptación de oferta y liquidación de operaciones*, in GARCÍA DE ENTERRÍA/SÁENZ DE NAVARRETE (dirs.), *La regulación de las OPAs. Comentario Sistemático del RD 1066/2007, de 27 de Julio*, Thomson Reuters/Civitas, Madrid, 2009

TUNC – *Le droit anglais des sociétés anonymes*, Paris, 1987

UREBA, Alonso – *El gobierno de la sociedad anónima cotizada (reforma legal versus Códigos de Conducta)*, in AAVV, *Instituciones del Mercado Financiero*, 1999

VARALLO, Gregory/RAJU, Srinivas M. – *A process based model for analyzing deal protection measures*, in *Business Lawyer*, 55, 2000

VARELA, João de Matos Antunes *Das obrigações em geral*, vol. I, 10ª Edição, Almedina, 2000
 – *Das obrigações em geral*, vol. II, 7ª edição, reimpressão, Almedina, 2001

VARELA, João de Matos Antunes/LIMA, Pires de – *Código Civil anotado*, Vol. I, 3ª edição, Coimbra Editora, 1982
 – *Código Civil anotado*, Vol. II, 4ª edição, Coimbra Editora, 1997

VASCONCELOS, Pedro Pais – *A participação social nas sociedades comerciais*, 2ª edição, Almedina, Coimbra, 2006
 – *Contratos atípicos*, Almedina, Coimbra, 1995

VAZ, Pessoa – *Do efeito externo das obrigações (Algumas perspectivas da mais recente doutrina portuguesa e alemã)*, ed. policopiada, Coimbra, 1977

VEBLEN – *Absente ownership and business enterprise in recent time. The case of America*, 1ª edição, 1923 (2ª edição, 1954)

VEIL, Rüdiger – *Stimmrechtszurechnungen auf Grund von Abstimmungsvereinbarungen gem. § 22 Abs. 2 WpHG und § 30 Abs. 2 WpÜG*, in AAVV, *Festschrift für Karsten Schmidt zum 70. Geburtstag*, 2009

VEIL, Rüdiger/DRINKUTH, Henrik – (Hrsg.), *Reformbedarf im Übernahmerecht, Tagung-*

sband zum Symposium in den Räumen der Bucerius Law School am 4. Juni 2004, Köln, 2005

VELASCO, Esteban – *El poder de decisión en las sociedades anónimas*, Madrid, 1982

– *Propuesta de reforma del Derecho alemán de sociedades anónimas (el referenten--entwurf de 1996 sobre controlo e transparencia*, in Revista de Derecho de Sociedades, 8, 1997

VENTURA, Raul – *Acções Preferenciais sem Voto*, in Estudos Vários sobre Sociedades Anónimas, Comentário ao Novo Código das Sociedades Comerciais, Almedina

– *Estudos vários sobre sociedades anónimas*, Almedina, 1992

VERSE, Dirk – *Übergang von gemeinsamer zu alleiniger Kontrolle – ein Fall für das Pflichtangebot?*, in NZG, 2009

VIANDIER, Alain – *OPA, OPE et autres offres publiques*, 4ª edição, Editions Francis Lefebvre, Paris, 2010

VIDAL, Isabel/SOUSA, Duarte/NASCIMENTO RODRIGUES, Sofia Nascimento – *Aspectos jurídicos dos sistemas alternativos de negociação*, in Cad.MVM, 12, 2001

VIÑUELAS, Conde/MOSQUERA, Gonzáles – *La reforma del régimen de ofertas competidoras*, in JUSTE MENCÍA/RECALDE CASTELLS (coord.), *Derecho de OPAS. Estudio sistemático del régimen de las ofertas públicas de adquisición en el derecho español*, Tirant lo Blanch, València, 2010

VISCONTI – *Proprietà diffusa e concentrazione azionaria*, in Impresa commerciale e industriale, nº 3, Março, 2000

VIVES RUIZ, Fernando – *Las operaciones de «public to private» en el derecho de OPAs español*, Civitas/Thomson, 2008

VOLK/LEICHER/KOLOSKI – *Negotiating business combination agreements – the "seller's" point of view*, in San Diego Law Review, 75, 1996

WACKERBARTH, Ulrich – *Die Auslegung des § 30 Abs. 2 WpÜG und die Folgen des Risikobegrenzungsgesetzes*, in ZIP, 2007

– *Die Zurechnung nach § 30 WpÜG zum AllgeingesellschafterGeschäftsführer einer GmbH*, in ZIP, 2005

WAN – *The validity of deal protection devices under Anglo-American Law*, in Journal of Corporate Law Studies, 55, 2009

WACHTELL/LIPTON/ROSEN/KATZ – *Takeover law and practice*, New York, 2009

WAGNER, Oliver – *Standstill Agreements bei feindlichen Übernahmen nach US-amerikanischem und deutschem Recht*, Frankfurt//Main, 1999

WEBER/MECKBACH, *Finanzielle Differenzgeschäfte – Ein legaler Weg zum »Anschleichen« na die Zielgesellschaft bei Übernahmen?*, in BB, 2008

WECKER/PLUSKAT – *«Acting in Concert» im deutschen Kapitalmarkt- und Gesellschaftsrecht*, in Gedächtnisschrift Michael Gruson, 2009

WEILER, Lothar/MEYER, Ingo – *«Abgestimmtes Verhalten» gemäß § 30 WpÜG: Neue Ansätze der Bundesanstalt für Finanzdienstleistungsaufsicht?*, in NZG, 2003

WEINBERG/BLANK – *Takeovers and Mergers*, 2ª edição, Sweet & Maxwell, London, 1989

WIRTH, Gerhard/MICHAEL, Arnold – *Anlegerschutz beim Delisting von Aktiengesellschaften*, in ZIP 2000, 111

WOLFSON – *Efficient markets, hubris, chaos, legal scholarship and takeovers*, in St. John's Law Review, 63, 1989

WYMEERSCH, Eddy – *Takeovers from a Comparative Perspective*, in Quaderni di Finanza, 32, Março, 1999

– *The new Belgian Law on takeover bids*, Working Papers Séries 2008-04, Financial Law Institute, Universiteit Gent, 2008

YBÁNEZ, Javier – *Processo de admisión a cotización en los mercados en los mercados bursátiles y ofertas públicas de venta o subscripción*, in Vives Ruiz/Pérez-Ardá (coord.), *La sociedad cotizada*, Marcial Pons, Madrid/Barcelona, 2006

Zinser, Daniel – *Der RefE eines «Gesetzes zur Regelung von öffentlichen Angeboten zum Erwerb von Wertpapieren und von Unternehmensübernahmen» vom 12.3.2001*, in NZG, 2001

Zöllner, Wolfgang/Noack, Ulrich – (Hrsg.), *Kölner Kommentar zum Aktiengesetz*, 3. Auflage, Carl Heymmans, Köln, 2004

Zschocke, Christian/Schuster, Stephan – *Bad Homburger Handbuch zum Übernahmerecht*, Heidelberg, 2002

Xavier, Vasco Lobo – *A validade dos sindicatos de voto no direito português constituído e constituendo*, in *ROA*, 45, 1985

ÍNDICE

PREFÁCIO	9
NOTA PRÉVIA	11
RESUMO	13
ABREVIATURAS	15

CAPÍTULO I. SOCIEDADES COTADAS, MERCADO DE CONTROLO SOCIETÁRIO E MECANISMOS «FACILITADORES» DA CESSÃO DE CONTROLO NAS SOCIEDADES COTADAS — 19

1. SOCIEDADES COTADAS — 19
1.1 O fenómeno da separação entre a grande sociedade anónima e a pequena sociedade anónima — 20
1.2 O fenómeno da separação entre a grande sociedade anónima e a pequena sociedade anónima em Portugal: a sociedade aberta — 26
1.3 Conceito de "Sociedade Cotada" — 32
1.4 O "estatuto especial" das Sociedades Cotadas — 42
1.5 Motivos da escolha do conceito "Sociedade Cotada" — 48

2. MERCADO DE CONTROLO SOCIETÁRIO — 51
2.1 Origem e conceito — 51
2.2 A OPA como mecanismo fundamental do mercado de controlo societário — 58

3. MECANISMOS «FACILITADORES» DA CESSÃO DE CONTROLO DAS SOCIEDADES COTADAS — 66
3.1 Objectivos dos Mecanismos «Facilitadores» da Cessão de Controlo das Sociedades Cotadas — 66

3.2 Elenco dos Mecanismos «Facilitadores» da Cessão de Controlo
nas Sociedades Cotadas 73
    3.2.1 Disponibilização da informação e *due diligence* 74
    3.2.2 Acordos e cláusulas de compensação de custos
          de OPA – *Break-up fees* 76
    3.2.3 Acordos irrevogáveis de aceitação de OPA 79
    3.2.4 Acordos irrevogáveis de não-aceitação de OPA 80
    3.2.5 Cláusulas de *no-shop* e de *no-talk* 81
    3.2.6 *Stock option* ou *stock lock-ups* 89
    3.2.7 *Lock-ups* ou *asset lock-ups* 93
3.3 O debate da *análise económica* do direito sobre os mecanismos
«facilitadores» da cessão de controlo nas sociedades cotadas 98
    3.3.1 Desvantagens 103
    3.3.2 Vantagens 106
3.4 Delimitação dos mecanismos "facilitadores" de controlo objecto
de análise no presente estudo 109

CAPÍTULO II. ACORDOS IRREVOGÁVEIS DE ACEITAÇÃO DE OPA 113

1. ANATOMIA DOS ACORDOS IRREVOGÁVEIS DE ACEITAÇÃO DE OPA . . . 113
1.1 Conceito e origem 113
1.2 Modalidades 116
1.3 Motivos 122
1.4 Estrutura contratual típica, deveres principais de prestação, renúncia
ao direito de revogação e deveres acessórios de conduta 126
    1.4.1 Estrutura contratual típica 126
    1.4.2 Deveres principais de prestação 130
    1.4.3 Renúncia ao direito de revogação da declaração de aceitação
          da OPA 133
    1.4.4 Deveres secundários e deveres acessórios de conduta . . 136
    1.4.5 Duração dos acordos de aceitação de OPA 142
1.5 Figuras afins e/ou alternativas 142
    1.5.1 *Letters of intent* 142
    1.5.2 Contratos de compra e venda de "blocos" de acções
          (*Paketkaufvertrag*) 143
    1.5.3 Contratos de compra e venda de "blocos" de acções
          sujeitos a condição suspensiva (*Aufschiebend bedingter*
          Paketkaufvertrag) 147
    1.5.4 Contratos de opção de compra (*Optionsvertrag*) 148

2.	ADMISSIBILIDADE DOS ACORDOS DE ACEITAÇÃO DE OPA NO ORDENAMENTO JURÍDICO PORTUGUÊS	149
2.1	Princípio base – Princípio da Liberdade Contratual	149
2.2	Potenciais obstáculos à admissibilidade dos acordos irrevogáveis de aceitação de OPA	153
	2.2.1 Princípio da igualdade de tratamento dos destinatários da oferta	153
	2.2.2 Direito de livre aceitação da OPA e princípio da informação e tempo necessários à ponderação da aceitação de OPA	160
	2.2.3 Direito de revogação das declarações de aceitação da OPA	166
	2.2.4 O princípio da igualdade de tratamento dos oferentes e o princípio da concorrência e jogo livre entre as ofertas	184
	2.2.5 Derrogação do direito de modificação ou revogação da oferta	198
	2.2.6 Proibição da recolha de intenções de investimento em OPAs	200
3.	DEVERES DE INFORMAÇÃO	203
3.1	*Insider trading?*	203
3.2	Dever de divulgação ao mercado da celebração dos acordos irrevogáveis de aceitação de OPA?	208
3.3	Dever de comunicação da celebração de acordo parassocial?	213
3.4	Dever de divulgação da celebração dos acordos irrevogáveis de aceitação de OPA na documentação da oferta?	218
4.	EFICÁCIA DO ACORDO	222
5.	INCUMPRIMENTO DO ACORDO DE ACEITAÇÃO DE OPA	230
5.1	Incumprimento do accionista da sociedade visada	231
5.2	Incumprimento do oferente	238
6.	QUALIFICAÇÃO JURÍDICA	239

CAPÍTULO III. ACORDOS IRREVOGÁVEIS DE NÃO-ACEITAÇÃO DE OPA — 243

1.	ANATOMIA DOS ACORDOS IRREVOGÁVEIS DE NÃO-ACEITAÇÃO DE OPA	243
1.1	Conceito e origem	243
1.2	Modalidades	246
1.3	Motivos	250
1.4	Estrutura contratual típica, deveres principais de prestação e deveres acessórios de conduta	253
	1.4.1 Estrutura contratual típica	253

1.4.2	Deveres principais de prestação	255
1.4.3	Deveres secundários e deveres acessórios de conduta	257
1.4.4	Duração dos acordos de não-aceitação de OPA	262

2. ADMISSIBILIDADE DOS ACORDOS DE NÃO-ACEITAÇÃO OPA NO ORDENAMENTO JURÍDICO PORTUGUÊS 262
2.1 Princípio base – Princípio da Liberdade Contratual 262
2.2 Potenciais obstáculos à admissibilidade dos acordos irrevogáveis de não-aceitação de OPA 264
    2.2.1 Direito de livre aceitação da OPA e princípio da informação e tempo necessários à ponderação da aceitação ou rejeição de OPA 264
    2.2.2 Princípio da livre comerciabilidade ou da livre disposição dos bens 265
    2.2.3 Princípio da livre transmissibilidade das acções 269
    2.2.4 O princípio da igualdade de tratamento dos oferentes e o princípio da concorrência e jogo livre entre as ofertas 272
    2.2.5 Princípio da igualdade de tratamento dos destinatários da oferta 281

3. DEVERES DE INFORMAÇÃO 284
3.1 *Insider trading?* 284
3.2 Dever de divulgação ao mercado da celebração dos acordos irrevogáveis de não-aceitação de OPA? 285
3.3 Dever de comunicação da celebração de "acordo parassocial"? 285
3.4 Dever de divulgação da celebração dos acordos irrevogáveis de não-aceitação de OPA na documentação da oferta? 286

4. EFICÁCIA DO ACORDO 289

5. INCUMPRIMENTO DO ACORDO DE NÃO-ACEITAÇÃO DE OPA 290
5.1 Incumprimento do accionista da sociedade visada 291
5.2 Incumprimento do oferente 297

CAPÍTULO IV. RECONDUÇÃO AO QUADRO GERAL DA ALTERAÇÃO DO CONTROLO 299

1. O CONTROLO DAS SOCIEDADES COTADAS E A OPA OBRIGATÓRIA 299
1.1. Controlo: significado e opção conceptual 299
1.2 Cessão do controlo: pressuposto do instituto da OPA obrigatória 305
    1.2.1 Dimensão formal do controlo: Percentagens fixas de direitos de voto 312

1.2.2	Dimensão material do controlo I: Imputação de direitos de voto	328
1.2.2.1	O mecanismo de imputação de direitos de voto	328
1.2.2.2	O recurso ao mecanismo de imputação de direitos de voto para efeitos de OPA obrigatória	350
1.2.2.3	A interpretação não uniforme do art. 20º do Cód.VM em função da sua finalidade: deveres de comunicação ou OPA obrigatória	357
1.2.3	Dimensão material II: mecanismo correctivo ou de "escape" do art. 187º, nº 2 do Cód.VM	373

2. ACORDOS IRREVOGÁVEIS DE ACEITAÇÃO DE OPA – REPERCUSSÃO NA ALTERAÇÃO DE CONTROLO — 384
2.1 Art. 20º, nº 1 al. a) do Cód.VM — 385
   2.1.1 Os Acordos de Voto — 385
   2.1.2 Os acordos irrevogáveis de aceitação de OPA como acordos de voto? — 406
2.2 Art. 20º, nº 1 al. e) do Cód.VM — 414
   2.2.1 Aquisição de direitos de voto por via de acordo — 414
   2.2.2 Acordos irrevogáveis de aceitação de OPA como acordos de aquisição de direitos de voto por via de acordo? — 426
2.3 Art. 20º, nº 1 al. h) do Cód.VM — 429
   2.3.1 Acordos para aquisição de controlo ou frustração da cessão de controlo e instrumentos de exercício concertado de influência — 429
   2.3.2 Acordos irrevogáveis de aceitação de OPA como acordos para aquisição de controlo ou instrumentos de exercício concertado de influência? — 440
   2.3.3 Acordos irrevogáveis de aceitação de OPA como "instrumentos de exercício concertado de influência"? — 443

3. ACORDOS IRREVOGÁVEIS DE NÃO-ACEITAÇÃO DE OPA – REPERCUSSÃO NA ALTERAÇÃO DE CONTROLO — 446
3.1 Os acordos irrevogáveis de não-aceitação de OPA como acordos de voto? — 446
3.2 Acordos irrevogáveis de não-aceitação de OPA como "acordos que visam a aquisição de controlo" ou frustrar a "alteração do domínio"? — 450
3.3 Acordos irrevogáveis de não-aceitação de OPA como "instrumentos de exercício concertado de influência"? — 453

SÍNTESE CONCLUSIVA — 459

BIBLIOGRAFIA — 467